혜택 2 독끝 NCS 전과목 무료 수강권 추가 제공!

강의를 더 듣고 싶다면 필독!
NCS 전영역 인기강의를 추가로 지원합니다.

 혜택 ❷ 받으러 가기

공기업 NCS 시험을 준비하는 모든 분들에게
반드시 필요한 기초 + 심화 강좌 모두, 1위 독끝 NCS가 **무료로 배포합니다.**

혜택 3 독끝 NCS 온라인 무료스터디 제공!

독학이 힘든 분을 위해,
학습 동기부여 + 공부자극 스터디를 지원합니다.

NCS 기본(개념/유형) 익히기

STEP 1 NCS 통합 기본서

① NCS 영역별로 어떠한 유형의 문제들이 출제되는지 빠르게 1회독
② 필수 출제영역인 의사·수리·문제·자원관리 PSAT+모듈 위주로 선행학습
※ 틀린 문제도 이해가 안 가면 과감히 넘기기
※ 나머지 영역(정보·기술·조직이해·대인관계·자기개발·직업윤리 등)은 시험 1~2달 전 모듈형 학습

STEP 2 NCS 수리·기초수학

① 수포자를 위한 기초(중등) 수학 93개념
② 빠른 풀이를 위한 시간단축 팁+빈출 유형별 풀이팁
※ 실전에 강한 수리 전문가 〈박수웅〉 강사가 전달하는 수리 기초+실전팁

스터디 종료 후 2~3주 기본서 회독 추가학습

NCS 실전 문제풀이 연습

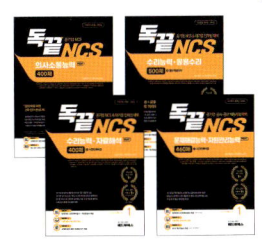

실전문제 풀이 일일 권장 학습량
• 의사소통 : 일 3~5문제
• 자료해석 : 일 5~10문제
• 응용수리 : 일 10~15문제
• 문제해결/자원관리: 일 5~7문제

스터디 종료 후 2~3개월 문풀+오답 회독 추가학습

학습습관 완성

 혜택 ❸ 받으러 가기

공기업 NCS 4주 완성, 지금 바로 참여하세요!

지금 바로 검색창에서 "**독끝 NCS**"를 검색하세요!

애드투 독끝 NCS 환급 프리패스

NCS 합격을 위한 가장 확실한 전략

* 환급은 부가혜택 및 제세공과금 22%, PG사 수수료 제외 후 지급
** 23년 8월 22일~24년 10월 7일까지 수강후기 평점 5점 만점에 5점 만점의 비중
*** 애드투북스 스토어 + 공기업길잡이 스토어 및 교보문고 + YES24 + 알라딘 등 교재 전체 후기 수 합계

합격 시 수강료 환급*

전체 수강생 강의 만족도 99%**

실구매자 리뷰 1위***

당신을 NCS 합격으로 이끌기에 충분한 모든 것을 담았습니다.

NCS 교재 3권 무료 제공	진단검사를 통한 약점분석 서비스 제공	시간단축비법 등 핵심 자료 추가 제공	배수제한 없이 무제한 수강	합격 시 수강료 환급	파이널 자료/특강으로 완벽한 실전대비	자격증, 공기업 전기직 강좌 50% 할인 혜택	선생님의 1:1 질문답변 제공

※ 프리패스 제공 혜택은 판매 주차별로 변경될 수 있습니다.

쌩기초부터 모듈 + PSAT 최종 실전대비까지
따라만 가면 되는 독끝 NCS 합격 커리큘럼

국내유일 기초과정 제공

01 수리·독해 기초
수포자, 입문자를 위한 필수 기초 입문단계
— 1주 학습

02 PSAT+모듈+피듈 통합 기본학습
- NCS 통합 기본서 필수이론/개념 + 예시문항 + 실전문항
— 2주 학습

03 고득점을 위한 PSAT 진단검사
진단검사로 약점분석 후 나의 수준 파악
— 사이트 진단검사 제공

04 PSAT 영역별 심화 문풀
- 응용수리 500제
- 자료해석 400제
- 문제해결·자원관리 460제
- 의사소통능력 400제
— 2개월 학습

05 실전모의고사 + 파이널 특강
실전 유형의 문제풀이와 파이널 특강으로 최종점검!
— 2~3일 학습

지금 바로 검색창에서 "독끝 NCS"를 검색하세요!

독학으로 끝내는 시리즈

25년 기출복원

독끝 국민건강 보험공단

최신 기출분석 모의고사

기출유형 16선 ➕ 건보법/요양법 암기노트

독끝 CONSTRUCTION & FEATURES
구성 및 활용

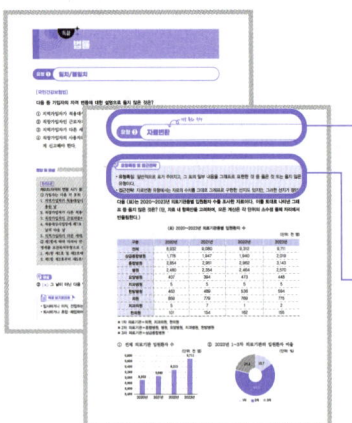

1 기출유형 파헤치기

- 21~25년 5개년도 기출을 분석하여 NCS 대표유형 12가지, 법률 대표유형 4가지를 엄선해 수록하였습니다.
- 다른 공기업에서는 잘 출제되지 않는 건보만의 독특한 특화 유형도 수록되어 건보 맞춤 대비를 할 수 있습니다.
- 대표유형별로 접근접략이 소개되어 효과적으로 문제를 해결하는 방법을 체화할 수 있습니다.

2 기출복원 모의고사

- 25년 4월에 시행된 시험의 기출 유형과 키워드를 모두 반영하여 재구성한 기출복원 모의고사를 풀면서 최신 출제 경향을 파악할 수 있습니다. (건보법/요양법 포함)
- 모든 법률 문항의 해설에는 문제 해결에 필요한 관련조문과 빈출도가 제시되어 최신 기출 법조문을 확실하고 효율적으로 복습할 수 있습니다.

독학으로 끝내는
국민건강보험공단 최신 기출분석 모의고사

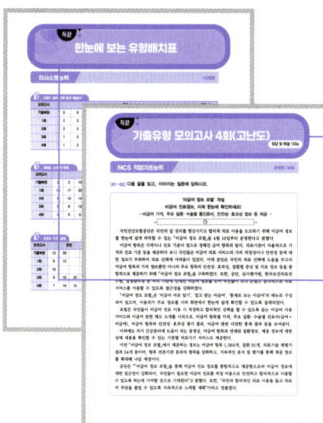

3 기출유형 모의고사 4회

- 25년 4월 시행 최신 기출을 반영한 모의고사 4회(건보법/요양법 포함)를 풀면서 합격권까지 실력을 끌어올릴 수 있습니다.
- 고난도 모의고사 1회가 포함되어 있어 어렵게 출제되는 해에도 대비할 수 있습니다.
- 모든 문제의 유형표를 제공하여 취약 유형을 파악하고 약점을 보완할 수 있습니다.
- 모든 법률 문제에 [독끝 암기포인트]를 제공하여 한 번만 읽어도 법조문이 머리에 각인됩니다.
- 모든 법률 문항의 해설에는 문제 해결에 필요한 관련조문과 빈출도가 제시되어 최신 기출 법조문을 확실하고 효율적으로 복습할 수 있습니다.

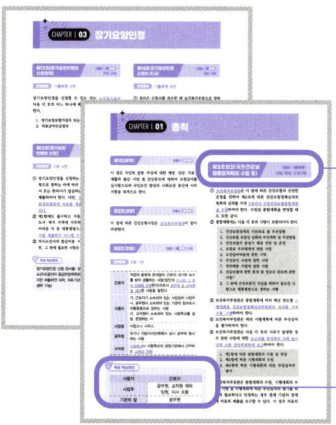

4 독끝 암기노트

- 21~25년 5개년도 기출을 모두 분석하여 법조문별 빈출도와 기출연도를 표시하였습니다. 이를 확인하여 중요한 법조문부터 효율적으로 학습할 수 있습니다.
- 읽기 힘든 법조문이 모두 깔끔하게 정리되었고, 시험에 자주 출제되는 부분도 강조 표시가 되어 있어 핵심을 바르게 파악할 수 있습니다.
- [독끝 핵심정리]가 제공되어 길고 복잡한 법조문을 한눈에 파악할 수 있어 암기 효율을 높일 수 있습니다.

국민건강보험공단 필기시험

1. 필기시험 구성

국민건강보험공단 일반공채 필기전형은 NCS 기반 직업기초능력 응용모듈(의사소통능력, 수리능력, 문제해결능력 총 3개 영역) 60문항과 직무시험(법률) 20문항을 풀이해야 합니다.

NCS 직업기초능력(제1과목)을 60분간 풀이한 후 10분의 준비시간을 가지고 직렬에 따른 직무시험(법률)을 20분 동안 풀이해야 합니다.

구분	과목	영역	시험 문항 수	시험 시간
행정직, 건강직, 기술직, 요양직	(제1과목) NCS 기반 직업기초능력	의사소통능력/수리능력/문제해결능력 각 20문항	60문항	60분
	(제2과목) 직무시험: 법률	**[행정직, 건강직, 기술직]** 국민건강보험법 20문항 **[요양직]** 노인장기요양보험법 20문항	20문항	20분
전산직	(제1과목) NCS 기반 직업기초능력	의사소통능력/수리능력/문제해결능력 각 5문항	15문항	60분
		전산개발 기초능력 (C언어, JAVA, SQL)	35문항	
	(제2과목) 직무시험: 법률	국민건강보험법 20문항	20문항	20분

※ 2025년 상반기 채용공고 기준
※ 국민건강보험법·노인장기요양보험법: 시행령 및 시행규칙 제외
※ 4지선다

독학으로 끝내는
국민건강보험공단 최신 기출분석 모의고사

② 출제사 및 영역별 출제 경향

◎ 출제사
2021~2025년 상반기까지 국민건강보험공단의 출제사는 계속 '인크루트'였습니다.

◎ 영역별 출제경향

영역	출제경향
의사소통능력	• 1지문에 2~3문항이 출제되는 세트유형으로만 출제됨 • 지문 없이 어휘나 어법, 사자성어 등만을 묻는 간단한 문제는 출제되지 않음 • 국민건강보험공단, 보건, 의학, 건강, IT와 같은 주제들이 주로 출제됨 • 글의 내용 일치/불일치, 주제/제목/글의 목적 찾기, 논리적 추론과 같은 일반적인 유형이 주로 출제됨 • 빈칸 삽입, 맥락상 어울리지 않는 문장/문단 찾기와 같은 다른 공기업에서는 잘 출제되지 않는 유형이 소수 출제됨
수리능력	• 1지문에 2~3문항이 출제되는 세트유형으로만 출제됨 • 응용수리는 출제되지 않으며, 100% 자료해석 유형으로만 출제됨 • 국민건강 관련 통계, 의료기관 관련 통계, 예산 관련 통계, 질병 관련 통계와 같은 자료들이 주로 출제됨 • 자료에 대한 진위 판단, 자료계산과 같은 일반적인 유형이 주로 출제됨 • 자료변환과 같은 다른 공기업에서는 잘 출제되지 않는 유형이 소수 출제됨
문제해결능력	• 1지문에 2~3문항이 출제되는 세트유형으로만 출제됨 • 명제, 조건추리, 퍼즐 등 간단한 문제는 출제되지 않음 • 국민건강보험 관련 제도나 의료 제도, 건강과 관련된 복지 제도, 건강 관련 정보, 국민건강보험 관련 보도자료와 같이 국민건강보험공단의 사업과 밀접한 자료들이 주로 출제됨 • 비용 계산, 시간 계산과 같이 자원관리능력과 유사한 유형도 출제됨 • 공고문/규정 이해, 적정 대상 선택, 수치 계산(비용, 시간)과 같은 일반적인 유형이 주로 출제됨 • 보도자료에 대한 지문의 이해 및 활용과 같은 다른 공기업에서는 잘 출제되지 않는 유형이 소수 출제됨

국민건강보험공단 채용정보

 채용 일정

구분		공고일	채용인원	서류배수	접수기간	필기시험
2025년	상반기	02.20.	448명	7배	02.25.~03.06.	04.12.
2024년	하반기	08.14.	450명	7배	08.19.~08.28.	10.05.
	상반기	03.13.	445명	10배	03.18.~03.27.	04.27.
2023년	하반기	08.16.	366명	10배	08.21.~08.30.	10.07.
	상반기	03.30.	407명	10배	04.04.~04.13.	05.13.
2022년	하반기	09.27.	257명	5배	09.27.~10.11.	11.05.
	상반기	04.22.	724명	7배	04.22.~04.29.	05.28.
2021년	하반기	08.31.	452명	7배	08.31.~09.14.	10.10.
	상반기	04.01.	460명	7배	04.01.~04.15.	05.15.

출처: 국민건강보험공단 홈페이지, 2025년 상반기 채용공고 기준

 응시자격

공통
1. 성별·연령(60세 이상 제외)·학력(행정직 6급나 제외)에 대한 제한 없음
2. 대한민국 국적을 소지한 자
3. 병역필 또는 면제자

※ 결격사유로 판단: 병역의무 불이행자, 공단 인사규정 제14조(결격사유)에 해당하는 자, 접수마감일 기준 지원하려는 직렬·직급과 동일한 직렬·직급으로 공단에서 근무 중인 자(채용형 단시간 근로자로 근무 중인 자 제외)

직렬별

직렬	응시 자격요건
행정직	해당사항 없음
건강직	간호사, 방사선사, 임상병리사, 영양사, 건강운동관리사, 보건교육사(2급 이상) 중 하나 이상 소지한 사람
요양직	간호사, 물리치료사, 작업치료사, 사회복지사(2급 이상) 중 하나 이상 소지한 사람
전산직	정보처리기사, 전자계산기기사, 정보통신기사 중 하나 이상 소지한 사람
기술직	산업안전기사 자격증을 소지한 사람

※ 행정직(6급나): 최종학력이 고등학교 졸업인 사람('25.2월 졸업예정자 포함)

독학으로 끝내는
국민건강보험공단 최신 기출분석 모의고사

③ 채용 절차

출처) 국민건강보험공단 홈페이지, 2025년 상반기 채용공고 기준

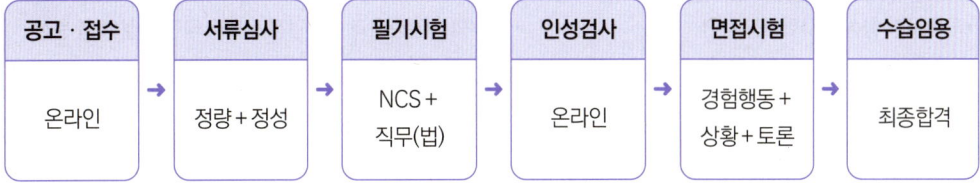

◎ **채용 공고 · 접수**
- 공단 홈페이지를 통해 채용공고를 게시하며, 온라인 접수만 가능

◎ **서류심사**
- 자격요건 확인 및 직무능력중심 정량 · 정성평가
- 평가항목: 학교 · 직업교육, 경력, 어학, 면허(자격증), 경험사항 및 자기소개서, 우대사항

◎ **필기시험**
NCS 기반 직업기초능력 및 직무시험(법률: 국민건강보험법, 노인장기요양보험법) 출제

◎ **인성검사**
필기시험 합격자 전원 채용사이트에서 온라인으로 개별 실시

◎ **면접시험**
경험행동면접(BEI) ⊕ 상황면접(SI) ⊕ 토론면접(GD)을 같은 날 진행함

◎ **최종합격**
수습임용 후 수습평가 결과에 따라 정규직 임용 또는 면직처리 가능

국민건강보험공단 기업정보

미션
국민보건과 사회보장 증진으로 국민의 삶의 질 향상
- 국민보건 향상과 사회보장 증진
- 노후의 건강증진과 생활안정 도모로 국민의 삶의 질 향상

비전
행복한 국민 건강한 대한민국 든든한 국민건강보험
평생 건강을 위한 맞춤형 관리체계로 **개개인이 행복한 삶**을 누리고 나아가 **모든 국민이 더 건강한 삶**을 영위할 수 있도록 언제나 국민 곁에서 **든든하고 지속가능한 건강·장기요양보험**이 되겠습니다.

핵심가치
- 소통과 배려: 대내·외 이해관계자와 소통과 배려를 통해 국민체감 성과 창출
- 건강과 행복: 국민보건과 사회보장 증진을 통해 모든 국민의 건강향상과 행복한 삶을 추구
- 공정과 신뢰: 공정한 제도 구축·운영과 안전·책임경영으로 국민 신뢰 확보
- 혁신과 전문성: 디지털·서비스 중심 경영혁신과 직무 전문성 강화로 지속가능 경영 실현
- 청렴과 윤리: 엄격한 윤리의식을 토대로 자율적 내부통제와 청렴한 업무수행을 통해 투명한 사회 선도

경영방침
더 건강한 세상을 위한 The건강보험
- 제도·서비스: 더 건강한 국민(국민건강, 근거기반, 연계·통합)
- 이해관계자: 더 건강한 파트너십(협력주도, 소통, 배려)
- 기관운영: 더 건강한 공단(혁신, 효율, 청렴)

인재상

국민을 위하는 인재 Nation-oriented	• 국민의 희망과 행복을 위해 봉사, 책임을 다하는 행복 전도사 • 공공기관의 가치를 이해하고 국민과 소통하는 커뮤니케이터
정직으로 신뢰받는 인재 Honest	• 공직자 사명감을 바탕으로 매사 정직하게 업무를 처리하는 공단인 • 높은 청렴도와 윤리의식을 겸비하여 국민으로부터 신뢰받는 공직자
혁신을 추구하는 인재 Innovative	• 더 나은 가치를 창출하기 위해 열정을 쏟는 도전가 • 열린 마음과 유연한 사고를 바탕으로 조직 혁신을 위한 선도자
전문성 있는 인재 Specialized	• 우수성, 전문성을 갖추기 위해 평생학습하고 성장하는 주도자 • 새로운 시각을 기반으로 창의적 정책을 제시하는 탐색자

학습 플랜 & NCS 학습 커리큘럼

STUDY PLAN

독끝

➔ 독끝 국민건강보험공단 **5일 완성** 학습플랜

1일차	**2일차**	**3일차**	**4일차**	**5일차**
학습범위 : 012~113p • 기출유형 파헤치기 • 기출복원 모의고사	학습범위 : 116~183p • 모의고사 1회 • 틀린 문항 독끝 암기노트로 복습	학습범위 : 184~249p • 모의고사 2회 • 틀린 문항 독끝 암기노트로 복습	학습범위 : 250~321p • 모의고사 3회 • 틀린 문항 독끝 암기노트로 복습	학습범위 : 322~387p • 모의고사 4회 • 틀린 문항 독끝 암기노트로 복습

➔ 독끝 국민건강보험공단 **10일 완성** 학습플랜

1일차	**2일차**	**3일차**	**4일차**	**5일차**
학습범위 : 012~045p • 기출유형 파헤치기	학습범위 : 046~113p • 기출복원 모의고사	학습범위 : 특별부록 • 독끝 암기노트 1회독 (절반)	학습범위 : 특별부록 • 독끝 암기노트 1회독 (절반)	학습범위 : 특별부록 • 독끝 암기노트 2회독

6일차	**7일차**	**8일차**	**9일차**	**10일차**
학습범위 : 116~183p • 모의고사 1회 • 틀린 문항 독끝 암기노트로 복습	학습범위 : 184~249p • 모의고사 2회 • 틀린 문항 독끝 암기노트로 복습	학습범위 : 250~321p • 모의고사 3회 • 틀린 문항 독끝 암기노트로 복습	학습범위 : 322~387p • 모의고사 4회 • 틀린 문항 독끝 암기노트로 복습	학습범위 : 특별부록 • 독끝 암기노트 3회독

➔ 독끝 NCS 학습 커리큘럼

학습 단계	STEP ❶ 이론 학습	STEP ❷ 문제 풀이	STEP ❸ 응용 학습
유형			
PSAT형 NCS	독끝 공기업 NCS 통합 기본서	독끝 PSAT형 문제집	독끝 기업별 문제집으로 실전연습 + 교재에서 권장하는 풀이시간 기준 N회독
모듈형 NCS		독끝 공기업 NCS 통합 기본서 모듈형 실전문제	

독끝

CONTENTS

차례

PART 1 기출유형 파헤치기

01 의사소통능력 014
- 유형1 글의 내용 일치/불일치
- 유형2 논리적 추론
- 유형3 주제/제목/글의 목적 찾기
- 유형4 빈칸 삽입
- 유형5 맥락상 어울리지 않는 문장/문단 찾기

02 수리능력 022
- 유형1 자료에 대한 진위 판단
- 유형2 자료계산
- 유형3 자료변환

03 문제해결능력 028
- 유형1 공고문/규정 이해
- 유형2 적정 대상 선택
- 유형3 수치 계산(비용, 시간)
- 유형4 지문의 이해 및 활용

04 법률[국민건강보험법 · 노인장기요양보험법] 036
- 유형1 일치/불일치
- 유형2 해당하는 것 고르기
- 유형3 계산
- 유형4 빈칸 채우기

독학으로 끝내는
국민건강보험공단 최신 기출분석 모의고사

PART 2 기출복원 모의고사

2025년 4월 12일 시행 기출복원 모의고사 ······ 046

PART 3 기출유형 모의고사

01 기출유형 모의고사 1회 ······ 116
    NCS 기반 직업기초능력 응용모듈 ······ 116
    법률(국민건강보험법 · 노인장기요양보험법) ······ 170

02 기출유형 모의고사 2회 ······ 184
    NCS 기반 직업기초능력 응용모듈 ······ 184
    법률(국민건강보험법 · 노인장기요양보험법) ······ 234

03 기출유형 모의고사 3회 ······ 250
    NCS 기반 직업기초능력 응용모듈 ······ 250
    법률(국민건강보험법 · 노인장기요양보험법) ······ 304

04 고난도 기출유형 모의고사 4회 ······ 322
    NCS 기반 직업기초능력 응용모듈 ······ 322
    법률(국민건강보험법 · 노인장기요양보험법) ······ 372

독끝

PART 1

기출유형 파헤치기

◆ **의사소통능력**
- 유형 ❶ 글의 내용 일치/불일치
- 유형 ❷ 논리적 추론
- 유형 ❸ 주제/제목/글의 목적 찾기
- 유형 ❹ 빈칸 삽입
- 유형 ❺ 맥락상 어울리지 않는 문장/문단 찾기

◆ **수리능력**
- 유형 ❶ 자료에 대한 진위 판단
- 유형 ❷ 자료계산
- 유형 ❸ 자료변환

◆ **문제해결능력**
- 유형 ❶ 공고문/규정 이해
- 유형 ❷ 적정 대상 선택
- 유형 ❸ 수치 계산(비용, 시간)
- 유형 ❹ 지문의 이해 및 활용

◆ **법률**
- 유형 ❶ 일치/불일치
- 유형 ❷ 해당하는 것 고르기
- 유형 ❸ 계산
- 유형 ❹ 빈칸 채우기

의사소통능력

유형 ❶ 글의 내용 일치/불일치

 유형특징 및 접근전략

- **유형특징**: 선지의 내용과 지문의 내용이 서로 부합하는지 또는 부합하지 않는지를 확인하는 유형이다. 숨은그림찾기와 비슷하다.
- **접근전략**: 지문에서 등장한 키워드나 표현이 그대로 선지에 활용되는 경우가 많으므로, 지문을 먼저 읽든 선지를 먼저 읽든 키워드 중심으로 기억을 하면 빠르게 해결할 수 있다.

다음 글의 내용과 일치하지 않는 것은?

　코 증상이 만성적이거나 특정 계절에 반복적으로 발생하는 경우 우선 알레르기비염을 의심해야 한다. 알레르기비염은 국내 유병률이 19~46%에 이르는 흔한 질환으로, 증상을 일으키는 알레르기 물질(알레르겐)에 노출되면 코나 눈의 간지러움과 함께 재채기, 눈물, 안구충혈, 결막부종 증상이 동반될 때 알레르기비염을 강력하게 의심해 볼 수 있으나 이런 증상이 두드러지지 않는 경우도 많다.
　전 세계적으로 알레르기비염을 가장 많이 일으키는 원인은 집먼지진드기다. 침구류나 의복에서 흔하게 관찰되며 이들의 배설물이 공기 중에 떠 있다가 사람의 코 점막에 닿으면 비염 증상을 일으킨다. 또한 반려동물의 비듬, 털, 침이나 분비물에 포함된 알레르겐도 비염을 일으키는데, 국내 반려동물 가구가 증가하면서 집먼지진드기 다음으로 가장 흔한 원인으로 보고되고 있다. 봄, 여름, 가을과 같은 특정 계절에 비염 증상이 발생할 때는 각각 나무 꽃가루, 잔디 꽃가루, 잡초 꽃가루가 원인일 수 있으며, 최근 지구 온난화로 연중 꽃가루 비산 기간이 늘어나면서 꽃가루에 의한 계절성 알레르기비염도 증가할 것으로 예상된다. 이 외에도 곰팡이 포자와 바퀴벌레 등이 알레르기비염을 일으킬 수 있다.
　가까운 병원이나 의원을 방문하여 의사에게 진료를 받은 후 알레르기비염이 의심되면 원인 알레르겐을 규명하기 위하여 알레르기 피부반응검사나 혈액검사를 시행한다. 알레르기 피부반응검사는 소량의 알레르겐 추출물을 피부에 올린 뒤 바늘침으로 살짝 찔러 알레르겐을 피부 내로 유입시키는 검사로, 해당 알레르겐에 대한 알레르기 항체(면역글로불린 E)가 있는 경우에는 모기에 물린 것처럼 팽진이 발생한다. 한편, 혈액검사에서는 알레르겐에 대한 면역글로불린 E 항체를 직접 측정할 수도 있다.
　알레르기비염이 진단되면 약물치료가 가장 효과적이다. 증상이 심하지 않고 코막힘이 동반되지 않은 경우에는 경구 항히스타민을 복용할 수 있다. 반면, 증상이 심하거나 코막힘이 동반된 경우에는 코 안에 스테로이드를 분무하는 것이 가장 효과적이며, 비강분무 스테로이드는 전신 흡수가 적어 전신 부작용의 우려도 적다. 최근에는 항히스타민과 스테로이드가 복합된 비강분무 약제가 국내에서 시판되고 있으며, 이는 증상을 10~20분 내로 신속하게 완화시킬 수 있는 것으로 보고되고 있다.
　코막힘 증상이 있지만 비강분무 약제를 사용하기에 나이가 너무 어리거나 비출혈(=코피) 등으로 비강분무 약제를 사용하지 못하는 경우에는 류코트리엔조절제를 복용할 수 있다. 다만 류코트리엔조절제는 매우 드물게 우울, 자살 충동 등의 신경학적인 부작용이 발생할 수 있으므로 약물 투여 전 이러한 위험이 없는지 평가하고 투여 후에도 부작용 발생 여부를 면밀히 관찰해야 한다.

① 알레르기비염은 국내에서 흔한 질환이며, 주요 원인으로 집먼지진드기, 알레르겐, 꽃가루 등이 있다.
② 알레르기비염으로 코막힘이 있으나 비강분무 약제를 사용하기 어려운 경우에는 류코트리엔조절제를 대안으로 복용할 수 있다.
③ 알레르기비염으로 인한 증상이 심한 경우 경구 항히스타민을 복용하는 것이 가장 효과적이다.
④ 알레르기비염이 의심될 경우 원인 알레르겐을 규명하기 위해 알레르기 피부반응검사나 혈액검사를 시행할 수 있다.

정답 및 해설 정답 ③

해설

네 번째 문단에 따르면, 알레르기비염으로 인한 증상이 심하거나 코막힘이 동반된 경우에는 코 안에 스테로이드를 분무하는 것이 가장 효과적이라고 나와 있다. 반면, 증상이 심하지 않고 코막힘이 동반되지 않은 경우에 경구 항히스타민을 복용할 수 있다고 설명되어 있다.

오답풀이

① 첫 번째와 두 번째 문단에 따르면, 알레르기비염은 국내 유병률이 19~46%에 이르는 흔한 질환이며, 전 세계적으로 알레르기비염을 많이 일으키는 원인으로 집먼지진드기가 있고, 반려동물의 비듬, 털, 침 또는 분비물에 포함된 '알레르겐'이 집먼지진드기 다음으로 가장 흔한 원인으로 보고되고 있다고 하였다. 또한, 특정 계절에 발생하는 경우 꽃가루(나무, 잔디, 잡초)가 원인일 수 있다고 하였다. 따라서 옳은 설명이다.
② 네 번째 문단에 따르면, "코막힘 증상이 있으나 비강분무 약제를 사용하지 못하는 경우 류코트리엔조절제를 복용할 수 있다."고 하였다.
④ 세 번째 문단에 따르면, "알레르기비염이 의심되면 원인 알레르겐을 규명하기 위해 알레르기 피부반응검사나 혈액검사를 시행한다."고 하였다.

유형 ❷ 논리적 추론

유형특징 및 접근전략

- **유형특징**: 글의 내용을 이해한 후 이를 바탕으로 추론할 수 있는 것 또는 추론할 수 없는 것을 찾는 유형이다. 지문과 별도로 문제에서 추가적인 자료가 제시되기도 한다.
- **접근전략**: 일치/불일치 유형과 비슷할 수 있지만, 단순히 키워드를 찾는 데 그치지 않고 글의 전반적인 내용을 이해하고 있다는 전제하에 문제를 풀 수 있도록 출제된다. 따라서 글을 건너뛰고 선지부터 읽는 것보다는 글의 맥락을 어느 정도 이해한 상태에서 선지를 보는 것이 유리할 수 있다.

다음 글을 읽고 알 수 없는 것은?

국민건강보험공단은 전 국민을 대상으로 의료보장을 제공하는 공공기관으로, 최근에는 '의료 접근성 강화'라는 목표 아래 다양한 서비스를 확대하고 있다. 특히 농어촌, 도서지역, 고령 인구가 많은 지역 등 의료취약지에 거주하는 국민들의 불편을 줄이기 위한 정책이 주목받고 있다.

이러한 노력의 일환으로, 공단은 이동형 건강검진 차량을 활용해 병원이 부족한 지역까지 찾아가는 서비스를 운영하고 있다. 이 차량은 혈압, 혈당, 시력, 청력 등의 기본검진은 물론, 폐기능 검사, X-ray 촬영 등도 가능하도록 의료장비를 갖추고 있다. 이를 통해 검진 사각지대에 놓였던 국민들이 가까운 곳에서 정기검진을 받을 수 있도록 하고 있다. 더불어 검진 후 건강위험 요인이 발견될 경우, 가까운 병원으로 연계하거나 건강관리 프로그램에 참여할 수 있도록 후속조치까지 제공하고 있다.

또한 공단은 의료정보 공백 해소를 위해 '건강정보 알림 서비스'도 운영 중이다. 이 서비스는 건강검진 결과나 만성질환 관리 정보 등을 문자나 모바일 앱으로 제공하여 365일 빈틈없이 국민들이 자신의 건강상태를 확인할 수 있도록 서비스를 제공하고 있다. 특히 지역 보건소와 협업하여 해당 정보가 단순히 전달되는 데 그치지 않고, 구체적인 행동으로 이어질 수 있도록 상담과 교육도 병행하고 있다.

이외에도 공단은 사회적 약자의 의료비 부담을 덜어주기 위해 본인부담 상한제, 재난적의료비 지원제도 등을 운영하며, 국민 누구나 경제적 이유로 의료 서비스를 포기하지 않도록 다층적인 제도를 마련해두고 있다.

국민건강보험공단의 이러한 움직임은 단순한 행정 서비스 제공을 넘어, 지역 간 의료격차를 줄이고 국민의 건강권을 실질적으로 보장하려는 적극적인 사회적 역할 수행이라 할 수 있다.

① 의료취약지 주민들은 공단의 이동형 건강검진 차량을 통해 검진 접근성을 높일 수 있다.
② 건강정보 알림 서비스는 의료정보 공백 해소뿐 아니라 개인의 건강관리 행동 변화도 유도하고 있다.
③ 공단에서 제공하는 건강검진을 통해 건강 위험요인이 발견될 경우, 그 후속조치도 함께 안내받을 수 있다.
④ 공단은 농어촌 지역 주민의 의료비를 전액 면제하고 있다.

정답 및 해설 〈정답 ④〉

 해설

공단은 사회적 약자의 의료비 부담을 덜어주기 위해 본인부담 상한제, 재난적의료비 지원제도 등을 운영하고 있지만, 농어촌 지역 주민의 의료비를 전액 면제하고 있는지는 알 수 없다.

오답풀이

① 공단은 이동형 건강검진 차량을 활용해 병원이 부족한 의료취약지까지 찾아가는 서비스를 운영하고 있으므로, 해당 지역 주민들은 이를 통해 검진 접근성을 높일 수 있을 것이다.
② 건강정보 알림 서비스는 단순히 정보를 알리는 데 그치지 않고, 지역 보건소와 협업하여 구체적인 행동으로 이어질 수 있도록 상담과 교육도 병행하고 있다.
③ 검진 후 건강위험 요인이 발견될 경우, 가까운 병원으로 연계하거나 건강관리 프로그램에 참여할 수 있도록 후속 조치까지 제공하고 있다.

유형 ❸ 주제/제목/글의 목적 찾기

유형특징 및 접근전략

- **유형특징**: 글에 어울리는 제목이나 핵심 주제, 화자의 의도를 찾는 유형이다.
- **접근전략**: 가장 쉬운 유형이며, 글 전체를 꼼꼼히 읽을 필요는 없고 함정 선지만 주의하면 된다. 글 전반을 아우르지 못하는 지엽적인 내용은 글의 제목이나 중심주제라고 할 수 없으며, 이러한 것들이 함정 선지로 주로 출제된다. 또한 글의 서두에서는 중심 주제를 감추고 있다가, 중반 이후부터 본 주제가 드러나는 경우도 있으므로 글의 앞부분만을 보고 섣부르게 판단해서는 안 된다.

다음 글의 중심 주제로 가장 적절한 것은?

지난 몇 년간 우리 사회는 고령화의 빠른 진전에 따라 의료 및 복지 수요가 급격히 증가하였다. 이에 따라 국민건강보험공단은 단순한 보험 운영기관을 넘어, 국민의 건강을 예방하고 질병을 조기에 발견하여 치료비 부담을 줄이기 위한 다양한 건강증진 사업을 추진하고 있다.

대표적인 예로, 공단은 정기 건강검진을 통해 질병의 조기 발견과 예방에 힘쓰고 있다. 실제로 건강검진을 통해 고혈압, 당뇨병, 간질환 등의 만성질환을 조기에 발견하는 사례가 많아졌고, 그 결과 고액의 진료비가 발생하는 중증질환으로의 진행을 막는 데 큰 효과를 보고 있다. 특히 검진 결과에 따라 건강위험군으로 분류된 대상자에게는 맞춤형 건강관리 상담과 프로그램을 제공함으로써, 건강행태의 개선까지 유도하고 있다.

또한 국민건강보험공단은 지역사회와 연계한 건강생활실천 사업도 활발히 진행 중이다. 걷기 운동 활성화 사업, 금연클리닉, 비만 예방 교육 등은 국민 개개인의 생활습관을 개선하고 스스로 건강을 관리하도록 돕는 중요한 역할을 한다. 이러한 사업은 건강보험 재정의 안정성 확보에도 직결된다. 예방이 치료보다 비용이 적게 들기 때문에, 전체적인 의료비 지출을 줄이고 보험재정의 지속가능성을 높이는 데 기여하기 때문이다.

결국 국민건강보험공단의 건강증진 사업은 단순한 의료비 절감 차원을 넘어서, 국민의 삶의 질을 높이고 건강한 사회를 만들기 위한 투자로 평가받고 있다. 앞으로도 공단은 예방 중심의 건강관리 패러다임을 더욱 강화하며 국민과 함께하는 건강 파트너로서의 역할을 확대해 나갈 계획이다.

① 국민건강보험공단의 재정 운영 방식
② 국민건강보험공단의 건강검진 항목 확대 계획
③ 국민건강보험공단의 예방 중심 건강증진 사업
④ 고령화에 따른 국민 의료비 증가와 재정 문제

정답 및 해설

정답 ③

해설

국민건강보험공단의 건강증진 사업을 소개하는 글이다. 국민건강보험공단이 건강증진 사업을 하는 이유에 대해서도 소개하고 있는데, 이는 예방이 치료보다 비용이 적게 들어 전체적인 의료비 지출을 줄이고 보험재정의 지속가능성을 높이는 데 기여하기 때문이다. 즉, 국민건강보험공단의 예방 중심 건강증진 사업에 대한 글이므로 정답은 ③이다.

유형 ④ 빈칸 삽입

전보 특화 유형

유형특징 및 접근전략

- **유형특징**: 글 중간에 뚫린 빈칸에 들어갈 알맞은 내용을 찾는 유형이다. 빈칸에는 접속사나 단어가 들어가는 경우가 많지만 문장이 들어가는 문제도 가끔 출제된다.
- **접근전략**: 세트 문제로 출제되기 때문에 빈칸의 위치만 확인하고 다른 문제부터 해결한다. 다른 문제를 해결하면서 글의 전반적인 맥락을 이해하면 빈칸 문제는 자연스레 풀리는 경우가 많다. 만약 단번에 해결되지 않는다면 빈칸의 앞, 뒤를 중심으로 문장을 살펴본다.

다음 글의 빈칸 ㉠에 들어갈 가장 알맞은 단어는?

현대 사회에서 건강에 대한 관심은 점점 더 높아지고 있다. 특히 식습관과 생활 습관이 건강에 미치는 영향이 알려지면서, 많은 사람들이 평소의 식단과 운동 습관을 돌아보게 되었다. 실제로 세계보건기구(WHO)는 비만과 같은 만성질환이 단순히 개인의 문제가 아니라 사회 전체가 함께 해결해야 할 중요한 보건 과제라고 강조하고 있다.

국내에서도 비만율과 고혈압, 당뇨병 등의 만성질환 유병률이 증가함에 따라 이를 예방하고 관리하기 위한 정책이 활발히 시행되고 있다. 학교 급식의 영양 기준을 강화하고, 지역사회에서 운동 프로그램을 운영하는 등의 시도가 그 예다.

(㉠) 건강정보에 대한 과도한 노출로 인해 오히려 왜곡된 지식을 믿거나 건강염려증을 겪는 사람들도 늘어나고 있다. 한 예로, 인터넷이나 SNS를 통해 퍼지는 "무설탕 제품은 무조건 건강하다", "해독주스만 마시면 살이 빠진다" 등의 주장은 과학적 근거가 부족하거나 지나치게 단편적인 경우가 많다. 잘못된 건강 정보는 오히려 사람들의 선택을 흐리게 만들고, 장기적으로는 건강을 해칠 수 있다.

따라서 개인은 건강에 대해 스스로 관심을 갖되, 정확하고 검증된 정보에 기반한 판단을 해야 하며, 정부와 전문가 집단 역시 신뢰할 수 있는 건강 정보를 꾸준히 제공해야 한다. 결국 건강한 사회는 개인의 실천과 함께 사회 전체의 협력이 만들어내는 결과다.

① 그러나
② 예를 들어
③ 게다가
④ 따라서

정답 및 해설 정답 ①

해설

빈칸의 앞에서는 건강에 대한 관심이 높아지고 있다는 내용이 서술되고 있지만, 빈칸의 뒤에서는 이러한 관심이 과도할 경우 발생하는 문제점에 대해 이야기하고 있다. 따라서 상반된 앞, 뒤 내용을 이어주는 역접 접속사에 해당하는 '그러나'가 적절하다.

유형 ❺ 맥락상 어울리지 않는 문장/문단 찾기

유형특징 및 접근전략

- **유형특징**: 글 중간에 밑줄이 쳐진 문장 중 글의 맥락상 어울리지 않는 것을 찾는 유형이다. 어울리지 않는 문장이 아닌 문단을 찾는 유형도 가끔 출제된다.
- **접근전략**: 글의 맥락을 파악하는 것이 가장 요구되는 유형이다. 글 전반적으로 말하고자 하는 중심 주제가 있지만, 각 문단에는 그 문단에서 말하고자 하는 소주제가 있다. 글 전반의 중심 주제에서는 벗어나지 않지만, 각 문단의 소주제와는 동떨어진 문장이 정답이 될 가능성이 높다. 따라서 각 문단의 소주제를 파악하는 데 주력하도록 하자.

다음 글의 전체 흐름상 삭제하는 것이 가장 적절한 문장은?

한국 사회에서는 오랜 시간 동안 "잠을 줄여야 성공할 수 있다"는 인식이 널리 퍼져 있었다. ㉠공부든 일이든 잠을 줄이며 노력하는 모습을 미덕으로 여기는 문화가 존재했으며, 이는 특히 수험생과 직장인들에게 깊이 뿌리내려 왔다. 하지만 최근 들어 수면이 단순한 휴식이 아니라 신체와 정신 건강에 직결된 필수 요소라는 인식이 확산되면서, 잠에 대한 사회적 태도 역시 변화하고 있다.

성인에게 권장되는 수면 시간은 일반적으로 하루 7시간에서 8시간 사이이며, 이를 지키지 못할 경우 면역력 약화, 집중력 저하, 감정 조절 장애 등 다양한 부작용이 나타날 수 있다. 또한 수면 부족이 일상화가 되면 장기적으로 심혈관질환, 비만, 당뇨병 등의 만성질환 발병률을 높이며, 정신 건강에도 부정적인 영향을 줄 수 있다. ㉡'수면을 줄이는 삶'이 오히려 생산성과 효율성을 떨어뜨린다는 연구 결과도 다수 발표되고 있다.

이에 따라 충분한 수면시간을 확보하는 것에 대한 중요성이 부각되었으나, 한편으로는 수면의 '질'을 높이기 위한 생활습관 개선, 즉 수면 위생(sleep hygiene)에 대한 관심도 커지고 있다. ㉢정해진 시간에 자고 일어나기, 잠들기 직전에는 스마트폰 사용 줄이기, 침실 조도 조절, 낮에 충분한 햇볕 쬐기, 카페인 섭취 줄이기 등이 대표적인 수면 위생 실천법이다. 수면 위생을 실천하여 수면의 질이 높아지면 같은 시간을 수면하더라도 신체와 정신의 회복 효과가 더욱 증대된다. ㉣아마존의 창업자 제프 베조스는 하루 8시간의 충분한 수면을 강조하면서, "8시간의 수면은 중요하다. 더 명확한 의사결정을 할 수 있고, 업무효율성이 폭발한다. 수면시간은 낭비하는 시간이 아니다."라고 말했다. 만약 충분한 수면시간을 확보하기 어려운 상황이라면, 적어도 수면의 질을 끌어올려 수면의 효과를 극대화하는 수면 위생을 생활화할 필요가 있다.

① ㉠　　　　② ㉡　　　　③ ㉢　　　　④ ㉣

정답 및 해설

정답 ④

해설

ⓔ이 있는 세 번째 문단에서는 수면의 질을 높이는 수면 위생에 대해 설명하고 있다. 그러나 ⓔ은 아마존의 창업자 제프 베조스의 말을 인용하면서, '충분한 수면시간'의 중요성을 강조하고 있다. ⓔ은 두 번째 문단에 위치하는 것이 더 적합하며, 세 번째 문단에서는 맥락상 다른 문장들과 조화를 이루지 못한다.

오답풀이

㉠ "잠을 줄여야 성공할 수 있다"라는 인식에 대한 부연설명이므로 적절하다.
㉡ 충분한 수면시간의 중요성에 대해 설명한 후에, 충분한 수면시간을 확보하지 못하였을 경우에 대한 부정적인 연구 결과에 대해 언급하는 것이므로 적절하다.
㉢ 수면 위생에 대한 설명 이후 수면 위생의 방법들에 대해 소개하는 문장이므로 적절하다.

수리능력

유형 ❶ 자료에 대한 진위 판단

 유형특징 및 접근전략

- **유형특징**: 표나 그래프와 같은 자료를 주고 해당 자료에 대한 설명이 옳은 것 또는 옳지 않은 것을 고르는 유형이다. 계산이 필요한 경우도 있고, 그렇지 않은 경우도 있다.
- **접근전략**: 각 선지마다 난이도가 다르므로 가장 쉬운 선지부터 해결하는 것이 좋다. 쉽고 어려움의 기준은 주로 계산량이 결정하는데, 당연히 계산을 하지 않고 눈으로도 해결할 수 있는 선지가 가장 쉬운 선지이므로 해당 선지부터 확인하되, 계산이 필요한 경우 여러 테크닉을 활용하여 문제 해결 시간을 최대한 단축하는 것이 핵심이다.

다음 〈표〉는 2018년과 2023년 장애인 편의시설 설치 현황을 조사한 자료이다. 이에 대한 설명으로 옳지 않은 것은?

〈표 1〉 2018년 장애인 편의시설 설치 현황

(단위: 천 개, %)

구분	설치기준 항목	설치 수	설치율	적정 설치 수	적정 설치율
매개시설	3,792	3,116	82.2	2,950	77.8
내부시설	3,299	2,762	83.7	2,561	77.6
위생시설	1,489	1,055	70.9	959	64.4
안내시설	296	198	66.9	181	61.1
기타시설	124	94	75.8	84	67.7
비치용품	35	19	54.3	19	54.3
계	9,035	7,244	80.2	6,754	74.8

〈표 2〉 2023년 장애인 편의시설 설치 현황

(단위: 천 개, %)

구분	설치기준 항목	설치 수	설치율	적정 설치 수	적정 설치율
매개시설	2,154	2,012	93.4	1,813	84.2
내부시설	2,858	2,550	89.2	2,273	79.5
위생시설	1,110	942	84.9	818	73.7
안내시설	213	157	73.7	122	57.3
기타시설	80	70	( )	60	( )
비치용품	25	13	52.0	13	52.0
계	6,440	5,744	89.2	5,099	79.2

※ 장애인 편의시설은 매개시설, 내부시설, 위생시설, 안내시설, 기타시설, 비치용품 6가지로만 분류됨

※ 설치율(%) = $\dfrac{\text{설치 수}}{\text{설치기준 항목 수}} \times 100$

※ 적정 설치율(%) = $\dfrac{\text{적정 설치 수}}{\text{설치기준 항목 수}} \times 100$

① 2023년 장애인 편의시설 종류 중 적정 설치율이 5년 전보다 낮아진 시설은 2가지다.
② 모든 종류의 장애인 편의시설은 2023년 설치 수가 5년 전보다 적다.
③ 2023년 기타시설 설치율은 5년 전보다 10%p 이상 증가하였다.
④ 2023년 설치된 장애인 편의시설 중에서 적정 설치된 비율이 가장 낮은 장애인 편의시설이 적정 설치율도 가장 낮다.

정답 및 해설　　　　　　　　　　　　　　　　　　　　　　　　　　　　　　　　　　정답 ④

해설

설치된 장애인 편의시설 중에서 적정 설치된 비율은 $\dfrac{\text{적정 설치 수}}{\text{설치 수}} \times 100$으로 구할 수 있다. 2023년에 그 비율이 가장 낮은 장애인 편의시설은 $\dfrac{122}{157} \times 100 ≒ 77.7(\%)$인 안내시설이다. 그러나 2023년에 적정 설치율이 가장 낮은 장애인 편의시설은 52%인 비치용품이므로 둘은 같지 않다.

오답풀이

① 〈표 2〉의 기타시설 적정 설치율은 $\dfrac{60}{80} \times 100 ≒ 75(\%)$이다. 따라서 적정 설치율이 5년 전보다 낮아진 시설은 안내시설(61.1% → 57.3%), 비치용품(54.3% → 52.0%) 2가지다.
② 매개시설은 3,116 → 2,012, 내부시설은 2,762 → 2,550, 위생시설은 1,055 → 942, 안내시설은 198 → 157, 기타시설은 94 → 70, 비치용품은 19 → 13으로, 모든 종류의 장애인 편의시설은 2023년 설치 수가 5년 전보다 적다.
③ 2023년 기타시설의 설치율은 $\dfrac{70}{80} \times 100 = 87.5(\%)$이다. 따라서 2023년 기타시설 설치율은 5년 전인 2018년보다 87.5−75.8=11.7(%p) 증가하였다. 즉 10%p 이상 증가하였다.

유형 ❷ 자료계산

유형특징 및 접근전략

- **유형특징**: 주어진 자료 내 빈칸을 두어 들어갈 값을 구하는 문제가 출제되기도 하고, 자료 안의 수치를 활용하여 계산하는 문제가 출제되기도 한다. 그 외에도 〈보기〉에 3~4가지 항목에 맞는 각각의 값을 구하여 대소 비교를 하는 문제가 나오기도 한다.
- **접근전략**: 주어진 자료의 단위를 먼저 확인하고, 문제에서 물어보는 것과 이를 도출하기 위한 수식을 생각한다. 자료에 주석이나 예외사항 등이 주어지면 이를 활용하는 문제가 등장할 확률이 높으므로 항상 주석 등을 우선적으로 살펴보는 것이 좋다.

다음 〈표〉는 지역별 중증외상 발생 환자 및 사망 환자 수를 조사한 자료이다. 이를 바탕으로 2023년 수도권의 중증외상 환자 치명률을 구하면? (단, 백분율 소수점 첫째 자리에서 반올림한다.)

〈표〉 2023년 지역별 중증외상 발생 환자 및 사망 환자 수

(단위: 명)

지역	발생 환자	사망 환자
전국	8,192	4,561
서울	901	463
부산	440	282
대구	214	130
인천	365	233
광주	157	127
대전	219	105
울산	185	95
세종	54	35
경기	2,009	974
강원	322	208
충북	401	196
충남	543	306
전북	462	254
전남	504	334
경북	622	378
경남	627	371
제주	167	70

※ 치명률(%): 중증외상 발생 환자 중 사망 환자의 비율
※ 수도권은 서울, 인천, 경기 세 지역만을 포함함

① 48%　　② 51%　　③ 54%　　④ 57%

정답 및 해설   정답 ②

수도권은 서울, 인천, 경기 세 지역만을 포함하므로, 세 지역의 중증외상 발생 환자 수와 사망 환자 수를 각각 계산하면 다음과 같다.
- 중증외상 발생 환자 수: 901+365+2,009=3,275(명)
- 중증외상 사망 환자 수: 463+233+974=1,670(명)

치명률은 중증외상 발생 환자 중 사망 환자의 비율을 의미하므로, 수도권의 중증외상 환자 치명률은 $\frac{1,670}{3,275} \times 100 ≒ 51.0$(%)이다.

유형 ❸ 자료변환

전보 특화 유형

유형특징 및 접근전략

- **유형특징**: 일반적으로 표가 주어지고, 그 표의 일부 내용을 그래프로 표현한 것 중 옳은 것 또는 옳지 않은 것을 찾는 유형이다.
- **접근전략**: 자료변환 유형에서는 자료의 수치를 그대로 그래프로 구현한 선지도 있지만, 그러한 선지가 정답이 될 확률은 낮으며 계산을 통해 한 번 가공한 그래프가 정답이 될 확률이 높다.

다음 〈표〉는 2020~2023년 의료기관종별 입원환자 수를 조사한 자료이다. 이를 토대로 나타낸 그래프 중 옳지 않은 것은? (단, 자료 내 항목만을 고려하며, 모든 계산은 각 단위의 소수점 둘째 자리에서 반올림한다.)

〈표〉 2020~2023년 의료기관종별 입원환자 수

(단위: 천 명)

구분	2020년	2021년	2022년	2023년
전체	8,932	9,080	9,312	9,711
상급종합병원	1,778	1,947	1,940	2,019
종합병원	2,854	2,951	2,962	3,143
병원	2,460	2,354	2,464	2,570
요양병원	407	394	473	448
치과병원	5	5	5	5
한방병원	463	489	536	594
의원	859	779	769	775
치과의원	5	7	1	2
한의원	101	154	162	155

※ 1차 의료기관 = 의원, 치과의원, 한의원
※ 2차 의료기관 = 종합병원, 병원, 요양병원, 치과병원, 한방병원
※ 3차 의료기관 = 상급종합병원

① 전체 의료기관 입원환자 수

(단위: 천 명)

```
9,800                          9,711
9,600
9,400              9,312
9,200     9,080
9,000  8,932
8,800
8,600
8,400
      2020년 2021년 2022년 2023년
```

② 2023년 1~3차 의료기관의 입원환자 비율

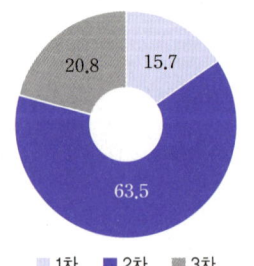

(단위: %)

15.7 / 63.5 / 20.8

■1차 ■2차 ■3차

③ 1차 의료기관에서의 전년 대비 입원환자 증가폭

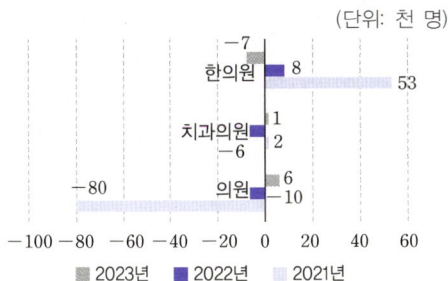

④ 2021~2023년 3차 의료기관에서의 전년 대비 입원환자 증가율

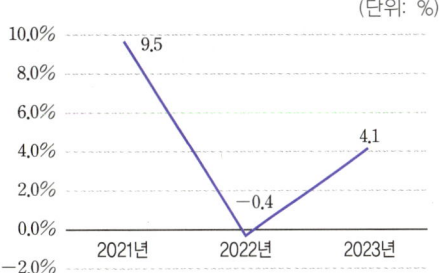

정답 및 해설

정답 ②

해설

1~3차 의료기관의 입원환자 비율은 다음과 같다.

- 1차: $\frac{775+2+155}{9,711} \times 100 ≒ 9.6(\%)$

- 2차: $\frac{3,143+2,570+448+5+594}{9,711} \times 100 ≒ 69.6(\%)$

- 3차: $\frac{2,019}{9,711} \times 100 ≒ 20.8(\%)$

따라서 ②의 그래프는 옳지 않다.

오답풀이

① 표의 제일 첫 번째 줄을 통해 올바른 그래프임을 알 수 있다.
③ 1차 의료기관에는 의원, 치과의원, 한의원이 해당하며, 해당 의료기관의 2021~2023년 입원환자 증가폭을 계산하여 정리하면 다음과 같다.

(단위: 천 건)

구분	2021년	2022년	2023년
의원	-80	-10	6
치과의원	2	-6	1
한의원	53	8	-7

따라서 바르게 나타낸 그래프이다.

④ 3차 의료기관에 해당하는 의료기관은 상급종합병원으로, 2021~2023년 전년 대비 입원환자 증가율을 계산하여 정리하면 다음과 같다.

- 2021년: $\frac{1,947-1,778}{1,778} \times 100 ≒ 9.5(\%)$

- 2022년: $\frac{1,940-1,947}{1,947} \times 100 ≒ -0.4(\%)$

- 2023년: $\frac{2,019-1,940}{1,940} \times 100 ≒ 4.1(\%)$

따라서 바르게 나타낸 그래프이다.

수리능력

문제해결능력

유형 ❶ 공고문/규정 이해

 유형특징 및 접근전략

- **유형특징**: 공고문, 규정, 제도 등을 설명하는 자료를 주고 이를 잘 이해하였는지 확인하는 유형이다.
- **접근전략**: 공고문/규정 이해 유형은 문제 해결을 위한 정보만을 숨은그림찾기 하듯이 빠르게 캐치하면 된다. 따라서 공고문/규정을 먼저 읽기보다는 문제를 먼저 확인한 후 문제 해결을 위해 필요한 정보가 무엇인지부터 파악하는 것이 중요하다. 특히 일반적인 내용보다는 주의사항, 예외사항 등에서 정답이 나올 가능성이 높으므로 해당 내용을 유의깊게 확인할 필요가 있다.

다음은 장애인 보조기기 급여비 지원 제도에 대한 안내문이다. 이를 바탕으로 이해한 내용 중 옳지 않은 것은? (단, 공휴일을 제외한 평일만 영업일로 간주한다.)

장애인 보조기기 급여비 지원 제도

■ 대상
  장애인복지법에 의하여 등록된 장애인인 건강보험가입자 또는 피부양자

■ 장애인 보조기기 보험급여 품목
  의지 및 보조기, 휠체어, 보청기 등 9개 분류 90개 품목

■ 지급 횟수
  - 동일 보조기기는 유형별로 정해진 내구연한 내 1인당 1회 지급
  - 동일 유형의 팔, 다리 의지 및 보조기, 의안을 양측으로 장착하거나 손가락의지를 2개 이상 장착하는 경우 각각 1회로 간주함
  - 자세보조용구(앉기형)의 경우 '몸통 및 골반지지대'를 기본으로 머리 및 목 지지대, 팔 지지대 및 랩트레이, 다리 및 발 지지대를 동시에 장착하거나 몸통 및 골반지지대 내구연한 내에서 추가로 장착하는 경우 각각 1회로 간주함
  - 보청기 구입 후 청력개선 효과를 높이기 위한 성능 유지, 관리 서비스(적합관리서비스)를 받는 경우 1회로 봄

■ 공단의 부담금액
  - 기준액, 고시액, 실구입금액 중 가장 낮은 금액의 90% 지급
  - 차상위 본인부담경감 대상자의 경우 기준액, 고시액, 실구입금액 중 가장 낮은 금액의 100% 지급
  ※ 차상위 본인부담경감 대상자: 희귀난치성질환자(차상위 1종, C코드), 희귀난치성질환 외의 질환으로 6개월 이상 치료를 받고 있거나 6개월 이상 치료가 필요한 사람 또는 18세 미만의 아동(차상위 2종, E, F)

■ 제공방법
• 급여 청구 자격 및 기간

청구 자격	수급자, 수급자의 가족 또는 보조기기 판매업자
청구 기간	보조기기 구입일로부터 3년

※ 국민건강보험법 제51조 개정으로 가입자 또는 피부양자의 위임이 있는 경우, 보조기기 판매업자도 보조기기 급여비 청구 가능

• 신청방법

방문	구비서류 지참 후 공단 지사에 방문하여 신청 가능
팩스	공단 지사 팩스로 구비서류 제출
온라인	요양기관정보마당(급여보장포털) → 보조기기 등록 판매업소에서만 신청 가능

※ 단, 차상위 본인부담경감 대상자의 경우 온라인 신청 불가하므로 지사로 신청 요망

① 보청기 구입 후 청력 개선을 위한 적합관리서비스를 받는 경우 1회 지급 횟수에 포함된다.
② 가입자의 위임을 받은 보조기기 판매업자가 보조기기 구입한 지 2년이 지난 후에 급여비를 청구한다면 받을 수 있다.
③ 희귀난치성질환자(C코드)가 구입한 보청기의 기준액이 120만 원, 고시액이 115만 원, 실구입금액이 130만 원이라면 공단부담금액은 103만 5천 원이다.
④ 방문, 팩스, 온라인으로 신청할 수 있지만, 공단의 부담금액이 100%인 경우에는 온라인 신청이 불가하다.

정답 및 해설

정답 ③

해설

공단의 부담금액은 기준액, 고시액, 실구입금액 중 가장 낮은 금액인데, 차상위 본인부담경감 대상자의 경우 100%를 지급한다. 희귀난치성질환자(C코드)이므로 차상위 본인부담경감 대상자이며, 기준액 120만 원, 고시액 115만 원, 실구입금액 130만 원 중 가장 낮은 금액인 115만 원을 공단이 100% 부담한다.

오답풀이

① 보청기 구입 후 청력개선 효과를 높이기 위한 성능 유지, 관리 서비스(적합관리서비스)를 받는 경우 1회로 본다.
② 수급자, 수급자의 가족 또는 보조기기 판매업자(가입자 또는 피부양자의 위임이 있는 경우) 모두 청구 자격자이며, 보조기기 구입일로부터 3년까지 청구 가능하다.
④ 신청방법을 보면 방문, 팩스, 온라인으로 신청할 수 있지만, 차상위 본인부담경감 대상자(이 경우에는 공단의 부담금액이 100%)는 온라인 신청이 불가하다고 나와 있다.

유형 ❷ 적정 대상 선택

유형특징 및 접근전략

- **유형특징**: 공고문, 규정, 제도 등에서 어떠한 대상을 선발하는 기준을 제시하고, 그 기준에 맞는 사람이나 기관을 고르는 유형이다.
- **접근전략**: 주어진 자료를 전부 볼 필요는 없고 적정 대상에 대한 조건이 있는 부분만 발췌해서 확인하면 된다. 이때, 조건 중 하나만 만족하면 되는지, 아니면 모든 조건을 만족해야 하는지가 중요 포인트이므로 유의깊게 확인할 필요가 있다.

다음은 산소치료기기 대여료 지원사업에 관한 내용이다. 이를 바탕으로 할 때, 해당 사업의 대상이 되는 사람만을 〈보기〉에서 모두 고르면? (단, 제시되지 않은 사항에 대해서는 조건을 모두 충족한다고 가정한다.)

산소치료기기 대여료 지원사업

■ 정의/목적
　산소치료를 필요로 하는 환자가 의사의 처방전에 따라 의료용 산소발생기(휴대용 포함)로 가정 등에서 산소치료 서비스를 제공받는 경우, 기기 대여료를 지원하는 제도

■ 대상
　다음 중 어느 하나에 해당하고, 공단에 환자등록을 신청한 사람
1. 중증의 만성심폐질환 등으로 산소치료가 필요하다고 인정되는 사람 중 90일 동안의 적절한 내과적 치료 후 별도로 시행한 동맥혈가스 검사 또는 산소포화도 검사 결과가 다음 각 목의 어느 하나에 해당하는 사람(다만, 생후 90일 미만의 신생아 또는 장애정도가 심한 호흡기 장애인의 경우에는 내과적 치료 없이 검사를 시행할 수 있다.)
　가. 동맥혈가스 검사 결과가 다음의 어느 하나에 해당하는 경우
　　1) 동맥혈 산소분압이 55mmHg 이하인 경우
　　2) 동맥혈 산소포화도가 88% 이하인 경우
　　3) 다음의 어느 하나에 해당하면서 적혈구 증가증(헤마토크릿이 55%를 넘는 경우를 말한다. 이하 같다)이 있거나, 울혈성 심부전을 시사하는 말초부종이 있거나, 폐동맥고혈압이 있는 경우
　　　가) 동맥혈 산소분압이 56~59mmHg인 경우
　　　나) 동맥혈 산소포화도가 89% 이상인 경우
　나. 산소포화도 검사 결과가 다음의 어느 하나에 해당하는 경우
　　1) 산소포화도가 88% 이하인 경우
　　2) 산소포화도가 89% 이상이면서 적혈구 증가증이 있거나, 울혈성 심부전을 시사하는 말초부종이 있거나, 폐동맥고혈압이 있는 경우
2. 2019. 07. 01. 전에 호흡기 1급 또는 2급 장애인으로 등록된 경우에는 제1호의 검사 없이 내과, 결핵과, 흉부외과 또는 소아청소년과 전문의가 산소치료가 필요하다고 판단한 사람

> ─── 보기 ───
> ㉠ 90일 동안의 내과적 치료를 생략하고 동맥혈가스 검사 결과 산소분압이 56mmHg로 나온 생후 3주 된 미숙아 A
> ㉡ 산소포화도 검사 결과가 90%로 나온 B
> ㉢ 동맥혈가스 검사 결과 동맥혈 산소분압이 57mmHg이면서 폐동맥고혈압이 있는 C
> ㉣ 2018년에 등록된 호흡기 2급 장애인으로, 흉부외과 전문의에게서 산소치료를 받을 것을 진단받은 D

① ㉠, ㉡   ② ㉠, ㉣   ③ ㉡, ㉢   ④ ㉢, ㉣

정답 및 해설 정답 ④

해설

㉢ '1.−가.−3)'의 내용에 따르면, 동맥혈가스 검사 결과 동맥혈 산소분압이 57mmHg으로 기준 범위인 56~59mmHg 안에 들면서, 폐동맥고혈압이 있는 C는 조건에 부합한다.
㉣ '2.'의 내용에 따르면, 2019년 7월 1일 이전에 호흡기 2급 장애인으로 등록되었으며 흉부외과 전문의에게서 산소치료가 필요하다고 진단받은 D는 조건에 부합한다.

오답풀이

㉠ '1.'의 내용에 따르면, 생후 90일 미만의 신생아 또는 장애정도가 심한 호흡기 장애인의 경우 내과적 치료 없이 검사를 시행할 수 있다. 그러나 '1.−가.−1)'에 따르면 동맥혈 산소분압이 55mmHg 이하여야 하는데, A는 그보다 높은 56mmHg이므로 조건에 부합하지 않아 대상이 될 수 없다.
㉡ '1.−나.−1)'의 내용에 따르면, 산소포화도 검사 결과로 산소포화도가 88% 이하여야 하는데 B는 90%가 나왔으므로 기준에 부합하지 않아 대상이 될 수 없다. 추가로 '1.−나.−2)'를 살펴보더라도 적혈구 증가증 또는 울혈성 심부전을 시사하는 말초부종 또는 폐동맥고혈압이 있는 경우 대상이 될 수 있지만, B는 여기에도 해당하지 않으므로 대상이 될 수 없다.

유형 ❸ 수치 계산(비용, 시간)

 유형특징 및 접근전략

- **유형특징**: 공고문, 규정, 제도 등에서 예산이나 시간에 대한 내용을 바탕으로 그 값을 계산하거나, 점수를 계산하여 순위를 정하는 유형이다.
- **접근전략**: 순위를 정할 때는 동점자 처리 규정이 주어지는 경우가 많다. 이를 눈여겨 봐야 하며, 실제 계산은 덧셈이나 곱셈으로 간단한 경우가 많으므로 규정이나 예외조항을 파악하는 것이 더 중요하다.

다음은 202X년 장애인활동지원 이용 우수사례 공모전에 관한 내용이다. 해당 공모전에서 관련 전문가 서류 심사를 받은 득점 상위 5인의 A~E씨가 받은 심사 점수가 〈표〉와 같다고 할 때, B씨와 C씨가 받게 될 시상금의 합계는 얼마인가?

202X년 장애인활동지원 이용 우수사례 공모전

■ 공모 목적
  장애인활동지원 이용 우수사례 발굴을 통한 장애인의 적절한 서비스 이용 장려 및 일반 국민의 제도에 대한 인식 제고

■ 공모 대상
  장애인활동지원서비스 경험이 있는 장애인 이용자(수급자) 및 보호자(가족), 활동지원기관 전담인력, 활동지원사 등

■ 심사 및 시상
- 심사 기준
  - 방법: 1차 내부 심사(2.5배수), 2차 관련 전문가 서류 심사(고득점 순)
  - 항목: 적합성, 충실성, 표현성, 확산성

심사 항목	평가 기준	배점(100점)
적합성	공모전 취지에 맞춰 적합하게 작성되었는지 여부	30점
충실성	실제 서비스 이용에 대한 내용(서비스 이용 계기, 이용한 서비스 내용, 긍정적 삶의 변화 등)을 충실히 구성하였는지 여부	30점
표현성	누구나 쉽게 이해할 수 있도록 표현하였는지 여부	20점
확산성	사례를 통해 사회적 공감과 관심을 유도할 수 있는지 여부	20점

※ 동점자의 경우 적합성 점수가 더 높은 순서대로 순위가 매겨짐

- 시상 규모
  고득점 순으로 최우수상 2명, 우수상 2명, 장려상 6명, 참가상 20명(총 30명)

시상명	인원	시상금(원)	비고
최우수상	2명	1,000,000	기념 선물 제공
우수상	2명	500,000	
장려상	6명	300,000	
참가상	20명	-	

〈표〉 서류 심사 득점 상위 5인의 심사 점수

구분	적합성	충실성	표현성	확산성
A씨	26점	30점	17점	17점
B씨	29점	27점	18점	16점
C씨	28점	28점	16점	17점
D씨	29점	27점	17점	15점
E씨	25점	29점	19점	18점

① 800,000원
② 1,000,000원
③ 1,500,000원
④ 2,000,000원

정답 및 해설　　　　　　　　　　　　　　　　　　　　　　　정답 ③

 해설

A~E씨의 심사 항목별 점수를 합산하면 다음과 같다.
- A씨: 26+30+17+17=90(점)
- B씨: 29+27+18+16=90(점)
- C씨: 28+28+16+17=89(점)
- D씨: 29+27+17+15=88(점)
- E씨: 25+29+19+18=91(점)

최종 점수에 따라 순위를 매기면 E씨가 1등이고, 동점자인 A씨와 B씨 중 적합성 점수가 더 높은 B씨가 2등, A씨가 3등, C씨가 4등, D씨는 5등이다.
A~E가 상위 5명이므로 최우수상 2명, 우수상 2명, 장려상 1명을 받게 되는데, B씨는 최우수상을, C씨는 우수상을 받게 된다. 따라서 B씨와 C씨가 받게 될 시상금 합계는 1,000,000+500,000=1,500,000(원)이다.

유형 ❹ 지문의 이해 및 활용

전년 특화 유형

유형특징 및 접근전략

- **유형특징**: 공단과 관련된 보도자료를 주고 옳은 것 또는 옳지 않은 것을 찾는 유형이다.
- **접근전략**: 일반적인 의사소통능력 지문과는 다르게 구체적인 수치에 대한 정보량이 굉장히 많은 유형이며, 그 수치를 이용한 문제들이 주로 출제된다. 수치 자체를 전부 외워서 문제를 푸는 것은 불가능하므로, 어느 위치에 무엇과 관련된 수치가 있는지만 파악한 후 선지를 보는 것이 좋다.

다음 보도자료를 읽고 판단한 내용으로 옳은 것은?

장기요양기관 지정갱신제, 2025년 6월부터 본격 시행

보건복지부는 4월 29일(화) 2025년 제2차 장기요양위원회를 개최하고, 장기요양기관 지정갱신제 추진계획, 노인요양시설 한시적 가산 제도 보완 방안, 2024년 주요 연구용역 결과에 대해 논의하였다.

〈장기요양기관 지정갱신제 추진계획〉

보건복지부는 장기요양기관의 서비스 질 관리 및 운영역량 제고를 위해 2025년 첫 심사를 시작하는 장기요양기관 지정갱신제 추진계획을 보고하였다. 2018년 12월 「노인장기요양보험법」 개정으로 장기요양기관의 지정 유효기간(6년) 및 지정갱신제가 도입(기존에는 지정 유효기간이 존재하지 않았음)되었으며, 개정법 시행('19.12.) 이전 지정받은 기관은 유효기간 만료('25.12.) 전 지정의 갱신을 받아야 한다.

지정갱신 대상은 유효기간 이후에도 지정 효력을 유지하려는 장기요양기관으로, 지정 유효기간이 끝나기 180일 전부터 90일 전까지 신청해야 한다. 심사기준은 ① 설치·운영자 및 종사자의 서비스 제공 능력(행정처분 이력·장기요양기관평가결과 등), ② 서비스 제공 계획의 충실성(사업운영계획·수급자 인권보호·직원교육 등), ③ 자원관리의 건전성 및 성실성(회계·재정운영 준수 등), ④ 인력관리의 체계성 및 적절성(근로계약·급여 적정성 및 직원 복지), ⑤ 기타 지자체장이 필요하다고 인정하는 사항 등을 포함한다. 갱신심사 부적격 기관은 갱신 부적격 내용을 수급자·보호자에게 통보, 다른 장기요양기관을 이용하도록 조치하여야 하며 운영 의사가 없는 경우 폐업 절차를 진행한다.

〈노인요양시설 한시적 가산 제도 보완 방안〉

보건복지부는 요양보호사 가산 폐지에 따른 대안으로 2025년 1월부터 시행한 노인요양시설 요양보호사 한시적 가산 제도 보완 방안을 보고하였다. 복지부는 지난해 노인요양시설 요양보호사 인력배치기준을 강화와 함께 추가 배치 요양보호사 인력운용비를 반영하여 2025년도 노인요양시설(2.1:1 기준) 기준수가를 7.37% 인상하고, 요양보호사 가산을 폐지한 바 있다. 기존에는 수급자 2.5명당 요양보호사 1명을 배치해야 했지만, 2022년 10월부터는 수급자 2.3명당 요양보호사 1명, 2025년부터는 2.1명당 1명을 배치해야 한다.

제도 보완에 따라 2.1:1 요양보호사 인력배치 기준을 준수하는 노인요양시설의 수급자가 전월 대비 감소하여 의무배치 인원보다 요양보호사를 초과로 보유하게 되는 경우 수급자 감소가 발생한 달을 포함하여 최대 3개월까지 가산을 적용*(연 최대 6개월 지원)을 받게 된다.
* (기존) 2.1:1 배치기준을 충족한 기관의 전월 대비 현원 감소 시 1개월 가산(연 6회)
※ 다만, 장기요양기관의 수급자 수가 3개월을 초과하여 지속적으로 감소하는 경우 한시적 가산 대상에서 제외 → 적정 입소자 모집 및 인력관리 책임 부여

① "지정 유효기간이 도입되었지만, 기존 장기요양기관은 별도의 신청 없이 자동으로 지정이 갱신될거야."
② "제도 보완 전에는 요양보호사 1명이 담당하는 수급자 수가 2.1명보다 많았고, 가산 적용 개월 수는 3개월보다 적었을 거야."
③ "수급자가 4개월 내내 감소하는 장기요양기관도 인력배치 기준만 충족하면 연 6개월까지 가산을 받을 수 있어."
④ "지정갱신심사 결과 부적격 판정을 받은 장기요양기관도 별도 행정 절차 없이 자동으로 재심사를 받을 수 있어."

정답 및 해설 정답 ②

해설
노인요양시설 한시적 가산 제도 보완 방안 내용에 따르면, 노인요양시설 요양보호사 인력배치기준을 강화하여 2025년에 수급자 2.1명당 요양보호사 1명 기준 노인요양시설 기준수가를 7.37% 인상했다고 하였다. 또한, 기존에는 인력배치기준을 준수하는 노인요양시설의 전월 대비 현원 감소 시 1개월 가산 적용을 받았지만, 제도 보완에 따라 최대 3개월까지 가산을 적용 받게 된다고 했으므로 ②은 올바른 추측이다.

오답풀이
① 개정법 시행 이전에 지정받은 기관은 지정의 유효기간이 끝나기 90~180일 전 직접 신청해 유효기간 만료 전 지정의 갱신을 받아야 한다.
③ 장기요양기관의 수급자 수가 3개월을 초과하여 지속적으로 감소하는 경우 한시적 가산 대상에서 제외된다.
④ 갱신심사 부적격 기관은 수급자 및 보호자에게 통보하고, 폐업 또는 이용기관 변경 등의 조치를 해야 한다. 따라서 재심사 절차가 자동으로 부여된다는 추론은 적절하지 않다.

법률

유형 ❶ 일치/불일치

[국민건강보험법]

다음 중 가입자의 자격 변동에 대한 설명으로 옳지 않은 것은?

① 지역가입자가 적용대상사업장의 근로자로 사용된 경우, 그 날에 자격이 변동된다.
② 직장가입자인 근로자가 퇴직한 경우, 그 날에 자격이 변동된다.
③ 지역가입자가 다른 세대로 전입한 경우, 그 날에 자격이 변동된다.
④ 직장가입자의 사용자와 지역가입자의 세대주는 자격 변동이 발생한 날부터 14일 이내에 보험자에게 신고해야 한다.

정답 및 해설 정답 ②

> **관련조문**
> 제9조(자격의 변동 시기 등)
> ① 가입자는 다음 각 호의 어느 하나에 해당하게 된 날에 그 자격이 변동된다.
> 1. 지역가입자가 적용대상사업장의 사용자로 되거나, 근로자·공무원 또는 교직원(이하 "근로자등"이라 한다)으로 사용된 날
> 2. 직장가입자가 다른 적용대상사업장의 사용자로 되거나 근로자등으로 사용된 날
> 3. 직장가입자인 근로자등이 그 사용관계가 끝난 날의 다음 날
> 4. 적용대상사업장에 제7조 제2호(휴업·폐업 등 보건복지부령으로 정하는 사유가 발생한 경우)에 따른 사유가 발생한 날의 다음 날
> 5. 지역가입자가 다른 세대로 전입한 날
> ② 제1항에 따라 자격이 변동된 경우 직장가입자의 사용자와 지역가입자의 세대주는 다음 각 호의 구분에 따라 그 명세를 보건복지부령으로 정하는 바에 따라 자격이 변동된 날부터 14일 이내에 보험자에게 신고하여야 한다.
> 1. 제1항 제1호 및 제2호에 따라 자격이 변동된 경우: 직장가입자의 사용자
> 2. 제1항 제3호부터 제5호까지의 규정에 따라 자격이 변동된 경우: 지역가입자의 세대주

 해설

② (×) 그 날이 아닌 다음 날에 자격이 변동된다.

> **독끝 암기포인트**
> • 입사하거나 이직, 전입하는 경우에는 그 날부터
> • 퇴사하거나 휴업·폐업하여 마지막 근무를 하는 경우에는 그 날까지 근무한 것으로 상정하므로 다음 날부터

[노인장기요양보험법]

다음 중 노인장기요양보험법상 규정으로 옳지 않은 것은?

① 장기요양인정 신청인은 신청서를 먼저 공단에 제출하고, 의사소견서는 공단이 등급판정위원회에 자료를 제출하기 전까지 제출할 수 있다.
② 의사소견서의 발급비용·비용부담방법·발급자의 범위, 그 밖에 필요한 사항은 보건복지부령으로 정한다.
③ 등급판정위원회는 신청인이 신청자격요건을 충족하고 6개월 이상 동안 혼자서 일상생활을 수행하기 어렵다고 인정하는 경우 심신상태 및 장기요양이 필요한 정도 등 대통령령으로 정하는 등급판정기준에 따라 수급자로 판정한다.
④ 등급판정위원회의 등급판정은 수급자가 변경신청을 하는 경우에만 다시 수급자 등급을 조정할 수 있다.

정답 및 해설   정답 ④

관련조문

제13조(장기요양인정의 신청)
① 장기요양인정을 신청하는 자(이하 "신청인"이라 한다)는 공단에 보건복지부령으로 정하는 바에 따라 장기요양인정 신청서(이하 "신청서"라 한다)에 의사 또는 한의사가 발급하는 소견서(이하 "의사소견서"라 한다)를 첨부하여 제출하여야 한다. 다만, 의사소견서는 공단이 제15조 제1항에 따라 등급판정위원회에 자료를 제출하기 전까지 제출할 수 있다.
③ 의사소견서의 발급비용·비용부담방법·발급자의 범위, 그 밖에 필요한 사항은 보건복지부령으로 정한다.

제15조(등급판정 등)
② 등급판정위원회는 신청인이 제12조(장기요양인정의 신청자격)의 신청자격요건을 충족하고 6개월 이상 동안 혼자서 일상생활을 수행하기 어렵다고 인정하는 경우 심신상태 및 장기요양이 필요한 정도 등 대통령령으로 정하는 등급판정기준에 따라 수급자로 판정한다.
④ 공단은 장기요양급여를 받고 있거나 받을 수 있는 자가 다음 각 호의 어느 하나에 해당하는 것으로 의심되는 경우에는 제14조(장기요양인정 신청의 조사) 제1항 각 호의 사항을 조사하여 그 결과를 등급판정위원회에 제출하여야 한다.
1. 거짓이나 그 밖의 부정한 방법으로 장기요양인정을 받은 경우
2. 고의로 사고를 발생하도록 하거나 본인의 위법행위에 기인하여 장기요양인정을 받은 경우
⑤ 등급판정위원회는 제4항에 따라 제출된 조사 결과를 토대로 제2항에 따라 다시 수급자 등급을 조정하고 수급자 여부를 판정할 수 있다.

해설

④ (×) 제15조 제5항에 의해 거짓이나 그 밖의 부정한 방법으로 장기요양인정을 받은 경우 또는 고의로 사고를 발생하도록 하거나 본인의 위법행위에 기인하여 장기요양인정을 받은 경우라고 의심되는 경우 공단이 다시 조사하여 등급판정위원회에 조사 결과를 제출하여야 하고, 등급판정위원회는 이를 토대로 수급자 등급을 조정할 수 있다.

독끌 암기포인트

④ 수급자 등급이 조정되는 경우는 수급자 본인의 상태가 변화하여 변경신청을 하는 경우도 있지만, 반대로 공단 측이 수급자가 부정한 방법으로 인정을 받았다고 의심하는 경우에 재조사하여 등급이 조정되거나 수급자 인정을 하지 않을 수도 있다.

유형 ❷ 해당하는 것 고르기

[국민건강보험법]

다음 〈보기〉 중 국민건강보험법상 보험급여가 제한될 수 있는 사유에 해당하는 것만을 모두 고르면?

• 보기 •

㉠ 고의로 인한 범죄행위에 원인이 있는 경우
㉡ 경과실로 보험급여에 대한 공단의 문서 제출 요구를 누락한 경우
㉢ 공무로 인한 부상으로 산업재해보상보험에 따라 보상을 받는 경우
㉣ 대통령령으로 정한 기간 이상 보수 외 소득월액보험료를 체납한 경우

① ㉠, ㉢
② ㉡, ㉣
③ ㉠, ㉢, ㉣
④ ㉠, ㉡, ㉢, ㉣

정답 및 해설 정답 ③

[관련조문]

제53조(급여의 제한)
① 공단은 보험급여를 받을 수 있는 사람이 다음 각 호의 어느 하나에 해당하면 보험급여를 하지 아니한다.
1. 고의 또는 중대한 과실로 인한 범죄행위에 그 원인이 있거나 고의로 사고를 일으킨 경우
2. 고의 또는 중대한 과실로 공단이나 요양기관의 요양에 관한 지시에 따르지 아니한 경우
3. 고의 또는 중대한 과실로 제55조(급여의 확인)에 따른 문서와 그 밖의 물건의 제출을 거부하거나 질문 또는 진단을 기피한 경우
4. 업무 또는 공무로 생긴 질병·부상·재해로 다른 법령에 따른 보험급여나 보상(報償) 또는 보상(補償)을 받게 되는 경우
③ 공단은 가입자가 대통령령으로 정하는 기간 이상 다음 각 호의 보험료를 체납한 경우 그 체납한 보험료를 완납할 때까지 그 가입자 및 피부양자에 대하여 보험급여를 실시하지 아니할 수 있다.
1. 제69조 제4항 제2호에 따른 보수 외 소득월액보험료
2. 제69조 제5항에 따른 세대단위의 보험료

㉡ (✕) '고의 또는 중대한 과실'인 경우에만 해당하며, '경과실'은 해당하지 않는다.

[독끝 암기포인트]

제53조 제1항 제4호와 같이 중복급여가 제한되는 경우도 있으므로 주의한다.

[노인장기요양보험법]

다음 중 노인장기요양보험법상 보건복지부장관, 특별시장·광역시장·도지사 또는 특별자치시장·특별자치도지사·시장·군수·구청장이 장기요양급여의 제공 명세, 재무·회계에 관한 사항 등 장기요양급여에 관련된 자료의 제출을 명하거나 소속 공무원으로 하여금 관계인에게 질문을 하게 하거나 관계 서류를 검사하게 할 수 있는 자에 해당하지 않는 것은?

① 장기요양보험가입자
② 장기요양급여를 받은 자
③ 장기요양기관
④ 의료기관

정답 및 해설 정답 ①

관련조문
제61조(보고 및 검사)
② 보건복지부장관, 특별시장·광역시장·도지사 또는 특별자치시장·특별자치도지사·시장·군수·구청장은 다음 각 호의 어느 하나에 해당하는 자에게 장기요양급여의 제공 명세, 재무·회계에 관한 사항 등 장기요양급여에 관련된 자료의 제출을 명하거나 소속 공무원으로 하여금 관계인에게 질문을 하게 하거나 관계 서류를 검사하게 할 수 있다.
1. 장기요양기관 및 의료기관
2. 장기요양급여를 받은 자

해설
① (×) 장기요양보험가입자는 제61조 제1항에 따른 보수·소득이나 그 밖에 보건복지부령으로 정하는 사항의 보고 또는 자료의 제출을 명하거나 소속 공무원으로 하여금 관계인에게 질문을 하게 하거나 관계 서류를 검사하게 할 수 있는 자에 해당한다.

독끝 암기포인트
장기요양보험가입자는 장기요양보험료를 납부만 하고 있을 뿐, 아직 장기요양급여를 받고 있는 사람은 아닐 수도 있다. 따라서 장기요양보험료에 관련된 보수·소득에 관련된 자료의 제출을 명령할 수는 있지만, 장기요양급여에 관련된 자료의 제출을 명령할 수는 없다.

유형 ❸ 계산

[국민건강보험법]

다음 〈보기〉는 국민건강보험법상 과태료 부과 대상인 갑, 을, 병 3인의 위반 내용이다. 이들에게 부과될 수 있는 과태료 총합의 최댓값은 얼마인가?

• 보기 •

- 갑: 사용자로서 제7조에 따른 사업장 신고를 하지 않았다.
- 을: 제94조 제1항을 위반하여 정당한 사유 없이 공단에서 가입자의 소득에 관한 서류 제출 요구를 거부하였다.
- 병: 요양기관 개설자로서 제96조의4를 위반하여 서류를 보존하지 않았다.

---

① 300만 원
② 700만 원
③ 1,100만 원
④ 1,500만 원

정답 및 해설

정답 ③

관련조문

제119조(과태료)
③ 다음 각 호의 어느 하나에 해당하는 자에게는 <u>500만 원 이하의 과태료를 부과한다.</u>
1. <u>제7조(사업장의 신고)를 위반하여 신고를 하지 아니하거나 거짓으로 신고한 사용자</u>
2. <u>정당한 사유 없이 제94조(신고 등) 제1항을 위반하여 신고·서류제출을 하지 아니하거나 거짓으로 신고·서류제출을 한 자</u>
3. 정당한 사유 없이 제97조(보고와 검사) 제1항, 제3항, 제4항, 제5항을 위반하여 보고·서류제출을 하지 아니하거나 거짓으로 보고·서류제출을 한 자
4. 제98조(업무정지) 제4항을 위반하여 행정처분을 받은 사실 또는 행정처분절차가 진행 중인 사실을 지체 없이 알리지 아니한 자
5. 정당한 사유 없이 제101조(제조업자 등의 금지행위 등) 제2항을 위반하여 서류를 제출하지 아니하거나 거짓으로 제출한 자
④ 다음 각 호의 어느 하나에 해당하는 자에게는 <u>100만 원 이하의 과태료를 부과한다.</u>
3. 제12조(건강보험증) 제4항을 위반하여 정당한 사유 없이 건강보험증이나 신분증명서로 가입자 또는 피부양자의 본인 여부 및 그 자격을 확인하지 아니하고 요양급여를 실시한 자
4. <u>제96조의4(서류의 보존)를 위반하여 서류를 보존하지 아니한 자</u>
5. 제103조(공단 등에 대한 감독 등)에 따른 명령을 위반한 자
6. 제105조(유사명칭의 사용금지)를 위반한 자

- 갑: 제3항 제1호 → 최대 500만 원
- 을: 제3항 제2호 → 최대 500만 원
- 병: 제4항 제4호 → 최대 100만 원

따라서 과태료 총합의 최댓값은 500+500+100=1,100(만 원)이다.

- 500만 원 이하 과태료가 부과되는 행위들은 '신고, 보고, 제출'과 관련되어 있으며, 공단 업무나 보험 운영에 직접적 지장을 준다.
  → 공단에 뭔가 알려야 하는데 안 한 경우
- 100만 원 이하 과태료가 부과되는 행위들은 '보존, 확인, 표시'와 관련되어 있으며, 행정적 부주의나 보조적 의무 위반에 해당한다.
  → 뭔가 유지·관리해야 하는 데 소홀한 경우

[노인장기요양보험법]

다음 〈보기〉는 노인장기요양보험법상 벌칙 부과 대상인 갑, 을, 병 3인의 위반 내용이다. 이들에게 부과될 수 있는 벌금 총합의 최댓값은 얼마인가?

• 보기 •

- 갑: 지정받지 아니하고 장기요양기관을 운영하였다.
- 을: 장기요양기관에 종사하고 있는 자로서 업무수행 중 알게 된 비밀을 누설하였다.
- 병: 거짓이나 그 밖의 부정한 방법으로 다른 사람으로 하여금 장기요양급여를 받게 하였다.

① 5,000만 원
② 6,000만 원
③ 7,000만 원
④ 8,000만 원

정답 및 해설

정답 ①

관련조문

제67조(벌칙)
② 다음 각 호의 어느 하나에 해당하는 자는 2년 이하의 징역 또는 <u>2천만 원 이하의 벌금</u>에 처한다.
1. <u>제31조(장기요양기관의 지정)를 위반하여 지정받지 아니하고 장기요양기관을 운영하거나 거짓이나 그 밖의 부정한 방법으로 지정받은 자</u>
2. 제33조의3(영상정보의 열람금지 등) 제3항에 따른 안전성 확보에 필요한 조치를 하지 아니하여 영상정보를 분실·도난·유출·변조 또는 훼손당한 자
3. 제35조(장기요양기관의 의무 등) 제5항을 위반하여 본인부담금을 면제 또는 감경하는 행위를 한 자
4. 제35조(장기요양기관의 의무 등) 제6항을 위반하여 수급자를 소개, 알선 또는 유인하는 행위를 하거나 이를 조장한 자
5. <u>제62조(비밀누설금지)를 위반하여 업무수행 중 알게 된 비밀을 누설한 자</u>
③ 다음 각 호의 어느 하나에 해당하는 자는 1년 이하의 징역 또는 <u>1천만 원 이하의 벌금</u>에 처한다.
1. 제35조(장기요양기관의 의무 등) 제1항을 위반하여 정당한 사유 없이 장기요양급여의 제공을 거부한 자
2. <u>거짓이나 그 밖의 부정한 방법으로 장기요양급여를 받거나 다른 사람으로 하여금 장기요양급여를 받게 한 자</u>
3. 정당한 사유 없이 제36조 제3항(장기요양기관이 폐업·휴업하거나 지정 갱신을 하지 않을 경우 수급자의 권익을 보호해야 함) 각 호에 따른 권익보호조치를 하지 아니한 사람
4. 제37조 제7항(지정취소 또는 업무정지되는 장기요양기관의 장은 본인부담금 중 정산해야 하는 부분을 정산해야 함)을 위반하여 수급자가 부담한 비용을 정산하지 아니한 자

해설

- 갑: 제2항 제1호 → 최대 2,000만 원
- 을: 제2항 제5호 → 최대 2,000만 원
- 병: 제3항 제2호 → 최대 1,000만 원

따라서 벌금 총합의 최댓값은 2,000+2,000+1,000=5,000(만 원)이다.

 **독꿀 암기포인트**

벌칙 상한	위반행위 요약
3년/3천만 원	1. 거짓이나 부정한 방법으로 장기요양급여비용 청구 2. 폐쇄회로 텔레비전(CCTV)를 설치 목적과 무관하게 조작, 방향 바꿈, 녹음, 지정되지 않은 기기에 저장
2년/2천만 원	1. 지정 없이 또는 거짓으로 지정받아 장기요양기관 운영 2. 폐쇄회로 텔레비전(CCTV) 안전성 미확보로 인해 영상 유출 3. 본인부담금 면제·감경 4. 수급자 소개·알선·유인 5. 업무수행 중 알게 된 비밀 누설
1년/1천만 원	1. 정당한 사유 없이 장기요양급여 제공 거부 2. 거짓이나 부정한 방법으로 장기요양급여 수급 3. 정당한 사유 없이 폐업·휴업 시 수급자 권익 보호 × 4. 지정취소 또는 업무정지 시 본인부담금 정산 ×
1천만 원	(장기요양기관 및 의료기관만) 장기요양급여에 관련된 자료의 제출 명령에 거부 또는 거짓 제출

유형 ❹ 빈칸 채우기

[국민건강보험법]

다음은 국민건강보험법상 소액 처리에 대한 내용이다. 빈칸에 들어갈 말로 적절한 것은?

> 제106조(소액 처리)
> 공단은 징수하여야 할 금액이나 반환하여야 할 금액이 1건당 (   ) 미만인 경우(제47조 제5항, 제57조 제5항 후단 및 제101조 제4항 후단에 따라 각각 상계 처리할 수 있는 본인일부부담금 환급금 및 가입자나 피부양자에게 지급하여야 하는 금액은 제외한다)에는 징수 또는 반환하지 아니한다.

① 1,000원   ② 2,000원   ③ 3,000원   ④ 4,000원

정답 및 해설   정답 ②

[관련조문]
제106조(소액 처리)
공단은 징수하여야 할 금액이나 반환하여야 할 금액이 1건당 <u>2천 원</u> 미만인 경우(제47조 제5항, 제57조 제5항 후단 및 제101조 제4항 후단에 따라 각각 상계 처리할 수 있는 본인일부담금 환급금 및 가입자나 피부양자에게 지급하여야 하는 금액은 제외한다)에는 징수 또는 반환하지 아니한다.

 해설

2천 원 → 2,000원

[독꿀 암기포인트]
1,000원 미만이 아닌, 약간 애매하게 2,000원 미만인 것에 유의해야 한다. 상계 처리가 가능하여 직접 징수하거나 반환하지 않아도 되는 경우에는 소액 처리에 해당하지 않는다.

[노인장기요양보험법]

다음은 노인장기요양보험법상 장기요양급여 제공의 제한에 대한 내용이다. 빈칸 ㉠과 ㉡에 들어갈 말로 적절한 것은?

제37조의5(장기요양급여 제공의 제한)
① 특별자치시장·특별자치도지사·시장·군수·구청장은 장기요양기관의 종사자가 거짓이나 그 밖의 부정한 방법으로 재가급여비용 또는 시설급여비용을 청구하는 행위에 가담한 경우 해당 종사자가 장기요양급여를 제공하는 것을 (㉠)의 범위에서 제한하는 처분을 할 수 있다.
② 특별자치시장·특별자치도지사·시장·군수·구청장은 제1항에 따른 처분을 한 경우 지체 없이 그 내용을 공단에 통보하여야 한다.
③ 제1항 및 제2항에 따른 장기요양급여 제공 제한 처분의 기준·방법, 통보의 방법·절차, 그 밖에 필요한 사항은 (㉡)으로 정한다.

	㉠	㉡		㉠	㉡
①	1년	대통령령	②	1년	보건복지부령
③	3년	대통령령	④	3년	보건복지부령

정답 및 해설 　정답 ②

관련조문
제37조의5(장기요양급여 제공의 제한)
① 특별자치시장·특별자치도지사·시장·군수·구청장은 장기요양기관의 종사자가 거짓이나 그 밖의 부정한 방법으로 재가급여비용 또는 시설급여비용을 청구하는 행위에 가담한 경우 해당 종사자가 장기요양급여를 제공하는 것을 <u>1년</u>의 범위에서 제한하는 처분을 할 수 있다.
② 특별자치시장·특별자치도지사·시장·군수·구청장은 제1항에 따른 처분을 한 경우 지체 없이 그 내용을 공단에 통보하여야 한다.
③ 제1항 및 제2항에 따른 장기요양급여 제공 제한 처분의 기준·방법, 통보의 방법·절차, 그 밖에 필요한 사항은 <u>보건복지부령</u>으로 정한다.

 해설

㉠ 1년
㉡ 보건복지부령

독끝 암기포인트

대통령령과 보건복지부령의 차이는 다음과 같이 요약할 수 있다.

구분	대통령령	보건복지부령
주체	대통령	보건복지부 장관
적용 범위	국가 전체, 부처 간 조정 포함	보건복지부 소관 업무에 한정
중요도	상대적으로 더 중요하고 큰 사안	실무적이고 구체적인 사안
예시	노인성 질병의 범위, 장기요양보험료율 등	신고 절차, 서류 양식 등

장기요양급여 제공 제한 처분의 기준·방법, 통보의 방법·절차 등은 실무적이고 구체적인 사안이므로 보건복지부령으로 정한다.

PART 2
기출복원 모의고사

✦ 2025년 4월 12일 시행 기출복원 모의고사

시험정보

- 1교시 NCS 직업기초능력 [60문항/60분]
- 준비시간 10분
- 2교시 직무시험(법률) [20문항/20분]

시험과목

- 1교시 NCS 직업기초능력
  - 의사소통능력 20문항
  - 수리능력 20문항
  - 문제해결능력 20문항
  - ※ 단, 전산직의 경우 의사소통능력 5문항 + 수리능력 5문항 + 문제해결능력 5문항으로 출제됨

- 2교시 직무시험(법률)
  - 국민건강보험법 20문항 (행정직, 건강직, 전산직, 기술직)
  - 노인장기요양보험법 20문항 (요양직)

취약유형 분석 가이드

좌측 [시험정보]의 각 교시별 시간에 맞추어 문제풀이 후, 아래 순서대로 채점하여 취약 유형을 파악하세요!

Step ❶ 채점하기

[해설편]의 각 모의고사별 정답표에서 틀린 문번의 오답표기란에 v 표기로 체크하기!

오답표기	문번	정답	유형
	01	②	문단 배열
V	02	②	글의 내용 일치 / 불일치
	03	②	글의 내용 일치 / 불일치
V	04	②	맥락상 어울리지 않는 문장 / 문단 찾기
	05	②	논리적 추론

Step ❷ 취약유형 체크하기

앞서 체크한 오답표기 문항을 [기출유형+모의고사편] 388p의 "한눈에 보는 유형배치표"에서 각 유형별 "기출복원" 항목의 각 문항번호에 사선(/) 또는 점(·)으로 살짝 체크하기!

유형1. 글의 내용 일치 / 불일치

모의고사	문번									오답수
기출복원	5	6	8	9	11	13	16	19		
1회	2	3	6	9	11	13	14	16	19	
2회	2	3	7	8	11	14	16	17	18	19	/44
3회	1	3	6	7	11	13	14	15	16	
4회	1	3	9	14	15	16	19			

Step ❸ 취약유형 반복 학습하기

총 5회분의 모의고사 문제풀이를 모두 완료 후, 오답수가 절반 이상인 유형에 대해서 반복 학습을 하세요!

[기출유형+모의고사편] 388p의 "한눈에 보는 유형배치표"를 통해 빠르게 유형별 모의고사 문항을 확인할 수 있습니다.

취약 유형 반복 학습을 할 때는 한 번 풀어본 문제이므로, 풀이시간은 문항별로 1분 이내에 해결하도록 연습해 보세요!

기출복원 모의고사 (2025. 04. 12 시행)

정답 및 해설 2p

NCS 직업기초능력

60문항 / 60분

[01~02] 다음 글을 읽고, 이어지는 질문에 답하시오.

65세 이상 노인 분들은 대부분 하나 이상의 만성질환이 있고, 그 질병의 종류나 중증도가 매우 다양하다. 어떤 분들은 장거리 달리기도 가능하지만, 어떤 분들은 몇 걸음 걷는 것조차 힘들 수 있는 등 개인별로 처한 환경은 매우 다르다. 그래서 개인별 운동 능력과 가지고 있는 만성질환에 따라 적절한 운동을 선택해야 한다. 운동은 기본적으로 유산소 운동, 근력 운동, 유연성 운동, 균형 운동의 4가지 범주를 포함하고 있으며, 일반적으로는 낮은 강도부터 천천히 시작한다는 원칙을 따른다.

참고로 저강도 운동은 최대 운동 능력의 70% 이내에서 수행하는 운동으로, 옆 사람과 대화가 가능할 정도로 숨이 차지 않아야 한다. 대표적인 예로는 산책, 속보, 조깅 등이 있다. 중강도 운동은 '노래를 부르면서 하기 힘든' 강도로 빠르게 걷기, 탁구, 배드민턴, 댄스 등을 하는 것이고 고강도 운동은 '대화하기 힘든' 강도로 달리기, 자전거로 오르막길 오르기, 스쿼시 등이다.

고혈압 환자의 경우 혈압을 낮추기 위해 일주일에 5회 이상, 한 번에 30분 이상의 달리기 같은 유산소 운동을 권고한다. 고혈압의 위험인자인 비만, 동맥경화 등을 예방하는 부가적인 효과도 기대할 수 있다. 다만 혈압 상태가 매우 나쁘면 의사와 상담 후 운동 여부를 결정해야 한다. 운동은 유산소 운동에 근력 운동을 병행하는 것이 좋은데, 빨리 걷기, 조깅, 자전거 타기, 수영, 줄넘기, 에어로빅 체조 등이 기본이다. 여기에 아령 등 가벼운 기구를 드는 근력 운동은 근육이 쉴 시간을 주기 위해 일주일에 2~3회 정도 간헐적으로 실시하는 것이 바람직하다.

당뇨병 환자의 경우에는 운동 중 위험이 발생할 수 있으므로 운동 중 특별한 증상이 나타나지 않는지 주의 깊게 관찰해야 한다. 당뇨병에 효과적인 운동은 고강도 간헐적 운동으로, 고강도 운동 사이에 저강도 운동이나 휴식을 결합한 방식이다. 예를 들어 걷기를 하다가 달리기로 운동 강도를 올리는 것을 반복하는 방식이 있다.

골다공증 환자의 경우에는 뼈가 견딜 수 있을 정도의 체중을 실을 수 있는 유산소 운동과 근력 강화 운동을 병행할 필요가 있다. 개인마다 견딜 수 있는 강도가 다르지만, 통증이 생기거나 악화시키지 않는 중강도의 운동이 바람직하다. 걷기, 등산, 계단 오르내리기와 같은 체중 부하 운동과 아령 들기와 같은 근력 강화 운동이 효과적이다. 이와 함께 낙상을 예방하기 위해 몸의 균형을 향상시키는 활동도 포함하는 것이 좋다. 단, 격렬한 움직임이나 강한 충격이 가해지는 운동, 척추를 구부리거나 비틀고 압박하는 운동(테니스, 줄넘기, 골프, 윗몸 일으키기 등)은 피해야 한다.

어떤 운동이든, 평소 신체활동이 적은 사람이 갑자기 고강도 운동 등을 시작하면 심혈관질환의 위험이 커질 수 있다. 특히 치매가 있는 사람이나 고령자에게는 안전한 환경에서 운동하는 것이 중요하므로 고강도 운동은 더 신중하게 접근해야 한다.

01 주어진 글의 제목으로 가장 적절한 것은?

① 노인 만성질환의 종류
② 노인 만성질환의 특징
③ 노인 만성질환의 예방 방법
④ 노인 만성질환별 운동 가이드

02 다음 대화를 읽었을 때, 노인의 만성질환별 운동 가이드로 가장 적절한 것은?

> 아버지: "아들아, 운동이 치매 증상의 완화에 도움이 된다고 해서 내가 운동을 시작해 보려고 하는데, 어떻게 하는 것이 좋을까?"
> 아 들: "좋은 생각이세요. 아버지. 운동은 개개인의 운동 능력과 건강 상태에 따라서 실천 방법이 달라질 수 있어요. 고강도 운동부터 먼저 시작해서 마무리로 저강도 운동을 하셔야 해요." ·· ①
> 아버지: "우선 내가 고혈압하고 당뇨가 있잖니."
> 아 들: "네. 고혈압에는 혈압을 낮추기 위해 일주일 중 대부분의 날에 근력 운동을 하시는 것이 좋아요." ·· ②
> 아버지: "그렇구나."
> 아 들: "또한, 달리기는 혈관 내 포도당 수치를 낮춰주니까 당뇨에도 좋아요." ············ ③
> 아버지: "알겠다. 그럼 스쿼시를 해 보는 것은 어때?"
> 아 들: "아버지는 치매 증상이 있으시니 신체에 무리한 고강도 운동은 피하시는 게 좋아요. 스쿼시는 그런 의미로 하지 않는 것이 좋겠어요." ·· ④
> 아버지: "그래 운동이라고 다 좋은 건 아니구나. 앞으로는 더 주의해야겠다."

[03~05] 다음 글을 읽고, 이어지는 질문에 답하시오.

국민건강보험공단은 지난 20일 한국프레스센터 국제회의장에서 인공지능 시대의 빅데이터 활용 방안을 주제로 2024년 보건의료 빅데이터 활용 성과공유 심포지엄을 개최했다.
이번 행사는 공단이 지난 2016년부터 개최해 온 정기 학술발표회로 보건의료 빅데이터 기반의 우수 연구 성과를 공유하고 건강보험 빅데이터의 활용방안을 모색하기 위해 마련됐다. ㉠올해는 질병관리청, 통계청 등 유관부처 관계자, 건강보험 데이터 활용 연구를 수행하는 의료계 및 학계 연구자 등 110여 명이 참여했다.
좌장은 고○○ 연세대 교수가 맡았으며 1부의 '빅데이터 및 AI 기반 건강보험 서비스 혁신'을 주제로 한 전문가 발표와 2부의 '건강보험 빅데이터를 활용한 우수 연구 성과' 발표가 순서대로 진행됐다. ㉡첫 발제를 맡은 권○○ 서울대병원 교수는 인공지능 기술을 통해 공단이 어떻게 데이터 기반의 가입자 맞춤형 서비스를 제공하고, 보험자의 역할을 보다 강화할 수 있을지에 대한 비전을 제시했다. 이어 김○○ 경상국립대 교수가 'sLLM을 활용한 건강보험 내·외부 서비스 향상'을 주제로 인공지능(AI) 기술을 통한 고객 서비스와 업무 효율성 증대 사례를 공유했다. ㉢WHO, OECD 등 주요 국제기구뿐 아니라 주요 선진국들은 보건의료 체계의 목표 달성과 효율성을 높이고자 보건의료 체계에 대한 성과 평가 및 정책 또는 제도 운영에 대한 효과 평가를 수행하고 있다. 공단 김○○ 빅데이터연구개발실장은 공단이 보유한 방대한 건강보험 데이터를 어떻게 인공지능(AI)을 통해 분석하고 활용할 수 있는지에 대한 방안을 발표하며 1부를 끝마쳤다.
2부에서는 서울대 김○○ 교수가 야간 인공조명이 인간의 건강에 미치는 영향에 대한 분석 결과를 공유했다. 이어 질병관리청 박○○ 과장이 결핵 빅데이터인 국가결핵통합자료원(K-TB-N Cohort) 구축을 통한 국가 결핵 관리 정책 및 사업의 효과와 향후 계획에 대해 발표했다. 마지막 순서는 선○○ 공단 빅데이터 연구개발실의 팀장이 병원 내에서 발생하는 폐렴 데이터의 분석을 통해 이를 예방하기 위한 실효성 있는 병원 내 감염관리 체계 마련 필요성을 제시했다.
㉣현○○ 건보공단 기획상임이사는 "보건의료 분야 빅데이터와 인공지능 활용 가능성을 넓히고 건보 서비스를 발전시키기 위한 노력을 이어갈 계획"이라고 말했다.

03 주어진 글을 읽고 추론할 수 있는 것은?

① 심포지엄은 10년 넘게 개최되고 있다.
② 심포지엄을 진행한 사람은 현○○ 건보공단 기획상임이사이다.
③ 심포지엄의 1부에서는 전문가가 발표했고, 2부에서는 일반인이 발표했다.
④ 건보공단은 건강보험 데이터를 방대하게 보유하고 있다.

04 다음 ㉠~㉣ 중 글의 흐름상 가장 어색한 것은?

① ㉠   ② ㉡   ③ ㉢   ④ ㉣

05 주어진 글을 읽고, 심포지엄에 참여한 전문가들의 발표에 대한 설명으로 적절하지 않은 것은?

① 서울대병원 권 교수와 경상국립대 김 교수는 AI를 활용하여 건강보험 가입자에게 제공할 수 있는 서비스 강화에 대해 연구했다는 공통점이 있다.
② 서울대 김 교수는 야간 인공조명이 인간의 건강에 어떠한 영향을 끼치는지 분석하여 그 결과를 공유했다.
③ 질병관리청 박 과장은 국가결핵통합자료원 구축을 통해 정책 및 사업의 효과와 향후 계획에 대해서 발표했다.
④ 공단 빅데이터 연구개발실 선 팀장은 폐렴 데이터를 분석하여 국내의 폐렴 감염관리 체계를 마련하고자 했다.

[06~07] 다음 보도자료를 읽고, 이어지는 질문에 답하시오.

정부는 2024년 올해 2월 「제2차 국민건강보험 종합계획('24~'28)」을 통해 국민들이 언제 어디서나 꼭 필요한 의료서비스를 이용할 수 있도록 필수의료 분야에 대한 보상을 강화하는 동시에, 의학적 필요도가 낮은 불필요한 의료남용에 대해서는 관리를 강화하는 등의 건강보험 정책 방향을 제시하였다.

그 후속 조치로 우리나라의 연간 외래이용 횟수가 높은 점[주1] 등을 감안하여, 합리적 의료이용을 유도하기 위해 의료과다 이용 시에 본인부담을 높이는 본인부담차등화를 도입하게 되었다.

본인부담차등화의 주요 내용은 약 처방일수, 입원일수 등을 제외하고 연 365회를 초과한 외래진료에 대하여 본인부담률을 현행 평균 20%에서 90%로 상향하는 것이다. 외래진료 횟수는 매해 1월 1일~12월 31일을 기준으로 산정하되, 올해만 제도 시행일인 7월 1일부터 산정한다. 따라서 올해는 연 365회가 아닌 연 184회를 초과한 외래진료에 대해 본인부담률은 90%로 상향한다.

다만, 불필요한 의료남용이 아닌 의학적 필요성이 있는 등 연 365회를 초과한 외래진료[주2]가 불가피한 환자에 대해서는 본인부담차등화의 예외를 인정하여, 현행 수준인 20%의 본인부담률을 적용할 예정이다.

외래진료가 불가피한 환자의 종류를 세부적으로 보면 아동, 임산부, 산정특례자(중증질환자, 희귀 및 중증난치질환)로서 해당 질환으로 인해 외래진료를 받은 사람, 산정특례자로서 중증장애인은 당연적으로 본인부담차등화 적용이 제외된다. 이에 해당하지 않는 산정특례자 또는 중증장애인의 경우, 건강보험공단(이하 '공단') 내 '과다의료이용심의위원회'를 통해 의학적 필요성 등을 심의한 후에 적용 제외할 예정이다.

올해 7월 1일부터는 외래진료를 연 365회 초과한 환자는 초과한 이후의 외래진료에 대하여 해당 연도의 연말까지 본인부담률 90%를 적용받고, 본인부담금은 외래진료 시 의료기관을 통해 납부하거나 공단에서 미납부한 본인부담금을 사후적으로 징수할 수 있다.

의료기관은 공단의 수진자 자격조회 시스템을 통해 환자별로 외래진료 횟수가 연 365회를 초과하는지 여부를 확인하고 안내할 수 있으며, 환자는 국민건강보험 홈페이지 및 앱을 통해 스스로의 의료이용 횟수를 확인하고 관리할 수 있다.

보건복지부는 "본인부담차등화는 한해 수백 번 외래진료를 받는 등 불필요한 의료남용을 방지하기 위한 최소한의 조치"라며, "앞으로 본인부담차등화와 함께 의료이용 알림 서비스 등을 통해 과다의료이용자분들이 스스로 의료이용횟수를 인지하고, 합리적 의료이용을 하실 수 있도록 노력할 예정이다"라고 밝혔다.

주1) (국민 1인당 연간 외래이용횟수, '21) 한국 15.7회 > OECD 5.9회
주2) 연 365회 초과 외래진료자: ('21년) 2,561명 → ('22년) 2,488명 → ('23년) 2,448명 ('24.5.31. 지급 기준)

06 주어진 보도자료에 대한 설명으로 옳지 않은 것은?

① 본인부담차등화 도입으로 인해 올해부터 연 365회를 초과한 외래진료에 대하여 본인부담률 90%가 적용된다.
② 의료기관은 환자의 연간 외래진료 횟수를 실시간으로 확인하고 안내할 수 있는 시스템을 갖추고 있다.
③ 2021년 한국의 연 365회 초과 외래진료자는 2,500명 이상이었으며, 국민 1인당 연간 외래이용횟수는 OECD의 2.5배 이상이었다.
④ 환자 스스로 의료이용 횟수를 확인하고 관리할 수 있다.

07 다음은 보도자료에서 설명하는 제도를 요약한 것이다. 요약 내용 중 적절하지 않은 것은?

구분	내용
제도 목적	① 불필요한 의료남용 등의 관리 강화를 위해 의료과다 이용 시 본인부담를 인상 등을 통한 합리적 의료이용 제고
시행 시점	② 2024년 7월 1일
주요 내용	③ 약 처방일수, 입원일수 등을 제외하고 연 365회를 초과한 외래진료에 대해 본인부담률 90% 적용
적용대상	불가피한 경우를 제외한 연 365회 초과 외래진료자 • 아동, 임산부, 산정특례자(중증질환자, 희귀 및 중증난치질환)로서 해당 질환 외래진료 이용자, 산정특례자로서 중증장애인은 당연 제외 적용 • ④ 당연 제외 기준에 해당하는 산정특례자, 중증장애인의 경우 심의를 거쳐 적용 제외

[08~10] 다음 글을 읽고, 이어지는 질문에 답하시오.

보건복지부와 한국보건산업진흥원은 2024년 기준, 우리나라 보건의료 및 산업 분야의 기술수준이 최고 기술 보유국인 미국 대비 질환 분야는 80.3% 수준(기술격차 2.2년), 산업 분야는 79.1% 수준(기술격차 2.5년)인 것으로 나타났다고 밝혔다.

※ 기술수준: 최고 기술 보유국 기술수준을 100으로 했을 때 우리나라의 상대적 수준
　기술격차: 최고 기술 보유국 수준까지 도달하는 데 필요한 소요시간

2022년 기술수준과 비교하면 우리나라의 질환 분야는 80.1%(기술격차 2.2년)에서 0.2%p 향상(기술격차 변동 없음)되고, 산업 분야는 78.9%(기술격차 2.8년)에서 0.2%p 향상(기술격차 0.3년 단축)된 것으로 분석된다.

국가별로는 한의약 분야를 제외한 모든 분야에서 미국이 최고 기술 보유국으로 평가되었으며, 기술수준은 유럽, 일본, 한국, 중국 순으로 2022년 조사 결과와 순서에는 변동이 없었다.

이와 같은 결과는 한국보건산업진흥원이 보건의료 및 산업 분야의 기술 전문가 605명을 대상으로 두 차례에 걸쳐 델파이 조사를 한 「2024년도 보건의료 및 산업 기술수준 평가」 결과에 따른 것이다.

보건복지부는 보건의료 및 산업 분야의 주요 핵심기술에 대한 수준을 진단하여 정책 수립 및 연구개발(R&D) 사업 기획의 기초자료로 활용할 수 있도록, 주요 5개국(한국, 중국, 일본, 유럽, 미국)의 상대적 기술수준(%) 및 기술격차(년)를 평가해 오고 있다. 2024년에는 질환 분야 44개 기술, 산업 분야 38개 기술로 총 82개 기술에 관한 기술수준과 기술격차를 분석했다.

질환 분야 44개 기술을 15개 대분류로 분류해 살펴본 결과 순환계통 질환, 저출산 극복, 근골격계 질환의 기술수준은 상대적으로 높고, 희귀질환 극복과 정신 및 행동장애 기술수준은 상대적으로 낮은 것으로 나타났다.

〈표 1〉 질환 분야 기술수준(%) 및 기술격차(년) (대분류 기준)

기술명	기술수준(%)	기술격차(년)
순환계통 질환	87.2	1.7
저출산 극복	87	2
근골격계통 및 결합조직의 질환	83.3	2
신생물	81.9	1.9
귀 및 유돌의 질환	81	2
소화계통의 질환	81	2.3
피부 및 피하조직의 질환	80	2
눈 및 눈 부속기관의 질환	80	2.3
신경계통의 질환	78.3	2
비뇨생식계통의 질환	78	2.8
국가 감염병 극복	77.3	2.4
호흡계통의 질환	77	2.1
내분비, 영양 및 대사 질환	77	3
정신 및 행동장애	76.6	3
희귀질환 극복	76.5	1.8

산업 분야의 38개 기술을 8개 대분류로 나누어 살펴본 결과 한의약 진단치료법 개발과 디지털 헬스의 기술수준은 상대적으로 높고, 바이오마커 발굴과 재생의료의 기술수준은 상대적으로 낮은 것으로 나타났다.

〈표 2〉 산업 분야 기술수준(%) 및 기술격차(년) (대분류 기준)

기술명	기술수준(%)	기술격차(년)
한의약 진단치료법 개발	85	1.8
디지털 헬스	80.6	2.2
의료 인공지능	78.8	2.1
의료 정보	76.9	2.3
의약품 개발	76.5	3.6
의료기기 개발	76.4	2.8
재생의료	76.2	2.9
바이오마커 발굴	75.5	2.4

보건복지부 보건산업정책국장은 "보건의료 및 산업 분야 기술수준에 대한 주요국과의 상대 평가를 통해 우리나라의 현재 위치와 발전 속도를 진단하고, 이에 근거하여 개별 기술수준에 맞는 정책 및 연구개발(R&D) 사업 투자 계획을 수립하겠다"라고 밝혔다.

08 주어진 글을 읽고, 우리나라의 보건의료 및 산업 기술수준과 기술격차에 대한 설명으로 적절한 것은?

① 질환 분야 기술수준이 가장 높은 분야는 근골격계통 및 결합조직의 질환이다.
② 정신 및 행동장애 기술보다 호흡계통의 질환 기술이 기술격차를 줄이는 데 더 오래 걸릴 것이다.
③ 한의약 진단치료법 개발보다 디지털 헬스 기술의 기술격차를 줄이는 데 더 많은 시간이 필요하다.
④ 산업 분야 기술 중 재생의료 기술수준이 세계 최고 수준에 도달하는 데 가장 오랜 시간이 걸릴 것이다.

09 주어진 글의 내용과 일치하지 않는 것은?

① 한의약 분야를 제외한 모든 분야에서 미국이 최고 기술 보유국이다.
② 조사국 중 보건의료 및 산업 기술수준이 가장 낮은 국가는 중국이다.
③ 질환 분야 기술 중 국가 감염병 극복에 대한 기술격차를 극복하는 데 걸리는 시간은 3년이다.
④ 연구를 근거로 개별 기술수준에 맞는 정책 및 연구개발 사업 투자 계획을 수립할 수 있다.

10 다음 자료를 읽고 보일 수 있는 반응으로 적절하지 않은 것은?

질환 분야		미국	유럽	일본	한국	중국
기술수준 (%)	2024년	100	90.8	83.3	80.3	76.9
	2022년	100	89.3	83	80.1	72.3
기술격차 (년)	2024년	–	1.0	1.8	2.2	2.6
	2022년	–	1.2	1.8	2.2	3.3

① 2022년과 2024년 질환 분야 기술수준의 발전 정도는 한국이 중국보다 높다.
② 2024년 질환 분야에서 미국과 가장 비슷한 기술수준을 보이는 곳은 유럽이다.
③ 2022년과 2024년 질환 분야에서 일본의 기술수준은 한국보다 대략 3% 앞섰다.
④ 일본과 한국 모두 2022년과 비교해서 2024년 기술격차 연도를 줄이지 못했다.

[11~12] 다음 글을 읽고, 이어지는 질문에 답하시오.

사탕수수 찌꺼기와 햇빛으로 수소를 생산하는 기술이 개발되었다. 울산과학기술원(UNIST) 에너지화학공학과 장○○, 서○○ 교수팀과 신소재공학과 조○○ 교수팀은 사탕수수 찌꺼기에서 얻은 바이오매스와 실리콘 광전극으로 수소를 생산할 수 있는 기술을 개발했다고 16일 밝혔다. 해당 기술은 외부 전력 없이 햇빛으로만 수소를 생산하며, 생산 속도는 미국 에너지부가 제시한 상용화 기준의 약 4배에 달한다.

연구진에 따르면 수소는 연소 시 온실가스를 배출하지 않으며, 무게당 저장할 수 있는 에너지가 휘발유의 2.7배에 달하는 차세대 연료다. 그러나 현재 생산되는 수소의 대부분은 천연가스에서 추출되며, 이 과정에서 이산화탄소가 다량 발생한다.

연구진은 사탕수수 찌꺼기에서 나온 '푸르푸랄'(Furfural)을 이용해 이산화탄소 배출 없는 수소 생산 광전기화학시스템을 고안했다. 이 시스템은 양극과 음극 양쪽에서 수소가 동시에 생산되는 방식이다. 푸르푸랄이 구리 전극에서 산화되면서 수소가 나오고, 남은 물질은 고부가가치 물질인 푸로산(furoic acid)으로 바뀐다. 반대쪽 전극인 실리콘 광전극에서는 물이 분해되어 수소가 생산된다. (㉠) 이는 미국 에너지부가 제시한 상용화 기준의 4배에 가까운 수치다.

실리콘 광전극은 전자를 많이 생성할 수 있어 수소 생산에 유리하지만, 생성되는 전압은 낮아 외부 전원 없이는 단독으로 수소 생산 반응을 일으키기 어려웠다. 연구진은 푸르푸랄이 산화되는 반응을 통해 시스템 전압 균형을 맞춰 이 문제를 해결할 수 있었다고 설명했다. 이로써 실리콘 광전극 소재의 장점인 높은 광전류 밀도를 유지하면서도, 전체 시스템의 전압 부담은 줄여 외부 전력 없이도 수소가 생산되도록 한 것이다. 또한, 연구진은 후면전극형(IBC) 구조를 활용해 광전극 내부에서 발생하는 전압 손실을 줄이고, 광전극을 니켈 포일과 유리층으로 감싸 전해질로부터 보호함으로써 장기적인 안정성도 확보했다.

11 윗글의 내용과 일치하지 않는 것은?

① 울산과학기술원은 사탕수수 찌꺼기와 햇빛으로 이산화탄소 배출 없는 수소를 생산하는 기술을 개발했다.
② 수소는 환경오염을 일으키지 않고, 발생하는 에너지양을 볼 때 차세대 에너지이지만 현재는 수소 에너지를 추출하기 어렵다는 단점이 있다.
③ 실리콘 광전극은 전자를 많이 만들어 내지만 전압이 낮아 수소 생산 반응을 일으키기 어렵다.
④ 연구진은 후면전극형 구조를 활용하여 광전극 내부에서 손실되는 전압을 줄여 높은 광전류 밀도는 유지하면서 외부 전력 없이 수소를 생산할 수 있도록 했다.

12 다음 중 글의 ㉠에 들어갈 수 있는 말로 가장 적절한 것은?

① 이 덕분에 일반적인 광전기화학시스템보다 이론적으로 생산 속도가 2배 빨라질 수 있는데,
② 이 덕분에 일반적인 광전기화학시스템보다 이론적으로 생산 속도가 2배 느려질 수 있는데,
③ 이 덕분에 일반적인 광전기화학시스템보다 이론적으로 생산 속도가 4배 빨라질 수 있는데,
④ 이 덕분에 일반적인 광전기화학시스템보다 이론적으로 생산 속도가 4배 느려질 수 있는데,

[13~15] 다음 글을 읽고, 이어지는 질문에 답하시오.

오피스텔은 주거용으로 쓸 수 있지만 건축법이 적용되는 업무용 시설이다. 따라서 오피스텔 소유자가 이를 주택으로 신고하지 않는다면 주택 수에 포함되지 않으며 ㉠1가구 1주택인 경우 양도세 비과세의 혜택을 받을 수 있고, 일반 임대 사업자로 임대를 진행할 경우 부가가치세를 환급받을 수 있다.

한편, 오피스텔은 주거용으로 사용하고 있더라도 4.6%의 취득세를 내야하고 주거용으로 신고하지 않으면 2.5배의 재산세를 내야 하며, 임차인은 전입신고를 할 수 없다는 단점이 있다. 다만, 전용면적 $60m^2$ 이하의 경우 최초 취득 시 취득세 감면 혜택을 받을 수 있고, 전용면적 $85m^2$ 이하 임대 목적 주거용은 재산세의 25%를 감면해 주기도 한다.

㉡따라서 우리나라에서는 오피스텔은 주거용으로 매매하려는 경향이 강하다. 세금 문제 외에도 오피스텔이 주로 도심에 자리 잡고 있어 교통이 매우 편리하고 다양한 편의 시설을 갖추고 있다는 점, 그리고 업무용에 비해 임대료가 저렴하다는 장점이 있기 때문이다. ㉢나아가 회의실, 비즈니스 센터 카페 등 업무에 필요한 시설이 갖추어져 있어 업무 효율도 높일 수 있다.

오피스텔의 이러한 특징 때문에 오피스텔의 상하수도 설치는 크게 두 가지 측면에서 이해할 수 있다. ㉣첫째, 오피스텔 자체의 상하수도 시설 설치 여부와 관련하여, 오피스텔은 건축 규제 및 시공 과정에서 상하수도 연결이 필수적으로 요구된다. 그래서 대부분의 오피스텔은 내부적으로 상수도 공급 및 하수도 배출 시스템이 구축되어 있다. 둘째, 오피스텔의 입주민이 주거용으로 사용하는 상하수도 요금과 관련하여, 일반적으로 오피스텔은 준주거시설로 분류되어 상수도 요금은 가정용으로 적용되지만, 하수도 요금은 영업용으로 적용되는 경우가 많다. 이에 따라 요금 형평성에 대한 민원이 제기되기도 한다.

오피스텔과 비슷하면서도 다른 도시형생활주택이 있다. 도시형생활주택은 총 3가지 유형으로 단지형연립주택, 단지형 다세대주택, 원룸형 주택으로 분류되며 가장 많이 공급되는 유형은 바로 원룸형 주택이다. 도시형생활주택은 1~2인 가구가 늘어남에 따라 소규모 주택을 저렴하고 신속하게 공급하여 시민의 주거 안정에 기여하기 위해 도입된 주택유형이다.

도시형생활주택은 주택건설 기준 및 부대시설 등의 설치 기준이 적용되지 않아서 신속하고 저렴하게 공급할 수 있기 때문에 청약통장이 필요 없고 청약 관련 규제를 받지 않는다. 또 분양가 상한제 적용을 받지 않아 분양권 전매제한 등의 거래규제가 없다. 아울러 도시형생활주택은 주거 공간이기 때문에 취사 시설이나 발코니 확장이 합법적으로 가능하며 전용률도 아파트와 비슷한 70~80% 수준이다. 취득세 역시 도시형생활주택은 주택이기 때문에 주택법에 따라 전용 $85m^2$ 이하의 6억 이하를 취득할 때 취득세 1.1%를 적용받는다는 장점이 있다.

그러나 도시형생활주택은 주택법의 적용을 받기 때문에 주택 수에 포함되며 전용면적 $20m^2$ 이하 1채는 주택 수에 포함되지 않지만, 2채 이상은 주택 수에 포함되며 1세대당 전용면적 $85m^2$ 이하로 300세대 미만으로만 구성할 수 있다. 또 일반 공동주택에 비해 주거환경을 다소 열악한 편이며 주차장 확보 기준도 원룸형 기준 가구당 0.2~0.5대 수준이다.

13 주어진 글의 내용과 일치하는 것은?

① 오피스텔은 주거용으로 신고하지 않으면 신고한 경우보다 세금을 많이 내야 한다.
② 오피스텔에의 용도와 관계없이 모두 상하수도 요금은 동일하게 측정된다.
③ 청약 가점제에 불리한 1인 가구가 도시형생활주택을 선호할 가능성이 높다.
④ 도시형생활주택은 1세대당 85m² 이하로만 구성할 수 있어서 취득세는 1.1%로 고정된다.

14 다음은 오피스텔과 도시형생활주택의 공통점과 차이점을 정리한 표이다. 주어진 글과 아래의 표 내용을 바탕으로 각각의 사례를 분석한다고 할 때, 가장 적절하지 않은 것은?

구분	오피스텔	도시형생활주택
법령 적용	건축법	주택법
㉠ 주택 수 포함	미포함	포함
㉡ 취득세	주택 취득세 동일 적용	4.6%
㉢ 전용률	50~60%	70~80%
세대당 주차 대수	0.5~0.6대	1대 이상

※ 전용률은 공급면적에서 전용면적이 차지하는 비율로, 전용률이 높을수록 실사용 공간이 넓다는 것을 의미함

① ㉠: 자기 소유의 오피스텔을 주거용으로 사용한다고 신고했다면, 이는 주택 수에 포함된다.
② ㉠: 전용면적 20m² 이하의 도시형생활주택 1채를 가지고 있다면, 이는 주택 수에 포함되지 않는다.
③ ㉡: 전용면적 40~60m²의 오피스텔은 구매할 때마다 취득세 감면 혜택을 받을 수 있다.
④ ㉢: 도시형생활주택과 오피스텔이 같은 85m²라고 할 때 도시형생활주택이 더 넓게 사용할 수 있다.

15 주어진 글의 밑줄 친 ㉠~㉣ 중 글의 흐름과 어긋나 삭제해야 할 문장은?

① ㉠ ② ㉡ ③ ㉢ ④ ㉣

[16~17] 다음 자료를 읽고, 이어지는 질문에 답하시오.

임신 및 출산진료비지원 사업

■ **사업목적**

임신 및 출산에 관련된 의료비 부담을 경감하여 출산 친화적 환경을 조성하고, 건강한 태아를 분만할 수 있도록 임신 및 출산과 관련된 진료비(급여·비급여)의 본인일부부담금 지불에 사용할 수 있는 이용권(전자바우처, 건강보험 부가급여) 제공(2008. 12. 15 시행)

〈임신 및 출산진료비 신청대상 확대〉

'자궁 외 임신'으로 진단받은 경우도 지급(2019. 07. 01. 시행)

■ **지원대상**
- 임신 및 출산이 확인된 건강보험가입자 또는 피부양자
- 2세 미만인 가입자 또는 피부양자의 법정대리인(출산한 가입자 또는 피부양자가 사망한 경우에 한정)

■ **지원범위**
- 임산부의 임신 및 출산에 관련한 진료 및 약제·치료재료 구입에 대한 본인부담금(급여·비급여비용) 결제
- 2세 미만 영유아의 진료 및 처방된 약제·치료재료 구입에 대한 본인부담금(급여·비급여비용) 결제

■ **지원금액**

임신 1회당 100만 원(다태아 임신부의 경우 140만 원 기본 지급)

※ 분만 취약지의 경우 20만 원 추가 지원

■ **추가지원금액**
- 태아당 100만 원이 되도록 추가 지급
- 신청대상: 2024. 01. 01. 이후 임신주수 20주 이상의 다태아 임신을 유지 중이거나 다태아를 출산한 임산부

※ 시행일 이전 바우처 신청자도 추가지급 신청 가능

※ 시행일 이전 출산한 경우 제외

※ 추가지급 신청 당시 유산(사산)이 되어 다태아가 아닌 경우 제외

■ **사용기간**
- 사용시작일: 이용권 발급일

※ 발급받은 국민행복카드가 있는 경우, 추가 발급 없이 신청일(포인트 생성일)부터 바우처 사용 가능

- 사용종료일: 분만예정일 또는 출산일(유산, 사산일)로부터 2년

■ **제출서류**

본인: 임신출산 진료비 지원 신청서 및 임신확인서

※ 가족 신청: 본인(임신부)과의 관계 입증 가능 서류(대리인 신분증, 가족관계증명서 등)

16 주어진 자료를 읽고 '임신 및 출산진료비지원'에 대한 설명으로 적절한 것은?

① 2019년 이전에도 자궁 외 임신을 한 경우에 임신 및 출산 진료비를 받을 수 있었다.
② 3세 미만 영유아의 진료 및 처방된 약제 등은 본인부담금을 지원받을 수 있다.
③ 다태아를 임신한 분만 취약자의 경우 기본급으로 160만 원을 지원받을 수 있다.
④ 반드시 본인이 신청해야 하며 대리인과 가족은 신청할 수 없다.

17 주어진 자료를 바탕으로 민원인의 질문에 대답한다고 할 때, ㉠~㉣ 중 잘못 대답한 것은?

> 민원인: 제가 2024년 9월에 세쌍둥이를 임신했고, 2025년 6월 10일에 출산 중 한 아이가 사산되어 쌍둥이가 되었습니다. 추가지원금액을 받을 수 있는지와 받게 된다면 얼마를 받게 되는지 궁금합니다.
> 직원 A: 우선 기본 지원금액은 받으셨을까요? ㉠<u>민원인께서 시행일 이후에 다태아를 출산하셨으니, 추가지원이 가능합니다.</u> ㉡<u>세쌍둥이라 하셨으니 200만 원이 추가지급 될 예정이었으나</u> ㉢<u>추가지급 신청 당시 유산이나 사산으로 쌍둥이가 되었으므로 60만 원이 추가지급 될 것입니다.</u> 지원금은 ㉣<u>2027년 6월 9일까지 사용하실 수 있습니다.</u>

① ㉠　　　　② ㉡　　　　③ ㉢　　　　④ ㉣

[18~20] 다음 글을 읽고, 이어지는 질문에 답하시오.

(가) 요통은 하나의 원인에 의해 발생하는 독립된 질병이 아니라 다양한 원인으로 허리 부위에 통증이 생기는 증상을 의미한다. 특히 척추는 무거운 체중을 지탱하고 있을 뿐 아니라 다양한 방향으로 운동이 일어나기 때문에 이에 따라 통증이 발생할 수 있다. 이러한 형태의 통증 중 가장 흔한 것이 추간판(디스크)의 퇴행인데, 이는 척추 사이에 위치한 추간판이 노화로 인해 손상되고 변성되어 발생한다. 나이가 들어 추간판의 퇴행이 진행되면 척추뼈 사이의 충격을 흡수하는 능력이 감소하게 되고, 그 결과 허리를 움직이거나 힘을 쓸 때 요통이 유발되는 것이다.

소위 "허리가 삐었다, 허리를 삐끗했다"라고 하는 요추 염좌나 척추뼈가 부러지는 요추 골절 등은 외상에 의한 요통의 대표적인 사례들이다. 요추 염좌는 주로 잘못된 자세로 무거운 물건을 들거나 갑자기 허리를 펴거나 돌리는 등의 무리한 운동을 할 때 갑작스럽고 극심한 허리 통증이 발생하는 것으로, 척추를 지지하는 인대나 근육이 손상된 것이다.

한편 척추 측만증이나 척추 후만증은 대개 중년까지는 심각한 통증을 일으키지 않지만, 시간이 지남에 따라 척추의 변형이 점점 심해지므로 후기에는 심각한 문제를 일으킬 수 있다. 골관절염(퇴행성 관절염), 류머티즘성 관절염이나 강직성 척수염 등의 염증성 질환, 척추뼈의 연결 부위가 약해지면서 척추가 앞쪽으로 이동하는 척추전방전위증, 척추관이 서서히 좁아지면서 그 속을 지나가는 척추관 협착증 등도 요통을 유발할 수 있다. 아울러 골다공증은 그 자체로는 통증을 유발하지 않으나, 척추 골절 등 뼈의 손상이 쉽게 발생하게 함으로써 이차적으로 통증을 유발한다.

(나) 건설 기계와 같은 장비 운용 시 노출되는 전신 진동은 척주에 지속적인 충격을 가하고 근육의 피로와 통증을 유발할 수 있다. 이러한 요통은 직업 환경에서 흔히 발생하며, 운전자, 건설 기계 운용자 등에게 영향을 미쳐 이로 인한 산재 신청이 빈번하다. 특히 화물차 운전자는 화물차에서 유발되는 지속적 진동, 운전 중 핸들 조작, 시동 끄기 등 반복적인 동작 그리고 장시간 동안 동일한 자세의 유지와 화물 트럭에서 화물을 싣고 내리는 과정에서 무거운 짐을 다루는 것이 허리 부위 부담을 증가시키므로 요통 유발의 가능성이 높아진다.

하지만 2020년 이전에는 화물차 운전자는 재해근로자로 인정받지 못했다. 재해근로자란 산업재해로 인해 피해를 본 근로자를 의미하는데 화물차 운전자의 산재보험 적용은 2020년 7월 1일부터 시작되었기 때문이다.

따라서 화물 운전자 요통은 업무상 질병으로 산재 인정이 가능할 수 있다. 하지만 퇴행성 질환으로 인한 요통은 원칙적으로 산재 대상에서 제외된다. 즉, 요통이 산재로 인정받기 위해서는 해당 증상이 업무와 직접적인 관련이 있어야 한다.

이 밖에도 택시 운전기사와 건설업 종사자들 역시 업무 중 진동과 충격, 무거운 물건을 들거나 반복적인 동작의 연속 등의 이유로 근골격계 질환 중 특히 요통(허리 통증)에 취약하며 이들은 요통으로 인한 산재 발생이 늘어나고 있다.

18 주어진 글의 (가)와 (나)를 읽고 추론한 내용으로 옳은 것은?

① 척추관이 넓어져서 척추 신경에 틈이 생기면 척추관 협착증이 발생할 것이다.
② 허리를 자주 구부렸다 폈다 동작하는 업종에서 요통 염좌로 인한 산재 신청이 많을 것이다.
③ 허리디스크는 요통 중 가장 흔한 증상이므로 다양한 직업군에서 산재로 인정받기 쉬울 것이다.
④ 최근 도로 상황의 개선과 대형 자동차의 기술이 발전했다면 운전기사들의 요통 발생은 증가할 것이다.

19 주어진 글의 (가)와 (나)를 읽었을 때, 일치하지 않는 것은?

① 골다공증은 발병했다고 해서 바로 통증이 드러나는 것은 아니다.
② 척추 측만증이나 척추 후만증은 어린 청소년에게는 발생 빈도가 낮다.
③ 건설업 종사자들은 공사장 진동으로 인해 요통이 발생했다는 이유로는 산재신청이 불가능하다.
④ 2019년 화물차 운전자는 화물차 진동으로 인해 요통이 발생했다는 이유로 산재신청이 빈번했다.

20 다음 〈보기〉는 윗글에서 말한 요통의 원인 중 하나를 설명한 것이다. 빈칸에 들어갈 말로 가장 적절한 것은?

• 보기 •

(　　　)란 사람이 무거운 물건을 다루는 과정에서 발생하는 신체적 부담을 의미한다. 이는 물건 자체의 무게뿐만 아니라, 들어올리기, 운반하기, 내려놓기 등의 작업 동작, 그리고 작업 환경, 작업 시간, 작업자의 신체 조건 등 다양한 요인이 복합적으로 작용하여 발생한다.

① 안전사고　　　　② 중량물 부하
③ 작업 스트레스　　④ 근골격계 상해

[21~22] 다음 〈표〉는 2020~2024년 지역별 심폐소생술 시행 건수 및 시행률과 심폐소생술 시행 시 생존 건수를 조사한 자료이다. 이를 바탕으로 이어지는 질문에 답하시오.

〈표 1〉 지역별 심폐소생술 시행 건수 및 시행률

(단위: 건, %)

구분	서울		부산		인천		세종	
	시행 건수	시행률	시행 건수	시행률	시행 건수	시행률	시행 건수	시행률
2020년	3,214	58.2	1,376	52.9	1,124	51.4	521	44.7
2021년	3,397	60.1	1,459	54.3	1,209	52.8	563	46.0
2022년	3,563	62.7	1,531	55.6	1,285	54.2	606	47.5
2023년	3,728	64.0	1,612	57.2	1,368	55.8	648	49.1
2024년	3,911	65.5	1,695	58.6	1,452	57.0	697	50.6

※ 시행률(%) = $\frac{\text{시행 건수}}{\text{급성심정지 건수}} \times 100$

〈표 2〉 지역별 심폐소생술 시행 시 생존 건수

(단위: 건)

구분	서울	부산	인천	세종
2020년	466	190	176	98
2021년	448	207	187	99
2022년	556	237	191	105
2023년	518	227	238	117
2024년	555	229	240	132

※ 생존률(%) = $\frac{\text{생존 건수}}{\text{시행 건수}} \times 100$

21 주어진 자료에 대한 설명으로 옳지 않은 것은?

① 2023년 서울의 급성심정지 건수는 5,825건이다.
② 2024년 세종의 심폐소생술 시행 시 생존 건수는 4년 전 대비 30% 이상 증가하였다.
③ 2020~2024년 동안 부산의 심폐소생술 시행 시 생존률이 20%를 넘긴 해는 1개년이다.
④ 2024년 서울, 부산, 인천, 세종 4개 지역의 심폐소생술 시행 건수 합계는 2020년에 비해 증가하였다.

22 2021~2024년 중 인천의 심폐소생술 시행 시 생존 건수의 전년 대비 증가율이 가장 낮은 해의 인천에서 급성심정지 상태일 때 심폐소생술을 실시하지 않은 건수는? (단, 소수점 첫째 자리에서 반올림한다.)

① 1,080건　　② 1,085건　　③ 1,090건　　④ 1,095건

[23~24] 다음 〈표〉는 2020~2024년 진료비 및 고령 환자 현황을 조사한 자료이다. 이를 바탕으로 이어지는 질문에 답하시오.

〈표 1〉 2020~2024년 진료비 현황

연도	총진료비 (조 원)	환자 1인당 진료비 (만 원)	총진료비 중 고령 환자 진료비 비중(%)
2020년	12.5	168	40.7
2021년	13.1	176	41.9
2022년	14.2	185	43.2
2023년	15.5	193	44.6
2024년	17.4	202	46.1

〈표 2〉 2020~2024년 고령 환자 현황

연도	고령 환자 인구(만 명)	총환자 중 고령 환자 비중(%)
2020년	244	32.8
2021년	245	32.9
2022년	265	34.6
2023년	287	35.7
2024년	312	36.2

23 주어진 자료에 대한 설명으로 옳지 않은 것은?

① 2022년 총환자 수는 800만 명 이상이다.
② 2021년 고령 환자의 진료비 총액은 6조 원 미만이다.
③ 2024년 고령 환자 1인당 진료비는 200만 원 이상이다.
④ 2020~2024년 동안 총진료비와 환자 1인당 진료비의 증감 추이는 동일하다.

24 다음 〈보기〉의 ㉠, ㉡에 들어갈 숫자를 바르게 짝지은 것은?

• 보기 •

㉠ 2024년 총진료비는 4년 전 대비 (㉠)% 증가하였다.
㉡ 2023년 고령 환자 1인당 진료비는 (㉡)만 원이다.

	(㉠)	(㉡)		(㉠)	(㉡)
①	28.2	222	②	28.2	241
③	39.2	222	④	39.2	241

[25~26] 다음 〈표〉는 6월 도로별 통행료 및 통행료 수입과 유지관리비 현황을 조사한 자료이다. 이를 바탕으로 이어지는 질문에 답하시오.

〈표 1〉 6월 도로별 통행료 및 통행료 수입 현황

(단위: 원, 대, 억 원)

도로명	차량 1대당 평균 통행료(원)	하루 평균 이용 차량 수(대)	6월 통행료 수입 (억 원)
경부고속도로	5,800	670,000	1,165.8
서해안고속도로	5,200	520,000	( )
중부고속도로	4,600	410,000	565.8
영동고속도로	4,800	390,000	561.6
제2중부고속도로	4,200	290,000	365.4

〈표 2〉 6월 도로별 유지관리비 현황

(단위: 억 원, %)

도로명	6월 유지관리비(억 원)	이익률(%)
경부고속도로	700.0	40.0
서해안고속도로	496.3	38.8
중부고속도로	363.0	35.8
영동고속도로	347.8	38.1
제2중부고속도로	305.4	( )

※ 이익률(%) = $\dfrac{\text{월 통행료 수입} - \text{월 유지관리비}}{\text{월 통행료 수입}} \times 100$

25 주어진 자료에 대한 설명으로 옳지 않은 것은?

① 5개 도로의 평균 6월 유지관리비는 450억 원 미만이다.
② 이익률이 가장 낮은 도로의 하루 평균 이용 차량 수는 41만 대다.
③ 차량 1대당 평균 통행료가 가장 높은 도로는 6월 유지관리비도 가장 높다.
④ 중부고속도로와 영동고속도로의 6월 통행료 수입 합계는 경부고속도로보다 적다.

26 서해안고속도로의 7월 통행료 수입은 6월 대비 30억 원 증가했다. 이때, 서해안고속도로의 7월 통행료 수입은 얼마인가? (단, 6월은 30일이다.)

① 81.12억 원
② 111.12억 원
③ 811.2억 원
④ 841.2억 원

[27~28] 다음 〈표〉는 2025년 지역별 덤프트럭 임차 대수 및 소유 대수를 조사한 자료이고, 〈그래프〉는 2021~2025년 전국 덤프트럭 현황을 조사한 자료이다. 이를 바탕으로 이어지는 질문에 답하시오.

〈표〉 2025년 지역별 덤프트럭 임차 대수 및 소유 대수

(단위: 대)

지역	임차 대수	소유 대수
서울	3,678	502
부산	1,553	212
대구	1,177	274
인천	1,986	157
광주	1,073	146
대전	612	197
울산	1,017	139
세종	230	31
경기	9,362	1,278
강원	3,246	443
충북	2,872	506
충남	4,039	438
전북	4,097	559
전남	4,573	624
경북	4,154	567
경남	746	102
제주	2,691	254
전국	47,106	6,429

※ '임차'는 임차 계약이 된 덤프트럭, '소유'는 임차 계약이 되지 않은 덤프트럭임

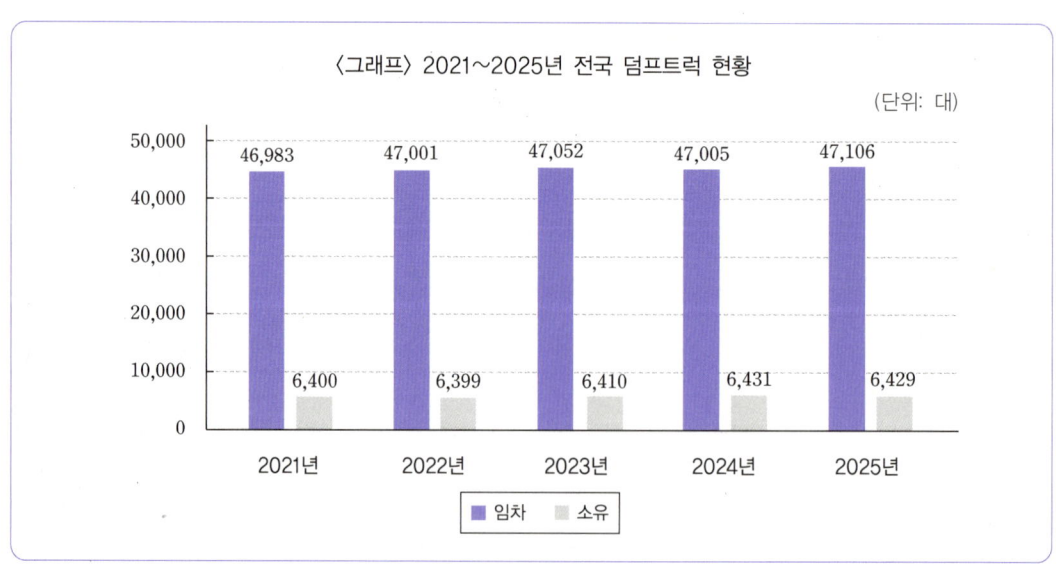

27 다음 〈보기〉의 값들을 숫자가 큰 순서대로 나열한 것은?

  • 보기 •
  ㉠ 2025년 서울의 전체(임대+소유) 덤프트럭 수
  ㉡ 2025년 전남의 전체(임대+소유) 덤프트럭 수
  ㉢ 2025년 경북의 전체(임대+소유) 덤프트럭 수

① ㉠-㉡-㉢ ② ㉡-㉠-㉢
③ ㉡-㉢-㉠ ④ ㉢-㉡-㉠

28 주어진 자료에 대한 설명으로 옳은 것은?

① 2025년 전국 덤프트럭 대수는 전년보다 감소했다.
② 2021~2025년 동안 전국 덤프트럭의 임차 대수와 소유 대수의 증감 추이는 동일하다.
③ 2025년 임차 계약이 된 전국의 덤프트럭 중 경기 지역의 덤프트럭 비중은 20% 미만이다.
④ 2025년 인천의 전체(임대+소유) 덤프트럭 중 임차 계약이 되지 않은 덤프트럭의 비중은 광주보다 높다.

[29~31] 다음 〈표〉는 2020~2024년 유형별 의료 민사소송 건수를 조사한 자료이다. 이를 바탕으로 이어지는 질문에 답하시오.

〈표〉 2020~2024년 유형별 의료 민사소송 건수

(단위: 건)

구분	의료사고(과실)	진료비 분쟁	설명의무 위반	진료기록 관련	기타	전체
2020년	4,213	3,587	1,742	1,108	( )	11,334
2021년	4,456	3,742	1,831	1,193	703	11,925
2022년	( )	3,660	1,902	1,256	689	12,245
2023년	( )	3,521	2,017	1,314	668	12,502
2024년	5,129	3,694	( )	1,379	659	13,004

29 주어진 자료에 대한 설명으로 옳지 않은 것은?

① 의료사고(과실) 민사소송 건수는 2022년보다 2023년에 더 많다.
② 2020~2024년 동안 전체 의료 민사소송 건수는 매년 증가하였다.
③ 2024년 진료비 분쟁 민사소송 건수는 4년 전 대비 100건 이상 증가하였다.
④ 2024년 진료기록 관련 민사소송이 전체에서 차지하는 비중은 4년 전보다 낮아졌다.

30 다음 〈표〉를 활용하여 2024년 설명의무 위반 원고 승소 건수를 구하면? (단, 소수점 첫째 자리에서 반올림한다.)

〈표〉 2024년 의료 민사소송 유형별 원고 승소율

(단위: %)

의료사고(과실)	진료비 분쟁	설명의무 위반	진료기록 관련	기타
8	15	9	13	21

① 193건 ② 196건 ③ 199건 ④ 202건

31 다음 중 주어진 자료를 토대로 나타낸 그래프 중 옳지 않은 것은? (단, 각 단위의 소수점 첫째 자리에서 반올림한다.)

① 기타 의료 민사소송 건수

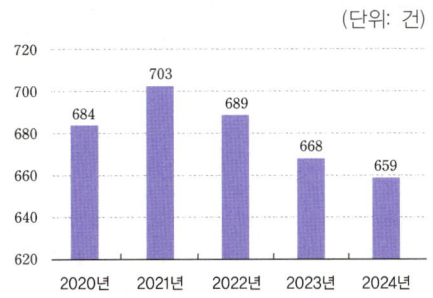

② 전체 의료 민사소송 건수 중 진료비 분쟁의 비중

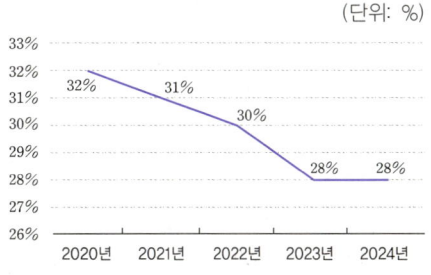

③ 전체 의료 민사소송 건수의 전년 대비 증가 건수

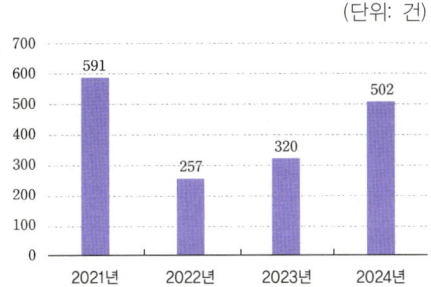

④ 의료사고(과실)과 설명의무 위반 민사소송 건수의 차이

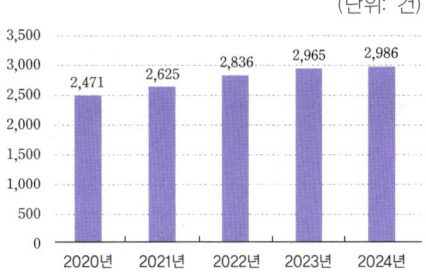

[32~34] 다음 〈표〉는 지역별 및 서울의 2025년 1분기 건강검진자 수 및 재검진 판정자 수를 조사한 자료이다. 이를 바탕으로 이어지는 질문에 답하시오.

〈표 1〉 2025년 1분기 지역별 건강검진자 수 및 재검진 판정자 수

(단위: 명)

지역	건강검진자 수	재검진 판정자 수
서울	421,380	13,845
부산	198,240	4,929
대구	154,970	6,312
인천	223,150	7,421
광주	102,794	2,981
대전	113,582	3,547
울산	98,415	2,754
세종	42,388	1,143
경기	601,273	14,870
강원	76,982	2,451
충북	87,592	2,612
충남	103,140	3,098
전북	94,284	2,840
전남	99,500	2,974
경북	120,840	4,013
경남	159,773	4,935
제주	89,410	1,245
전국	2,787,713	81,970

※ 수도권은 서울, 인천, 경기 세 지역만을 포함함

※ 재검진 비율(%) = $\frac{\text{재검진 판정자 수}}{\text{건강검진자 수}} \times 100$

〈표 2〉 2025년 1분기 서울의 연령대별 건강검진자 수 및 재검진 판정자 수

(단위: 명)

구분	20대	30대	40대	50대	60세 이상
건강검진자 수	9,548	79,512	89,376	107,485	135,459
재검진 판정자 수	35	845	2,436	3,071	7,458

32 주어진 자료에 대한 설명으로 옳지 않은 것은?

① 2025년 1분기 대구의 재검진 비율은 경북보다 높다.
② 2025년 1분기 수도권의 재검진 판정자 수는 4만 명 이상이다.
③ 2025년 1분기 전국 건강검진자 중 세종의 비중은 2% 미만이다.
④ 2025년 1분기 서울의 건강검진자 중 40대의 비중은 20% 이상이다.

33 2025년 1분기 서울에서 재검진 비율이 가장 높은 연령대는?

① 30대 ② 40대
③ 50대 ④ 60세 이상

34 다음은 주어진 자료를 토대로 나타낸 그래프이다. 어느 그래프의 제목에도 해당하지 않는 것만을 〈보기〉의 ㉠~㉣에서 모두 고르면?

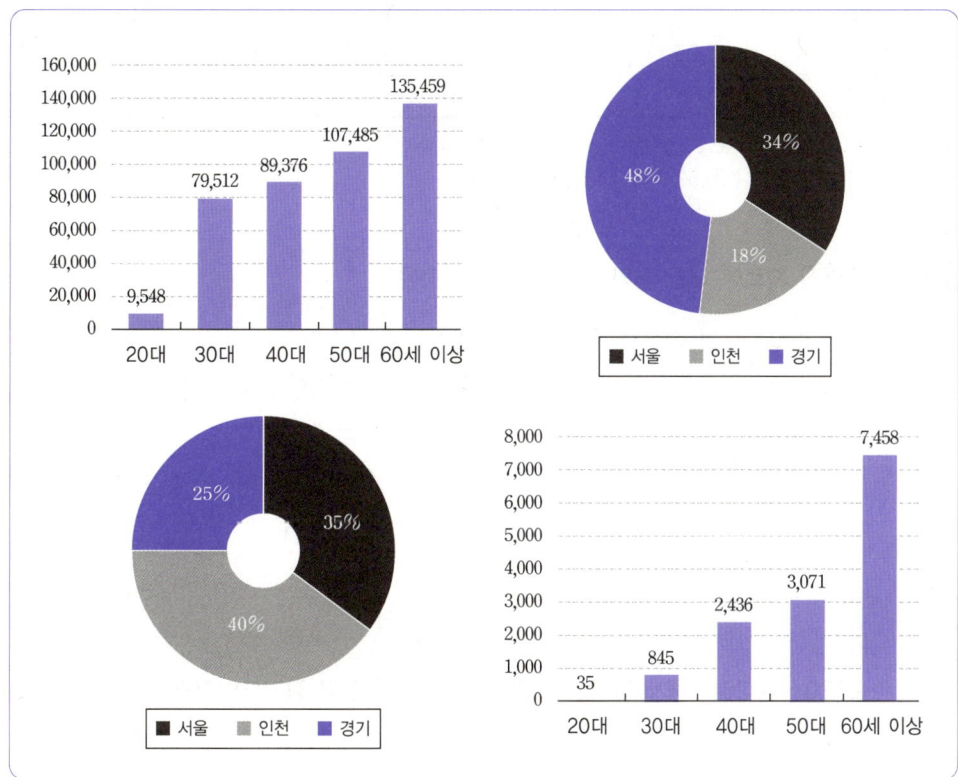

― 보기 ―

㉠ 수도권 각 지역의 재검진 비율
㉡ 서울의 연령대별 건강검진자 수
㉢ 수도권 건강검진자의 지역별 비중
㉣ 서울의 연령대별 재검진 판정을 받지 않은 건강검진자 수

① ㉠, ㉡ ② ㉠, ㉣
③ ㉡, ㉢ ④ ㉡, ㉣

[35~37] 다음 〈표〉는 2020~2025년 장기요양기관 수를 조사한 자료이다. 이를 바탕으로 이어지는 질문에 답하시오.

〈표〉 2020~2025년 장기요양기관 수

(단위: 개소)

구분	소멸 장기요양기관 수	신규 장기요양기관 수	순증가 수	누적 순증가 수 (2020년 기준)
2020년	812	1,234	422	422
2021년	935	1,402	467	889
2022년	1,043	1,365	322	1,211
2023년	978	1,448	( )	1,681
2024년	1,001	1,398	397	2,078
2025년	1,087	1,510	423	( )

※ (순증가 수)=(신규 장기요양기관 수)−(소멸 장기요양기관 수)
※ 2019년 장기요양기관 수는 50,000개소였음

35 주어진 자료에 대한 설명으로 옳지 않은 것은?

① 2025년 누적 순증가 수는 2,501개소다.
② 2020~2025년 동안 장기요양기관 수는 매년 증가하였다.
③ 2020~2025년 중 순증가 수가 가장 많은 해는 2021년이다.
④ 2020~2025년 중 소멸 장기요양기관 수가 가장 많은 해에 신규 장기요양기관 수도 가장 많다.

36 2020~2025년 중 소멸 장기요양기관 수 대비 신규 장기요양기관 수가 가장 많은 연도는?

① 2020년
② 2022년
③ 2024년
④ 2025년

37 다음 중 주어진 자료를 토대로 나타낸 그래프 중 옳지 않은 것은? (단, 각 단위의 소수점 첫째 자리에서 반올림한다.)

① 소멸 장기요양기관 수의 전년 대비 증감폭
(단위: 개소)

② 장기요양기관 수
(단위: 개소)

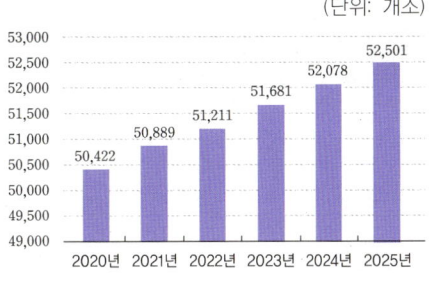

③ 2025년 소멸 장기요양기관 수와 신규 장기요양기관 수의 비율
(단위: %)

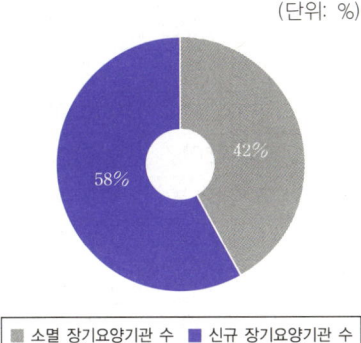

④ 신규 장기요양기관 수의 전년 대비 증감폭
(단위: 개소)

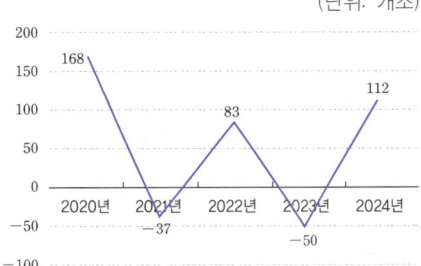

[38~40] 다음 〈표〉는 지역별 입원, 외래, 약국 환자 수 및 진료비를 조사한 자료이다. 이를 바탕으로 이어지는 질문에 답하시오.

〈표〉 지역별 입원, 외래, 약국 환자 수 및 진료비

(단위: 명, 천 원)

지역	입원 환자 수	입원 진료비	외래 환자 수	외래 진료비	약국 환자 수	약국 진료비
서울	157,957	57,410,451	786,939	35,265,227	338,901	21,804,816
부산	10,860	2,915,442	121,932	4,665,526	71,606	3,347,841
대구	48,158	9,147,651	143,016	4,402,292	40,627	1,894,717
인천	21,284	3,810,475	75,658	3,871,425	38,592	1,693,344
광주	16,265	4,640,921	134,478	6,689,483	73,001	2,262,218
대전	26,850	6,590,450	68,431	3,057,114	53,897	2,287,913
울산	47,194	7,801,553	52,747	1,619,543	98,148	3,466,300
세종	31,962	6,842,706	109,150	4,359,682	53,483	3,148,463
경기	160,239	53,130,330	1,157,254	75,877,523	785,558	42,385,572
강원	11,685	3,414,759	134,654	9,359,634	47,159	2,304,621
충북	10,769	2,895,857	85,773	5,171,940	65,920	1,940,645
충남	12,433	3,101,586	117,435	8,962,057	97,121	2,937,204
전북	15,311	3,183,745	106,886	6,686,130	99,479	2,150,471
전남	47,819	10,393,470	116,803	8,847,591	49,457	2,395,030
경북	49,188	14,414,595	81,551	5,912,604	96,557	2,359,431
경남	27,568	6,103,744	61,394	3,221,498	82,995	3,118,409
제주	29,769	4,620,143	119,092	4,140,889	70,757	1,986,061
전국	725,311	200,417,878	3,473,193	192,110,158	2,163,258	101,483,056

※ 수도권은 서울, 인천, 경기 세 지역만을 포함함

38 전국 입원, 외래, 약국 진료비 합계 중에서 서울이 차지하는 비중은? (단, 소수점 첫째 자리에서 반올림한다.)

① 20% ② 23% ③ 26% ④ 29%

39 주어진 자료에 대한 설명으로 옳지 않은 것은?

① 경기의 약국 환자 수는 서울의 2배 이상이다.
② 광주의 외래 환자 1인당 외래 진료비는 5,000원 미만이다.
③ 부산의 입원, 외래, 약국 환자 수 합계는 20만 명 이상이다.
④ 전국 입원 진료비에서 제주가 차지하는 비중은 5% 미만이다.

40 다음 중 주어진 자료를 토대로 나타낸 그래프 중 옳지 않은 것은? (단, 각 단위의 소수점 첫째 자리에서 반올림한다.)

① 인천 내 입원, 외래, 약국 환자 수 비중
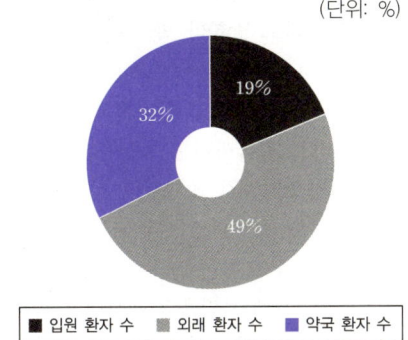

② 충북, 충남의 입원 진료비
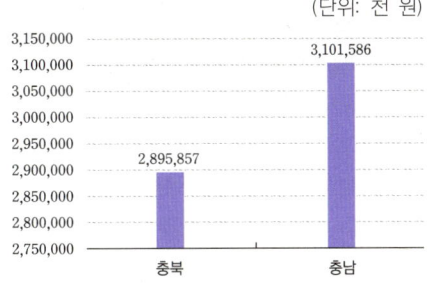

③ 전북, 전남의 약국 환자 1인당 약국 진료비
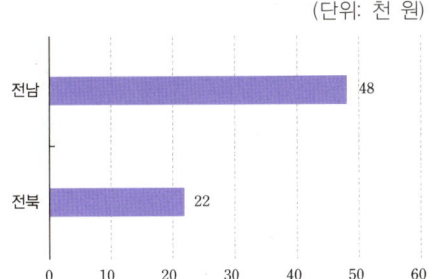

④ 울산의 입원, 외래, 약국 진료비
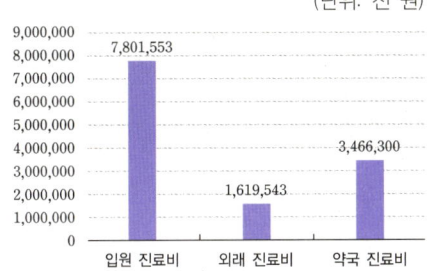

[41~42] 다음은 임신 사전건강관리 필수 가임력 검사비 지원사업에 대한 내용이다. 이를 바탕으로 이어지는 질문에 답하시오.

보건복지부는 2025년 1월 1일(수)부터 필수 가임력 검사비 대상을 결혼 여부 및 자녀 수와 관계없이 모든 20세부터 49세 내국인 남녀에게 최대 3회 지원한다고 밝혔다. 단, 15~19세 남녀 중 부부, 내국인 배우자가 있는 외국인에게도 지원한다.

2024년부터 시작한 「임신 사전건강관리 지원사업」은 임신·출산 고위험 요인을 조기에 발견하여 관리할 수 있도록 필수 가임력 검사비를 지원하는 사업이다. 지금까지는 임신을 준비하는 부부(사실혼·예비부부 포함)를 대상으로 여성 1인당 최대 13만 원[난소기능검사(AMH), 부인과 초음파)], 남성 1인당 최대 5만 원[정액검사(정자정밀형태검사)]을 생애 1회 지원하였었다.

2025년부터는 대상과 지원 횟수를 대폭 확대하여 미혼자를 포함한 20~49세 남녀에게 주기별 최대 1회, 생애 최대 3회까지 필수 가임력 검사비를 지원한다. 자체 사업을 시행하던 서울시까지 합류하여 전국 17개 시·도가 모두 참여할 예정이다. 1회당 지원 금액은 기존과 동일하다.

〈임신·출산 관련 생애주기(연령대)별 특성〉
- (제1주기: 29세 이하) 결혼 전 생식건강관리(조기 질환 발견 및 치료) 및 난임 예방 목적
- (제2주기: 30~34세) 본격적 결혼 및 임신·출산 계획 단계로 건강한 임신·출산 도모 및 난임 예방 및 가임력 보존 목적
- (제3주기: 35~49세) 임신·출산 고위험군에 해당하여 난임 진단 및 난임 시술 연계 목적

지원사업 신청 및 검사비 청구 시 제출서류는 다음과 같다.

구분		목록
신청	내국인	① 임신 사전건강관리 지원사업 신청서 ② 개인정보 수집 이용 및 제3자 제공 동의서 ③ 신청자 주민등록등본 또는 행정정보 공동이용 사전동의서 ※ 15~19세 부부 대상자는 혼인 증빙서류 추가 제출
	외국인	①, ② 내국인과 동일 ③ 신청일 기준 외국인등록사실증명 또는 국내거소신고사실증명 또는 행정정보 공동이용 사전동의서 ④ 내국인 배우자의 주민등록등본 또는 배우자의 행정정보 공동이용 사전동의서 ⑤ (필요 시) 혼인 증빙서류 추가 제출
청구		① 임신 사전건강관리 지원사업 검사비 청구서 ② 외래 진료비 계산서 및 영수증 ③ 진료비 세부산정내역(세부내역서) ④ 본인 명의의 통장사본

41 다음 중 임신 사전건강관리 필수 가임력 검사비 지원사업에 대해 이해한 내용으로 옳은 것은?

① 출산 과정 중의 위험 요소를 조기에 발견하고자 지원하는 사업이다.
② 2025년 기준, 필수 가임력 검사비 지원 대상이 되는 여성에게 지원되는 금액은 생애 최대 13만 원이다.
③ 2025년 기준, 30세인 대상자라면 검사비를 생애 최대 3회까지 지원받을 수 있다.
④ 내국인 배우자가 있는 외국인이 검사비 지원사업 신청 시 제출해야 하는 필수서류는 4가지이다.

42 다음 중 임신 사전건강관리 필수 가임력 검사비 지원사업 신청이 가능한 남성은? (단, 2025년 기준이다.)

① 부인과 사별 후 자녀 1명을 홀로 키우고 있는 31세 내국인 남성
② 늦은 결혼으로 의해 본격적으로 임신을 계획 중인 50세 내국인 남성
③ 한국에서 외국인 부인과 1년째 거주 중인 35세 외국인 남성
④ 내년에 결혼 예정인 18세 내국인 남성

[43~45] 다음은 영유아 건강검진을 안내한 자료이다. 이를 바탕으로 이어지는 질문에 답하시오.

영유아 건강검진 안내문

■ 검진 대상
생후 14일부터 71개월까지의 영유아를 대상으로 검진시기별로 선정

■ 목표질환

구분	목표질환	검진 또는 교육항목
성장이상	발육지연, 과체중, 비만, 소두증, 대두증 등	키, 몸무게, 머리둘레 등 신체계측
발달이상	지적장애, 자폐스펙트럼장애, 뇌성마비, 언어장애, 행동장애 등	발달선별검사
영양	영양결핍, 영양과잉	영양교육
청각이상	난청	청각문진
시각이상	선천성 백내장, 약시, 사시, 근시, 난시 등	시각문진, 시각 및 시력검사
구강질환	치아우식증, 치은비대, 치아이상	구강문진 및 구강보건교육

※ 발달선별검사는 3차 검진시기(생후 9~12개월)부터 검진 가능

■ 검진시기별 검진항목

검진시기			검진 또는 교육항목
1차	건강검진	생후 14~35일	문진 및 진찰, 신체계측, 영양교육
2차	건강검진	생후 4~6개월	문진 및 진찰, 신체계측, 영양교육
3차	건강검진	생후 9~12개월	문진 및 진찰, 신체계측, 발달선별검사 및 상담, 영양교육
4차	건강검진	생후 18~24개월	문진 및 진찰, 신체계측, 발달선별검사 및 상담, 영양교육
	구강검진	생후 18~29개월	구강문진 및 진찰, 구강보건교육
5차	건강검진	생후 30~36개월	문진 및 진찰, 신체계측, 발달선별검사 및 상담, 영양교육
	구강검진	생후 30~41개월	구강문진 및 진찰, 구강보건교육
6차	건강검진	생후 42~48개월	문진 및 진찰(귓속말검사), 신체계측, 발달선별검사 및 상담, 영양교육
	구강검진	생후 42~53개월	구강문진 및 진찰, 구강보건교육
7차	건강검진	생후 54~60개월	문진 및 진찰, 신체계측, 발달선별검사 및 상담, 영양교육
	구강검진	생후 54~65개월	구강문진 및 진찰, 구강보건교육
8차	건강검진	생후 66~71개월	문진 및 진찰(예방접종 확인), 신체계측, 발달선별검사 및 상담, 영양교육

■ 검진비용
- 검진시기 내 검진: 무료(건강보험공단 전액 지원)
- 검진시기 외 검진: 아래 검진시기별로 검진비용 본인 부담

구분	검진비용	구분	검진비용
1차	35,500원	5차	61,630원(구강 15,680원 포함)
2차	39,500원	6차	57,630원(구강 15,680원 포함)
3차	47,420원	7차	57,630원(구강 15,680원 포함)
4차	69,630원(구강 15,680원 포함)	8차	41,950원

43 다음 중 영유아 건강검진에 대해 판단한 내용으로 옳지 않은 것은?

① 4~7차 검진시기에는 건강검진과 함께 구강검진도 시행되며, 건강검진과 구강검진의 검진시기 기간 차이는 5개월 이내이다.
② 발달장애 조기 발견을 위해 발달선별검사는 1~2차 검진시기에도 검진항목으로 포함된다.
③ 영양교육은 모든 검진시기에 포함되어 있다.
④ 귓속말검사는 1~8차 검진시기 중 한 차례 시행한다.

44 발달선별검사는 총 20차의 검사가 있으며, 각 차수의 검사에는 대상연령이 있다. 다음은 발달선별검사 차수별 대상연령의 일부를 발췌한 것이다. 5차 검진시기의 영유아가 발달선별검사를 할 때, 대상이 될 수 있는 발달선별검사 차수만을 모두 고르면?

10차	11차	12차	13차	14차	15차
생후 22~23개월	생후 24~26개월	생후 27~29개월	생후 30~32개월	생후 33~35개월	생후 36~41개월

① 10차, 11차, 12차, 13차
② 12차, 13차, 14차
③ 13차, 14차
④ 13차, 14차, 15차

45 A씨는 생후 72개월과 생후 25개월이 된 두 아이를 키우는 중이다. 검진 대상임을 잊고 검진시기를 놓친 사실을 뒤늦게 깨달아 두 아이의 건강 상태 확인을 위해 병원을 방문했다. 이때, 민지 씨가 부담하게 되는 총 검진비용은 얼마인가? (단, 바로 직전에 놓친 검진시기의 검진을 받는다.)

① 57,630원
② 69,630원
③ 95,900원
④ 111,580원

[46~48] 다음은 다제약물 관리사업에 대한 내용이다. 이를 바탕으로 이어지는 질문에 답하시오.

다제약물 관리사업

■ 목적 및 필요성
인구 고령화로 노인의 다제약물 복용률이 높아지며 이로 인한 부작용도 늘고 있음. 국민건강보험공단에서는 전문가의 약물 점검, 상담, 처방 조정 등 맞춤형 서비스를 제공해 약물의 중복, 과다 및 과소 복용을 줄임으로써 약물 부작용 예방 및 올바른 약물 복용을 유도하고자 함

■ 대상자
건강보험 가입자 중 아래 조건을 모두 만족하는 자
- 고혈압, 당뇨병, 심장질환 등 46가지 만성질환 중 1가지 이상 진단받은 자
- 만 65세 이상 노인
- 상시(최근 6개월간 투약일수가 60일 이상)로 복용하는 약 성분이 10종 이상(단, 고위험약물은 1종을 2종으로 계산함)

■ 본인부담금
무료(건강보험료 납부자 기준)

■ 신청방법
- 공단 고객센터 문의
- 가까운 병원 및 보건소 문의

■ 서비스 모형

[지역사회모형]
재가만성질환자 다제약물 복용 노인을 대상으로 지역 자문약사와 공단 직원이 가정방문, 유선 상담을 통해 약물 중복 및 부작용 등을 점검, 모니터링 서비스를 제공(최대 4회)
- 대상자: 다제약물 관리사업 대상자
- 서비스

단계	1차 서비스	2차 서비스	3차 서비스	4차 서비스
형태	가정방문	약국내방	유선상담	가정방문
서비스 내용	복약상태 점검 및 상담	부작용 모니터링, 복약 상담	부작용 모니터링, 복약 상담	복약상태 점검 및 상담, 복약순응도 평가
제공자	자문약사 +공단 직원 (2인 1조 방문)	자문약사	자문약사	자문약사 +공단 직원 (2인 1조 방문)

※ 2024년 기준 전국 132개 시·군·구에서 시행 중

[병원모형]
- 입·퇴원 및 외래 이용 만성질환자에게 병·의원 다학제팀(의사-약사-간호사)이 약물 평가 및 조정, 퇴원 약물 점검, 모니터링, 지역연계 서비스를 제공함(최대 4회)
- 대상자: 다제약물 관리사업 대상자이면서 사업에 참여하고 있는 병원의 입원 또는 외래 환자
- 사업에 참여하고 있는 병원은 2022년 36곳, 2023년 48곳, 2024년 60곳으로 확대
- 서비스

제공	병원(4회)			
단계	(1차) 입원관리	(2차) 퇴원점검	(3차) 유선상담	(4차) 외래상담
서비스 내용	• 대상등록 • 약물평가 • 복약 상담 • 약물 조정 • 환자기능 평가 (의사)	• 퇴원약 점검 • 약물 조정 • 복약 상담	모니터링	• 모니터링 • 복약순응도 평가
제공자	의사 약사 간호사	의사 약사 간호사	약사	의사 약사

(입원기간 →)

- 신규 참여병원 선정 절차
  - 선정 방법: 선정위원회 총 5인이 평가 기준의 항목별 배점에 맞춰 각자 점수를 부여하며, 항목별 점수 합계가 60점 이상인 위원이 전체 위원의 과반수 이상일 때 최종 참여병원으로 선정
    ※ 선정위원회: 외부위원 4명[병원약사회(2명), 전문가(2명)], 내부위원 1명(공단)
  - 평가 기준

구분	심사항목	배점
사업 참여의 적정성	사업 참여 동기 및 이해도 등	30점
사업 수행능력	사업 수행을 위한 전문인력(약사) 확보 등	50점
참여의지	사업 참여의지와 적극성 등	20점

46 주어진 자료에 대해 판단한 내용으로 옳지 않은 것은?

① 건강보험에 가입하였으면서 고혈압과 당뇨병을 진단받아 최근 6개월간 총 6종의 고위험약물을 매일 복용 중인 만 80세 남성은 다제약물 관리사업의 대상자다.
② 신청은 반드시 공단 고객센터를 통해서만 안내받을 수 있다.
③ 2022년부터 2024년까지 사업 참여병원은 매년 확대되었다.
④ 건강보험료 납부자라면 어떤 모형을 신청하든 발생하는 비용은 없다.

47 주어진 서비스 모형의 내용을 읽고 판단한 내용으로 옳은 것은?

① 전 단계에 걸친 서비스 제공자는 지역사회모형인 경우 약사, 병원모형인 경우 자문약사다.
② 지역사회모형과 병원모형 모두 3차 때 유선상담이 진행된다.
③ 지역사회모형과 병원모형 모두 최대 4회 서비스를 제공하며, 4차 때는 복약순응도만을 평가한다.
④ 지역사회모형에서는 복약상태 점검 및 상담 목적으로 가정방문 시 자문약사나 공단 직원 중 한 명이 방문하여 상담을 진행한다.

48 다음은 신규 참여병원 모집 공고에 지원한 A~C병원을 대상으로 5인의 선정위원회가 평가 기준에 따라 배점을 준 것이다. 이를 바탕으로 할 때, 참여병원으로 선정되는 병원만을 모두 고르면?

구분		A병원	B병원	C병원
외부위원1	사업 참여의 적정성(30)	22점	28점	25점
	사업 수행능력(50)	35점	34점	48점
	참여의지(20)	10점	16점	8점
외부위원2	사업 참여의 적정성(30)	19점	27점	20점
	사업 수행능력(50)	29점	38점	33점
	참여의지(20)	11점	15점	6점
외부위원3	사업 참여의 적정성(30)	18점	25점	23점
	사업 수행능력(50)	35점	37점	25점
	참여의지(20)	11점	16점	9점
외부위원4	사업 참여의 적정성(30)	15점	26점	22점
	사업 수행능력(50)	33점	42점	45점
	참여의지(20)	16점	8점	10점
내부위원1	사업 참여의 적정성(30)	15점	23점	10점
	사업 수행능력(50)	42점	45점	39점
	참여의지(20)	12점	19점	10점

① A병원, B병원
② A병원, C병원
③ B병원, C병원
④ A병원, B병원, C병원

[49~51] 다음은 전국민 마음투자 지원사업에 대한 내용이다. 이를 바탕으로 이어지는 질문에 답하시오.

전국민 마음투자 지원사업

■ 사업 목적

우울·불안 등 정서적 어려움이 있는 국민에게 전문 심리상담 서비스를 제공하여, 국민의 마음건강 돌봄 및 정신질환 사전 예방·조기 발견하기 위해 보건복지부에서 진행하고 있는 사업

■ 서비스 대상

우울·불안 등 정서적 어려움이 있는 국민 중 아래 기준에 해당하는 자로, 나이 및 소득 기준은 없음

구분	기준	비고
1	정신건강복지센터, 대학교상담센터, 청소년상담복지센터, Wee센터/Wee 클래스 등에서 심리상담이 필요하다고 인정하는 자 [증빙서류] 위 기관에서 발급하는 의뢰서(신청일 기준 3개월 이내에 발급된 것에 한함)	• 국가 및 공공기관에서 운영하는 심리상담센터는 유효한 의뢰서 발급 가능 예 고용노동부의 근로자건강센터, 직업트라우마센터, 고용복지플러스센터(심리안정지원 프로그램) 등 • 대학교상담센터는 국공립대학교 및 사립대학교 상담센터도 의뢰서 발급 가능 • 사설 심리상담센터는 의뢰서 발급기관에서 제외
2	정신의료기관 등에서 우울·불안 등으로 인하여 심리상담이 필요하다고 인정하는 자 [증빙서류] 정신건강의학과 의사, 한방신경 정신과 한의사가 발급하는 진단서 또는 소견서(신청일 기준 3개월 이내에 발급된 것에 한함)	정신건강의학과 치료 중 또는 종료 이후 심리상담 필요하다는 정신건강의학과 의사 소견이 있는 경우에는 신청 가능
3	국가 건강검진 중 정신건강검사(우울증 선별검사, PHQ-9) 결과에서 중간 정도 이상의 우울(10점 이상)이 확인된 자 [증빙서류] 신청일 기준 1년 이내에 실시한 국가 건강검진 결과통보서	국민건강보험공단 사이트의 건강 iN → 나의 건강관리 → 건강검진 결과조회에서 검진결과 출력 가능
4	자립준비청년 및 보호연장아동 [증빙서류] • 보호 종료된 자립준비청년은 보호 종료확인서 • 보호연장아동은 시설재원증명서 또는 가정위탁보호확인서	• 자립준비청년 　– '20.10월 이전 보호종료자: 시설 또는 가정위탁지원센터에서 발급 　– '20.10월 이후 보호종료자: 지자체(시군구)에서 발급 • 보호연장아동 　(시설) 시설에서 시설재원증명서 발급 　(가정위탁) 지자체(시군구)에서 가정위탁보호확인서 발급

- ■ 지원내용
  전문 심리상담 서비스 연간 총 8회 제공(바우처)
- ■ 서비스 가격
  - 1회당 바우처 단가: 1급 유형은 8만 원, 2급 유형은 7만 원
  - 본인부담금: 서비스 이용자의 기준 중위소득에 따라 지원내용에 해당하는 서비스 가격 총액 중 아래 본인부담률에 해당하는 금액을 본인이 부담해야 함(나머지는 정부 지원)

기준 중위소득	본인부담률
기준 중위소득 70% 이하	0%
기준 중위소득 70% 초과 120% 이하	10%
기준 중위소득 120% 초과 180% 이하	20%
기준 중위소득 180% 초과	30%

※ 자립준비청년 및 보호연장아동은 본인부담률 0%

- ■ 전문 심리상담 서비스 유형별 담당자 자격 요건

유형	담당자 자격 요건
1급	① (국가전문자격) 「정신건강증진 및 정신질환자 복지서비스 지원에 관한 법률」 제17조에 따른 정신건강전문요원 1급 ② (국가전문자격) 「청소년기본법」 제22조에 따른 청소년상담사 1급 ③ (국가전문자격) 「초·중등교육법」 제19조의2에 따른 전문상담교사 1급 ④ (민간자격) 임상심리전문가(한국심리학회), 상담심리사 1급(한국상담심리학회/한국심리학회), 전문상담사 1급(한국상담학회)
2급	① (국가전문자격) 「정신건강증진 및 정신질환자 복지서비스 지원에 관한 법률」 제17조에 따른 정신건강전문요원 2급 ② (국가전문자격) 「청소년기본법」 제22조에 따른 청소년상담사 2급 ③ (국가전문자격) 「초·중등교육법」 제19조의2에 따른 전문상담교사 2급 ④ (국가기술자격) 「국가기술자격법」 제8조의2에 따른 임상심리사 1급 ⑤ (민간자격) 상담심리사 2급(한국상담심리학회/한국심리학회), 전문상담사 2급(한국상담학회)

49 주어진 지원사업을 읽고 이해한 내용으로 옳지 않은 것은?

① 해당 서비스를 받을 때 나이 및 소득 제한은 없다.
② 임상심리사 1급에게 서비스를 받기 위해서는 1급 유형의 서비스를 받아야 한다.
③ 정신건강전문요원 1급에게 서비스를 받기 위해서는 1급 유형의 서비스를 받아야 한다.
④ 청소년상담사 2급에게 서비스를 받기 위해서는 2급 유형의 서비스를 받아야 한다.

50 다음 중 전국민 마음투자 지원사업의 서비스 대상으로 적합하지 않은 사람은?

① 6개월 전 실시한 우울증 선별검사 결과가 11점인 국가 건강검진 결과통보서를 가지고 온 A씨
② 정신건강의학과 의사가 최근 3개월 이내에 발급한 진단서를 가지고 온 B씨
③ 사설 심리상담센터에서 심리상담이 필요하다고 인정하여 최근 3개월 이내에 발급한 의뢰서를 가지고 온 C씨
④ 2019년 8월에 보호 종료된 자립준비청년으로 가정위탁지원센터에서 발급한 보호 종료확인서를 가지고 온 D씨

51 정 씨는 기준 중위소득 100%에 해당하며, 연간 총 8회의 1급 유형 마음투자 지원 서비스를 받았다고 한다. 이때, 정부가 부담하는 전체 지원금액은? (단, 정 씨는 자립준비청년 또는 보호연장아동이 아니다.)

① 448,000원
② 480,000원
③ 504,000원
④ 576,000원

[52~53] 다음은 초록별사랑 정기예금에 관한 상품 설명이다. 이를 바탕으로 이어지는 질문에 답하시오.

■ 상품 특징
종이통장 미발행, 탄소중립 실천 등 친환경 활동과 기부 활동 참여 시 우대혜택을 제공하는 정기예금

■ 상품 내용

구분	내용
종류	거치식 예금
가입 대상	실명의 개인(1인 1계좌)
가입 기간	1년
가입 금액	100만 원 이상 5,000만 원 이하(1원 단위)

■ 적용 이자율
- 기본이자율: 현재 신규 가입 시 기본이자율 연 3.0%
- 상품 우대이율: 제공 조건 달성 시 우대이율 추가 적용(최고 연 0.6%p)

구분	제공 조건	우대이율
친환경 실천 가입확인서 제출	신규 가입일로부터 만기일이 포함된 달의 전전월 말일 사이에 '친환경 실천 가입확인서'를 우체국 창구 또는 인터넷·스마트뱅킹 '비대면 서류 제출' 서비스를 통해 제출한 경우 ※ '친환경 실천 가입확인서'란 통합에코마일리지 가입확인서 또는 한국환경공단 탄소중립포인트 가입확인서(에너지, 자동차, 녹색생활실천)를 뜻하며, 둘 중 하나를 선택하여 제출 ※ 한국환경공단 탄소중립포인트 가입확인서의 경우 에너지, 자동차는 서울시 외 지역 거주자만 우대이율 적용, 녹색생활실천은 전국 모든 거주자 우대이율 적용	0.3%p
우체국공익재단 협약기관 기부 동참	신규 가입 후 우체국공익재단 협약기관에(사단법인 한국백혈병소아암협회) 기부 신청 및 기부금(50만 원 이상에만 우대이율 적용)을 1회 이상 이체한 경우	0.2%p
종이통장 미발행	우체국 창구에서 신규 가입 시 '통장 미발행'을 선택하거나 인터넷·스마트뱅킹을 통해 가입하는 경우	0.1%p

■ 분할해지
2회까지(만기해지 포함 3회) 분할해지 가능하나, 분할해지 후 잔여예금이 100만 원 이상이면서 신규 가입금액의 10% 이상이어야 함
- 이용 조건: 신규 가입 후 3개월 이상 경과되어야 하며, 분할해지 후 잔여예금은 신규 가입 당시 이자율을 제외한 약정조건과 동일하게 유지
- 이율: 이 예금의 중도해지 적용 방식과 동일

■ 유의사항
- 우체국 창구에서 종이통장 미발행으로 가입하거나 인터넷 및 스마트뱅킹으로 가입한 경우 통장은 교부되지 않으며 인터넷뱅킹을 통해 가입증서 출력 가능
- 우대이율은 만기해지계좌에 한하여 적용되며, 만기 전 해지할 경우 약정한 기본이자율보다 낮은 중도해지이자율 적용
- 우대조건의 충족 여부에 따라 기본이자율에 우대이율을 가산하여 적용되며, 지급되는 이자액이 원 단위까지 계산될 경우 10원 단위 미만을 절사하여 지급
- 압류, 사고신고, 질권설정 등 법적 지급제한 사유가 있는 계좌는 만기 자동해지 불가
- 상품 가입 시 가입일 현재 우체국 창구 또는 인터넷 홈페이지 등에 게시된 상품내용을 적용하며, 이자율·서비스 등의 상품내용은 변동될 수 있음

52 다음 중 초록별사랑 정기예금에 대해 판단한 내용으로 옳지 않은 것은?

① 상품 가입 대상은 실명의 개인으로, 중복 개설이 불가하다.
② 종이통장이 없더라도 인터넷뱅킹을 통해 가입증서를 출력할 수 있다.
③ 빚을 상환하지 못한 자의 압류된 계좌는 만기 도래 시 자동으로 해지되지 않는다.
④ 신규 가입금액 2,000만 원 중 1,800만 원을 1회 분할해지 했다면, 추가로 1회 더 분할해지 가능하다.

53 서울시에 거주 중인 직장인 A씨는 평소 환경보호에 관심이 많아 초록별사랑 정기예금 상품을 알게 되었고, 이직하면서 받은 퇴직금 2,000만 원으로 해당 예금상품에 가입했다. 아래의 [조건]을 만족했을 때, 직장인 A씨가 1년 만기 후 수령하게 될 금액은?

• 보기 •

스마트뱅킹을 통해 가입하였으며, 가입 다음날 한국환경공단 탄소중립포인트 관련 사이트에서 회원가입 후 자동차 가입확인서를 스마트뱅킹 '비대면 서류제출' 서비스를 통해 제출했다. 또한, 가입 다음날 우체국공익재단 협약기관에 기부 신청 후 30만 원을 이체하여 기부에 동참했다.

① 2,062만 원 ② 2,066만 원
③ 2,070만 원 ④ 2,072만 원

[54~55] 다음은 K발전사의 상생형 스마트공장 구축 지원사업 공모에 대한 내용이다. 이를 바탕으로 이어지는 질문에 답하시오.

상생형 스마트공장 구축 지원사업

■ 사업배경

발전소 주변 지역 중소기업 사업장의 디지털화 지원으로 탄소중립형 스마트공장을 구축하고, 에너지 효율 향상 및 저탄소경제 체계로의 전환 지원

■ 사업 추진방향 및 상세내역

구분	기초 수준(신규 구축)	고도화 수준(수준 향상)
지원분야	• 기초 수준(레벨 1~2)의 스마트공장 구축 지원 및 컨설팅 • 솔루션, 연동 설비의 최초 구축 지원	• 중간 1 수준(레벨 3) 스마트공장 구축 지원 및 컨설팅 • 시스템 고도화, 추가 구축 및 연동
지원대상	• 제조업 관련 중소기업	
	• 스마트공장 미구축 중소기업	• 기초 수준을 도입한 중소기업
가점사항	• K발전사 Best 100 상생 협력사, 해외 동반진출 협의회 회원사 등 • 여성기업, 장애인고용기업, 사회적기업 • 발전소 주변 지역(보령시, 서천군, 세종시 소재 생산공장) 소재 기업 ※ 가점사항 해당 시 1건당 1점 추가 부여	
우대사항	• 선정품목 공급 유자격업체, 정비적격업체, 납품실적 보유업체(3년 이내) • 뿌리기업 인증 업체 ※ 우대사항 해당 시 1건당 2점 추가 부여	
지원금액	기업별 총 3,000만 원 • 정부지원금: 1,000만 원 • K발전사 지원금: 2,000만 원	기업별 총 1.4억 원 • 정부지원금: 0.4억 원 • K발전사 지원금: 1억 원
선정업체 수	16개 사	1개 사

■ 신청기간 및 방법

구분	내용
신청기간	25.04.21.(월)~05.09.(금)
신청방법	참가신청서(첨부) 작성 후 상생누리 사이트로 신청 ※ 신청서와 증빙파일(PDF)은 안내된 이메일로 제출
참여기업 모집	총 17개 사(기초 수준 16개 사, 고도화 수준 1개 사) • 한국로봇산업협회 및 NEP 협회 우수회원사 추천접수 우대(각 5개 사) • 고도화 수준 1개 사는 추천접수 우대 없이 고득점 기업 우선 선정

■ 참여기업 선정

심사평가 심의위원회가 계량평가 및 비계량평가를 진행하여 합산점수의 고득점 순
- 계량평가: 동반성장협력평가(20점), 지원 참여실적(10점), 기술성 평가(20점) 총 50점
- 비계량평가: 사업계획(50점), 세부항목별 10점

54 주어진 자료를 읽고 이해한 내용으로 옳지 않은 것은?

① 신청은 온라인으로만 가능하다.
② 고도화 수준 기업은 추천서를 제출한 기업 중에서 우선 선정한다.
③ 기업별 지원금액 중 정부지원금이 차지하는 비중은 고도화 수준이 기초 수준보다 더 낮다.
④ 기초 수준 기업으로 총 16개 사를 선정하며, 해당 수준에서는 솔루션 최초 구축을 지원한다.

55 다음은 고도화 수준 지원기업 A~D기업의 기업선정 평가표 및 기업별 특이사항이다. 이를 모두 고려했을 때, 참여기업으로 선정되는 기업은?

[고도화 수준 지원기업 A~D기업의 기업선정 평가표]

평가항목	계량평가			비계량평가				
	동반성장 협력평가 (20점)	지원 참여실적 (10점)	기술성 평가 (20점)	사업계획(50점)				
				필요성 (10점)	적합성 (10점)	구축계획 타당성 (10점)	발전산업 연관성 (10점)	예상효과, 지역상생 (10점)
A기업	15점	6점	14점	6점	6점	5점	5점	6점
B기업	16점	7점	15점	7점	7점	6점	6점	7점
C기업	17점	8점	16점	6점	6점	5점	7점	5점
D기업	15점	7점	15점	7점	7점	6점	6점	7점

[고도화 수순 지원기업 A~D기업의 특이사항]

구분	특이사항
A기업	여성기업, 선정품목 공급 유자격업체
B기업	장애인고용기업
C기업	정비적격업체, 뿌리기업 인증 업체
D기업	K발전사 Best 100 상생 협력사, 최근 2년 이내 납품실적 보유

① A기업 ② B기업 ③ C기업 ④ D기업

[56~57] 다음은 노인 일자리 및 사회활동 지원사업에 대한 내용이다. 이를 바탕으로 이어지는 질문에 답하시오.

노인 일자리 및 사회활동 지원사업

■ 목적
노인이 활기차고 건강한 노후생활을 영위할 수 있도록 공익활동, 일자리, 재능나눔 등 다양한 사회활동을 지원하여 노인복지 향상에 기여

■ 참여 대상
- 공공형: 만 65세 이상 기초연금 수급자
- 사회서비스형: 만 65세 이상 사업 참여 가능자
  ※ 사회서비스형 중 선도모델은 만 60세 이상 사업 참여 가능자
- 시장형: 만 60세 이상 사업 참여 가능자

■ 사업유형

유형		내용
공공형	공익활동	노인이 자기만족과 성취감 향상 및 지역사회 공익증진을 위해 자발적으로 참여하는 봉사활동 • 참여기간: 11개월, 월 30시간 이상 • 활동비: 월 29만 원
사회서비스형		노인의 경력과 활동역량을 활용하여 사회적 도움이 필요한 영역(지역사회 돌봄, 안전 관련 등)에 서비스를 제공 • 참여기간: 10개월, 월 60시간 이상 • 활동비: 월 63.4천 원
사회서비스형 선도모델 (시범사업)		지역사회가 보유한 인적자원과 기업 등의 외부자원을 활용하여 신규 노인 일자리 아이템 개발, 창출 • 지원내용: 참여노인 1인당 월 최대 34만 원, 5개월 지원
시장형	시장형사업단	노인에게 적합한 업종 중 소규모 매장 및 전문 직종 사업단 등을 공동으로 운영하여 노인 일자리 창출
	취업알선형	일정 교육을 수료하거나 관련 업무능력 있는 자를 수요처로 연계하여 근무기간에 대한 일정 임금을 지급받을 수 있는 일자리 • 지원내용: 수행기관에 사업비 지원(참여자 인건비 지원 없음) • 활동비(지원비): 참여자 1인당 연간 267만 원 지원
	시니어인턴십	노인에게 기업 인턴 연계 후 인건비 지원. 계속 고용 시 기업에 인건비 추가 지원 • 지원내용: 참여기업 → 인건비 지원 / 수행기관 → 사업비 지원

■ 수행기관
참여자 활동 지원 등 노인 일자리 및 사회활동 지원사업을 직접적으로 수행하는 기관
- 시·군·구 노인복지 담당과, 노인복지관, 시니어클럽, 대한노인회 취업지원센터, 종합사회복지관, 노인복지센터, 지역문화원, 지자체 전담기관(실버인력뱅크 등)

■ 지원사업 참여방법
- 시·군·구 또는 수행기관(모집기관)에 관련 서류를 제출 및 상담
  : 참여신청서, 개인정보 수집·이용에 관한 동의서(자필서명), 해당 활동 관련 자격증 사본(해당자에 한함) 등 제출
  ※ 수행기관에 신청 시 주민등록등본 추가 첨부
- 참여자 선발(시·군·구 또는 수행기관)
  : 관련 서류와 전산시스템(사회보장정보시스템, 새누리시스템)을 통한 국민기초생활수급 여부 등 자격확인 후 참여자 선발기준에 따라 고득점자 순으로 선정(공공형은 시·군·구가 최종선발)
- 사업 참여
  : 선발된 자는 사업별로 해당 협약서를 작성하거나 근로계약을 체결하고 관련 교육 실시 후 사업 수행

■ 신청 제외자
- 국민기초생활보장법에 의한 생계급여 수급자(취업알선형 제외)
  ※ 단, 의료급여, 교육급여, 주거급여 수급자는 신청 가능
- 국민건강보험 직장가입자(취업알선형 제외)
  ※ 단, 사회서비스형 및 시장형사업단은 해당 사업의 건강보험 직장가입자일 경우 해당 없음
- 장기요양보험 등급 판정자 1~5등급 또는 인지지원등급(취업알선형 제외)
- 정부부처 및 지자체에서 추진하는 일자리 사업에 이미 2개 이상 참여하고 있는 자
  : 노인 일자리 및 사회활동 지원사업 내 중복 참여 불가
- 국내 거주자 중 외국민은 국적 취득자(주민등록번호 소유자)에 한하여 참여 가능

56 주어진 지원사업을 읽고 이해한 내용으로 옳지 않은 것은?

① 만 67세 기초연금 수급자가 지역사회 공익증진 목적의 사업 참여 시 월 29만 원의 활동비를 지급받는다.
② 인적 및 외부자원을 활용한 신규 일자리 아이템을 창출하는 사업에 참여한 만 60세 대상자는 연간 최대 1인당 150만 원을 지원받을 수 있다.
③ 참여 시 인건비를 추가로 지원하여 계속 고용을 유도하는 사업유형은 시니어인턴십이다.
④ 지원사업을 직접 수행하는 기관을 통해 신청하는 경우 주민등록등본을 반드시 첨부해야 한다.

57 다음 중 노인 일자리 및 사회활동 지원사업에 참여 대상자로 적절한 사람은? (단, 취업알선형은 제외하며, 언급되지 않은 모든 조건은 만족한다고 가정한다.)

① 공공형에 신청하는 생계급여 수급자
② 사회서비스형에 신청하는 외부기업 국민건강보험 직장가입자
③ 시장형사업단에 신청하는 주민등록번호를 갖고 있는 국내 거주 중인 외국인
④ 장기요양보험 3등급 판정을 받은 자

[58~60] 다음은 A사에서 진행 중인 채용공고문이다. 이를 바탕으로 이어지는 질문에 답하시오.

■ 채용분야

유형	직렬	인원	수행직무
일반직	전산	○○명	공공분야 정보화 사업관리 및 시스템 개발 등
무기계약직	기록물	○명	기록물관리 관련 업무 기획 및 통합 운영
제한경쟁	사무	○명	일반사무 및 총무

■ 지원자격 및 공통 우대사항
  • 지원 자격

구분	내용
공통	아래 요건을 모두 충족한 자 • 임용일 기준 만 18세 이상 만 60세(정년) 미만인 자 ※ 남성의 경우 병역필 또는 면제자의 경우만 지원 가능 • 「인사규정」 제13조(결격사유)에 해당되지 않는 자
무기계약직	「무기계약근로자·기간제근로자 및 단시간근로자 관리규칙」 별표4의 자격 기준을 만족하는 자
제한경쟁	아래 요건을 모두 충족한 자 • 장애인 및 고졸 • 채용 자격 기준표의 자격 기준을 만족하는 자

  • 공통 우대사항(해당 시 1차 전형에서 가산점 부여)
    − 국가유공자 및 보훈대상자, 장애인 등
    − 국민기초생활수급자, 비수도권 지역인재, 북한이탈주민 및 다문화가족
    − 직무 관련 면허 및 자격증 소지자
    − 공공기관 정보화 사업 및 정보보호 및 보안 업무 유경험자(일반직 지원자에 한함)

■ 응시원서 접수
  • 제출서류: 입사지원서, 자기소개서, 개인정보 제공동의서 등
  • 접수방법: 자사 인터넷 홈페이지 내 채용정보란을 통한 온라인 접수

■ 전형 절차 및 일정

채용 공고일	→	지원기간	→	1차 전형	→	2차 전형	→	최종합격자 발표
3월 2일		채용공고일로부터 10일 후까지		지원기간 마감일의 7일 후		1차 전형 마감일의 14일 후		2차 전형 마감일의 13일 후

※ 상기 일정은 내부 사정에 따라 변경될 수 있음

- ■ 블라인드 채용 및 주요 유의사항 안내
  - 공공기관 블라인드 채용 가이드라인을 준수하여 지원서에 사진, 학교명, 연령, 성별, 가족관계, 출신지를 기입하는 칸이 없으며, 편견을 줄 수 있는 개인정보는 심사위원에게 제공하지 않음
  - 채용 유형과 직렬을 달리하여 중복지원 할 수 없으며, 중복지원 시 탈락 처리
  - 입사지원서상에 기재되지 않은 경력은 경력산정 시 인정되지 않음
  - 합격자 발표 등 안내사항 발생 시 자체 인터넷 홈페이지 내 채용정보란을 통해 공지
  - 지원 자격 및 우대사항은 입사지원서 접수 마감일 기준으로 함
- ■ 2차 전형 시 제출서류

  [필수제출]
  - 전 학위(졸업)증명서 및 전 학년 성적증명서(대학원 포함, 최근 3개월 이내 발행분) 각 1부
    ※ 중퇴 및 편입학, 전문학사 취득 시 해당 증명서 모두 추가로 제출(최근 3개월 이내 발행분)
  - 병역사항 해당 시 주민등록초본(최근 3개월 이내 발행분) 1부

  [해당 시 제출]
  - 경력자의 경우 경력(또는 재직)증명서 및 건강보험자격득실확인서(최근 3개월 이내 발행분) 1부
    ※ 경력증명서의 경우 근무기간, 채용형태, 담당업무 및 발급담당자 연락처 명시
  - 우대사항 해당자의 경우 관련된 증명서 1부(최근 3개월 이내 발행분)
  - 외국어능력시험 성적표 사본(공고일 이내에 결과가 발표된 것에 한함. 최근 5년 이내 성적까지 인정) 1부

58 주어진 채용공고문을 읽고 판단한 내용으로 옳지 않은 것은?

① 국가유공자라면 증빙서류를 제출하여야 가산점을 부여받는다.
② 지원서 접수부터 합격자 발표 등 채용절차에 대한 안내사항은 자사 인터넷 홈페이지를 통해 진행된다.
③ 장애인 또는 고졸은 제한경쟁에만 지원할 수 있다.
④ 공공기관 정보보안 업무 관련 경험이 있는 지원자는 일반직 전산 직렬로 지원해야만 가산점을 부여받는다.

59 2차 전형 시 제출해야 하는 서류에 대해 이해한 내용으로 옳은 것은?

① 편입학한 A씨의 경우 최근 3개월 이내에 발행한 해당 증명서만 제출하면 된다.
② 경력자인 B씨는 필수제출 서류와 함께 최근 3개월 이내에 발행한 근무기간, 채용형태, 담당 업무 및 발급담당자 연락처가 명시된 경력증명서 1부만 추가로 제출하면 된다.
③ 외국어능력시험을 공고일 이전에 치렀지만 공고일 이후에 결과가 발표된 C씨는 해당 성적표 사본을 1부 제출해도 인정된다.
④ 병역이행자인 만 30세인 남성 D씨는 최근 3개월 이내에 발행한 주민등록초본 1부를 추가로 제출해야 한다.

60 다음 중 최종합격자 발표일로 옳은 것은?

① 4월 13일
② 4월 15일
③ 4월 17일
④ 4월 19일

직무시험_국민건강보험법

20문항 / 20분

※ 요양직 응시자는 106p로 이동해 주세요.

01 다음 중 국민건강보험법상 보험급여의 제한에 대한 설명으로 옳지 않은 것은?

① 보험급여를 받을 수 있는 사람이 중대한 과실로 요양기관의 지시에 따르지 않은 경우에 공단은 보험급여를 하지 않는다.
② 공단은 직장가입자의 사용자가 보수월액보험료를 체납한 경우, 직장가입자 본인에게 귀책사유가 있는 경우에 한하여 보험급여를 실시하지 않을 수 있다.
③ 보험료를 분할납부하기로 승인을 받았으나 승인된 보험료를 한 번도 내지 않은 경우에는 보험급여를 할 수 없다.
④ 이미 납부된 체납보험료도 월별 보험료의 총체납횟수에 포함된다.

02 다음 ㉠~㉢에 들어갈 숫자를 모두 더하면?

> 제4조(건강보험정책심의위원회)
> ④ 심의위원회의 위원은 다음 각 호에 해당하는 사람을 보건복지부장관이 임명 또는 위촉한다.
>   1. 근로자단체 및 사용자단체가 추천하는 각 (㉠)명
>   2. 시민단체, 소비자단체, 농어업인단체 및 자영업자단체가 추천하는 각 (㉡)명
>   3. 의료계를 대표하는 단체 및 약업계를 대표하는 단체가 추천하는 (㉢)명

① 9   ② 11   ③ 13   ④ 15

03 다음은 공단의 정관 및 설립등기에 포함되는 사항 중 일부를 나열한 것이다. 적절하지 않은 것만을 모두 고르면?

〈정관〉
㉠ 주된 사무소 및 분사무소의 소재지
㉡ 이사장의 성명
㉢ 임직원에 관한 사항

〈설립등기〉
㉣ 업무와 그 집행
㉤ 이사회의 운영
㉥ 목적

① ㉠, ㉡, ㉣, ㉤
② ㉠, ㉢, ㉤, ㉥
③ ㉡, ㉢, ㉣, ㉥
④ ㉡, ㉣, ㉤, ㉥

04 다음 〈보기〉는 국민건강보험법상 가입자의 자격 변동 신고에 관한 설명이다. 옳은 것만을 모두 고르면?

• 보기 •
㉠ 지역가입자가 적용대상사업장의 사용자로 된 경우, 자격이 변동된 날부터 14일 이내에 본인이 보험자에게 신고해야 한다.
㉡ 지역가입자가 다른 세대로 전입한 경우에는 자격 변동을 신고할 의무가 없다.
㉢ 적용대상사업장에서 휴업이나 폐업 등의 사유가 발생한 날에 자격이 변동된다.
㉣ 법무부장관 및 국방부장관은 가입자가 교도소에 수용되는 경우, 해당 사유에 해당된 날부터 1개월 이내에 보험자에게 알려야 한다.

① ㉠, ㉣
② ㉡, ㉢
③ ㉢, ㉣
④ ㉠, ㉡, ㉣

05 다음 중 국민건강보험법상 급여의 기준, 절차 등에 관한 규정 중 옳지 않은 것은?

① 요양급여의 방법·절차·범위·상한 등의 기준은 보건복지부령으로 정한다.
② 요양급여비용의 계약 내용과 그 밖에 필요한 사항은 대통령령으로 정한다.
③ 임신·출산 진료비, 장제비, 상병수당 등의 부가급여는 보건복지부령으로 정한다.
④ 건강검진의 횟수·절차 및 그 밖에 필요한 사항은 대통령령으로 정한다.

06 다음은 국민건강보험법상 가산금에 관한 내용 일부이다. 빈칸에 들어갈 말로 적절한 것은?

> 제78조의2(가산금)
> ① 사업장의 사용자가 대통령령으로 정하는 사유에 해당되어 직장가입자가 될 수 없는 자를 제8조 제2항 또는 제9조 제2항을 위반하여 거짓으로 보험자에게 직장가입자로 신고한 경우 공단은 제1호의 금액에서 제2호의 금액을 뺀 금액의 ( )에 상당하는 가산금을 그 사용자에게 부과하여 징수한다.
>   1. 사용자가 직장가입자로 신고한 사람이 직장가입자로 처리된 기간 동안 그 가입자가 제69조 제5항에 따라 부담하여야 하는 보험료의 총액
>   2. 제1호의 기간 동안 공단이 해당 가입자에 대하여 제69조 제4항에 따라 산정하여 부과한 보험료의 총액

① 100분의 10
② 100분의 20
③ 100분의 30
④ 100분의 50

07 다음 〈보기〉 중 국민건강보험법 제75조(보험료의 경감 등)에 따라 보험료를 경감할 수 있는 대상에 해당하는 것만을 모두 고르면?

• 보기 •
㉠ 섬·벽지·농어촌 등 대통령령으로 정하는 지역에 거주하는 사람
㉡ 「장애인복지법」에 따라 등록한 장애인
㉢ 60세 이상인 사람
㉣ 「국가유공자 등 예우 및 지원에 관한 법률」 제4조 제1항 제4호에 따른 국가유공자

① ㉠, ㉡
② ㉢, ㉣
③ ㉠, ㉡, ㉣
④ ㉡, ㉢, ㉣

08 다음은 국민건강보험법 제45조(요양급여비용의 산정 등)의 내용에 대한 관계도이다. 이에 대한 내용으로 옳지 않은 것은?

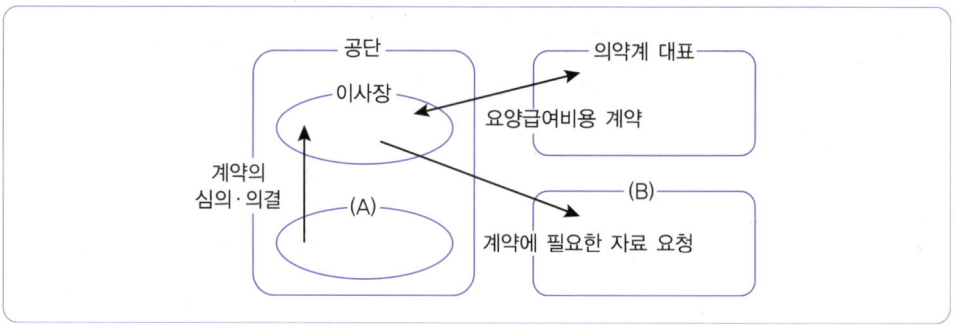

① (A)는 재정운영위원회다.
② (B)는 심사평가원이다.
③ 요양급여비용에 대한 계약의 계약기간은 1년이다.
④ 요양급여비용에 대한 계약은 그 직전 계약기간 만료일이 속하는 연도의 6월 30일까지 체결하여야 한다.

09 다음 〈보기〉 속 4명의 위반행위에 대해 각자 부과될 수 있는 벌금 최대액의 합계는 얼마인가?

• 보기 •
- 갑: 요양기관의 개설자이며, 선별급여의 실시 조건을 충족하지 못하였음에도 불구하고 선별급여를 제공하였다.
- 을: 대행청구단체의 종사자이며, 거짓으로 요양급여비용을 청구하였다.
- 병: 공단의 종사자이며, 업무를 수행하면서 알게 된 정보를 직무상 목적 외의 용도로 이용하였다.
- 정: 부정한 방법으로 타인으로 하여금 보험급여를 받게 하였다.

① 6천만 원 ② 8천만 원
③ 9천만 원 ④ 1억 2천만 원

10 다음 중 국민건강보험법상 신고를 가장 늦게 할 수 있는 경우는?

① 가입자 자격을 얻은 경우
② 가입자의 자격 변동이 발생한 경우
③ 가입자의 자격이 상실된 경우
④ 가입자가 「병역법」에 따른 현역병이 된 경우

11 다음은 국민건강보험법상 급여의 제한에 대한 내용 일부이다. 빈칸에 들어갈 말로 적절한 것은?

> 제53조(급여의 제한)
> ⑥ 제3항 및 제4항에 따라 보험급여를 하지 아니하는 기간(이하 이 항에서 "급여제한기간"이라 한다)에 받은 보험급여는 다음 각 호의 어느 하나에 해당하는 경우에만 보험급여로 인정한다.
>   1. 공단이 급여제한기간에 보험급여를 받은 사실이 있음을 가입자에게 통지한 날부터 (㉠)이 지난 날이 속한 달의 납부기한 이내에 체납된 보험료를 완납한 경우
>   2. 공단이 급여제한기간에 보험급여를 받은 사실이 있음을 가입자에게 통지한 날부터 (㉠)이 지난 날이 속한 달의 납부기한 이내에 제82조에 따라 분할납부 승인을 받은 체납보험료를 (㉡) 이상 낸 경우. 다만, 제82조에 따른 분할납부 승인을 받은 사람이 정당한 사유 없이 (㉢) 이상 그 승인된 보험료를 내지 아니한 경우에는 그러하지 아니하다.

	㉠	㉡	㉢
①	1개월	1회	3회
②	1개월	2회	5회
③	2개월	1회	5회
④	2개월	2회	3회

12 다음 〈보기〉는 국민건강보험법상 요양비등수급계좌에 관한 설명이다. 옳은 것만을 모두 고르면?

> • 보기 •
> ㉠ 공단은 수급자의 신청이 있으면 요양비등을 수급자 명의의 요양비등수급계좌로 입금하여야 한다.
> ㉡ 공단은 공단이 희망할 경우 요양비등을 요양비등수급계좌가 아닌 직접 현금으로 지급할 수 있다.
> ㉢ 요양비등수급계좌가 개설된 금융기관은 그 계좌에 요양비등만이 입금되도록 하고 이를 관리하여야 한다.
> ㉣ 요양비등수급계좌의 신청 방법·절차 및 관리에 필요한 사항은 대통령령으로 정한다.

① ㉠, ㉡
② ㉠, ㉢
③ ㉠, ㉢, ㉣
④ ㉡, ㉢, ㉣

13 다음은 국민건강보험법상 약제에 대한 쟁송 시 손실상당액의 징수 및 지급에 대한 내용 일부이다. 빈칸에 들어갈 말로 적절한 것은?

> 제101조의2(약제에 대한 쟁송 시 손실상당액의 징수 및 지급)
> ③ 제1항에 따른 손실에 상당하는 금액은 집행정지 기간 동안 공단이 지급한 요양급여비용과 집행정지가 결정되지 않았다면 공단이 지급하여야 할 요양급여비용의 차액으로 산정한다. 다만, 요양급여대상에서 제외되거나 요양급여의 적용을 정지하는 내용의 조정등의 경우에는 요양급여비용 차액의 (㉠)을 초과할 수 없다.
> ④ 제2항에 따른 손실에 상당하는 금액은 해당 조정등이 없었다면 공단이 지급하여야 할 요양급여비용과 조정등에 따라 공단이 지급한 요양급여비용의 차액으로 산정한다. 다만, 요양급여대상에서 제외되거나 요양급여의 적용을 정지하는 내용의 조정등의 경우에는 요양급여비용 차액의 (㉡)을 초과할 수 없다.

	㉠	㉡
①	100분의 30	100분의 30
②	100분의 30	100분의 40
③	100분의 40	100분의 30
④	100분의 40	100분의 40

14 다음 〈조건〉의 직장가입자 A씨의 건강보험료 중 사용자가 부담하는 비용은?

> • 조건 •
> - A씨는 사립학교에 근무하는 교원임
> - A씨의 보수월액: 625만 원
> - A씨의 보수 외 소득은 없음
> - 직장가입자의 보험료율은 1천분의 80으로 가정함

① 10만 원　　② 15만 원　　③ 25만 원　　④ 50만 원

15 다음 중 국민건강증진기금에서 지원된 재원을 사용하는 사업에 해당하지 않는 것은?

① 건강검진 등 건강증진에 관한 사업
② 가입자와 피부양자의 흡연으로 인한 질병에 대한 보험급여
③ 가입자와 피부양자의 음주로 인한 질병에 대한 보험급여
④ 가입자와 피부양자 중 65세 이상 노인에 대한 보험급여

16 다음 〈보기〉의 사례에 해당하는 자의 본인부담금 처리 방식에 대한 설명으로 옳은 것은?

• 보기 •

직장가입자 A는 2025년 한 해 동안 병원 이용, 약 처방 등으로 총 300만 원의 본인일부부담금을 냈고, 요양기관이 아닌 기관에서 출산을 하여 별도로 50만 원을 부담했다. 이때 해당 출산비용은 보건복지부장관이 고시한 기준금액 40만 원을 초과한 것이며, A는 그에 대해 요양비로 35만 원을 지급받았다. 2025년도 A의 본인부담상한액은 280만 원이다.

① A의 본인일부부담금 중 20만 원이 차감되어 본인부담상한액과 일치하게 된다.
② 출산비용 중 공단으로부터 요양비로 받은 금액을 제외한 15만 원 전액은 본인부담상한액 초과 금액의 산정 대상이 된다.
③ 공단이 부담할 초과 금액은 25만 원이다.
④ 요양기관이 아닌 기관에서 발생한 출산비용은 본인부담상한제의 적용 대상이 아니므로, 해당 비용은 본인부담상한액 초과 금액의 산정에서 제외된다.

17 다음 중 국민건강보험법상 실업자에 대한 특례에 대한 설명으로 옳은 것은?

① 임의계속가입자의 보험료는 보건복지부장관이 정하여 고시하는 바에 따라 그 일부를 경감할 수 있다.
② 사용관계가 끝난 직장가입자는 제9조(자격의 변동 시기 등)에 의해 반드시 직장가입자의 자격을 잃게 된다.
③ 임의계속가입자의 보수월액은 보수월액보험료가 산정된 최근 3개월간의 보수월액을 평균한 금액으로 한다.
④ 임의계속가입자의 보수월액보험료는 임의계속가입자와 직장가입자 시기의 사업주가 각각 보험료액의 100분의 50씩 부담한다.

18 다음 설명 중 옳지 않은 것은?

① 공단은 사용자, 직장가입자 및 세대주에게 보수·소득에 대한 사항을 신고하게 할 수 있다.
② 공단은 사용자, 직장가입자 및 세대주가 보수·소득을 신고한 사항에 대하여 사실 여부를 확인할 필요가 있으면 소속 직원이 해당 사항에 관하여 조사하게 할 수 있다.
③ 공단은 사용자, 직장가입자 및 세대주가 보수·소득을 신고한 사항에 대하여 축소 또는 탈루(脫漏)가 있다고 인정하는 경우에는 보건복지부장관을 거쳐 소득의 축소 또는 탈루에 관한 사항을 문서로 국세청장에게 송부할 수 있다.
④ 국세청장은 공단이 송부한 소득의 축소 또는 탈루에 관한 사항에 대하여 「국세기본법」 등 관련 법률에 따른 세무조사를 하면 그 조사결과 전체를 공단에 송부하여야 한다.

19 다음 중 국민건강보험법상 보건복지부장관이 위반 행위 등을 공표할 수 있는 요양기관에 해당하지 않는 것은?

① A기관: 요양급여비용 총액 1,000만 원 중 거짓으로 청구한 금액이 300만 원
② B기관: 요양급여비용 총액 2,000만 원 중 거짓으로 청구한 금액이 300만 원
③ C기관: 요양급여비용 총액 5,000만 원 중 거짓으로 청구한 금액이 1,500만 원
④ D기관: 요양급여비용 총액 1억 원 중 거짓으로 청구한 금액이 1,500만 원

20 다음 〈조건〉은 A씨가 올해 동안 요양기관을 이용하면서 지출한 진료비 내역이다. A씨가 공단으로부터 환급받을 수 있는 본인부담상한액 초과금은 얼마인가?

― 조건 ―
- A씨는 1,200만 원의 진료비가 발생하였으며, 해당 진료비에 대한 본인부담률은 30%였다.
- 1,200만 원의 진료비와는 별도로 본인부담상한제 대상에 포함되지 않은 비급여 항목 진료비가 210만 원 발생하였다.
- A씨의 건강보험료 분위에 따른 올해 본인부담상한액은 150만 원이다.

① 210만 원
② 273만 원
③ 360만 원
④ 420만 원

직무시험_노인장기요양보험법

01 다음 중 노인장기요양보험법상 장기요양보험에 대한 설명으로 옳지 않은 것은?

① 장기요양보험사업은 보건복지부장관이 관장한다.
② 장기요양보험사업의 보험자는 공단으로 한다.
③ 장기요양보험가입자는 「국민건강보험법」의 적용 대상과 동일하다.
④ 공단은 외국인근로자 등 대통령령으로 정하는 외국인이 신청하더라도 보건복지부령으로 정하는 바에 따라 장기요양보험가입자에서 제외할 수 없다.

02 다음 중 노인장기요양보험법상 규정으로 옳지 않은 것은?

① 공단은 경우에 따라 장기요양급여비용의 일부를 특례요양비로 지급할 수 있다.
② 공단은 경우에 따라 장기요양에 사용되는 비용의 일부를 요양병원간병비로 지급할 수 있다.
③ 장기요양급여는 월 한도액 범위 안에서 제공한다.
④ 공단은 어떠한 경우에도 이미 제공되고 있는 장기요양급여를 중단할 수 없다.

03 다음 〈보기〉 중 노인장기요양보험법상 규정으로 옳지 않은 것만을 모두 고르면?

― 보기 ―

㉠ 등급판정위원회로부터 수급자로 판정되지 못할 경우 장애인이어도 장기요양보험료의 전부 또는 일부를 감면받을 수 없다.
㉡ 공단은 장기요양인정 신청의 조사가 완료된 때 조사결과서, 신청서, 의사소견서, 그 밖에 심의에 필요한 자료를 등급판정위원회에 제출하여야 한다.
㉢ 등급판정위원회가 심의·판정을 할 때는 외부 의견을 배제하고 독립적으로 결정하여야 한다.
㉣ 공단은 장기요양급여를 받을 수 있는 자가 부정한 방법으로 장기요양인정을 받았다고 의심되는 경우에는 이를 조사하여 그 결과를 등급판정위원회에 제출하여야 한다.

① ㉠, ㉡ ② ㉠, ㉢ ③ ㉡, ㉣ ④ ㉢, ㉣

04 다음 중 노인장기요양보험법상에서의 정의가 잘못된 것은?

① 노인등: 65세 이상의 노인 또는 65세 미만의 자로서 치매·뇌혈관성질환 등 대통령령으로 정하는 노인성 질병을 가진 자
② 장기요양급여: 6개월 미만 동안 혼자서 일상생활을 수행하기 어렵다고 인정되는 자에게 신체활동·가사활동의 지원 또는 간병 등의 서비스나 이에 갈음하여 지급하는 현금 등
③ 장기요양사업: 장기요양보험료, 국가 및 지방자치단체의 부담금 등을 재원으로 하여 노인등에게 장기요양급여를 제공하는 사업
④ 장기요양요원: 장기요양기관에 소속되어 노인등의 신체활동 또는 가사활동 지원 등의 업무를 수행하는 자

05 다음 중 노인장기요양보험법상 장기요양인정을 신청할 수 없는 사람은?

① 65세 이상이면서 장기요양보험가입자인 A씨
② 65세 이상이면서 장기요양보험가입자의 피부양자인 B씨
③ 65세 미만이면서 치매를 앓고 있는 장기요양보험가입자인 C씨
④ 65세 미만이면서 팔에 외과적 장애를 얻은 의료급여수급권자인 D씨

06 다음 중 노인장기요양보험법상 장기요양인정 신청의 조사에 대한 설명으로 옳지 않은 것은?

① 공단은 신청서가 접수되면 보건복지부령으로 정하는 바에 따라 소속 직원으로 하여금 신청인의 심신상태, 신청인에게 필요한 장기요양급여의 종류 및 내용, 그 밖에 장기요양에 관하여 필요한 사항으로서 보건복지부령으로 정하는 사항을 조사하게 하여야 한다.
② 공단은 장기요양인정 신청을 조사하는 경우 1명의 소속 직원과 1명의 외부인사가 공동으로 조사하게 하여야 한다.
③ 장기요양인정 신청의 조사를 하는 자는 조사일시, 장소 및 조사를 담당하는 자의 인적사항 등을 미리 신청인에게 통보하여야 한다.
④ 공단은 조사를 완료한 때 조사결과서를 작성하여야 한다.

07 다음은 노인장기요양보험법의 내용 일부이다. 빈칸에 공통으로 들어갈 말로 적절한 것은?

> 제17조(　　　　)
> ① 공단은 등급판정위원회가 장기요양인정 및 등급판정의 심의를 완료한 경우 지체 없이 다음 각 호의 사항이 포함된 (　　　　)를 작성하여 수급자에게 송부하여야 한다.
>   1. 장기요양등급
>   2. 장기요양급여의 종류 및 내용
>   3. 그 밖에 장기요양급여에 관한 사항으로서 보건복지부령으로 정하는 사항

① 장기요양인정서
② 장기요양증명서
③ 장기요양인증서
④ 장기요양명세서

08 다음 중 노인장기요양보험법상에서의 장기요양급여 중 재가급여의 종류별 설명이 잘못된 것은?

① 방문요양: 장기요양요원이 수급자의 가정 등을 방문하여 신체활동 및 가사활동 등을 지원하는 장기요양급여
② 방문간호: 장기요양요원인 간호사 등이 의사, 한의사 또는 치과의사의 지시서(이하 "방문간호지시서"라 한다)에 따라 수급자의 가정 등을 방문하여 간호, 진료의 보조, 요양에 관한 상담 또는 구강위생 등을 제공하는 장기요양급여
③ 단기보호: 수급자를 하루 중 일정한 시간 동안 장기요양기관에 보호하여 신체활동 지원 및 심신기능의 유지·향상을 위한 교육·훈련 등을 제공하는 장기요양급여
④ 기타재가급여: 수급자의 일상생활·신체활동 지원 및 인지기능의 유지·향상에 필요한 용구(소프트웨어를 포함한다)를 제공하거나 가정을 방문하여 재활에 관한 지원 등을 제공하는 장기요양급여로서 대통령령으로 정하는 것

09 다음 중 노인장기요양보험법상 장기요양기관으로 지정받을 수 없는 법인은?

① 「정신건강증진 및 정신질환자 복지서비스 지원에 관한 법률」 제3조 제1호의 정신질환자이나, 전문의가 장기요양기관 설립·운영 업무에 종사하는 것이 적합하다고 인정한 사람이 대표자인 법인
② 파산선고를 받고 1년 전에 복권된 사람이 대표자인 법인
③ 금고 이상의 실형을 선고받고 집행이 종료된 날로부터 3년이 경과한 사람이 대표자인 법인
④ 금고 이상의 형의 집행유예를 선고받고 어제 그 유예기간이 종료된 사람이 대표자인 법인

10 다음은 노인장기요양보험법상 장기요양기관의 시설·인력에 관한 변경에 대한 내용 일부이다. 빈칸 ㉠과 ㉡에 들어갈 말로 적절한 것은?

> 제33조(장기요양기관의 시설·인력에 관한 변경)
> ① 장기요양기관의 장은 시설 및 인력 등 보건복지부령으로 정하는 중요한 사항을 변경하려는 경우에는 보건복지부령으로 정하는 바에 따라 특별자치시장·특별자치도지사·시장·군수·구청장의 (㉠)을/를 받아야 한다.
> ② 제1항에 따른 사항 외의 사항을 변경하려는 경우에는 보건복지부령으로 정하는 바에 따라 특별자치시장·특별자치도지사·시장·군수·구청장에게 (㉡)을/를 하여야 한다.

	㉠	㉡
①	변경신고	변경지정
②	변경신고	변경신청
③	변경지정	변경신고
④	변경지정	변경신청

11 다음 중 노인장기요양보험법상 장기요양기관에 대한 처분으로 불가능한 것은?

① 장기요양기관이 거짓이나 그 밖의 부정한 방법으로 재가 및 시설 급여비용을 청구한 경우 → 과징금
② 장기요양기관의 장이 감독을 게을리 한 상태에서 종사자 등이 수급자의 신체에 폭행을 가하거나 상해를 입히는 행위를 한 경우(보건복지부령으로 정하는 경우에 해당) → 과징금
③ 장기요양기관이 폐업 또는 휴업 신고를 하지 아니하고 1년 이상 장기요양급여를 제공하지 아니한 경우 → 지정취소
④ 장기요양기관이 시정명령을 이행하지 아니하거나 회계부정 행위가 있는 경우 → 업무정지

12 다음 〈보기〉는 노인장기요양보험법의 가족 등의 장기요양에 대한 보상에 관한 내용이다. 밑줄 친 ㉠~㉣ 중 옳지 않은 것만을 모두 고르면?

> • 보기 •
>
> 제41조(가족 등의 장기요양에 대한 보상)
> ① 공단은 장기요양급여를 받은 금액의 총액이 ㉠<u>보건복지부장관</u>이 정하여 고시하는 금액 이하에 해당하는 수급자가 가족 등으로부터 ㉡<u>제23조 제1항 제2호 가목</u>에 따른 방문요양에 상당한 장기요양을 받은 경우 ㉢<u>보건복지부령</u>으로 정하는 바에 따라 본인부담금의 일부를 감면하거나 이에 갈음하는 조치를 할 수 있다.
> ② 제1항에 따른 본인부담금의 감면방법 등 필요한 사항은 ㉣<u>대통령령</u>으로 정한다.

① ㉠, ㉡ ② ㉠, ㉢ ③ ㉡, ㉣ ④ ㉢, ㉣

13 다음 ㉠~㉢에 들어갈 숫자를 모두 더하면?

> 제46조(장기요양위원회의 구성)
> ① 장기요양위원회는 위원장 1인, 부위원장 (㉠)인을 포함한 16인 이상 (㉡)인 이하의 위원으로 구성한다.
> ② 위원장이 아닌 위원은 다음 각 호의 자 중에서 보건복지부장관이 임명 또는 위촉한 자로 하고, 각 호에 해당하는 자를 각각 동수로 구성하여야 한다.
>   1. 근로자단체, 사용자단체, 시민단체(「비영리민간단체 지원법」제2조에 따른 비영리민간단체를 말한다), 노인단체, 농어업인단체 또는 자영자단체를 대표하는 자
>   2. 장기요양기관 또는 의료계를 대표하는 자
>   3. 대통령령으로 정하는 관계 중앙행정기관의 고위공무원단 소속 공무원, 장기요양에 관한 학계 또는 연구계를 대표하는 자, 공단 이사장이 추천하는 자
> ③ 위원장은 보건복지부차관이 되고, 부위원장은 위원 중에서 위원장이 지명한다.
> ④ 장기요양위원회 위원의 임기는 (㉢)년으로 한다. 다만, 공무원인 위원의 임기는 재임기간으로 한다.

① 26 ② 28 ③ 30 ④ 32

14 다음 〈보기〉 중 노인장기요양보험법상 공단의 업무에 해당하지 않는 것의 개수는?

• 보기 •

㉠ 장기요양보험가입자 및 그 피부양자와 의료급여수급권자의 자격관리
㉡ 장기요양보험료의 부과·징수
㉢ 신청인에 대한 조사
㉣ 등급판정위원회의 운영 및 장기요양등급 판정
㉤ 자산의 관리·운영 및 증식사업
㉥ 장기요양급여의 관리 및 평가
㉦ 수급자 및 그 가족에 대한 정보제공·안내·상담 등 장기요양급여 관련 이용지원에 관한 사항
㉧ 재가 및 시설 급여비용의 심사 및 지급과 특별현금급여의 지급
㉨ 장기요양급여 제공내용 확인
㉩ 장기요양사업에 관한 조사·연구, 국제협력 및 홍보
㉪ 의료시설의 운영
㉫ 이 법에 따른 부당이득금의 부과·징수 등
㉬ 장기요양급여의 제공기준을 개발하고 장기요양급여비용의 적정성을 검토하기 위한 장기요양기관의 설치 및 운영
㉭ 그 밖에 장기요양사업과 관련하여 보건복지부장관이 위탁한 업무

① 2개 ② 3개 ③ 4개 ④ 5개

15 다음 중 노인장기요양보험법상 규정으로 옳지 않은 것은?

① 등급판정위원회 위원장은 위원 중에서 특별자치시장·특별자치도지사·시장·군수·구청장이 위촉한다.
② 등급판정위원회 회의는 구성원 과반수의 출석으로 개의하고 출석위원 3분의 2 이상의 찬성으로 의결한다.
③ 급여심사위원회에서는 장기요양급여 제공 기준의 세부사항 설정 및 보완에 관한 사항, 장기요양급여비용 및 산정방법의 세부사항 설정 및 보완에 관한 사항, 장기요양급여비용 심사기준 개발 및 심사조정에 관한 사항, 그 밖에 공단 이사장이 필요하다고 인정한 사항을 심의한다.
④ 급여심사위원회는 위원장 1명을 포함하여 10명 이하의 위원으로 구성한다.

16 다음은 노인장기요양보험법상 심사청구에 대한 내용 일부이다. 빈칸 ㉠~㉢에 들어갈 말로 적절한 것은?

> 제55조(심사청구)
> ① 장기요양인정·장기요양등급·장기요양급여·부당이득·장기요양급여비용 또는 장기요양보험료 등에 관한 공단의 처분에 이의가 있는 자는 공단에 심사청구를 할 수 있다.
> ② 제1항에 따른 심사청구는 그 처분이 있음을 안 날부터 (㉠) 이내에 문서(「전자정부법」제2조 제7호에 따른 전자문서를 포함한다)로 하여야 하며, 처분이 있은 날부터 (㉡)을 경과하면 이를 제기하지 못한다. 다만, 정당한 사유로 그 기간에 심사청구를 할 수 없었음을 증명하면 그 기간이 지난 후에도 심사청구를 할 수 있다.
> ③ 제1항에 따른 심사청구 사항을 심사하기 위하여 공단에 장기요양심사위원회(이하 "심사위원회"라 한다)를 둔다.
> ④ 심사위원회는 위원장 1명을 포함한 (㉢) 이내의 위원으로 구성한다.

	㉠	㉡	㉢
①	30일	90일	20명
②	30일	90일	50명
③	90일	180일	20명
④	90일	180일	50명

17 다음 중 노인장기요양보험법상 청문을 해야 하는 처분 또는 공표가 아닌 것은?

① 장기요양기관 지정취소 또는 업무정지명령
② 과징금의 부과
③ 위반사실 등의 공표
④ 장기요양급여 제공의 제한 처분

18 올해 장기요양보험료 예상수입액이 1조 원일 때, 국가가 공단에 지원해야 하는 금액은? (단, 올해 국가 예산은 부족하지 않다고 가정한다.)

① 1,000억 원 ② 2,000억 원
③ 3,000억 원 ④ 4,000억 원

19 다음 중 노인장기요양보험법상 과태료 처분 대상이 아닌 것은?

① 장기요양기관에 관한 정보를 게시하지 아니하거나 거짓으로 게시한 자
② 폐쇄회로 텔레비전을 설치하지 아니하거나 설치·관리의무를 위반한 자
③ 거짓이나 그 밖의 부정한 방법으로 수급자에게 장기요양급여비용을 부담하게 한 자
④ 장기요양급여에 관련된 자료제출 명령에 따르지 아니하거나 거짓으로 자료제출을 한 장기요양기관 또는 의료기관

20 다음 〈보기〉의 사례 속 장기요양기관 A가 받아야 할 처분으로 옳은 것은?

• 보기 •

장기요양기관 A의 종사자 B가 거짓이나 그 밖의 부정한 방법으로 장기요양급여비용을 청구하였다. A는 B의 위반행위를 방지하기 위하여 해당 업무에 관하여 상당한 주의와 감독을 게을리한 상태이다.

① 처분 없음
② 500만 원 이하의 과태료
③ 2천만 원 이하의 벌금
④ 3천만 원 이하의 벌금

PART 3 기출유형 모의고사

- 기출유형 모의고사 1회
- 기출유형 모의고사 2회
- 기출유형 모의고사 3회
- 기출유형 모의고사 4회(고난도)

취약유형 분석 가이드

시간에 맞추어 문제풀이 후, 아래 순서대로 채점하여 취약 유형을 파악하세요!

Step ❶ 채점하기

[해설편]의 각 모의고사별 정답표에서 틀린 문번의 오답표기란에 v 표기로 체크하기!

오답표기	문번	정답	유형
	01	②	문단 배열
V	02	②	글의 내용 일치 / 불일치
	03	②	글의 내용 일치 / 불일치
V	04	②	맥락상 어울리지 않는 문장 / 문단 찾기
	05	②	논리적 추론

Step ❷ 취약유형 체크하기

앞서 체크한 오답표기 문항을 [기출유형+모의고사편] 388p의 "한눈에 보는 유형배치표"에서 각 유형별 "1~4회" 항목의 각 문항번호에 사선(/) 또는 점(·)으로 살짝 체크하기!

유형1. 글의 내용 일치 / 불일치

모의고사	문번									오답수
기출복원	5	6	7	8	9	11	13	16	19	
1회	2	3	6	9	11	13	14	16	19	
2회	2	3	7	8	11	14	16	17	18	19	/ 44
3회	1	3	6	7	11	13	14	15	16	
4회	1	3	9	14	15	16	19			

Step ❸ 취약유형 반복 학습하기

총 5회분의 모의고사 문제풀이를 모두 완료 후, 오답수가 절반 이상인 유형에 대해서 반복 학습을 하세요!

[기출유형+모의고사편] 388p의 "한눈에 보는 유형배치표"를 통해 빠르게 유형별 모의고사 문항을 확인할 수 있습니다.

취약 유형 반복 학습을 할 때는 한 번 풀어본 문제이므로, 풀이시간은 문항별로 1분 이내에 해결하도록 연습해 보세요!

기출유형 모의고사 1회

정답 및 해설 40p

NCS 직업기초능력

60문항 / 60분

[01~02] 다음 글을 읽고, 이어지는 질문에 답하시오.

(가) 세계보건기구(WHO)는 비만을 단순히 배가 나온 체형의 문제가 아니라 고혈압, 당뇨병, 고지혈증과 같은 질병을 일으키고 나아가 사망 위험까지 높이는 질병으로 규정한다. 비만한 경우 적정 체중을 유지하는 사람에 비해 당뇨 위험은 5~13배, 고혈압은 2.5~4배, 심장관상동맥질환은 1.5~2배 높다. 이 외에도 지방간, 통풍, 수면무호흡증, 하지정맥류, 담석증, 관절염, 역류성 식도염, 불임, 발기부전, 대장암, 유방암까지 초래할 수 있다. 또한 비만은 자존감 저하 및 우울증 등과 같은 정신적 문제도 일으킬 수 있다.

(나) 대한비만학회가 발간한 「2023년 비만 팩트 시트」에 따르면 현재 국내 소아청소년 5명 중 1명은 비만인 것으로 나타났다. 소아청소년 복부비만 유병률도 10년간 지속적으로 증가하고 있어 집중적인 관리가 필요한 시점이다. 소아비만은 같은 나이대에서 체중이 신장별 표준체중보다 20% 이상 많이 나가거나 BMI 지수가 상위 5%에 해당하는 경우를 말한다. 소아 때 비만할수록 중년기에 당뇨, 고지혈증, 고혈압, 심뇌혈관질환을 지닐 확률이 높아지고 평생에 걸친 관리가 필요할 수 있으므로 제때 치료해야 한다. 또한 소아비만은 성조숙증을 유발해 성장판을 일찍 닫히게 하고, 최종 신장을 작게 만든다.

(다) 비만인 사람은 정상 체중인 사람보다 사망률이 2배 이상 높다. 이는 주로 뇌졸중 및 허혈성 심혈관질환에 의한 결과이다. 뇌졸중은 뇌에 혈액을 공급하는 혈관이 막히거나 터지면서 뇌가 손상되고, 그에 따라 한쪽 얼굴, 팔, 다리의 마비, 언어장애, 심한 두통 등의 신체장애가 나타나는 질환이다. 일반적으로 당뇨병, 고혈압과 같은 질병으로 갑자기 나타나는 경우가 있거나 흡연, 음주, 비만, 신체활동 부족 등과 같은 생활습관과도 관련이 깊다. 뇌졸중은 발생 후 3시간 이내에 적절히 치료해야 생명을 구하고 장애 위험을 낮출 수 있으므로 조기 증상을 잘 숙지해야 한다. 동맥경화와 고혈압, 비만 등의 대사증후군을 지닌 경우 허혈성 심장병, 뇌졸중 등 심뇌혈관질환이 발생하여 사망할 확률이 일반인보다 4배 정도 높다.

(라) 체중이 1kg 증가하면 무릎 관절에는 4~7배의 부담이 가해진다. 비만으로 몸이 무거워지면 무릎, 엉덩이 관절과 같이 체중의 영향을 받는 관절에 많은 부담이 가면서 염증이 생기게 된다. 척추와 관절에도 지방 무게로 인한 중력 부담이 커지면서 관절 퇴행이 가속화된다. 복부비만인 경우 허리 통증이 유발되며, 체중이 늘어날수록 고관절 통증이 생긴다. 퇴행성 관절염은 나이가 들면 생기는 병으로 인식되어 왔지만, 최근 과체중에 의한 관절 및 연골 압박, 잘못된 자세 등으로 나이와 상관없이 발병하는 것으로 알려졌다. 복숭아뼈 주변으로 통증을 느끼는 족관절통, 발바닥 근막에 염증이 생기는 족저근막염 역시 비만과 관련이 있다.

01 다음 중 (가)~(라)의 중심 내용을 요약한 것으로 가장 적절하지 않은 것은?

① (가) 비만의 정의와 종류
② (나) 소아비만이 문제가 되는 이유
③ (다) 비만과 심뇌혈관질환의 상관관계
④ (라) 비만이 관절염으로 이어지는 이유

02 주어진 글의 내용으로 적절하지 않은 것은?

① 세계보건기구는 비만을 질병으로 규정하고 있다.
② BMI 지수가 상위 5%라면 체중이 신장별 표준체중보다 20% 이하라도 소아비만이다.
③ 뇌에 혈액을 공급하는 혈관이 막히거나 터지면 뇌출혈에 해당한다.
④ 비만인 사람은 나이와 상관없이 관절에 많은 부담이 갈 수 있다.

[03~05] 다음 글을 읽고, 이어지는 질문에 답하시오.

건강보험 대상자 중 '피부양자'는 직장가입자에게 주로 생계를 의존하는 자로서 소득 및 재산이 보건복지부령으로 정하는 기준 이하에 해당하는 사람이다. 직장가입자에 한해서는 건강보험 피부양자를 인정하고 있다. 피부양자는 보험료 납부 없이 부양자의 건강보험에 의해 병원 등의 보험급여 혜택을 받을 수 있다. 특이한 점은, 부담하는 건강보험료는 피부양자의 등록 인원수가 많고 적음의 여부와는 관계가 없다는 데 있다. ㉠ 피부양자가 많다고 해서 직장가입자의 보험료가 인상되는 것은 아니다.

피부양자는 보험료를 납부하지 않고도 진료 혜택을 받을 수 있기 때문에 일정요건(부양조건, 소득 및 재산요건)을 갖춘 경우에만 등재가 가능하도록 제한을 두고 있다. 이때 재산과 소득(연금 포함)을 기준으로 직장가입자의 피부양자 자격 여부가 결정된다. 보건복지부령으로 정하는 기준에 의하면 소득요건은 소득의 합계액이 연간 2,000만 원 이하여야 한다. 만약 자녀의 직장건강보험에 피부양자로 등재하려면 이자소득, 배당소득, 사업소득, 근로소득, 연금소득, 기타소득을 합산한 소득이 연간 2,000만 원을 넘지 않아야 하는 것이다. 이때 연금소득은 국민연금, 공무원연금, 사학연금, 군인연금, 별정우체국연금과 같은 공적연금소득을 말한다. 퇴직연금과 개인연금과 같은 사적 연금소득은 피부양자 자격 여부를 판단하는 소득에 포함되지는 않는다.

피부양자 자격을 판단할 때 소득자료 가운데 연금소득은 앞서 언급한 5대 공적연금 지급기관이 제공하는 전년도 귀속 소득 자료를 기준으로 한다. ㉡ 연금소득 이외의 소득은 국세청이 제공하는 전전년도 귀속 자료를 활용한다. 이렇게 가입자 개인별로 소득의 합을 구한 다음 피부양자 조건에 부합하는지를 확인한다. 부부의 소득을 합산하지는 않지만 부부 가운데 한 사람이라도 소득요건을 충족하지 못하면 두 사람 모두 피부양자 자격을 상실한다.

소득요건 이외에 피부양자 자격 심사대상이 되는 것에는 재산요건이 있다. 재산요건은 토지, 건축물, 주택, 선박, 항공기 등의 재산세 과세표준 합이 5억 4,000만 원을 넘지 않아야 한다. 만약 재산세 과세표준의 합이 5억 4,000만 원을 초과하고 9억 이하인 경우에는 연 소득이 1,000만 원을 넘지 않아야 피부양자 자격을 유지할 수 있다. 형제자매의 건강보험 피부양자 등재요건은 재산세 과세표준 합이 1억 8,000만 원을 넘지 않아야 한다.

일반적으로 직장가입자의 피부양자는 건강보험료를 부담하지 않는다. 하지만 피부양자 자격을 상실하면 지역가입자로 전환되어 소득과 재산에 따라 건강보험료가 발생하게 된다. ㉢ 직장가입자의 피부양자 조건과 피부양자 자격상실 요건을 잘 알고 있어야 한다. 기억할 것은 피부양자 자격 판단 시에는 연금소득의 100%를 소득으로 인정하지만, 건강보험료를 산출할 때는 연금소득의 50%만 소득으로 인정하여 계산한다는 것이다.

직장가입자의 경우 보수월액 보험료는 가입자의 소득능력에 따라 보험료를 부과한다. 기본적으로 전년도 신고한 보수월액으로 보험료를 부과한 후 당해 연도 보수총액을 신고받아 정산하는 방식을 채택한다. 보수월액에 포함된 보수를 제외한 소득(보수 외 소득)이 연간 2,000만 원을 초과하는 직장가입자에게 보수 외 소득을 기준으로 소득월액 보험료를 부과한다. 대부분 직장인들의 건강보험료는 회사에서 받은 보수에 근거하여 부과된다. 이를 '보수월액 보험료'라고 한다. 보수월액 보험료는 직장가입자의 보수월액에 보험료율을 곱하여 산정한다. '보수월액'은 동일 사업장에서 당해 연도에 지급받은 보수총액을 근무 월수로 나눠서 산출한다. 2024년 기준 시 적용되는 건강보험료율은 7.09%이며, 건강보험료의 12.95%가 장기요양보험료다. 이때 보수월액 보험료 가운데 절반은 회사가 부담하고, 나머지 절반만 가입자가 부담한다.

03 주어진 글을 읽고 '건강보험 대상자 중 피부양자'에 대한 설명으로 적절한 것은?

① 사업소득을 제외한 소득 합계액이 연 2천만 원 이하여야 한다.
② 소득 합계액에는 공적연금과 퇴직연금 및 개인연금도 포함된다.
③ 부부 중 한 사람이 소득 요건에 부합하지 않는다면 부합하지 않는 사람은 제외된다.
④ 재산 과표가 7억 원이더라도, 연간 소득이 1천만 원 이하면 인정된다.

04 다음 중 글을 읽고 공단직원 A가 보수월액 보험료를 산정한다고 할 때, 잘못 작성한 것은?

- 보수월액=보수총액÷근무 월수 ·· ㉮
- 건강보험료=소득총액×건강보험료율(7.09%) ·· ㉯
- 직장가입자 실제 납부 보험료=건강보험료×$\frac{1}{2}$ ·· ㉰
- 장기요양보험료=보수월액×건강보험료율(7.09%)×12.95% ······························ ㉱

① ㉮ ② ㉯ ③ ㉰ ④ ㉱

05 다음 중 ㉠~㉢에 들어갈 접속어로 가장 적절하게 짝지어진 것은?

	㉠	㉡	㉢
①	때문에	반면	그러므로
②	반면	그리고	때문에
③	그리고	그러므로	반면
④	그래서	반면	그리고

[06~07] 다음 글을 읽고, 이어지는 질문에 답하시오.

공단은 지사의 종이 서류 중심의 업무처리 절차를 개선하고 디지털 업무 영역을 확장하기 위해 종합민원실 디지털 창구 시스템 확대 구축 사업을 완료했다. 종이 서류 중심의 업무 프로세스를 디지털화함으로써 직원의 업무 효율성이 향상되고, 국민의 편의성도 높아질 것으로 기대된다.

2023년에 도입한 '종합민원실 디지털 창구 시스템'을 고도화한 이번 사업은, 친환경 및 저탄소 정책에 맞춰 종이 없는 종합민원실 구현과 방문 상담 업무의 처리 방식 개선을 목적으로 구축한 민원처리 시스템이다. 터치 모니터와 문서 스캐너를 활용해 각종 업무 서식을 종이 대신 전자적 형태로 접수·관리할 수 있다.

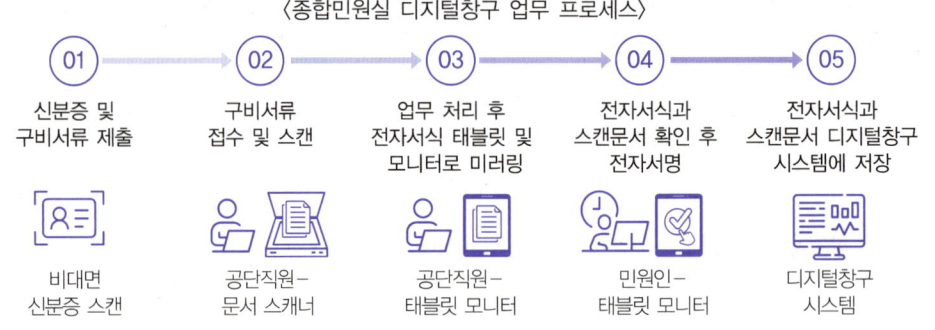

〈종합민원실 디지털창구 업무 프로세스〉

01 신분증 및 구비서류 제출 — 비대면 신분증 스캔
02 구비서류 접수 및 스캔 — 공단직원-문서 스캐너
03 업무 처리 후 전자서식 태블릿 및 모니터로 미러링 — 공단직원-태블릿 모니터
04 전자서식과 스캔문서 확인 후 전자서명 — 민원인-태블릿 모니터
05 전자서식과 스캔문서 디지털창구 시스템에 저장 — 디지털창구 시스템

디지털 가능 업무는 다음과 같은 전자 서식을 이용할 수 있다.

자격	피부양자 자격(취득, 상실)신고서 등 7종
지역부과	소득 정산부과 동의서 등 8종
지역징수	지역가입자 계좌 자동이체 및 환급계좌 신청서 등 4종
보험급여	본인부담상한액 초과금 지급 신청서 등 5종
장기요양	장기요양 인정 신청서 등 3종
제증명발급	사회보험료 제증명(납부, 수납, 완납) 발급 신청서 등 4종
공통	행정정보공동이용 사전 동의서 등 2종

AI OCR 시스템은 종이 문서의 수작업 입력이 필요한 단순·반복 업무를 자동화하는 기술로, OCR(광학식 문자 판독, Optical Character Recognition)에 AI를 접목하여 인공 지능을 기반으로 학습을 통해 문서를 분류하고, 해당 문서에서 정보를 수집하는 시스템이다. 문서를 스캔하면 서식 분류, 데이터 추출, 업무 시스템으로 자료 및 연계까지 자동으로 처리된다.

AI OCR 시스템을 도입하는 서식은 본인부담상한액 초과금 지급 신청서 등 지사에서 많이 처리하는 4개 업무의 5종 서식이다. 이 외에도 AI OCR 시스템을 활용하여 주민등록번호, 건강보험증번호 등 개인 정보를 검출하는 프로그램을 개발했다.

- 재난적의료비 지급신청서
- 재난적의료비 진료비 계산서 및 영수증
- 지역 보험료 환급금(건강, 연금) 신청서
- 본인부담상한액 초과금 지급 신청서
- 본인부담상한액 상속대표 선정 동의서
- 본인부담상한액 사후 환급금 위임장
- 이의신청서
- 개인정보 검출관리

06 주어진 글의 내용으로 적절하지 않은 것은?

① 디지털 창구 시스템은 직원의 업무 효율성과 국민의 편의성을 올리기 위해 도입되었다.
② 디지털 창구 시스템에서는 종이 사용을 줄여 친환경 저탄소를 실천한다.
③ 디지털 창구 시스템을 사용할 때는 터치 모니터와 문서 스캐너를 활용한다.
④ AI OCR은 AI를 접목해 인공 지능을 기반으로 민원인 상담 등의 업무를 대신한다.

07 주어진 글을 읽고, 민원인이 디지털 창구에 대해 다음과 같이 질문했다고 할 때, 잘못 응답한 것은?

> 민원인1: 신분증과 구비서류는 어떤 방법으로 제출하나요?
> 직원 A: 신분증 및 구비서류는 비대면으로 스캔하시면 됩니다. ……………………… ①
> 민원인2: 전자 서식에 서명을 하려면 어떻게 해야 하나요?
> 직원 A: 공단 직원이 태블릿 모니터로 전자 서식을 미러링한 후 민원인의 서명이 필요하다면 프린트된 문서에 서명하시면 됩니다. ……………………… ②
> 민원인3: 제가 퇴직하여 배우자의 건강보험의 피부양자로 가려고 합니다. 관련 서류는 전자 서식을 이용할 수 있나요?
> 직원 A: 네, 피부양자 자격 취득 신고서는 전자 서식을 이용할 수 있습니다. ………… ③
> 민원인4: 개인정보 유출은 어떻게 관리되고 있나요?
> 직원 A: 광학식 문자 판독인 AI OCR을 이용해 주민등록번호, 건강보험증번호 등 개인 정보를 검출하는 프로그램을 개발했습니다. ……………………… ④

[08~10] 다음 글을 읽고, 이어지는 질문에 답하시오.

(가) '호들갑'이라고 표현해도 될 듯하다. AI 관련 무엇인가 출현하면 어떤 이들은 침이 마르도록 인간의 최고의 도우미라며 극찬한다. 반면, 다른 이들은 더할 나위 없는 빌런으로 혐오 섞인 독설을 토해낸다. 다시 새로운 AI 서비스가 출현하면 사람들에게 공포 분위기를 조성하고 강력하게 사용을 금지하다가도 분위기가 바뀌면 경쟁적으로 빠른 도입을 주장한다. 생성형 AI로 일자리 이야기를 하거나 학생들의 과제나 시험에 문제를 제기한다. AI가 글쓰기나 번역, 요약 및 질문과 응답, 하물며 개발을 위한 코딩까지 인간의 능력을 보조하는지 대체하는지를 두고 두려움과 기대감이 교차하며 갑론을박을 벌인다.

(나) 챗GPT가 처음 세상에 나왔을 때 충격이 최근 딥시크로 이어지면서 데자뷔를 일으킨다. 개인정보, 기업 및 국가기관의 데이터 유출에 더없이 심각한 우려를 표명하면서 사용금지를 공표하며 다양한 AI의 성장이 창의성을 떨어뜨리고 편향된 사고, 윤리적 문제는 물론 잘못된 정보로 환각까지 일으킨다고 강조한다. 또한 AI의 데이터센터는 막대한 전력을 소비하며 지구 온난화를 가속화하고 환경에 부담을 주는 전력을 잡아먹는 하마라고 비판한다. 이렇게 AI가 생성하는 콘텐츠의 편향성, 허위 정보, 그리고 악용 가능성, 프라이버시 문제는 해결해야 할 큰 과제로 남아 있다고 한다. 이러한 이야기만 종합하면 AI는 존재해선 안 될 듯싶다.

(다) 최근 기술혁명으로 일어난 4차 산업혁명에서도 이러한 이야기는 있었고 스마트폰 시대, 인터넷 시대에도 마찬가지로 계속된 논쟁들이라 진부하다. 그럼에도 오늘날까지 이르렀고 인류 최고의 성장과 부를 이룬 경험이 있는 것 또한 사실이다. 결국 모든 새로운 기술의 출현과 마찬가지로 AI 또한 그 자체로 선하거나 악한 것이 아니라 어떻게 사용하느냐에 따라 그 영향이 달라진다는 것은 누구나 알고 있다. 그 때문에 새로운 기술의 출현이 우려도 있었지만 결국 긍정적인 변화가 더 많았던 이유가 다 있다. 이처럼 우리는 AI 기술을 최대한 활용하면서도 그로 인한 부작용을 최소화하기 위한 노력만 기울이면 된다. 테슬라 CEO 일론 머스크는 "AI는 인류의 미래를 결정하는 가장 중요한 기술 중 하나"라고 언급했다. 손정의 소프트뱅크그룹 회장은 그저 "AI, AI, AI"라고 한마디만 했다. 그들 모두 AI의 잠재력을 강조하며, 긍정에 찬 주장을 했다. 이처럼 세계적인 리더들과 기술 선구자들은 물론 AI가 단순히 위협이 아니라 인류의 발전을 이끌어갈 핵심 동력이라는 것은 역사가 증명한다.

(라) AI는 분명 우리 삶을 바꿀 수 있는 강력한 도구다. 그 도구를 어떻게 사용할지를 우리는 결정만 하면 된다. 우리는 AI의 가능성을 두려워하기보다 그것을 어떻게 활용해 더 나은 미래를 만들 수 있을지 고민하면 된다. AI 호들갑은 단순히 기술에 대한 반응이 아니라 우리 사회가 어떻게 변화할 것인지에 대한 깊은 고민의 시작이라는 면에서 환영한다. 그러나 우리가 어떤 이야기를 하든, AI에 대해 여전히 고민과 갈등만 겪는다면 한마디는 꼭 해 줄 필요가 있다. "피할 수 있으면 피해 보세요."라고.

08 주어진 글에서 글쓴이가 주장하는 바로 적절한 것은?

① AI의 기능과 부작용에 대해서 설왕설래하지 말아야 한다.
② AI가 미래에 필수불가결한 도구임을 알고, 전국에 AI 시스템을 도입해야 한다.
③ AI가 우리 삶에 필요한 도구라는 점을 인정하고, 이에 맞춰 변화를 모색해야 한다.
④ AI의 위험성을 인식하고, 미래에 AI가 우리 삶에 들어오지 못하도록 대비해야 한다.

09 주어진 글의 내용으로 적절하지 않은 것은?

① 생성형 AI는 사람들의 일자리를 대신하거나 과제를 대신할 수 있다.
② AI는 거대한 데이터센터가 필요하고, 이를 운영하기 위한 전력 역시 요구된다.
③ 세계의 리더들은 AI의 긍정적인 면을 부각하며 AI가 인류의 발전을 이끌 것이라고 주장한다.
④ AI는 피할 수 없는 기술이므로, 그 부작용에 대해 고민하거나 갈등할 필요가 없다.

10 주어진 글의 (가)~(라) 중 〈보기〉의 내용이 들어갈 부분으로 가장 적절한 것은?

• 보기 •

그러나 이러한 논란이 있건 없건 지금도 AI 기술과 서비스는 거침없이 발전하고 있다. AI는 이미 우리 삶의 많은 부분에 스며들었고, 그 영향력이 점점 커지고 있다는 점은 누구도 부정할 수 없다. 현재도 의료 분야에서는 질병 진단을 보조하고, 금융 분야에서는 투자분석을 지원하며, 교육 분야에서는 개인 맞춤형 학습을 가능하게 하는 것이 AI다. 이러한 긍정적인 측면은 AI가 단순히 문제를 일으키는 도구가 아니라 인간의 능력을 확장하고 삶의 질을 향상시킬 수 있는 강력한 수단임을 보여준다. 하지만 혜택은 숨어 있고 부정적인 것은 확대 해석되는 경향이 있다.

① (가)의 뒤   ② (나)의 뒤
③ (다)의 뒤   ④ (라)의 뒤

[11~12] 다음 보도자료를 읽고, 이어지는 질문에 답하시오.

2020년도 독감 비급여 치료주사 3,103억 원으로 급증, 201△년보다 약 5배 늘어
- 2020년 독감 검사·치료주사 비급여 진료비 전년 대비 각각 113%, 213% 증가

국민건강보험공단은 「2020년도 건강보험환자 진료비 실태조사」 분석을 통해 독감 관련 비급여 진료비가 증가하였음을 밝혔다. 2020년도 상급종합·종합병원·병원·의원의 독감 관련 검사 및 치료주사 비급여 진료비는 각각 2,350억 원과 3,103억 원으로 전년 대비 113%, 213% 증가한 것으로 나타났다.

코로나19로 감소했던 독감 진료 건수가 증가한 가운데, 201△년도 대비 "급여 경구치료제" 진료비는 감소(201△년 180억 원 → 2020년 142억 원)한 반면, "비급여 주사치료제"는 크게 증가(201△년 626억 원 → 2020년 3,103억 원)하였다.

독감 검사와 치료주사에 대한 비급여 진료비 증가는 주로 의원급에서 두드러지게 나타났다. 2020년도 의원 비급여 독감 검사와 치료주사 진료비는 각각 2,064억 원과 2,498억 원으로, 전체 비급여 독감 검사의 87.8%, 비급여 치료주사의 80.5%를 차지했다. 증가율 또한 의원 비급여 독감 검사는 116%, 치료주사는 231%로, 전체 증가율(검사 113%↑, 치료주사 213%↑)을 상회하였다.

독감 관련 비급여 진료비의 증가 원인은 민간보험사의 '독감보험' 판매 증가와 주사치료제의 공급 및 수요 증가에 기인한 것으로 보인다. 독감 진단 확정 후 항바이러스제 처방 시 보험금을 지급하는 '독감보험'의 판매 증가 및 보장 한도 증액으로 관련 비급여가 증가한 것으로 추정된다. 또한, 독감 주사치료제가 다양화되고, 경구치료제는 5일간 복용해야 하는 반면, 주사치료제는 1회 투약만으로 치료가 가능하다는 편의성이 수요 증가의 요인으로 파악된다.

국민건강보험 일산병원에 따르면, 독감 경구치료제(급여)와 주사치료제(비급여)의 치료 효과는 비슷하나, 두 치료제 모두 설사, 오심, 구토, 간 수치 상승, 드물게 섬망 등의 부작용이 발생할 수 있다. 따라서 치료 전 반드시 전문가와 상담하여 부작용과 주의사항을 확인해야 한다. 일반적으로 경구치료제의 효과 및 부작용에 대한 자료가 더 많아 신뢰성이 높으며, 건강보험이 보장하는 급여 경구치료제 사용을 우선 권장한다. 다만, 오심 및 구토로 인해 경구치료제의 복용이 어려운 경우에는 주사치료제를 선택할 수 있다. 한편, 독감 유행주의보 발령 기간에는 소아, 임신부 등 고위험군의 경우 의심 증상이 있다면 검사 없이도 급여 항바이러스제 처방이 가능하다.

11 주어진 글의 내용으로 가장 적절한 것은?

① 독감 관련 검사비가 치료주사 진료비보다 더 많이 증가했다.
② 독감 검사비의 증가는 코로나19로 인해 독감 진료 건수가 감소하면서 의료기관이 검사 가격을 인상했기 때문이다.
③ 독감이 진단된 후 항바이러스제를 처방받았을 경우 독감보험에 가입한 사람은 보상을 받을 수 있다.
④ 경구치료제와 주사치료제 중 주사치료제가 부작용이 적어 임산부 등 고위험군은 검사 없이 급여 항바이러스제를 처방받을 수 있다.

12 주어진 글의 내용을 바탕으로 할 때, 아래 그래프의 ㉠에 해당하는 요양기관으로 옳은 것은?

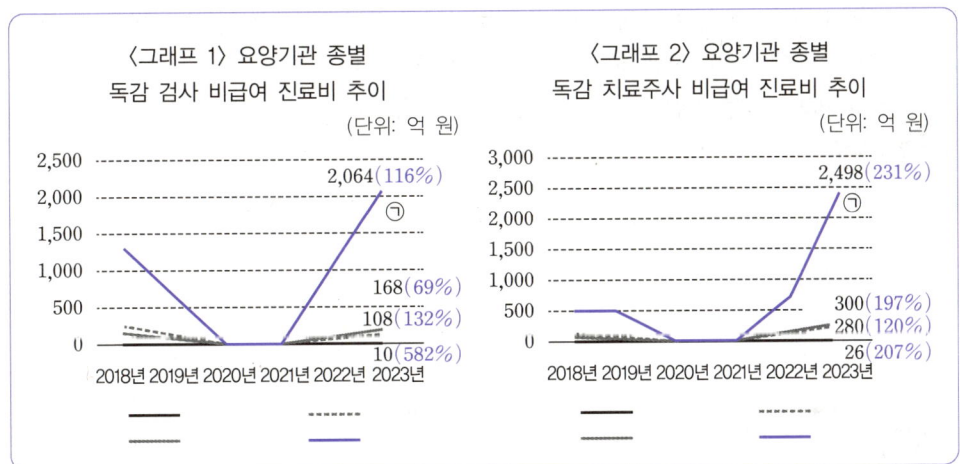

① 상급종합병원　　　　　　② 종합병원
③ 1차 병원　　　　　　　　④ 의원

[13~15] 다음 자료를 읽고, 이어지는 질문에 답하시오.

[장기요양인정 신청 자격]
- 자격: 장기요양보험가입자 및 그 피부양자, 의료급여수급권자
- 대상: 만 65세 이상 또는 만 65세 미만으로 노인성 질병을 가진 자
  ※ 노인성 질병: 치매, 뇌혈관성질환, 파킨슨병 대통령령으로 정하는 질병

[장기요양인정의 신청]
- 신청장소: 전국 공단지사(노인장기요양보험운영센터)
  ※ 공단 지사 중 강남동부지사, 강남북부지사, 서초북부지사, 영등포북부지사, 광산출장소는 운영센터가 없어 장기요양 신청서 접수 이외의 장기요양 상담 업무 불가능
- 신청방법: 공단 방문, 우편, 팩스, 인터넷, 「The 건강보험」 앱
  ※ 65세 미만자(최초, 재신청) 및 외국인은 인터넷, 앱을 통한 신청 불가능
  ※ 갱신신청의 경우 통화자의 신분확인 절차를 거쳐 유선 신청 가능
- 신청인: 본인 또는 대리인
  ※ 대리인: 가족, 친족 또는 이해관계인, 사회복지전담공무원, 치매안심센터의 장(신청인이 치매환자인 경우에 한정), 시장·군수·구청장이 지정하는 자

[신청 시 첨부 및 제출서류]
- 첨부서류
  - 방문 신청은 신분증 제시
  - 우편, 팩스 신청 시 신분증 사본 제출

본인 신청 시	본인의 신분증 1부
대리인 신청 시	• 가족, 친족 또는 이해관계인의 신분증 1부 • 공무원/치매안심센터의 장임을 증명하는 서류 1부, 신분증 1부 • 대리인지정서, 대리인의 신분증 1부

- 제출서류
  - 장기요양인정신청서
    공단 지사(운영센터) 또는 홈페이지(www.longtermcare.or.kr)에 접속하여 알림·자료실＞서식자료실＞게시물－[별지 제1호의2 서식] 장기요양인정신청서 다운
  - 의사소견서
    장기요양인정신청서와 함께 제출해야 하지만, 만 65세 이상인 경우 등급판정위원회에 심의자료 제출 전까지 제출 가능

13 주어진 글의 내용으로 적절한 것은?

① 장기요양인정은 전국 모든 공단지사에서 신청이 가능하다.
② 장기요양인정의 대상인 노인성 질병은 의사협회가 정한 것에 따른다.
③ 장기요양인정을 신청할 때 반드시 나이는 만 65세를 넘어야 한다.
④ 장기요양인정의 대상자는 모두 장기요양인정을 인터넷이나 앱을 통해 신청할 수 있다.

14 다음 중 장기요양인정을 신청하는 사람에 대한 설명으로 적절하지 않은 것은?

① 장기요양보험에 가입되지는 않았지만 의료급여수급권자인 A는 신청할 수 있다.
② 치매환자가 요양 중인 요양병원의 장으로, 군수가 지정하고 있는 B는 신청할 수 있다.
③ 환자의 가족인 C가 장기요양인정 신청을 우편으로 하려면 대리인의 신분증을 사본으로 첨부해야 한다.
④ 67세인 환자 D가 장기요양인정을 신청할 경우 장기요양인정신청서를 제출한 후, 등급판정의원회가 승인한 뒤에야 의사소견서를 제출할 수 있다.

15 다음 〈보기〉는 장기요양인정신청의 종류에 대한 설명이다. 주어진 글과 〈보기〉를 읽었을 때, 보일 수 있는 반응으로 적절하지 않은 것은?

• 보기 •

종류	신청 사유	신청 시기
인정신청	장기요양인정신청을 처음 하는 경우	신청 자격을 가진 자가 장기요양 급여를 받고자 하는 경우
갱신신청	장기요양인정 유효기간 종료가 예정되어 유효기간 만료 다음 날부터 장기요양인정을 희망하는 경우	유효기간 종료 90일 전부터 30일 전
등급 변경 신청	장기요양급여를 받고 있는 동안 신체적 및 정신적 상태의 변화가 있는 경우	변경 사유 발색 시
급여 종류 및 내용 변경 신청	급여 종류 및 내용 변경을 희망하는 경우	급여 종류 및 내용 변경 사유 발생 시

① 만 65세가 넘은 내국인이라면 인정신청은 「The 건강보험」 앱으로 신청이 가능하다.
② 유효기간 종료 60일 전이라면 장기요양인정신청을 이미 한 사람이라도 신분확인 절차를 거쳐 전화로 재신청을 할 수 있다.
③ 환자의 주 수발자인 가족이 해외 체류로 보호가 어려운 경우에는 등급 변경을 신청해야 한다.
④ 재가급여를 받고 있던 환자가 시설급여로 바꾸고 싶다면 급여 종류 및 내용 변경을 신청해야 한다.

[16~17] 다음 보도자료를 읽고, 이어지는 질문에 답하시오.

국민건강보험공단은 국민건강보험법 시행령 개정에 따라, 2025년 1월부터 소득 부과 건강보험료 정산제도의 신청 대상 소득이 현행 2종(사업·근로)에서 6종(이자·배당·연금·기타소득 추가)으로 늘어난다고 밝혔다.

또한 전년도보다 현재 소득이 감소한 것뿐만 아니라 증가한 경우에도 신청 가능하다고 덧붙였다. 공단은 "신청 선택권을 넓혀 실제 소득에 가까운 보험료를 납부할 수 있게 개선한 것"이라고 설명했다. 소득 정산제도란 현재 시점의 소득을 기준으로 건강보험료를 납부할 수 있도록 하는 제도로 지난 2022년 9월부터 운영 중이다. 이 제도는 건강보험 지역 가입자나 직장 가입자(보수를 뺀 나머지 소득이 연 2천만 원 초과) 중 휴·폐업, 퇴직 등으로 인해 소득 활동이 중단되거나 줄어든 경우 보험료를 즉시 조정해 부담을 낮출 수 있다.

〈시행령 개정에 따른 소득월액 조정 및 정산의 신청 대상, 사유 확대〉

	현행		개정
신청 대상	사업, 근로소득	→	사업, 근로+이자, 배당, 연금, 기타소득
신청 사유	현재 소득의 감소	→	현재 소득의 감소 또는 증가

예를 들어, 2025년 2월에 건강보험료 정산제도를 신청해 승인되면 같은 해 3월부터 12월까지 자신의 현재 소득에 맞춘 보험료를 적용받게 된다. 다만, 2026년 11월 국세청 확인소득(2025년 귀속)을 기준으로 보험료를 재산정해 차액을 부과하거나 환급하는 절차를 거치게 된다. 지역 가입자는 전년도 소득을 기준으로 이듬해 11월부터 건강보험료가 산정되기 때문에 소득 발생 시점과 보험료 부과 시점 사이에 시차가 크다.

소득 조정 및 정산 신청은 우편 또는 팩스, 가까운 공단 지사를 방문하면 되며, 휴·폐업, 퇴직·해촉, 종합소득 감소의 경우에는 온라인 신청도 가능하다.

16 주어진 글의 내용으로 적절하지 않은 것은?

① 2025년 1월부터 소득 정산제도의 신청 대상은 기존과 비교해서 4가지가 추가된다.
② 전년도보다 현재 소득이 증가한 경우에도 소득 부과 건강보험료 정산제도에 신청할 수 있다.
③ 소득 정산제도의 변경은 실제 소득에 가까운 보험료를 납부하게 하는 데 목적이 있다.
④ 소득 정산제도는 지역 가입자 중 다양한 사유로 수입이 줄어들면 보험료를 조정해 주는 것으로 직장 가입자는 해당하지 않는다.

17 주어진 글을 읽고 민원인의 질문에 다음과 같이 대답한다고 할 때, 적절하지 않은 것은?

① Q: 저는 직장 가입자로 근로소득 외에 임대 수익이 있습니다. 소득 정산제도에 신청할 수 있나요?
  A: 근로소득 외에 임대 수익이 연 2천만 원을 초과한다면, 소득 조정 및 정산을 신청하실 수 있습니다.
② Q: 소득 조정 및 정산 신청은 어떤 방법으로 해야 하나요?
  A: 우편 또는 팩스, 가까운 공단 지사 방문을 통해 신청하실 수 있습니다. 다만, 휴·폐업, 퇴직·해촉, 종합소득 감소의 경우에는 온라인 신청도 가능합니다.
③ Q: 2025년에 건강보험료 정산제도를 신청해 승인되면, 어떤 방식으로 새로 적용된 보험료를 적용받나요?
  A: 2026년 11월 국세청 확인소득(2025년 귀속)을 기준으로 보험료를 재산정해 차액 부과 또는 환급하는 절차를 거치게 됩니다.
④ Q: 2024년 12월에 폐업으로 인해 소득이 줄었습니다. 보험료가 어떻게 적용되나요?
  A: 폐업으로 인해 소득이 줄어든 지역 가입자는 소득 정산제도를 2025년 1월에 신청하여 승인되면 2월부터 12월까지 자신의 현재 소득에 맞춘 보험료를 적용받게 됩니다.

[18~20] 다음 글을 읽고, 이어지는 질문에 답하시오.

만성신부전증 환자 지원

■ 정의/목적
만성신부전증 환자로 공단에 등록된 자가 의사의 처방전에 따라 복막관류액 및 자동복막투석에 사용되는 소모성 재료를 준요양기관에서 구입하여 사용한 경우 현금으로 지원하는 제도

■ 대상
내과 전문의가 검사 결과에 따라 복막관류액 또는 자동복막투석이 필요하다고 인정된 사람 중 해당 상병에 해당하고 '건강보험 만성질환 환자등록 신청서'에 따라 공단에 신청하여 등록한 사람

■ 세부내용
- 지급금액
  - 복막관류액: 보건복지부 고시 건강보험 약가 기준액의 범위 내(초과액은 전액 본인 부담)에서 부가가치세를 포함한 실소요액의 90%(산정특례 미등록자 70%) 지급
  - 자동복막투석 소모성 재료: 기준금액(10,420원/일)과 실구입금액 중 낮은 금액의 90%(단, 10원 미만 절사)
  ※ 차상위 본인부담경감 대상자: 희귀난치성질환자(차상위 1종, C), 희귀난치성 질환 외의 질환으로 6개월 이상 치료를 받고 있거나 6개월 이상 치료가 필요한 사람 또는 18세 미만의 아동(차상위 2종, E, F)의 경우 기준금액과 실구입금액 중 낮은 금액의 100%에 해당하는 금액
- 소멸시효: 소모성재료 구입일로부터 3년

■ 제공방법
- 급여대상자 등록절차 및 신청방법
  - 대상자 확진: 급여대상자 인정기준에 해당하는 경우 전문의가 확진 후 등록신청서 발행
  - 등록신청서 발행: 내과전문의(소아의 경우 소아청소년과 전문의 포함)
- 급여대상자(환자) 등록 신청 방법
  - 신청접수: 국민건강보험공단 지사 및 출장소
  - 신청방법: 방문 또는 우편을 통해 원본 제출
  - 제출서류: 건강보험 만성신부전증 급여대상자 등록 신청서
  - 등록 적용일: 담당 의사의 사실 확인일로부터 90일 이내에 공단에 접수(신청)한 경우 등록일을 사실 확인일로 소급. 90일 경과 후 접수 시 아래와 같이 등록
    ㉠ 방문접수의 경우: 공단에 방문 신청한 날
    ㉡ 우편접수의 경우: 우편 소인 날짜
    ㉢ 팩스접수의 경우: 팩스 접수된 날짜

- 요양비 처방전 발급 및 요양비 청구·지급 절차
  - 요양비처방전 발급('건강보험 만성신부전증 급여대상자 등록 신청서'와 처방전 동일일자 발행 가능)
  - 처방 의사: 내과 전문의(소아의 경우 소아청소년과 전문의 포함)
  - 처방 기간: 30일 이내
  - 처방전 유효기간: 처방전에 기재된 사용기간(소모성 재료 구입일자를 사용개시일로 등록)
- 요양비 청구 및 구비서류 제출
  - 청구 기한: 구입일로부터 3년 이내
  - 청구서 접수방법

개인(수급자/가족)	방문, 우편, 공단 홈페이지(민원여기요>개인민원>보험급여>요양비 청구)
준요양기관	방문, 우편, 요양기관정보마당

  - 구비서류
    ① 요양비 지급청구서(만성신부전증) 1부
    ② 원외 처방전 1부(30일 이내, 내과전문의 발행)
    ③ 세금계산서 1부(품명, 수량, 단가, 제조 또는 판매회사명이 기재된 세금계산서)
    ④ 현금영수증 등 가입자나 피부양자가 지출한 금액 명세를 확인할 수 있는 서류 1부
    ※ 전액을 카드납부 또는 현금납부 후 현금영수증을 받은 경우: 카드 전표(현금영수증)+거래명세서
    ※ 본인부담금만 카드납부 또는 현금납부 후 현금영수증을 받은 경우: 카드 전표(현금영수증)+거래명세서+세금계산서(공단부담금액)

■ 유의사항
- 청구 소멸시효는 구입일로부터 3년까지 가능. 공단에 급여대상자로 등록된 이후 처방전을 받아 구입한 경우에만 요양비 지원 가능
- 만성신부전 처방전은 의료법 규정에 의한 처방전을 발급받음

18 주어진 글을 읽고 '만성신부전증 환자 지원'에 대해 개요를 작성한다고 할 때, 적절하지 않은 것은?

- 서비스 대상: ㉠<u>내과 전문의가 검사 결과에 따라</u> ㉡<u>복막관류액 또는 자동복막투석이 필요하다고 인정된 사람</u> 중 해당 상병에 해당하고, '㉢<u>건강보험 만성질환 환자등록 신청서</u>'에 따라 산정특례 대상자에 해당하지 않는 사람
- 신청 및 지원방법: ㉣<u>공단 홈페이지, 지사 방문, 우편</u>

① ㉠   ② ㉡   ③ ㉢   ④ ㉣

19 주어진 글의 내용으로 적절한 것은?

① 복막관류액의 경우 환자가 지출한 금액 전액을 지급한다.
② 자동복막투석 소모성 재료의 경우 기준금액과 실구입금액 중 차상위 본인부담경감 대상자라면 실구입금액의 100%를 지원받을 수 있다.
③ 급여대상자가 되기 위해서는 나이와 관계없이 반드시 내과 전문의의 확진이 필요하다.
④ 담당 의사의 사실 확인일부터 90일 이내 공단에 접수하면, 등록일은 담당 의사의 확인일이 된다.

20 만성신부전증 환자 A에게 공단 직원이 상담한 내용으로 적절하지 않은 것은?

• 상황 •

만성신부전증 환자 A
: "안녕하세요? 복막관류액 지원을 받고 싶습니다. 만성신분전증의 요양비 지급청구서와 40일 전에 내과 전문의에게 받은 원외 처방전, 세금계산서를 준비했습니다. 이밖에 준비해야 할 서류가 있을까요?"

① "내과 전문의에게 받은 원외 처방전은 40일 전의 처방전이라 불가합니다. 30일 이내의 원외 처방전으로 준비해 주세요."
② "세금계산서에 품명, 수량, 단가, 제조 또는 판매회사명이 기재되었는지 확인해 주세요."
③ "지출한 금액을 전액 카드나 현금납부한 경우 카드 전표나 현금영수증 그리고 거래명세서를 준비해 주셔야 합니다."
④ "본인부담금만 납부한 경우 카드 전표와 거래명세서 둘 중 하나 그리고 공단부담금액이 나와 있는 세금계산서도 준비해 주셔야 합니다."

[21~22] 다음은 주요 수술 및 환자 추이를 조사한 자료이다. 이를 바탕으로 이어지는 질문에 답하시오.

〈표 1〉 2019~2023년 34개 주요 수술 환자 추이

(단위: 명)

2019년	2020년	2021년	2022년	2023년
1,665,624	1,598,587	1,681,540	1,672,192	1,659,125

〈표 2〉 2023년 연령대별 34개 주요 수술 및 상위 5개 수술 환자 추이

(단위: 명)

구분	계	1위	2위	3위	4위	5위
계	( )	백내장수술 431,930	일반척추수술 195,066	치핵수술 149,645	제왕절개수술 146,181	담낭절제술 94,461
9세 이하	16,160	편도절제술 7,109	대퇴허니아수술 4,266	충수절제술 1,637	심장수술 1,343	구개열수술 686
10대	18,942	충수절제술 7,998	편도절제술 3,242	치핵수술 1,830	하부비동수술 1,450	일반척추수술 904
20대	78,501	제왕절개수술 20,754	치핵수술 17,662	충수절제술 9,676	유방전절제술 5,961	편도절제술 5,902
30대	200,485	제왕절개수술 110,921	치핵수술 27,720	담낭절제술 10,980	충수절제술 10,682	갑상선수술 6,099
40대	168,712	치핵수술 32,109	담낭절제술 16,931	자궁절제술 16,199	제왕절개수술 14,352	유방부분절제술 13,900
50대	232,521	백내장수술 50,228	치핵수술 32,706	일반척추수술 25,614	담낭절제술 19,929	유방부분절제술 12,065
60대	390,302	백내장수술 145,992	일반척추수술 51,170	슬관절치환술 26,940	치핵수술 24,855	스텐트삽입술 22,191
70대	361,315	백내장수술 158,391	일반척추수술 52,312	슬관절치환술 40,385	스텐트삽입술 18,639	경피적담도수술 15,859
80세 이상	192,187	백내장수술 63,607	일반척추수술 44,756	경피적담도수술 17,508	고관절치환술 12,915	슬관절치환술 11,867

21 다음 중 자료에 대한 설명으로 옳지 않은 것은?

① 2023년 모든 연령대 중에서 34개 주요 수술 환자는 60대가 가장 많다.
② 2023년 50대 이후의 연령대는 수술 환자가 가장 많은 수술이 모두 같다.
③ 2023년 34개 주요 수술 환자 중 상위 5개 수술 환자가 차지하는 비중은 60% 이상이다.
④ 2023년 상위 5개 수술 중 치핵수술은 9세 이하, 70대 이상을 제외한 모든 연령대에서 3위 안에 들었다.

22 2023년에 수술 환자가 가장 많았던 수술을 받은 40대 이하 환자가 해당 수술의 전체 수술 환자에서 차지하는 비중은? (단, 소수점 둘째 자리에서 반올림한다.)

① 2.8% ② 3.0% ③ 3.2% ④ 3.4%

[23~24] 다음은 경력단절 사유를 조사한 자료이다. 이를 바탕으로 이어지는 질문에 답하시오.

〈표〉 2019~2024년 여성 경력단절 사유

(단위: 천 명, %)

구분	2019년		2020년		2021년		2022년		2023년		2024년	
	인원수	구성비	인원수	구성비	인원수	구성비	인원수	구성비	인원수	구성비	인원수	구성비
합계	1,699	100.0	1,506	100.0	1,447	100.0	1,397	100.0	1,348	100.0	1,216	100.0
결혼	522	30.7	414	27.5	396	27.4	368	26.3	353	26.2	303	24.9
임신/출산	384	22.6	321	21.3	320	22.1	318	22.8	310	23.0	297	24.4
육아	649	38.2	640	42.5	626	43.3	597	42.7	567	42.0	500	41.1
자녀교육	69	4.1	62	4.1	55	3.8	50	3.6	60	4.5	58	4.8
가족돌봄	75	4.4	69	4.6	50	3.5	64	4.6	58	4.3	58	4.8

※ 경력단절여성: 15~54세의 기혼여성 중 현재 비취업인 여성으로 결혼, 임신/출산, 육아, 자녀교육(초등학교), 가족돌봄의 사유로 직장을 그만둔 여성

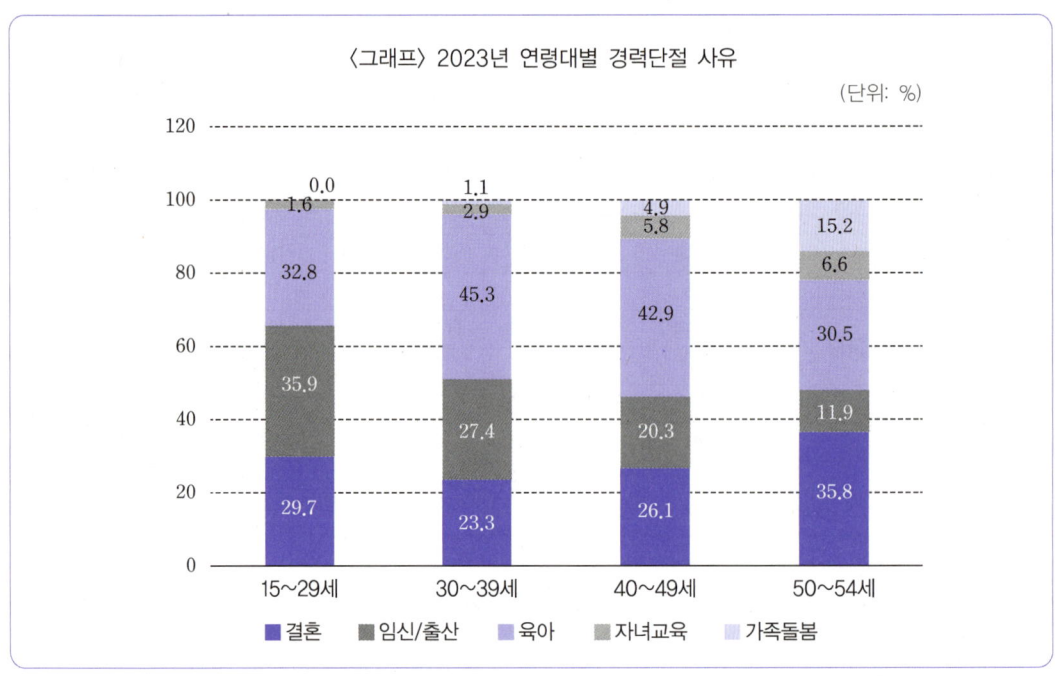

23 다음 중 자료에 대한 설명으로 옳은 것은?

① 2019~2024년 동안 경력단절여성 인원수는 매년 감소하여 2024년에는 5년 전에 비해 50만 명 이상 감소하였다.
② 2019년~2024년 내내 경력단절여성의 경력단절 사유는 육아, 결혼, 임신/출산, 가족돌봄, 자녀교육 순으로 많았다.
③ 2023년 모든 연령대에서 경력단절 사유는 육아 비중이 가장 높았다.
④ 2020~2024년 동안 경력단절 사유별 경력단절여성 인원수가 전년 대비 증가한 경우는 2023년 자녀교육과 2022년 가족돌봄 둘 뿐이다.

24 다음 〈그래프〉를 참고했을 때, 30대 경력단절여성 중 자녀교육과 가족돌봄의 사유로 경력단절된 여성의 수는?

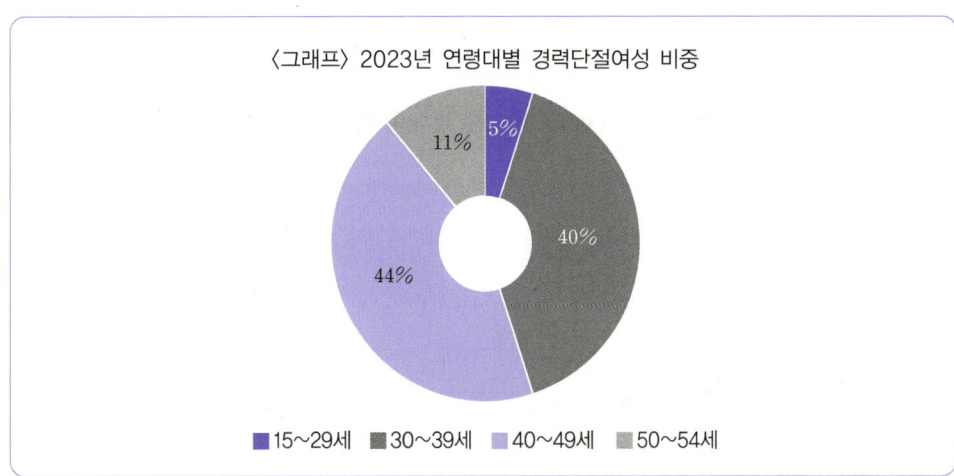

① 21,568명
② 23,456명
③ 24,264명
④ 26,960명

[25~26] 다음은 2023년 남녀 사망원인 순위를 조사한 자료이다. 이를 바탕으로 이어지는 질문에 답하시오.

〈표 1〉 2023년 남자 사망원인 순위

(단위: 명, 인구 십만 명당 명)

순위	남자		
	사망원인	사망자 수	사망률
1위	악성신생물(암)	52,182	205
2위	심장질환	16,523	65
3위	폐렴	15,782	62
4위	뇌혈관질환	11,969	47
5위	고의적자해(자살)	9,747	38
6위	당뇨병	5,861	23
7위	간 질환	5,230	21
8위	만성하기도질환	4,163	16
9위	코로나19	3,878	15
10위	알츠하이머병	3,478	14

〈표 2〉 2023년 여자 사망원인 순위

(단위: 명, 인구 십만 명당 명)

순위	여자		
	사망원인	사망자 수	사망률
1위	악성신생물(암)	33,089	129
2위	심장질환	16,624	65
3위	폐렴	13,640	53
4위	뇌혈관질환	12,225	48
5위	알츠하이머병	7,631	30
6위	당뇨병	5,197	20
7위	고혈압성질환	5,084	20
8위	패혈증	4,516	18
9위	고의적자해(자살)	4,231	17
10위	코로나19	3,564	14

25 다음 중 자료에 대한 설명으로 옳지 않은 것은?

① 4대 사망원인(순위 1~4위)은 남녀 모두 동일하다.
② 남자 사망원인 1~10위 중 남자 사망원인의 순위가 여자 사망원인 순위보다 높은 사망원인은 2가지다.
③ 간 질환에 의한 남자 사망률은 여자 사망률의 1.5배 이상이다.
④ 사망자 수가 1만 명대인 사망원인에 의한 사망자 수 총합은 남자가 여자보다 많다.

26 2023년 주민등록연앙인구수가 5,114.6만 명이라고 할 때, 2023년 고의적자해(자살)로 인한 사망률은? (단, 자살로 인한 사망률 = $\dfrac{\text{자살로 인한 사망자 수}}{\text{주민등록연앙인구수}} \times 100{,}000$이며, 사망률 단위의 소수점 둘째 자리에서 반올림한다.)

① 21.3명　　　　　　　② 23.3명
③ 25.3명　　　　　　　④ 27.3명

[27~28] 다음은 건강보험 진료비 및 급여비와 연간 1인당 진료비 구간별 진료실인원수 및 진료비를 조사한 자료이다. 이를 바탕으로 이어지는 질문에 답하시오.

〈표 1〉 2019~2023년 건강보험 진료비 및 급여비 현황

(단위: 억 원)

구분	2019년	2020년	2021년	2022년	2023년
진료비	861,110	867,139	954,376	1,058,585	1,108,029
급여비	648,881	652,916	715,569	795,099	830,925

※ 진료비: 공단부담금과 본인부담금을 합한 금액
※ 급여비: 보험급여비의 현물급여 중 요양급여비에 해당

〈표 2〉 2022년과 2023년 연간 1인당 진료비 구간별 진료실인원수 및 진료비

(단위: 천 명, 억 원, %)

구분	2022년				2023년			
	진료실인원수	비율	진료비	비율	진료실인원수	비율	진료비	비율
계	49,213	100	1,058,585	100	48,919	100	1,108,029	100
100만 원 이하	26,585	54.0	116,064	11.0	25,389	51.9	109,473	9.9
100만 원 초과 300만 원 이하	14,736	29.9	257,363	24.3	15,209	31.1	267,073	24.1
300만 원 초과 500만 원 이하	3,968	8.1	152,022	14.4	4,138	8.5	158,467	14.3
500만 원 초과 1,000만 원 이하	2,436	4.9	164,530	15.5	2,593	5.3	175,487	15.8
1,000만 원 초과 2,000만 원 이하	845	1.7	115,921	11.0	906	1.9	124,278	11.2
2,000만 원 초과 3,000만 원 이하	263	0.5	64,504	6.1	278	0.6	67,898	6.1
3,000만 원 초과 4,000만 원 이하	195	0.4	66,445	6.3	200	0.4	68,459	6.2
4,000만 원 초과 5,000만 원 이하	76	0.2	33,683	3.2	82	0.2	36,443	3.3
5,000만 원 초과 1억 원 이하	91	0.2	60,342	5.7	103	0.2	68,406	6.2
1억 원 초과	18	0.0	27,711	2.6	21	0.0	32,045	2.9

27 다음 자료에 대한 설명 중 옳지 않은 것은?

① 2023년 건강보험 진료비와 급여비는 모두 전년 대비 5% 미만으로 증가하였다.
② 2023년 연간 1인당 진료비가 500만 원을 초과하는 사람들의 진료비 합계는 전체 진료비의 50% 이상이다.
③ 2020~2023년 중 전년 대비 건강보험 진료비 증가액이 가장 큰 연도와 전년 대비 급여비 증가액이 가장 큰 연도는 같다.
④ 2022년 대비 2023년 진료실인원수는 모든 연간 1인당 진료비 구간에서 증가하였다.

28 다음 중 2023년 연간 1인당 진료비 구간별 진료비 비율을 그래프로 올바르게 나타낸 것은?

①
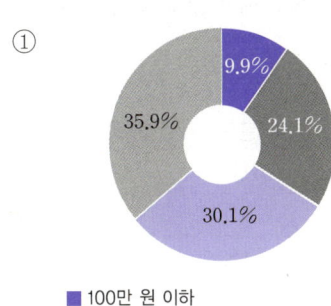
■ 100만 원 이하
■ 100만 원 초과 500만 원 이하
■ 500만 원 초과 1,000만 원 이하
■ 1,000만 원 초과

②
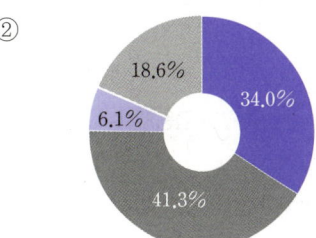
■ 300만 원 이하
■ 300만 원 초과 1,000만 원 이하
■ 1,000만 원 초과 3,000만 원 이하
■ 3,000만 원 초과

③
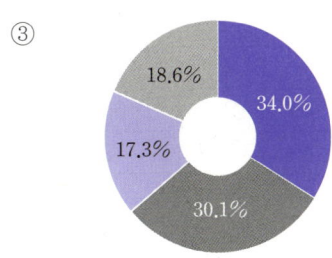
■ 300만 원 이하
■ 300만 원 초과 1,000만 원 이하
■ 1,000만 원 초과 5,000만 원 이하
■ 5,000만 원 초과

④
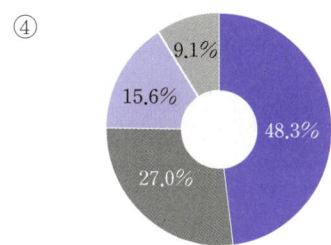
■ 500만 원 이하
■ 500만 원 초과 2,000만 원 이하
■ 2,000만 원 초과 5,000만 원 이하
■ 5,000만 원 초과

[29~31] 다음은 2020~2022년 소아청소년 인플루엔자 예방접종률 추이를 조사한 자료이다. 이를 바탕으로 이어지는 질문에 답하시오.

〈표 1〉 2020~2022년 소아청소년 인플루엔자 예방접종률 추이

(단위: 명, %)

성별	연령별	2020년		2021년		2022년	
		접종자 수	접종률	접종자 수	접종률	접종자 수	접종률
전체	합계	1,172	70.8	(㉠)	70.9	937	62.0
	1~5세	296	92.8	( )	83.7	211	83.0
	6~11세	445	80.2	411	80.5	394	74.5
	12~14세	212	62.3	197	71.0	169	54.6
	15~18세	219	41.4	202	44.0	163	28.9

〈표 2〉 2020~2022년 남녀별 소아청소년 인플루엔자 예방접종률 추이

(단위: 명, %)

성별	연령별	2020년		2021년		2022년	
		접종자 수	접종률	접종자 수	접종률	접종자 수	접종률
남자	합계	629	72.0	540	70.4	483	58.1
	1~5세	149	94.7	124	88.0	104	77.5
	6~11세	234	84.8	204	79.8	199	74.1
	12~14세	116	58.5	111	69.8	89	49.5
	15~18세	130	43.5	101	41.0	91	24.1
여자	합계	543	69.6	(㉡)	71.4	454	66.1
	1~5세	147	90.8	( )	78.9	107	88.6
	6~11세	211	75.7	207	81.3	195	74.8
	12~14세	96	66.4	86	72.3	80	60.0
	15~18세	89	38.6	101	47.5	72	34.6

29 다음 제시된 조건을 고려했을 때, 빈칸 ㉠, ㉡에 들어갈 수치를 바르게 짝지은 것은? (단, 소수점 첫째 자리에서 반올림한다.)

- 2021년 소아청소년 인플루엔자 접종자 수는 전년 대비 약 11% 감소했다.
- 2021년 여자 소아청소년 인플루엔자 접종자 수는 2020~2022년의 여자 소아청소년 인플루엔자 평균 접종자 수보다 3명 더 많다.

	(㉠)	(㉡)
①	1,043	403
②	1,043	503
③	1,243	403
④	1,243	503

30 다음 중 자료에 대한 설명으로 옳지 않은 것은?

① 2022년 접종자 수의 2년 전 대비 감소율은 남자가 여자보다 높다.
② 2020년 대비 2022년 접종자 수 감소율이 가장 높은 연령대는 1~5세이다.
③ 2020~2022년 내내 접종률은 남녀 모두 연령대가 낮을수록 높았다.
④ 2020~2022년 동안 접종자 수는 매년 남자가 여자보다 많았다.

31 2020년 대비 2022년의 접종자 수 감소분이 가장 큰 연령대의 감소분은 감소분이 가장 작은 연령대의 감소분의 몇 배인가? (단, 소수점 첫째 자리에서 반올림한다.)

① 1.5배   ② 2배   ③ 2.5배   ④ 3배

[32~34] 다음은 2021~2023년 진료비 청구 현황 및 병원종별 진료 인원 관련 자료이다. 이를 바탕으로 이어지는 질문에 답하시오.

〈표 1〉 2021~2023년 진료비 청구 현황

구분	2021년	2022년	2023년
청구 건수(천 건)	80,227	83,868	86,177
진료 인원(천 명)	1,598	1,597	1,611
입(내)원 일수(천 일)	119,039	122,372	124,590
기금 부담금(억 원)	95,032	100,455	108,807
건당 진료비(원)	( )	123,232	129,930
의료급여비용(억 원)	97,694	103,352	111,970
입(내)원일당 진료비(원)	82,069	84,457	( )

※ 건당 진료비: 의료급여비용÷청구 건수
※ 입(내)원일당 진료비: 의료급여비용÷입(내)원 일수

〈표 2〉 2021~2023년 병원종별 진료 인원

(단위: 천 명)

구분		2021년	2022년	2023년
상급종합병원 (3차 의료급여기관)	전체	395	405	428
	입원	94	96	105
	외래	301	309	323
종합병원	전체	813	875	877
	입원	195	203	220
	외래	618	672	657
병원	전체	541	536	497
	입원	121	97	99
	외래	420	439	398
요양병원	전체	159	147	135
	입원	109	102	101
	외래	50	45	34
정신병원	전체	109	122	124
	입원	48	52	53
	외래	61	70	71
의원	전체	1,384	1,410	1,426
	입원	22	21	21
	외래	1,362	1,389	1,405
보건기관 등	전체	50	49	59
	입원	0	0	0
	외래	50	49	59

32 2021년 기금 부담금이 전년 대비 12% 증가했다면, 2020년부터 2023년까지 4년간의 평균 기금 부담금은 얼마인가?

① 97,286억 원
② 97,586억 원
③ 97,886억 원
④ 98,186억 원

33 다음 중 자료에 대한 설명으로 옳지 않은 것은? (단, 모든 계산은 각 단위의 소수점 첫째 자리에서 반올림한다.)

① 2023년 입(내)원일당 진료비는 90,000원 미만이다.
② 2021년 건당 진료비는 120,000원 이상이다.
③ 2022년 입원 진료 인원보다 외래 진료 인원이 더 적은 병원종은 요양병원 1종이다.
④ 2021년보다 2023년 진료 인원이 더 적은 병원종은 3종이다.

34 다음은 주어진 자료를 바탕으로 만들어진 그래프다. 그래프의 제목으로 가장 적절한 것은?

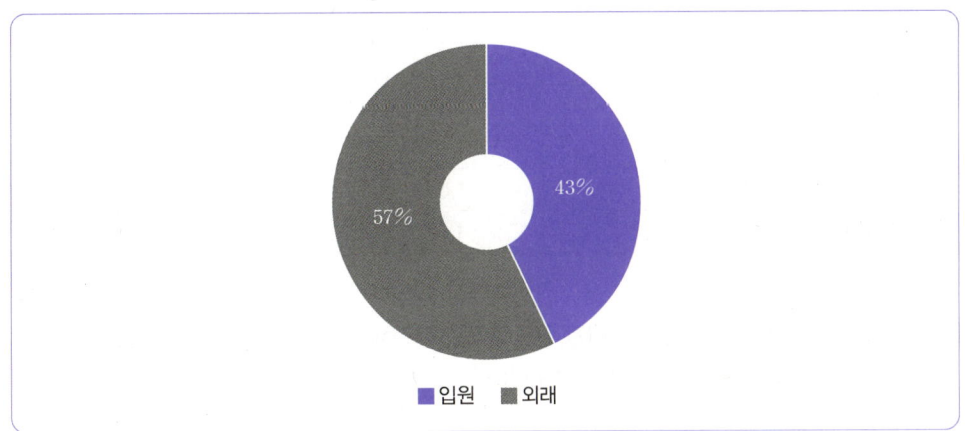

① 2022년 병원의 입원 진료 인원과 외래 진료 인원 비율
② 2023년 정신병원의 입원 진료 인원과 외래 진료 인원 비율
③ 2023년 종합병원의 입원 진료 인원과 외래 진료 인원 비율
④ 2023년 의원의 입원 진료 인원과 외래 진료 인원 비율

[35~37] 다음은 2019~2024년 1월 기준으로 현황을 파악한 전문의약품 및 일반의약품 관련 자료이다. 이를 바탕으로 이어지는 질문에 답하시오.

〈표 1〉 의약품 등재품목 수

(단위: 품목)

2019.01.01.	2020.01.01.	2021.01.01.	2022.01.01.	2023.01.01.	2024.01.01.
20,901	23,589	25,798	25,047	23,643	22,887

〈표 2〉 전문의약품 등재 현황

(단위: 품목)

구분	신약·신규	신약·신규 외	소계	비중(%)
2019.01.01.	679	18,686	19,365	92.7
2020.01.01.	661	21,273	21,934	93
2021.01.01.	680	23,339	24,019	93.1
2022.01.01.	760	22,651	23,411	( )
2023.01.01.	782	21,308	22,090	93.4
2024.01.01.	795	20,647	21,442	( )

〈표 3〉 일반의약품 등재 현황

(단위: 품목)

구분	신약·신규	신약·신규 외	소계	비중(%)
2019.01.01.	14	1,522	1,536	7.3
2020.01.01.	11	1,644	1,655	7
2021.01.01.	8	1,771	1,779	6.9
2022.01.01.	8	1,628	1,636	( )
2023.01.01.	8	1,545	1,553	6.6
2024.01.01.	8	1,437	( )	( )

35 2024년 1월 1일 기준 등재된 일반의약품이 전체 일반의약품에서 차지하는 비중은? (단, 계산 시 소수점 둘째 자리에서 반올림한다.)

① 5.3% ② 5.8% ③ 6.3% ④ 6.8%

36 다음 중 자료에 대한 설명으로 옳지 않은 것은? (단, 모두 1월 1일을 기준으로 생각한다.)

① 2019~2024년 중 전문의약품의 신약·신규 외 등재품목 수가 가장 많은 해에 의약품 등재품목 수도 가장 많다.
② 2019~2024년 동안 전문의약품과 일반의약품의 신약·신규 외 등재품목 수 증감 추이는 같다.
③ 2022~2024년 동안 의약품의 평균 등재품목 수는 24,000품목 미만이다.
④ 2020년 대비 2024년 일반의약품 등재품목 수는 15% 이상 감소했다.

37 주어진 자료를 바탕으로 나타낸 그래프 중 옳지 않은 것은? (단, 모두 1월 1일을 기준으로 한다.)

① 2020~2024년 의약품 등재품목 수의 전년 대비 증감 추이

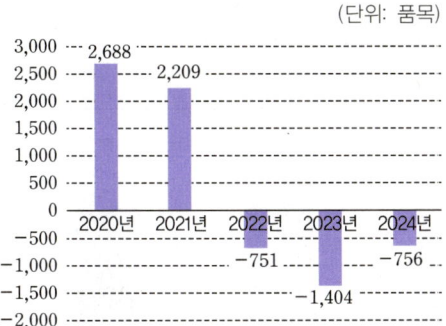

② 2019~2024년 전문의약품 신약·신규 등재품목 수

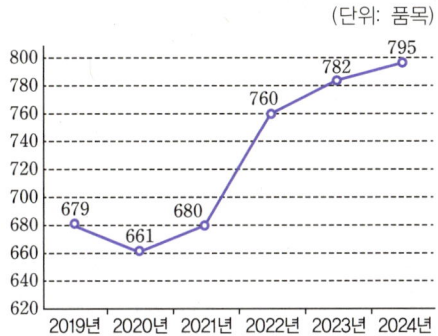

③ 2022년 전문의약품과 일반의약품 등재품목 비율

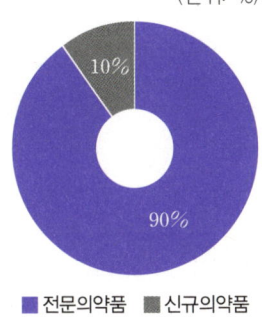

④ 2020~2024년 전문의약품 및 일반의약품 비중의 전년 대비 증감 추이

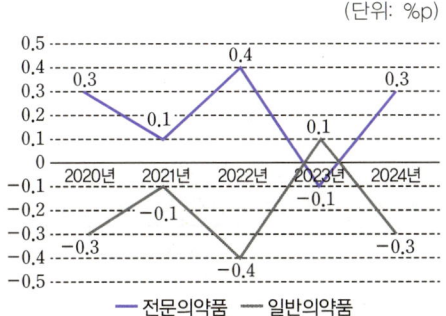

[38~40] 다음은 2021~2024년 장기요양기관 현황 및 2021년과 2022년 지역별 장기요양기관 현황을 나타낸 자료이다. 이를 바탕으로 이어지는 질문에 답하시오.

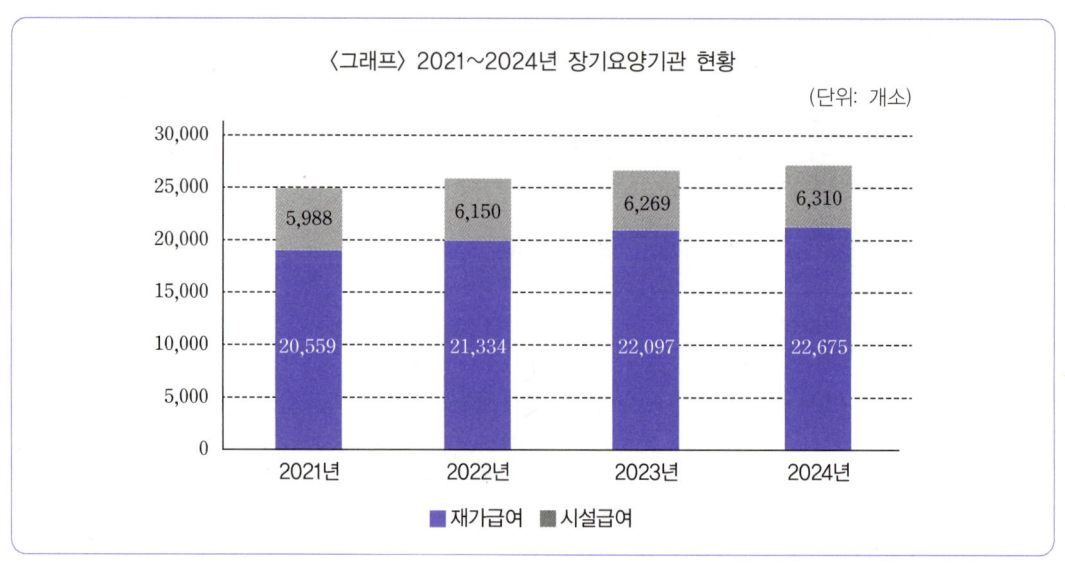

〈그래프〉 2021~2024년 장기요양기관 현황
(단위: 개소)

연도	재가급여	시설급여
2021년	20,559	5,988
2022년	21,334	6,150
2023년	22,097	6,269
2024년	22,675	6,310

〈표〉 2021년과 2022년 지역별 장기요양기관 현황
(단위: 개소)

구분	2021년		2022년	
	재가급여	시설급여	재가급여	시설급여
서울	3,110	511	3,144	502
부산	1,291	119	1,335	119
대구	1,116	266	1,154	265
인천	1,176	467	1,237	485
광주	746	97	791	99
대전	696	144	703	147
울산	310	49	342	55
세종	73	15	66	19
경기	4,429	2,042	4,607	2,136
강원	584	331	606	327
충북	681	315	726	325
충남	1,048	334	1,065	359
전북	1,188	248	1,198	252
전남	1,016	312	1,053	313
경북	1,454	424	1,512	426
경남	1,484	245	1,624	251
제주	157	69	171	70

※ 수도권＝서울＋경기＋인천

38 다음 중 자료에 대한 설명으로 옳은 것은?

① 2021년과 2022년 재가급여 장기요양기관 수가 많은 상위 7대 지역의 순서는 같다.
② 2021~2024년 동안 장기요양기관의 수는 매년 증가했다.
③ 2022년 재가급여 장기요양기관 수의 전년 대비 증가율은 시설급여 장기요양기관 수의 전년 대비 증가율보다 낮다.
④ 2022년 장기요양기관의 수가 가장 많은 지역의 장기요양기관이 전국에서 차지하는 비중은 30% 이상이다.

39 2021년 대비 2022년 재가급여 장기요양기관 수와 시설급여 장기요양기관 수가 모두 증가한 지역의 수는?

① 12곳　　　② 13곳　　　③ 14곳　　　④ 15곳

40 다음 중 자료를 바탕으로 나타낸 그래프로 옳은 것은? (단, 소수점 둘째 자리에서 반올림한다.)

① 2022년 재가급여 장기요양기관 수 비중　　② 2021년 재가급여 장기요양기관 수 비중

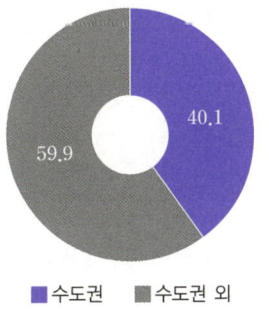

③ 2022년 시설급여 장기요양기관 수 비중　　④ 2021년 시설급여 장기요양기관 수 비중

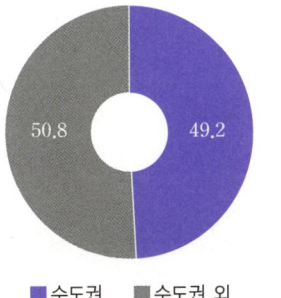
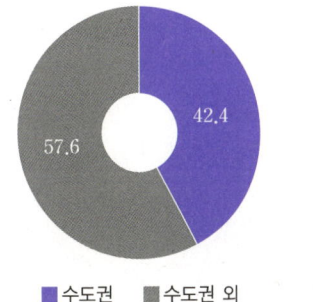

[41~42] 다음은 건강생활실천지원금제 시범사업에 관한 내용이다. 이를 바탕으로 이어지는 질문에 답하시오.

건강생활실천지원금제 시범사업

■ 사업 내용

국민의 건강상태를 스스로 알 수 있도록 정보를 드리고, 개인이 주도적으로 건강생활을 실천하고 개선되는 정도에 따라 포인트를 지급하는 사업. 시범사업에서는 건강관리가 필요한 국민을 대상으로 하는 '예방형', 일차의료만성질환관리 시범사업에 등록한 환자를 대상으로 하는 '관리형'으로 구분하여 실시됨

■ 대상자

구분	참여 기간	내용
예방형	참여 시작일로부터 2년	국민건강보험공단에서 주관하는 국가건강검진을 받은 만 20~64세 중 건강관리가 필요한 국민 • 국가건강검진 결과 체질량지수가 $25.0kg/m^2$ 이상이며, 혈압이 수축기에는 120mmHg 이상이면서 이완기에는 80mmHg 이상이거나 공복혈당이 100mg/dL 이상인 자
관리형	참여 시작일로부터 1년	일차의료만성질환관리 시범사업에 등록한 고혈압, 당뇨병 환자 • 일차의료만성질환관리 시범사업에 등록하여 케어플랜을 수립한 자

※ 참여 대상자는 참여를 신청한 당일부터 참여 시작일로 간주함
  - 팩스 신청 시 공단이 전산에 사업참여 대상으로 입력한 날부터 참여 시작일로 간주함
  - 공단은 팩스 신청일을 포함하여 3일 이내(토요일과 공휴일 제외) 접수 및 전산 입력 필수
※ 예방형 신청자는 국가건강검진을 받은 날부터 6개월 내에, 관리형 신청자는 케어플랜이 수립된 날부터 12개월 내에 신청해야 함

■ 시범사업에 참여할 수 있는 지역

건강생활실천지원금제 시범사업 기간 동안은 참여 가능한 지역이 정해져 있으며, 시범사업 참여를 신청하는 당시 주민등록상 주소지가 아래에 해당되어야 함

구분	내용
예방형 시험지역	서울 노원구, 경기 안산시, 경기 부천시, 대전 대덕구, 충북 충주시, 충남 청양군(부여군 포함), 광주 광산구, 전남 완도군, 전북 전주시(완주군 포함), 대구 남구, 대구 달성군, 부산 중구, 경남 김해시, 강원 원주시, 제주 제주시
관리형 시험지역	전국

■ 포인트 적립 기준 및 적립 금액
  • 예방형 적립 기준표

(단위: 점)

구분	항목	적립 기준		적립 한도 (연간 적립 한도)
참여 포인트	참여 신청	참여 신청 시	5,000	5,000
실천 포인트	걸음 수	5,000보 이상 6,000보 미만	일당 50	70,000 (연 35,000)
		6,000보 이상 7,000보 미만	일당 60	
		7,000보 이상 8,000보 미만	일당 70	
		8,000보 이상 9,000보 미만	일당 80	
		9,000보 이상 10,000보 미만	일당 90	
		10,000보 이상	일당 100	
	건강관리 프로그램	주 1회만 인정	대면 회당 1,000	30,000 (연 15,000)
			비대면 회당 500	
개선 포인트	① BMI 또는 체중 ② 혈압 ③ 공복혈당	①, ②, ③ 중 어느 한 항목이 1단계 이상 개선	항목별 1단계 개선 시 5,000	15,000
적립 가능 포인트	120,000(2년 기준)			
포인트 사용	10,000점 이상 적립 시 1점 단위로 사용 가능			

  • 관리형 적립 기준표

(단위: 점)

구분	항목	적립 기준	적립 한도	
참여 포인트	참여 신청	참여 신청 시	10,000	10,000
실천 포인트	걸음 수	케어플랜의 목표 걸음 수 이상	일당 100	20,000
	자가측정 (혈압 또는 혈당)	주 1~2회 (1일 1회만 인정)	회당 250	20,000
	교육·상담	연간 1~5회	회당 4,000	20,000
점검 평가 포인트	점검 및 평가	연간 1~2회	회당 5,000	10,000
적립 가능 포인트	80,000(1년 기준)			
포인트 사용	10,000점 이상 적립 시 1점 단위로 사용 가능			

■ 적립 포인트 사용처
  • 온라인 쇼핑몰: 지정된 인터넷 몰에서 상품 구매에 사용
  • 의원: 관리형 참여자는 착(chak)을 통해 건강실천카드를 발급받아 진료비 결제에 사용

41 주어진 자료를 읽고 판단한 것으로 옳지 않은 것은?

① 예방형의 경우 국가건강검진 이력이 있는 자만이 실천 시 포인트를 받아 지정된 사용처에서 사용할 수 있다.
② 적립된 포인트가 1만 점 이상이어야 쓸 수 있고, 예방형 참가자인 경우 첫 해에 적립할 수 있는 최대 포인트는 7만 점이다.
③ 3월 2일(금)에 팩스로 신청했다면 참여 시작일은 3월 2일, 5~6일 중 하루일 것이다.
④ 제주시에 사는 고혈압을 지닌 60세 남성이 일차의료만성질환관리 시범사업에 등록하여 케어플랜을 수립하고 올해 참여를 시작했다면 내후년까지 시범사업에 참여하게 된다.

42 다음은 BMI에 대한 설명 및 신청자 A~D의 국가건강검진 결과 일부이다. A~D 중 예방형 대상자가 될 수 있는 신청자는?

[BMI]
비만을 측정하는 가장 일반적인 지표는 체질량지수(BMI)로, 몸무게(kg)를 키(m)의 제곱으로 나눈 값이다.

BMI	18.5	23	25	
저체중	정상	과체중	비만	

[신청자 A~D의 국가건강검진 결과 일부]

구분	키(cm)	몸무게(kg)	혈압(mmHg) (수축기 / 이완기)	공복혈당 (md/dL)
A	180	90	120 / 75	90
B	170	45	110 / 70	100
C	165	70	125 / 85	90
D	160	65	118 / 77	99

① A씨　　② B씨　　③ C씨　　④ D씨

[43~45] 다음은 온열질환 응급실감시체계에 관한 보도자료이다. 이를 바탕으로 이어지는 질문에 답하시오.

　질병관리청은 여름철 온열질환 발생의 신속한 정보 공유로 주의를 환기하고 예방 활동을 유도하여 국민 건강피해를 최소화하기 위해 「온열질환 응급실감시체계」를 전년 대비 5일 앞서, 오는 5월 15일부터 9월 30일까지 운영한다. 온열질환은 열로 인해 발생하는 급성질환으로 뜨거운 환경에 장시간 노출 시 두통, 어지러움, 근육경련, 피로감, 의식 저하 등의 증상을 보이고, 방치 시에는 생명이 위태로울 수 있는 질병으로 열사병과 열탈진이 대표적이다. 「온열질환 응급실감시체계」는 전국 500여 개 응급실 운영 의료기관과 관할 보건소 및 시·도, 질병관리청이 협력하여 폭염에 의한 온열질환자를 파악하고 일일 감시하기 위해 운영된다.

　지난해 「온열질환 응급실감시체계」로 파악된 온열질환자는 추정 사망자 34명을 포함한 총 3,704명으로 전년 대비 31.4% 증가한 것으로 나타났으며, 연도별 추정 사망자 수도 2018년(48명) 이후 두 번째로 많았다. 신고된 온열질환자의 주요 발생 특성으로는 남자(78.5%)가 많았고, 연령대별로는 65세 이상 노년층이 전체 환자의 30.4%를 차지하여 가장 수가 많았으며, 인구 10만 명당 온열질환자 수는 80세 이상(15.4명)에서 가장 높게 나타났다. 온열질환별로는 열탈진이 2,060명(55.6%)으로 가장 많았고, 지역별 신고 환자 수는 경기 767명, 전남 407명, 경남 377명, 경북 290명 순으로 나타났다.

　발생장소는 실외 작업장 1,176명(31.7%), 논·밭 529명(14.3%), 길가 364명(9.8%), 실내 작업장 339명(9.2%) 순으로 나타났다. 발생시간은 새벽 시간대(0~6시)를 제외하고, 모든 시간대에서 약 8.9%의 비슷한 발생 분포를 보였고, 직업별로는 단순노무종사자 947명(25.6%), 무직 483명(13.0%), 농림어업숙련종사자 371명(10.0%) 순(미상, 기타 제외)이었다. 신고된 온열질환 추정 사망자는 총 34명(남자 20명, 여자 14명)으로, 60세 이상 연령층(23명, 67.6%), 실외(28명, 82.4%) 발생이 많았고, 사망자의 추정 사인은 주로 열사병(94.1%)으로 조사되었다.

　「온열질환 응급실감시체계」 운영기간 동안 수집된 온열질환 발생 정보는 질병관리청 누리집(www.kdca.go.kr) 신고현황을 통해 매일 공개되며, 지난 연도 발생현황 통계는 감시체계 연보를 통해 확인할 수 있다.

　특히, 올해부터는 감시체계 참여기관(응급의료기관, 시·도, 보건소)에 온열질환 발생 예측 정보를 시범 제공한다. 이 예측정보 제공서비스는 질병관리청과 기상청이 협력하여 작년부터 개발한 것으로, 전국 17개 시·도별로 당일부터 3일 후까지 온열질환 발생 위험등급을 4단계로 나눠 시범 제공될 예정이다. 이를 통해 의료기관은 선제적으로 환자 대응체계를 마련하고 지자체는 폭염 대책 수립에 활용할 수 있을 것으로 예상된다.

참고 위험단계별 기준

구분	위험수준	전국 기준
1단계(관심)	온열질환 발생 가능성이 있는 수준	17개 시·도 모두가 1단계인 경우
2단계(주의)	일부 지역에서 온열질환이 발생하는 수준	17개 시·도에 2단계가 1~6곳인 경우
3단계(경계)	대부분 지역에서 온열질환이 발생하여 피해가 예상되는 수준	17개 시·도에 3단계가 1곳 이상인 경우, 또는 2단계가 7곳 이상인 경우
4단계(심각)	대부분 지역에서 온열질환이 발생하여 현저한 피해가 예상되는 수준	17개 시·도에 4단계가 1곳 이상인 경우, 또는 3단계가 3곳 이상이면서 2단계가 2곳 이상인 경우, 또는 3단계 2곳 이상이면서 2단계가 8곳 이상인 경우

　기상청에 따르면 올여름은 6월부터 고온현상이 나타나고, 7~8월에는 무더운 날이 많을 전망이다. 이에 따라 외출 전 기온을 확인하고, 폭염 시 외출 자제, 햇볕 차단, 충분한 휴식, 수분 섭취 등 폭염 대비 건강수칙을 철저히 준수하여야 한다. 특히 어린이·노약자·만성질환자(심뇌혈관질환, 고혈압·저혈압, 당뇨병, 정신질환 등)는 온열질환에 더욱 취약하므로 보호자의 각별한 주의가 필요하며, 어린이나 노약자를 집안이나 자동차 등 창문이 닫힌 실내에 홀로 남겨두지 않도록 주의해야 한다.

　질병관리청장은 "온열질환은 응급대처도 중요하지만 사전 예방이 더 중요하다"고 밝히며, "감시체계 운영을 통해 온열질환 발생 동향 및 예측 정보를 지자체 등에 안내하여 빈틈없는 예방 활동을 지원하겠다"라고 전했다.

43 주어진 보도자료를 읽고 판단한 내용으로 옳은 것은?

① 전국 500여 개 이상의 참여기관은 올해 온열질환발생 예측정보 제공서비스를 이용하여 폭염에 대한 선제적 대응에 나설 것이다.
② 작년 온열질환 응급실감시체계는 5월 10일부터 운영되었다.
③ 작년 온열질환 발생 통계 자료는 질병관리청 홈페이지 내 신고현황에서 확인할 수 있다.
④ 작년 온열질환자 수는 재작년에 비해 1,000명 이상 늘었다.

44 주어진 보도자료에 대해 잘못 이해한 사람은?

① 지윤: "폭염 아래 오랜 시간 외출한 상태에서 생명이 위태로울 수 있는 대표적 질병은 열사병과 열탈진이다."
② 설희: "2018년을 포함해서 세 번째로 온열질환에 의한 추정 사망자 수가 많았던 해의 사망자 수는 34명 미만이다."
③ 윤우: "작년 실외에서 발생한 온열질환자 비중은 최소 60% 이상이다."
④ 상훈: "양산 또는 모자를 쓰거나 가장 더운 시간대에 야외 활동을 자제하는 일상적인 노력이 온열질환 발생에 대한 응급대처 이상으로 중요하다."

45 다음은 특정 날에 대한 온열질환자 발생 예측 정보이다. 위험단계별 기준을 참고했을 때, 17개 시·도의 단계에 따른 전국 기준의 위험 등급은?

서울	부산	대구	인천	광주	대전
3	2	2	2	2	1
울산	세종	경기	강원	충북	충남
1	1	3	2	2	1
전북	전남	경북	경남	제주	
1	2	1	1	1	

① 관심　　② 주의　　③ 경계　　④ 심각

[46~48] 다음은 상병수당 시범사업 안내문이다. 이를 바탕으로 이어지는 질문에 답하시오.

2단계 상병수당 시범사업

1. 기본자격(①~④를 모두 만족해야 함)
   ① 거주지: 시범사업 지역 거주자 또는 시범사업 지역에 소재한 사업장 근로자
   ② 연령: 만 15세 이상~만 65세 미만
   ③ 국적: 국내 거주하는 대한민국 국민
   ※ 국내 체류 외국인 중 다음에 해당하는 경우 예외적으로 인정
     - 대한민국 국민과 혼인 중인 사람
     - 대한민국 국민인 배우자와 이혼하거나 그 배우자가 사망한 사람으로서 대한민국 국적을 가진 직계존비속을 돌보고 있는 사람
     - 난민법에 따라 난민으로 인정된 사람
   ④ 아래 셋 중 하나에 해당하면서 현재 근로활동불가인 자

구분	내용
건강보험 직장가입자	근로활동불가기간 초일 포함 직전 2개월(60일) 동안 30일 이상 가입자격 유지 시에만 인정
고용 및 산재보험 가입자	근로활동불가기간 초일 포함 직전 2개월(60일) 동안 30일 이상 가입자격 유지 시에만 인정
자영업자	사업자등록 유지기간 및 매출 기준 모두 충족 시에만 인정 • 사업자등록: 근로활동불가기간 초일 포함 직전 3개월(90일) 동안 사업자등록 유지 • 매출: 근로활동불가기간 초일이 속한 직전 3개월 월평균 매출액이 209만 원 이상

※ 근로활동불가기간: 질병 및 부상으로 인해 근로활동을 수행할 수 없는 기간
※ 지원 제외자
   - 공무원 및 국공립학교 교직원(법정 유급병가 및 유급휴직 보장)
   - 질병 목적 외 휴직자(육아휴직 등)
   - 고용보험 급여 수급자(실업급여, 출산전후 휴가급여, 육아휴직급여)
   - 산재보험 휴업급여 또는 상병보상연금 수급자
   - 기초생활 생계급여, 긴급복지 생계지원 수급자, 자동차보험 적용자
   - 건강보험 급여정지자(군복무자, 교도소 수용 중인 자 등)
   - 주민등록 말소자, 해외 출국자(단, 질병의 치료를 위해 출국한 경우 인정)
※ 질병 및 부상의 제외 범위
   - 질병 치료 및 필수 기능 개선을 위한 진료가 아닌(미용 목적으로 행해지는 성형 수술 등) 경우
   - 출산 관련 진료 건으로, 합병증 등이 발생하지 않은 경우
   - 질병 및 부상의 진단 및 치료를 위해 임상적 검사 또는 수술(시술)을 시행하지 않은 경우

2. 사업 개요
   • 근로활동불가모형

구분	내용
대상지역	안양, 달서
내용	• 질병 유형 제한 없이 일을 하지 못하는 기간 동안 지급 • 대기기간 7일, 사업기간 내 보장기간 최대 150일(실제 일을 하지 못한 일수에서 대기기간 차감하되, 최대 보장기간 내에서 상병수당 최종 급여일수 산정) • 질병·부상으로 8일 이상 연속하여 일하지 못하는 경우 신청 가능
지급금액	상병수당 최종 급여일수 × 48,150원 + 20,000원(진단서 발급비용) ※ 진단서 신청 건의 경우에만 진단서 발급비용 지급
급여지급	신청일로부터 2달 이내 ※ 서류 보완 요청 또는 연장 신청 발생 시 30일 이내의 범위에서 급여 지급 지연 가능하며, 연장 신청 시 60일 이내의 범위에서 급여 지급 지연 가능

   • 혼합근로활동불가모형

구분	내용	
대상지역	용인, 익산	
내용	• 입원 및 진단서 신청	
	입원신청	• 4일 이상 입원한 경우 • 대기기간 0일, 사업기간 내 보장기간 최대 150일(외래 신청 불가)
	진단서 신청	• 질병 유형 제한 없이 일을 하지 못하는 기간 동안 지급 • 대기기간 7일, 사업기간 내 보장기간 최대 150일
	• 질병·부상으로 8일 이상 연속하여 일하지 못하는 경우 신청 가능	
지급금액	상병수당 최종 급여일수 × 48,150원 + 20,000원(진단서 발급비용) ※ 진단서 신청 건의 경우에만 진단서 발급비용 지급	
급여지급	• 입원 신청의 경우: 신청일로부터 30일 이내 • 진단서 신청의 경우: 신청일로부터 2달 이내 ※ 서류 보완 요청 또는 연장 신청 등 발생 시 30일 이내의 범위에서 급여 지급 지연 가능하며, 진단서 건 연장 신청 시 60일 이내의 범위에서 급여 지급 지연 가능	

46 주어진 자료를 읽고 이해한 내용으로 옳지 않은 것은?

① 대한민국 국민과 혼인한 외국인 또는 난민은 국적 조건을 만족한다.
② 입원인 경우를 제외하고 단계별 모형 구분 없이 7일의 대기기간 및 최대 보장기간 150일은 동일하다.
③ 미용 목적의 성형 수술을 받아 근로활동을 할 수 없는 기간은 근로활동불가기간으로 인정받는다.
④ 부상 당일에 수술을 하여 다음날까지 입원하였다 퇴원하였고, 퇴원 후 추가로 5일 동안 근로를 하지 못했다면 근로활동불가기간은 7일이다.

47 다음 〈보기〉 중 상병수당 시범사업의 지원을 받을 수 있는 경우만을 모두 고르면? (단, 언급되지 않은 조건은 모두 충족했다고 가정한다.)

• 보기 •

㉠ 4월 5일부터 5월 15일까지 건강보험 직장가입자 자격을 유지한 만 30세인 A씨는 6월 1일부터 2주 동안 부상으로 일을 하지 못하였다.
㉡ 7월 15일부터 8월 13일까지 고용 및 산재보험 가입자 자격을 유지한 만 40세인 B씨는 9월 14일부터 3개월간 교통사고로 일을 하지 못하였다.
㉢ 만 45세인 C씨는 올해 8월 1일부터 매달 300만 원 이상의 매출액이 발생하는 사업자등록을 유지 중인 사업을 운영하던 중 질병 치료 목적으로 미국에 가 있는 11월 20일부터 11월 30일까지 잠시 일을 하지 못하였다.
㉣ 국립대 교직원으로 근무 중인 만 60세 D씨는 만 30세 이후 현재까지 30년간 건강보험 직장가입자 자격을 유지하고 있다. 골다공증에 의한 골절로 입원진료하게 되었고 2달 동안 일을 하지 못하였다.

① ㉠, ㉡
② ㉠, ㉢
③ ㉡, ㉢
④ ㉢, ㉣

48 상병수당 시범사업 안내문을 읽었을 때, 다음의 사례에 해당하는 E씨가 지급받게 될 상병수당은 얼마인가?

• 사례 •

경기도 안양에 거주하는 대한민국 국적의 만 30세인 E씨는 건강보험 직장가입자이다. 작업을 하던 중 부상으로 입원 수속 후 20일간 치료가 필요하다는 진단을 받았다. 치료 동안 일을 하지 못하는 상황이 되어 걱정했으나 다행히 병원에서 상병수당 시범사업에 대한 안내를 받고 대상자 요건을 모두 충족하여 진단서도 함께 신청하였다.

① 625,950원　　　　　　　　② 645,950원
③ 963,000원　　　　　　　　④ 983,000원

[49~50] 다음은 금연치료 건강보험 지원사업에 관한 내용이다. 이를 바탕으로 이어지는 질문에 답하시오.

금연치료 건강보험 지원사업

■ 개요
8~12주 동안 6회 이내의 진료 및 상담 또는 금연치료의약품 또는 금연보조제(니코틴패치, 껌, 정제) 구입비용 지원

■ 제공기관 및 지원대상
(제공기관) 금연치료 지원사업에 참여한 모든 병·의원, 보건소, 보건지소 등
(지원대상) 금연치료 지원사업에 참여한 제공기관에 방문하여 금연치료를 희망하는 모든 흡연자에 대해 지원(1년에 3번까지 지원. 흡연자 1인당 1년에 최대 18회 진료·상담 및 36주 처방 가능)
※ 예정된 차기 진료일로부터 1주 이상 제공기관을 방문하여 진료받지 않은 경우 프로그램 탈락으로 간주하여 1회차 지원 종료

■ 지원내용
• 진료 및 상담: 8~12주 기간 동안 6회 이내의 범위에서 의료진이 적정한 주기로 니코틴중독 평가 등 금연유지를 위한 상담 제공
  - 1·2회를 이수하였을 경우, 3회부터 본인부담금 전액 면제
  - 금연진료 및 상담료: 최초상담료(1회)와 유지상담료(2회 이후)로 구분하고, 공단과 참여자가 부담하는 금액은 아래 표와 같음

구분	금연(단독)진료		금연(동시)진료	
	공단	참여자	공단	참여자
최초상담(1회당)	18,330원	4,500원	19,830원	3,000원
유지상담(1회당)	11,590원	2,700원	12,490원	1,800원

  ※ 의료급여수급자 및 저소득층은 진료 및 상담료 전액 지원
  ※ 금연진료는 타상병과 동시에 진료하는 '금연동시진료'와 금연진료만 행하는 '금연단독진료'로 구분

• 금연치료의약품/금연보조제 구입비용: 1회 처방당 2주 이내의 범위(총 12주)에서 금연치료의약품 및 금연보조제(니코틴패치, 껌, 정제) 구입비용 지원
  [금연치료의약품]
  - 약가 상한액의 80%를 공단에서 지원(참여자 20% 부담)
  - 약가 상한액: 부프로피온의 경우 정당 520원, 바레니클린의 경우 정당 1,100원
  [금연보조제(니코틴패치, 껌, 정제)] 일당 지원액을 초과하는 금액은 본인 부담
  - 건강보험가입자 지원액: 일당 2,800원
  - 의료급여수급자 및 저소득층 지원액: 일당 2,950원

■ 이수 인센티브
금연 프로그램을 모두 이수한 경우 금연 프로그램에서 본인이 부담한 비용의 100% 환급
• 이수 조건(아래 조건 중 1개 이상 만족)
  - 진료 및 상담 6회 완료
  - 금연치료의약품별로 투약일수 만족(부프로피온: 56일 이상, 바레니클린: 84일 이상)
  - 금연보조제(패치, 껌, 정제): 84일 이상 투약 완료
• 신청방법: 우편, 팩스, 유선, 방문, 대표홈페이지, The건강보험(앱)
• 접수처: 관할지사 또는 고객센터

49 주어진 자료를 읽고 판단한 것으로 옳은 것은?

① 국내 모든 병원, 의원, 보건소, 보건지소 등의 의료기관을 통해 금연치료를 지원받을 수 있다.
② 신청자 개개인은 금연유지를 위해 연 내 최대 18번의 진료 및 상담을 받고, 24주간 처방을 받을 수 있다.
③ 의료급여수급자 및 저소득층이 아닌 참여자의 경우 타상병 동시 진료 여부와 관계없이 공단과 본인이 부담하는 최초상담료 합계액이 같다.
④ 금연 프로그램을 이수했어도 금연에 실패했다면 진료비 또는 약제비 전액을 본인이 부담해야 한다.

50 다음은 금연치료 지원사업에 참여하여 이수 인센티브를 신청한 A, B, C, D의 정보이다. 이수 인센티브로 인한 환급액이 가장 높은 참여자는? (단, A~D 중 의료급여수급자 및 저소득층은 없다.)

		상담 또는 치료제 조건 이수	투약일	기타 특이사항
①	A	바레니클린 투약	50일	1일 2정, 구입가 정당 1,100원
②	B	진료 및 상담 6회	–	금연단독진료
③	C	부프로피온 투약	84일	1일 2정, 구입가 정당 520원
④	D	니코틴패치 투약	84일	구입가 일당 3,000원

[51~52] 다음은 서울을 8개 권역으로 나눈 뒤 출발지와 도착지 정보를 넣어 버스번호를 부여한 수도권 버스 번호 관련 정보이다. 이를 바탕으로 이어지는 질문에 답하시오.

[버스 종류별 정보]

종류	버스 색상	번호 수	내용
간선버스	파랑	3자리	시외곽·도심·부도심 등 지역 간 연계 신속성·정시성 확보
지선버스	초록	4자리	간선버스·지하철과의 연계 및 지역 내 통행 위함
광역버스	빨강	4자리	수도권과 도심을 연계, 시계유출입 승용차 이용수요 흡수
순환버스	노랑	2자리	• 특정 권역 내부를 순환하는 노선 • 도심·부도심 내 차선노선, 도심·부도심 내, 업무·쇼핑통행 담당

[권역 번호]
서울과 수도권을 8권역으로 구분하여 지정한 권역 구분 번호를 의미하며, 0~7까지 총 8개의 번호로 나뉨

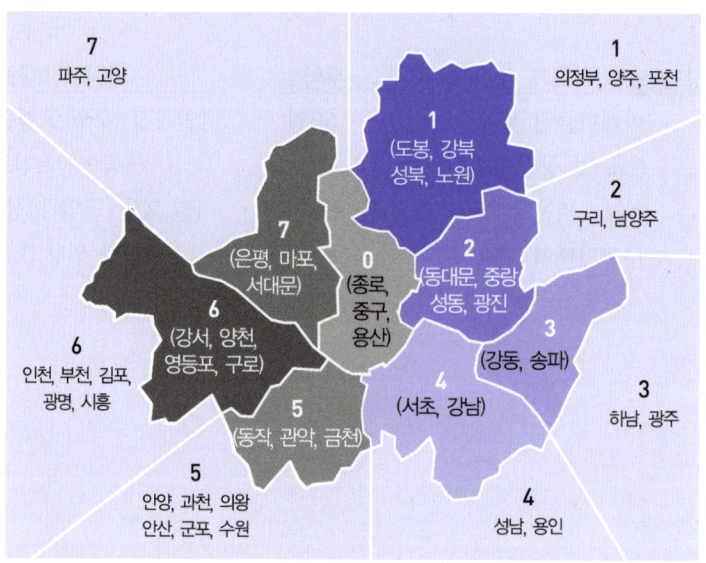

• 서울 내 8개 권역

0	1	2	3
종로, 중구, 용산	도봉, 강북, 성북, 노원	동대문, 중랑, 성동, 광진	강동, 송파
4	5	6	7
서초, 강남	동작, 관악, 금천	강서, 양천, 영등포, 구로	은평, 마포, 서대문

- 서울 외곽 지역 7개 권역

1	2	3	4
의정부, 양주, 포천	구리, 남양주	하남, 광주	성남, 용인
5	6	7	
안양, 과천, 의왕, 안산, 군포, 수원	인천, 부천, 김포, 광명, 시흥	파주, 고양	

[버스번호 체계]
- 간선버스

출발지	도착지	일련번호
□	□	□

- 지선버스

출발지	도착지	일련번호(2자리)
□	□	□

- 광역버스

고정번호	출발지	일련번호(2자리)
9	□	□

※ 광역버스 번호는 서울 외곽 지역을 출발지로 하여 서울에 도착함

- 순환버스

순환하는 권역	일련번호
□	□

51 다음 중 서울 강동구에서 출발하여 서초구에 도착하는 간선버스에 가장 적절한 버스번호는?

① 341   ② 043   ③ 9341   ④ 34

52 다음 중 버스 정보에 대해 이해한 내용으로 옳지 않은 것은?

① 9509번은 광역버스로, 안산에서 출발하여 서울에 도착하는 노선일 수 있다.
② 612번은 간선버스로, 양천에서 출발하여 도봉에 도착하는 노선일 수 있다.
③ 34번은 순환버스로, 하남에서 출발하여 성남에 도착하는 노선일 수 있다.
④ 4512번은 지선버스로, 강남에서 출발하여 동작에 도착하는 노선일 수 있다.

[53~54] 다음은 신규 노인일자리 아이템 공모전에 대한 내용이다. 이를 바탕으로 이어지는 질문에 답하시오.

신규 노인일자리 아이템 공모전 개최

■ 개요
20X6년 신규 노인일자리 개발을 위한 아이템 공모전으로, 국가행정기관, 지방자치단체, 공공기관, 노인일자리 수행기관을 대상으로 개최

■ 접수기간
20X5년 5월 9일(금) 오전 9시~20X5년 6월 12일(목) 오후 6시

■ 공모 분야
노인일자리 신규 직무(노인역량활용) 또는 신규 활동(노인공익활동) 아이템
① 노인일자리(노인역량활용): 희망하는 수요처에서 월 60시간(주 15시간 이내), 연 10개월 간 노인적합형 직무(가정 및 세대간 서비스, 취약계층 전문서비스, 공공전문서비스 등) 수행
② 노인사회활동(노인공익활동): 서비스를 희망하는 수요처 또는 수요자 대상으로 월 30시간(일 3시간 이내), 연 11개월간 봉사활동(노노케어, 취약계층 지원, 공공시설 봉사, 경륜전수 활동 등)

■ 응모 방법
전자우편으로 제출
※ 제출 서식 등 자세한 내용은 보건복지부 누리집과 한국노인인력개발원 누리집에서 확인

■ 결과발표 및 시상
• 결과 발표/시상일: 7월 11일(금)/7월 말 예정
• 공모전 시상 내역

구분		선정	상금(온누리상품권)
보건복지부장관상	대상	1개	200만 원
	최우수상	2개	150만 원
	우수상	3개	100만 원
한국노인인력개발원장상	장려상	6개	50만 원

※ 노인이 수행하기에 적합하고, 확대·지속 가능성이 높고, 사회적 효용이 큰 우수 아이템 12개를 선정하여, 전문가 심사 및 표절 심사를 통해 당선작 발표 예정

53 주어진 자료를 읽고 이해한 내용으로 옳지 않은 것은?

① 공모전은 노인일자리 수행기관뿐만 아니라 공공기관, 지방자치단체, 국가행정기관도 참여할 수 있다.
② 노인일자리는 수요자나 수요처를 대상으로 하며, 연 11개월 동안 일 3시간 이내로 근무하는 것이 원칙이다.
③ 노인역량활용 및 노인공익활동 2개 분야 관련 아이템에 응모할 수 있으며, 응모 시 전자우편으로 제출해야 한다.
④ 보건복지부와 한국노인인력개발원이 주최 및 주관하는 공모전이다.

54 공모전 응모자 A~D가 다음 세 가지 항목을 기준으로 받은 항목별 평가 점수이다. 가중치를 반영한 최종 합산 점수가 가장 높은 응모자는?

응모자	노인 수행 적합성 (가중치 30%)	확대 및 지속 가능성 (가중치 30%)	사회적 효용 (가중치 40%)
A	85점	88점	75점
B	80점	78점	82점
C	90점	85점	70점
D	75점	80점	80점

① A   ② B   ③ C   ④ D

[55~57] 다음은 노인틀니 건강보험에 관한 내용이다. 이를 바탕으로 이어지는 질문에 답하시오.

노인틀니 건강보험

1. 목적
   만 65세 이상 건강보험에 가입된 어르신들의 저작기능 개선을 통한 삶의 질 향상 및 노인틀니 시술비용 부담완화를 위한 제도

2. 급여내용
   - 완전틀니: 전체틀니, 완전의치, 총의치라고도 하며 치아가 전혀 없는 상태에서 치아와 흡수된 잇몸을 수복해 주는 틀니
   - 부분틀니: 부분의치, 국소의치라고도 하며, 치아가 부분적으로 남아 있을 경우 시행되는 보철물로, 결손된 치아를 하나의 보철물로 만들어 고정시켜 줄 치아에 여러가지 구조물(클라스프 등)을 통해 틀니를 고정할 수 있도록 만든 틀니

구분	완전틀니	부분틀니
대상자	상악 또는 하악에 치아가 전혀 없는 경우	상악 또는 하악의 치아결손으로 남은 치아를 이용하여 부분틀니 제작이 가능한 경우
틀니종류	레진상 완전틀니, 금속상 완전틀니	클라스프(고리) 유지형 금속상 부분틀니 ※ 어태치먼트(똑딱이) 등 특수 부분틀니는 급여 제외
틀니단계	1~5단계	1~6단계
본인부담률	요양급여비용 총액의 30% ※ 차상위대상자: 희귀난치성질환자는 5%, 만성질환자는 15% ※ 의료급여대상자: 1종은 5%, 2종은 15%	
급여적용기간	7년, 7년 내 추가 급여 불가, 급여적용 기간 이후 재급여 가능 ※ 구강 상태가 심각하게 변화되어 새로운 틀니 제작이 불가피하다고 인정되는 의학적 소견이 있거나, 천재지변으로 틀니가 분실 또는 파손되었을 경우 7년 이내라도 동종틀니에 한정하여 추가 1회 재제작(등록) 가능	
무상유지관리기간	틀니를 장착한 다음날부터 3개월 이내 최대 6회에 한하여 본인부담금 면제	

3. 노인틀니 급여 대상자 변경/해지/취소 신청 방법
   - 요양기관 변경/취소 신청
     - 변경: 건강보험 틀니 대상자 변경/해지/취소 신청서 및 해당 증빙자료(진료기록부 사본 등)을 공단으로 제출(팩스, 내방, 우편)
     - 취소: 건강보험 틀니 대상자 변경/해지/취소 신청서를 공단으로 제출(팩스, 내방, 우편)
   - 수진자 해지 신청
     - 해지: 7년간 급여가 제한되는 사항을 수진자의 확인하에 건강보험 틀니 대상자 변경/해지/취소 신청서를 공단으로 제출(팩스-수진자 신분증 사본 첨부, 내방, 우편)

4. 급여신청 방법 및 절차
   [노인틀니 건강보험]
   ① 치과 병(의)원에서 진료 후 노인틀니 급여대상자로 판정
   ② 환자는 노인틀니 시술을 받을 치과 병(의)원에서 시술 동의 후 등록 신청
   ③ 치과 병(의)원은 홈페이지 관련 경로 메뉴에서 틀니 대상자 신청/조회 메뉴에서 등록 및 등록결과 확인
   ④ 등록확인 후 틀니 시술

   [틀니 유지관리 건강보험]
   ① 틀니 유지관리 행위를 하기 위해 환자가 치과 병(의)원에 내원
   ② 치과 병(의)원은 유지관리 행위 급여 대상여부 확인: 65세 이상, 레진상 완전틀니, 금속상 완전틀니, 클라스프 유지형 부분틀니 등 확인
   ③ 치과 병(의)원은 홈페이지 관련 경로 메뉴에서 틀니 유지관리 행위 급여횟수 확인
      • 가능한 경우 유지관리 행위 시술일 등록, 시술(급여)
      • 불가능한 경우 유지관리 행위 등록 불필요, 시술(전액 본인 부담)
      ※ 급여인정 횟수(무상유지관리기간 동안 본인부담금이 면제되지만, 클라스프(고리)의 경우 아래와 같이 별도의 급여인정 횟수 제한. 급여인정 횟수를 초과한 시술 시 전액 본인 부담)
         − 클라스프(고리) 단순수리: 연 2회
         − 클라스프(고리) 복잡수리: 연 1회

55 주어진 자료를 읽고 판단한 내용으로 옳지 않은 것은?

① 요양기관 변경을 신청하려면 신청서만 작성하여 공단에 제출하면 된다
② 틀니 시술을 받기 전에 노인틀니 건강보험 대상자는 반드시 등록 신청하여 치과 병원 또는 의원에서 결과 확인을 받아야 한다.
③ 한 해 동안 클라스프(고리) 복잡수리를 2회 받는 경우, 두 번째 시술은 본인이 부담해야 한다.
④ 만 65세 이상의 건강보험 가입자라면 무치악, 일부 치아만 남은 상태 모두 지원받을 수 있다.

56 다음 중 틀니 종류별 상세사항에 대해 잘못 이해한 사람을 고르면?

> - 재현: "금속상 완전틀니를 시술받으려 했는데 동일 부위에 이미 레진상 완전틀니로 보험급여를 받은 상태라 7년 이후에나 급여 적용이 가능해."
> - 민아: "똑딱이를 이용한 부분틀니를 제작한 환자는 급여 적용을 받을 수 없어."
> - 선미: "어제 장착한 틀니가 마음에 들지 않지만 지금 바로 추가 급여는 받을 수 없을 것 같아."
> - 성주: "틀니를 장착한 날부터 7년 동안 유지관리를 무상으로 받을 수 있어."

① 재현   ② 민아   ③ 선미   ④ 성주

57 만 70세 건강보험 가입자이자 차상위대상자면서 희귀난치성질환을 앓는 A씨는 방문한 치과에서 노인틀니 건강보험 급여대상자로 판정받고 틀니 시술을 받았다. 틀니 시술의 요양급여비용이 200만 원이라면, A씨의 본인부담금은 얼마인가?

① 10만 원   ② 15만 원   ③ 30만 원   ④ 60만 원

[58~60] 다음은 국민건강보험 숏츠 & 릴스 영상 공모전 안내문이다. 이를 바탕으로 이어지는 질문에 답하시오.

국민건강보험 숏츠&릴스 영상 공모전 안내

1. 참가자격
   대한민국 국적을 가진 누구나

2. 작품 형식 및 규격(창작 영상)

구분	내용
장르	드라마, 애니메이션, 댄스, 노래, 패러디, 콩트 등 전 장르 가능
화면 비율	세로형(3:4 또는 9:16)
영상 길이	최대 58초
파일명	"참가자명_작품명"으로 접수 예 김건강_건강보험의 내일
파일형식	mp4, avi

   ※ 공모전 전용 홈페이지에 접속하여 필수 기재사항을 빠짐없이 입력 후 제출
   ※ 작품 제출 시 개인정보 수집·이용사항, 유의사항을 확인 후 동의해야만 출품 가능
   ※ 작품을 잘못 제출한 경우 접수 후 받은 수정 링크를 통해 수정이 가능하나, 접수 기간 마감 이후엔 수정 불가능

3. 공모전 주제
   "국민건강보험에 관한 모든 것, 무엇이든 말해줘!"

4. 공모전 일정

구분	일정
접수 기간	10월 25일(금) 오전 9시~11월 22일(금) 오후 6시까지
1차 내부 심사	11월 29일(금)
2차 내부 심사	12월 6일(금)
최종 당선작 발표	12월 13일(금) 공모전 홈페이지에 공지 및 개별통지 예정
시상식	12월 중순 예정

   ※ 심사위원은 내·외부전문가로 구성되며 평가항목에 따라 채점 후 고득점 순으로 당선작을 결정함
   ※ 공모전 일정은 내부 사정에 따라 변경될 수 있음

5. 시상 내역

구분	대상(1팀)	최우수상(2팀)	우수상(3팀)	장려상(3팀)
상금	300만 원	각 150만 원	각 50만 원	각 30만 원

   ※ 참가자 수 및 작품 수준에 따라 시상 내용이 변경될 수 있음
   ※ 활용 범위: 우수작 콘텐츠화 및 공단 유튜브, SNS 등 소셜미디어 채널 홍보 활용 예정

6. 유의사항
   - 공동 출품인 경우 참여자 전원에 대한 인적사항을 제출해야 함
   - 수상작품에 대한 저작권(저작재산권, 저작인격권)은 출품자에게 있으며, 국민건강보험공단은 수상작에 한하여 비영리·공익적 목적으로 최종 당성작 발표일로부터 3년 동안 복제·전송 및 배포할 수 있는 권리를 가짐. 또한, 출품자와 별도의 합의를 거쳐 2차적 저작물(영상제작 등) 제작이 가능함
   - 수상작은 국민건강보험공단의 수상작품 발표, 전시, 홍보(온라인 및 오프라인), 캠페인 등 공익 목적의 활동에 활용할 수 있음
   - 출품자가 응모작 반환을 요구한 경우 입상하지 않은 응모작은 출품자에게 반환하되, 반환과 관련한 추가 비용은 출품자가 부담함
   - 출품자가 응모작 반환을 요구하지 않은 경우 국민건강보험공단은 입상하지 않은 출품작을 최종 당선작 발표일로부터 3개월 이내에 모두 폐기함
   - 국민건강보험공단은 수상자의 저작권을 존중하여야 하며, 원칙적으로 저작자인 수상자의 성명을 표시하고 수상작의 내용 및 형식, 제호의 동일성을 유지해야 함
   - 모든 출품작은 순수 창작물이어야 하며, 타 공모전에 기 입상된 작품이거나 표절·편집·합성된 출품작품은 심사에서 제외함
   - 공고된 작품 형식 및 규격에 맞지 않는 작품은 심사에서 제외함
   - 콘텐츠 제작에 사용된 영상에 인물, 건축물, 개인·법인소유지 등이 포함되었을 경우 출품자는 초상권 등 저작권과 관련하여 발생할 수 있는 문제들을 해결한 후 출품해야 함. 또한, 향후 관련 분쟁이 발생할 경우 민·형사상의 모든 법적 책임은 출품자(저작권자)에게 있음
   - 입상 후 원본파일을 반드시 제출해야 하며 원본파일 제출 요구 시 제출하지 않을 경우 수상을 취소할 수 있음
   - 응모작 수 또는 수준에 따라 시상 규모를 가감하거나 시상하지 않을 수 있음
   - 출품 수에 제한은 없으나 입상은 동일 출품자의 작품 중 가장 상위 평가를 받은 1작품에 대해서만 수상함(중복 수상 불가, 두 팀 이상의 팀에 동일인이 1명 이상 참여했을 경우 모두 동일 출품자로 간주함)
   - 상금 수상에 따른 제세공과금은 수상자 본인이 부담함
   - 출품신청서 내 정보 오기재 시 심사 제외 등 불이익이 있을 수 있으니 필히 확인할 것

58 주어진 자료를 읽고 판단한 내용으로 옳은 것은?

① 드라마, 애니메이션, 댄스 등 장르 구애 없이 온라인으로 신청하며, 최대 9팀만이 수상할 수 있다.
② 예정대로 최종 당선작을 발표했다면, 공단에서는 3년 후 그 해 말일까지 수상작을 복제하거나 전송, 배포할 수 있다.
③ 대한민국 국적을 보유한 응모자는 1인 작품과 팀 작품으로 2개의 작품을 동시 제출할 수 있으나 중복 수상은 불가하다.
④ 응모작 반환 요구 또는 상금 수상에 따른 발생 비용 부담은 출품자에게 있다.

59 본 공모전을 통한 내·외부 평가단의 심사 결과 최종 10개 팀을 선정하게 되었으며, 계획했던 시상 내역에서 일부가 변경되었다. 최우수상 수를 2팀에서 1팀으로 줄이고, 우수상과 장려상 수를 각각 3팀에서 4팀으로 늘려 선정하게 되었다고 할 때, 변경된 상금 총액과 기존에 계획했던 시상 내역으로 선정되었을 때의 상금 총액과의 차이는?

① 없음　　　　② 50만 원　　　　③ 70만 원　　　　④ 100만 원

60 주어진 안내문을 근거로 할 때, 심사 또는 수상에서 반드시 제외되는 사람은?

- A씨: "9 대 16 비율로 45초짜리 댄스 영상을 공모전에 제출했어."
- B씨: "다른 공단에서 주최한 공모전에서 입상했던 영상을 새로운 느낌으로 재편집하여 mp4 형식으로 제출했어."
- C씨: "콘텐츠 제작에 사용된 영상에 사람들 얼굴이 나오는데 초상권 등의 문제를 해결하지 못했어."
- D씨: "작품을 잘못 제출한 사실을 뒤늦게 알아서 11월 22일 오후 5시에 겨우 다른 작품으로 다시 출품했어."

① A씨　　　　② B씨　　　　③ C씨　　　　④ D씨

직무시험_국민건강보험법

20문항 / 20분

※ 요양직 응시자는 177p로 이동해 주세요.

01 다음 중 국민건강보험공단 이사회에 대한 설명으로 옳지 않은 것은?

① 이사회는 공단의 주요 사항을 심의·의결한다.
② 이사회는 이사장과 이사로 구성한다.
③ 감사는 중립의무를 위해 이사회에 출석할 수 없다.
④ 이사회의 의결 사항 및 운영 등에 필요한 사항은 대통령령으로 정한다.

02 다음 〈보기〉의 사례에 대한 설명으로 옳은 것은?

• 보기 •

국내에 거주하는 국민인 A는 2025년 4월 1일에 「국가유공자 등 예우 및 지원에 관한 법률」에 따라 의료보호대상자가 되었고, 같은 달 5일에 건강보험의 적용을 공단에 신청하였다.

① A는 2025년 4월 1일에 건강보험 가입자 자격을 취득한다.
② A는 2025년 4월 5일에 건강보험 가입자에서 제외된다.
③ A는 2025년 4월 5일에 건강보험 가입자 자격을 취득한다.
④ A는 2025년 4월 6일에 건강보험 가입자 자격을 취득한다.

03 다음 〈보기〉는 국민건강보험공단의 회계에 대한 설명이다. 옳은 것만을 모두 고르면?

• 보기 •

㉠ 공단의 회계연도는 정부의 회계연도에 따른다.
㉡ 직장가입자와 지역가입자의 재정은 분리하여 운영한다.
㉢ 국민연금사업에 관한 회계는 공단의 다른 회계와 구분하여 처리해야 한다.
㉣ 고용보험사업 회계는 건강보험 회계와 통합하여 처리할 수 있다.

① ㉠, ㉢
② ㉡, ㉣
③ ㉠, ㉡, ㉢
④ ㉠, ㉢, ㉣

04 다음 〈보기〉는 건강보험증에 대한 설명이다. 옳지 않은 것만을 모두 고르면?

> • 보기 •
> ㉠ 건강보험증은 신청하지 않아도 자격이 갖춰지면 자동으로 발급된다.
> ㉡ 건강보험증이 없어도 주민등록증 등 신분증명서로 자격을 증명할 수 있다.
> ㉢ 가입자 또는 피부양자 자격을 잃은 후에는 건강보험증으로 보험급여를 받을 수 없다.
> ㉣ 건강보험증의 신청 절차와 방법, 서식과 그 교부 및 사용 등에 필요한 사항은 보건복지부령으로 정한다.

① ㉠   ② ㉠, ㉡   ③ ㉠, ㉣   ④ ㉡, ㉢

05 다음 중 현역병 등에 대한 요양급여비용 등의 지급에 대한 설명으로 옳지 않은 것은?

① 공단은 현역병이 요양급여를 받은 경우, 국방부장관 등으로부터 예탁을 받아 요양급여비용을 지급할 수 있다.
② 예산이 부족한 경우에는 예탁을 하지 않을 수 있다.
③ 예탁은 요양급여비용뿐만 아니라 요양비도 포함한다.
④ 예탁은 대통령령으로 정하는 바에 따라 사후적으로 처리한다.

06 다음은 국민건강보험법상 위반사실의 공표에 대한 내용 일부이다. 빈칸에 들어갈 말로 적절한 것은?

> 제100조(위반사실의 공표)
> ① 보건복지부장관은 관련 서류의 위조·변조로 요양급여비용을 거짓으로 청구하여 업무정지 또는 과징금 행정처분을 받은 요양기관이 다음 각 호의 어느 하나에 해당하면 그 위반행위, 처분 내용, 해당 요양기관의 명칭·주소 및 대표자 성명, 그 밖에 다른 요양기관과의 구별에 필요한 사항으로서 대통령령으로 정하는 사항을 공표할 수 있다. 이 경우 공표 여부를 결정할 때에는 그 위반행위의 동기, 정도, 횟수 및 결과 등을 고려하여야 한다.
> 1. 거짓으로 청구한 금액이 (㉠) 이상인 경우
> 2. 요양급여비용 총액 중 거짓으로 청구한 금액의 비율이 100분의 (㉡) 이상인 경우

	㉠	㉡
①	1,500만 원	20
②	1,500만 원	30
③	3,000만 원	20
④	3,000만 원	30

07 다음 〈보기〉는 직장가입자의 보수월액에 대한 설명이다. 옳은 것만을 모두 고르면?

> • 보기 •
> ㉠ 보수월액은 직장가입자가 지급받는 보수를 기준으로 산정한다.
> ㉡ 휴직 등의 사유가 있는 경우 그 사유가 발생한 달의 보수월액을 기준으로 산정한다.
> ㉢ 보수는 실비변상적인 금품을 포함한다.
> ㉣ 보수 자료가 불명확한 경우에는 보건복지부장관이 정하여 고시하는 금액을 보수로 본다.

① ㉠, ㉣   ② ㉡, ㉢   ③ ㉠, ㉡, ㉢   ④ ㉠, ㉢, ㉣

08 다음 ㉠~㉢에 들어갈 숫자를 모두 더하면?

> 제87조(이의신청)
> ① 가입자 및 피부양자의 자격, 보험료등, 보험급여, 보험급여 비용에 관한 공단의 처분에 이의가 있는 자는 공단에 이의신청을 할 수 있다.
> ② 요양급여비용 및 요양급여의 적정성 평가 등에 관한 심사평가원의 처분에 이의가 있는 공단, 요양기관 또는 그 밖의 자는 심사평가원에 이의신청을 할 수 있다.
> ③ 제1항 및 제2항에 따른 이의신청(이하 "이의신청"이라 한다)은 처분이 있음을 안 날부터 (㉠)일 이내에 문서(전자문서를 포함한다)로 하여야 하며 처분이 있은 날부터 (㉡)일을 지나면 제기하지 못한다. 다만, 정당한 사유로 그 기간에 이의신청을 할 수 없었음을 소명한 경우에는 그러하지 아니하다.
> ④ 제3항 본문에도 불구하고 요양기관이 제48조에 따른 심사평가원의 확인에 대하여 이의신청을 하려면 같은 조 제2항에 따라 통보받은 날부터 (㉢)일 이내에 하여야 한다.

① 180   ② 240   ③ 300   ④ 360

09 다음 〈조건〉의 직장가입자 A씨 본인이 매달 부담해야 하는 건강보험료는?

> • 조건 •
> • A씨의 보수월액: 320만 원
> • A씨의 연간 보수 외 소득: 2,480만 원
> • 보수 외 소득월액 산정 시 대통령령으로 정하는 금액: 2,000만 원
> • 직장가입자의 보험료율은 1천분의 70으로 가정함

① 112,000원   ② 126,000원   ③ 140,000원   ④ 252,000원

10 다음은 국민건강보험법상 연체금에 대한 내용 일부이다. 빈칸에 들어갈 말로 적절한 것은?

> 제80조(연체금)
> ① 공단은 보험료등의 납부의무자가 납부기한까지 보험료등을 내지 아니하면 그 납부기한이 지난 날부터 매 1일이 경과할 때마다 다음 각 호에 해당하는 연체금을 징수한다.
>   1. 제69조에 따른 보험료 또는 제53조 제3항에 따른 보험급여 제한 기간 중 받은 보험급여에 대한 징수금을 체납한 경우: 해당 체납금액의 (㉠)에 해당하는 금액. 이 경우 연체금은 해당 체납금액의 (㉡)을 넘지 못한다.

	(㉠)	(㉡)
①	1,000분의 1	1,000분의 20
②	1,000분의 1	1,000분의 30
③	1,500분의 1	1,000분의 20
④	1,500분의 1	1,000분의 30

11 다음은 국민건강보험법상 사업장의 신고에 관한 내용 일부이다. 빈칸에 들어갈 말로 적절한 것은?

> 제7조(사업장의 신고)
> 사업장의 사용자는 다음 각 호의 어느 하나에 해당하게 되면 그 때부터 (㉠)에 보건복지부령으로 정하는 바에 따라 보험자에게 신고하여야 한다. 제1호에 해당되어 보험자에게 신고한 내용이 변경된 경우에도 또한 같다.
>   1. 제6조 제2항에 따라 직장가입자가 되는 근로자·공무원 및 교직원을 사용하는 사업장(이하 "(㉡)"이라 한다)이 된 경우
>   2. 휴업·폐업 등 보건복지부령으로 정하는 사유가 발생한 경우

	(㉠)	(㉡)
①	14일 이내	일반사업장
②	14일 이내	적용대상사업장
③	1개월 이내	일반사업장
④	1개월 이내	적용대상사업장

12 다음 중 국민건강보험법상 국민건강보험공단의 업무에 해당하지 않는 것은?

① 자산의 관리·운영 및 증식사업
② 건강보험에 관한 교육훈련 및 홍보
③ 의료시설의 운영
④ 건강보험정책의 기본목표 수립

13 다음 중 국민건강보험법상 요양급여를 실시할 수 있는 요양기관에 해당하지 않는 것은?

① 「의료법」에 따라 개설된 병원
② 「지역보건법」에 따른 보건소
③ 「약사법」에 따라 등록된 약국
④ 「의료법」에 따라 설립된 한국희귀·필수의약품센터

14 다음 〈보기〉 중 국민건강보험법상 보험료 등의 체납과 관련된 공단의 권한 또는 조치로 옳은 것만을 모두 고르면?

• 보기 •
㉠ 공단은 보험료를 3회 이상 체납한 자가 신청하는 경우에 분할납부를 승인할 수 있다.
㉡ 공단이 체납자의 인적사항 등을 공개하려면 체납자의 납부기한의 다음 날부터 1년이 경과한 보험료, 연체금과 체납처분비의 총액이 최소 1억 원이어야 한다.
㉢ 체납한 지역가입자의 세대가 2명 이상인 경우 공단은 그 중 1명에게만 독촉해도 나머지 세대 구성원에게도 효력이 있는 것으로 본다.
㉣ 공단은 체납자에게 독촉 없이 바로 국세 체납처분의 예에 따라 징수할 수 있다.

① ㉠, ㉡　　　　② ㉠, ㉢　　　　③ ㉡, ㉣　　　　④ ㉢, ㉣

15 다음 〈보기〉 국민건강보험법상 약제에 대한 과징금 부과에 대한 사례이다. 이에 따라 각 요양기관에 부과될 수 있는 최대 과징금의 합계는 얼마인가?

> • 보기 •
>
> • A제약회사는 X약제에 대해 리베이트를 하여 「약사법」 제47조 제2항을 여러 차례 위반한 결과 X약제에 대한 요양급여 정지를 적용받게 되었다. 그러나 X약제의 요양급여가 정지되면 국민 건강에 심각한 위험을 초래할 것이 예상되어 요양급여의 정지 대신 과징금으로 갈음하게 되었다. X약제의 요양급여비용 총액은 1,140,000원이었다.
> • B제약회사는 Y약제에 대해 리베이트를 하여 「약사법」 제47조 제2항을 여러 차례 위반한 결과 Y약제에 대한 요양급여 정지를 적용받게 되었다. 그러나 Y약제의 요양급여가 정지되면 환자 진료에 불편을 초래하는 등 공공복리에 지장을 줄 것이 예상되어 요양급여의 정지 대신 과징금으로 갈음하게 되었다. Y약제의 요양급여비용 총액은 680,000원이었다.

① 1,364,000원 ② 1,556,000원
③ 2,044,000원 ④ 2,688,000원

16 다음 중 국민건강보험법상 국민건강보험종합계획과 시행계획에 대한 설명으로 옳지 않은 것은?

① 종합계획은 건강보험정책심의위원회의 심의를 거쳐 5년마다 수립하여야 한다.
② 보건복지부장관은 시행계획에 따라 추진된 실적을 매년 평가하여야 한다.
③ 종합계획의 수립, 시행계획의 수립 및 추진실적 평가에 필요한 사항은 보건복지부령으로 정한다.
④ 보건복지부장관은 종합계획의 수립·변경, 시행계획 수립, 추진실적 평가 등의 사유가 발생한 경우 국회 소관 상임위원회에 보고하여야 한다.

17 다음 중 국민건강보험법상 징수이사에 대한 설명으로 옳지 않은 것은?

① 징수이사 후보자는 징수이사추천위원회의 심사를 거쳐야 한다.
② 징수이사 후보자에 대한 계약 체결은 보건복지부장관이 직접 수행한다.
③ 징수이사의 담당 업무 중에는 「국민연금법」에 따라 위탁받은 업무가 있다.
④ 징수이사 후보 모집은 주요 일간신문에 공고해야 한다.

18 다음 중 국민건강보험법상 규정으로 옳지 않은 것은?

① 휴직한 직장가입자 A가 2025년 6월 10일부터 휴직 중일 경우, 6월의 보수월액보험료는 5월 급여를 기준으로 산정된다.
② 가입자 B가 공단의 잘못된 보험료 부과처분이 2025년 1월 15일에 있었음을 2025년 1월 20일 알게 된 경우, 이의신청은 2025년 4월 19일까지 할 수 있다.
③ 가입자 C가 이의신청을 한 후에 이의신청 결정 통지를 2025년 3월 1일 받아 알게 된 경우, 심판청구를 2025년 6월 29일까지 제기할 수 있다.
④ 가입자 D가 이의신청 또는 심판청구에 대한 결정에 불복할 경우, 「행정소송법」에 따라 행정소송을 제기할 수 있다.

19 다음 중 국민건강보험법상 요양기관의 업무정지를 명할 수 있는 사유에 해당하지 않는 것은?

① 요양급여비용 청구 시 심사평가원의 심사결과를 수령하지 않은 채 공단에 직접 청구한 경우
② 속임수나 그 밖의 부당한 방법으로 보험자·가입자 및 피부양자에게 요양급여비용을 부담하게 한 경우
③ 요양·약제의 지급 등 보험급여에 관한 보고 또는 서류 제출 명령을 위반하거나 거짓 보고 또는 거짓 서류를 제출한 경우
④ 정당한 사유 없이 요양기관이 요양급여대상 또는 비급여대상으로 결정되지 아니한 행위 및 치료재료에 대하여 요양급여대상 여부의 결정을 신청하지 아니하고 속임수나 그 밖의 부당한 방법으로 행위·치료재료를 가입자 또는 피부양자에게 실시 또는 사용하고 비용을 부담시킨 경우

20 다음 중 국민건강보험법상 직장가입자로 볼 수 없는 자는?

① 고용 기간이 2개월인 일용근로자
② 지원에 의하지 아니하고 임용된 하사
③ 선거에 당선되어 취임하는 공무원으로서 매월 보수를 받는 사람
④ 사립학교에 근무하는 교직원

직무시험_노인장기요양보험법

01 다음 〈보기〉 중 노인장기요양보험법상 장기요양기본계획에 포함되지 않는 것만을 모두 고르면?

― 보기 ―
㉠ 연도별 장기요양급여 대상인원 및 재원조달 계획
㉡ 연도별 장기요양기관 및 장기요양전문인력의 수
㉢ 장기요양요원의 처우에 관한 사항
㉣ 그 밖에 노인 등의 장기요양에 관한 사항으로서 보건복지부령으로 정하는 사항

① ㉠, ㉡　　② ㉠, ㉢　　③ ㉡, ㉢　　④ ㉡, ㉣

02 다음 중 노인장기요양보험법상에서의 정의가 잘못된 것은?

① 노인등: 60세 이상의 노인 또는 60세 미만의 자로서 치매·뇌혈관성질환 등 대통령령으로 정하는 노인성 질병을 가진 자
② 장기요양급여: 6개월 이상 동안 혼자서 일상생활을 수행하기 어렵다고 인정되는 자에게 신체활동·가사활동의 지원 또는 간병 등의 서비스나 이에 갈음하여 지급하는 현금 등
③ 장기요양사업: 장기요양보험료, 국가 및 지방자치단체의 부담금 등을 재원으로 하여 노인등에게 장기요양급여를 제공하는 사업
④ 장기요양기관: 노인장기요양보험법 제31조에 따른 지정을 받은 기관으로서 장기요양급여를 제공하는 기관

03 다음 중 노인장기요양보험법상 통합재가서비스에 속할 수 없는 장기요양급여는?

① 방문요양　　② 방문간호
③ 주·야간보호　　④ 기타재가급여

04 다음 중 노인장기요양보험법상 규정으로 옳지 않은 것은?

① 장기요양보험료는 「국민건강보험법」의 건강보험료와 통합하여 징수한다. 이 경우 공단은 장기요양보험료와 건강보험료를 구분하여 고지하여야 한다.
② 공단은 통합 징수한 장기요양보험료와 건강보험료를 통합하여 관리하여야 한다.
③ 장기요양보험료는 「국민건강보험법」에서 산정한 보험료액에서 경감 또는 면제되는 비용을 공제한 금액에 건강보험료율 대비 장기요양보험료율의 비율을 곱하여 산정한 금액으로 한다.
④ 장기요양보험료율은 장기요양위원회의 심의를 거쳐 대통령령으로 정한다.

05 다음 중 노인장기요양보험법상 장기요양기관으로 지정을 받을 수 있는 시설은?

① 대통령령으로 정하는 노인복지시설
② 대통령령으로 정하는 재활전문시설
③ 보건복지부령으로 정하는 노인복지시설
④ 보건복지부령으로 정하는 재활전문시설

06 다음 〈보기〉 중 노인장기요양보험법상 폐쇄회로 텔레비전의 영상정보를 열람할 수 있는 경우의 개수는?

─── • 보기 • ───

㉠ 수급자가 자신의 생명·신체·재산상의 이익을 위하여 본인과 관련된 사항을 확인할 목적으로 열람 시기·절차 및 방법 등 보건복지부령으로 정하는 바에 따라 요청하는 경우
㉡ 수급자의 보호자가 수급자의 안전을 확인할 목적으로 열람 시기·절차 및 방법 등 보건복지부령으로 정하는 바에 따라 요청하는 경우
㉢ 장기요양기관의 종사자가 자신의 생명·신체·재산상의 이익을 위하여 본인과 관련된 사항을 확인할 목적으로 열람 시기·절차 및 방법 등 보건복지부령으로 정하는 바에 따라 요청하는 경우
㉣ 범죄의 수사와 공소의 제기 및 유지, 법원의 재판업무 수행을 위하여 필요한 경우
㉤ 그 밖에 노인 관련 안전업무를 수행하는 기관으로서 보건복지부령으로 정하는 자가 업무의 수행을 위하여 열람시기·절차 및 방법 등 보건복지부령으로 정하는 바에 따라 요청하는 경우

① 2개　　　　② 3개　　　　③ 4개　　　　④ 5개

07 다음은 노인장기요양보험법상 장기요양인정의 유효기간에 대한 내용이다. 빈칸 ㉠과 ㉡에 들어갈 말로 적절한 것은?

> 제19조(장기요양인정의 유효기간)
> ① 제15조에 따른 장기요양인정의 유효기간은 최소 (㉠) 이상으로서 대통령령으로 정한다.
> ② 제1항의 유효기간의 산정방법과 그 밖에 필요한 사항은 (㉡)으로 정한다.

	㉠	㉡
①	1년	대통령령
②	1년	보건복지부령
③	3년	대통령령
④	3년	보건복지부령

08 다음 중 노인장기요양보험법상 특별현금급여수급계좌에 대한 설명으로 옳은 것은?

① 공단은 특별현금급여를 받는 수급자가 별도로 요청하지 않는 한 특별현금급여를 특별현금급여수급계좌로 입금하여야 한다.
② 특별현금급여는 현금으로 지급할 수 없다.
③ 특별현금급여수급계좌가 개설된 금융기관은 특별현금급여만이 특별현금급여수급계좌에 입금되도록 관리하여야 한다.
④ 특별현금급여수급계좌의 신청방법·절차와 특별현금급여수급계좌의 관리에 필요한 사항은 보건복지부령으로 정한다.

09 다음 중 노인장기요양보험법상 다음 연도의 재가 및 시설 급여비용과 특별현금급여의 지급금액을 정하여 고시하는 주체는?

① 대통령
② 보건복지부장관
③ 공단
④ 장기요양위원회

10 다음 중 노인장기요양보험법상 장기요양인정 신청의 대리가 적절하게 이루어진 경우는?

① 치매 진단을 받은 김 씨는 인지 기능 저하로 장기요양인정 신청이 어려운 상황이었고, 이를 파악한 관할 치매안심센터의 장이 김 씨 몰래 대리하여 신청하였다.
② 거동이 불편하여 장기요양인정 신청이 어려운 박 씨는 평소 알고 지내던 다른 지역의 사회복지전담공무원에게 장기요양인정 신청 대리를 요청하였다.
③ 의사소통이 어려운 최 씨는 장기요양인정 신청이 어려운 상황이었고, 주변에 마땅한 대리인이 없어 구청장이 지정한 자가 대리하여 신청하였다.
④ 가족이 없는 독거노인 이 씨는 거동이 불편하여 장기요양인정 신청이 어려운 상황이었고, 이에 이해관계가 없는 이웃 주민이 이 씨를 대리하여 신청하였다.

11 다음 중 노인장기요양보험법상 폐쇄회로 텔레비전의 설치 등에 대한 설명으로 옳지 않은 것은?

① 폐쇄회로 텔레비전을 설치·관리하는 자는 수급자의 안전, 장기요양기관의 보안을 위한 최소한의 영상정보만을 적법하고 정당하게 수집하고, 목적 외의 용도로 활용하지 아니해야 한다.
② 폐쇄회로 텔레비전을 설치·관리하는 자는 영상정보를 안전하게 관리하여야 한다.
③ 장기요양기관을 운영하는 자는 폐쇄회로 텔레비전에 기록된 영상정보가 기록된지 60일이 되면 즉각 폐기하여야 한다.
④ 국가 또는 지방자치단체는 폐쇄회로 텔레비전 설치비의 전부 또는 일부를 지원할 수 있다.

12 다음 〈보기〉 중 노인장기요양보험법상 공단의 업무에 해당하는 것만을 모두 고르면?

───── 보기 ─────
㉠ 신청인에 대한 조사
㉡ 등급판정위원회의 운영 및 장기요양등급 판정
㉢ 장기요양기관의 지정
㉣ 장기요양기관의 회계감사 실시
㉤ 노인성질환예방사업

① ㉠, ㉡, ㉣　　　　　　　　② ㉠, ㉡, ㉤
③ ㉠, ㉢, ㉤　　　　　　　　④ ㉡, ㉢, ㉣

13 다음은 노인장기요양보험법상 보험 가입에 대한 내용 일부이다. 빈칸 ㉠과 ㉡에 들어갈 말로 적절한 것은?

> 제35조의5(보험 가입)
> ① 장기요양기관은 종사자가 장기요양급여를 제공하는 과정에서 발생할 수 있는 수급자의 상해 등 법률상 손해를 배상하는 보험(이하 "(㉠)"이라 한다)에 가입할 수 있다.
> ② 공단은 장기요양기관이 (㉠)에 가입하지 않은 경우 그 기간 동안 제38조에 따라 해당 장기요양기관에 지급하는 (㉡)의 일부를 감액할 수 있다.

	(㉠)	(㉡)
①	전문인 배상책임보험	본인부담금
②	전문인 배상책임보험	장기요양급여비용
③	영업배상책임보험	본인부담금
④	영업배상책임보험	장기요양급여비용

14 다음 중 노인장기요양보험법상 장기요양기관의 의무 등에 대한 설명으로 옳지 않은 것은?

① 장기요양기관은 입소정원에 여유가 없는 상황에서 수급자로부터 장기요양급여신청을 받은 경우, 장기요양급여의 제공을 위해 필요한 모든 조치를 취해야 한다.
② 장기요양기관의 장은 장기요양급여를 제공한 수급자에게 장기요양급여비용에 대한 명세서를 교부하여야 한다.
③ 장기요양기관의 장은 장기요양급여 제공에 관한 자료를 기록·관리하여야 한다.
④ 누구든지 영리를 목적으로 금전, 물품, 노무, 향응, 그 밖의 이익을 제공하거나 제공할 것을 약속하는 방법으로 수급자를 장기요양기관에 소개, 알선 또는 유인하는 행위 및 이를 조장하는 행위를 하여서는 아니 된다.

15 다음 중 노인장기요양보험법상 규정으로 옳지 않은 것은?

① 공단은 장기요양사업에 대하여 독립회계를 설치·운영하여야 한다.
② 공단은 장기요양사업 중 장기요양보험료를 재원으로 하는 사업과 국가·지방자치단체의 부담금을 재원으로 하는 사업의 재정을 구분하여 운영하여야 한다.
③ 공단은 관리운영에 필요한 재정은 구분하여 운영하여야 한다.
④ 노인장기요양보험법에 규정된 이사장의 권한 중 급여의 제한, 보험료의 납입고지 등 대통령령으로 정하는 사항은 정관으로 정하는 바에 따라 분사무소의 장에게 위임할 수 있다.

16 다음 〈보기〉 중 노인장기요양보험법상 압류할 수 없는 것만을 모두 고르면?

— 보기 —
㉠ 장기요양급여를 받을 권리
㉡ 장기요양급여비용을 받을 권리
㉢ 특별현금급여수급계좌의 예금에 관한 채권

① ㉠　　② ㉡　　③ ㉠, ㉢　　④ ㉡, ㉢

17 다음은 노인장기요양보험법상 재심사청구에 대한 내용 일부이다. 빈칸 ㉠과 ㉡에 들어갈 말로 적절한 것은?

제56조(재심사청구)
① 제55조에 따른 심사청구에 대한 결정에 불복하는 사람은 그 결정통지를 받은 날부터 (㉠) 이내에 장기요양재심사위원회(이하 "재심사위원회"라 한다)에 재심사를 청구할 수 있다.
② 재심사위원회는 보건복지부장관 소속으로 두고, 위원장 1인을 포함한 (㉡) 이내의 위원으로 구성한다.

	㉠	㉡
①	30일	10인
②	30일	20인
③	90일	10인
④	90일	20인

18 다음 〈보기〉 중 노인장기요양보험법상 규정으로 옳은 것만을 모두 고르면?

— 보기 —
㉠ 재심사위원회의 재심사에 관한 절차에 관하여는 「행정심판법」을 준용한다.
㉡ 재심사위원회의 재심사청구에 대한 결정에 불복하는 사람은 「행정심판법」에 따른 행정심판을 청구할 수 있다.
㉢ 「행정소송법」으로 정하는 바에 따라 행정소송을 제기하기 위해서는 심사청구와 재심사청구를 거쳐야 한다.

① ㉠　　② ㉢　　③ ㉠, ㉡　　④ ㉡, ㉢

19 다음 중 노인장기요양보험법상 징역 없이 벌금만 부과되는 경우는?

① 장기요양급여에 관련된 자료제출 명령에 따르지 아니하거나 거짓으로 자료제출을 한 장기요양기관 또는 의료기관
② 정당한 사유 없이 장기요양기관이 폐업·휴업하거나 지정 갱신을 하지 않을 경우 수급자의 권익보호조치를 하지 아니한 사람
③ 폐쇄회로 텔레비전의 영상정보 안전성 확보에 필요한 조치를 하지 아니하여 영상정보를 분실·도난·유출·변조 또는 훼손당한 자
④ 폐쇄회로 텔레비전의 영상정보를 보건복지부령으로 정하는 저장장치 이외의 장치 또는 기기에 영상정보를 저장한 자

20 다음 〈보기〉는 노인장기요양보험법상 과태료 부과 대상인 갑, 을, 병 3인의 위반 내용이다. 이들에게 부과될 수 있는 과태료 총합의 최댓값은 얼마인가?

───── • 보기 • ─────
- 갑: 장기요양기관으로서 시설·인력을 변경하였으나 변경지정을 받지 아니하거나 변경신고를 하지 아니하였다.
- 을: 장기요양기관으로서 수급자에게 장기요양급여비용에 대한 명세서를 교부하지 아니하였다.
- 병: 거짓이나 그 밖의 부정한 방법으로 장기요양급여비용 청구에 가담하였다.

① 900만 원 ② 1,100만 원
③ 1,300만 원 ④ 1,500만 원

기출유형 모의고사 2회

NCS 직업기초능력

60문항 / 60분

[01~02] 다음 글을 읽고, 이어지는 질문에 답하시오.

(가) AI 기술을 단순히 산업적 관점에서만 바라보던 시각을 확장시켜, 국가가 디지털 주권 보호를 위해 AI 가치 사슬에서 어떤 역할을 해야 하는지에 대한 새로운 프로세스를 형성하고 있다. 이는 인공지능이 국가의 주권과 안보에 중요한 요소가 되었음을 시사하며, 국가나 정부가 자국의 이익과 가치를 보호하기 위해 독자적으로 개발하고 통제하는 솔루션으로 가속화되고 있음을 의미한다. 과거 핵무기가 국가안보의 핵심 수단이었다면, 21세기에는 AI가 그 자리를 대체하고 있다. 소버린 AI는 국가나 정부가 자국의 이익과 가치를 보호하기 위해 독자적으로 개발하고 통제하는 인공지능 시스템을 의미한다. 이는 단순한 기술적 자립을 넘어, 국가안보와 공공 서비스의 자주성을 보장하는 필수 인프라다.

(나) 소버린(Sovereign)은 "주권이 있는", "자주적인"이라는 의미로 한 나라의 정책이나 자원에 대한 독립적인 통제권을 의미한다. 최근 소버린의 개념은 인공지능 영역으로 확장되어 더욱 중요한 의미를 갖게 되었다.

(다) 소버린 AI와 상용 AI의 구분은 더 이상 미룰 수 없는 시대적 과제다. 국회에서 논의되는 인공지능 기본법은 이 두 영역을 명확히 구분하고, 각각의 발전 방향을 제시하는 법적 토대가 되어야 한다. 특히 경계 영역에 대한 명확한 기준을 수립함으로써, 공공과 민간의 AI 활용이 조화롭게 발전할 수 있는 생태계를 조성해야 한다. 이를 통해 정부는 소버린 AI 개발에 집중하고, 민간은 글로벌 상용 AI 서비스를 효과적으로 활용할 수 있게 될 것이다.

(라) 한편 AI 활용은 필연적으로 이원화되어야 한다. 이는 단순한 선택의 문제가 아니라 목적과 활용 범위의 본질적 차이에서 비롯된 필수적 구분이다. 정부와 공공영역의 소버린 AI는 국가안보, 행정, 정책결정 등 국가 운영의 핵심 영역을 담당하며, 철저한 통제와 관리가 필요하다. 반면 민간과 개인이 활용하는 상용 AI는 효율성과 접근성을 중심으로 발전해야 한다. 이러한 이원화는 인공지능 발전 과정에서 자연스럽게 나타나는 현상이 아닌, 의도적으로 설계되고 관리되어야 할 구조다. 독일의 '소버린 테크 펀드' 설립은 이러한 구분을 실천하는 좋은 예시다.

01 주어진 글의 (가)~(라)를 문맥에 맞게 배열한 것 중 가장 적절한 것은?

① (가) - (나) - (다) - (라)
② (나) - (가) - (라) - (다)
③ (나) - (라) - (가) - (다)
④ (다) - (가) - (나) - (라)

02 주어진 글의 내용으로 적절하지 않은 것은?

① 최근 AI는 국가안보의 핵심 수단이 되고 있다.
② 최근 인공지능은 국가에서 독립적인 통제권을 지니고자 한다.
③ 국회는 AI 개발과 활용에 대하여 방향을 제시해 주는 법적 토대를 마련해야 한다.
④ AI의 이원화는 인공지능 발전 과정에서 자연스럽게 나타나도록 유도해야 한다.

[03~05] 다음 글을 읽고, 이어지는 질문에 답하시오.

[본인부담상한제]

■ 정의/목적
본인부담상한제는 과도한 의료비로 인한 가계 부담을 완화하기 위한 제도로, 가입자(피부양자 포함)가 연간(1.1~12.31.) 요양기관에 지출한 본인 일부부담금 총액이 개인별 본인부담 상한액을 초과하는 경우, 그 초과한 금액을 공단에서 부담합니다. ㉠사전급여와 사후환급으로 구분하여 운영하고 있습니다.

■ 대상
㉡연간(01.01.~12.31) 개인이 부담한 총 본인일부부담금이 개인별 본인부담 상한액을 초과하는 가입자(피부양자 포함)가 지급 대상이 됩니다. 단, 본인일부부담금은 수진자가 부담한 진료비 중 비급여, 선별급여, 전액본인부담금, 임플란트, 상급병실(2~3인실) 입원료, 추나요법 본인일부부담금, 상급종합병원 외래 경증질환 진료분, 장애인보장구 및 출산비 등은 제외하고 국가 또는 자체로부터 의료비 지원을 받은 금액은 계산에서 제외하고 산정됩니다.
수진자 사망 시 「민법」 제1000조의 상속순위에 따라 상속인에게 지급하며 동순위 상속인이 수인인 경우에는 최근친을 선순위로 하고, 배우자의 상속 순위는 직계비속이나 직계존속이 있는 경우 그 상속인과 동순위로 상속인이 되며, 직계비속이나 직계존속이 없는 경우 단독 상속인이 됩니다.

■ 적용 방법
• (사전급여) 동일한 요양기관에서 연간(01.01.~12.31.) 발생한 본인일부부담금 총액이 최고상한액(2024년 기준 808만 원)을 초과할 경우 환자는 808만 원까지만 부담하고 초과하는 금액을 요양기관에서 공단으로 청구하면 공단에서 요양기관으로 지급합니다.
※ 2020년 1월 1일부터 요양병원 사전급여 적용 제외
• (사후급여) 당해 연도에 환자가 여러 병·의원(약국 포함)에서 부담한 연간 본인일부부담금 총액이 개인별 본인부담상한액을 초과할 경우 그 초과액을 환자에게 직접 지급합니다(사전급여 적용된 금액은 제외).
㉢기준보험료 결정 이전 개인별 연간(01.01.~12.31.) 본인일부부담금 누적액이 최고 상한액(2024년 기준 808만 원)을 초과하여 공단이 확인하는 경우 매월 그 초과액을 계산하여 지급합니다.

■ 본인부담상한제 수준별 상한액 기준 결정방법
진료년도 건강보험료를 기준으로 직장 및 지역별로 최저보험료에서 최고보험료까지 10분위로 구분하여 상한액 기준보험료 구간을 설정합니다.
가입자별 본인부담상한액 기준보험료는 직장가입자(피부양자 포함)의 경우 다음 해 진행하는 연말정산을 통해 확정된 진료년도의 평균 직장보험료를 기준으로 하며, 지역가입자의 경우 진료년도에 그 지역가입자가 속한 세대 전체의 지역보험료 평균금액을 기준으로 합니다. ㉣노인장기요양보험료는 보험자인 공단이 장기요양보험 급여 등에 필요한 재원을 마련하기 위해 건강보험료와 장기요양보험료를 합산하여 세대 단위로 부과합니다.

■ 본인부담상한제 수준별 상한액 기준 결정 시기
진료년도 다음 해 직장가입자 및 개인사업장 대표자의 연말정산 완료 후 본인부담상한액 기준보험료를 확정할 수 있으므로 직장가입자의 전년도 직장보험료 정산(매년 4월), 개인사업장 대표자의 종합소득신고 반영(매년 6월) 및 성실신고 사업장 부과(매년 7월) 시기를 고려하여 매년 8월경 상한액 기준보험료 및 상한액을 확정하고 이에 따라 상한액 초과금을 결정합니다.

■ 제공방법
- 신청 시기
  매년 8월 말경 공단에서 본인부담상한액 초과금 지급대상자에게 안내문(지급신청서 포함) 발송 후 신청 가능합니다.
- 신청 방법
  (온라인) 공단 대표홈페이지, The건강보험(앱)
  (유선) 본인 명의 계좌의 경우 고객센터(1577-1000) 또는 관할 지사로 유선 신청 가능
  (방문·팩스·우편) '본인부담상한액 초과금 지급신청서' 지사 제출
  ※ 지급동의계좌신청서를 제출하는 경우 향후 본인부담상한액 초과금이 발생할 경우 별도 신청 없이 신청한 계좌로 자동지급이 가능합니다.

03 주어진 글의 내용으로 적절하지 않은 것은?

① 2인실에 입원하여 본인부담상한액이 초과한 경우, 2인실 입원료는 제외되고 산정된다.
② 동일한 요양병원에서 환자가 900만 원을 부담한 경우 92만 원이 해당 요양병원으로 지급된다.
③ 본인부담상한제는 매년 8월에 결정되며, 초과금 지급 대상자에게 안내문이 발송된 후 대상자는 신청할 수 있다.
④ 지급동의계좌신청서를 한 번 제출했다면 다음 해에는 별도 신청 없이 초과금이 최초 등록한 계좌로 자동 지급된다.

04 다음 중 글의 ㉠~㉢에서 내용에 맞지 않아 삭제해야 하는 문장은?

① ㉠   ② ㉡   ③ ㉢   ④ ㉣

05 윗글과 아래의 〈진료연도별 본인부담상한액〉을 참고할 때, 다음 설명 중 적절한 것은?

〈진료년도별 본인부담상한액(2023~2025년)〉

(단위: 만 원)

구분	연평균 건강보험료 분위(저소득 → 고소득)						
	1분위	2~3분위	4~5분위	6~7분위	8분위	9분위	10분위
2023년	87	108	162	303	414	497	780
요양병원 120일 초과 입원	134	168	227	375	538	646	1,014
2024년	87	108	167	313	428	514	808
요양병원 120일 초과 입원	138	174	235	388	557	669	1,050
2025년	89	110	170	320	437	525	826
요양병원 120일 초과 입원	141	178	240	396	569	684	1,074

① 분위가 올라갈수록 본인부담상한액의 총액은 높지만, 인상액은 낮다.
② 9분위에 속해있던 지역가입자가 소득액이 줄었다면 연말정산을 통해 8분위로 내려올 수 있다.
③ 본인부담상한액의 차이가 가장 작은 구간은 1분위와 2~3분위이고 가장 큰 구간은 9분위와 10분위이다.
④ 요양병원 입원료가 1,000만 원이 나왔다면 2025년 9분위에 해당하는 수급자는 475만 원을 환급받을 수 있다.

[06~07] 다음 글을 읽고, 이어지는 질문에 답하시오.

디지털 기기의 과도한 사용으로 발생할 수 있는 근골격계 질환 중 가장 대표적인 것은 일자목증후군이다. '거북목증후군'으로도 불리는 일자목증후군은 앞으로 목을 길게 빼는 자세 때문에 C자 형태의 경추 정렬이 소실돼 생긴다. 디지털 기기 사용이 보편화된 후로 나이에 상관없이 전 연령대에서 자주 나타나므로 주의가 필요하다. 일자목증후군을 오래 방치하면 목 부위 통증뿐 아니라 두통이나 어깨통증을 유발할 수 있고, 시간이 지나면서 통증이 더 심해질 수 있다. 이뿐만 아니라 목 척추나 디스크 등의 퇴행성 변화를 초래해 추간판탈출증으로 이어질 수도 있으니 주의한다.

척추뼈 사이에는 추간판(디스크)이 있어 충격을 흡수하고 분산하는 역할을 한다. 추간판은 안쪽의 말랑한 수핵을 단단한 섬유륜이 감싸는 구조다. 나이가 들고 나쁜 자세나 외부 충격 등으로 인해 수핵의 수분과 탄력성이 감소하고 섬유륜이 파열되면서 수핵이 빠져나오는 질환을 추간판탈출증 혹은 수핵탈출증이라고 한다. 수핵이 탈출하면 척수신경이 압박되면서 다양한 증상이 발생할 수 있다. 초기에는 주로 통증이 발생하고 심한 경우 감각 또는 운동 마비를 초래할 수 있다. 추간판탈출증은 척추의 어느 부위에나 생길 수 있지만 주로 움직임의 범위가 큰 목과 허리 부위에 발생한다.

근막통증증후군은 근막(근육을 둘러싼 얇은 막)에 존재하는 통증 유발점에 의해 근육의 통증이 발생하는 질환으로 주로 어깨나 목에서 나타난다. 근육에 갑자기 스트레스가 가해지거나 근육이 과도하게 긴장하면 조직이 손상되고 근육세포 내 칼슘 농도 조절에 이상이 생기면서 통증이 발생한다고 알려졌다. 통증 유발점은 대개 팽팽한 띠나 매듭처럼 만져진다. 이 통증 유발점을 손가락으로 누르면 통증이 발생하고, 국소적 또는 전신적으로 땀이 나거나 털이 곤추서는 등 자율신경 증상이 나타날 수 있다.

손목터널증후군(수근관증후군)은 수근관(손목 앞쪽의 작은 통로)을 지나는 정중신경이 압박되는 질환으로 상지의 신경질환 중 가장 흔하다. 처음에는 엄지, 검지, 중지, 약지에 저린 통증이 발생한다. 심하면 감각이 무뎌지고, 엄지 두덩의 근육이 소실되면서 손의 근력이 떨어진다. 주로 30~60대에서 발생하며, 남성보다 여성에서 많이 나타난다. 일반적으로 반복적이고 과도한 손가락과 손목 사용을 요구하는 직업, 진동 기구를 많이 사용하는 직업 등에서 발생 빈도가 높다고 보고된다. 이 외에 비만이나 당뇨병, 갑상샘 기능 이상이 있는 경우에도 발생 빈도가 높다고 알려졌다.

06 주어진 글의 제목으로 가장 적절한 것은?

① 근골격계 질환의 예방 방법
② 근골격계 질환의 종류와 특징
③ 근골격계 질환의 증상과 치료
④ 근골격계 질환의 사실과 오해

07 주어진 글에 대한 설명으로 가장 적절한 것은?

① 일자목증후군은 목의 모양이 C자 형태로 유지되어서 생긴다.
② 추간판탈출증은 추간판 안쪽의 말랑한 수핵에 염증이 생기면서 발생한다.
③ 근막통증증후군은 근육 조직의 손상으로 생기며 통증 유발점이 만져진다는 특징이 있다.
④ 손목터널 증후군은 손가락의 통증이 특징적이며 손목 사용을 많이 하는 청소년기에 주로 발생한다.

[08~10] 다음 글을 읽고, 이어지는 질문에 답하시오.

장기요양 돌봄로봇은 장기요양 노인의 자립 지원이나 돌봄 인력의 부담 경감을 목적으로, 일상생활을 지원하는 로봇기술이 적용된 돌봄기기이다. 주요 기능은 이승 보조, 이동 보조, 배설 보조, 식사 보조, 운동 보조, 목욕 보조, 욕창 예방 및 자세 변환, 커뮤니케이션, 스마트 모니터링 및 코치, 돌봄 업무 지원을 포함한다.

보건복지부가 우리나라의 돌봄로봇의 도입 및 활용 관련 업무를 주로 담당한다면, 산업통상자원부는 돌봄로봇 개발 및 보급 관련 주된 역할을 맡는다. 국립재활원에서 분류한 기준에 따라 현재 다양한 돌봄로봇이 개발되고 있으나, 노인장기요양보험에서의 돌봄로봇 도입에 관한 논의는 본격적으로 진행되지 못하는 상황이다.

반면, 저출산·고령사회 기본계획, 장기요양기본계획 등을 통해 돌봄로봇 도입 등 기술기반 관련 과제들이 도출되어 있다. 복지용구 다양화 기반 조성을 위해 복지용구 예비급여 시범사업을 실시하고 있었고, 서울시도 돌봄로봇을 시범 도입하고 있다. 장기요양 현장에 돌봄로봇을 개발 및 보급하고 있는 일본의 개호로봇 사례를 살펴볼 때, 장기요양 돌봄로봇 도입을 위해서는 다양한 정책적 지원이 수반되어야 한다.

설문조사에 따르면, 현재 돌봄로봇을 활용하고 있는 장기요양기관은 매우 적은 것으로 나타났다(시설 3.9%, 재가 1.4%). 도입의 필요성에 대해서는, 시설급여 기관은 욕창 예방 및 자세 변환 로봇, 재가급여 기관은 운동보조(근력강화) 로봇이 높게 나타나 시설 및 재가급여 유형별로 다른 유형의 돌봄로봇 도입이 필요한 것을 알 수 있었다.

아울러 실태조사에 참여한 시설 및 재가 장기요양기관의 시설장들 모두 돌봄로봇의 필요성과 도입 의사는 높은 것으로 나타났다. 장기요양 돌봄로봇 도입을 위해 우선 필요한 부분으로 시설(34.8%)과 재가기관(31.9%) 모두 공통적으로 돌봄로봇 효과성 검증을, 돌봄로봇 도입을 위한 주요 재원 마련 방안은 시설(75.5%), 재가기관(74.7%) 모두 정부보조금을, 요양보호사가 돌봄로봇 활용을 위해 가장 필요한 부분은 시설(47.4%)과 재가기관(42.9%) 모두 교육 및 연수를, 돌봄로봇에 대한 수급자의 인식을 변화시키기 위해 가장 필요한 것은 시설(37.8%)과 재가기관(37.5%) 모두 수급자의 돌봄로봇 체험 확대를 가장 높게 응답한 것으로 나타났다.

• 제언
(가) 장기요양 현장(시설 및 재가)에서 실질적으로 필요한 돌봄로봇의 유형을 파악하고, 중점 지원을 위한 범주 등을 규정하여 우선 도입이 필요한 돌봄로봇을 개발하고 도입 및 적용해야 함
(나) 현재까지는 구강세척기, 기저귀 센서에 대한 복지용구 예비급여 1차 시범사업을 실시하였으며, 2차 시범사업에서는 커뮤니케이션 로봇에 해당하는 '효돌'도 포함될 예정. 향후 시범사업 결과 분석을 통해 본 사업 추진 및 품목 확대 여부 판단이 필요함
(다) 우리나라 장기요양 인력의 경우 기술 활용 수준이 낮은 중고령층 여성이 대다수를 차지하고 있어 이들을 대상으로 한 충분한 교육과 활용 훈련이 이루어져야 함. 그런데도 IPA 분석에서는 시급성이 높지 않게 나타났는데, 이는 돌봄로봇 자체가 부족한 현장의 상황을 고려했기 때문
(라) 돌봄로봇 개발 및 도입 확산의 초기 단계에는 정부와 지자체의 다양한 노력이 필요하며, 이를 위해서는 개발 및 도입 보조금, 가산 등 정책 지원방안 등을 모색할 필요 있음

08 주어진 글의 내용과 일치하지 않는 것은?

① 돌봄로봇의 도입 및 활용과 관련된 업무는 주로 보건복지부에서 담당한다.
② 일본은 개호로봇이라는 이름으로 장기요양 현장에 돌봄로봇을 개발 및 보급하고 있다.
③ 현재 장기요양기관의 돌봄로봇 활용도는 낮지만, 필요성과 도입 의사는 높은 편이다.
④ 돌봄로봇 도입을 위해 우선 필요한 사항으로 시설은 정부보조금을, 재가기관은 돌봄로봇 효과성 검증을 들었다.

09 다음 중 글의 (가)~(라)의 중심 내용으로 적절하지 않은 것은?

① (가): 장기요양 돌봄로봇 도입을 위한 중점분야 설정
② (나): 복지용구 및 돌봄로봇 연계
③ (다): 수급자용 돌봄로봇 활용교재 개발
④ (라): 보조금 및 가산 등 정책 지원 필요성

10 다음 중 글의 '제언'에 의견을 추가할 때, 적절하지 않은 것은?

① 장기요양 돌봄로봇에 대한 수요조사 실시
② 노인돌봄인력의 사격 기준 완화 검토
③ 노인요양시설 중심의 돌봄로봇 보급 확대
④ 장기요양 현장에 적합한 돌봄로봇 개발 및 도입

[11~12] 다음 보고서를 읽고, 이어지는 질문에 답하시오.

2023년 봉사활동 주요실적 보고

■ 주요 사업 추진 현황
- 사회공헌 브랜드 '하늘반창고' 신설 및 이를 적극 활용, 통일성 있고 지속 가능한 사회공헌사업 추진
  ('하늘'의 의미) 높고 푸른 하늘처럼 국민들에게 희망을 주고, 상처를 포용할 수 있는 공단 사회공헌의 방향성이며 봉사단복의 색상
  ('반창고'의 의미) 상처가 생길 경우 국민들이 가장 먼저 찾게 되는 반창고와 같이 친숙하고 항상 곁에 있는 봉사단 이미지 구축
- 임직원 재능기부 활동(특수봉사단)
  - 집수리 봉사('05년 시작)
    (내용) 도배, 전기, 목공 등 전문 자격증을 취득한 임직원이 저소득 세대의 주거환경 개선 및 낙상예방장치 설치 등 집수리 실시
  - 이동빨래봉사('17.11월 시작)
    (내용) 세탁기, 건조기가 탑재된 빨래차량(2.5t, 8.5t)을 활용, 수해지역 및 노인·장애인 등 취약계층 밀집지역 대상 세탁봉사 실시
- 건강보험 사회공헌 하늘반창고 의료봉사('09년 시작)
  (내용) 안과, 이비인후과, 치과, 재활의학과 등 의료장비를 갖춘 진료버스(2대)를 이용한 찾아가는 의료봉사 실시
  (대상) 도서벽지 주민, 장애인 및 다문화 가족 등 의료소외계층
- 지역주민과 함께, 지역사회 문제를 해결하는 ESG경영
  - 탄소배출 저감을 위해 지역사회 25개 기관과 연대하는 '온기(溫氣)동행'
    : 저소득 에너지 취약계층 대상 단열재(뽁뽁이) 제작·지원을 통해 난방비↓ 및 온실가스↓의 이중효과
  - 혈액 수급 안정화를 위한 '생명나눔 헌혈' 활동 … 헌혈 참여(551명), 헌혈증 기부(804명)
  - 저소득 영유아 보육·출산예정 가정에 육아용품 세트 제작·전달
  - 작은 공부방 신간도서 구매, 시설 보수 등 사후관리 실시 및 방학 기간 체험교실 운영을 통한 기초학습 지원
  - 다양한 세대를 고려한 문화나눔행사 개최하여 화합분위기 조성

11 주어진 보고서의 내용과 일치하지 않은 것은?

① 봉사단복은 하늘색이다.
② 봉사활동 중 가장 오랫동안 지속된 것은 하늘반창고 의료봉사 활동이다.
③ 의료봉사는 의료소외계층에 진료버스가 방문하여 의료서비스를 제공한다.
④ 에너지 취약계층에게 단열재 제작 지원을 하면 지역사회뿐만 아니라 환경오염에도 도움이 된다.

12 주어진 보고서를 읽고 공단의 직원들이 다음과 같은 대화를 나눈다고 할 때, 적절하지 않은 말을 한 사람은?

- A: "저는 예전에 도배 관련 자격증을 따 놓았는데, 집수리 봉사를 해야겠어요."
- B: "오! 좋은 생각이네요. 저는 이번 수해지역에 가서 세탁 봉사를 하려고요."
- C: "저는 자격증도 없고, 시간도 없어서 헌혈한 후 헌혈증을 기부하려고요."
- D: "저도 저소득 영유아 보육 가정에 찾아가서 숙제를 봐주는 학습 지원을 해 보려고요."

① A ② B ③ C ④ D

[13~15] 다음 글을 읽고, 이어지는 질문에 답하시오.

동맥은 심장에서 나온 깨끗한 혈액을 우리 몸 구석구석으로 보내는 통로이고, 정맥은 노폐물과 이산화탄소가 포함된 혈액을 수거해 심장으로 되돌려 보내는 통로이다. 즉, 동맥과 정맥은 한 방향으로만 흐르는 구조를 가진다. 동맥은 심장의 펌프 운동에 따라 혈류 속도가 초속 20~60cm로 빠르고, 혈압도 높다. 이를 이겨내기 위해 동맥의 혈관벽은 정맥보다 두껍고 튼튼할 뿐만 아니라 탄력성도 좋다. 또한, 동맥은 정맥에 비해 피부 속 깊은 곳에 위치해 눈에 잘 띄지 않지만, 심장이 뛰는 속도로 박동하는 맥동성을 지닌다. ㉠ , 정맥은 동맥보다 심장 펌프 운동의 영향을 덜 받는다. 압력이 비교적 낮고 혈류 속도가 느리기에 혈관벽 역시 얇고 탄력성이 낮다. 그런데 정맥은 동맥에 없는 판막이 있다. 다리 정맥의 혈액은 중력을 거슬러 심장으로 올라가므로 역류 가능성이 매우 높다. 판막과 혈관벽이 건강하다면 역류가 일어나지 않지만, 판막이 손상되거나 기능이 떨어지면 혈액이 역류하여 정맥류가 발생할 수 있다.

뇌동맥류는 뇌혈관이 꽈리처럼 부풀어 오르는 질환이다. 뇌혈관은 몸속 다른 혈관에 비해 혈관을 감싸는 근육층이 얇고 내층을 보호하는 탄성막에도 결함이 잘 생긴다. 이런 특성으로 인해 서서히 부풀어 오르면 뇌동맥류가 되고, 뇌동맥류가 터지면 '뇌지주막하출혈'이 된다. 뇌동맥류는 전조 증상이 없어 발병 전까지 환자가 질환에 대비하기가 어렵다. 실제로 뇌동맥류 파열 환자 대부분은 혈관이 터지기 전까지 별다른 증상을 느끼지 못한다. ㉡ 혈관이 터지는 순간, 마치 망치로 얻어맞은 듯한 이전에 경험해 보지 못한 갑작스럽고 심각한 두통을 느낀다. 이때 뇌 속에 피가 퍼지면서 뇌압이 순간적으로 상승하는데, 이로 인해 급사할 확률이 10%에 달하고, 병원을 찾아도 총사망률이 30%에 이를 정도로 치명적이다. 출혈 정도에 따라 출혈이 약하면 두통을 느끼고, 심하면 혼수상태에 빠지기도 한다.

혈관이 풍선처럼 부풀어 오르는 동맥류가 심장으로부터 나온 복부대동맥에 생기면 복부대동맥류라고 한다. 한번 파열하면 생명을 위협하는 응급 질환으로, 복부의 대동맥이 정상 크기보다 커져 꽈리처럼 늘어나 있는 상태다. 주요 위험 인자로는 고혈압, 고지혈증, 흡연, 유전적 질환과 외상, 선천적 기형과 감염 등이 있다. 복부대동맥류는 혈관이 터지기 전까지 증상이 없는 경우가 대부분이지만, 복부 통증이나 허리 통증을 동반하거나, 복부대동맥류 내에서 만들어진 혈전이 다리로 가는 혈관을 막는 색전증에 의해 하지통증, 냉감 등의 증상이 나타날 수 있다. 특별한 증상이 없어 복부대동맥류가 있는지 모르고 지내다가 복부대동맥류가 점점 커져서 파열하는 경우, 혈압 저하, 의식 소실 등 쇼크 증상으로 응급실에 실려 올 수 있으며, 생명을 위협할 수 있는 위험한 질환이다.

하지정맥류는 다리 피부의 정맥이 확장되고 꼬불꼬불 비틀리면서 늘어나는 질환이다. 하지정맥류는 다리에 있는 피부 정맥이 혹처럼 튀어나온다고 해서 하지정맥류라고 부른다. 쉽게 말해, 하지정맥류는 정맥 내 존재하는 판막 기능이 저하되어 혈액이 역류하고, 위로 올라가야 할 혈액이 다리로 몰리면서 종아리나 허벅지에 혈관이 튀어나오는 질환이다. 하지정맥류는 유전, 노화, 호르몬, 비만, 운동 부족 등의 여러 가지 요인이 복합적으로 작용해 발생한다고 알려져 있다. ㉢ 증상이 겉으로 드러나지 않는 무증상인 사례가 많아 정작 본인이 질환을 인지하지 못하는 경우도 매우 흔하다.

정맥 질환은 다리에만 생기는 것이 아니다. 최근에는 남성의 가임 능력에 영향을 미치는 원인 중 하나로 정계정맥류가 지목되고 있다. 정계정맥류는 음낭의 고환에서 나오는 정맥혈관이 확장돼 꼬불꼬불 엉키고 부풀어 오르는 질환을 말한다. 쉽게 말해 음낭의 혈관이 튀어나오는 것이다. 음낭 내 긴밀하게 연결된 정맥들이 비정상적으로 확장되어 혈액 순환이 정체되면서 발생한다. 정계정맥류는 모든 연령대의 남성에게 발생할 수 있으며, 전체 남성의 10~15%에서 나타난다. 특히 난임 남성의 20~40%에서 발견되며, 임신에 부정적인 영향을 미치는 요인으로 추정된다.

13 주어진 글을 읽고 추론한 것으로 적절하지 않은 것은?

① 혈압을 잴 때는 동맥을, 주사를 맞을 때는 정맥을 사용하는 것이 바람직하다.
② 동맥류 질환은 정맥류 질환보다 더 치명적이다.
③ 복부대동맥류의 치료법은 수술만이 유일한 방법이다.
④ 고환에 구불구불한 핏줄이 뚜렷하게 보인다면 정계정맥류를 의심해 볼 수 있다.

14 주어진 글의 내용을 바탕으로 '하지정맥류'에 대한 질의와 응답을 한다고 할 때, 적절하지 않은 것은?

> Q: 하지정맥류가 발생하는 원인은 무엇인가요?
> A: 가장 큰 원인은 액체가 위에서 아래로 흐르게 하는 중력입니다. 심장에서 다리로 보낸 혈액이 다시 심장으로 되돌아와야 하는데 앉거나 선 자세에서 중력에 의해 하지의 혈액이 발목 쪽으로 역행하게 됩니다. 이를 막아주는 판막이 정상적으로 작동하지 않으면 하지정맥류가 발생합니다. ……………………………………………………………………… ①
> Q: 하지정맥류가 여성에게 더 많이 나타나는 이유는 무엇인가요?
> A: 여성은 남성보다 대체로 근육량이 적고 피부가 약한 편이며, 정맥 판막이 여성호르몬의 영향을 받기 때문입니다. ……………………………………………………………………… ②
> Q: 하지정맥류는 치료법에는 무엇이 있나요?
> A: 하지정맥류는 갑자기 건강을 위협하는 급성 질환은 아니고 대부분 만성 질환입니다. 진행성 질환이기에 심해지면 수술이 필요할 수 있으나, 일시적이거나 국소적인 경우에는 압박스타킹이나 약물치료도 대응할 수 있습니다. ……………………………………………… ③
> Q: 하지정맥류를 진단하는 검사는 무엇인가요?
> A: 하지정맥류는 증상이 없어 발견되기 어려운 경우가 많습니다. 하지정맥이 의심되는 경우에는 혈관 컴퓨터 촬영, 자기공명영상(MRI), 혈관 조영술을 필수적으로 행해야 합니다. ……………………………………………………………………………………………………… ④

15 다음 중 글의 빈칸 ㉠~㉢에 들어갈 접속어로 가장 적절하게 짝지어진 것은?

	㉠	㉡	㉢
①	한편	하지만	그런데
②	한편	그리고	그런데
③	하지만	그러나	그러므로
④	하지만	한편	그러나

[16~17] 다음 글을 읽고, 이어지는 질문에 답하시오.

장애인보조기기 보험급여제도란 장애인복지법에 의하여 등록된 장애인인 가입자 및 피부양자가 장애인보조기기를 구입할 경우 구입금액 일부를 국민건강보험공단에서 보험급여비로 지급하는 제도이다.

■ 보험급여 품목
  의지 및 보조기, 휠체어, 보청기 등 9개 분류 88개 품목

■ 횟수
  동일 보조기기는 재료의 재질·형태·기능 및 종류에 관계없이 유형별로 정해진 내구연한 내 1인당 1회 지급

■ 공단의 부담금액
  • 일반 건강보험가입자: 기준액, 고시금액 및 구입금액 중 최저금액(지급기준금액)의 100분의 90에 해당하는 금액
    ※ **고시제품**: 전동휠체어, 전동스쿠터, 자세보조용구, 이동식전동리프트, 욕창예방방석, 욕창예방매트리스, 보청기
  • 차상위 본인부담경감 대상자: 희귀난치성질환자(차상위 1종, C), 희귀난치성질환 외의 질환으로 6개월 이상 치료를 받고 있거나 6개월 이상 치료가 필요한 사람 또는 18세 미만 아동(차상위 2종, E, F)의 경우 지급기준금액의 100%에 해당하는 금액
  • 공단의 등록업소: 전동휠체어, 전동스쿠터, 자세보조용구, 보청기, 의지, 보조기, 맞춤형 교정용 신발, 욕창예방방석, 욕창예방매트리스, 이동식전동리프트, 전방보행차, 후방보행차, 수동휠체어, 의안은 공단에 등록된 업소에서 구입한 경우에 한해 급여함

■ 신청방법
  • 접수처: 국민건강보험공단 전국 각 지사 및 출장소
  • 접수방법: 방문, 우편, 팩스 접수

㉠ 보조기기 대여사업

■ 목적
  치료와 재활 과정에 일시적으로 보조기기가 필요한 가입자에 대한 생활의 편의 제공 및 구매비용 절감을 통한 경제적 부담 경감

■ 대상
  국민건강보험 가입자(피부양자) 및 의료급여 대상자

■ 대여 제외
  요양기관에서 입원 치료 중인 환자

■ 대여방법
  신청자 또는 대여자가 신분증을 지참하고 유선 예약 후 대여지사를 방문하여 신청

■ 대여 가능한 보조기기 종류

구분	종류	기본 대여기간	연장
휠체어	기본형/아동용	기본 2개월	1개월(1회만 연장 가능)
보행보조차	바퀴	기본 2개월	1개월(1회만 연장 가능)
	지그재그	기본 2개월	1개월(1회만 연장 가능)
목발	알루미늄	기본 2개월	1개월(1회만 연장 가능)

16 주어진 글을 읽고 '장애인보조기기 보험급여제도'에 대해 보일 수 있는 반응으로 적절하지 않은 것은?

① "동일 보조기기는 1인당 1회 지급이 가능하군."
② "보조기기의 기준액, 고시금액 및 구입금액 중 최저금액을 기준으로 하여 지급되는군."
③ "18세 미만의 아동은 지급기준금액의 90%만 지급받을 수 있겠군."
④ "특정 보조기기는 공단에 등록된 업소에서 구입한 경우에만 지급되는군."

17 다음 중 ⊙에 대한 설명으로 적절하지 않은 것은?

① 국민건강보험 가입자 및 의료급여 대상자는 모두 이용할 수 있다.
② 신청자 또는 대여자는 우선 유선 예약 후 대여지사를 방문해야 한다.
③ 보행보조차의 경우 바퀴형과 지그재그형 두 종류가 있다.
④ 모든 보조기기는 기본적으로 2개월을 빌릴 수 있으며 최대 3개월을 사용할 수 있다.

[18~20] 다음 글을 읽고, 이어지는 질문에 답하시오.

장기요양급여(서비스) 이용 절차

1) 필수 서비스

   수급자가 되면 국민건강보험공단으로부터 필수서류(장기요양인정서, 개인별장기요양이용계획서, 복지용구 급여확인서) 및 장기요양기관 현황을 제공받고, 급여이용 설명회, 담당자와의 1:1 상담을 통해 수급자에게 맞는 서비스를 이용할 수 있도록 안내를 받습니다.

   ■ 인터넷 재발급 방법
   - 발급 가능 대상: 수급자 본인 또는 인정신청 접수 당시 대리인(주민등록상 동일 세대의 가족 또는 현재 유효한 동일 건강보험증에 등재된 가족)
   - 노인장기요양보험홈페이지 민원상담실 → 장기요양신청 → 등급판정결과 조회 및 출력
   - 정부24 홈페이지 및 앱 장기요양 검색 → 장기요양인정서 발급 신청
   ※ The 건강보험 앱으로도 조회 가능

2) 장기요양기관 선택 및 급여계약

   ■ 장기요양기관 평가 결과를 활용하여 서비스 질이 우수한 기관을 선택합니다.
   - 장기요양기관 정보 및 평과 결과는 노인장기요양보험 홈페이지 등을 통해 확인할 수 있고, 계약 전 급여 내용 및 비용 등 급여이용에 대하여 상담을 받도록 합니다. 시설급여의 경우 시설의 환경을 방문하여 확인하여야 합니다.

   ■ 장기요양기관과 급여계약을 정확하게 합니다.
   - 급여계약 시 필수 서류
     - 장기요양인정서, 개인별장기요양이용계획서, 복지용구 급여확인서
       ※ 노인장기요양보험 홈페이지 및 정부24에서 출력 가능
     - 본인부담금 감경대상자 증명서(해당자에 한함) 제출
       ※ 필수 서류의 원본은 수급자(보호자)가 항상 보관해야 함
   - 「국민기초생활보장법」에 따른 의료급여 수급자 및 기타 의료급여 수급권자는 관할 시군구에 입소이용 신청·승인 후 급여계약을 진행하여야 합니다.
   - 계약 시 반드시 확인하세요.
     - 체결한 계약서 내용을 꼼꼼히 확인합니다.
       : 개인별장기요양이용계획서에 따라 급여종류와 이용횟수 및 급여제공 내용을 결정합니다.
       : 계약서상 계약기간, 장기요양급여의 종류·내용, 비급여대상(식사재료비, 이·미용비, 상급침실(1~2인실) 이용에 따른 추가비용, 그 외 일상생활에 통상 필요한 것과 관련된 비용으로 수급자에게 부담시키는 것이 적당하다고 보건복지부장관이 정하여 고시한 비용)을 포함한 비용 및 내용을 확인합니다.
   - 계약서는 2부 작성하여 수급자(계약자), 장기요양기관이 각각 보관합니다.
     ※ 계약서는 공정거래위원회의 '장기요양급여 이용 표준약관' 사용 권장
   - 이용을 중단하였거나 종료한 장기요양기관과의 급여계약은 반드시 해지합니다.

3) 장기요양급여 이용
- 급여제공 계획 내용에 따라 장기요양 급여를 이용합니다.
  - 개인별장기요양이용계획서에 작성된 급여종류 범위 내에서만 급여계약 및 이용이 가능합니다.
  - 개인별장기요양이용계획서를 바탕으로 작성된 급여제공계획서의 내용을 확인 및 동의 후 급여를 이용합니다.
  - 수급자의 기능상태, 희망급여 등 변화 시 개인별장기요양이용계획서 재작성을 신청할 수 있으며, 신청일로부터 발급일까지는 14일 소요될 수 있습니다(공휴일, 토요일 제외).
  - 급여를 이용한 경우 장기요양 급여제공기록지를 장기요양기관으로부터 제공받아야 합니다.
  [노인장기요양보험법 시행규칙 제18조]

18 주어진 글의 '장기요양급여'에 대한 설명으로 옳은 것은?

① 수급자가 되기 위해서 국민건강보험공단으로부터 필수서류 및 장기요양기관 현황을 제공받고 설명회 및 담당자와 상담해야 한다.
② 주민등록상 동일 세대의 가족이거나 현재 유효한 동일 건강보험증서에 등재된 가족이라면 인정신청 접수 여부와 상관없이 인터넷 재발급이 가능하다.
③ 장기요양기관은 평가를 받고 있으며 평가 결과를 확인하기 위해서는 노인장기요양보험 홈페이지에 접속해야 한다.
④ 기초생활보장자로 의료급여를 수급받고 있다면 관할 시군구가 직접 급여계약을 진행하므로 관할 시군구에게 반드시 신고해야 한다.

19 다음 중 장기요양기관을 이용하는 사람의 태도로 적절하지 않은 것은?

① 이용을 중단한 장기요양기관의 급여계약은 해지한다.
② 급여종류와 이용횟수 및 급여제공 내용 등을 꼼꼼히 확인한다.
③ 공정거래위원회의 '장기요양급여 이용 표준약관'에 부합하는 계약서를 사용한다.
④ 계약서를 2부 작성하여 필수서류와 함께 원본은 장기요양기관에 제출하고 사본을 수급자가 보관한다.

20 다음 중 글을 바탕으로 민원의 질문에 답한다고 할 때, 적절하지 않은 것은?

민원인: 필수서류는 무엇이며 어디서 구할 수 있습니까?
직원: 필수서류는 장기요양인정서, 개인별장기요양이용계획서, 본인부담금 감경대상자 증명서이고, 노인장기요양보험 홈페이지나 정부24에서 출력하실 수 있습니다. ………… ①
민원인: 제가 요양병원에 입원할 때 1인실 입원료도 보험처리가 됩니까?
직원: 식사재료비, 이·미용비, 상급침실(1~2인실) 이용에 따른 추가비용은 비급여 대상입니다. ……………………………………………………………………………………… ②
민원인: 제가 희망급여를 변경하고 싶어서 개인별장기요양이용계획서를 재작성했는데요, 언제 새로 발급받을 수 있습니까?
직원: 신청일로부터 14일 정도 소요되며, 공휴일이나 토요일이 포함되면 더 길어질 수 있습니다. ……………………………………………………………………………………… ③
민원인: 급여제공기록지를 받고 싶은데 어디서 받습니까?
직원: 노인장기요양보험법 시행규칙 제18조에 따라 급여를 이용한 경우 장기요양기관으로부터 급여제공기록지를 제공받아야 합니다. ……………………………………… ④

[21~22] 다음은 정신의료기관 입원환자의 입원유형 자료이다. 이를 바탕으로 이어지는 질문에 답하시오.

〈표〉 2022~2023년 기관종류별 및 권역별 정신의료기관 입원환자의 입원유형

(단위: 명)

구분		2022년						2023년					
		전체	자의적 입원		비자의적 입원	응급 입원	기타	전체	자의적 입원		비자의적 입원	응급 입원	기타
			자의 입원	동의 입원					자의 입원	동의 입원			
전체		56,785	36,171	24,396	11,775	19,693	83	838	56,705	35,359	23,646	11,713	20,312	225	809
기관종류별	종합병원 정신과	2,835	2,090	1,382	708	729	–		3,025	2,193	1,445	748	824	–	
	병원 정신과	2,746	1,906	1,400	506	835			2,589	1,818	1,324	494	761		
	정신병원	49,898	30,955	20,797	10,158	18,044			50,036	30,344	20,231	10,113	18,676		
	한방병원 정신과	225	205	95	110	20			226	209	94	115	17		
	의원 정신과	1,081	1,015	722	293	65			829	795	552	243	34		
권역별	수도권	17,001	11,813	7,042	4,771	5,130	28	30	17,399	11,763	6,916	4,847	5,582	44	10
	전라권	8,050	5,819	3,865	1,954	2,195	27	9	7,749	5,527	3,654	1,873	2,189	26	7
	경상권	23,077	13,297	10,076	3,221	9,759	20	1	23,060	13,048	9,862	3,186	9,876	136	–
	강원권	1,508	1,311	975	336	193	4	0	1,487	1,260	939	321	226	1	–
	충청권	7,149	3,931	2,438	1,493	2,416	4	798	7,010	3,761	2,275	1,486	2,439	18	792

※ 비자의적 입원율(%) = $\dfrac{\text{비자의적 입원}}{\text{자의적 입원} + \text{비자의적 입원}} \times 100$

21 다음 중 자료에 대한 설명으로 옳은 것은?

① 2023년 모든 기관 종류에서 자의입원자 수는 동의입원자 수보다 많다.
② 2023년 전체 자의적 입원의 전년 대비 변화율은 전체 비자의적 입원의 변화율보다 높다.
③ 경상권의 2023년 비자의적 입원율은 충청권보다 3.5%p 이상 높다.
④ 2023년 전체 응급입원자 수는 전년 대비 3배 이상이다.

22 2022년에 비해 2023년 자의적 입원환자의 수가 가장 많이 감소한 권역의 2023년 자의 입원의 전년 대비 감소율은? (단, 소수점 첫째 자리에서 반올림한다.)

① 1%   ② 3%   ③ 5%   ④ 7%

[23~24] 다음은 흡연율 및 금연계획률을 조사한 자료이다. 이를 바탕으로 이어지는 질문에 답하시오.

〈표 1〉 2019~2023년 성별 흡연율 변화

(단위: %)

구분	2019년	2020년	2021년	2022년	2023년
전체	21.5	20.6	19.3	17.7	19.6
남자	35.7	34.0	31.3	30.0	32.4
여자	6.7	6.6	6.9	5.0	6.3

※ 흡연율(%) = $\dfrac{\text{흡연자 수}}{\text{19세 이상 인구수}} \times 100$

〈표 2〉 2019~2023년 연령대별 흡연율

(단위: %)

구분		2019년	2020년	2021년	2022년	2023년
연령대	19~29세	24.8	21.9	22.3	18.7	20.8
	30대	24.0	23.0	18.9	17.2	18.3
	40대	22.4	24.0	22.4	20.4	23.6
	50대	20.3	19.2	19.7	19.4	22.7
	60대	16.8	15.5	15.1	15.7	15.7
	70세 이상	8.4	7.2	7.2	7.1	6.7

〈표 3〉 2019~2023년 금연계획률

(단위: %)

구분	2019년	2020년	2021년	2022년	2023년
금연계획률	17.5	18.9	15.8	14.2	13.1

※ 금연계획률(%) = $\dfrac{\text{금연계획자 수}}{\text{흡연자 수}} \times 100$

23 다음 중 자료에 대한 설명으로 옳은 것은?

① 2019~2023년 내내 남자 흡연율은 여자 흡연율의 6배 이상이었다.
② 2019~2022년 동안 전체 흡연율은 계속해서 감소하다가 2021년에 20% 아래로 낮아졌지만, 2023년에는 전년보다 높아졌다.
③ 2019~2023년 내내 40대의 흡연율이 연령대 중에서 가장 높았다.
④ 2020~2023년 동안 금연을 계획한 사람의 수는 계속해서 감소하였다.

24 2019년부터 2023년까지의 흡연자 수가 다음 〈표〉와 같다면, 4년 전 대비 2023년 금연계획자 수 감소율은? (단, 모든 계산은 각 단위의 소수점 첫째 자리에서 반올림한다.)

〈표〉 2019~2023년 조사 응답한 흡연자 수

2019년	2020년	2021년	2022년	2023년
6,190명	5,858명	5,630명	5,253명	5,763명

① 20%   ② 25%   ③ 30%   ④ 35%

[25~26] 다음은 난임시술 통계 자료이다. 이를 바탕으로 이어지는 질문에 답하시오.

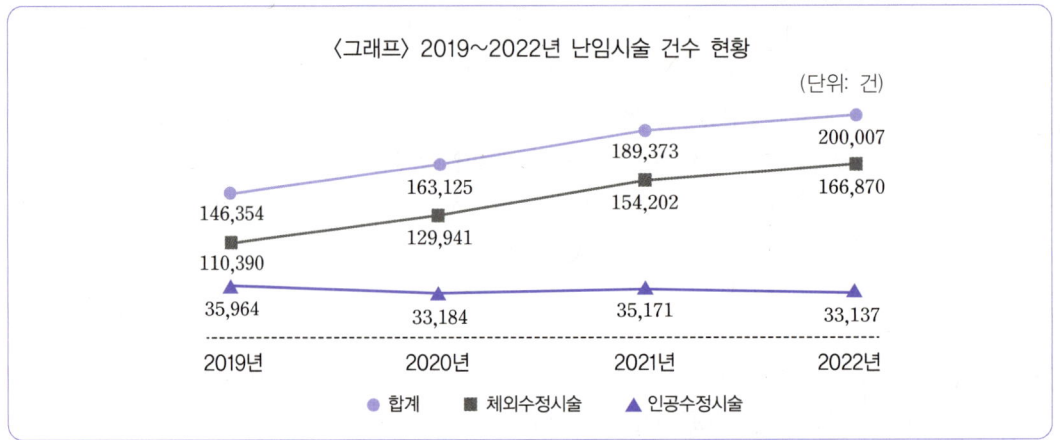

〈표〉 2022년 난임원인별 난임시술 건수 및 시술별 비중

(단위: 건, %)

구분	전체 난임시술	체외수정시술 비중	인공수정시술 비중
합계	( )	83.4	16.6
남성요인	29,963	76.9	23.1
배란기능장애	16,425	71.0	29.0
난소기능저하	35,810	95.2	4.8
난관요인	7,252	91.6	8.4
자궁요인	6,994	83.6	16.4
자궁내막증	3,281	82.1	17.9
원인불명	41,641	70.3	29.7
기타요인	1,568	98.1	1.9
복합요인	57,073	91.2	8.8

25 다음 중 자료에 대한 설명으로 옳은 것은?

① 2019년 대비 2022년 전체 난임시술 건수는 40% 이상 증가했다.
② 2020~2022년 동안 체외수정시술과 인공수정시술 건수의 증감 추이는 같다.
③ 2022년 전체 난임시술의 난임원인 중 상위 3개 원인은 복합요인, 원인불명, 난소기능저하로, 이들이 전체에서 차지하는 비중은 60% 이상이다.
④ 2022년 난임시술 중 가장 많은 난임원인은 체외수정시술과 인공수정시술이 서로 동일하다.

26 다음 〈그래프〉는 2022년 일부 난임원인별 인공수정시술 및 체외수정시술 건수를 나타낸 자료이다. D에 해당하는 원인은?

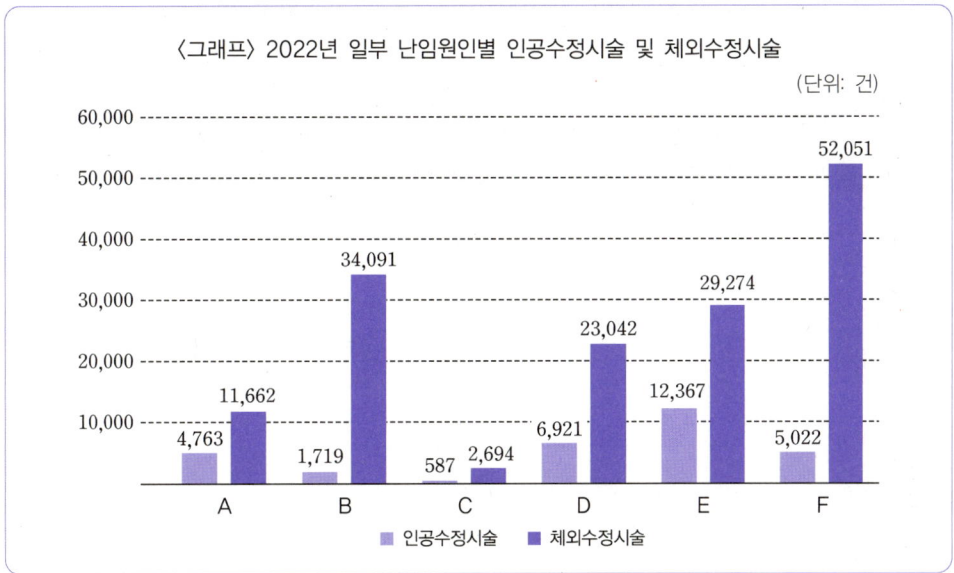

① 난소기능저하
② 자궁내막증
③ 남성요인
④ 복합요인

[27~28] 다음은 2021~2023년 응급의료기관 및 응급의료시설 현황 자료이다. 이를 바탕으로 이어지는 질문에 답하시오.

〈표 1〉 2021~2023년 응급의료기관 및 응급의료시설

(단위: 개소)

구분		2021년	2022년	2023년
응급의료기관		404	410	411
	권역응급의료센터	38	40	42
	지역응급의료센터	128	126	137
	지역응급의료기관	238	244	232
응급의료시설		112	114	109
전체		516	524	520

〈표 2〉 2021~2023년 지역별 응급의료기관 및 응급의료시설

(단위: 개소)

구분	응급의료기관									응급의료시설		
	권역응급의료센터			지역응급의료센터			지역응급의료기관					
	2021년	2022년	2023년	2021년	2022년	2023년	2021년	2022년	2023년	2021년	2022년	2023년
서울	5	7	7	26	24	24	19	19	18	17	16	16
부산	1	1	1	8	8	8	19	19	19	7	7	8
대구	2	2	2	4	4	4	10	12	13	3	2	2
인천	2	2	2	8	8	9	9	10	10	3	3	4
광주	2	2	2	4	4	4	14	14	15	5	5	5
대전	2	2	2	3	3	4	5	4	3	1	2	2
울산	1	1	1	1	1	4	5	5	2	6	6	5
세종	0	0	0	1	1	1	1	1	1	0	0	0
경기	7	7	9	30	30	34	30	36	31	24	23	22
강원	3	3	3	4	4	4	15	15	15	4	4	4
충북	1	1	1	5	5	5	9	9	8	6	6	6
충남	1	1	1	7	7	7	9	9	8	3	4	5
전북	2	2	2	8	8	8	10	10	10	1	1	1
전남	2	2	2	3	3	3	32	31	30	12	13	8
경북	3	3	3	6	6	6	22	22	22	7	7	6
경남	3	3	3	6	6	7	28	27	26	13	15	15
제주	1	1	1	4	4	4	1	1	1	0	0	0

27 주어진 자료에 대한 설명으로 옳은 것은?

① 2021~2023년 중 권역응급의료센터 수에 한 번이라도 변동이 있던 지역은 총 3곳이다.
② 2021~2023년 동안 지역응급의료센터 수가 변하지 않은 지역의 수는 전체 지역 중 절반을 넘지 않는다.
③ 2021~2023년 동안 지역응급의료기관 수가 매년 증가한 지역은 대구가 유일하다.
④ 2023년 응급의료시설 수가 많은 상위 지역 3곳이 전국 응급의료시설의 절반 이상을 차지한다.

28 주어진 자료를 바탕으로 나타낸 그래프 중 옳지 않은 것은? (단, 소수점 둘째 자리에서 반올림한다.)

① 2021~2023년 응급의료기관 및 응급의료시설 전체 현황

② 2021~2023년 서울의 응급의료기관 및 응급의료시설 수

③ 2022년 응급의료기관 유형별 비중

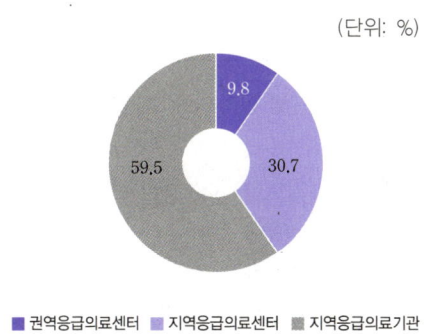

④ 2022년과 2023년 응급의료기관 유형별 전년 대비 증가량

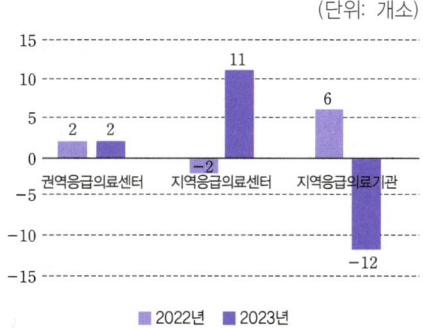

[29~31] 다음은 2023~2024년 기후 여건(미세먼지, 폭염 등)에 의한 여가활동 영향 요인이 있는지 설문조사를 한 결과 자료이다. 이를 바탕으로 이어지는 질문에 답하시오.

〈표 1〉 연령대별 기후 여건에 의한 여가활동 영향 설문조사 응답별 비율

(단위: %)

구분	2023년			2024년		
	영향 없음	보통	영향 있음	영향 없음	보통	영향 있음
15~19세	28	19	53	22	23	55
20대	22	22	56	22	21	57
30대	21	21	58	19	20	61
40대	20	20	60	18	22	60
50대	20	20	60	20	21	59
60대	20	23	57	17	23	60
70세 이상	22	20	58	14	23	63

〈표 2〉 종사자 집단별 기후 여건에 의한 여가활동 영향 설문조사 응답별 비율

(단위: %)

구분	2023년			2024년		
	영향 없음	보통	영향 있음	영향 없음	보통	영향 있음
상용근로자	20	20	60	18	21	61
임시근로자	22	22	56	18	24	58
일용근로자	17	25	58	14	21	65
고용원이 있는 자영업자	25	23	52	24	22	54
고용원이 없는 자영업자	21	20	59	20	21	59
무급가족종사자	17	20	63	15	21	64
기타종사자	20	15	65	15	22	63
해당 없음(무직)	22	22	56	18	23	59

〈그래프〉 2023년과 2024년 종사자 집단별 응답자 수 비중

(단위: %)

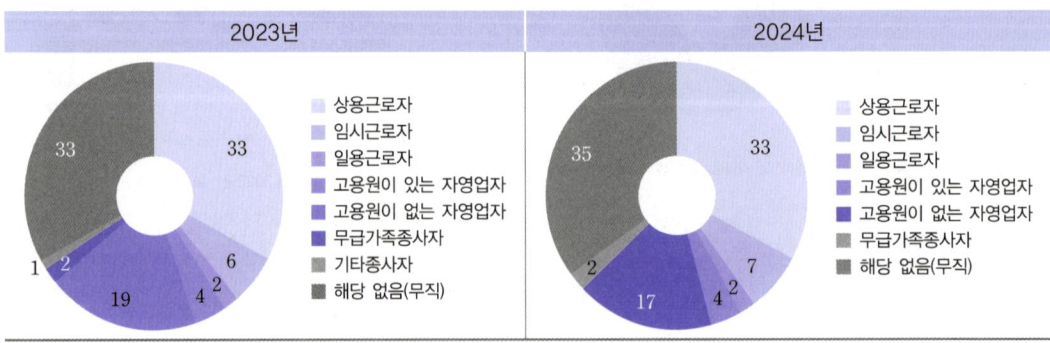

※ 설문조사는 2023년 10,000명, 2024년 15,000명을 대상으로 조사함

29 주어진 자료에 대한 〈보기〉의 설명 중 옳지 않은 것만을 모두 고르면?

- 보기 -
㉠ 종사자 집단 중에서 2023년 대비 2024년 응답자 수가 감소한 집단은 없다.
㉡ 60대의 '영향 없음', '보통', '영향 있음' 응답 순위는 2023년과 2024년이 동일하다.
㉢ 종사자 집단 중 2024년에 '보통'이라고 응답한 비율이 전년 대비 2%p 이상 증가한 집단은 임시근로자가 유일하다.
㉣ 2023년과 2024년 모두 20~40대에서 '영향 없음' 응답의 비율은 연령대가 낮아질수록 높아진다.

① ㉠, ㉡   ② ㉠, ㉢   ③ ㉡, ㉣   ④ ㉢, ㉣

30 종사자 집단 중에서 2024년에 '영향 있음'이라 응답한 비율이 가장 높은 종사자 집단의 2024년 '영향 있음' 응답자 수는?

① 174명   ② 183명   ③ 192명   ④ 195명

31 주어진 자료를 바탕으로 나타낸 그래프 중 옳지 않은 것은?

① 2024년 60대 응답 비율

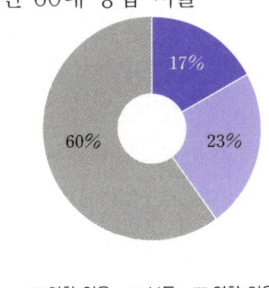

② 2023년 연령대별 응답 비율

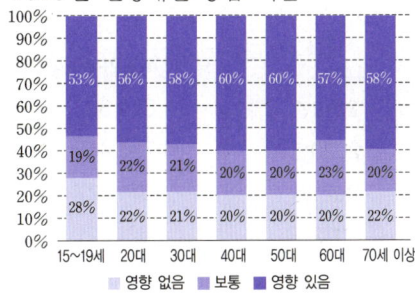

③ 2024년 종사자 집단별 '영향 없음' 응답 비율

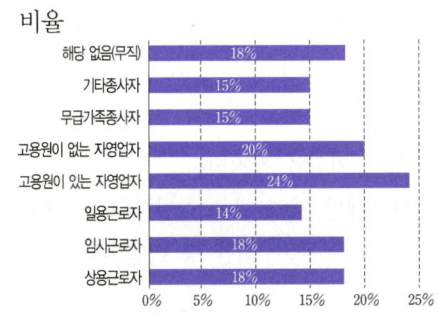

④ 2024년 고용원 유무에 따른 자영업자의 응답 비율

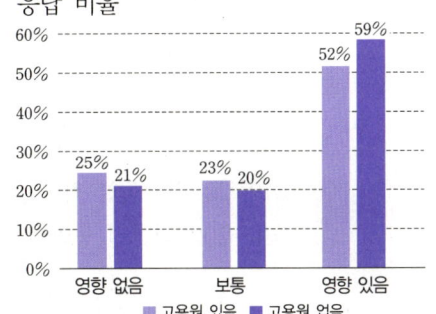

[32~34] 다음은 노인인구 현황 자료이다. 이를 바탕으로 이어지는 질문에 답하시오.

〈표 1〉 노인인구 현황

(단위: 명, %)

구분	총계		직장		지역	
	적용인구	노인인구	적용인구	노인인구	적용인구	노인인구
2019년	51,391,447	7,462,986	37,227,477	5,057,216	14,163,970	2,405,770
2020년	51,344,938	7,904,105	37,149,795	5,256,573	14,195,143	2,647,532
2021년	51,412,137	8,319,978	37,179,823	5,456,005	14,232,314	2,863,973
2022년	51,409,978	8,751,362	36,632,790	5,436,551	14,777,188	3,314,811
2023년	51,453,055	9,215,541	36,364,546	5,620,555	15,088,509	3,594,986

〈표 2〉 직장 내 노인인구 현황

(단위: 명, %)

구분	근로자		공무원 및 교직원	
	적용인구	노인인구	적용인구	노인인구
2019년	33,308,709	4,418,661	3,918,768	638,555
2020년	33,291,464	4,627,508	3,858,331	629,065
2021년	33,369,875	4,833,360	3,809,948	622,645
2022년	32,957,531	4,874,899	3,675,259	561,652
2023년	32,768,677	5,076,318	3,595,869	544,237

〈표 3〉 지역 내 노인인구 현황

(단위: 명, %)

구분	군		도시	
	적용인구	노인인구	적용인구	노인인구
2019년	1,855,303	427,172	12,308,667	1,978,598
2020년	1,730,458	436,656	12,464,685	2,210,876
2021년	1,681,827	462,318	12,550,487	2,401,655
2022년	1,621,021	506,821	13,156,167	2,807,990
2023년	1,568,356	525,996	13,520,153	3,068,990

32 다음 중 자료를 해석한 내용으로 옳지 않은 것은?

① 2019~2023년 동안 근로자 노인인구 대비 공무원 및 교직원 노인인구 비율은 매년 10% 이상이었다.
② 2023년 노인인구는 적용인구 전체의 15% 이상을 차지한다.
③ 2019~2023년 동안 직장 내 노인인구는 매년 지역 내 노인인구의 2배 미만이었다.
④ 2019~2023년 5년 동안의 군 내 평균 노인인구는 50만 명 미만이다.

33 다음 〈보기〉 중 2019~2023년 동안 증감 추이가 도시 내 노인인구와 동일한 것만을 모두 고르면?

― 보기 ―
㉠ 2019~2023년 군 내 노인인구
㉡ 2019~2023년 공무원 및 교직원 노인인구
㉢ 2019~2023년 직장 전체 노인인구
㉣ 2019~2023년 지역 전체 노인인구

① ㉠, ㉡   ② ㉠, ㉣   ③ ㉡, ㉢   ④ ㉢, ㉣

34 주어진 자료를 바탕으로 나타낸 그래프 중 옳지 않은 것은? (단, 소수점 둘째 자리에서 반올림한다.)

① 2019~2023년 적용인구

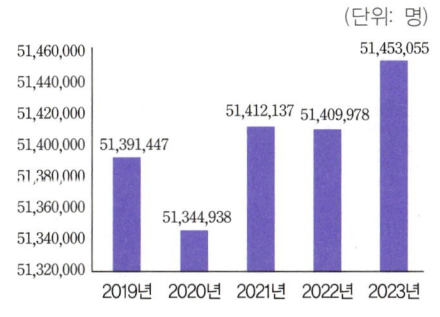

② 2019~2023년 지역 내 노인인구 중 군 노인인구와 도시 노인인구 비율

③ 2023년 직장 노인인구와 지역 노인인구 비율

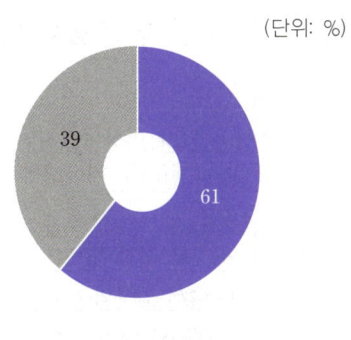

④ 2019~2023년 근로자 노인인구와 공무원 및 교직원 노인인구

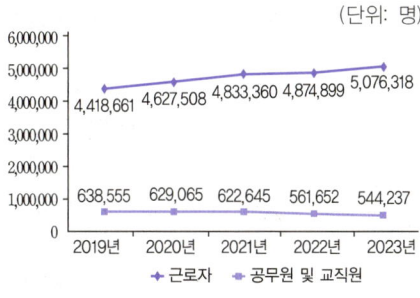

[35~37] 다음은 2020년부터 2070년까지 10년 단위로 조사하여 정리한 연령대별 장래 인구수 및 부양비 관련 자료이다. 이를 바탕으로 이어지는 질문에 답하시오.

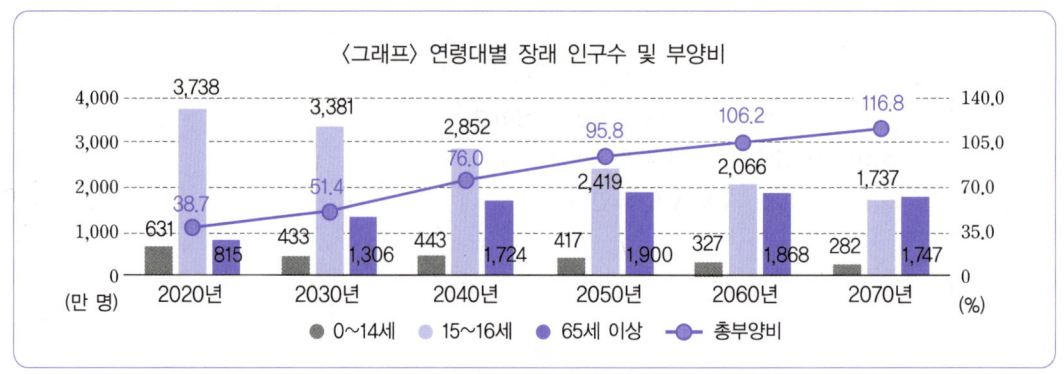

〈그래프〉 연령대별 장래 인구수 및 부양비

〈표〉 시기별 전체 인구수 및 부양비 현황

(단위: 만 명, %)

구분	2020년	2030년	2040년	2050년	2060년	2070년
전체 인구	5,184	5,120	5,019	4,736	4,261	3,766
인구성장률	0.14	-1.2	-2.0	-5.6	-10.0	-11.6
총부양비	38.7	51.4	76.0	95.8	106.2	116.8
유소년부양비	16.9	12.8	15.5	17.2	15.8	16.2
노년부양비	21.8	38.6	60.4	78.5	90.4	100.6
노령화지수	129.2	301.6	389.2	455.6	571.3	619.5

※ 총부양비 = 유소년부양비 + 노년부양비

※ 유소년부양비 = $\dfrac{0\sim14\text{세 인구}}{15\sim64\text{세 인구(생산가능인구)}} \times 100$

※ 노년부양비 = $\dfrac{65\text{세 이상 인구}}{15\sim64\text{세 인구(생산가능인구)}} \times 100$

※ 노령화지수 = $\dfrac{65\text{세 이상 인구}}{0\sim14\text{세 인구}} \times 100$

35 주어진 자료를 바탕으로 작성한 [보고서]의 밑줄 친 ㉠~㉢ 중 옳지 않은 것을 고르면?

• 보고서 •

㉠2020년 전체 인구 중 생산가능인구의 비중은 70% 이상이었지만, 10년 단위로 그 비중이 계속해서 낮아져 2060년에는 50% 미만으로 떨어질 전망이다. ㉡인구성장률은 2030년부터 마이너스 성장을 시작하여 10년 단위로 2070년까지 계속 마이너스 성장을 기록할 전망이다. 반면, ㉢총부양비는 2020년 38.7로 시작 후 10년 단위로 보았을 때 계속 증가하여 2060년에 처음으로 피부양인구(0~14세 인구와 65세 이상 인구의 합)가 생산가능인구를 초과할 것으로 예상된다. 한편 ㉣2020년 대비 2070년 노령화지수 증가 율은 400% 이상일 것으로 보여진다.

① ㉠　　　② ㉡　　　③ ㉢　　　④ ㉣

36 다음 〈표〉를 참고했을 때, 2020년 대비 2050년 노년부양비가 100% 이상 증가할 것으로 예상되는 국가의 수는? (단, 주어진 자료 내 국가만을 대상으로 한다.)

〈표〉 노년부양비 국제 비교

(단위: %)

구분	2020년	2030년	2040년	2050년
한국	21.8	38.6	60.4	78.5
일본	50.6	54.2	65.5	73.0
미국	24.9	32.6	36.5	38.9
칠레	18.0	25.5	33.6	42.5
핀란드	36.4	42.4	44.4	47.5
프랑스	34.2	40.9	47.6	50.9
독일	34.2	44.2	51.1	53.6
네덜란드	30.3	39.1	46.0	46.2
폴란드	27.7	34.0	38.9	52.3
스페인	29.8	38.7	54.7	70.2
영국	29.5	35.2	40.8	44.2

① 1개국 ② 2개국 ③ 3개국 ④ 4개국

37 2030년, 2040년, 2050년, 2060년, 2070년 중 생산가능인구가 그 해의 10년 전과 비교해서 가장 크게 감소한 연도에 65세 이상 인구수의 10년 전 대비 변화인원은 0~14세 인구수의 10년 전 대비 변화인원의 몇 배인가?

① 38.8배 ② 39.8배 ③ 40.8배 ④ 41.8배

[38~40] 다음은 구급활동 현황과 출동건수 및 구급차 수를 조사한 자료이다. 이를 바탕으로 이어지는 질문에 답하시오.

〈표 1〉 2013~2023년 구급활동 현황

(단위: 건, 명)

구분	이송인원	이송건수
2013년	1,548,880	1,504,176
2014년	1,678,382	1,631,723
2015년	1,755,031	1,707,007
2016년	1,793,010	1,748,116
2017년	1,817,526	1,777,188
2018년	1,879,725	1,843,106
2019년	1,860,071	1,825,987
2020년	1,621,775	1,594,390
2021년	1,823,819	1,775,395
2022년	1,996,688	1,969,375
2023년	2,017,007	1,995,982

〈표 2〉 2022년과 2023년 출동건수 및 구급차 수

(단위: 건, 대, 명)

구분	출동건수	구급차 수	구급차당 이송인원
2022년	3,486,526	1,643	( )
2023년	3,564,720	1,625	( )

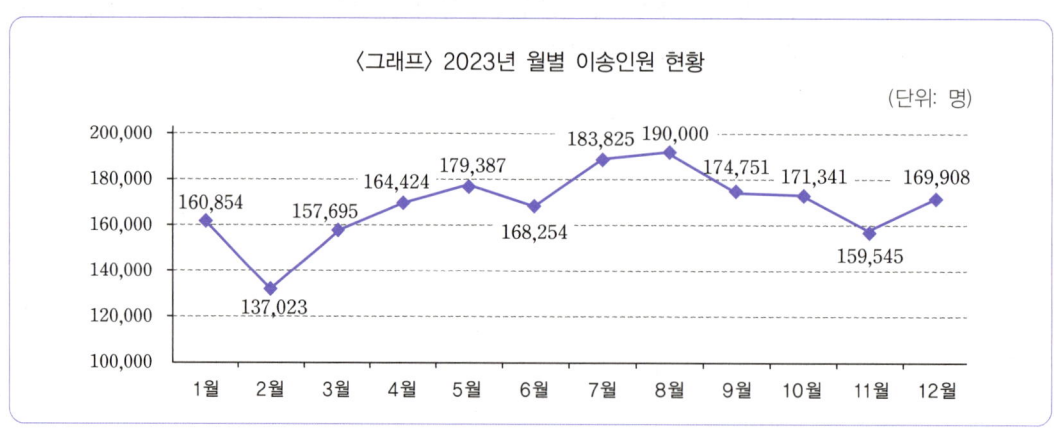

〈그래프〉 2023년 월별 이송인원 현황

38 다음 중 자료에 대한 설명으로 옳지 않은 것은?

① 2013~2023년 동안 이송인원과 이송건수의 증감 추이는 같다.
② 2013~2023년 동안 연평균 이송인원은 180만 명 이상이다.
③ 2023년 구급차당 이송인원은 전년보다 많다.
④ 2023년 월별 이송인원이 가장 많은 달과 가장 적은 달의 이송인원 차이는 5만 명 이상이다.

39 2022년 대비 2023년 출동건수 증가율은? (단, 소수점 둘째 자리에서 반올림한다.)

① 3.2%   ② 2.2%   ③ 1.2%   ④ 0.2%

40 다음 〈그래프〉는 2023년 출동건수 비중을 유형별로 나타낸 그래프이다. 정상에 해당하지 않는 유형 A~C 중 출동건수가 가장 적은 유형이 비정상출동건수 내에서 차지하는 비중은? (단, 소수점 첫째 자리에서 반올림한다.)

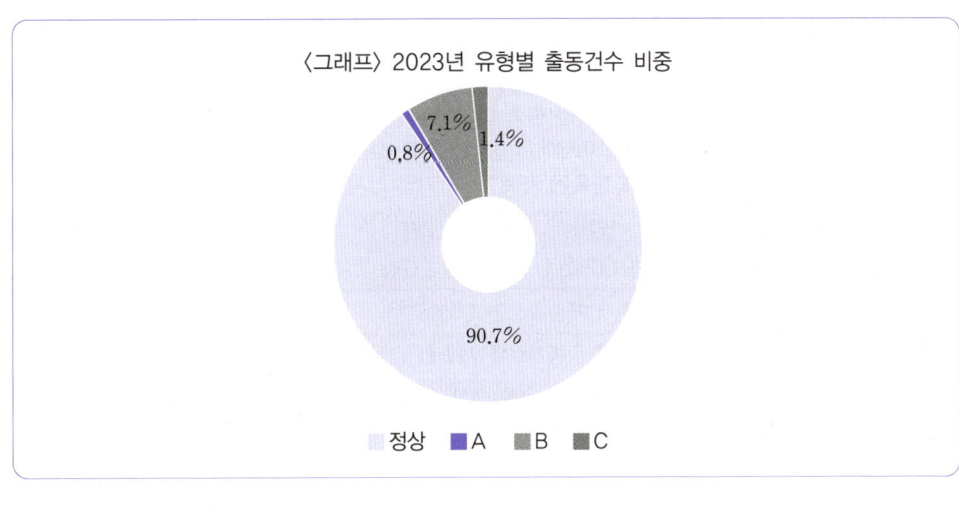

① 6%   ② 9%   ③ 12%   ④ 15%

[41~42] 다음은 A은행에서 홍보하는 상품에 관한 설명이다. 이를 바탕으로 이어지는 질문에 답하시오.

■ 상품 특징
아이 키우는 가정을 응원하고 목돈 마련을 지원하는 적금

■ 상품 내용

구분	내용
가입 대상	만 19세 이상 실명의 개인(1인 1계좌) ※ 개인사업자, 임의단체 및 공동명의 가입 불가
상품유형	자유적립식
계약기간	12개월
가입금액 및 저축방법	월 1만 원 이상 30만 원 이하(원 단위) ※ 매월 첫 날부터 마지막 날까지 자유롭게 저축(만기일 전날까지 입금 가능)
거래방법	• 가입: 모바일뱅킹, 영업점 • 해지: 모바일뱅킹, 인터넷뱅킹, 영업점 및 고객센터 ※ 고객센터에서 해지할 때는 만기해지만 가능
이자지급시기	만기일사지급식: 만기해지 또는 중도해지 시 이자를 한 번에 지급

■ 적용 이자율
• 기본 이율: 연 2.0%
• 우대이율: 최고 연 8.0%p

구분	제공조건				
아이사랑 우대이율 (최고 연 4.0%p)	아래 ①과 ② 조건 충족 여부에 따라 최고 연 4.0%p까지 가산 ※ 연 4.0%p 이내에서 ①, ② 중복 적용 가능 ① A은행에 등록된 가족^{주1)} 중 가입 당시 만 18세 이하 고객 수에 따라 다르게 적용				
		1명	2명	3명	4명 이상
		연 1.0%p	연 2.0%p	연 3.0%p	연 4.0%p
	② 임신확인서 제출 시 연 1.0%p^{주2)}				
희망가득 우대이율 (연 1.0%p)	아래 대상자별 증빙자료를 제출한 경우				
		우대이율 제공대상		증빙자료	
		기초생활수급자		수급자증명서	
		등록장애인^{주3)}		장애인증명서, 장애인등록증(복지카드)	
		한부모가족지원보호대상자		한부모가족증명서	
육아응원 우대이율 (연 3.0%p)	가입일부터 만기일 전날까지 본인의 A은행 입출금 통장으로 아동수당^{주4)}을 6회 이상 받은 경우				

※ 주1) 만기해지 시점에 등록되어 있는 가족 기준
※ 주2) 임신확인서 제출을 통한 우대이율은 한 번만 가산
※ 주3) 예금주의 자녀가 등록장애인인 경우에도 인정(이 경우 가족관계증명서 첨부 필수)
※ 주4) 매월 25일 입금자명 또는 적요에 '아동, 구청, 군청, 복지, 보육, 가족, 가정, 주민, 여성, 사회, 어린이행복과'를 포함하여 10만 원 이상 입금된 건
※ 25일이 토요일 또는 공휴일인 경우 직전 영업일에 입금된 건 포함

- 우대이율 유의사항
  - 아이사랑 우대이율 적용을 위한 임신확인서 제출과 희망가득 우대이율 적용을 위한 증빙자료 제출은 영업점을 통해 가입일부터 만기해지 전날까지 각각 한 번씩만 가능
  - 우대이율 적용을 위한 서류제출 시 발급일부터 3개월 이내인 서류만 유효
  - 모바일뱅킹에서 가입했거나 '만기 자동해지'를 신청한 계좌는 만기일에 자동 해지되므로 우대이율 제공대상인 경우 만기일 전날까지 영업점에 방문하여 우대이율 등록 신청 요망
- 자동이체
  - 다른 금융회사 계좌에서도 가능하며, 해당 금융회사에서 신청해야 함
  - A은행 계좌간자동이체의 경우
    : 만기일 전영업일까지 자동이체가 가능하며, 그 이후에는 이체되지 않음
    : 이체일이 영업일이 아닌 경우 그다음 영업일에 이체하고, 이체일이 달력에 없으면 해당월의 마지막 날 이체함

41 주어진 상품설명서를 읽고 이해한 내용으로 옳지 않은 것은?

① A은행 계좌간자동이체를 매월 20일에 신청하였는데 3월 20일이 토요일이라면, 3월 22일에 이체될 것이다.
② 예금주의 자녀가 등록장애인인 경우 우대이율을 적용받기 위해선 6월 1일에 발급한 관련 증빙자료 3가지를 영업점에 9월이 지나기 전까지 제출해야 한다.
③ 모바일뱅킹과 영업점을 통해서만 가입이 가능하며, 만기일 당일 이전에는 고객센터를 통해 해지 불가능하다.
④ 육아응원 우대이율을 적용받기 위해서는 아동수당으로 60만 원 이상을 받아야 한다.

42 인천에 거주 중인 직장인 B씨는 둘째 아이 출산을 앞두고 출산 준비를 하던 중, 해당 상품을 알게 되었다. 다음 〈조건〉을 충족하여 가입한 경우, B씨의 적용 이자율은? (단, 제출한 증빙서류는 유효하다고 가정한다.)

• 조건 •

- 첫째 아이는 만 3세로, A은행에 등록됨
- 가입 즉시 둘째 아이 임신확인서 제출
- 계약기간 12개월 간 첫째 아이 아동수당 10만 원을 입출금용 A은행 계좌를 통해 매월 25일 자에 보육 관련 입금자명으로 입금받음

① 연 5%   ② 연 6%   ③ 연 7%   ④ 연 8%

[43~45] 다음은 영유아 건강검진 안내문이다. 이를 바탕으로 이어지는 질문에 답하시오.

영유아 건강검진 안내문

1. 대상자
   6세 미만 영유아

2. 검진 주기
   생후 14~35일(1차 검진), 4~6개월(2차 검진), 9~12개월(3차 검진), 18~24개월(4차 검진), 30~36개월(5차 검진), 42~48개월(6차 검진), 54~60개월(7차 검진), 66~71개월(8차 검진) 시기별로 1회씩 검진. 구강검진은 18~29개월(4차 검진), 30~41개월(5차 검진), 42~53개월(6차 검진), 54~65개월(7차 검진) 시기별로 1회씩 검진

3. 검진 항목
   성장 및 발달 이상, 비만, 안전사고, 영아돌연사증후군, 청각 및 시각 이상, 치아우식증 등

4. 영유아 건강검진 검진 항목
   1) 문진 및 진찰

항목	목표 질환	1차 검진	2차 검진	3차 검진	4차 검진	5차 검진	6차 검진	7차 검진	8차 검진
시각 문진	시각 이상 (사시)	●	●	●	●	●	●	●	●
외안부 시진		●	●	●	●				
시력 검사	굴절 이상 (약시)						●	●	●
청각 문진	청각 이상	●	●	●	●	●	●	●	●
귓속말검사							●		
예방접종확인	예방접종								●

   2) 신체계측

항목	목표질환	1차 검진	2차 검진	3차 검진	4차 검진	5차 검진	6차 검진	7차 검진	8차 검진
키	성장 이상	●	●	●	●	●	●	●	●
몸무게		●	●	●	●	●	●	●	●
머리둘레		●	●	●	●				
체질량지수	비만					●	●	●	●

   3) 발달평가 및 상담

항목	목표질환	1차 검진	2차 검진	3차 검진	4차 검진	5차 검진	6차 검진	7차 검진	8차 검진
발달평가 및 상담	발달 이상			●	●	●	●	●	●

4) 건강교육 및 상담

항목	목표질환	1차 검진	2차 검진	3차 검진	4차 검진	5차 검진	6차 검진	7차 검진	8차 검진
안전사고예방	안전사고예방	●	●	●	●		●	●	●
영양	영양결핍(과잉)	●	●	●	●		●	●	●
수면	영아돌연사증후군	●	●						
구강 문진	치아발육상태			●					
대소변가리기					●	●			
전자미디어노출			●		●			●	
정서 및 사회성	사회성 발달				●	●	●	●	
개인위생					●				
취학 전 준비						●		●	

5) 구강검진

항목	목표질환	1차 검진	2차 검진	3차 검진	4차 검진	5차 검진	6차 검진	7차 검진	8차 검진
진찰 및 상담	치아우식증				●	●	●	●	
치아검사				●	●	●	●	
기타 검사 및 문진				●	●	●	●	
구강보건교육 (보호자 및 유아)				●	●	●	●	

5. 발달 정밀검사비 지원

구분	내용
대상자	영유아 건강검진 중 발달평가 결과 '심화평가 권고'로 판정된 영유아
지원내용	영유아 발달 정밀검사비 지원 • 의료급여수급권자, 기초생활수급자(주거 및 생계), 차상위 계층: 최대 40만 원 • 건강보험가입자 및 피부양자: 최대 20만 원 ※ 신청 당시 자격을 기준으로 지원
지원기간	해당 차수의 영유아 건강검진을 받은 날로부터 1년 이내에 영유아 발달 정밀검사를 받고, 정밀검사를 받은 해의 다음연도 상반기(6월 말)까지 신청
신청방법	거주지 관할 보건소 문의

43 주어진 자료를 읽고 판단한 내용으로 옳지 않은 것은?

① 생후 14일부터 71개월까지의 영유아를 대상으로 검진 시기에 맞춰 총 8회 실시한다(구강검진 제외).
② 안전사고예방 교육을 받지 않는 검진 시기에는 전자미디어노출 교육을 받는다.
③ 3~8차에 해당하는 영유아 대상자의 발달평가 결과가 '심화평가 권고'로 판정된 경우, 거주지 관할 보건소를 통해 발달 정밀검사비를 지원받을 수 있다.
④ 1~8차 모든 검진에서 빠짐없이 검진받아야 하는 검진 항목은 6가지다.

44 생후 48개월인 영유아가 시기에 맞는 건강검진을 받았을 때, 검사받아야 하는 항목의 가짓수는? (단, 구강검진도 포함한다.)

① 15가지　　② 16가지　　③ 17가지　　④ 18가지

45 다음 영유아 A~D 중 발달 정밀검사비를 지원 신청을 올바르게 한 대상자는?

① 2024년 3월에 건강검진, 2024년 5월에 발달 정밀검사, 2025년 7월에 지원 신청한 A
② 2023년 9월에 건강검진, 2024년 4월에 발달 정밀검사, 2025년 5월에 지원 신청한 B
③ 2023년 6월에 건강검진, 2024년 7월에 발달 정밀검사, 2025년 1월에 지원 신청한 C
④ 2023년 5월에 건강검진, 2024년 7월에 지원 신청한 D

[46~48] 다음은 건강보험 사회공헌 해외판로 개척 지원사업 모집 공고이다. 이를 바탕으로 이어지는 질문에 답하시오.

■ 사업목적
- 해외 진출을 희망하는 보건, 복지, 환경 분야 중소기업 및 사회적경제기업의 해외 진출을 돕기 위해 수출 전략 컨설팅, 판로 개척 등 글로벌 역량 강화를 종합 지원하기 위함
- 대·중소기업 동반성장 분위기를 중소기업으로 확산하고, 공급 가치사슬 전체의 고객 다양화를 통한 매출 향상을 지원하기 위함

■ 지원 분야 및 선발규모

수출 단계	선정 수	지원서비스	서비스 지원금액	컨설팅 지원금액
준비	4개 사	통번역/홍보물제작/바이어매칭	400만 원×2건	50만 원×9회
초보	4개 사	해외인증·특허취득/해외마케팅/글로벌 플랫폼 입점	500만 원×2건	
성장	4개 사	기술수출 등록/현지화/해외박람회 참가	700만 원×2건	

※ 지원금액은 기업별로 지원되는 금액임

■ 지원 대상: 보건, 복지, 환경 및 의료기기 관련 업종
- 기본요건: 현재 해외진출을 준비 중이거나 진행 중인 중소기업
  ※ 사회적경제기업에 포함되는 경우 가점 부여
    - 사회적경제기업: 사회적기업, 사회적협동조합, 마을기업, 소셜벤처, 자활기업
- 제한요건: 신청 마감일 기준으로 아래의 요건에 해당하지 않아야 신청 가능
  - 휴·폐업: 사업자등록을 하지 않거나 휴업 또는 폐업 중인 경우
  - 세금체납: 국세·지방세 체납 중인 경우
  - 채무불이행: 금융기관 등의 채무불이행 및 4대 보험을 체납 중인 경우
  - 금융규제: 금융기관을 통한 계좌개설이 불가능하거나 금융자산에 대한 압류가 진행 중인 경우, 금융기관으로부터 불량거래자로 규제 중인 경우
  - 참여제한: 부정당업자로 제재 중인 기업, 유흥/향락/숙식/오락 또는 유사 업종 종사 기업, 공고일 기준 타 기관으로부터 해외판로 관련 지원을 받고 있는 기업

■ 세부일정

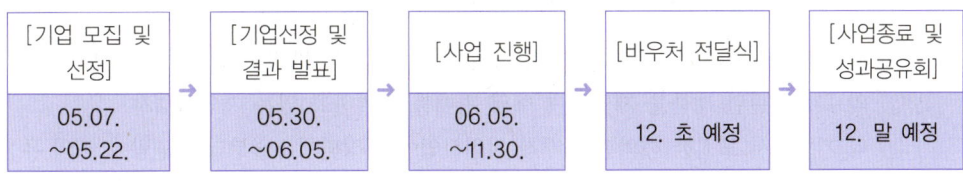

■ **참여기업 선정**: 서면평가로 진행되며, 아래 평가항목의 기업역량, 해외진출 경쟁력 및 우대가점의 합산점수가 높은 순으로 선정

서면평가	평가항목	배점
기업역량	• 핵심 기술력(10점) • 대표 및 경영진 전문성(10점) • 24년도 매출액(10점)	30점
해외진출 경쟁력	• 수출실적(10점) • 품목 시장성(20점) • 해외진출 준비도(10점) • 프로젝트 적합성(30점)	70점
우대가점	• 사업자등록증 소재지가 강원도인 기업(2점) • 사회적기업, 사회적협동조합, 마을기업, 소셜벤처, 자활기업(3점) • 산업·지식재산권 및 국내외 규격·인증 보유기업(5점) • 중소기업기술마켓 입점 기업(5점) • 의료기기 관련 분야 기업(5점) ※ 10점 초과의 경우 10점까지만 반영	최대 10점

46 주어진 자료를 읽고 판단한 내용으로 옳지 않은 것은?

① 기업 모집부터 성과공유회까지 6개월 이내에 완료될 예정이다.
② 참여기업 선정은 서면평가로만 진행되며, 총 12개의 기업이 선정된다.
③ 각 기업에 제공되는 컨설팅 지원금액은 수출 단계와 관계없이 450만 원이다.
④ 기술수출 등록과 해외박람회 참가 지원서비스를 받는 기업은 1,400만 원의 서비스 지원금액을 받을 수 있다.

47 다음 중 사회공헌 해외판로 개척 지원사업에 신청할 수 있는 기업은? (단, 언급되지 않은 내용은 모두 신청 조건을 충족한다고 가정한다.)

① 운영할수록 계속되는 손해로 반년 동안 일시 휴업 후 재정비 중인 중소기업
② 의료기업 관련 제품을 개발하여 해외 판매를 준비하고 있는 개인사업자
③ 타 기관에서 모집한 해외판로 개척 지원사업에 선정되어 5월부터 지원받아 해외 유통망을 늘리고 있는 중소기업
④ 도시재생을 위해 지역주민들이 협력하여 1년째 운영 중인 환경 관련 마을기업

48 이미 준비 단계인 지원 기업 3곳을 선정하였고, 마지막 한 기업을 다음 A~D 중에서 선정하려고 한다. 마지막으로 선정될 기업은?

기업	기업역량			해외진출 경쟁력				우대가점
	핵심 기술력	대표 및 경영진 전문성	24년도 매출액	수출 실적	품목 시장성	해외 진출 준비도	프로젝트 적합성	
A	4점	5점	4점	6점	11점	7점	20점	강원도 소재 사업자등록증 소지, 의료용 레이저 기기 기업
B	4점	4점	4점	3점	9점	10점	23점	-
C	6점	6점	4점	6점	13점	7점	25점	중소기업기술마켓 입점, 산업재산권 보유, 소셜벤처
D	7점	7점	8점	9점	16점	6점	26점	-

① A ② B ③ C ④ D

[49~50] 다음은 일반건강검진 실시 안내문이다. 이를 바탕으로 이어지는 질문에 답하시오.

일반건강검진 실시 안내문

(2025년 기준)

1. 검진 대상

   건강보험가입자와 의료급여수급권자 중 아래 기준에 해당하는 자

구분		대상 기준	실시 주기
건강보험 가입자	지역가입자	세대주 중 홀수년도 출생자 및 20세 이상 세대원 중 홀수년도 출생자	2년/1회
	피부양자	20세 이상 피부양자 중 홀수년도 출생자	2년/1회
	직장가입자	• 비사무직 근로자: 전체 • 사무직 근로자: 홀수년도 출생자	1년/1회 2년/1회
의료급여수급권자		20~64세 의료급여수급권자	2년/1회

2. 검진 항목
   1) 공통 검사 항목

      진찰 및 상담, 신체계측(신장 및 체중, 허리둘레, 비만도), 시력·청력검사, 혈압측정, 흉부방사선 검사, 혈액검사(혈색소, 공복혈당, AST, ALT, γ-GTP, 혈청크레아티닌, e-GFR), 요검사, 구강검진

   2) 성별 및 연령별 검사 항목

구분		대상 시기	비고
이상지질혈증	총콜레스테롤	남성 24세 이상(4년 주기) 여성 40세 이상(4년 주기)	-
	고밀도(HDL) 콜레스테롤		
	저밀도(LDL) 콜레스테롤		
	중성지방		
B형간염검사		40세	보균자 또는 면역자 제외
C형간염검사		56세	간암 예방을 위한 신규 도입
골밀도검사		54세, 60세, 64세 여성	골다공증 예방 및 관리를 위해 60세 여성 추가
인지기능장애검사		66세 이상(2년마다)	-
정신건강검사	우울증	20~34세(2년마다) 35~39세(1회) 40~49세(1회) 50~59세(1회) 60~69세(1회) 70~79세(1회)	청년층(20~34세) 정신건강 위험도 증가로 검사 주기 단축
	조기정신증	20~34세(2년마다)	조기정신증 검사 신설
생활습관평가		40세, 50세, 60세, 70세	-
노인신체기능검사		66세, 70세, 80세	-
치면세균막검사		40세	구강검진 항목

3. 비용부담
   1) 건강보험가입자: 공단 전액 부담
   2) 의료급여수급권자: 국가 및 지자체에서 부담
   ※ 단, 일반건강검진 이후 검진기간을 지나 확인검사를 받을 경우 본인부담금이 발생할 수 있음
4. 기타

사항	주의 내용
운전면허 적성검사 간소화 서비스	운전면허 신청일 이전 2년 이내 국가건강검진을 받은 사람은 운전면허 발급 및 갱신 시 신체검사(시력 및 청력) 면제 가능 ※ 단, 검진기관 청구가 완료된 건강검진 결과 내역에 한함
채용 신체검사 대체 통보서 발급 서비스	일반건강검진 결과를 활용한 채용 신체검사 대체통보서 또는 일반건강검진 결과통보서(2개 중 택 1)로 채용 신체검사 대체 가능 ※ 단, 최근 2년 이내 실시 및 검진기관 청구가 완료된 건강검진 결과 내역에 한함

49 주어진 안내문을 읽고 해석한 것으로 옳지 않은 것은?

① 건강보험에 가입된 2005년 5월생인 피부양자는 올해 검진 대상자로, 계속 피부양자로 남을 경우 다음 검진 시기는 2027년이다.
② 성별 및 연령별로 진행되는 검사 항목 중 변경 또는 추가된 항목은 4가지이다.
③ 검진기관 청구가 완료된 건강검진 결과를 활용하여 운전면허 또는 채용 신체검사를 언제든지 면제받을 수 있다.
④ 확진검사 없이 기간 내 건강검진을 받았다면 본인부담금은 발생하지 않는다.

50 건강보험가입자인 A~D 4명은 2025년 12월 31일 건강검진센터에서 성별 및 연령별로 진행되는 검사를 받는다. 받아야 할 검사 항목의 개수가 가장 많은 대상자는? (단, A~D 모두 각 검사별로 대상 시기의 나이가 되자마자 필요한 검사를 모두 받는다.)

① 91년생 남성   ② 85년생 여성
③ 61년생 여성   ④ 59년생 남성

[51~52] 다음은 소득 부과 건강보험료 조정 정산 제도에 관한 내용이다. 이를 바탕으로 이어지는 질문에 답하시오.

소득 부과 건강보험료 조정 정산 제도

1) 정의/목적
   소득(사업, 근로, 이자, 배당, 연금, 기타소득)에 대하여 보험료 조정 및 정산을 신청한 경우, 다음 해 11월에 국세청 등으로부터 확인된 소득으로 보험료를 재산정하여 그 차액을 부과 또는 환급하는 제도

2) 대상
   소득이 감소 또는 증가한
   ① 지역가입자
   ② 직장가입자 중 보수 외 소득월액보험료 부과대상자

3) 조정 적용 기간
   ① 기본: 신청일의 다음 달부터 그 해 12월까지
   ② 예외
      ㉠ 매달 1일 신청 시: 그 달부터 적용
      ㉡ 11월, 12월, 1월에 그 달 1일부터 그 달 보험료의 납부마감일 사이에 신청 시: 그 달부터 적용
      ㉢ 자격의 소급 취득 또는 소급 변동(지역↔직장)이 있는 경우: 이에 따른 보험료를 부담해야 하는 최초 고지된 달의 납부 기한으로부터 3개월 이내 신청 시 그 최초 부과월부터 조정

4) 소득 정산

구분	내용
정산 시점	매년 11월
정산 기간	조정한 연도 전체(1~12월분) 보험료
정산 대상	소득에 대해 조정 및 정산을 신청한 자
정산 방법	소득에 대한 보험료 조정 및 정산을 신청한 경우, 부과한 보험료와 다음해 11월 국세청 등으로부터 확인된 소득으로 재산정한 보험료와의 차액을 매년 11월에 정산하는 방식(직장가입자 보험료 연말정산제도와 유사) ※ 보수 외 소득월액보험료 부과대상자는 국세청 등 확인소득 반영 후 보수 외 소득이 2천만 원 초과인 경우 보수 외 소득월액보험료 정산 및 부과

5) 신청방법

구분	방법
온라인	홈페이지, 모바일앱(The건강보험) ※ 홈페이지의 경우 소득이 감소한 경우만 신청 가능
오프라인	방문, 우편, 팩스

6) 유의사항
- 보험료 조정 및 정산 후 피부양자 자격취득은 별도 신고가 필요합니다.
- 정산보험료는 이미 조정받은 보험료를 국세청 등 확인소득으로 정산하는 것이므로, 정기 보험료와 달리 재조정이 불가합니다.
- 보험료 조정 및 정산 후 피부양자 취득 또는 경감을 적용받은 경우 및 보험료 기준을 활용해 혜택을 받은 경우(본인부담상한제 등)에는 정산 결과에 따라 취득한 날로 상실 또는 환수될 수 있습니다.
- 보험료 조정 및 정산 후 보수 외 소득월액보험료 부과대상자에서 제외되었더라도 정산 결과에 따라 보수 외 소득이 2천만 원을 초과하는 경우, 보수 외 소득월액보험료가 소급되어 부과될 수 있습니다.
- 납부한 보험료와 비교하여 차액이 계산되므로 소득이 감소하였더라도 보험료가 추가로 부과될 수 있습니다.

51 주어진 제도를 근거로 판단한 것으로 옳지 않은 것은?

① 직장가입자의 보수는 해당 제도와 무관하다.
② 올해 중 일부 달만 보험료 조정을 받았다면 보험료 정산 시 조정 연도 내 조정을 받은 기간에 한해서만 정산받을 수 있다.
③ 소득이 증가한 경우에는 방문, 우편, 팩스로만 신청할 수 있다.
④ 소득이 감소하였더라도 보험료가 추가로 부과될 수 있다.

52 A~C 중 조정 적용 기간에 대해 바르게 이해하지 못한 사람만을 모두 고르면?

- A: "일반적으로 4월 5일에 조정 신청했다면, 조정 적용 기간은 당해 5월부터 12월까지야."
- B: "4월 1일에 조정 신청한 경우의 조정 적용 기간은 당해 4월부터 12월까지야."
- C: "만약 매달 25일이 보험료의 납부마감일인 경우, 12월 13일에 조정 신청을 한다면 다음 해 1월부터 조정 적용이 돼."

① A ② B ③ C ④ B, C

[53~54] 다음 자료를 읽고, 이어지는 질문에 답하시오.

요양급여비용 심사 및 지급 관련 절차 안내

심사평가원 및 공단에서는 요양급여비용의 심사 및 지급 절차를 다음과 같이 운영하고 있습니다.

1. 요양급여비용 청구 접수
   - 요양기관은 진료가 완료된 후 요양급여비용을 전자청구 또는 서면청구의 방식으로 심사평가원에 청구할 수 있습니다.
   - 전자청구의 경우에는 접수가 즉시 완료되며, 서면청구의 경우에는 접수 완료까지 1영업일(영업일: 주말 및 공휴일을 제외한 날)이 소요됩니다.

2. 심사 처리
   - 요양급여비용 청구에 대한 심사는 청구 방식에 따라 다음과 같은 기한 내에 완료되어야 합니다.
     - 전자청구: 접수 완료일을 포함하여 15영업일 이내
     - 서면청구: 접수 완료일을 포함하여 20영업일 이내

3. 심사자료 보완 요청
   - 심사평가원은 청구된 자료에 대한 심사 과정에서 필요 시 요양기관에 자료 보완을 요청할 수 있습니다.
   - 심사평가원의 보완 요청은 요양급여비용 청구 접수가 완료된 날을 포함하여 10영업일 이내에 이루어져야 하며, 보완 요청을 받은 요양기관은 보완 요청일을 포함하여 7영업일 이내에 보완 자료를 제출해야 합니다.
   - 전자청구의 경우 보완 자료의 접수는 즉시 완료되며, 서면청구의 경우 보완 자료의 접수 완료까지 1영업일이 소요됩니다.
   - 보완 요청이 있었을 경우, 심사 처리 기한은 청구 방식에 따라 다음과 같은 기한 내에 완료되어야 합니다.
     - 전자청구: 보완 자료의 접수 완료일을 포함하여 10영업일 이내
     - 서면청구: 보완 자료의 접수 완료일을 포함하여 15영업일 이내

4. 요양급여비용 지급
   - 심사평가원은 심사가 완료된 당일에 요양급여비용을 청구한 요양기관에게 심사 결과를 통보해야 합니다.
   - 심사 결과를 통보받은 요양기관은 심사 결과에 동의하거나 이의신청을 할 수 있습니다.
   - 이의신청은 심사 결과를 통보받은 날을 포함하여 40영업일까지 가능합니다.
   - 요양기관이 심사 결과에 동의할 경우, 동의한 당일에 심사평가원은 공단에게 심사 결과 및 요양기관의 동의 사실을 통보해야 합니다.
   - 공단은 심사평가원으로부터 심사 결과 및 요양기관의 동의 사실을 통보받은 날의 다음 영업일까지 요양급여비용을 청구한 요양기관에 요양급여비용을 지급해야 합니다.

53 A요양기관이 다음과 같이 요양급여비용을 신청하는 과정에서 절차에 어긋나는 것을 고르면? (단, 해당 기간 동안 주말을 제외한 비영업일은 없으며, 각 선택지를 판단할 때는 각 선택지 외의 내용은 전부 옳다고 가정한다.)

> A요양기관은 2025년 3월 31일(월)에 서면청구로 요양급여비용을 청구하였다. ① 심사평가원은 2025년 4월 14일(월)에 자료 보완를 요청하였고, 이에 ② A요양기관은 2025년 4월 21일(월)에 보완 자료를 제출하였다. 보완 자료를 접수한 ③ 심사평가원은 2025년 4월 28일(월)에 심사를 완료하여 같은 날에 공단에게 심사 결과를 통보하였다. 심사평가원으로부터 심사 결과를 통보받은 ④ 공단은 2025년 4월 29일(화)에 A요양기관에 요양급여비용을 지급하였다.

54 B요양기관은 2025년 5월 12일(월)까지 요양급여비용을 지급받기를 원한다. 다음과 같은 상황을 고려했을 때, B요양기관이 요양급여비용 청구를 해야 하는 날짜는? (단, 해당 기간 동안 주말을 제외한 비영업일은 5월 5일(월)과 5월 6일(화) 이틀뿐이다.)

- 심사 및 지급 관련 절차에서 최대 기간이 소요된다고 가정한다.
- B요양기관은 전자청구를 하며, 심사 결과를 통보받은 당일에 심사 결과에 동의한다.
- 심사평가원은 보완 요청을 하지 않는다.

① 4월 15일(화)   ② 4월 16일(수)
③ 4월 17일(목)   ④ 4월 18일(금)

[55~57] 다음은 노로바이러스감염증 관련 보도자료이다. 이를 바탕으로 이어지는 질문에 답하시오.

　질병관리청은 동절기에 유행하는 노로바이러스감염증 환자가 최근 증가 중이고, 특히 영유아(0~6세) 환자가 전체의 58.8%를 차지하고 있어 영유아 및 관련 시설(어린이집, 키즈카페 등)의 위생수칙 준수를 당부하였다.
　노로바이러스(Norovirus)는 감염력이 매우 강하고 일상 환경에서도 사흘간 생존이 가능하며, 면역을 유지하는 기간이 짧아 과거에 걸렸던 사람도 재감염 될 수 있다. 국내에서는 겨울철부터 이듬해 초봄(11월~3월)까지 주로 발생하며, 개인위생이 취약하고 집단생활을 많이 하는 영유아(0~6세)를 중심으로 발생하는 특성을 보인다.
　주요 감염경로는 노로바이러스에 오염된 물(지하수) 혹은 음식물(어패류 등)을 섭취한 경우이나, 환자 접촉을 통한 사람 간 전파 혹은 환자 분비물의 비말에 의한 감염도 가능하다. 노로바이러스에 감염되면 12~48시간 안에 구토, 설사 등의 증상이 나타나며, 사람에 따라 복통, 오한, 발열이 나타나기도 한다.
　예방을 위해 손 소독제보다는 비누를 사용하여 30초 이상 손을 씻고, 식재료는 흐르는 물에 세척하여 85℃ 이상에서 1분 이상 충분히 익히는 등 안전하고 위생적으로 조리된 음식을 섭취해야 한다.
　노로바이러스감염증 환자는 증상이 사라진 후 48시간이 지날 때까지 등원, 등교 및 출근을 자제하고, 화장실을 비롯한 생활공간을 다른 가족과 구분하여 생활해야 한다. 또한, 화장실 사용 시 배변 후 물을 내릴 때 변기 뚜껑을 닫아 비말로 인한 노로바이러스 확산을 차단하도록 해야 한다.
　환자가 사용했던 공간이나 화장실, 환자 분비물(분변 또는 구토물)에 오염된 물품은 시판용 락스를 희석(락스 1:물 50)하여 묻힌 천으로 닦아내 소독하고, 환자의 분비물을 제거할 때에는 비말을 통해 감염되지 않도록 마스크(KF94)와 장갑을 반드시 착용하도록 한다. 특히, 소독은 손이 닿는 물체(문 손잡이, 수도꼭지 등)를 중심으로 닦아내고, 세탁물은 70℃ 이상에서 세탁하거나 락스 희석액(락스 1:물 250)으로 5분 이상 헹군다.
　질병관리청장은 "노로바이러스감염증을 예방하기 위해 올바른 손씻기 등 예방수칙 준수와 안전하게 조리한 음식 섭취를 당부하고, 특히 영유아 보육시설에서는 유증상자의 등원 자제와 환자 사용 공간 소독을 강조하며, 집단환자 발생 시 가까운 보건소로 신고할 것"이라고 요청하였다.

55 주어진 보도자료를 읽고 판단한 내용으로 옳지 않은 것은?

① 노로바이러스감염증은 전체 환자 중 절반 이상이 영유아이다.
② 동절기에 어린이집, 키즈카페 등의 출입을 줄이면 노로바이러스감염증에 감염될 확률이 낮아질 것이다.
③ 노로바이러스는 감염력이 강하고, 다양한 경로를 통해 감염된다.
④ 노로바이러스에 감염되면 이틀의 잠복기를 거쳐 사흘 후부터 구토, 설사 등의 증상이 나타나며, 사람에 따라 복통, 오한, 발열이 나타나기도 한다.

56 다음 중 노로바이러스감염증 행동수칙에 대해 잘못 이해한 사람만을 모두 고르면?

- 가은: "증상이 발현한 때부터 48시간이 지난 후 증상이 없어지면 등원한다."
- 나라: "손을 씻을 때는 비누를 이용하여 30초 이상 닦는다."
- 다운: "식재료는 흐르는 물에 세척하여 85℃ 이상에서 일정 시간 이상 충분히 익혀서 섭취해야 한다."
- 라돈: "화장실에서 배변 시 물을 내리고 변기 뚜껑을 닫고 나온다."

① 가은, 나라
② 가은, 라돈
③ 나라, 다운
④ 다운, 라돈

57 노로바이러스감염증 환자가 발생하여 환자가 사용한 공간 및 물건 등을 소독하고, 이와 더불어 환자의 세탁물을 헹구기 위해 락스 희석액을 사용하려 한다. 공간 및 물건 등을 소독하는 데 사용할 물과 세탁물을 헹구기 위한 물이 각각 1L씩 있을 때, 적절한 비율의 락스 희석액을 만들기 위해 필요한 락스의 양은 총 몇 ml인가?

① 22ml
② 24ml
③ 26ml
④ 28ml

[58~60] 다음은 음식점 원산지 표시 제도 안내문이다. 이를 바탕으로 이어지는 질문에 답하시오.

음식점 원산지 표시 제도

■ 영업소 및 집단급식소의 원산지 공통적 표시 방법
- 음식명 바로 옆이나 밑에 표시대상 원료인 농수산물명과 그 원산지를 한글로 표시하되, 필요한 경우에는 한글 옆에 한문 또는 영문 등을 추가로 표시할 수 있다. 다만, 모든 음식에 사용된 특정 원료의 원산지가 같은 경우 그 원료에 대해서는 일괄하여 표시할 수 있다.
- 원산지의 글자 크기는 메뉴판이나 게시판 등에 적힌 음식명 글자 크기와 같거나 그보다 커야 한다.
- 원산지가 다른 2개 이상의 동일 품목을 섞은 경우에는 섞음 비율이 높은 순서대로 모든 원산지를 표시한다.
- 쇠고기, 돼지고기, 닭고기, 오리고기, 넙치, 조피볼락 및 참돔 등을 다른 품목끼리 섞은 경우에는 각각의 원산지를 표시한다.
- 원산지가 국내산(국산)인 경우에는 "국산"이나 "국내산"으로 표시하거나 해당 농수산물이 생산된 특별시·광역시·특별자치시·도·특별자치도명이나 시·군·자치구명으로 표시할 수 있다.

■ 표시 대상 품목 및 업소

구분	대상품목
축산물	쇠고기, 돼지고기, 닭고기, 오리고기, 양고기, 염소고기(유산양 포함)의 식육, 포장육, 식육가공품 ※ 배달용 포함(포장재 등에 표시)
수산물	• 넙치(광어), 조피볼락(우럭), 참돔, 미꾸라지, 뱀장어(민물장어), 낙지, 고등어, 갈치, 명태(황태, 북어 등 건조품 제외), 오징어, 꽃게, 참조기, 다랑어, 아귀, 주꾸미(해당 수산물가공품 포함) • 살아있는 모든 수산물(수족관)
농산물	• 쌀(밥, 죽, 누룽지로 제공하는 것) • 배추김치(배추, 고춧가루 따로 표시)

■ 위반 시 처벌
- 형사처벌
  - 원산지 거짓(혼동) 표시: 7년 이하의 징역 또는 1억 원 이하의 벌금
  - 원산지 미표시: 1천만 원 이하의 과태료 부과
  - 표시방법 위반: 미표시 과태료 금액의 1/2 부과
- 위반업소 인터넷 공개: 원산지 거짓(혼동) 표시 또는 미표시 2회 이상 업소
- 과태료 부과 세부사항(해당되는 품목별, 위반행위별 금액 모두 합산)

구분		1회	2회	3회 이상
미표시	쇠고기 원산지만 미표시	100만 원	200만 원	300만 원
	쇠고기 식육의 종류만 미표시	30만 원	60만 원	100만 원
	돼지고기, 닭고기, 오리고기, 양고기, 쌀, 배추김치, 콩의 원산지	30만 원	60만 원	100만 원
	수산물의 원산지	30만 원	60만 원	100만 원
	조사·수거·열람을 거부 및 방해	100만 원	300만 원	500만 원

58 주어진 자료를 읽고 이해한 내용으로 옳은 것은?

① 배달을 통하여 판매하는 축산물은 원산지를 표시하지 않아도 된다.
② 조리하여 판매하기 위해 수족관에 진열 중인 수산물은 원산지를 표시하지 않아도 된다.
③ 배추김치는 원산지를 표시할 때 2가지에 대한 원산지를 따로 표시해야 한다.
④ 원산지 표시방법을 2회 위반한 경우 인터넷에 공개 조치될 것이다.

59 다음은 음식점 원산지 표시 제도에 대한 이해를 바탕으로, 음식점 운영자 4명의 판단 내용이다. 이 중에서 제도 내용을 잘못 이해한 사람만을 모두 고르면?

- 운영자 A: "우리 업소에서 사용하는 닭은 모두 국내산이라서 '우리 업소에서는 국산 닭만을 사용합니다.'라고 표시했어."
- 운영자 B: "메뉴판 공간이 좁아서 음식명보다 조금 더 작은 글씨로 원산지를 표시했지만 잘 보여서 문제는 딱히 없어."
- 운영자 C: "횟집을 운영 중인데, 모둠회로 참돔(국내산)과 우럭(일본산)을 사용하여 회를 내고 있어서 '모둠회(참돔: 국내산, 우럭: 일본산)'으로 표기했어."
- 운영자 D: "우리 업소의 대표메뉴가 양지곰탕인데, 미국산과 호주산 쇠고기가 7:3으로 볶아져. 그래서 '양지곰탕(쇠고기: 호주산과 미국산을 섞음)'으로 표시해서 안내하고 있어."

① 운영자 A, 운영자 B
② 운영자 A, 운영자 C
③ 운영자 B, 운영자 D
④ 운영자 C, 운영자 D

60 다음 〈보기〉의 ㉠과 ㉡ 상황에 부과될 과태료는 각각 얼마인가?

• 보기 •

㉠ 오리고기 전문점 P식당은 오리고기 원산지를 미표시하였다. 조사관은 관련 조사를 하는 과정에서 P식당이 서류 열람을 거부하여 조사를 수행하는데 곤란함을 겪었는데, 확인한 결과 P식당은 동일 위반 사안으로 이미 한 차례 적발된 이력이 있었다. 그때 당시에는 조사를 거부하거나 방해하지는 않은 것으로 나타났다.

㉡ 백반류를 제공하는 Q한식당에서는 배추김치와 쌀 원산지를 모두 미표시하였으며, 쇠고기의 원산지는 표시하였지만 식육의 종류는 표시하지 않았다. Q한식당은 이번이 첫 번째 적발이다.

	㉠	㉡		㉠	㉡
①	130만 원	90만 원	②	130만 원	160만 원
③	160만 원	90만 원	④	160만 원	160만 원

직무시험_국민건강보험법

20문항 / 20분

※ 요양직 응시자는 242p로 이동해 주세요.

01 다음 중 국민건강보험법상에서의 정의가 잘못된 것은?

① 근로자: 직업의 종류와 관계없이 근로의 대가로 보수를 받아 생활하는 사람(법인의 이사와 그 밖의 임원을 제외한다)으로서 공무원 및 교직원을 제외한 사람을 말한다.
② 사업장: 사업소나 사무소를 말한다.
③ 공무원: 국가나 지방자치단체에서 상시 공무에 종사하는 사람을 말한다.
④ 교직원: 사립학교나 사립학교의 경영기관에서 근무하는 교원과 직원을 말한다.

02 다음 중 공단 임원의 겸직 금지 등에 대한 설명으로 옳은 것은?

① 상임임원은 직무 외의 영리 목적 사업에 종사할 수 있다.
② 상임임원은 제청권자의 허가가 있으면 비영리 업무를 겸할 수 있다.
③ 공단 직원은 이사장의 허가가 있으면 영리 목적의 업무를 겸할 수 있다.
④ 공단 직원은 임명권자의 허가가 있으면 비영리 목적의 업무를 겸할 수 있다.

03 다음 〈보기〉 중 국민건강보험법상 자격의 상실 시기에 관해 옳은 것만을 모두 고르면?

─────────── • 보기 • ───────────
㉠ 사망한 날
㉡ 국적을 잃은 날
㉢ 직장가입자의 피부양자가 된 날
㉣ 건강보험을 적용받고 있던 사람이 유공자등 의료보호대상자가 되어 건강보험의 적용배제신청을 한 날

① ㉠, ㉡   ② ㉠, ㉢   ③ ㉡, ㉣   ④ ㉢, ㉣

04 다음 ㉠, ㉡에 들어갈 숫자를 모두 더하면?

> 제20조(임원)
> ① 공단은 임원으로서 이사장 1명, 이사 14명 및 감사 1명을 둔다. 이 경우 이사장, 이사 중 5명 및 감사는 상임으로 한다.
> ② 이사장은 「공공기관의 운영에 관한 법률」 제29조에 따른 임원추천위원회(이하 "임원추천위원회"라 한다)가 복수로 추천한 사람 중에서 보건복지부장관의 제청으로 대통령이 임명한다.
> ③ 상임이사는 보건복지부령으로 정하는 추천 절차를 거쳐 이사장이 임명한다.
> ④ 비상임이사는 다음 각 호의 사람을 보건복지부장관이 임명한다.
>   1. 노동조합·사용자단체·시민단체·소비자단체·농어업인단체 및 노인단체가 추천하는 각 (㉠)명
>   2. 대통령령으로 정하는 바에 따라 추천하는 관계 공무원 (㉡)명

① 4   ② 5   ③ 6   ④ 7

05 다음은 국민건강보험법상 요양기관 현황에 대한 신고의 내용 일부이다. 빈칸에 들어갈 말로 적절한 것은?

> 제43조(요양기관 현황에 대한 신고)
> ① 요양기관은 제47조에 따라 요양급여비용을 최초로 청구하는 때에 요양기관의 시설·장비 및 인력 등에 대한 현황을 (㉠)에 신고하여야 한다.
> ② 요양기관은 제1항에 따라 신고한 내용(제45조에 따른 요양급여비용의 증감에 관련된 사항만 해당한다)이 변경된 경우에는 그 변경된 날부터 (㉡) 이내에 보건복지부령으로 정하는 바에 따라 (㉠)에 신고하여야 한다.

	㉠	㉡
①	심사평가원	14일
②	심사평가원	15일
③	보건복지부	14일
④	보건복지부	15일

06 다음 〈보기〉 중 공단이 보험료등을 징수하기 위한 납입 고지 문서에 적어야 하는 것만을 모두 고르면?

―― 보기 ――
㉠ 징수하려는 보험료등의 종류
㉡ 납부해야 하는 금액
㉢ 납부해야 하는 금액의 산출근거
㉣ 납부기한 및 장소

① ㉠, ㉢   ② ㉠, ㉣   ③ ㉡, ㉢   ④ ㉠, ㉡, ㉣

07 다음 〈보기〉 중 국민건강보험법상 규정으로 옳은 것만을 모두 고르면?

―― 보기 ――
㉠ 요양급여비용의 계약 및 결손처분 등 보험재정에 관련된 사항을 심의·의결하기 위하여 공단에 재정운영위원회를 둔다.
㉡ 공단은 건강보험사업 및 징수위탁근거법의 위탁에 따른 회계는 공단의 다른 회계와 구분하여 각각 회계처리하여야 한다.
㉢ 공단은 회계연도마다 예산안을 편성하여 이사회의 의결을 거친 후 보건복지부장관의 승인을 받아야 한다.
㉣ 공단은 지출할 현금이 부족한 경우에는 차입할 수 있다. 다만, 1년 이상 장기로 차입하려면 기획재정부장관의 승인을 받아야 한다.

① ㉠, ㉢
② ㉡, ㉣
③ ㉠, ㉡, ㉢
④ ㉡, ㉢, ㉣

08 다음 〈보기〉의 사례 속 A요양기관에 부과될 수 있는 과징금의 최대 금액은?

―― 보기 ――
A요양기관은 속임수나 그 밖의 부당한 방법으로 보험자·가입자 및 피부양자에게 요양급여비용을 부담하게 하여 업무정지 처분 대상이지만, 보건복지부장관이 정하는 특별한 사유가 인정되어 업무정지 처분을 과징금으로 갈음하게 되었다. 이 요양기관이 속임수나 그 밖의 부당한 방법으로 보험자·가입자 및 피부양자에게 부담하게 한 금액은 2,000,000원이었다.

① 2,000,000원
② 5,000,000원
③ 10,000,000원
④ 20,000,000원

09 다음 중 국민건강보험법상 요양기관의 선별급여 실시에 대한 관리의 내용으로 옳지 않은 것은?

① 업무정지 상태가 아닌 모든 요양기관은 선별급여를 실시할 수 있다.
② 선별급여를 실시하는 요양기관은 해당 선별급여의 평가를 위하여 필요한 자료를 제출하여야 한다.
③ 보건복지부장관은 요양기관이 선별급여의 실시 조건을 충족하지 못하거나 자료를 제출하지 아니할 경우에는 해당 선별급여의 실시를 제한할 수 있다.
④ 선별급여의 실시 조건과 자료의 제출, 선별급여의 실시 제한 등에 필요한 사항은 보건복지부령으로 정한다.

10 다음 〈조건〉의 직장가입자 B씨가 납부해야 하는 보수 외 소득월액보험료는?

─── • 조건 • ───
- B씨의 보수월액: 6,000,000원
- B씨의 연간 보수 외 소득: 1,700,000원
- B씨는 업무에 종사하기 위해 국외에서 3개월 이상 체류 중
- B씨의 피부양자는 국내에서 거주 중
- 보수 외 소득월액 산정 시 대통령령으로 정하는 금액: 500,000원
- 직장가입자의 보험료율은 1천분의 70으로 가정함

① 0원　　　② 3,500원　　　③ 7,000원　　　④ 213,500원

11 다음 〈보기〉 중 국민건강보험법상 요양급여에 해당하는 것만을 모두 고르면?

─── • 보기 • ───
㉠ 진찰·검사
㉡ 처치·수술
㉢ 예방·재활
㉣ 입원

① ㉠, ㉢　　　　　　　　② ㉠, ㉡, ㉣
③ ㉡, ㉢, ㉣　　　　　　④ ㉠, ㉡, ㉢, ㉣

12 다음 중 국민건강보험법상 요양급여의 적정성 평가에 대한 설명으로 옳지 않은 것은?

① 심사평가원은 요양급여에 대한 의료의 질을 향상시키기 위하여 요양급여의 적정성 평가를 실시할 수 있다.
② 심사평가원은 요양기관의 인력·시설·장비, 환자안전 등 요양급여와 관련된 사항을 포함하여 평가할 수 있다.
③ 심사평가원은 평가 결과를 평가대상 요양기관에 통보하여야 하며, 평가 결과에 따라 요양급여비용을 가산 또는 감산할 경우에는 그 결정사항이 포함된 평가 결과를 가감대상 요양기관 및 공단에 통보하여야 한다.
④ 요양급여의 적정성 평가의 기준·범위·절차·방법 등에 필요한 사항은 대통령령으로 정한다.

13 다음은 국민건강보험법상 진료심사평가위원회에 대한 내용 일부이다. 빈칸에 들어갈 말로 적절한 것은?

> 제66조(진료심사평가위원회)
> ① 심사평가원의 업무를 효율적으로 수행하기 위하여 심사평가원에 진료심사평가위원회(이하 "심사위원회"라 한다)를 둔다.
> ② 심사위원회는 위원장을 포함하여 (㉠) 이내의 상근 심사위원과 (㉡) 이내의 비상근 심사위원으로 구성하며, 진료과목별 분과위원회를 둘 수 있다.

	㉠	㉡
①	90명	500명
②	90명	1,000명
③	100명	500명
④	100명	1,000명

14 다음 〈보기〉 속 사례에서 요양급여비용의 처리 방식으로 옳은 것은?

> • 보기 •
>
> A요양기관은 갑 가입자에게 요양급여를 제공한 후, 20×5년 5월 10일 심사평가원에 요양급여비용 심사를 청구하였다. 심사평가원은 심사를 마치고 5월 15일에 공단과 A요양기관에 심사 결과를 통보하였다. 이에 따라 공단은 요양급여비용을 A요양기관에 지급하였다. 다만, 갑이 실제 납부한 본인일부부담금은 심사평가원이 심사하여 통보한 부담금보다 많았고, A요양기관은 현재 공단에 일부 보험료를 체납하고 있는 상태이다.

① 공단은 통보된 심사 결과에 따른 요양급여비용을 A요양기관에 전액 지급하여야 하며, 본인일부부담금의 과다 납부액은 별도로 환급 처리해야 한다.
② 공단은 A요양기관이 체납한 보험료가 있더라도 요양급여비용은 전액 지급해야 한다.
③ 공단은 갑이 과다 납부한 본인일부부담금만큼을 A요양기관에 지급할 금액에서 공제한 후 갑에게 지급해야 한다.
④ 요양기관이 심사청구를 하지 않고 공단에 직접 요양급여비용을 청구하는 것도 가능하다.

15 다음 중 국민건강보험법상 벌금의 상한액이 가장 높은 사람은?

① A: 공단 직원으로서 업무를 수행하면서 알게 된 정보를 직무상 목적 외의 용도로 제3자에게 제공하였다.
② B: 공단 직원으로서 가입자 및 피부양자의 개인정보를 정당한 사유 없이 제3자에게 제공하였다.
③ C: 요양기관의 개설자로서 업무정지 처분을 받았지만 업무정지기간 중에 요양급여를 제공하였다.
④ D: 요양기관으로서 보건복지부장관으로부터 요양·약제의 지급 등 보험급여에 관한 보고 또는 서류 제출을 명령받았지만 이에 따르지 않았다.

16 다음 〈보기〉 중 국민건강보험법상 공단의 업무 중 자산의 관리·운영 및 증식사업의 방법으로 명시된 것만을 모두 고르면? (단, 그 밖에 대통령령으로 정하는 사업에 대한 내용은 명시되지 않은 것으로 본다.)

• 보기 •

㉠ 체신관서 또는 「은행법」에 따른 은행에의 예입 또는 신탁
㉡ 국가·지방자치단체 또는 「은행법」에 따른 은행이 직접 발행하거나 채무이행을 보증하는 유가증권의 매입
㉢ 외국 법인이 발행하는 유가증권의 매입
㉣ 공단의 업무와 무관한 수익형 부동산의 취득 및 일부 임대

① ㉠, ㉡   ② ㉠, ㉣   ③ ㉡, ㉢   ④ ㉢, ㉣

17 다음은 국민건강보험법상 체납 또는 결손처분 자료의 제공에 대한 내용 일부이다. 빈칸에 들어갈 말로 적절한 것은?

제81조의3(체납 또는 결손처분 자료의 제공)
① 공단은 보험료 징수 및 제57조에 따른 징수금(같은 조 제2항 각 호의 어느 하나에 해당하여 같은 조 제1항 및 제2항에 따라 징수하는 금액에 한정한다. 이하 이 조에서 "부당이득금"이라 한다)의 징수 또는 공익목적을 위하여 필요한 경우에 「신용정보의 이용 및 보호에 관한 법률」 제25조 제2항 제1호의 종합신용정보집중기관에 다음 각 호의 어느 하나에 해당하는 체납자 또는 결손처분자의 인적사항·체납액 또는 결손처분액에 관한 자료(이하 이 조에서 "체납등 자료"라 한다)를 제공할 수 있다. 다만, 체납된 보험료나 부당이득금과 관련하여 행정심판 또는 행정소송이 계류 중인 경우, 제82조 제1항에 따라 분할납부를 승인받은 경우 중 대통령령으로 정하는 경우, 그 밖에 대통령령으로 정하는 사유가 있을 때에는 그러하지 아니하다.
  1. 이 법에 따른 납부기한의 다음 날부터 1년이 지난 보험료 및 그에 따른 연체금과 체납처분비의 총액이 (㉠) 이상인 자
  2. 이 법에 따른 납부기한의 다음 날부터 1년이 지난 부당이득금 및 그에 따른 연체금과 체납처분비의 총액이 (㉡) 이상인 자
  3. 제84조에 따라 결손처분한 금액의 총액이 (㉢) 이상인 자

	㉠	㉡	㉢
①	500만 원	1억 원	500만 원
②	500만 원	5억 원	1,000만 원
③	1,000만 원	1억 원	1,000만 원
④	1,000만 원	5억 원	2,000만 원

18 다음 중 국민건강보험법상 규정으로 옳지 않은 것은?

① 공단은 「장애인복지법」에 따라 등록한 장애인인 가입자 및 피부양자에게는 보조기기에 대하여 보험급여를 할 수 있다.
② 장애인인 가입자 또는 피부양자에게 보조기기를 판매한 자는 가입자나 피부양자의 위임이 있는 경우 공단에 보험급여를 직접 청구할 수 있다.
③ 공단은 보험급여를 할 때 필요하다고 인정되면 보험급여를 받는 사람에게 문서와 그 밖의 물건을 제출하도록 요구하거나 관계인을 시켜 질문 또는 진단하게 할 수 있다.
④ 공단은 국민건강보험법에 따라 지급의무가 있는 요양비 또는 부가급여의 청구를 받으면 7일 이내에 이를 지급하여야 한다.

19 다음 〈조건〉은 A씨가 올해 동안 요양기관을 이용하면서 지출한 진료비 내역이다. A씨가 공단으로부터 환급받을 수 있는 본인부담상한액 초과금은 얼마인가?

─────── 조건 ───────
• A씨는 한 해 동안 총 350만 원의 본인일부부담금을 지출하였다.
• A씨는 준요양기관에서 부상에 대한 요양을 받아 별도로 60만 원을 지출하였고, 이 중 40만 원을 요양비로 지급받았다.
• A씨의 건강보험료 분위에 따른 올해 본인부담상한액은 300만 원이다.

① 0원　　② 50만 원　　③ 70만 원　　④ 110만 원

20 다음 중 국민건강보험법상 임기가 가장 긴 사람은? (단, 전임자의 사임 등으로 새로 위촉된 사람은 없다.)

① A: 건강보험정책심의위원회 위원(근로자 단체가 추천)
② B: 국민건강보험공단 감사
③ C: 재정운영위원회 위원(공무원 아님)
④ D: 심사평가원 이사(공무원 아님)

직무시험_노인장기요양보험법

20문항 / 20분

01 다음 중 노인장기요양보험법상 장기요양급여 제공의 기본원칙에 대한 설명으로 옳지 않은 것은?

① 장기요양급여는 노인등이 자신의 의사와 능력에 따라 최대한 자립적으로 일상생활을 수행할 수 있도록 제공하여야 한다.
② 장기요양급여는 노인등의 심신상태·생활환경과 노인 등 및 그 가족의 욕구·선택을 종합적으로 고려하여 필요한 범위 안에서 이를 적정하게 제공하여야 한다.
③ 장기요양급여는 전문적인 시설과 장기요양요원이 상주하는 장기요양기관에서 장기요양을 받는 시설급여를 우선적으로 제공하여야 한다.
④ 장기요양급여는 노인등의 심신상태나 건강 등이 악화되지 아니하도록 의료서비스와 연계하여 이를 제공하여야 한다.

02 다음 〈보기〉 중 노인장기요양보험법상 행정제재처분의 효과가 승계되지 않는 자는?

― 보기 ―
㉠ 영업정지된 지 2년이 지난 장기요양기관을 양도받은 양수인
㉡ 영업정지된 지 6개월이 지난 장기요양기관을 위반사실을 모른 채 양도받아 이를 증명한 양수인
㉢ 영업정지된 지 1년이 지난 장기요양기관을 합병하여 신설된 법인
㉣ 지정취소되어 폐업된 지 4년이 지난 장기요양기관의 장소에서 장기요양기관을 운영하는 자 중 종전에 행정제재처분을 받은 자

① ㉠, ㉡
② ㉠, ㉢
③ ㉡, ㉣
④ ㉢, ㉣

03 다음 〈보기〉 중 노인장기요양보험법상 실태조사에 포함되는 것만을 모두 고르면?

― 보기 ―
㉠ 등급판정위원회의 판정에 따라 수급자의 규모, 그 급여의 수준 및 만족도에 관한 사항
㉡ 장기요양기관에 관한 사항
㉢ 장기요양위원회에 관한 사항
㉣ 장기요양요원의 근로조건, 처우 및 규모에 관한 사항

① ㉠, ㉣
② ㉡, ㉢
③ ㉠, ㉡, ㉣
④ ㉡, ㉢, ㉣

04 다음 〈보기〉 중 노인장기요양보험법상 장기요양인정의 신청인이 반드시 제출해야 하는 것만을 모두 고르면?

― 보기 ―
㉠ 신청서
㉡ 의사소견서
㉢ 주민등록표등본

① ㉠ ② ㉡ ③ ㉠, ㉡ ④ ㉡, ㉢

05 다음 중 노인장기요양보험법상 공단이 가족요양비를 지급할 수 있는 수급자에 해당하지 않는 것은? (단, 모든 수급자는 가족 등으로부터 방문요양에 상당한 장기요양급여를 받았다.)

① 도서·벽지 등 장기요양기관이 현저히 부족한 지역으로서 보건복지부장관이 정하여 고시하는 지역에 거주하는 자
② 천재지변이나 그 밖에 이와 유사한 사유로 인하여 장기요양기관이 제공하는 장기요양급여를 이용하기가 어렵다고 보건복지부장관이 인정하는 자
③ 본인이 가족으로부터 장기요양급여를 받기를 희망하는 자
④ 신체·정신 또는 성격 등 대통령령으로 정하는 사유로 인하여 가족 등으로부터 장기요양을 받아야 하는 자

06 다음 중 노인장기요양보험법상 인권교육기관의 지정을 반드시 취소하여야 하는 경우는?

① 거짓이나 그 밖의 부정한 방법으로 지정을 받은 경우
② 보건복지부령으로 정하는 지정요건을 갖추지 못하게 된 경우
③ 인권교육의 수행능력이 현저히 부족하다고 인정되는 경우
④ 인권교육에 대한 월별 평균 만족도가 6개월 이상 5점 만점에 2점 이하인 경우

07 다음은 노인장기요양보험법상 장기요양기본계획에 대한 내용 일부이다. 빈칸 ⊙과 ⓒ에 들어갈 말로 적절한 것은?

> 제6조(장기요양기본계획)
> ① 보건복지부장관은 노인등에 대한 장기요양급여를 원활하게 제공하기 위하여 (⊙) 단위로 다음 각 호의 사항이 포함된 장기요양기본계획을 수립·시행하여야 한다.
>   1. 연도별 장기요양급여 대상인원 및 재원조달 계획
>   2. 연도별 장기요양기관 및 장기요양전문인력 관리 방안
>   3. 장기요양요원의 처우에 관한 사항
>   4. 그 밖에 노인등의 장기요양에 관한 사항으로서 대통령령으로 정하는 사항
> ② (ⓒ)은 제1항에 따른 장기요양기본계획에 따라 세부시행계획을 수립·시행하여야 한다.

	(⊙)	(ⓒ)
①	1년	보건복지부장관
②	1년	지방자치단체의 장
③	5년	보건복지부장관
④	5년	지방자치단체의 장

08 다음 중 노인장기요양보험법상 수급자 본인이 비용을 전부 부담하는 장기요양급여로 옳지 않은 것은?

① 노인장기요양보험법의 규정에 따른 급여의 범위 및 대상에 포함되지 아니하는 장기요양급여
② 수급자가 장기요양인정서에 기재된 장기요양급여의 종류 및 내용과 다르게 선택하여 장기요양급여를 받은 경우 그 차액
③ 「의료급여법」 제3조 제1항 제1호에 따른 수급자에게 제공되는 장기요양급여
④ 장기요양급여의 월 한도액을 초과하는 장기요양급여

09 다음은 노인장기요양보험법상 위반사실 등의 공표에 대한 내용 일부이다. 빈칸 ㈀과 ㈁에 들어갈 말로 적절한 것은?

> 제37조의3(위반사실 등의 공표)
> ① 보건복지부장관 또는 특별자치시장·특별자치도지사·시장·군수·구청장은 장기요양기관이 거짓으로 재가·시설 급여비용을 청구하였다는 이유로 제37조 또는 제37조의2에 따른 처분이 확정된 경우로서 다음 각 호의 어느 하나에 해당하는 경우에는 위반사실, 처분내용, 장기요양기관의 명칭·주소, 장기요양기관의 장의 성명, 그 밖에 다른 장기요양기관과의 구별에 필요한 사항으로서 대통령령으로 정하는 사항을 공표하여야 한다. 다만, 장기요양기관의 폐업 등으로 공표의 실효성이 없는 경우에는 그러하지 아니하다.
> 1. 거짓으로 청구한 금액이 (㈀) 이상인 경우
> 2. 거짓으로 청구한 금액이 장기요양급여비용 총액의 (㈁) 이상인 경우

	㈀	㈁
①	1,000만 원	100분의 10
②	1,000만 원	100분의 20
③	5,000만 원	100분의 10
④	5,000만 원	100분의 20

10 다음 〈보기〉 중 노인장기요양보험법상 장기요양사업을 수행하기 위하여 두는 조직 등과 건강보험사업을 수행하는 조직 등을 구분하여 따로 두지 않는 업무만을 모두 고르면?

> • 보기 •
> ㈀ 장기요양보험가입자 및 그 피부양자와 의료급여수급권자의 자격관리
> ㈁ 장기요양보험료의 부과·징수
> ㈂ 장기요양급여의 관리 및 평가
> ㈃ 장기요양급여 제공내용 확인

① ㈀, ㈁
② ㈀, ㈂
③ ㈀, ㈁, ㈃
④ ㈁, ㈂, ㈃

11 다음은 노인장기요양보험법상 장기요양급여의 제공에 대한 내용 일부이다. 빈칸 ㉠과 ㉡에 들어갈 말로 적절한 것은?

> 제27조(장기요양급여의 제공)
> ① 수급자는 제17조 제1항에 따른 (㉠)와 같은 조 제3항에 따른 (㉡)가 도달한 날부터 장기요양급여를 받을 수 있다.
> (생략)
> ③ 수급자는 장기요양급여를 받으려면 장기요양기관에 (㉠)와 (㉡)를 제시하여야 한다.

	㉠	㉡
①	장기요양인정서	개인별장기요양이용계획서
②	장기요양인정서	장기요양인정신청서
③	장기요양인정신청서	개인별장기요양이용계획서
④	장기요양인정신청서	장기요양인정서

12 다음 〈보기〉 중 노인장기요양보험법상 과징금을 부과할 수 없는 경우만을 모두 고르면?

• 보기 •
㉠ 거짓이나 그 밖의 부정한 방법으로 지정을 받은 경우
㉡ 정당한 사유 없이 수급자의 장기요양급여를 거부하여 수급자에게 심한 불편을 줄 우려가 있는 경우
㉢ 거짓이나 그 밖의 부정한 방법으로 재가 및 시설 급여비용을 청구한 경우
㉣ 장기요양기관의 장이 감독을 게을리 한 상태에서 종사자 등이 수급자를 위하여 증여 또는 급여된 금품을 그 목적 외의 용도에 사용하는 행위를 한 경우(보건복지부령으로 정하는 경우에 해당)

① ㉠, ㉡ ② ㉠, ㉣ ③ ㉡, ㉢ ④ ㉢, ㉣

13 다음 중 노인장기요양보험법상 장기요양요원의 보호에 대한 설명으로 옳지 않은 것은?

① 장기요양기관의 장은 수급자 및 그 가족이 장기요양요원에게 폭언·폭행·상해 또는 성희롱·성폭력 행위를 하는 경우로 인한 고충의 해소를 장기요양요원이 요청하는 경우 업무의 전환 등 대통령령으로 정하는 바에 따라 적절한 조치를 하여야 한다.
② 장기요양기관의 장은 장기요양요원에게 수급자가 부담하여야 할 본인부담금의 전부 또는 일부를 부담하도록 요구하는 행위를 하여서는 아니 된다.
③ 장기요양요원은 장기요양기관의 장이 급여외행위의 제공을 요구하는 행위를 한 경우에는 장기요양기관을 지정한 특별자치시장·특별자치도지사·시장·군수·구청장에게 그 시정을 신청할 수 있다.
④ 시정신청의 절차, 사실확인 조사 및 통보 등에 필요한 사항은 대통령령으로 정한다.

14 다음 중 노인장기요양보험법상 장기요양기관의 지정을 위해 특별자치시장·특별자치도지사·시장·군수·구청장이 검토하는 사항으로 옳지 않은 것은?

① 장기요양기관을 운영하려는 자의 장기요양급여 제공 이력
② 장기요양기관을 운영하려는 자 및 그 기관에 종사하려는 자가 이 법,「사회복지사업법」또는「노인복지법」등 장기요양기관의 운영과 관련된 법에 따라 받은 행정처분의 내용
③ 장기요양기관의 시설 및 인력 현황
④ 해당 지역의 노인인구 수, 치매 등 노인성질환 환자 수 및 장기요양급여 수요 등 지역 특성

15 다음 중 노인장기요양보험법상 장기요양위원회에 대한 설명으로 옳지 않은 것은?

① 위원 중 대통령령으로 정하는 관계 중앙행정기관의 고위공무원단 소속 공무원이 2명이라면, 장기요양에 관한 학계 또는 연구계를 대표하는 자는 4명이다.
② 장기요양위원회 위원의 임기는 3년으로 한다. 다만, 공무원인 위원의 임기는 재임기간으로 한다.
③ 장기요양위원회 회의는 구성원 과반수의 출석으로 개의하고 출석위원 과반수의 찬성으로 의결한다.
④ 장기요양위원회의 효율적 운영을 위하여 분야별로 실무위원회를 둘 수 있다.

16 다음은 노인장기요양보험법상 장기요양기관의 폐업 등의 신고 등에 대한 내용 일부이다. 빈칸 ㉠과 ㉡에 들어갈 말로 적절한 것은?

> 제36조(장기요양기관의 폐업 등의 신고 등)
> ① 장기요양기관의 장은 폐업하거나 휴업하고자 하는 경우 폐업이나 휴업 예정일 전 (㉠)까지 특별자치시장·특별자치도지사·시장·군수·구청장에게 신고하여야 한다. 신고를 받은 특별자치시장·특별자치도지사·시장·군수·구청장은 지체 없이 신고 명세를 공단에 통보하여야 한다.
> ② 특별자치시장·특별자치도지사·시장·군수·구청장은 장기요양기관의 장이 유효기간이 끝나기 (㉡) 전까지 제32조의4에 따른 지정 갱신 신청을 하지 아니하는 경우 그 사실을 공단에 통보하여야 한다.

	㉠	㉡
①	30일	30일
②	30일	60일
③	60일	30일
④	60일	60일

17 다음 중 노인장기요양보험법상 등급판정위원회의 설치에 대한 설명으로 옳지 않은 것은?

① 등급판정위원회는 특별자치시·특별자치도·시·군·구 단위로 하나씩 설치한다.
② 등급판정위원회는 위원장 1인을 포함하여 15인의 위원으로 구성한다.
③ 등급판정위원회 위원은 공단 이사장이 위촉하되, 특별자치시장·특별자치도지사·시장·군수·구청장이 추천한 위원은 7인, 의사 또는 한의사가 1인 이상 각각 포함되어야 한다.
④ 등급판정위원회 위원의 임기는 3년으로 하되, 한 차례만 연임할 수 있다.

18 다음 중 노인장기요양보험법상 규정으로 옳지 않은 것은?

① 국가는 매년 예산의 범위 안에서 해당 연도 장기요양보험료 예상수입액의 100분의 20에 상당하는 금액을 공단에 지원한다.
② 국가와 지방자치단체는 대통령령으로 정하는 바에 따라 의료급여수급권자의 장기요양급여비용, 의사소견서 발급비용, 방문간호지시서 발급비용 중 공단이 부담하여야 할 비용 및 관리운영비의 일부 또는 전액을 부담한다.
③ 공단 및 장기요양기관은 장기요양기관의 지정신청, 재가·시설 급여비용의 청구 및 지급, 장기요양기관의 재무·회계정보 처리 등에 대하여 전산매체 또는 전자문서교환방식을 이용하여야 한다.
④ 정보통신망 및 정보통신서비스 시설이 열악한 지역 등 보건복지부장관이 정하는 지역의 경우 전자문서·전산매체 또는 전자문서교환방식을 이용하지 아니할 수 있다.

19 다음 중 노인장기요양보험법상 과태료 처분 대상이 아닌 것은?

① 정당한 사유 없이 장기요양급여의 제공을 거부한 자
② 장기요양요원의 고충에 대한 적절한 조치를 하지 아니한 장기요양기관의 장
③ 노인장기요양보험 또는 이와 유사한 용어를 사용한 자
④ 장기요양급여 제공 자료를 기록·관리하지 아니하거나 거짓으로 작성한 사람

20 다음 〈보기〉는 노인장기요양보험법상 과태료 부과 대상인 갑, 을, 병 3인의 위반 내용이다. 이들에게 부과될 수 있는 과태료 총합의 최댓값은 얼마인가?

• 보기 •

- 갑: 행정제재처분을 받았거나 그 절차가 진행 중인 사실을 양수인등에게 지체 없이 알리지 아니하였다.
- 을: 장기요양기관을 운영하는 자로서 폐쇄회로 텔레비전을 설치하지 아니하거나 설치·관리의무를 위반하였다.
- 병: 장기요양기관에 관한 정보를 거짓으로 게시하였다.

① 900만 원
② 1,100만 원
③ 1,300만 원
④ 1,500만 원

기출유형 모의고사 3회

정답 및 해설 100p

NCS 직업기초능력

60문항 / 60분

[01~02] 다음 보도자료를 읽고, 이어지는 질문에 답하시오.

국민건강보험공단(이하 '공단')과 질병관리청(이하 '질병청')은 21일 공단 본부에서 건강정보 빅데이터의 효과적인 연계 및 활용 방안에 대해 논의한다.

양 기관은 지난 2021년 4월 업무협약(MOU)을 체결한 이후, '코로나19 빅데이터(K-COV-N)'를 공동으로 구축·개방하여 현재까지 총 36건의 연구성과를 창출하는 등 국민 건강을 지키기 위한 긴밀한 협력을 이어왔다. 아울러, 2022년부터 협력해 온 결핵 빅데이터(K-TB-N)도 올해 9월 개방을 앞두고 있어, 결핵 퇴치 가속화를 위한 역학연구 활성화에 기여할 것으로 기대된다.

이번 협의에서는 건강정보 데이터 결합으로, 감염병 외에도 만성질환까지 협력 분야를 확대하여 기존의 치료 중심 정책에서 예방 중심 정책으로 방향을 전환하기 위한 주요 과제를 논의한다.

▲(가)

매년 많은 환자가 발생하는 인플루엔자 유행에 체계적으로 대응하기 위해, 양 기관은 감염병 감시부터 백신 효과 평가, 의료이용 현황, 질병 부담까지 폭넓은 내용을 담은 정기 보고서를 함께 발간할 예정이다. 이 보고서는 예방접종 정책과 건강보험 제도 개선에 중요한 근거 자료로 활용될 수 있다.

▲(나)

X선 촬영, CT 등 건강검진이나 각종 검사에 사용되는 의료방사선 노출량을 건강보험 청구자료를 바탕으로 평가하고, 이를 바탕으로 국민에게 보다 안전한 검사 환경을 제공하기 위한 정책 수립에 활용할 계획이다.

▲(다)

국가건강검진의 실효성을 높이기 위해 건강검진 결과와 진료 데이터를 연계해 분석한다. 이를 통해 각 검진 항목이 실제로 질병의 예방과 조기 발견에 얼마나 도움이 되는지를 확인하고, 의과학적 근거를 바탕으로 검진제도의 개선 방향을 마련할 수 있을 것으로 기대된다.

▲(라)

대표적인 만성질환 중 하나인 만성폐쇄성폐질환 환자 정보(KOCOSS)와 한국인유전체역학조사사업(KoGES) 데이터를 건강보험 빅데이터와 연계하여 유전정보, 생활습관, 환경 요인 등을 종합적으로 분석한다. 이 과정을 통해 질병의 조기진단 또는 개인 맞춤형 진료 지침 수립에 필요한 근거를 마련할 수 있다.

공단은 "기존 코로나19 중심 데이터 분석에서 협력 범위가 확대된 만큼 보건의료 빅데이터 활용 기반이 질적으로 강화될 것"이라며, "국민의 건강 증진과 질병 예방, 적정진료 유도, 의료의 질 향상 등 근거 중심의 정책 개선에 많은 성과를 기대한다. 공단은 질병청과 데이터 공유 및 분석 역량을 결집하여 질병 예방과 대응을 위한 과학적 근거 마련을 위해서도 적극 협력할 것"이라고 밝혔다. 또한, 질병청은 "국내 건강정보를 가장 폭넓게 보유한 두 기관이 협력함으로써 감염병과 만성질환 등에 데이터 기반 정책이 한층 강화될 것"이라며, "이를 통해 향후 팬데믹과 같은 위기 상황에서도 더 빠르고 과학적인 대응이 가능해질 것으로 기대된다"고 밝혔다.

01 주어진 보도자료의 내용으로 가장 적절한 것은?

① 공단과 질병청 간의 '건강정보 빅데이터 연계' 협약은 이번이 최초이다.
② 공단과 질병청은 정기 보고서를 통해 건강보험 제도를 개선하고자 한다.
③ 공단과 질병청은 만성폐쇄성폐질환 환자 정보를 통해 질병의 예방을 기대한다.
④ 공단은 질병청과 다르게 이번 협약을 통해 펜데믹과 같은 위기 상황에 빠르고 과학적으로 대응하고자 한다.

02 주어진 글의 (가)~(라)에 각각의 문단에 맞는 소제목을 붙인다고 할 때, 적절하지 않은 것은?

① (가): 국가 인플루엔자 정기 보고서 공동 발간 추진
② (나): 의료방사선 적정 이용 관리체계 마련
③ (다): 국가건강검진 제도에 관한 소비자 만족도 분석
④ (라): 만성질환 데이터 통합 분석

[03~05] 다음 '복지용구 급여'에 대한 법령을 읽고, 이어지는 질문에 답하시오.

제1조(목적) 이 고시는 「노인장기요양보험법 시행령」 제9조 및 같은 법 시행규칙 제19조 제2항에 따라 복지용구의 급여품목, 품목별 급여대상의 범위, 세부적인 제공기준 및 절차, 전문적인 심의기구의 구성·운영 등 그 밖의 필요한 사항을 규정함을 목적으로 한다.

제1조의2(복지용구의 제공 기본원칙) 복지용구는 수급자의 일상생활·신체활동 지원 및 인지기능의 유지·향상에 필요한 용구로서 다음 각 호의 사항을 충족하는 제품이어야 한다.
1. 수급자의 재가생활 자립을 지원하거나 수발자의 돌봄 부담을 완화시키는데 도움이 되는 제품
2. 수급자 또는 수발자가 손쉽게 조작하고 사용하기에 편리하여, 가정에서 사용하는 것이 적합한 제품
3. 질병이나 질환의 치료, 재활 훈련, 신체 결손 보완 등의 목적이 아닌 요양 목적의 제품
4. 일회성이 아니며 지속적으로 사용 가능한 제품
5. 설비, 수도 공사, 구조 변경 등의 설치 공사 없이 사용 가능한 제품
6. 사용 시 신체상해 등 안전과 건강을 해칠만한 위험도가 낮은 제품

제2조(급여방식 및 급여품목) ① 복지용구 급여는 「노인장기요양보험법 시행령」 제9조에 따른 기타재가급여를 제공하는 기관(이하 "복지용구사업소"라 한다)에 의하여 제공된다.
② 「노인장기요양보험법」(이하 "법"이라 한다) 제15조 제2항에 따라 장기요양급여를 받을 자(이하 "수급자"라 한다)에 대한 복지용구의 급여방식은 구입방식과 대여방식으로 하며, 구체적인 사항은 다음 각 호와 같다.
  1. 구입방식: 수급자가 「구입품목」에 대해 본인부담금을 부담하고 구입
  2. 대여방식: 수급자가 「대여품목」을 일정기간 대여하고 당해 제품의 대여가격에서 본인부담금을 부담
③ 복지용구 분류체계별 급여품목은 〈별표 1〉과 같다.
④ 국민건강보험공단(이하 "공단"이라 한다) 이사장은 수급자의 일상생활지원 등에 필요한 품목의 선정이 필요하다고 판단하는 때에는 제9조에 따른 복지용구급여평가위원회에 심의를 요청할 수 있다.
⑤ 제5항에 따른 급여대상 품목 기준 및 절차, 방법 등에 관한 세부사항은 공단 이사장이 정하여 공고한다.

제3조(연 한도액) ① 수급자는 복지용구 급여를 연 한도액 범위 안에서 제공받을 수 있으며, 이 경우 연 한도액은 수급자 1인당 연간 160만 원으로 한다.
② 연 한도액(공단부담금+본인부담금)의 적용기간은 최초 장기요양인정 유효기간(이하 "유효기간"이라 한다) 개시일로부터 매 1년으로 한다. 다만, 유효기간 만료 후 1년 이상 경과되어 수급자가 된 경우에는 다시 인정받은 유효기간 개시일부터 적용한다.
③ 연 한도액을 초과하는 금액은 전액 수급자 본인이 부담한다.

〈별표 1〉 복지용구 분류체계별 급여품목(제2조 제3항 관련)

1. 자세
   수급자의 자세나 위치를 변화시키거나 필요한 시간 동안 같은 자세를 유지할 수 있도록 보조하거나 이와 관련된 돌봄을 지원하는 목적
   가. 자세변환
      한 자세에서 다른 자세로 바꾸기를 보조하거나 이와 관련된 돌봄을 지원하는 목적의 제품
   나. 자세보조
      수급자가 편안한 자세로 신체를 유지하거나 조절할 수 있도록 보조하는 목적의 제품 ·················· ㉠
   다. 욕창예방
      욕창이 우려되는 신체 부위에 적용했을 때 체압을 분산하는 효과가 있어 욕창 발생 위험을 경감시킬 수 있는 목적의 제품

2. 이동
   수급자가 안정적이고 독립적으로 걷거나 이동하는 것을 직·간접적으로 보조하거나 이와 관련된 돌봄을 지원하는 목적
   가. 이동보조
      수급자가 걷거나 전신을 이동하는 것을 보조하거나 이와 관련된 돌봄을 지원하는 목적의 제품 ······ ㉡
   나. 이승보조
      거동이 불편한 수급자를 필요한 장소나 위치(침대로부터 휠체어, 휠체어로부터 의자 등)로 이동시키는 것을 용이하게 하는 제품
   다. 환경지원
      수급자가 안정적으로 걷거나 이동할 수 있는 환경을 조성하는데 필요한 제품 ························· ㉢

3. 안전
   수급자가 일상에서 일반적으로 노출되는 신체 상해의 위험으로부터 보호하는 목적
   가. 관찰알림
      실내·외 환경에서 수급자의 활동 상태를 관찰하여 필요에 따라 경보를 전하는 목적의 제품 ········· ㉣
   나. 신체보호
      수급자가 일상생활 도중 발생할 수 있는 부상(넘어지거나 부딪치는 등)을 방지하거나 신체에 가해지는 충격을 완화할 수 있는 목적의 제품

03 주어진 글의 '복지용구 급여'에 대한 설명으로 적절하지 않은 것은?

① 급여가 지원되는 복지용구는 요양 목적의 제품으로, 지속적으로 사용할 수 있어야 하며 설치 공사가 필요 없는 것들이다.
② 복지용구는 구입품목과 대여품목으로 나뉘며, 급여대상 품목은 보건복지부 장관이 결정한다.
③ 품목에 해당되지 않았으나 수급자의 일상생활지원 등에 필요한 품목이 있다면 복지용구급여평가위원회의 심의에 따라 새로 지정될 수 있다.
④ 수급자는 일 년에 최대 160만 원을 지원받을 수 있으며, 이 액수를 초과하면 전액 수급자가 부담한다.

04 다음 중 〈별표 1〉의 빈칸 ㉠~㉣에 들어갈 세부 복지용품 중 적절하지 않은 것은?

① ㉠: 전동침대, 수동침대
② ㉡: 수동휠체어
③ ㉢: 지팡이, 성인용 보행기
④ ㉣: 배회감지기

05 다음 〈보기〉는 복지용구의 사용법에 관한 설명이다. 이를 읽고 보일 수 있는 반응으로 적절하지 않은 것은?

―● 보기 ●―

욕창예방매트리스

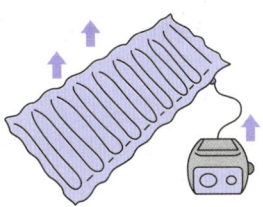

욕창예방매트리스에 공기가 잘 들어오고, 나가는지, 평소와 다른 소음이 없는지 확인 후에 사용해야 합니다.

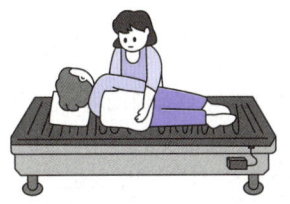

사용자의 체중과 몸 상태에 따라 압력을 조절하기 위해 손으로 눌러 적절한 압력을 확인해야 하며, 간병인은 최소 2시간에 한 번은 환자의 상태를 확인해야 합니다.

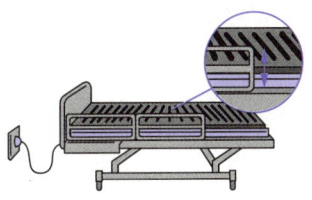

전동침대와 함께 사용하는 경우, 침대 난간보다 높게 올라오지 않는 제품을 선택해야 합니다.

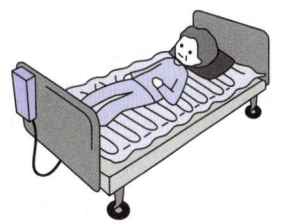

욕창예방매트리스를 와상환자가 아닌 사람이 사용할 경우, 오히려 신체 기능이 약화되거나 간병 부담이 커질 수 있습니다.

① "〈보기〉의 복지용구는 날카로운 도구나 뜨거운 열에 취약하겠군."
② "〈보기〉의 복지용구를 전동침대와 함께 사용할 때는 낙상 위험이 있을 수 있겠군."
③ "와상환자가 아닌 단순히 움직임이 불편한 고령자가 〈보기〉의 복지용구를 사용할 경우 오히려 부작용이 있을 수 있겠군."
④ "〈보기〉의 복지용구는 환자의 피부에 발생하는 압력을 고르게 해 주므로, 환자는 자세 변경을 안 해도 되는군."

[06~07] 다음 법령을 읽고, 이어지는 질문에 답하시오.

제3장 연구직의 인사

제6조(연구직의 신규채용)
① 이사장은 연구직 직원을 공개경쟁의 방법으로 신규채용한다. 다만, 다음 각 호의 어느 하나에 해당하는 경우에는 「인사규정」에 따른 중앙인사위원회(이하 "중앙인사위원회"라 한다)의 심의·의결을 거쳐 제한경쟁의 방법으로 채용할 수 있다.
  1. 공개경쟁 채용에 2회 이상 응시자 또는 합격자가 없는 경우
  2. 그 밖에 공개경쟁으로 채용하는 것이 적합하지 않은 것으로 이사장이 인정하는 경우
② 채용전형은 서류심사, 논문심사 및 면접심사의 단계로 구분하여 실시한다. 다만, 이사장이 필요하다고 인정하는 경우에는 중앙인사위원회의 심의·의결을 거쳐 전형의 단계를 일부 생략하거나 병합하여 실시할 수 있다.

제11조(재계약 등)
① 이사장은 계약기간이 종료된 연구직 직원에 대하여 근무실적 평가결과 등을 고려하여 제9조에 따른 기간의 범위에서 재계약을 체결할 수 있다.
② 이사장은 최근 3년의 근무실적 평가결과가 평가그룹 내에서 2회 이상 상위 20퍼센트 이내에 해당하는 연구직 직원에 대하여 중앙인사위원회의 심의·의결을 거친 경우에는 제1항에도 불구하고 계약기간을 5년 이내로 재계약을 체결할 수 있다.
③ 이사장은 제12조에 따른 근무실적 평가결과가 우수하다고 인정되는 연구직 직원 중 「인사규정」에 따른 근속기간이 다음 각 호의 구분에 해당하는 경우에는 정원의 범위에서 중앙인사위원회의 심의·의결을 거쳐 상위직급으로 재계약을 체결할 수 있다.
  1. 연구위원: 4년 이상
  2. 부연구위원·주임연구원: 3년 이상
④ 이사장은 연구직 직원이 계약기간 동안 근무실적 평가 결과에 따른 저성과자로 선정될 경우 제1항에도 불구하고 재계약을 하지 않는다. 이 경우 저성과자에 대한 선정기준, 절차 등 구체적인 사항은 이사장이 따로 정한다.
⑤ 이사장은 계약기간이 종료되는 연구직 직원에 대하여 재계약을 하지 않으려면 계약기간 만료일 30일 전까지 그 사유 및 계약기간 만료일을 해당 연구직 직원에게 서면으로 통지해야 한다.

제4장 연구직의 보수 등

제16조(연봉액)
① 다음 각 호의 연구직 직원의 연봉액은 그 각 호의 일반직 직원의 보수를 기준으로 산정한다.
  1. 선임연구위원: 일반직 1급
  2. 연구위원: 일반직 2급
  3. 부연구위원: 일반직 3급
  4. 주임연구원: 일반직 4급
② 신규 채용 및 재계약하는 연구직 직원의 연봉액을 제1항에 따라 산정할 때 다음 각 호의 기준에 따른다.
  1. 다른 기관 등에서의 경력은 별표 2에서 정하는 기준에 따라 환산하여 반영한다.
  2. 신규 채용하는 연구직 직원의 경우에는 연구실적, 다른 기관 연구직 직원의 대우수준 등을 참작하여 100분의 40의 범위에서 가감 조정할 수 있다.
③ 제1항 및 제2항에 따른 연구직 직원의 연봉액을 산정하는 구체적인 기준은 이사장이 정한다.

06 주어진 법령에 대한 설명으로 적절하지 않은 것은?

① 공개경쟁 채용에 2회 이상 합격자가 없는 경우 제한경쟁을 통해 연구직을 채용할 수 있다.
② 최근 3년의 근무실적 평가결과가 평가그룹 내에서 2회 이상 상위 20% 이내에 해당한다면, 5년 이내로 재계약이 가능하다.
③ 3년 이상 근무한 부연구위원은 평가결과가 우수하다면 상위직급으로 재계약을 체결할 수 있다.
④ 계약기간이 종료되는 연구직 직원과 재계약을 하지 않으려면 계약기간 만료일 30일 전까지 사유 및 계약기간 만료일을 해당 직원에게 구두로 통지해야 한다.

07 주어진 법령과 아래의 〈별표2〉를 참고할 때, 다음 중 보일 수 있는 반응으로 적절하지 않은 것은?

〈별표2〉 연구직 경력환산 기준표(제16조 제2항 관련)

경력	환산율
1. 건강보험관련기관 근무경력 2. 공무원 경력(고용직 및 임시직 제외) 3. 종합병원급 의료기관 근무경력	100%
1. 금융기관, 정부투자기관 또는 공공단체경력 2. 사립학교교직원 근무경력 3. 병원 및 의원급 의료기관 근무경력	80%
1. 주식회사, 사회단체, 일반법인체 등에서의 근무경력 2. 임시직공무원 경력 3. 전문대학의 사회보장 관련 보조연구원 경력	70%

※ 1. 이 기준에 정하여지지 아니한 경력에 대하여는 해당직무, 기관의 규모나 성격, 근무내용 등에 따라 이 기준을 참작하여 중앙인사위원회의 의결을 거쳐 정함
2. 기타 경력연수의 산정방법 등은 「인사규정 시행규칙」 제45조의 규정을 준용함

① "연구원 중에서는 선임연구위원이 가장 높은 연봉을 받는군."
② "의료기관에서 일했다면 병원급과 상관없이 경력을 모두 인정받는군."
③ "〈별표2〉에 나와 있지 않은 경력에 대한 인정은 중앙인사위원회의 의결을 거쳐 정하되 신규 채용자의 경우 40% 범위에서 가감 조정할 수 있군."
④ "이사장은 연구직 직원의 연봉액을 산정하는 구체적인 기준을 정할 수 있군."

[08~10] 다음 글을 읽고, 이어지는 질문에 답하시오.

질병관리청은 전 세계적으로 홍역이 크게 유행하고 있는 상황에서, 해외여행을 계획 중인 국민에게는 홍역 유행 국가를 확인한 후 출국 전 예방접종을 완료할 것을 권고하며, 의료기관에는 최근 홍역 유행 국가의 여행력이 있는 환자 진료 시 홍역을 의심하고 확인되는 경우 신속하게 신고할 것을 거듭 당부하였다.

〈국내 홍역 발생 상황〉
올해 국내 홍역 환자는 14주까지(~4.5.) 총 35명이 발생하였으며, 이는 작년 동기간(18명)보다 약 1.9배 증가한 수치이다. 2025년 환자 중 71.4%(25명/35명)는 19세 이상 성인이고, 65.7%(23명/35명)는 홍역 백신 접종력이 없거나 접종 여부를 알지 못하는 경우였다. ㉠그래서 해외여행 중 감염되어 국내에 입국 후 확진된 해외유입 사례는 65.7%(23명/35명)이었고, 그중 22명은 베트남, 1명은 우즈베키스탄 여행 중에 감염된 것으로 나타났다. 이들로 인해 가정과 의료기관에서 추가 전파된 해외유입 관련 사례가 12명 발생하였다.

〈세계 홍역 발생 상황〉
세계보건기구(WHO) 자료에 따르면 전 세계적으로 홍역이 유행하고 있으며, 2024년 홍역 환자 수는 약 36만 명에 달한다. 지역별로는 유럽, 중동, 아프리카 순으로 많으며, 우리나라 사람들이 많이 여행하는 동남아시아, 서태평양 지역에서도 많이 발생하고 있다. 참고로 서태평양 지역의 홍역 환자 수는 2024년 기준 11,310명이며, 2025년도에는 캄보디아가 544명으로 가장 많았고, 중국(539명), 베트남(144명), 필리핀(144명) 순으로 많이 발생하였다.
최근 들어 전 세계적으로 홍역 발생이 크게 증가하고 있다. ㉡그리고 WHO 서태평양 지역사무처도 4월 9일 브리핑을 통해 전파 차단을 위해 예방접종, 감시강화 등 필요한 조치를 철저히 이행할 것을 당부하였다.

〈국내 홍역 발생 평가〉
코로나19 이후 사회적 교류 및 국제여행 증가에 따라 전 세계적으로 홍역 발생이 증가하고 있는 상황으로, (㉮   )

〈홍역 예방을 위한 권고 사항〉
캄보디아, 중국, 베트남, 필리핀 등 홍역 유행 국가 방문 또는 여행을 계획 중인 경우, 반드시 홍역 백신 접종력을 확인*하고, 접종력이 확인되지 않은 경우 백신 접종을 완료한 후에 방문할 것을 권고한다.
* 예방접종도우미 누리집 → 예방접종관리 → 접종내역 조회

홍역은 기침 또는 재채기를 통해 형성된 에어로졸로 인한 공기 전파가 가능한, 전염성이 매우 강한 호흡기 감염병이다. 감염 시 발열, 발진, 구강 내 회백색 반점(Koplik's spot) 등이 나타나며, 홍역에 대한 면역이 없는 사람이 홍역 환자와 접촉할 경우 90% 이상이 감염될 수 있다. ㉢그러므로, 백신접종으로 충분히 예방 가능*한 만큼, 생후 12~15개월 및 4~6세 시기에 총 2회에 걸쳐 반드시 홍역 백신(MMR)을 접종해야 한다.
* [예방접종 실시기준과 방법]에 따르면, MMR 백신 접종 후 항체 양전율은 95~98%로, 접종을 통해 대부분의 소아는 홍역으로부터 예방 가능

특히 면역체계가 취약한 1세 미만 영유아는 홍역 감염 시 폐렴, 중이염, 뇌염 등 합병증 발생 위험이 높으므로, 감염 예방을 위해 홍역 유행 국가 방문을 최대한 자제하고, 부득이하게 방문해야 할 경우 반드시 출국 전에 홍역 예방접종(생후 6~11개월)*을 받을 것을 적극 권고한다.
* 예방접종 후 방어면역 형성까지의 기간(보통 2주)을 고려하여 출국 전 미리 예방접종 필요

우리나라는 2014년 WHO로부터 홍역 퇴치국으로 인증받았으며, 홍역을 2024년 1월부터 검역감염병으로 지정하고 있다. 귀국 시 홍역이 의심된다면 입국장에서 검역관에게 Q-CODE 또는 건강상태질문서를 통해 건강 상태를 신고해야 한다. ㉣그러나 홍역 환자는 격리 입원치료를 받거나 전파 가능 기간 동안 자택격리를 해야 하며, 내국인 또는 국내에서 감염된 경우 관련 치료비는 정부가 지원한다.

08 주어진 글을 읽고 추론한 것으로 적절하지 않은 것은?

① 어릴 때 홍역 예방주사를 맞았더라도 커서 홍역에 걸릴 수 있다.
② 서태평양 지역은 위생 문제로 인해 홍역이 많이 발생한다.
③ 6월 첫째 주에 서태평양 지역 여행이 계획되어 있다면, 적어도 5월 둘째 주에는 MMR 백신을 맞아야 한다.
④ 해외여행 이력이 없는 사람이 발열과 발진 증상으로 홍역 확진을 받았다면, 치료비는 정부에서 지원해 준다.

09 다음 중 글의 ㉮에 들어갈 문장으로 가장 적절한 것은?

① 홍역은 특별한 치료 없이 대증 요법(안정, 수분 및 영양 공급)만으로도 호전되므로 크게 신경 쓰지 않아도 된다.
② 아프리카, 아메리카, 중동, 유럽, 동남아시아, 서태평양 6개 지역의 연도별 및 월별 홍역 환자 발생 추이를 지속해서 모니터링할 필요가 있다.
③ 국내에서도 홍역 유행 국가 여행을 통한 산발적 유입과 이후 국내에서 제한적 전파가 발생하고 있어, 당분간 해외 유입에 의한 발생이 지속될 전망이다.
④ 해외여행 이후 발열을 동반한 기침, 콧물, 결막염 또는 발진 증상을 보인다면, 의료기관을 즉시 방문하여 해외 여행력을 알리고 진료를 받아야 한다.

10 다음 중 글의 접속어 ㉠~㉣를 수정한다고 할 때, 적절한 수정이 아닌 것은?

① ㉠: 그래서 → 반면
② ㉡: 그리고 → 그래서
③ ㉢: 그러므로 → 하지만
④ ㉣: 그러나 → 또한

[11~12] 다음 응급실 이용방법 관련 안내문을 읽고, 이어지는 질문에 답하시오.

응급실 이용방법

■ 응급실은 이런 곳입니다.
　응급실은 긴급한 환자의 상태나 중증질환을 호전시키기 위해 응급의학과 전공의와 전문의가 직접 응급환자를 진료하여 초기 치료를 하는 곳입니다. 응급실은 그 역할에 따라 권역응급의료센터, 지역응급의료센터, 지역응급의료기관, 기관 외 응급실로 나뉘어 있습니다.

■ 응급실 진료는 외래 진료와 다릅니다.
　① 응급실에서는 위급한 환자부터 진료합니다.
　　• 생명이 위급한 환자를 우선 진료하고 상태가 위중한 순서대로 진료합니다.
　　• 상태가 위중하지 않은 환자는 중증환자를 먼저 진료한 후 순서대로 진료합니다.
　② 응급실에서는 응급 시술 및 응급 검사만 가능합니다.
　③ 약 처방은 단기간(1~3일)에 한해 가능합니다.

■ 응급실을 이용해야 하는 대표적인 증상을 알려드립니다.

> ① 응급 증상
> 　• 신경학적 응급 증상: 급성 의식장애, 급성 신경학적 이상, 구토, 의식장애 등의 증상이 있는 두부(머리 부위) 손상
> 　• 외과적 응급 증상: 개복술이 필요한 급성 복증(급성 복막염, 장폐색증, 급성 췌장염 등 심각한 증상), 광범위한 화상(외부 신체 표면적의 18% 이상), 관통상, 개방성·다발성 골절 또는 대퇴부·척추의 골절, 사지를 절단할 우려가 있는 혈관 손상, 전신 마취하에 응급수술을 해야 하는 증상, 다발성 외상
> 　• 소아과적 응급 증상: 소아 경련성 장애
> 　　　　　　　　　　　(이하 생략)
> ② 응급 증상에 준하는 증상
> 　• 신경학적 응급 증상: 급의식장애, 현훈(어지럼증)
> 　• 외과적 응급 증상: 화상, 급성 복증을 포함한 복부의 전반적인 이상 증상, 골절, 외상 또는 탈골, 배뇨장애, 그 밖의 응급수술이 필요한 증상
> 　• 소아과적 응급 증상: 38°C 이상인 소아 고열(공휴일, 야간 등 의료서비스가 제공되기 어려운 때에 8세 이하의 소아에게 나타나는 증상)
> 　　　　　　　　　　　(이하 생략)

■ 응급실에서 진료를 받으면 응급의료 관리료가 발생합니다.
　• 응급의료 관리료는 응급 증상이나 응급 증상에 준하는 증상으로 진료받을 때는 환자가 절반만 부담하지만, 위 증상에 해당하지 않을 때는 환자가 전액을 부담합니다.
　• 관리료는 2023년 기준으로 권역응급의료센터는 6~8만 원 정도, 지역응급의료센터는 5~6만 원 정도, 지역응급의료기관은 2만 원 정도입니다[응급의료법 제23조].

11 주어진 안내문을 읽고 보인 반응으로 적절하지 않은 것은?

① "응급실은 역할에 따라 4가지로 구분되는구나."
② "응급실에서는 최대한 3일 치까지만 약을 처방받을 수 있구나."
③ "8살 이하 소아가 열로 인한 경련을 일으켜도 평일이라면 외래에 가야 하는구나."
④ "화상으로 응급실에 방문하면 응급관리료의 절반만 환자가 부담하면 되는구나."

12 주어진 안내문을 참고할 때, 아래의 〈보기〉에 나온 환자 중 응급실에서 가장 나중에 진료받게 될 환자는?

― 보기 ―

㉠ 귀에 이물이 들어가 고통을 호소하는 A씨
㉡ 신경학적 이상으로 의식이 없는 B씨
㉢ 교통사고로 사지절단의 위험이 있는 C씨
㉣ 계속 피를 토하는 위장관 출혈이 의심되는 D씨

① ㉠ ② ㉡ ③ ㉢ ④ ㉣

[13~15] 다음 자료를 읽고, 이어지는 질문에 답하시오.

[이의신청(심사청구) 안내]

공단은 건강보험 업무 및 연금보험료 징수 업무와 관련된 처분에 대한 불복절차로 이의신청제도 및 심사청구제도를 운영하고 있습니다.

■ 개요
- 이의신청 정의: 건강보험 가입자 및 피부양자의 자격, 보험료등, 보험급여, 보험급여 비용에 관한 공단의 '처분'에 이의가 있는 사람(개인, 법인 등)이 공단에 제기하는 권리구제 제도입니다.
- 심사청구 정의: 공단의 국민연금보험료 징수 처분에 이의가 있는 사람(개인, 법인 등)이 제기하는 권리구제 제도입니다.

■ 신고 방법
- 본인신고
  (온라인) 홈페이지 로그인 후 바로 신청 가능합니다.
  (오프라인) 관련 서식을 작성하여 신청 가능합니다(방문/우편/팩스).
- 대리신청: 이의신청(심사청구)은 처분의 당사자가 신청하는 것이 원칙이나 아래 대리인을 선임하여 신청하실 수 있습니다.
  - 배우자, 부모를 포함하여 대리신청의 경우 반드시 위임장과 법정대리권을 증명하는 서류(가족관계증명서 등)를 제출하셔야 합니다.

  〈대리신청이 가능한 사람〉
  - 권리구제 신청인의 배우자, 권리구제 신청인 또는 배우자의 사촌 이내의 친족(며느리 및 사위 대리 신청 가능)
  - 법인이거나 법인 아닌 사단 또는 재단인 경우 그 소속 임직원
  - 변호사, 다른 법률의 명백한 규정에 따라 권리구제 신청을 대리할 수 있는 사람. 공인노무사 가능(「공인노무사법」 제2조), 행정사 및 법무사 불가

- 유의사항: 이의신청을 제기하였다는 사유만으로 공단 처분 효력이 정지(유예)되지 아니하며, 연체금 부과 및 압류 등 체납처분의 절차를 속행할 수 있습니다(행정심판법 제30조).

■ 대상
이의신청은 「국민건강보험법」 제87조에 규정에 따라 건강보험 가입자 및 피부양자에 대한 아래 처분에 한하여 제기할 수 있습니다.
- 자격: 가입자 피부양자의 자격 취득, 상실, 변동 등
- 보험료 등: 보험료의 부과 및 징수
- 보험급여 및 보험급여 비용: 보험급여 제한 및 요양급여비용 환수 등

※ 심사청구는 연금보험료 징수 관련 공단의 처분(고지서 발송, 수납, 체납 등)을 대상으로 합니다. 참고로 4대보험료 징수 처분에 대하여 이의신청을 한 경우 각 근거 법률에 따라 각 소관 위원회에서 처리하게 됨을 유의하시기를 바랍니다.
  1. 건강보험료 이의신청 → 이의신청위원회(공단)
  2. 연금보험료 심사청구 → 징수심사위원회(공단)
  3. 고용·산재보험료 심판청구 → 중앙행정심판위원회(국민권익위원회)

■ 적법 요건
1. 처분성이 있을 것
2. 기간 내에 신청할 것(처분을 안 날로부터 90일 이내에 신청, 처분일로부터 180일을 경과하면 제기할 수 없음)
3. 처분의 당사자로 법률상 이익이 있을 것
4. 재신청이 아닐 것

13 주어진 자료의 내용과 일치하는 것은?

① 이의신청(심사청구) 제도는 공단의 처분에 이의가 있는 개인만 신청이 가능하다.
② 대리신청할 경우 위임장만 있으면 된다.
③ 대리신청하는 경우 공인노무사는 가능하지만, 행정사는 불가능하다.
④ 이의신청하면 공단은 즉시 처분을 중단하고 결과가 나올 때까지 유예한다.

14 공단직원 A가 위의 자료를 바탕으로 민원인의 질문에 답한다고 할 때, 잘못 답한 것은?

민원인1: 안녕하세요? 건강보험료가 제 생각보다 너무 많이 나왔는데 이의신청이 가능할까요?
직원 A: 네. 공단에 보험료 감액 조정 신청이 가능합니다. ………………………………… ①
민원인1: 그럼 저의 이의신청은 어느 위원회에서 처리합니까?
직원 A: 건강보험료 이의신청은 공단의 이의신청위원회 소관입니다. ………………… ②
민원인2: 안녕하세요? 제가 건강보험 피부양자 소급 적용을 신청했는데 거부당했습니다. 이의신청이 가능합니까?
직원 A: 네. 피부양자 소급 적용 거부 처분 취소 신청이 가능하십니다. ……………… ③
민원인3: 국민건강보험공단에 건의 및 진정을 하고 싶은데 이의신청이 가능할까요?
직원 A: 네. 국민건강보험공단이 바뀌었으면 하는 내용에 따라 이의신청이 가능합니다.
……………………………………………………………………………………………… ④

15 위의 자료를 바탕으로 〈보기〉와 같이 적법 요건을 충족하지 않아 이의신청이 반려될 수 있는 경우를 유형별로 정리한 표를 만들고자 할 때, 표의 내용 중 적절하지 않은 것은?

• 보기 •

유형	내용(예시)
처분성 없음	• 업무에 대한 단순 질의 또는 민원요청 사항인 경우 • ㉠ 신청사항이 제도개선 또는 법령개정 사항인 경우
기간도과	• ㉡ 처분이 난 날로부터 90일이 지남 • 처분이 있은 날부터 180일이 지남
법률상의 이익 없음	㉢ 공단의 처분의 직접적인 당사자가 아님
재신청	㉣ 제기한 이의신청과 동일한 내용으로 이미 결정을 받음

① ㉠ ② ㉡ ③ ㉢ ④ ㉣

[16~17] 다음 보도자료를 읽고, 이어지는 질문에 답하시오.

국민건강보험공단은 장기요양기관이 개설 단계부터 안정적인 기관운영과 적정 서비스를 제공할 수 있도록 지원하는 '신규기관 운영컨설팅'을 추진한다.

장기요양기관 대상 정기평가 결과 신규기관이 최하위(E) 등급의 절반을 차지하는 것으로 나타나면서, 신규기관이 개설 초기부터 양질의 서비스를 제공할 수 있도록 방안을 마련해야 한다는 필요성이 대두되었다. ㉠2023년 평가결과 평균점수는 81.6점으로 직전 평가('19년 83.4점) 대비 소폭 하락한 것으로 나타났으며, 이번 평가 대상기관 중 기관 개설 이후 첫 평가를 받은 기관 수가 많은 점 등이 평가점수 하락에 영향을 미친 것으로 분석된다. 이에 2022년부터 신규 장기요양기관의 체계적인 서비스 품질 관리를 위한 시범운영을 시작하여 올해 3차 시범운영을 진행한다. 1~2차 시범운영에서는 기관을 방문하여 예비평가를 실시하고, 평가결과 60점(총점 100점) 미만인 기관에는 추가 상담을 제공하였으나, 3차 시범운영부터는 신규기관에 필요한 점검 항목을 중심으로 기관별 2회 방문하여 체계적인 관리와 맞춤형 상담 제공에 중점을 두면서 '운영컨설팅'이라고 그 명칭을 변경하였다. ㉡2024년 수시평가는 2024년 10월 1일부터 2025년 1월 31일까지 진행되며, 평가 대상기관과 평가방법 등 구체적인 평가계획은 노인장기요양보험 누리집을 통해 공고한다.

이번 시범운영 참여기관은 2023년 4월부터 12월까지 신규 개설한 장기요양기관 중 신청을 받아 기관 규모, 급여 종류, 지역 균형성 등을 고려하여 200개소를 선정하였다. 5월부터 11월까지 1차 현장점검 후 개선이 필요한 항목을 안내하고, 개선계획서 수립을 지원한다. ㉢2~3개월 후 2차 방문을 통해 개선사항을 점검하고, 미흡한 사항에 대한 맞춤형 상담을 제공하여 기관 스스로의 개선 역량을 키워나갈 수 있도록 지원할 예정이다.

요양심사실장은 "신규기관 운영 컨설팅이 기관의 안정적 운영과 장기요양 서비스의 질 향상에 도움이 될 것으로 기대한다."며, "3차 시범운영 분석을 바탕으로 신규기관 컨설팅 확대 방안을 구체화해 나갈 계획"이라고 전했다. ㉣앞으로도 더 많은 수급자가 장기요양시설이나 요양병원이 아닌, 살던 집에서 장기요양 서비스를 편리하게 이용할 수 있도록, 현행 주야간보호기관을 기반으로 하는 서비스를 방문간호기관 기반의 가정 방문형 서비스(방문간호, 요양, 목욕)로 확대할 계획이다.

16 윗글의 내용과 일치하지 않는 것은?

① 장기요양기관 정기평가 대상 중 절반 이상이 최하위(E) 등급을 받았다.
② 2022년에는 예비 평가결과 60점 미만인 기관에 추가 상담을 제공했다.
③ 3차 시범운영에는 명칭을 변경하고 대상 기관에 2회 방문하였다.
④ 3차 시범운영 참여기관은 신청한 기관 중 선정했다.

17 주어진 글의 ㉠~㉣ 중 삭제해서는 안 되는 문장은?

① ㉠   ② ㉡   ③ ㉢   ④ ㉣

[18~20] 다음 글을 읽고, 이어지는 질문에 답하시오.

"담배소송은 건강보험공단이 지난 2014년 4월 담배회사 및 제조사를 상대로 약 533억 원의 손해배상 청구 소송을 제기하면서 시작됐다. 건강보험공단은 흡연으로 인한 폐해에 대한 담배회사의 책임을 규명하고 흡연 관련 질환으로 발생하는 건강보험 재정의 누수를 방지하기 위해 소송을 제기했다고 밝혔다. 건강보험공단은 "흡연과 암 발생 간의 인과관계는 수많은 연구 결과를 토대로 확증된 사실"이라며 "고도흡연 후 폐암을 진단받았다면 이는 흡연으로 인한 질환으로 보는 것이 타당하다"고 강조했다. 또한, 공단 측은 담배 제조 과정에서 위험성을 줄일 수 있는 설계를 채택하지 않았고, 담배의 중독성과 위험성에 대한 경고도 충분하지 않았기 때문에 제조물 과실책임이 있다고 주장했다. ㉠담배회사가 저니코틴, 저타르 등의 단어를 사용해 소비자들에게 덜 해로운 것으로 인식하도록 유도했다는 주장이다.

대규모 액수의 손해배상 청구 소송인 만큼 6년 7개월에 걸친 긴 공방 끝에 2020년 11월 첫 소송 결과가 나왔다. 서울중앙지방법원은 공단 측 청구를 기각하며 담배회사 측의 손을 들어줬다. 우선, 흡연과 폐암 발병 간 인과관계가 명확하지 않다고 보았다. 흡연 외에도 다양한 요인에 의해 폐암이 발병할 수 있어 흡연이 직접적인 원인이라고 단정하기 어렵다는 판단이었다. 담배회사의 제조물책임과 불법행위책임에 대해서도, 공단 측 주장을 받아들이지 않았다. 담배회사의 담배 제조 및 판매 과정에 결함이 있었다고 보기 어렵고, 담배의 중독성이나 위험성 등을 축소 및 은폐했다고 인정하기 어렵다는 것이다. 또한, 법원은 건보공단이 담배회사를 상대로 직접 손해배상청구 소송을 제기할 자격이 없다고 판단했다. ㉡최근 항소심 11차 변론기일에 직접 참석한 공단의 이사장 역시 "흡연은 명백한 발암요인"이라며 "담배회사에 책임을 묻지 않는 것은 사회 전체의 건강권을 부정하는 중대한 오류가 될 것"이라고 주장했다.

(㉮) 공단은 1심 패소에 굴하지 않고 지난 2020년 12월 항소심을 제기했다. 항소심의 손해배상청구액 규모 및 피고 등은 1심과 동일하다. 공단 관계자는 "흡연으로 인한 건강보험 재정 지출의 지속적 증가 및 담배로 인해 발생하는 피해에 대한 담배회사의 책임을 규명할 필요가 있어 항소심을 제기했다"고 밝혔다. 이어 "소송을 통해 국민들의 보험료로 운영되는 건강보험 재정을 보전하고, 그간 공단이 제출한 방대한 증거와 주장에 대해 상급법원의 심도있는 판단을 받아볼 필요가 있다고 판단했다"고 말했다.

2심 재판의 쟁점은 '담배회사의 제조물 과실책임' '흡연과 암 발생 간 인과관계 입증' '공단의 손해배상청구소송 당사자 지위' 등 3가지다. 건보공단 법무지원실 팀장은 "우선 담배회사의 불법행위가 입증되어야 인과관계 등을 논의할 수 있을 것"이라며 "공단이 가장 집중해서 변론하고 있는 부분 중 하나"라고 강조했다. 이어 "또한 흡연과 폐암 발생 간 인과관계는 의학적이나 역학적으로는 당연히 인정되지만, 법적 인과관계 기준으로는 인정되지 않는 부분이 있다"며 "이러한 요소를 잘 설득해 나가야 한다"고 말했다. ㉢이를 위해 건보공단은 소송 대상자 중 흡연 외 암 발생의 위험 요인이 전혀 없는 1,467명을 분류·제출해 1심 판결에 대해 추가로 증명했다.

공단의 승소 가능성에 대한 질문에는 "담배소송은 결과를 예측하기 어려워 끝까지 가봐야 한다"고 답했다. 이어 "1심은 개개인의 가족력과 과거력 등을 모두 밝혀 흡연과 폐암 간 인과관계를 증명하라는 입장이었지만, 공단은 역학 연구 결과 등을 토대로 다른 요인이 결합해도 흡연으로 인한 암 발생이 확연히 높으면 원인으로 봐야 한다는 점을 사법부에 설득하고 있다"며 "전향적인 판단을 기대한다"고 강조했다.

2심에서도 패소할 경우 3심 진행 여부는 아직 내부 논의 중인 단계다. 그는 "대법원까지 가게 되면 최종 판결이 나오기 때문에 파급력 등을 고려해 자문위원 등과 논의 후 결정할 방침"이라고 밝혔다. ㉣ 해외에서도 정부가 담배회사를 상대로 손해배상청구소송을 제기해 승소한 사례가 다수 존재한다는 점도 건보공단에 긍정적으로 작용할 수 있다. 실제 미국은 지난 1998년, 46개 주정부가 미국 4대 담배회사에 손해배상책임을 묻자 25년에 걸쳐 2,060억 달러 이상의 비용을 지급하기로 하는 등의 조건으로 합의한 바 있다. (㉯) 1999년 미국 연방정부가 7대 담배회사와 2개 담배연구소를 상대로 부정부패조직범죄방지법 위반 혐의로 제소한 사건에서는 담배회사의 위법행위가 인정되기도 했다.

의료계에 정통한 변호사 A씨는 "흡연 피해자들이 담배회사를 상대로 소송을 제기해 징벌적 손해배상책임이 인정된 사례가 다수 존재한다"며 "미국과 캐나다 등 여러 나라에서 폐암 등 흡연 관련 질병에 대해 담배회사의 책임을 묻는 추세이며, 우리나라도 이러한 흐름을 따라갈 수 있을 것"이라고 설명했다. (㉰) "설령 패소하더라도 흡연의 위험성에 대한 사회적 인식을 환기시키고, 담배회사의 책임을 강조하는 효과가 있기 때문에 의미 있는 소송이라 생각한다"고 전했다.

18 주어진 글의 내용을 읽고 추론한 내용으로 옳은 것은?

① 건강보험공단은 담배회사 및 제조사로 인해 건강보험 재정에 손해를 입었다고 생각한다.
② 서울중앙지방법원은 공단이 제시한 세 개의 쟁점 중 일부를 인정하고, 나머지는 기각했다.
③ 건강보험공단은 2심 재판에서 흡연과 폐암 발생 간 인과관계를 인정받는 데 노력을 기울일 것이다.
④ 사람들은 담배소송에서 건강보험공단이 패소한다면, 그간의 노력은 모두 무의미해질 것이라는 우려가 크다.

19 다음 ㉠~㉣ 중 해당 문맥에 어울리지 않는 것은?

① ㉠ ② ㉡ ③ ㉢ ④ ㉣

20 다음 중 ㉮~㉰에 들어갈 접속어를 바르게 짝지은 것은?

	㉮	㉯	㉰
①	그리고	그러나	그래서
②	그러나	그러므로	또한
③	그러나	또한	그러므로
④	그러나	그리고	한편

[21~22] 다음은 헌혈자 수 현황에 대한 자료이다. 이를 바탕으로 질문에 답하시오.

〈표 1〉 2022~2024년 헌혈자 수 현황

항목	2022년	2023년	2024년
총헌혈실적(건)	2,649,007	2,776,291	2,855,540
총인구(명)	51,439,038	51,325,329	51,217,221
헌혈가능인구(16~69세)(명)	38,970,845	38,873,293	38,674,973
헌혈가능인구 대비 헌혈률(%)	6.80	7.14	7.38
헌혈자 실인원(명)	1,327,587	1,300,774	1,264,525
헌혈자 1인당 평균 헌혈실적(건)	2.00	2.13	2.26

※ 헌혈률(%) = $\dfrac{\text{총헌혈실적}}{\text{총인구}} \times 100$

※ 헌혈가능인구 대비 헌혈률(%) = $\dfrac{\text{총헌혈실적}}{\text{헌혈가능인구}} \times 100$

※ 헌혈자 1인당 평균 헌혈실적(건) = $\dfrac{\text{총헌혈실적}}{\text{헌혈자 실인원}}$

※ 실제 국민 헌혈률(%) = $\dfrac{\text{헌혈자 실인원}}{\text{헌혈가능인구}} \times 100$

〈표 2〉 2022~2024년 월별 헌혈실적

(단위: 건)

구분	2022년	2023년	2024년
1월	189,598	200,795	234,109
2월	179,817	209,081	218,763
3월	194,685	234,387	225,443
4월	227,266	220,845	228,965
5월	250,118	243,688	248,325
6월	215,279	232,351	233,745
7월	218,473	241,955	246,981
8월	216,294	239,981	239,250
9월	231,658	221,477	231,908
10월	235,667	235,757	241,087
11월	243,440	245,270	255,373
12월	246,712	250,704	251,591

21 주어진 자료에 대한 설명으로 옳지 않은 것은?

① 조사 기간 동안 헌혈률은 매년 꾸준히 증가했다.
② 2024년 헌혈가능인구의 2년 전 대비 감소인원은 30만 명 미만이다.
③ 월별 헌혈실적이 가장 저조했던 달은 2022~2024년이 모두 동일하다.
④ 2022~2024년 동안의 연평균 헌혈자 실인원은 130만 명 미만이다.

22 실제 국민 헌혈률은 2022년 A%, 2023년 B%, 2024년 C%라고 한다. 이때, A~C의 대소 관계를 바르게 나타낸 것은?

① A>B>C
② B>C>A
③ C>A>B
④ C>B>A

[23~24] 다음은 2020~2023년 비정규직 고용 동향 및 연령대별 비정규직 분포에 대해 조사한 자료이다. 이를 바탕으로 이어지는 질문에 답하시오.

〈표〉 2020~2023년 비정규직 고용 동향

(단위: 천 명)

구분		2020년	2021년	2022년	2023년
임금근로자		20,446	20,993	21,724	21,954
정규직		13,020	12,927	13,568	13,832
비정규직		7,426	8,066	8,156	8,122
	남자	3,335	3,575	3,653	3,557
	여자	4,091	4,491	4,503	4,565

※ 임금근로자＝정규직＋비정규직

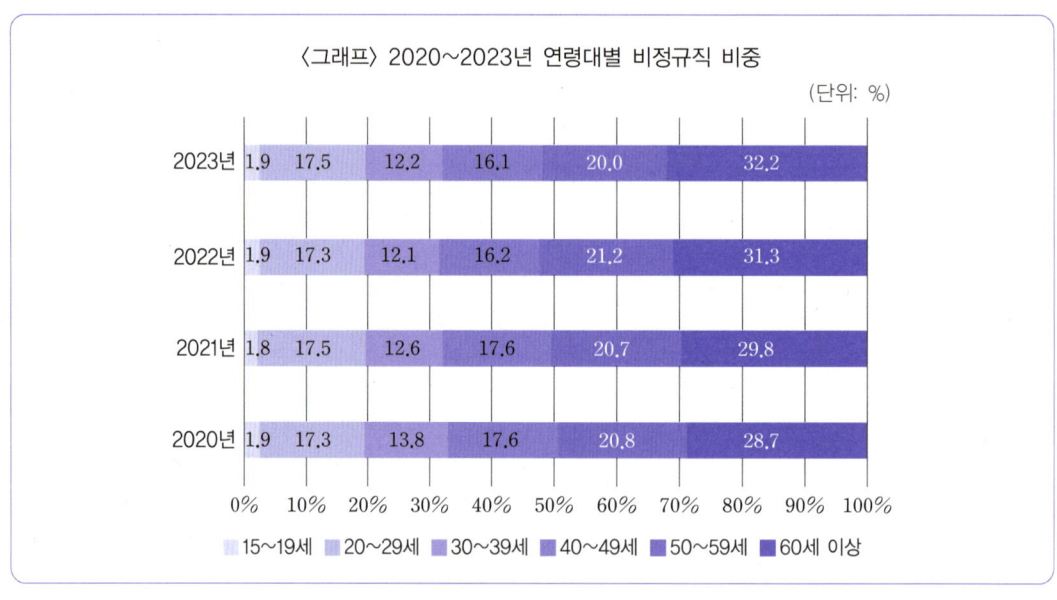

〈그래프〉 2020~2023년 연령대별 비정규직 비중

23 주어진 자료에 대한 설명으로 옳지 않은 것은?

① 조사 기간 동안 남자 비정규직 수와 여자 비정규직 수의 차이가 가장 큰 연도와 가장 작은 연도의 전체 비정규직 수 평균은 800만 명 미만이다.
② 2021년 임금근로자 중 정규직이 차지하는 비중은 2020년보다 낮아졌다.
③ 2020년부터 2023년까지 비정규직 비중이 매년 늘어난 연령대는 60세 이상이다.
④ 연령대별 비정규직 비중의 순위는 2020~2023년 동안 변하지 않는다.

24 다음 중 2020년 대비 2022년 15~19세 비정규직 수 증감 추이와 다른 것을 고르면?

① 전년 대비 2021년 30~39세 비정규직 수
② 전년 대비 2023년 15~19세 비정규직 수
③ 2년 전 대비 2022년 20~29세 비정규직 수
④ 2년 전 대비 2023년 20~29세 비정규직 수

[25~26] 다음 자료를 보고 질문에 답하시오.

〈표 1〉 2018~2022년 주요 의료인력 현황

(단위: 명)

구분	의사	치과의사	한의사	약사	간호사	간호조무사
2022년	112,321	27,987	22,807	41,614	254,227	217,589
2021년	109,937	27,491	22,542	40,388	240,307	213,557
2020년	107,976	26,978	22,038	39,765	225,462	208,531
2019년	105,628	26,486	21,630	38,941	215,293	195,401
2018년	102,471	25,792	20,759	37,837	195,314	178,287

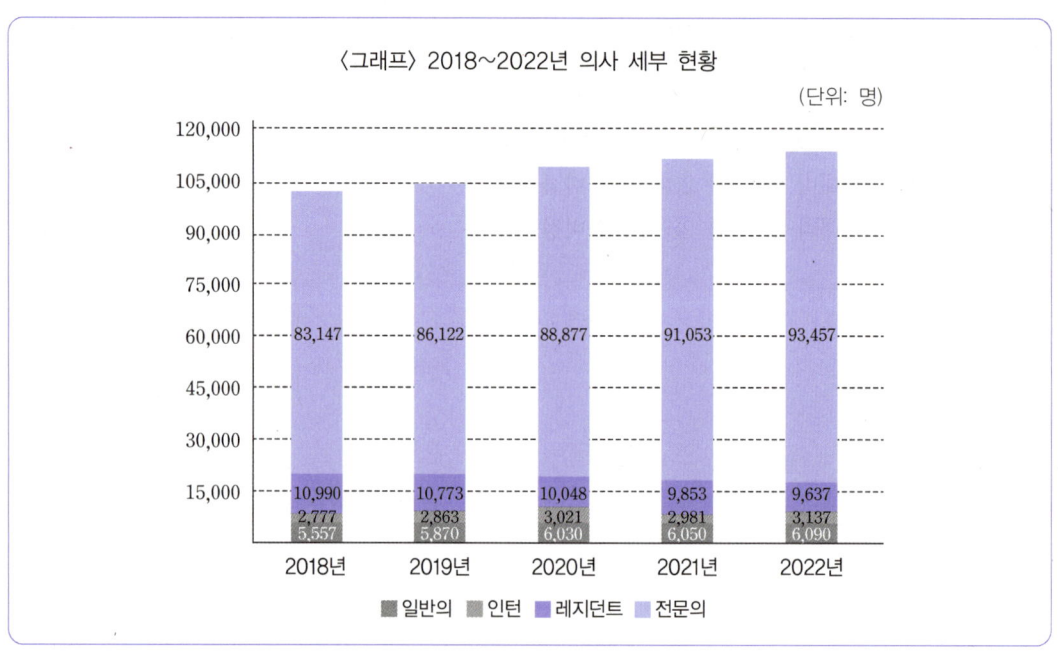

〈표 2〉 2022년 지역별 의료인력 현황

(단위: 명)

지역	의/치/한	간호사	지역	의/치/한	간호사
계	163,115	254,227	경기	35,401	50,844
서울	45,440	61,743	강원	4,077	6,998
부산	11,982	20,802	충북	3,884	5,344
대구	8,810	15,461	충남	5,052	7,612
인천	7,857	13,262	전북	5,574	8,752
광주	5,488	9,938	전남	4,801	9,308
대전	5,406	8,202	경북	5,624	10,494
울산	2,737	5,350	경남	8,432	15,964
세종	770	1,008	제주	1,780	3,145

※ 의/치/한 = 의사 + 치과의사 + 한의사

25 다음 중 자료에 대한 설명으로 옳지 않은 것은?

① 2022년 의사 중 레지던트만 유일하게 2018년과 비교해서 감소했다.
② 2018년 대비 2022년 치과의사 인력 증가율은 한의사 인력 증가율보다 낮다.
③ 2022년 주요 의료인력 수는 68만 명 이상으로, 2018년에 비해 10만 명 이상 많다.
④ 2022년 간호사 인력이 의사, 치과의사, 한의사 인력 합계의 2배 이상인 지역은 없다.

26 다음 중 연도별 의사 의료인력 대비 간호사 의료인력 비율을 표로 나타낸 것으로 옳은 것은? (단, 소수점 두 번째 자리에서 반올림한다.)

①	2018년	2019년	2020년	2021년	2022년
	200.6%	201.8%	208.8%	194.3%	226.3%
②	2018년	2019년	2020년	2021년	2022년
	190.6%	203.8%	194.3%	226.3%	208.8%
③	2018년	2019년	2020년	2021년	2022년
	190.6%	203.8%	208.8%	218.6%	226.3%
④	2018년	2019년	2020년	2021년	2022년
	190.6%	203.8%	208.8%	226.3%	194.3%

[27~28] 다음은 출생아 수와 부모 연령대별 출생아 수 현황 자료이다. 이를 바탕으로 질문에 답하시오.

〈표 1〉 2019~2023년 출생아 수

(단위: 명, 인구 천 명당 명)

구분	2020년	2021년	2022년	2023년
출생아 수	272,337	260,562	249,186	230,028
남자	139,362	133,516	127,454	117,862
여자	132,975	127,046	121,732	112,166
조출생률	5.3	5.1	4.9	( )

※ 조출생률(인구 1,000명당 출생아 수) = $\dfrac{\text{총 출생아 수}}{\text{해당 연도의 연앙인구}} \times 1,000$

〈표 2〉 2023년 부모 연령대별 출생아 수

(단위: 명)

구분		모 연령					
		계	24세 이하	25~29세	30~34세	35~39세	40세 이상
부 연령	계	227,455	5,227	34,386	105,370	66,798	15,674
	24세 이하	1,880	1,352	445	65	16	2
	25~29세	17,569	1,702	11,471	3,894	453	49
	30~34세	79,797	831	15,559	( )	( )	475
	35~39세	84,200	439	4,654	( )	( )	2,817
	40~44세	35,059	449	1,341	6,203	18,110	8,956
	45~49세	6,734	341	637	1,024	1,965	2,767
	50세 이상	2,216	113	279	540	676	608

※ 연령 미상: 2,573명

27 다음 중 자료에 대한 설명으로 옳지 않은 것은? (단, 연령 미상인 경우는 제외한다.)

① 2020년과 비교해서 2023년 남녀 출생아 수는 모두 2만 명 이상 감소했다.
② 2023년 부모 연령대별로 출생아 수가 가장 많았던 연령대는 동일하다.
③ 모 연령대가 30세 미만인 출생아 중 부 연령대가 모 연령대보다 한 단계 낮은 경우에 해당하는 출생아는 400명 이상이다.
④ 2023년 연앙인구가 5,115만 명이라면, 조출생률은 전년보다 인구 천 명당 0.3명 이상 차이 난다.

28 2023년 부모가 모두 30대인 출생아 수가 전체에서 차지하는 비중은 몇 %인가? (단, 연령 미상인 경우는 제외하며, 소수점 첫째 자리에서 반올림한다.)

① 52%　　② 55%　　③ 58%　　④ 61%

[29~31] 다음 자료를 보고 질문에 답하시오.

〈표〉 2023년 분만기관 수 종별 현황

(단위: 개소, 건)

구분	분만기관 수	분만 건수
상급종합병원	44	23,088
종합병원	81	25,403
병원	132	115,432
의원	199	66,381
조산원	12	206

〈그래프 1〉 2019~2023년 분만 건수 추이

〈그래프 2〉 2023년 요양기관 소재지별(시도별) 분만 건수
(단위: 건)

※ 수도권 = 경기 + 서울 + 인천

29 주어진 자료를 바탕으로 작성한 [보고서]의 ㉠~㉣ 중 옳지 않은 것은?

[보고서]

　　2019년부터 2023년까지 분만 건수는 꾸준히 감소하는 추세를 보이고 있다. ㉠2019년 분만 건수는 30만 건 이상이었으나 2023년에는 4년 전과 비교해서 20% 이상 감소하였다. 자연분만과 제왕절개로 구분해서 살펴보면 ㉡2019년~2023년 동안 꾸준히 건수가 감소한 자연분만에 비해 제왕절개 분만 건수는 증가와 감소를 반복하는 모습을 보였다. ㉢2020~2023년 중 전년 대비 자연분만 건수 감소폭이 가장 컸던 시기는 2020년이고, 전년 대비 제왕절개 건수 변화폭이 가장 컸던 시기는 2023년으로 조사되었다. ㉣2023년 분만기관 수는 468개소로, 의원, 병원, 종합병원, 상급종합병원, 조산원 순으로 많았다.

① ㉠　　　② ㉡　　　③ ㉢　　　④ ㉣

30 다음 〈표〉를 참고했을 때, 2023년 30대 분만 건수가 전체 분만 건수에서 차지하는 비중은 약 몇 %인가? (단, 소수점 첫째 자리에서 반올림한다.)

〈표〉 2023년 분만 건수 연령대별 현황

(단위: 건)

19세 이하	20대	30대	40대	50세 이상
389	41,900	( )	15,517	4

① 72% ② 75% ③ 78% ④ 81%

31 2023년 요양기관 소재지별(시도별) 분만 건수 자료를 바탕으로 나타낸 그래프 중 옳지 않은 것은? (단, 소수점 첫째 자리에서 반올림한다.)

① 경기 및 경기 외 시도의 분만 건수 비중

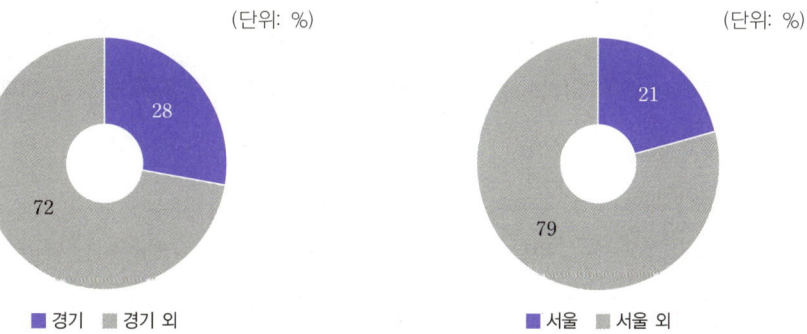

② 서울 및 서울 외 시도의 분만 건수 비중

③ 인천 및 인천 외 시도의 분만 건수 비중

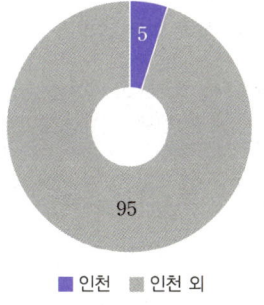

④ 수도권 및 수도권 외 시도의 분만 건수 비중

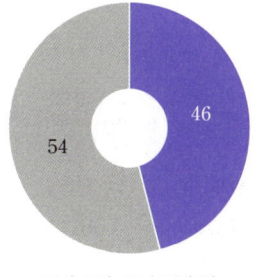

[32~34] 다음은 2018~2022년 불임과 난임 시술 진료 현황 자료이다. 다음 자료를 보고 질문에 답하시오.

〈표 1〉 2018~2022년 불임과 난임 시술 진료 현황

(단위: 명, 억 원, 원, %)

구분		2018년	2019년	2020년	2021년	2022년	2018년 대비 2022년 증가율
불임	환자 수	227,922	225,209	226,346	248,356	238,601	4.7
	진료비	1,245	1,341	1,831	2,230	2,447	( )
	1인당 진료비	546,240	595,447	808,939	897,905	1,025,562	87.7
난임 시술	환자 수	121,038	122,597	129,230	143,142	140,458	16.0
	진료비	1,541	1,738	2,091	2,415	2,590	( )
	1인당 진료비	1,273,154	1,417,653	1,618,045	1,687,136	1,843,968	44.8

〈표 2〉 2018~2022년 성별 불임 진료 현황

(단위: 명, 억 원, 원, %)

구분		2018년	2019년	2020년	2021년	2022년	2018년 대비 2022년 증가율
남성	환자 수	78,376	79,299	78,909	88,757	85,516	9.1
	진료비	100	99	113	128	133	33.0
	1인당 진료비	127,590	124,844	143,203	144,214	155,526	21.9
여성	환자 수	149,546	145,910	147,437	159,599	153,085	2.4
	진료비	1,145	1,242	1,718	2,102	2,314	102.1
	1인당 진료비	765,651	851,210	1,165,243	1,317,051	1,511,579	97.4

〈표 3〉 2018~2022년 성별 난임 시술 진료 현황

(단위: 명, 억 원, 원, %)

구분		2018년	2019년	2020년	2021년	2022년	2018년 대비 2022년 증가율
남성	환자 수	56,116	56,455	59,659	65,735	64,143	14.3
	진료비	98	106	118	133	137	39.8
	1인당 진료비	174,638	187,760	197,791	202,328	213,585	22.3
여성	환자 수	64,922	66,142	69,571	77,407	76,315	17.5
	진료비	( )	1,632	1,973	2,282	2,453	70.0
	1인당 진료비	( )	2,467,419	2,835,952	2,948,054	3,214,309	44.6

32 다음 중 자료를 해석한 것으로 옳은 것은?

① 주어진 기간 동안 1인당 진료비는 매년 난임시술이 불임의 2배 이상이다.
② 2018년 대비 2022년 불임 진료비 증가율은 난임 시술 진료비 증가율보다 30%p 이상 높다.
③ 2019~2022년 중 환자 수의 전년 대비 증가 인원이 가장 많은 해는 불임과 난임시술이 동일하다.
④ 5년 동안 불임 환자의 연평균 진료비는 난임 시술 환자의 연평균 진료비보다 많다.

33 2018년 여성 난임 환자의 1인당 진료비는 몇 만 원인가? (단, 천 원 단위에서 반올림한다.)

① 182만 원   ② 222만 원   ③ 262만 원   ④ 302만 원

34 주어진 자료를 그래프로 나타낸 것 중 옳지 않은 것은? (단, 소수점 첫째 자리에서 반올림한다.)

① 2022년 성별 난임 시술 환자 수 비중

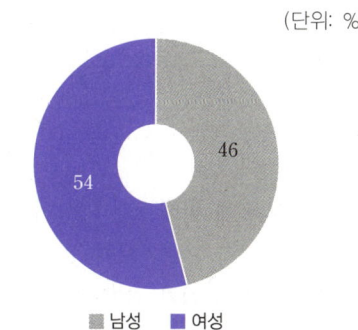

② 2018~2022년 성별 불임 환자 수

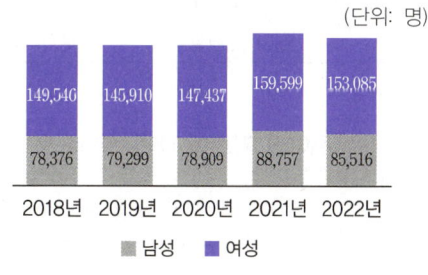

③ 2018~2022년 남성 불임 및 난임 진료비

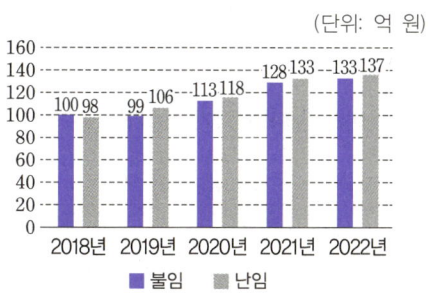

④ 2018~2022년 여성 불임 및 난임 환자 수

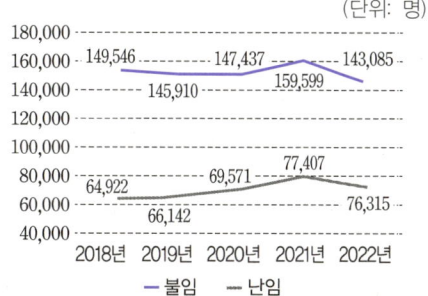

[35~37] 다음은 최근 5년간 ADHD 환자 진료 현황에 관한 자료이다. 이를 바탕으로 이어지는 질문에 답하시오.

〈표 1〉 최근 5년간 ADHD 환자 성별 진료 현황

(단위: 명, 억 원)

구분		2018년	2019년	2020년	2021년	2022년
계	환자 수	59,603	72,452	79,243	102,332	144,537
	진료비	303	404	461	629	924
남자	환자 수	46,997	55,637	58,398	72,340	96,322
	진료비	243	316	342	449	618
여자	환자 수	12,606	16,815	20,845	29,992	48,215
	진료비	60	88	119	180	306

〈표 2〉 최근 5년간 ADHD 환자 입원 및 외래 진료 현황

(단위: 명, 억 원, 일)

구분		2018년	2019년	2020년	2021년	2022년
입원	환자 수	331	404	327	402	511
	진료비	17	23	20	25	29
	1인당 입원일수	50.2	45.5	47.1	49.4	42.6
외래	환자 수	59,513	72,365	79,146	102,245	144,426
	진료비	286	381	441	604	895
	1인당 내원일수	8.6	8.6	8.3	8.2	7.8

35 주어진 자료에 대한 설명으로 옳지 않은 것은?

① 2022년 ADHD 환자 수와 진료비 모두 4년 전에 비해 2배 이상이 되었다.
② 5년 전 대비 2022년 ADHD 환자 증가율은 여자가 남자보다 높다.
③ 2018~2022년 동안 ADHD 남자 환자 수는 매년 여자 환자 수의 3배 이상이었다.
④ 2018~2022년 동안 ADHD 외래 평균 진료비는 500억 원 이상이다.

36 2022년 1인당 ADHD 진료비는 2018년에 비해 얼마나 증가했는가? (단, 모든 계산은 천 원 단위에서 반올림한다.)

① 4만 원   ② 7만 원   ③ 10만 원   ④ 13만 원

37 주어진 자료를 바탕으로 나타낸 그래프 중 옳지 않은 것은? (단, 소수점 첫 번째 자리에서 반올림한다.)

① ADHD 남녀 환자 진료 비율
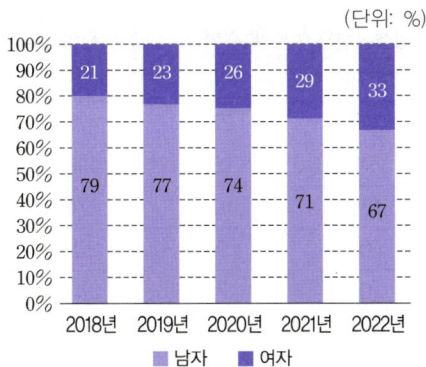

② 1인당 입원일수 및 내원일수

③ ADHD 입원 및 외래 진료비 합계
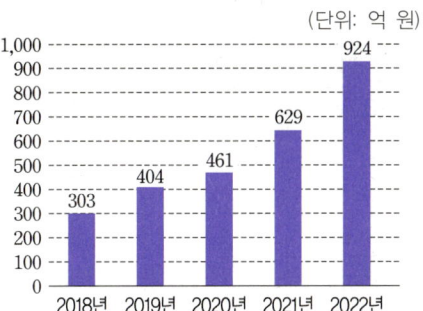

④ ADHD 남녀 진료비 전년 대비 증가액
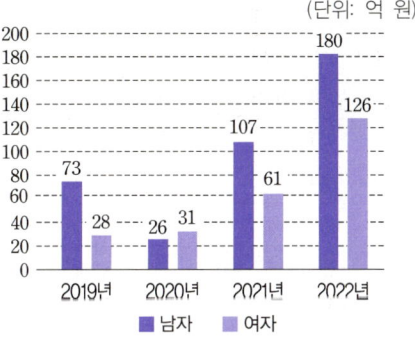

[38~40] 다음은 2024년 상반기 기준 어린이 보호구역 지정 건수 현황에 대한 자료이다. 다음 자료를 읽고 질문에 답하시오.

〈표〉 어린이 보호구역 지정 건수 현황

(단위: 개소)

구분		초등학교	일반유치원	병설유치원	특수학교	어린이집	학원
전국		6,270	2,648	4,138	176	3,017	96
서울		606	361	141	27	479	59
부산		306	277	91	15	143	2
대구		242	185	139	10	176	1
인천		269	170	0	9	201	13
광주		157	106	0	7	141	1
대전		154	86	83	6	128	1
울산		122	89	65	3	44	2
세종		54	45	20	2	10	0
경기	소계	1,352	574	1,159	31	670	14
	남부	975	438	834	21	489	9
	북부	377	136	325	10	181	5
강원		356	65	244	8	78	0
충북		265	58	227	12	156	1
충남		419	123	348	12	156	0
전북		415	103	345	10	103	1
전남		432	61	358	5	184	0
경북		482	175	420	7	118	0
경남		521	153	395	9	139	1
제주		118	17	103	3	91	0

※ 수도권: 서울, 인천, 경기
※ 6개 광역시: 부산, 대구, 인천, 광주, 대전, 울산

38 주어진 자료에 대한 설명으로 옳지 않은 것은?

① 어린이 보호구역으로 지정된 전국의 어린이집에서 10% 이상의 비중을 차지하는 지역은 2곳이다.
② 어린이 보호구역으로 지정된 서울의 병설유치원 1개소당 일반유치원 수는 3개소 이상이다.
③ 어린이 보호구역으로 지정된 인천의 초등학교 수는 어린이 보호구역으로 지정된 경기의 전체 초등학교 수의 20% 미만이다.
④ 어린이 보호구역으로 지정된 대구와 강원의 특수학교 수의 평균은 어린이 보호구역으로 지정된 부산과 울산의 특수학교 수의 평균과 같다.

39 2024년 상반기 어린이 보호구역으로 지정된 전국의 학원 수가 5년 전 동기 대비 200% 증가했고, 유치원 수(일반+병설)는 10% 감소했다면, 2019년 상반기 어린이 보호구역으로 지정된 전국의 학원과 유치원 수의 합계는 총 몇 개소인가?

① 2,969개소
② 4,630개소
③ 7,329개소
④ 7,572개소

40 주어진 자료를 토대로 작성한 그래프 중 옳지 않은 것은? (단, 계산 시 소수점 첫째 자리에서 반올림한다.)

① 특수학교 지정 건수 상위 3개 지역의 특수학교 지정 건수

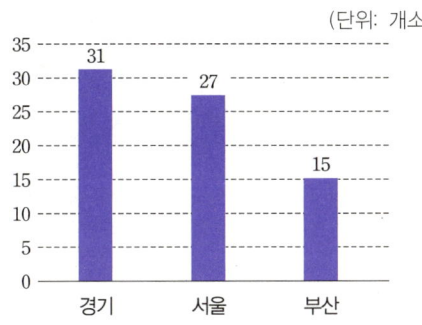

② 6개 광역시별 일반유치원 및 어린이집 지정 건수 순위

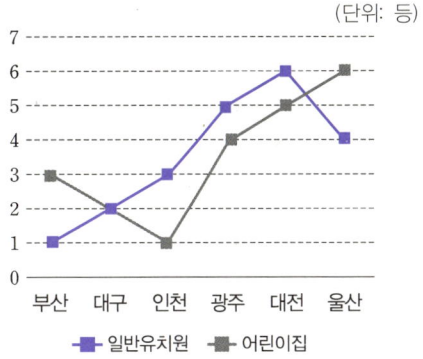

③ 제주의 지정 건수 현황

④ 수도권별 학원 지정 건수 비중

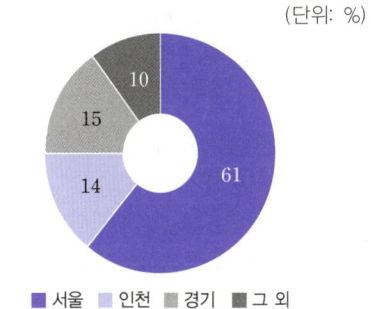

[41~42] 다음은 본인부담상한제에 관한 자료이다. 이를 바탕으로 이어지는 질문에 답하시오.

본인부담상한제

1. 목적
   과도한 의료비로 인한 가계 부담을 덜어주기 위하여 건강보험 본인일부부담금 총액이 본인부담상한액을 초과하는 경우 초과액을 공단에서 부담하는 제도

2. 대상
   연간(1.1.~12.31.) 개인이 부담한 총 본인일부부담금이 개인별 본인부담상한액을 초과하는 가입자(피부양자 포함)
   ※ 단, 총 본인일부부담금을 산정할 때 수진자가 부담한 진료비 중 비급여, 선별급여, 전액본인부담금, 임플란트, 상급병실(2~3인실) 입원료, 추나요법 본인일부부담금, 상급종합병원 외래 경증질환 진료분, 장애인보장구 및 출산비 등은 제외함

3. 세부내용
   1) 적용방법

구분	적용방법
사전급여	동일한 요양기관에서 연간(1.1.~12.31.) 발생한 본인일부부담금 총액이 최고상한액을 초과할 경우 환자는 808만 원까지만 부담하고, 초과하는 금액을 요양기관에서 공단으로 청구하면 공단에서 요양기관으로 지급함
사후급여	당해 환자가 여러 병·의원(약국 포함)에서 부담한 연간 본인일부부담금 총액이 개인별 본인부담상한액을 초과할 경우 공단이 그 초과액을 환자에게 직접 지급함

   2) 본인부담상한액

   (단위: 만 원)

구분	연평균 건강보험료 분위(저소득 → 고소득)						
	1분위	2~3분위	4~5분위	6~7분위	8분위	9분위	10분위
당해	87	108	167	313	418	514	808
요양병원 120일 초과 입원	138	174	235	388	557	669	1,050

4. 제공방법
   1) 신청시기
      매년 8월 말 경 공단에서 본인부담상한액 초과금 지급대상자에게 안내문(지급신청서 포함)을 발송하면 신청 가능
   2) 신청방법
      ① 온라인: 공단 대표홈페이지, The건강보험(앱)
      ② 유선: 본인명의 계좌의 경우 고객센터 또는 관할 지사로 유선 신청 가능
      ③ 방문·팩스·우편: '본인부담상한액 초과금 지급신청서' 지사 제출
      ※ 지급신청서와 함께 지급동의계좌신청서 제출 시: 본인부담상한액 초과금이 발생할 경우 별도 신청 없이 신청한 계좌로 자동 지급 가능

3) 지급동의계좌 연계 범위
- 본인, 위임받은 가족, 상속대표선정가족
※ 가족: 배우자, 부모, 자녀, 손, 조부모에 한정
※ 지급동의결과 안내 방법: 우편 또는 알림톡 선택

5. 유의사항
타인(제3자)에 대한 위임기간은 최대 3년이며, 위임자의 계좌로 지급동의계좌신청서를 제출하는 경우 위임기간까지만 해당 계좌로 초과금이 지급됨

41 주어진 자료를 읽고 판단한 내용으로 옳지 않은 것은?

① 수진자가 살아 있다면 인터넷, 유선, 방문, 팩스, 우편 모든 방법을 통해 신청할 수 있다.
② 당해 8월 말 경 공단에서 지급 대상임을 안내받아야만 신청할 수 있다.
③ 지급동의계좌신청서와 함께 지급신청서를 냈다면 본인부담상한액 초과금이 생겼을 때 자동 지급받을 것이다.
④ 제3자에게 위임한 지 4년이 지나 위임자의 계좌로 지급동의계좌신청서를 제출해도 초과금을 받을 수 있다.

42 심장질환으로 병원에서 관련 치료를 받은 A는 당해 진료비로 3,600만 원이 발생했으며, 별도의 비급여 진료비가 400만 원 추가되었다고 한다. A의 당해 연평균 건강보험료 분위가 4~5분위일 때, A가 공단으로부터 사후급여로 받는 본인부담상한액 초과금은? (단, 심장질환 진료비의 본인부담률은 5%이며, A는 그 외 다른 의료비를 지출하지 않았다.)

① 13만 원　　② 23만 원　　③ 33만 원　　④ 180만 원

[43~45] 다음은 노인장기요양보험제도에 대한 내용이다. 이를 바탕으로 이어지는 질문에 답하시오.

■ 신청대상
  • 소득 수준과 상관없이 노인장기요양보험 가입자(국민건강보험 가입자와 동일)와 그 피부양자
  • 의료급여수급권자로서 65세 이상 노인과 65세 미만의 노인성 질병이 있는 자

■ 급여대상
  ① 65세 이상 또는 ② 65세 미만 노인성 질병(치매, 뇌혈관성 질환 등)을 가진 자로서 6개월 이상 스스로 일상생활을 수행하기 어렵다고 인정되는 자

■ 장기요양급여 종류
  • 시설급여: 요양시설에 장기간 입소하여 신체활동 지원 등 제공
    – 노인요양시설: 치매·중풍 등 노인성질환 등으로 심신에 상당한 장애가 발생하여 도움을 필요로 하는 노인을 입소시켜 급식·요양과 그 밖에 일상생활에 필요한 편의 제공
    ※ 입소 정원: 10명 이상
    – 노인요양공동생활가정: 치매·중풍 등 노인성질환 등으로 심신에 상당한 장애가 발생하여 도움을 필요로 하는 노인에게 가정과 같은 주거여건에서 급식·요양, 그 밖에 일상생활에 필요한 편의 제공
    ※ 입소 정원: 5명 이상 9명 이하
  • 재가급여: 수급자의 가정을 방문하여 신체활동 및 가사활동 등 지원, 목욕, 간호 등 제공, 주간보호센터 이용, 복지용구 구입 또는 대여
    – 방문요양: 요양보호사가 수급자의 가정 등을 방문하여 신체활동 및 가사활동 등을 지원
    – 방문목욕: 장기요양요원이 목욕설비를 갖춘 장비를 이용하여 수급자의 가정 등을 방문 및 목욕 제공
    – 방문간호: 간호사, 간호조무사, 치과위생사가 의사, 한의사 또는 치과의사의 방문간호지시서에 따라 수급자의 가정 등을 방문하여 간호, 진료 보조, 요양 관련 상담, 구강위생 등을 제공
    – 주·야간보호: 수급자를 하루 중 일정한 시간 동안 장기요양기관에 보호하여 신체·인지활동 지원 및 심신 기능의 유지·향상을 위한 교육·훈련 등을 제공
    – 단기보호: 수급자를 일정 기간 동안 장기요양기관에 보호하여 신체활동 지원 및 심신 기능의 유지·향상을 위한 교육·훈련 등을 제공
  • 특별현금급여: 도서·벽지 거주, 천재지변 등의 사유로 장기요양기관이 제공하는 급여를 이용하기 어려운 경우, 가족 등으로부터 방문요양에 상당한 장기요양급여를 받은 때 가족요양비 지급
    ※ 급여 종류별로 중복 이용 불가

■ 장기요양등급

등급	기준점수	상태 설명
1등급	95점 이상	심신의 기능상태 장애로 일상생활에서 전적으로 다른 사람의 도움이 필요한 자
2등급	75~94점	심신의 기능상태 장애로 일상생활에서 상당 부분 다른 사람의 도움이 필요한 자
3등급	60~74점	심신의 기능상태 장애로 일상생활에서 부분적으로 다른 사람의 도움이 필요한 자
4등급	51~59점	심신의 기능상태 장애로 일상생활에서 일정 부분 다른 사람의 도움이 필요한 자
5등급	45~50점	치매환자
인지지원등급	45점 미만	치매환자

※ 기준점수=(청결+배설+식사+기능보조+행동변화대응+간접지원+간호처치+재활훈련) 서비스 군 해당 요양 인정점수의 합

■ 장기요양등급별 재가급여 월 한도액
- 재가급여(방문요양, 방문목욕, 방문간호, 주·야간보호, 단기보호 등) 이용 시 월별로 사용할 수 있는 최대 인정금액

구분	한도액	구분	한도액
1등급	2,306,400원	4등급	1,369,800원
2등급	2,083,400원	5등급	1,090,700원
3등급	1,485,700원	인지지원등급	621,000원

■ 본인부담금
- 재가급여: 일반대상자 15%, 40% 감경대상자 9%, 60% 감경대상자/기타의료급여수급권자 6%
- 시설급여: 일반대상자 20%, 40% 감경대상자 12%, 60% 감경대상자/기타의료급여수급권자 8%

43 주어진 자료를 읽고 판단한 내용으로 옳지 않은 것은?

① 상당한 심신 장애로 인해 가정과 비슷한 주거 환경에서 편의를 제공하는 곳에는 9명까지 입소할 수 있다.
② 방문간호는 방문목욕과 달리 의사 등의 지시서가 필요하며, 제공 주체도 다르다.
③ 특별현금급여는 도서 지역 수급자가 장기요양요원의 방문요양을 받을 경우 지급되며, 재가급여와 중복 이용이 가능하다.
④ 장기요양등급 1등급 판정을 받은 67세 일반대상자 노인이 재가급여 이용 시 본인이 부담할 금액은 월 최대 345,960원이다.

44 다음은 신청자 P씨의 장기요양인정조사표에 따라 작성된 심신상태를 나타내는 조사 결과 및 영역별 100점 환산점수를 총 8개 서비스 군의 수형분석도에 적용하여 해당 요양인정점수를 산출한 것이다. 항목별로 점수가 다음과 같을 때, P씨의 장기요양등급에 따른 일상생활에서 어느 정도의 도움이 필요한지 바르게 판단한 것은? (단, 심신의 기능상태 장애가 있다고 가정한다.)

[P씨의 서비스 군별 점수]

청결	배설	식사	기능보조	행동변화대응	간접지원	간호처치	재활훈련
7.2점	10.5점	16.2점	5.8점	0.8점	16.4점	12.4점	6.3점

① 일상생활에서 전적으로 다른 사람의 도움이 필요한 자
② 일상생활에서 상당 부분 다른 사람의 도움이 필요한 자
③ 일상생활에서 부분적으로 다른 사람의 도움이 필요한 자
④ 일상생활에서 일정 부분 다른 사람의 도움이 필요한 자

45 장기요양등급 2등급 40% 감경대상자 K씨가 7월 한 달 동안 방문요양서비스를 이용했다고 한다. 7월 2일(수)부터 서비스를 이용했고, 매주 월요일, 수요일, 금요일과 일요일에 150분씩 이용했다고 한다. 이때, K씨가 내야 하는 본인부담금은 얼마인가? (단, 모든 계산에서 원 단위 미만은 절사한다.)

[방문요양 급여비용(방문당)]

급여제공시간	30분 이상	60분 이상	90분 이상	120분 이상	150분 이상	180분 이상	210분 이상	240분 이상
금액(원)	16,940	24,580	33,120	42,160	49,160	55,350	61,670	68,030

※ 공휴일(일요일)에 제공한 급여에 대해서는 30% 가산함

① 75,210원
② 80,520원
③ 125,360원
④ 134,210원

[46~48] 다음은 에너지바우처에 대한 내용이다. 이를 바탕으로 이어지는 질문에 답하시오.

■ **에너지바우처란?**
국민 모두가 시원한 여름, 따뜻한 겨울을 보낼 수 있도록 에너지 취약계층을 위해 에너지바우처(이용권)을 지급하여 전기, 도시가스, 지역난방, 등유, LPG, 연탄을 구입할 수 있도록 지원하는 제도

■ **신청대상**
소득기준과 세대원 특성기준을 모두 충족하는 세대
- 소득기준: 「국민기초생활 보장법」에 따른 생계급여/의료급여/주거급여/교육급여 수급자
- 세대원 특성기준: 주민등록표등본상 기초생활수급자(본인) 또는 세대원이 다음 어느 하나에 해당

노인	주민등록기준 1960.12.31. 이전 출생자
영유아	주민등록기준 2018.01.01. 이후 출생자
장애인	「장애인복지법」에 따라 등록한 장애인
임산부	임신 중이거나 분만 후 6개월 미만인 여성
중증, 희귀질환자·중증난치질환자	국민건강보험법 시행령 제19조 제1항 및 [별표2]에 따라 보건복지부장관이 정하여 고시하는 중증질환, 희귀질환, 중증난치질환(「본인일부부담금 산정특례에 관한 기준」[별표3], [별표4], [별표4의2])을 가진 사람
한부모가족	「한부모가족지원법」 제4조에 따른 "모" 또는 "부"로서 18세 미만인 자녀를 양육하는 사람
소년소녀가정	보건복지부에서 정한 아동분야 지원대상에 해당하는 사람(「아동복지법」 제3조에 의한 가정위탁보호 아동 포함)

※ 지원 제외 대상: 세대원 모두가 보장시설 수급자

■ **바우처 지원금액**
- 세대원 수에 따라 아래 표와 같이 지원금액이 차등 책정됨
- 하절기에 총액에서 사용하고 남은 지원금액만큼 동절기에 사용 가능함. 만약 중간에 세대 인원이 변경되어 재신청할 경우 그에 맞춰 총액이 조정됨

구분	1인 세대	2인 세대	3인 세대	4인 이상 세대
총액	295,200원 (40,700원)	407,500원 (58,800원)	532,700원 (75,800원)	701,300원 (102,000원)

※ 위 금액은 2025년도 총지원금액으로 월별 지원금액이 아님
※ 괄호 안의 금액은 하절기 의무차감 금액으로, 하절기에 의무차감 금액 미만으로 지원금을 사용한 경우에는 총액에서 의무차감 금액을 차감한 지원금액만큼 동절기에 사용 가능함
※ 하절기에 바우처를 사용하지 않고 동절기에 몰아서 사용하기를 희망하는 경우 하절기 요금 미차감 신청을 해야 의무차감 금액이 차감되지 않고 지원금액 총액을 그대로 동절기에 사용 가능

■ 신청 및 사용기간
• 신청안내

구분	내용
자동신청	전년도 에너지바우처 지원 기간 동안 정보 변동이 없고, 올해도 지원자격을 충족하는 자는 자동 신청
신규신청	전년도 에너지바우처를 지원받았더라도 이사 또는 세대원 수 변동 등 정보 변동이 있을 경우, 신규신청을 해야 에너지바우처 지원 가능
재신청	에너지바우처 지원 중에 정보 변동이 있을 경우 거주지 관할 행정복지센터에 변동 사실을 알린 후 재신청 진행

• 신청기간

구분		신청기간
세대원 수	증가	2025년 6월 9일 ~2026년 5월 25일
	감소	2025년 6월 9일 ~2025년 6월 26일
동절기 이용권 방식	실물카드 ↔ 가상카드(요금 차감)	2025년 6월 9일 ~2026년 5월 25일
	실물·가상카드(요금 차감) → 다른 동절기 에너지이용권	2025년 6월 9일 ~2025년 6월 26일
기타 정보	수급자 변경, 연락처, 주소, 주거 형태, 에너지원, 고객번호, 에너지공급자, 하절기 요금 미차감	2025년 6월 9일 ~2026년 5월 25일

• 사용기간

하절기	동절기
2025.7.1.~2025.9.30.	(실물카드) 2025.10.13.~2026.5.25. (가상카드) 2025.10.1.~2026.5.25.

46 주어진 자료를 읽고 판단한 내용으로 옳지 <u>않은</u> 것은?

① 2인 세대가 하절기에 바우처를 사용하지 않고 동절기에 몰아서 사용하기를 희망하는 경우 하절기 요금 미차감 신청을 하면 동절기에 407,500원을 사용할 수 있다.
② 에너지바우처 지원 중에 정보 변동이 있을 경우 거주지 관할 행정복지센터에 변동 사실을 알린 후 재신청을 해야 한다.
③ 보장시설 수급자이면서 생계급여를 받는 중인 1958년생 1인 세대는 지원받을 수 있다.
④ 세대원 수 증가 시 사용기간 동안 상시로 신청이 가능하지만, 감소한 경우는 특정 기간으로 한정된다.

47 다음은 에너지바우처 소득기준을 만족하는 가구의 사례이다. 이 중에서 에너지바우처 지원 대상이 아닌 가구는?

① 어머니 혼자서 중학생을 양육하고 있는 2인 세대
② 등록 장애인 본인 1인으로만 구성된 세대
③ 중증질환으로 진단받은 어머니를 모시고 사는 2인 세대
④ 2017년 10월생 자녀와 부모 2인으로 구성된 3인 세대

48 3인 세대인 L씨 가구는 에너지바우처 지원 대상으로 하절기 동안 바우처로 가스요금 75,000원을 사용한 후 동절기에도 에너지바우처를 사용하고자 한다. 그러나 동절기에 들어서기 직전, 가구 구성원이 1명 증가하여 4인 세대로 전환되었다. 재신청을 했다면, 동절기에 L씨 가구가 사용할 수 있는 에너지바우처 금액은 얼마인가? (단, 바우처 사용 조건을 모두 만족한다.)

① 457,700원　　　　　　　　② 583,500원
③ 599,300원　　　　　　　　④ 626,300원

[49~50] 다음은 청년도약계좌에 대한 상품 내용이다. 이를 바탕으로 이어지는 질문에 답하시오.

■ 청년도약계좌
청년의 중장기 자산형성 지원을 위한 정책형 금융상품으로, 만기 5년 동안 매월 70만 원 한도 내에서 자유롭게 납입하면 매월 최대 3.3만 원의 정부기여금을 지급하고 이자소득에 대한 비과세 혜택을 제공하는 상품
※ 만기 연장 없음

■ 지원대상
아래의 요건을 모두 충족하는 자

나이	신규 가입일 기준 만 19~34세 이하(병역복무기간 최대 6년 차감)
개인소득	총급여액 7,500만 원(종합소득금액의 경우 6,300만 원) 이하에 해당하는 자 ※ 단, 비과세 소득만 있는 경우 제외하나 육아휴직급여(육아휴직수당 포함) 또는 군장병 급여만 있는 경우에는 가입요건 소득에 포함
가구소득	가구원 수에 따른 기준 중위소득 250% 이하에 해당하는 자 ※ 가구원은 청년 본인과 본인의 주민등록표등본상 배우자, 부모, 자녀, 형제·자매(미성년자를 기준으로 판단
금융소득	직전 3개년도 중 1회 이상 금융소득종합과세 대상자 제외

[자료] 기준 중위소득 100% 및 250% 가구별 기준 금액(월 기준)

(단위: 원)

구분	1인 가구	2인 가구	3인 가구	4인 가구	5인 가구
100%	2,392,013	3,932,658	5,025,353	6,097,773	7,108,192
250%	5,980,033	9,831,645	12,563,383	15,244,433	17,770,480

■ 지원내용
• 은행이자 + 비과세 혜택 + 정부기여금(납입금액에 비례해 소득구간별 정부기여금 지원)
• 저소득층 청년 대상 일정 수준의 우대금리 제공

[그림] 개인소득 구간별 정부기여금 지급 구조

개인소득 구간	월납입 ~ 40만원	40만원 ~ 50만원	50만원 ~ 60만원	60만원 ~ 70만원	월 최대 정부기여금
총급여 2,400만원 이하 (종합소득 1,600만원 이하)	24,000원 (6.0%)		9,000원 (3.0%)		33,000원
총급여 3,600만원 이하 (종합소득 2,600만원 이하)	23,000원 (4.6%)		6,000원 (3.0%)		29,000원
총급여 4,800만원 이하 (종합소득 3,600만원 이하)	22,200원 (3.7%)			3,000원 (3.0%)	25,200원
총급여 6,000만원 이하 (종합소득 4,800만원 이하)	21,000원 (3.0%)				21,000원
총급여 7,500만원 이하 (종합소득 6,300만원 이하)	-				-

※ 정부기여금 구간 I / 정부기여금 구간 II

※ 정부기여금은 개인소득 구간 및 월 납입금에 따라 달라진다. 월 납입금에 따른 정부기여금은 구간1과 구간2로 나뉘는데, 각 구간별로 월 납입금의 일정 비율만큼을 정부기여금으로 지급한다. 가령, 총급여 4,800만 원 이하 구간에서 월 납입금이 40만 원이라면, 40만×0.037=14,800(원)의 정부기여금이 지급된다.

■ 상세안내

금리	취급기관 자율 결정(가입 시점부터 3년 고정, 이후 2년 변동)
신청(가입) 방법	취급기관 앱을 통해 매월 비대면 신청
가입절차	가입신청 → 가입요건 확인→ 가입 가능 여부 안내 → 계좌개설 ※ 가입신청 마지막일로부터 2주 소요

■ 중도해지
아래 특별중도해지 사유 중 하나 이상 해당 시 본인 납입금 외 정부기여금이 지급되며, 비과세 혜택도 적용받을 수 있음. 그 외의 경우 정부기여금 및 비과세 혜택 적용 불가
① 가입자의 사망 및 해외이주
② 가입자의 퇴직
③ 사업장의 폐업
④ 천재지변
⑤ 장기치료가 필요한 질병
⑥ 생애최초 주택구입

49 주어진 자료를 읽고 이해한 내용으로 옳은 것은?

① 병역복무기간 2년을 인정받은 만 36세 남성의 총급여액이 8천만 원이라면 해당 상품에 가입할 수 있다.
② 부모 2명과 함께 3인 가구로 묶인 청년 가족의 월 가구소득이 1,300만 원이라면 가구소득 요건을 충족하지 못한 것으로 본다.
③ 총급여액이 4,800만 원 이하면 월 정부기여금을 3.3만 원까지 지급받을 수 있다.
④ 폐업증명원을 발급받아 폐업을 증빙해도 본인 납입금만 받고, 정부기여금과 비과세 혜택은 적용받기 어렵다.

50 만 30세인 A씨는 월 소득 280만 원인 직장인이다. A씨가 매월 50만 원씩 청년도약계좌에 5년 만기까지 납입했을 때, 만기 시 수령하는 총 금액은? (단, 은행이자는 400만 원이다.)

① 3,526만 원　　　　　　　　② 3,538만 원
③ 3,574만 원　　　　　　　　④ 3,598만 원

[51~52] 다음은 가사 및 간병방문 지원사업에 관한 내용이다. 이를 바탕으로 이어지는 질문에 답하시오.

가사 및 간병방문 지원사업

■ 사업목적

일상생활과 사회활동이 어려운 저소득층을 위한 가사·간병 서비스를 지원함으로써 취약계층의 생활 안정을 도모하고 가사·간병 방문 제공 인력의 사회적 일자리 창출

■ 지원 대상

만 65세 미만의 기준 중위소득 70% 이하 계층 중 아래에 해당하는 사람으로 가사·간병 서비스가 필요한 자
- 장애 정도가 심한 장애인
- 6개월 이상 치료를 요하는 중증질환자(보건복지부장관이 고시한 중증질환 상병 해당자로, 최근 3개월 이내 발행된 진단서 또는 소견서 첨부)
- 희귀난치성 질환자(보건복지부장관이 고시한 희귀난치성 질환 상병 해당자로, 진단서 또는 소견서 첨부, 단 "행복e음"을 통해 산정특례 등록 여부 확인할 수 있는 경우에는 관련 자료로 대체가능)
- 소년소녀가정, 조손가정, 한부모가정(법정보호세대)
  ※ 이 경우 서비스 대상자는 자녀·손자녀가 됨
- 만 65세 미만의 의료급여수급자 중 장기입원 사례관리 퇴원자
- 기타 시·군·구청장이 예산의 범위 내에서 장애 정도가 심하지 않은 장애인, 질환 및 부상으로 인한 장기치료자 등 가사·간병 서비스가 필요하다고 인정하는 자

■ 지원 기간 및 시간
- 기존대상자: 이용권(바우처) 수급자격 결정일로부터 1년
  ※ 단, 재판정 절차를 통해 1년 단위로 연장 가능
- 의료급여수급자 중 장기입원 사례관리 퇴원자: 이용권(바우처) 수급자격 결정일로부터 12개월(연장 불가)

■ 지원내용
- 신체수발 지원: 세면, 식사 등 보조 등
- 신변활동 지원: 체위 변경, 간단한 재활운동 보조 등
- 가사 지원: 청소, 식사준비 등
- 일상생활 지원: 외출동행, 말벗, 생활상담 등

■ 서비스 비용

제공시간	대상자	서비스 가격	정부지원금	본인부담금
월 24시간 (A형)	생계·의료·주거·교육급여 수급자 및 차상위계층(가형)	월 427,200원	월 427,200원	면제
	기준 중위소득 70% 이하 계층(나형)		월 401,570원	월 25,630원
월 27시간 (B형)	생계·의료·주거·교육급여 수급자 및 차상위계층(가형)	월 480,600원	월 466,180원	월 14,420원
	기준 중위소득 70% 이하 계층(나형)		월 451,760원	월 28,840원
월 40시간 (C형)	의료급여수급자 중 장기입원 사례관리 퇴원자	월 712,000원	월 712,000원	면제

51 다음 중 가사 및 간병방문 지원사업의 서비스 대상자에 해당하지 않는 경우는? (단, 언급되지 않은 내용은 조건을 충족한다고 가정한다.)

① 1년의 치료를 요하는 중증질환자 진단을 받았으며, 기준 중위소득 68% 수준에 해당하는 만 57세 남성
② 생계급여를 받는 조손가정의 조부로 손자와 거주 중이며, 기준 중위소득 65%에 해당하는 만 62세 남성
③ 장기입원 사례관리 퇴원자이자 의료급여수급자이며, 기준 중위소득 50%에 해당하는 만 59세 여성
④ 부상에 의한 장기치료자로서 간병 서비스가 필요하다고 시장으로부터 인정받았으면서, 기준 중위소득 70%에 해당하는 55세 남성

52 만 60세인 A씨는 장애 정도가 심한 생계급여 수급자이다. 식사, 청소 등의 도움을 받기 위해 한 달 중 9일을 하루 3시간씩 지원받을 수 있는 서비스를 선택하여 지원 기간 동안 이용했다. 이때, 해당 기간 동안 A씨가 받는 정부지원금은 총 얼마인가? (단, A씨는 재판정 절차를 통해 연장하지 않았다.)

① 5,126,400원   ② 5,421,120원
③ 5,594,160원   ④ 5,767,200원

[53~54] 다음은 국내체류 외국인 가입자 안내문이다. 이를 바탕으로 이어지는 질문에 답하시오.

국내체류 외국인 가입자 안내

■ 정의/목적
국내에 체류하는 재외국민 또는 외국인은 2019년 7월 16일부터 건강보험 지역가입자로 당연가입되며, 보험료를 부과하여 대한민국 국민과 동일한 보험급여 혜택을 받을 수 있음

■ 지역가입자 취득시기
- 국내에 입국한 날로부터 6개월이 경과한 날 당연가입
- 체류자격 코드 D-2, D-3, D-4, E-9, F-5, F-6은 입국일에 당연가입
- 재외국민 또는 F-4인 외국인이 입학일이 확인 가능한 재학증명서나 입학 예정증명서 등 서류 제출 시 입학일 또는 입학 예정일에 취득 가능

[국민건강보험법] 시행규칙 제61조의2 제2항 별표9 - 외국인 지역가입 체류자격 코드

D-1	문화예술	E-1	교수	F-1	방문동거		
D-2	유학	E-2	회화지도	F-2	거주		
D-3	기술연수	E-3	연구	F-3	동반		
D-4	일반연수	E-4	기술지도	F-4	재외동포		
D-5	취재	E-5	전문직업	F-5	영주		
D-6	종교	E-6	예술흥행	F-6	결혼이민		
D-7	주재	E-7	특정활동	H-1	관광취업		
D-8	기업투자	E-8	계절근로	H-2	방문취업		
D-9	무역경영	E-9	비전문취업	G-1-6	인도적 체류허가자		
D-10	구직	E-10	선원취업	G-1-12	인도적 체류허가자의 가족		

■ 지역가입자 상실 시기
① 대한민국 국적을 취득한 날의 다음날
② 체류기간이 종료된 날의 다음날
③ 강제퇴거명령을 발급받은 날의 다음날
④ 체류기간이 만료된 날의 다음날
⑤ 지역가입대상이 아닌 체류자격으로 허가받은 날
⑥ 사망한 날의 다음날

■ 보험료 부과
- 보험료는 소득 및 재산에 따라 개인(가족)단위로 산정
  ※ 단, 산정된 보험료가 전년도 11월 전체가입자 평균보험료 미만인 경우에는 평균보험료 적용
- 난민인정자(F-2-4) 및 그 가족(F-1-16), 19세 미만 단독세대는 평균보험료 미만 시에도 평균보험료를 적용하지 않고 내국인과 동일하게 보험료 산정
  ※ 외국인은 본국의 재산 및 소득 등의 파악이 어려워 평균보험료 부과

53 다음 중 지역가입자 자격 취득 시점의 해석이 잘못된 것은?

① 5월 20일에 입국한 유학생인 경우 5월 20일에 자격을 바로 취득할 것이다.
② 결혼이민 자격으로 2월 15일에 입국한 경우 8월 15일에 자격을 취득할 것이다.
③ 외국인 교수로 6월 1일에 입국한 경우 12월 1일에 자격을 취득할 것이다.
④ 외국국적동포인 외국인이 3월에 입국했고, 9월 15일에 입학하는 입학 예정증명서를 제출한 경우 9월 15일에 자격을 취득할 것이다.

54 전문직업 자격을 갖춘 외국인 A씨는 20X5년 3월 29일에 입국했다. 지역가입자 자격 취득 후 A씨가 20X5년에 납부하게 될 총 보험료의 최소금액은? (단, 보험료는 자격을 취득한 다음 달부터 납부를 시작하며, 20X4년도 11월 전체가입자 평균보험료는 152,790원이다.)

① 305,580원
② 458,370원
③ 611,160원
④ 1,222,320원

[55~57] 다음 보도자료를 읽고 이어지는 질문에 답하시오.

　　식품의약품안전처는 임산부의 날(10.10.)을 맞이하여 엄마와 아기 모두의 건강을 위해 "임신 중 안전하고 올바른 의약품 사용을 위한 주의사항"을 안내한다고 밝혔다.
　　2세를 계획 중인 경우 주의해야 할 의약품이 있는데, 임신 중 사용하면 특정 시기에 특징적인 기형을 유발할 수 있는 의약품이 있으므로, 이 경우 임신 시기에 따라 안전성 여부를 확인하여야 한다. 특히 여드름 치료제인 '이소트레티노인'을 유의해야 한다. 이 약에 들어있는 성분은 착상 초기에 체내에 남아있을 경우 태아 기형을 유발할 수 있으므로 임신 1개월 전부터 이 치료제 사용을 중단해야 한다. 탈모치료제인 '피나스테리드', '두타스테리드' 등을 임신 계획 중 남편이 복용하고 있다면, 복용 지속 여부에 대해 의사 등 전문가와 상담받는 것이 필요하다. 뇌전증 치료제인 '발프로산' 등은 태아 신경관 이상 등을 유발할 수 있어 주의가 필요하다. 다만, 임신 중 발작이 오히려 태아에게 위험할 수도 있으므로 전문가와 상담하여 의약품 사용을 조절하는 것이 좋다.
　　임신 기간에 의약품 사용 시 반드시 의사 또는 약사와 상담하고, 제품 포장 또는 첨부문서에 적힌 임부 관련 안내 사항을 꼼꼼하게 확인해야 한다. 임신 초기 38℃ 이상의 고열이 지속되면 태아 신경계에 영향을 미칠 수 있으므로, 증상이 심할 경우 '아세트아미노펜' 성분 해열 및 진통제를 복용할 수 있다. 감기에 걸렸다면 콧물·코막힘 증상에는 '디펜히드라민', '클로르페니라민' 성분 의약품을, 기침 증상에는 '덱스트로메토르판', '디펜히드라민' 성분 의약품을 복용할 수 있다. 임신 중 신체 활동 감소, 자궁의 장 압박, 호르몬 변화 등으로 변비가 흔히 발생할 수 있다. 평소 충분한 수분 보충 등으로 변비 증상을 완화할 수 있지만, 변비 증상이 지속되면 '락툴로즈', '차전자피' 또는 '마그네슘 함유' 변비약을 복용할 수 있다.
　　임신 기간 동안 급격한 신체 변화와 스트레스 등으로 두통, 어깨결림 및 허리통증 등이 나타날 수 있어 평소 충분한 휴식과 수면으로 안정을 취해야 한다. 두통 등 통증이 지속되는 경우 '아세트아미노펜' 성분 의약품을 복용할 수 있다. 다만, 복용량은 하루에 4,000mg을 넘지 않도록 한다. 통증 완화에 사용하는 비스테로이드성 소염진통제(예 이부프로펜, 덱시부프로펜, 나프록센 등)는 태아 신장에 문제를 일으킬 수 있으므로 임신 20~30주에는 꼭 필요한 경우에만 최소량을 최단기간 사용하고, 임신 30주 이후에는 사용하지 않는 것이 좋다. 피부에 붙이는 파스류, 바르는 연고·크림·겔제 비스테로이드성 소염진통제(예 디클로페낙, 케토프로펜, 플루르비프로펜 성분 등)는 가급적 임신 기간 중에는 사용하지 않는 것이 좋다. 임신 중 가려운 증상이 나타나면 알레르기 원인을 피하고, 온·습도 조절을 통해 실내 환경을 개선하는 것이 좋다. 가려움이 지속되면 '클로르페니라민' 성분 등 항히스타민제를 사용할 수 있지만, 스테로이드가 함유된 연고 등은 반드시 의사·약사 등 전문가와 상담한 후 사용해야 한다. 임신부의 체중 관리는 임신 중 만성질환 예방에 도움이 되지만, 체중이 감량될 정도의 다이어트는 태아의 저성장을 유발할 수 있다. 특히, 일부 성분(예 토피라메이트) 의약품은 태아 기형 유발과 관련되어 있으므로 이러한 성분이 들어간 다이어트 보조제는 권장하지 않는다.
　　임신을 계획 중이거나, 가능성이 있는 경우에도 의약품 사용에 주의해야 한다. 태아의 신경관 결손 예방을 위해 적어도 임신 한 달 전부터 임신 후 3개월까지 엽산 등 영양성분을 충분히 섭취하고, 감염질환 예방을 위해 필요한 예방접종을 받는 것이 좋다. 아울러, 고혈압, 당뇨병, 천식, 우울증·불안장애 등 질환으로 이미 의약품을 사용하는 경우, 해당 증상이 적절히 조절되지 않는 경우 엄마와 태아의 건강을 위협할 수 있으므로 의약품 사용을 일부러 중단하지 말고 반드시 전문가 진료 후 적절한 치료를 받아야 한다. 임신 중에는 영양소를 골고루 섭취하고, 수분 보충과 적절한 운동, 스트레스 관리 등을 통해 몸과 마음이 건강하도록 보살펴야 한다. 의약품도 무조건 피하거나 불안해하기보다 증상에 따라 전문가 상담을 통해 안전하고 올바르게 사용하는 것이 좋다.

[자료] 체질량지수(BMI)에 따른 체중증가 권고량

구분	임신 전 체질량지수(kg/m²)	임신 중 체중증가 권고량
저체중	18.5 이하	12.8~18kg
정상 체중	18.6~24.9	11.5~16kg
과체중	25.0~29.9	7~11.5kg
비만	30.0 이상	7kg 이하

※ 체질량지수(kg/m²) = 체중(kg)/[키(m)²]

55 다음 중 보도자료를 읽고 판단한 내용으로 가장 적절한 것은?

① 평소 여드름으로 이소트레티노인을 처방받아 치료 중이었을 때, 6월 초부터 임신 계획이 있는 경우 늦어도 5월 초에는 사용을 중지해야 한다.
② 임신 계획 중 뇌전증을 앓아 치료제를 복용 중이라면 임신 중 태아에 영향을 줄 수 있으므로 미리 의약품 사용을 중단해야 한다.
③ 임신 기간 중 허리통증이 심할 경우 케토프로펜 성분의 파스로 대신할 것을 권고한다.
④ 엽산제는 임신 최소 한 달 전부터 복용을 시작하여 3개월 동안 복용하는 것이 좋다.

56 다음 중 보도자료를 읽고 임신 중에 흔히 나타나는 증상에 따른 복용 가능한 약물에 대해 잘못 이해한 사람은?

① 임신 초기 감기로 인해 심한 콧물과 39.5℃의 고열 증상을 보여서 아세트아미노펜과 디펜히드라민 성분의 의약품을 복용해도 되는지 상담받았다.
② 충분히 물을 섭취했지만 변비로 고생하여 마그네슘이 함유된 변비약을 복용해도 되는지 상담받았다.
③ 임신 9개월 차일 때 머리가 너무 아파 권장 복용량 500mg인 덱시부프로펜 성분의 의약품을 하루 동안 2정 복용하는 것을 상담받았다.
④ 집안의 온도와 습도를 신경 썼는데도 가려움이 심해서 클로르페니라민 성분의 항히스타민제를 사용해도 되는지 상담받았다.

57 주어진 [자료]를 참고했을 때, 아래의 임산부 A~D 중 임신 전 체질량지수에 따른 임신 중 체중증가 권고량의 범위를 벗어나지 않는 임산부는?

구분	임신 전 체중(kg)	임신 전 키(m)	임신 중 체중(kg)
임산부 A	47	1.6	55
임산부 B	78	1.6	80
임산부 C	60	1.7	65
임산부 D	60	1.5	73

① 임산부 A
② 임산부 B
③ 임산부 C
④ 임산부 D

[58~60] 다음은 정부에서 시행하는 아이돌봄 지원사업 안내문이다. 이를 바탕으로 이어지는 질문에 답하시오.

아이돌봄 지원사업

■ 사업 목적
가정의 아이돌봄을 지원하여 아이의 복지증진 및 보호자의 일·가정 양립을 통한 가족구성원의 삶의 질 향상과 양육친화적인 사회환경을 조성하기 위함

■ 지원대상
시간제서비스(12세 이하 아동에 시간 단위 돌봄 제공)와 영아종일제서비스(생후 3~36개월 이하 영아 종일 돌봄)로 구분

[정부지원 가능 대상]
- 맞벌이 가정, 한부모가정(조손가족 포함)
- 장애부모 가정(단, 휴직 또는 전업 양육자가 비장애인인 경우 양육공백을 인정하지 않음)
- 다자녀 가정: 12세 이하 아동 2명 이상
- 다문화가정
- 기타
  - 부 또는 모의 입증 가능한 장기 입원(5일 이상) 등의 질병에 의한 양육공백
    ※ 단, 한부모가정은 1일 이상 입원의 경우에도 양육공백에 해당함
  - 모의 출산으로 출생 아동의 형제·자매에 돌봄 공백이 발생한 경우
  - 부 또는 모가 학교에 재학 중인 경우
    ※ 단, 부모 모두 비취업 등으로 아동 양육이 가능한 경우는 정부지원 대상 제외
    ※ 정부지원 대상에 해당하지 않는 가정도 전액 본인부담으로 서비스 이용 가능

■ 지원 내용
- 시간제 돌봄서비스: 연 960시간 이하/1회 최소 2시간 이상 사용 원칙

(단위: 원)

기준 중위소득	기본형(시간당 12,180원)				종합형(시간당 15,830원)			
	A형		B형		A형		B형	
	정부지원	본인부담	정부지원	본인부담	정부지원	본인부담	정부지원	본인부담
75% 이하	10,354	1,826	9,136	3,044	10,354	5,476	9,136	6,694
120% 이하	7,308	4,872	4,872	7,308	7,308	8,522	4,872	10,958
150% 이하	3,654	8,526	2,436	9,744	3,654	12,176	2,436	13,394
200% 이하	1,828	10,352	1,218	10,962	1,828	14,002	1,218	14,612
200% 초과	–	12,180	–	12,180	–	15,830	–	15,830

※ A형: 2018.01.01. 이후 출생 / B형: 2017.12.31. 이전 출생
※ 종합형: 기본형+아동 관련 가사 돌봄

- 영아종일제 돌봄서비스: 월 80~200시간 이내/1일 최소 3시간 이상 사용 원칙

(단위: 원)

기준 중위소득	영아종일제 돌봄서비스(시간당 12,180원)	
	정부지원	본인부담
75% 이하	10,354	1,826
120% 이하	7,308	4,872
150% 이하	3,654	8,526
200% 이하	1,828	10,352
200% 초과	-	12,180

※ 두 자녀 이상인 가정의 경우 영아종일제 또는 시간제서비스를 이용하는 가정이 돌봄시간 중 다른 자녀에 대해 시간제서비스 신청 가능
※ 단, 동일 아동에 대해 영아종일제 및 시간제서비스는 하나만 신청 가능

■ 부가정보
- 자녀양육 정부지원 간 중복 금지
  - 영아종일제 서비스: 영유아복지(보육료, 유아학비, 부모급여, 양육수당) 또는 아이돌봄서비스 시간제 정부지원을 받는 아동은 영아종일제 중복지원 불가
  - 시간제서비스: 보육료 및 유아학비를 지원받는 아동의 경우 보육시설 및 유치원 이용시간(종일제, 반일제, 시간연장제)에는 아이돌봄서비스 시간제 정부지원 불가
  ※ 아이돌봄서비스 중복지원 불가 시간: (유치원) 평일 9~13시/(보육시설) 평일 9~16시
- 중복 금지 기준 예외
  - 유치원 및 보육시설 휴원, 방학기간(자율등원기간) 등으로 시설의 미운영
  - 질병감염 또는 아동 사고(골절, 화상 등)로 유치원 및 보육시설 미이용
  - 유치원, 어린이집, 학교 내에서 발생한 아동학대, 학교폭력 등의 사유로 시설 미이용
  - 자녀양육에 대한 다른 정부지원을 받는 경우에도 이용요금 전액을 본인 부담하면 서비스 이용 가능

58 주어진 자료를 읽고 판단한 것으로 옳은 것은?

① 정부지원 가능 대상에 해당하지 않으면 시간제 또는 영아종일제 서비스를 이용할 수 없다.
② 생후 10개월 아동에게 오후 1~3시 동안 돌봄이 필요한 경우 시간제 돌봄서비스와 영아종일제 돌봄서비스 모두 신청할 수 있다.
③ 중위소득 140%인 가정에서 영아종일제 돌봄서비스를 신청하는 경우 정부지원보다 본인부담 금액이 더 크다.
④ 골절로 인해 보육시설을 다니지 못하고 있다 하더라도 보육료 및 유아학비를 지원받아 보육시설에 다녔었다면 시간제 돌봄서비스의 정부지원을 받지 못한다.

59 다음 중 아이돌봄 지원사업 정부지원 가능 대상으로 인정할 수 없는 경우는?

① 조부 홀로 생후 24개월 아동을 키우는 도중 하루 동안 입원하게 된 가정
② 장애인인 부가 재학 중이고, 비장애인인 모가 휴직 상태에서 생후 6개월 아동을 가정보육 중인 가정
③ 모의 출산으로 부가 혼자 2주 동안 생후 30개월 아동과 만 5세 아동을 돌봄해야 하는 가정
④ 부모 모두 맞벌이로 만 4세 아동을 돌봄해야 하는 가정

60 다음 〈보기〉의 사례에서 P씨와 Q씨 부부가 내야 하는 아이돌봄 서비스 한 달분에 해당하는 본인부담금은? (단, 한 달분은 4주 기준이다.)

• 보기 •

P씨와 Q씨는 중위소득 120%인 맞벌이 가정으로, 2명의 아이를 키우고 있다. 2019년생인 첫째는 매주 화요일과 목요일 오후 1시부터 6시까지 아이 관련해서 세탁물과 놀이 공간 정리, 식사 등의 가사 활동까지 추가 요청하여 시간제 돌봄서비스를 제공받고 있다. 생후 36개월인 둘째는 매주 월요일부터 금요일까지 오전 8시부터 오후 5시까지 영아종일제 돌봄서비스를 제공받고 있다.

① 1,071,840원 ② 1,169,280원
③ 1,217,840원 ④ 1,875,560원

직무시험_국민건강보험법

20문항 / 20분

※ 요양직 응시자는 314p로 이동해 주세요.

01 다음 〈보기〉는 국민건강보험법상 요양급여 대상 여부의 확인 등에 관한 설명이다. 옳은 것만을 모두 고르면?

― 보기 ―

㉠ 가입자나 피부양자는 본인일부부담금 외에 자신이 부담한 비용이 요양급여 대상에서 제외되는 비용(비급여대상)인지 여부에 대하여 보건복지부에 확인을 요청할 수 있다.
㉡ 비급여대상 여부의 확인 요청을 받은 기관은 그 결과를 요청한 사람에게 알려야 하며, 확인된 비용이 요양급여 대상에 해당되는 경우 그 내용을 공단 및 관련 요양기관에 알려야 한다.
㉢ 확인된 비용이 요양급여 대상에 해당된다는 내용을 통보받은 요양기관은 자신이 과다하게 징수한 금액(과다본인부담금)을 지체 없이 확인 요청자에게 지급해야 하며, 공단은 해당 요양기관이 지급하지 않을 때에는 요양급여비용에서 과다본인부담금을 공제하여 지급할 수 있다.
㉣ 요양급여 대상 여부의 확인 요청의 범위, 방법, 절차, 처리기간 등 필요한 사항은 보건복지부령으로 정한다.

① ㉠, ㉡
② ㉠, ㉢
③ ㉡, ㉢, ㉣
④ ㉠, ㉡, ㉢, ㉣

02 다음은 국민건강보험법상 약제에 대한 요양급여비용 상한금액의 감액 등에 대한 내용 일부이다. 빈칸 ㉠과 ㉡에 들어갈 말로 적절한 것은?

> 제41조의2(약제에 대한 요양급여비용 상한금액의 감액 등)
> ① 보건복지부장관은 「약사법」 제47조 제2항의 위반과 관련된 제41조 제1항 제2호의 약제에 대하여는 요양급여비용 상한금액(제41조 제3항에 따라 약제별 요양급여비용의 상한으로 정한 금액을 말한다. 이하 같다)의 (㉠)을 넘지 아니하는 범위에서 그 금액의 일부를 감액할 수 있다.
> ② 보건복지부장관은 제1항에 따라 요양급여비용의 상한금액이 감액된 약제가 감액된 날부터 (㉡)의 범위에서 대통령령으로 정하는 기간 내에 다시 제1항에 따른 감액의 대상이 된 경우에는 요양급여비용 상한금액의 (㉢)을 넘지 아니하는 범위에서 요양급여비용 상한금액의 일부를 감액할 수 있다.

	㉠	㉡	㉢
①	100분의 20	3년	100분의 40
②	100분의 20	5년	100분의 40
③	100분의 40	3년	100분의 20
④	100분의 40	5년	100분의 20

03 다음 〈보기〉는 국민건강보험법상 건강검진의 종류 및 대상에 대한 내용이다. 옳은 것만을 모두 고르면?

> • 보기 •
> ㉠ 일반건강검진: 직장가입자, 세대주인 지역가입자, 20세 이상인 지역가입자 및 20세 이상인 피부양자
> ㉡ 암검진: 「암관리법」 제11조 제2항에 따른 암의 종류별 검진주기와 연령 기준 등에 해당하는 사람
> ㉢ 영유아건강검진: 13세 미만의 가입자 및 피부양자

① ㉠ ② ㉢ ③ ㉠, ㉡ ④ ㉡, ㉢

04 다음 중 국민건강보험법상 임명권자가 임원을 해임할 수 있는 경우가 아닌 것은?

① 신체장애나 정신장애로 직무를 수행할 수 없다고 인정되는 경우
② 직무 외에 비영리를 목적으로 하는 사업에 겸직한 경우
③ 고의나 중대한 과실로 공단에 손실이 생기게 한 경우
④ 직무 여부와 관계없이 품위를 손상하는 행위를 한 경우

05 다음 〈보기〉는 국민건강보험법상 과태료 부과 대상인 갑, 을, 병 3인의 위반 내용이다. 이들에게 부과될 수 있는 과태료 총합의 최댓값은 얼마인가?

― 보기 ―
- 갑: 공단이나 심사평가원이 아님에도 불구하고 국민건강보험공단, 건강보험심사평가원과 유사한 명칭을 사용하였다.
- 을: 요양기관으로서 가입자 또는 피부양자에게 요양급여를 실시할 때 정당한 사유 없이 건강보험증이나 신분증명서로 가입자 또는 피부양자의 본인 여부 및 그 자격을 확인하지 아니하고 요양급여를 실시하였다.
- 병: 업무정지 처분을 받았음에도 행정처분을 받은 사실을 보건복지부령으로 정하는 바에 따라 양수인에게 지체 없이 알리지 않았다.

① 300만 원
② 700만 원
③ 1,100만 원
④ 1,500만 원

06 다음 중 국민건강보험법상 규정으로 옳지 않은 것은?

① 공단의 준비금은 부족한 보험급여 비용에 충당하거나 지출할 현금이 부족할 때 외에는 사용할 수 없으며, 현금 지출에 준비금을 사용한 경우에는 해당 회계연도 중에 이를 보전(補塡)하여야 한다.
② 공단 준비금의 관리 및 운영 방법 등에 필요한 사항은 보건복지부장관이 정한다.
③ 공단은 회계연도마다 결산보고서와 사업보고서를 작성하여 다음해 3월 말일까지 보건복지부장관에게 보고하여야 한다.
④ 공단은 결산보고서와 사업보고서를 보건복지부장관에게 보고하였을 때에는 보건복지부령으로 정하는 바에 따라 그 내용을 공고하여야 한다.

07 다음 〈보기〉 중 국민건강보험법상 건강보험심사평가원의 업무에 해당하는 것만을 모두 고르면?

― 보기 ―
㉠ 요양급여비용의 심사
㉡ 보험급여의 관리
㉢ 건강보험에 관한 조사연구 및 국제협력
㉣ 심사기준 및 평가기준의 개발

① ㉠, ㉡
② ㉠, ㉣
③ ㉡, ㉢
④ ㉢, ㉣

08 다음 ㉠~㉢에 들어갈 숫자를 모두 더하면?

제4조(건강보험정책심의위원회)
④ 심의위원회의 위원은 다음 각 호에 해당하는 사람을 보건복지부장관이 임명 또는 위촉한다.
(생략)
4. 다음 각 목에 해당하는 (　)명
　가. 대통령령으로 정하는 중앙행정기관 소속 공무원 (㉠)명
　나. 국민건강보험공단의 이사장 및 건강보험심사평가원의 원장이 추천하는 각 (㉡)명
　다. 건강보험에 관한 학식과 경험이 풍부한 (㉢)명

① 7
② 8
③ 9
④ 10

09 다음 중 국민건강보험법상 규정으로 옳지 않은 것은?

① 공단은 관계 행정기관의 장에게 약제에 대한 요양급여비용 상한금액의 감액 및 요양급여의 적용 정지를 위하여 필요한 자료를 제공하도록 요청할 수 있다.
② 공단은 지역가입자의 재산보험료부과점수 산정을 위하여 필요한 경우 금융회사등의 장에게 금융정보등을 제공하도록 요청할 수 있다.
③ 요양기관은 요양급여가 끝난 날부터 5년간 보건복지부령으로 정하는 바에 따라 요양급여비용의 청구에 관한 서류를 보존하여야 한다.
④ 요양비를 청구한 준요양기관은 요양비를 지급받은 날부터 3년간 보건복지부령으로 정하는 바에 따라 요양비 청구에 관한 서류를 보존하여야 한다.

10 다음은 국민건강보험법상 부당이득 징수금 체납자의 인적사항등 공개에 대한 내용 일부이다. 빈칸에 들어갈 말로 적절한 것은?

> 제57조의2(부당이득 징수금 체납자의 인적사항등 공개)
> ① 공단은 제57조 제2항 각 호의 어느 하나에 해당하여 같은 조 제1항 및 제2항에 따라 징수금을 납부할 의무가 있는 요양기관 또는 요양기관을 개설한 자가 제79조 제1항에 따라 납입 고지 문서에 기재된 납부기한의 다음 날부터 (㉠)이 경과한 징수금을 (㉡) 이상 체납한 경우 징수금 발생의 원인이 되는 위반행위, 체납자의 인적사항 및 체납액 등 대통령령으로 정하는 사항(이하 이 조에서 "인적사항등"이라 한다)을 공개할 수 있다. 다만, 체납된 징수금과 관련하여 제87조에 따른 이의신청, 제88조에 따른 심판청구가 제기되거나 행정소송이 계류 중인 경우 또는 그 밖에 체납된 금액의 일부 납부 등 대통령령으로 정하는 사유가 있는 경우에는 그러하지 아니하다.
> ③ 공단은 부당이득징수금체납정보공개심의위원회의 심의를 거친 인적사항등의 공개대상자에게 공개대상자임을 서면으로 통지하여 소명의 기회를 부여하여야 하며, 통지일부터 (㉢)이 경과한 후 체납자의 납부이행 등을 고려하여 공개대상자를 선정한다.

	㉠	㉡	㉢
①	1년	1억 원	6개월
②	1년	1억 원	1년
③	3년	2억 원	6개월
④	3년	3억 원	1년

11 다음 〈조건〉은 C씨가 올해 동안 요양기관을 이용하면서 지출한 진료비 내역이다. C씨가 공단으로부터 환급받을 수 있는 본인부담상한액 초과금은 얼마인가?

• 조건 •

- C씨의 건강보험료 분위에 따른 올해 본인부담상한액은 1,200,000원이다.
- C씨의 본인부담률은 30%이다.
- C씨는 올해 다음의 요양급여를 이용하였다.

요양기관	진료비	비고
상급종합병원(3차)	6,000,000원	-
의원(1차)	1,000,000원	-
치과	6,000,000원	진료비 중 1,000,000원은 비급여 항목

※ 비급여 항목은 본인부담상한제 대상에 포함되지 않음

① 1,400,000원 ② 1,700,000원
③ 2,400,000원 ④ 2,700,000원

12 다음 중 국민건강보험법상 규정으로 옳지 않은 것은?

① 직장가입자의 사용자가 2명 이상인 경우 또는 지역가입자의 세대가 2명 이상으로 구성된 경우 그 중 1명에게 한 고지는 해당 사업장의 다른 사용자 또는 세대 구성원인 다른 지역가입자 모두에게 효력이 있는 것으로 본다.
② 휴직자등의 보험료는 휴직 등의 사유가 끝날 때까지 보건복지부령으로 정하는 바에 따라 납입 고지를 유예할 수 있다.
③ 공단이 납입 고지한 보험료 등을 납부하는 자는 보험료등납부대행기관을 통하여 신용카드 등으로 납부할 수 있다.
④ 보험료등납부대행기관은 대가 없이 납부자로부터 보험료 등의 납부를 대행해야 한다.

13 다음 중 국내체류 외국인 등이 가입자가 될 수 있는 경우가 아닌 것은?

① 적용대상사업장의 근로자이면서 「재외동포의 출입국과 법적 지위에 관한 법률」 제6조에 따라 국내거소신고를 한 사람
② 적용대상사업장의 근로자이면서 「출입국관리법」 제31조에 따라 외국인등록을 한 사람
③ 보건복지부령으로 정하는 기간 동안 국내에 거주하였으면서 「주민등록법」 제6조 제1항 제3호에 따라 등록한 사람
④ 보건복지부령으로 정하는 기간 동안 국내에 거주하였으면서 「출입국관리법」 제31조에 따라 외국인등록을 한 사람

14 다음 중 국민건강보험법상 공단의 설립등기에 포함되지 않는 것은?

① 목적　　　　　　　　② 명칭
③ 이사회　　　　　　　④ 이사장의 주소

15 다음은 국민건강보험법상 건강보험분쟁조정위원회에 대한 내용 일부이다. 빈칸에 들어갈 말로 적절한 것은?

> 제89조(건강보험분쟁조정위원회)
> ① 제88조에 따른 심판청구를 심리·의결하기 위하여 보건복지부에 건강보험분쟁조정위원회(이하 "분쟁조정위원회"라 한다)를 둔다.
> ② 분쟁조정위원회는 위원장을 포함하여 (㉠) 이내의 위원으로 구성하고, 위원장을 제외한 위원 중 1명은 당연직위원으로 한다. 이 경우 공무원이 아닌 위원이 전체 위원의 과반수가 되도록 하여야 한다.
> ③ 분쟁조정위원회의 회의는 위원장, 당연직위원 및 위원장이 매 회의마다 지정하는 (㉡)의 위원을 포함하여 총 (㉢)으로 구성하되, 공무원이 아닌 위원이 과반수가 되도록 하여야 한다.

	㉠	㉡	㉢
①	30명	5명	10명
②	30명	7명	10명
③	60명	5명	9명
④	60명	7명	9명

16 다음 〈조건〉의 직장가입자 A씨가 매달 부담해야 하는 보수 외 소득월액보험료는?

- 조건 -
- A씨의 연간 보수 외 소득: 6,200만 원
- 보수 외 소득월액 산정 시 대통령령으로 정하는 금액: 2,000만 원
- 직장가입자의 보험료율은 1천분의 70으로 가정함

① 0원
② 122,500원
③ 245,000원
④ 2,940,000원

17 다음 중 국민건강보험법상 요양급여 및 선별급여에 대한 설명으로 옳지 않은 것은?

① 보건복지부장관은 선별급여에 대해 적합성 평가 없이 요양급여 여부를 직권으로 결정할 수 있다.
② 요양급여의 범위는 보건복지부장관이 정한 비급여대상 외에는 모두 포함되며, 약제는 보건복지부장관이 결정하여 고시된 것만 포함된다.
③ 요양급여를 결정함에 있어 경제성 또는 치료효과성 등이 불확실하여 그 검증을 위하여 추가적인 근거가 필요하거나, 경제성이 낮아도 가입자와 피부양자의 건강회복에 잠재적 이득이 있는 등 대통령령으로 정하는 경우에는 예비적인 요양급여인 선별급여로 지정하여 실시할 수 있다.
④ 보건복지부장관은 요양급여의 기준을 정할 때 업무나 일상생활에 지장이 없는 질환에 대한 치료 등 보건복지부령으로 정하는 사항은 요양급여대상에서 제외되는 사항으로 정할 수 있다.

18 다음 중 국민건강보험법상 임원에 대한 설명으로 옳지 않은 것은?

① 공단은 임원으로 이사장 1명, 이사 14명, 감사 1명을 두며, 이사장, 이사 중 5명 및 감사는 상임으로 한다.
② 이사장은 임원추천위원회가 복수로 추천한 사람 중 보건복지부장관의 제청으로 대통령이 임명한다.
③ 감사는 임원추천위원회가 복수로 추천한 사람 중 보건복지부장관의 제청으로 대통령이 임명한다.
④ 이사(공무원인 이사는 제외)와 감사의 임기는 각각 2년이며, 이사장의 임기는 3년이다.

19 다음 중 국민건강보험법상 보험급여의 제한 사유에 해당하지 않는 사례는?

① A는 교통사고를 내고 달아나다 붙잡혔으며, 수사 결과 중대한 과실이 있는 범죄행위로 확인되었다.
② B는 산업현장에서 근무 중 기계에 손을 다쳤으며, 해당 부상은 산업재해보험으로 처리되었다.
③ C는 병원 진료 중 담당 의사의 치료 지시를 무시하고 무단으로 약을 중단했다.
④ 직장가입자 D는 보수 외 소득월액보험료를 대통령령으로 정하는 횟수보다 더 많이 체납하였다. 다만, 소득이 대통령령으로 정하는 기준보다 적다.

20 다음 중 국민건강보험법상 보험료 등을 결손처분할 수 있는 사유가 아닌 것은?

① 체납자의 소득이 발생하지 않는 경우
② 체납처분이 끝나고 체납액에 충당될 배분금액이 그 체납액에 미치지 못하는 경우
③ 해당 권리에 대한 소멸시효가 완성된 경우
④ 징수할 가능성이 없다고 인정되는 경우로서 대통령령으로 정하는 경우

직무시험_노인장기요양보험법

01 다음은 노인장기요양보험법상 실태조사에 대한 내용 일부이다. 빈칸에 들어갈 말로 적절한 것은?

> 제6조의2(실태조사)
> ① 보건복지부장관은 장기요양사업의 실태를 파악하기 위하여 (㉠)마다 다음 각 호의 사항에 관한 조사를 정기적으로 실시하고 그 결과를 공표하여야 한다.
>   1. 장기요양인정에 관한 사항
>   2. 제52조에 따른 장기요양등급판정위원회(이하 "등급판정위원회"라 한다)의 판정에 따라 장기요양급여를 받을 사람(이하 "수급자"라 한다)의 규모, 그 급여의 수준 및 만족도에 관한 사항
>   3. 장기요양기관에 관한 사항
>   4. 장기요양요원의 근로조건, 처우 및 규모에 관한 사항
>   5. 그 밖에 장기요양사업에 관한 사항으로서 보건복지부령으로 정하는 사항
> ② 제1항에 따른 실태조사의 방법과 내용 등에 필요한 사항은 (㉡)으로 정한다.

	㉠	㉡
①	3년	대통령령
②	3년	보건복지부령
③	5년	대통령령
④	5년	보건복지부령

02 다음 중 노인장기요양보험법상 공단이 장기요양인정서를 작성할 때 고려해야 하는 사항이 아닌 것은?

① 수급자의 소득 수준
② 수급자와 그 가족의 욕구 및 선택
③ 수급자의 장기요양등급 및 생활환경
④ 시설급여를 제공하는 경우 장기요양기관이 운영하는 시설 현황

03 다음 중 노인장기요양보험법상 국가 및 지방자치단체의 책무 등에 대한 설명으로 옳지 않은 것은?

① 국가는 노인성질환예방사업을 수행하는 지방자치단체 또는 「국민건강보험법」에 따른 공단에 대하여 이에 소요되는 비용을 지원할 수 있다.
② 국가 및 지방자치단체는 사설 장기요양기관을 확충하기 위하여 노력하여야 한다.
③ 국가 및 지방자치단체는 장기요양급여가 원활히 제공될 수 있도록 공단에 필요한 행정적 또는 재정적 지원을 할 수 있다.
④ 국가 및 지방자치단체는 지역의 특성에 맞는 장기요양사업의 표준을 개발·보급할 수 있다.

04 다음 중 노인장기요양보험법상 급여외행위에 속하지 않는 것은?

① 수급자의 가족만을 위한 행위
② 수급자의 위생을 관리하는 행위
③ 수급자의 일상생활에 지장이 없는 행위
④ 수급자 또는 그 가족의 생업을 지원하는 행위

05 다음 중 노인장기요양보험법상 장기요양기관 지정의 갱신에 대한 설명으로 옳지 않은 것은?

① 장기요양기관의 장은 지정의 유효기간이 끝난 후에도 계속하여 그 지정을 유지하려는 경우에는 소재지를 관할구역으로 하는 특별자치시장·특별자치도지사·시장·군수·구청장에게 지정 유효기간이 끝나기 90일 전까지 지정 갱신을 신청하여야 한다.
② 지정 갱신 신청을 받은 특별자치시장·특별자치도지사·시장·군수·구청장은 갱신 심사에 필요하다고 판단되는 경우에는 장기요양기관에 추가자료의 제출을 요구하거나 장기요양요원으로 하여금 현장심사를 하게 할 수 있다.
③ 특별자치시장·특별자치도지사·시장·군수·구청장은 갱신 심사를 완료한 경우 그 결과를 지체 없이 해당 장기요양기관의 장에게 통보하여야 한다.
④ 특별자치시장·특별자치도지사·시장·군수·구청장이 지정의 갱신을 거부하는 경우 그 내용의 통보 및 수급자의 권익을 보호하기 위한 조치를 해야 한다.

06 다음 〈보기〉 중 노인장기요양보험법상 장기요양기관이 폐업·휴업 또는 지정 갱신을 하지 아니하려는 경우 수급권자의 권익을 보호하기 위하여 취해야 하는 조치만을 모두 고르면?

― 보기 ―
㉠ 해당 장기요양기관을 이용하는 수급자가 다른 장기요양기관을 선택하여 이용할 수 있도록 계획을 수립하고 이행하는 조치
㉡ 해당 장기요양기관에서 수급자 본인이 부담한 비용 중 정산하여야 할 비용이 있는 경우 이를 정산하는 조치
㉢ 그 밖에 수급자의 권익 보호를 위하여 필요하다고 인정되는 조치로서 보건복지부령으로 정하는 조치

① ㉠, ㉡
② ㉠, ㉢
③ ㉡, ㉢
④ ㉠, ㉡, ㉢

07 다음 중 노인장기요양보험법상 장기요양위원회에서 심의하지 않는 것은?

① 장기요양보험료율
② 장기요양급여 제공 기준의 세부사항 설정 및 보완에 관한 사항
③ 재가 및 시설 급여비용
④ 가족요양비, 특례요양비 및 요양병원간병비의 지급기준

08 다음은 노인장기요양보험법상 장기요양기관 지정의 유효기간에 대한 내용이다. 빈칸에 들어갈 말로 적절한 것은?

제32조의3(장기요양기관 지정의 유효기간)
제31조에 따른 장기요양기관 지정의 유효기간은 지정을 받은 날부터 (   )으로 한다.

① 3년
② 4년
③ 5년
④ 6년

09 다음 중 노인장기요양보험법상 규정으로 옳지 않은 것은?

① 장기요양기관을 운영하는 자는 녹음기능을 사용하거나 보건복지부령으로 정하는 저장장치 이외의 장치 또는 기기에 영상정보를 저장하는 행위를 하여서는 아니 된다.
② 장기요양기관을 운영하는 자는 영상정보가 분실·도난·유출·변조 또는 훼손되지 아니하도록 내부 관리계획의 수립, 접속기록 보관 등 대통령령으로 정하는 바에 따라 안전성 확보에 필요한 기술적·관리적·물리적 조치를 하여야 한다.
③ 국가 및 지방자치단체는 장기요양기관에 설치한 폐쇄회로 텔레비전의 설치·관리와 그 영상정보의 열람으로 수급자 및 장기요양기관 종사자 등 정보주체의 권리가 침해되지 아니하도록 설치·관리 및 열람 실태를 보건복지부령으로 정하는 바에 따라 매년 1회 이상 조사·점검하여야 한다.
④ 장기요양기관은 수급자가 장기요양급여를 쉽게 선택하도록 하고 장기요양기관이 제공하는 급여의 질을 보장하기 위하여 장기요양기관별 급여의 내용, 시설·인력 등 현황자료 등을 자신이 운영하는 인터넷 홈페이지에 게시하여야 한다.

10 다음 〈보기〉 중 노인장기요양보험법상 등급판정위원회의 위원으로 위촉될 수 있는 자들만을 모두 고르면?

― 보기 ―
㉠ 「의료법」에 따른 의료인
㉡ 「약사법」에 따른 약사
㉢ 「사회복지사업법」에 따른 사회복지사
㉣ 특별자치시·특별자치도·시·군·구 소속 공무원

① ㉠, ㉡
② ㉢, ㉣
③ ㉠, ㉡, ㉣
④ ㉠, ㉢, ㉣

11 다음 〈보기〉 중 노인장기요양보험법상 위반사실 등이 공표되는 장기요양기관만을 모두 고르면?

• 보기 •

㉠ A장기요양기관은 청구한 장기요양급여비용 총액 3,000만 원 중 거짓으로 청구한 비용이 500만 원으로, 과징금 처분을 받았다.
㉡ B장기요양기관은 청구한 장기요양급여비용 총액 2억 원 중 거짓으로 청구한 비용이 1,500만 원으로, 영업정지 처분을 받았다.
㉢ C장기요양기관은 장기요양급여에 관련된 자료의 제출을 시장으로부터 명령받았으나 이를 거부하여 지정취소 처분을 받고, 결국 폐업하였다.
㉣ D장기요양기관은 본인부담금을 면제하거나 감경하는 행위를 하여 영업정지 처분을 받았다.

① ㉠, ㉡　　② ㉠, ㉢　　③ ㉡, ㉣　　④ ㉢, ㉣

12 다음 〈보기〉 중 노인장기요양보험법상 부당이득을 징수할 수 있는 경우의 개수는?

• 보기 •

㉠ 등급판정위원회의 등급판정 결과 거짓이나 그 밖의 부정한 방법으로 장기요양인정을 받은 것으로 확인된 경우
㉡ 공단에 부정한 방법으로 취업한 경우
㉢ 월 한도액 범위를 초과하여 장기요양급여를 받은 경우
㉣ 장기요양급여의 제한 등을 받을 자가 장기요양급여를 받은 경우
㉤ 거짓이나 그 밖의 부정한 방법으로 의사소견서등 발급비용을 청구하여 이를 지급받은 경우

① 2개　　② 3개　　③ 4개　　④ 5개

13 다음 중 노인장기요양보험법상 장기요양기관 지정의 취소 등에 대한 설명으로 옳지 않은 것은?

① 특별자치시장·특별자치도지사·시장·군수·구청장은 장기요양기관의 지정을 취소하거나 업무정지명령을 한 경우에는 지체 없이 그 내용을 공단에 통보하고, 보건복지부령으로 정하는 바에 따라 보건복지부장관에게 통보한다. 이 경우 시장·군수·구청장은 관할 특별시장·광역시장 또는 도지사를 거쳐 보건복지부장관에게 통보하여야 한다.
② 지정취소 또는 업무정지되는 장기요양기관의 장은 해당 기관을 이용하는 수급자의 권익을 보호하기 위하여 적극적으로 노력하여야 한다.
③ 지정취소 또는 업무정지되는 장기요양기관의 장은 해당 기관에서 수급자가 부담한 비용 중 정산하여야 할 비용이 있는 경우 이를 정산하여야 한다.
④ 지정취소를 받은 후 3년이 지나지 아니한 자(법인인 경우 그 대표자를 포함한다)는 장기요양기관으로 지정받을 수 없다.

14 다음 중 노인장기요양보험법상 규정으로 옳지 않은 것은?

① 급여심사위원회에서는 장기요양급여 제공 기준의 세부사항 설정 및 보완에 관한 사항을 심의한다.
② 급여심사위원회는 위원장 1명을 포함하여 10명 이하의 위원으로 구성한다.
③ 장기요양위원회는 장기요양기관이 제공하는 장기요양급여 내용을 지속적으로 관리·평가하여 장기요양급여의 수준이 향상되도록 노력하여야 한다.
④ 공단은 장기요양기관이 장기요양급여의 제공 기준·절차·방법 등에 따라 적정하게 장기요양급여를 제공하였는지 평가를 실시하고 그 결과를 공단의 홈페이지 등에 공표하는 등 필요한 조치를 할 수 있다.

15 다음 〈보기〉의 노인장기요양보험법상 규정으로 옳은 것만을 모두 고르면?

• 보기 •

㉠ 수급자는 장기요양인정의 유효기간이 만료된 후 장기요양급여를 계속하여 받고자 하는 경우 공단에 장기요양인정의 갱신을 신청하여야 한다.
㉡ 장기요양인정의 갱신 신청은 유효기간이 만료되기 전 30일까지 이를 완료하여야 한다.
㉢ 장기요양인정을 받아 장기요양급여를 받고 있는 수급자가 장기요양등급, 장기요양급여의 종류 또는 내용을 변경하고자 할 때는 장기요양인정을 취소하고 새롭게 장기요양인정을 신청하여야 한다.

① ㉠   ② ㉢   ③ ㉠, ㉡   ④ ㉡, ㉢

16 다음 중 노인장기요양보험법상 장기요양인정 신청 등에 대한 대리에 대한 설명으로 옳지 않은 것은?

① 사회복지전담공무원이나 치매안심센터의 장은 관할 지역 수급자의 장기요양인정의 갱신신청 또는 장기요양등급의 변경신청 등을 대리할 수 있다.
② 치매안심센터의 장은 치매환자 한정으로 장기요양인정의 신청 등을 대리할 수 있다.
③ 특별자치시장·특별자치도지사·시장·군수·구청장이 지정하는 자는 장기요양인정의 신청 등을 대리할 수 있다.
④ 장기요양인정 신청 등에 대한 대리 방법 및 절차 등에 관하여 필요한 사항은 대통령령으로 정한다.

17 다음 중 노인장기요양보험법상 공단의 정관에 포함·기재하지 않는 사항은?

① 장기요양보험료
② 장기요양요원
③ 장기요양급여
④ 장기요양사업에 관한 예산 및 결산

18 다음은 노인장기요양보험법상 소액 처리에 대한 내용이다. 빈칸에 들어갈 말로 적절한 것은?

> 제66조의3(소액 처리)
> 공단은 징수 또는 반환하여야 할 금액이 1건당 (　　) 미만인 경우(제38조 제5항 및 제43조 제4항 후단에 따라 각각 상계할 수 있는 지급금 및 장기요양보험료등은 제외한다)에는 징수 또는 반환하지 아니한다. 다만, 「국민건강보험법」 제106조에 따른 소액 처리 대상에서 제외되는 건강보험료와 통합하여 징수 또는 반환되는 장기요양보험료의 경우에는 그러하지 아니하다.

① 1,000원　　② 2,000원　　③ 3,000원　　④ 4,000원

19 다음 중 노인장기요양보험법상 최대 과태료 액수가 나머지와 다른 것은?

① 행정제재처분을 받았거나 그 절차가 진행 중인 사실을 양수인 등에게 지체 없이 알리지 아니한 자
② 장기요양급여 제공 자료를 기록·관리하지 아니하거나 거짓으로 작성한 사람
③ 폐쇄회로 텔레비전 영상정보의 정당한 열람 요청에 응하지 아니한 자
④ 장기요양사업 수행에 필요한 자료제출 명령에 따르지 아니하거나 거짓으로 자료제출을 한 자

20 다음 〈보기〉는 노인장기요양보험법상 벌칙 부과 대상인 갑, 을, 병 3인의 위반 내용이다. 이들에게 부과될 수 있는 벌금 총합의 최댓값은 얼마인가?

───── 보기 ─────
- 갑: 정당하게 면제받거나 감경받는 금액 외에 영리를 목적으로 수급자의 본인부담금을 면제 또는 감경하는 행위를 하였다.
- 을: 장기요양기관의 장으로서 해당 장기요양기관이 지정취소 되었을 때 수급자가 부담한 본인부담금 중 정산하여야 할 비용을 정당한 사유 없이 정산하지 아니하였다.
- 병: 폐쇄회로 텔레비전의 설치 목적과 다른 목적으로 폐쇄회로 텔레비전을 임의로 조작하거나 다른 곳을 비추는 행위를 했다.

① 6,000만 원
② 7,000만 원
③ 8,000만 원
④ 9,000만 원

기출유형 모의고사 4회(고난도)

NCS 직업기초능력

60문항 / 60분

[01~02] 다음 글을 읽고, 이어지는 질문에 답하시오.

'비급여 정보 포털' 개설
비급여 진료정보, 이제 한눈에 확인하세요!
- 비급여 가격, 주요 질환·수술별 총진료비, 안전성·효과성 정보 등 제공 -

　국민건강보험공단은 국민의 알 권리를 향상시키고 합리적 의료 이용을 도모하기 위해 비급여 정보를 한눈에 쉽게 파악할 수 있는 「비급여 정보 포털」을 4월 10일부터 운영한다고 밝혔다.
　비급여 항목은 가격이나 진료 기준이 법으로 정해진 급여 항목과 달리, 의료기관이 자율적으로 가격과 진료 기준 등을 제공하다 보니 국민들은 비급여 의료 서비스의 가격 적정성이나 안전성 등에 대한 정보가 부족하여 의료 선택에 어려움이 있었다. 이에 공단은 국민의 의료 선택에 도움을 주고자 비급여 항목의 가격 정보뿐만 아니라 주요 항목의 안전성·효과성, 질환별 증상 및 치료 정보 등을 종합적으로 제공하기 위해 「비급여 정보 포털」을 구축하였다. 또한, 공단, 심사평가원, 한국보건의료연구원, 질병관리청 등 여러 기관에 산재한 비급여 정보를 모아 국민들이 보다 손쉽고 합리적으로 의료 서비스를 이용할 수 있도록 접근성을 강화하였다.
　「비급여 정보 포털」은 '비급여 바로 알기', '알고 받는 비급여', '통계로 보는 비급여'의 메뉴로 구성되어 있으며, 이용자가 주요 정보를 시작 화면에서 한눈에 쉽게 확인할 수 있도록 설계되었다.
　포털은 국민들이 비급여 진료 이용 시 적정하고 합리적인 선택을 할 수 있도록 돕는 비급여 이용 가이드와 비급여 관련 제도 소개를 시작으로, 비급여 항목별 가격, 주요 질환·수술별 진료비(급여+비급여), 비급여 항목의 안전성·효과성 평가 결과, 비급여 관련 다양한 통계 결과 등을 보여준다.
　이외에도 자가 건강관리에 도움이 되는 동영상, 비급여 항목과 연계된 질환정보, 제공 정보에 대한 상세 내용을 확인할 수 있는 기관별 바로가기 서비스도 제공한다.
　이번 「비급여 정보 포털」에서 제공하는 정보는 비급여 항목 1,064개, 질환 91개, 의료기술 재평가 결과 54개 등이며, 향후 전문기관 등과의 협력을 강화하고, 지속적인 분석 및 평가를 통해 제공 정보를 확대해 나갈 예정이다.
　공단은 "「비급여 정보 포털」을 통해 비급여 진료 정보를 통합적으로 제공함으로써 비급여 정보에 대한 접근성이 강화되어, 국민들이 필요한 비급여 진료를 적정 비용으로 안전하고 합리적으로 이용할 수 있도록 하는데 기여할 것으로 기대된다"고 밝혔다. 또한, "국민의 합리적인 의료 이용을 돕고 의료비 부담을 줄일 수 있도록 지속적으로 노력할 계획"이라고 덧붙였다.

01 주어진 보도자료의 내용을 읽고 보일 수 있는 반응으로 적절하지 않은 것은?

① "「비급여 정보 포털」은 세 가지 메뉴로 구성되어 있군."
② "비급여는 가격과 진료 기준이 의료기관마다 다를 수 있군."
③ "공단은 「비급여 정보 포털」에서 제공하는 정보의 양을 더욱 늘릴 생각이군."
④ "「비급여 정보 포털」에서는 필수적으로 행해야 하는 비급여 진료에 대한 정보를 제공하는군."

02 다음 중 보도자료의 ㉠에 들어갈 부제로 가장 적절한 것은?

① 국민의 알 권리 및 건강보험 세수 확보
② 다양한 정보의 공개로 과잉진료 관행 타파
③ 국민의 알 권리 및 합리적 의료 이용 강화
④ 편리한 시스템 사용으로 의료 사각지대 감소

[03~05] 다음 글을 읽고, 이어지는 질문에 답하시오.

　AGI를 이해하기 위해서는 '특정 목적 인공지능'이라는 개념을 먼저 알아야 한다. 특정 목적만을 위해 개발된 이 인공지능은 한정된 작업이나 특정 분야만을 위한 인공지능을 뜻한다. 그래서 Narrow AI라고도 불린다. 많은 데이터와 복잡한 연산 등을 컴퓨터에 맡겨 손실이 적은 인공지능 모델을 만드는 것이 '특정 목적 인공지능'의 목표다.

　반면 AGI는 다양한 분야에서 인간과 유사한 학습, 이해, 추론 능력을 지닌 인공지능을 지향한다. 그래서 AGI는 Full AI 혹은 Strong AI로도 불린다. 사람은 언어 학습, 문제 해결, 예술 창작 등 다양한 분야에서 일정 수준 이상의 능력을 발휘할 수 있는데, AGI는 이러한 인간의 능력을 재현하는 것이다. AGI는 기계적 학습을 넘어 인간의 지능을 모방하고자 하며, 복잡한 문제 해결부터 창의적 작업까지 인간과 유사한 수준의 이해와 처리 능력을 지향한다.

　자연어 처리(Natural Language Processing, NLP)는 컴퓨터가 인간의 언어를 이해하고 생성하기 위한 기술로, AGI가 인간과 자연스럽게 소통하고 언어 기반의 작업을 수행할 수 있게 해 준다. 컴퓨터 비전(Computer Vision, CV)은 시각 데이터를 이해하고 분석하는 기술로, 컴퓨터가 사진이나 비디오를 이해할 수 있게 함으로써 인간과 유사한 방식으로 시각적 정보를 처리할 수 있다. 로보틱스(Robotics)는 AGI의 물리적 상호 작용을 위한 기술이다. Boston Dynamics의 로봇은 복잡한 환경에서도 안전하게 이동하고 물체를 조작할 수 있는데, 이는 향후 AGI가 현실 세계에서 유용하게 활용될 가능성을 보여준다.

　인간이 그렇듯 AGI도 복잡한 결정을 내릴 수 있어야 한다. 이를 위해 기호적 추론(symbolic reasoning)과 확률적 추론(probabilistic reasoning) 같은 추론 기술이 연구되고 있다. 기호적 추론은 데이터와 규칙을 명확한 기호로 표현하고, 기호 간의 관계를 바탕으로 결론을 도출하는 방식이다. 기호적 추론은 정형화된 환경에서 효과적이며 규칙 기반의 결정을 내린다. 반면 확률적 추론은 불확실성을 다루는 데 쓰인다. 현실 세계의 불확실성을 반영할 수 있는 기술이며, 가능한 여러 결과에 대한 확률을 기반으로 추론을 수행한다.

　감정 인식(Emotion Recognition) 기술도 AGI 개발에서 중요한 요소다. 인간의 감정에 공감하고 상호 소통할 수 있는 기능이 AGI에게 필요하기 때문이다. 이를 위해 AGI는 인간의 표정, 음성, 생체 신호 등 비언어적 정보로부터 감정을 인식하게 된다.

　AGI는 그 장점에도 불구하고 적지 않은 갈등을 불러올 것으로 예상된다. 첫째, ㉠사회적 갈등이다. 예를 들어, 현재도 의료 분야에서 다양한 인공지능과 로봇 기술이 진단과 치료를 위해 활용되고 있다. 그러나 향후 AGI가 실전에 배치된다면 일자리 감소와 같은 사회 경제적 문제가 발생할 수 있다. 둘째, ㉡윤리적 갈등이다. 자율주행은 AGI의 윤리 문제를 논의할 때 자주 언급되는 주제이다. 차도를 건너는 사람을 피하기 위해 운전자가 타고 있는 차량을 도로 밖으로 주행시켜 운전자를 위험에 빠뜨려야 하는가 하는 문제가 그렇다. 현재는 이런 사고 발생 시 사법 기관의 판단으로 잘못을 가리고 가해자에게 벌을 준다. 그러나 만약 AGI가 가해자가 되는 경우 책임 소재를 판단하는 일이 지금보다 훨씬 어려워진다. 셋째, ㉢AGI에 대한 제어 문제다. 인간이 AGI를 안전하게 제어할 수 있어야 하는데 AGI의 구조가 점점 복잡해짐에 따라 제어가 어려워질 수 있다는 우려가 크다.

　AGI가 가져올 미래는 흥미롭지만, 불확실성 또한 크다. AGI의 실현 가능성과 상용화 시기는 기술 발전, 사회적 합의 등 다양한 요인에 따라 결정될 것이다. 국가 정책과 시장 경쟁 양상도 이에 영향을 미칠 것이다. AGI가 초래할 변화는 ㉣개인의 의사 결정, 사회의 작동 구조 등에 큰 영향을 미칠 것이다.

03 주어진 글에서 설명하는 AGI의 특징으로 적절하지 않은 것은?

① Narrow AI와 다르게 다양한 분야에서 일정 수준의 능력을 발휘할 수 있다.
② 인간 지능을 모방하고 인간의 능력을 재현하여 완벽한 기계적 학습에 도달하는 것이 목표이다.
③ 인간의 감정에 공감하고 상호 소통할 수 있게 인간의 비언어적 정보에도 반응할 수 있도록 만든다.
④ 상용화된다면 국가 정책, 시장 경쟁 양상 등 사회의 다양한 분야에서 변화가 생길 것이다.

04 주어진 글을 읽고 보일 수 있는 반응으로 적절하지 않은 것은?

① "텍스트 생성, 번역, 요약과 같은 작업은 NLP 분야에 해당하는 것이군."
② "자율주행 기기가 실시간으로 주변을 인식하고 해석하여 안전한 운전 결정을 내리는 데 사용되는 기술은 CV겠군."
③ "자율주행 로봇을 실전에 배치하여 물류센터에서 인간 작업자가 빠르고 안전하게 작업할 수 있도록 돕는 것은 로보틱스 기술이로군."
④ "기상 예측, 질병 진단, 금융 시장 분석과 같이 변동성이 중요한 분야에서는 기호적 추론 기술이 쓰이겠군."

05 다음 〈보기〉의 AGI의 특징과 ㉠~㉢ 중 가장 관련 있는 것은?

• 보기 •

AGI는 장기 계획을 세울 줄 아는 능력을 갖춘 강화학습 시스템(Long-term planning agent, LTPA) 능력이 있다. 강화(Reinforcement)는 시행착오(Trial and Error)를 통해 학습하는 방법의 하나로, 강화학습은 실수와 보상을 통해 학습하여 목표를 찾아가는 알고리즘이다. 우선 환경(Environment)에 대한 사전지식이 없는 상태로 학습을 진행하고, AI가 선택한 행동(Action)에 대한 환경의 반응에 따라 보상을 받는다. 이때 AI는 보상을 최대한 많이 얻도록 학습을 진행하며, 어느 시점에서 강화를 제한하여 강화 없이도 그 학습을 하도록 만드는 데 목표가 있다.

① ㉠ ② ㉡ ③ ㉢ ④ ㉣

[06~07] 다음 글을 읽고, 이어지는 질문에 답하시오.

　우울증은 마음이 언짢은 상태가 특징인 질환으로, 일시적으로 슬프고 우울한 기분이 드는 상태와는 다르다. 우울증이 있으면 우울한 기분이 들고, 괜히 슬퍼지거나 불안해지며, 무슨 일을 해도 재미가 없다. 자다가 자주 깨고, 식욕이 떨어지며, 평소보다 말수가 줄어든다. 대한정신건강의학과의사회의 자료에 따르면, 평생 우울증에 걸릴 확률은 남성이 5~12%, 여성이 10~25%라고 한다. (　　　㉠　　　) 또 가족이나 친척 중 우울증을 앓았던 사람이 있으면 그렇지 않은 사람보다 우울증에 걸릴 확률이 약간 높다고 한다. 우울증은 심리적·환경적 요인과 밀접하게 연관되어 있다.

　번아웃증후군(Burnout syndrome)은 휴식을 충분히 취해도 극심한 피로가 해소되지 않고 6개월 이상 지속되는 상태를 말한다. 이는 과도한 업무로 인한 스트레스와 그에 대한 대처능력 부족으로 인해 지친 상태로, '정신적 탈진(소진) 증후군'이라고도 부른다. 번아웃증후군의 원인은 만성적 스트레스가 지속되면서 생긴 부신의 코르티솔 호르몬과 교감신경 항진으로, 시상하부-뇌하수체-부신피질 축(HPA axis)이 과활성화되어 나타난다고 알려져 있다. 일반적으로 조급한 성격을 가진 사람, 완벽주의를 추구하거나 책임감이 강한 사람, 스트레스를 효과적으로 해소하지 못하는 사람에게서 번아웃증후군이 많이 나타난다.

　한편, 우리는 주위에서 무기력증을 호소하는 사람들을 자주 접한다. 이들은 '몸이 늘어지고 무겁다', '늘 기운이 없다', '나른하고 졸리다', '아무 의욕이 생기지 않는다'고 말한다. 이 외에도 만성피로, 수면장애, 기억력 저하, 위장 장애, 근육통 등 다양한 증상을 동반한다. 무기력증은 기력이 없어 아무것도 할 수 없거나 하고 싶지 않은 상태를 의미한다. 무기력증이 있는 사람은 피로감을 쉽게 느끼고, 집중력이 저하되어 간단한 작업도 수행하기 어렵다. 원인은 다양하다. 신체적인 원인으로는 갑상선기능저하증이나 당뇨병 등 내분비·대사 질환이 대표적이며, 수면무호흡증, 불면증 등 수면장애도 무기력감을 일으키는 원인이다. 심장·폐 질환이 있거나 신경계 이상이 동반된 경우에도 발생할 수 있다. 여성의 경우 월경주기 또는 갱년기로 인한 호르몬 변화 때문에 무기력증이 나타나기도 한다. 정신적인 원인으로는 우울증이나 불안장애와 같은 정신질환으로 알려졌다.

　건강한 사회인으로 살아가기 위해 신경 써야 할 마지막 키워드는 불안장애이다. 긴장과 불안은 누구나 느낄 수 있는 정상적인 감정이지만, 특별한 이유 없이 사소한 문제에 대해 과도한 긴장과 불안을 느낀다면 문제가 될 수 있다. 일반적으로 불안이나 우울 등 정서적 기능을 담당하는 뇌 신경회로 내 신경전달물질의 부족 또는 과다, 유전적 소인, 뇌의 기능적 변화나 구조적 변화, 사회·심리학적 측면, 인지·행동적 측면 등이 병적인 불안을 일으키는 원인이 된다고 알려졌다. 불안장애에는 범불안장애, 공포증, 공황장애, 사회불안장애 등 각기 다른 성격의 여러 정신질환이 포함된다.

06 주어진 글의 내용을 읽고 추론할 수 있는 내용으로 적절하지 않은 것은?

① 우울증을 예방하려면 규칙적인 생활을 하고, 사람들과 어울릴 수 있는 취미 활동을 하는 것이 도움이 된다.
② 번아웃증후군은 어떠한 이유로 부신 기능에 문제가 생기면 나타날 수 있다.
③ 병원에서 무기력증으로 진단받으면, 우선으로 원인 질환을 확인하고 치료하는 것이 바람직하다.
④ 불안장애는 '불안'이라는 공통된 감정에서 비롯되므로, 발병 원인을 하나로 규정할 수 있다.

07 다음 중 글의 ㉠에 들어갈 말로 가장 적절한 것은?

① 우울증 치료와 예방에는 규칙적 운동이 효과적이다.
② 우울증에 걸리면 보통 자율신경이 예민해져 땀이 나고, 맥박이 빨라지며, 손발이 저리거나 차게 느껴진다.
③ 여성은 생리, 임신, 출산, 폐경 등 호르몬의 급작스러운 변화를 자주 경험하므로 우울증에 더 잘 걸리는 것으로 알려져 있다.
④ 일반적으로 우울증 관련 증상이 일상적인 방법으로 나아지지 않고 2주 이상 지속되면 전문가의 상담을 받는 것이 좋다.

[08~10] 다음 '장기 요양 기본 계획안'을 읽고, 이어지는 질문에 답하시오.

[충분한 재가서비스 제공 및 서비스 다양화]

1. 충분한 재가급여 지원을 위한 제도적 기반 마련
   - ■ (서비스 확대) 중증(1·2등급) 수급자에 대한 재가생활 지원 강화('23~)
     - 돌봄 필요도가 높은 중증 재가수급자의 월 한도액 단계적 인상 - 1·2등급 수급자는 시설입소자 월 한도액 수준으로 재가서비스 이용이 가능하도록 단계적 서비스 확대 추진(~'27)
     - 수시방문 서비스* 시범사업 도입·운영('24.下~), 통합재가서비스 등을 통해 상시 돌봄 수요 대응체계 구축(~'27)
       * 갑작스러운 상태 변화 등이 있는 경우 계획된 서비스 시간 외에도 방문요양서비스 제공
     - 중증 수급자 대상 원활한 서비스 제공을 위해 방문 요양보호사가산* 등 지원 확대('26~)
       * 1~2등급자에게 1회 180분 이상 방문요양 시 1인당 일 3천 원 가산(요양보호사에게 지급, '22~)
   - ■ (서비스 연계) 재가생활 지원을 위한 사례관리 등 제공('23~)
     - 3~5등급 수급자가 시설입소 희망 시 사례관리 등을 통해 적정서비스이용 유도, 본인부담금 강화 등 이용합리화 방안 연구('24) 등 진행
     - 재가서비스 제공 시간 외에도 ICT를 활용한 응급안전안심서비스 확대, 서비스 고도화를 통해 응급상황 상시 대처('23~)

2. 통합재가서비스 확산
   - ■ (서비스 확대) 통합재가기관 확대를 통한 서비스 확산('23~)
     - 재가서비스 공급 체계를 방문요양 편중의 단일급여 제공 기관에서 다양한 재가급여를 복합 제공하는 기관* 중심으로 재편
       * 現 통합재가기관 50개소('23. 4월) → 주·야간보호 기반형(1단계), 방문간호 기반형(2단계) 확산 모형을 고려하여 약 1.4천 개소 확대 추진(~'27)
     - 서비스 제공의 책임성과 전문성을 갖춘 통합재가기관 육성 - 사업 참여 가산(정책가산, 서비스 가산 등)이 포함된 월정액 수가를 통해 기관의 포괄적 서비스 강화 및 안정적 기관 운영 기반 마련
     - 통합재가서비스의 기본원칙을 반영한 「노인장기요양보험법」 개정으로 본사업 추진 기반 강화(~'24)
   - ■ (서비스 내실화) 수급자의 서비스 선택권 확대를 위한 모형 보완('24)
     - 수급자·공급자의 자발적 참여가 가능하도록 급여제공 기준 및 급여비용, 시설 및 인력 기준 등의 탄력적 운영 모색
     - 월 한도액 내 유연한 재가급여 이용 및 특화 서비스(수시방문, 이동지원 등), 의료서비스 연계 등 추진

08 주어진 글의 계획안에서 제시하는 계획의 궁극적인 목적으로 적절한 것은?

① 의료-요양 연계 등 재가생활 기반 확충
② 장기요양환자 가족에 대한 지원체계 마련
③ 빈틈없이 지원하는 맞춤형 서비스 이용체계 구축
④ 집에서 적절한 돌봄이 이루어지도록 장기요양서비스 강화

09 다음 중 계획안을 읽고 보일 수 있는 반응으로 적절한 것은?

① "2024년 1월부터 재가서비스를 이용하고 있는 환자는 갑작스러운 상황이 발생했을 시 서비스 시간 외에도 요양보호사가 방문하여 서비스를 제공할 수 있군."
② "2026년 1월부터 1~2등급자에게 요양보호사가 1회 180분 이상 방문했을 시 1인당 3천 원을 수급자에게 지원하는군."
③ "2024년 1월부터 3~5등급 수급자가 시설입소 희망 시 본인부담금이 강화되는군."
④ "2025년 1월부터 통합재가서비스의 기본원칙은 개정된 「노인장기요양보험법」에 적용받는군."

10 다음 〈보기〉는 '2. 통합재가서비스 확산'의 내용을 도식화한 것이다. ㉠~㉣에 들어갈 내용으로 적절하지 않은 것은?

① ㉠ 한 기관에서 다양한 재가급여를 복합적으로 제공
② ㉡ 가산이 포함된 월정액 수가를 통한 기관의 포괄적 서비스 강화
③ ㉢ 장기요양기관 수급관리 및 공급체계 혁신
④ ㉣ 개별적 욕구에 부합하는 서비스 제공

[11~13] 다음 글을 읽고, 이어지는 질문에 답하시오.

아토피피부염은 심한 가려움증을 동반하는 만성 염증성 피부질환으로 피부장벽의 손상과 알레르기 면역반응으로 편향된 면역 이상, 환경적 요인이 복합적으로 작용하여 발생한다.

아토피피부염의 치료는 나이, 습진의 범위 및 심각도, 질병의 단계(급성 또는 만성), 병변의 위치, 그리고 환자의 선호도를 고려하여 맞춤형으로 이루어져야 한다.

아토피피부염 치료의 기본은, 증상을 악화시키는 요인인 스트레스, 자극원, 알레르기 항원, 적절하지 않은 온도나 습도 등 환경적 악화 요인을 제거하고, 꾸준한 보습제 사용을 통해 저하된 피부장벽 기능을 회복시키는 것이다.

또한, 면역학적인 변화를 회복할 수 있는 국소 스테로이드제와 국소 칼시뉴린 억제제를 적절히 사용하여 염증을 조절해야 한다. 국소 스테로이드제와 달리 국소 칼시뉴린 억제제는 장기간 사용하더라도 피부 위축 등의 부작용이 없다.

아토피피부염 병변이 시각적으로 나타날 때는 국소 스테로이드제 또는 국소 칼시뉴린 억제제를 적극적으로 사용하고, 병변이 호전되어 사라진 후에도, 그 전에 발생했던 부위에 낮은 용량의 국소 칼시뉴린 억제제를 지속적으로 도포하는 'proactive 치료법(조기치료 및 비활동기 유지요법)'은 임상 증상의 호전 유지 및 재발 기간 지연에 좋은 효과를 보인다.

최근에는 아토피피부염 발생 기전의 핵심적인 인자들을 표적으로 하는 표적치료제들이 사용되면서 자외선 치료, 사이클로스포린과 같은 전통적인 면역억제제로도 치료가 잘 안되는 난치성 아토피피부염 환자들의 치료에도 새로운 치료 가능성을 열어주고 있다.

현재 국내에서 사용할 수 있는 표적치료제로는 크게 생물학적 제제와 JAK 억제제로 구분된다. 아토피피부염에서는 알레르기 염증 반응에 관여하는 Th2 세포가 중요한 역할을 하며, 이들이 생성하는 인터루킨(interleukin, IL)-4와 IL-13이 발병에 중요하다. IL-4와 IL-13의 공통 수용체에 대한 단클론항체로 두 사이토카인을 동시에 억제하는 듀피젠트(성분명: 두필루맙)는 중등증에서 중증의 아토피피부염 치료를 위해 승인된 최초의 생물학적 제제이며, 2018년 국내에서 성인 아토피피부염 환자에게 승인된 후 현재 만 6개월 이상의 영유아, 소아, 청소년까지 사용이 확대되었다. 체중과 연령에 따라 2~4주 간격으로 1회 피하 주사로 투여한다.

아토피피부염은 Th2 면역반응 외에도 Th17, Th22, Th1 등 다양한 면역반응이 관여하며, 나이나 인종에 따라 이러한 면역반응이 다양하다. 특히 아시아인에서는 Th2 이외에도 Th17 면역반응이 우세함이 알려져 있다. (㉠) JAK 억제제는 경구용이며 복용 초기에 증상 개선 효과가 빠르게 나타나는 것이 특징이다. 2021년 식약처 승인 후 올루미언트(성분명: 바리시티닙)는 성인에서, 린버크(성분명: 우파다시티닙)와 시빈코(성분명: 아브로시티닙)는 12세 이상 청소년과 성인에서 중등증~중증 아토피피부염 치료에 사용되고 있다. 2023년부터는 성인뿐 아니라 12세 이상 청소년 환자 중증 아토피피부염 치료까지 건강보험 급여가 확대 적용되었다. 이러한 표적치료제들은 환자 개개인마다 치료 효과나 안전성에 차이가 있을 수 있으므로, 치료법 선택 시에는 반드시 전문의와 상담하는 것이 중요하다.

11 주어진 글의 주제로 가장 적절한 것은?

① 아토피피부염의 치료법
② 아토피피부염의 발생 원인
③ 아토피피부염의 예방과 근절
④ 아토피피부염의 건강보험 적용

12 주어진 글을 읽고 미루어 짐작한 것 중 적절하지 않은 것은?

① 국소 스테로이드는 장기간 사용하면 부작용이 생길 수 있다.
② 듀피젠트는 Th2 세포가 생성하는 IL-4와 IL-13을 동시에 억제하는 생물학적 억제제이다.
③ 한국인은 Th2보다 Th17 면역반응이 우세하며, 이로 인해 JAK 억제제가 가장 효과적이다.
④ JAK 억제제 중 올루미언트보다 린버크와 시빈코가 더 많은 환자에게 투여가 가능하다.

13 다음 중 글의 ㉠에 들어갈 문장으로 가장 적절한 것은?

① 영유아기 아토피피부염을 갖고 있던 환자 중 일부는 성장하면서 천식이나 비염 등의 다른 알레르기 질환으로 이행한다.
② JAK 억제제는 다양한 사이토카인에 의한 염증 반응 신호의 통로 역할을 하는 JAK을 억제하여 다양한 면역반응을 동시에 차단하는 기전을 가진다.
③ 기본 치료에 반응하지 않는 중등증~중증 아토피피부염 환자에게는 자외선 치료와 같은 광선 치료, 사이클로스포린과 같은 면역억제제 등 전문 치료를 시행할 수 있다.
④ 성인 중등증~중증 아토피피부염 환자를 대상으로 한 듀피젠트 공개연장연구의 치료 효과 분석 데이터에 따르면, 약 4년 동안 듀피젠트 치료를 받은 환자들은 지속적으로 피부 병변과 가려움증이 개선되었다.

[14~15] 다음 글을 읽고, 이어지는 질문에 답하시오.

- **출국자 보험급여 정지 제도란?**
  '국외에 체류하는 경우 그 기간에는 보험급여를 하지 아니한다'라고 규정된 국민건강보험법 제54조(급여의 정지) 제2호에 따라 해외로 출국한 다음 날부터 입국하기 전날까지 출국자의 보험급여가 정지되며, 국내에 다시 입국한 날부터 요양기관에서 진료와 처방이 가능한 제도이다.

- **급여정지 신고하기**
  유학으로 인한 국외출국자가 급여정지 신고를 하면 그 기간 동안에는 보험급여가 정지되어 보험료가 면제되거나 보험료 산정할 때 보험료부과점수가 제외된다(규제「국민건강보험법」제54조제2호, 제74조제1항·제2항 및「국민건강보험법 시행령」제44조의2).
  국민건강보험 직장가입자가 3개월 이상 국외에 체류하는 경우 보험료가 면제되는데, 업무에 종사하기 위해 국외에 체류하는 경우라고 국민건강보험공단이 인정하는 경우에는 1개월 이상 국외에 체류하는 경우에도 보험료가 면제된다. 다만, 보험료를 면제받기 위해서는 국내에 거주하는 피부양자가 없어야 한다.
  국민건강보험 지역가입자가 3개월 이상 국외에 체류하는 경우 그 가입자가 속한 세대의 보험료 산정 시 그 가입자의 소득월액 및 재산보험료부과점수를 제외한다.

  > ※ 급여정지 신고하기
  > 유학으로 해외에서 3개월 이상 체류 시 출국일의 다음 날로 급여정지 처리가 되어 보험료가 면제된다. 입증서류를 첨부하여 가까운 국민건강보험공단의 관할 지사에 보험료 면제 신청을 하면 된다. 급여정지를 위한 제출서류는 다음과 같다.
  > - 출국 전: 비행기표 사본, 여권 사본(비행기표 사본만 제출 시 신고서 기재 필요)
  > - 출국 후: 출입국 사실증명, 여권과 비행기표 사본 등

  보험료 면제 또는 보험료 산정 시 보험료부과점수의 제외는 급여정지 사유가 생긴 날이 속하는 달의 다음 달부터 급여정지 사유가 없어진 날이 속하는 달까지 적용된다. 다만, 다음의 어느 하나에 해당하는 경우에는 그달의 보험료는 면제되지 않거나 보험료의 산정에서 보험료부과점수가 제외되지 않는다(「국민건강보험법」제74조제3항).
  ▶ 급여정지 사유가 매월 1일에 없어진 경우
  ▶ 국외에 체류하는 가입자 또는 그 피부양자가 국내에 입국하여 입국일이 속하는 달에 보험급여를 받고 그달에 출국하는 경우

14 주어진 글의 내용과 일치하지 않는 것은?

① 국외에 체류하는 경우 해외로 출국한 다음 날부터 입국하기 전날까지 출국자는 보험급여를 하지 않아도 된다.
② 국민건강보험 직장가입자는 원칙적으로 3개월 이상 국외에 체류하는 경우 보험료가 면제된다.
③ 국민보험 직장가입자가 보험료를 면제받기 위해서는 국내에 거주하는 피부양자가 없어야 한다.
④ 국민건강보험 지역가입자가 3개월 이상 국외에 체류하더라도 그 가입자가 속한 세대의 보험료는 변동되지 않는다.

15 주어진 글을 바탕으로 직원 A가 민원인의 질문에 다음과 같이 대답했다고 할 때, 적절한 것은?

〈상황1〉
민원인 A: "제가 아직 유학으로 인해 건강보험 급여정지를 신고하려고 하는데, 어떤 서류를 가지고 가야 할까요?"
직원 A: "㉠출국 전이시면 비행기표 사본과 여권 사본을, 출국하신 후라면 출입국 사실증명서와 여권 및 비행기표 사본을 준비해 가까운 보건소에서 신청하시면 됩니다."
민원인 A: "아직 출국 전인데 여권 사본이 없으면 어떻게 하나요?"
직원 A: "㉡비행기표 사본만 있으시다면 신청이 불가능합니다."

〈상황2〉
민원인 B: "제가 장기 출장으로 건강보험 급여정지를 신청했는데, 급여가 적용되었습니다. 확인해 주실 수 있을까요?"
직원 A: "㉢혹시 출장에서 돌아오신 날짜가 그달 1일인가요? 이 경우 그달의 보험료가 면제되지 않거나 보험료 산정 시 보험료부과점수가 제외되지 않을 수 있습니다. 또한, 출장 중에 ㉣민원인 본인 또는 피부양자가 국내에 입국했다가 다시 그달에 출국한 경우에도 마찬가지입니다."

① ㉠ ② ㉡ ③ ㉢ ④ ㉣

[16~18] 다음 '담배소송'에 대한 자료를 읽고, 이어지는 질문에 답하시오.

담배소송 개요

흡연 폐해에 대한 담배회사의 책임을 규명하고 흡연 관련 질환으로 인해 발생하는 건강보험 재정의 누수 방지

※ 공단은 건강보험의 보험자로서 재정관리를 위한 당연한 책무

[흡연으로 인한 폐해]
- 직접흡연으로 인한 연간('19년 기준) 사망자 58,036명 … 매일 159명 사망
  (출처) 질병관리청, 흡연으로 인한 국내 사망자 수와 사회경제적 비용
- 흡연은 폐암(소세포암 95.4%, 편평세포암 91.5%)과 후두암(81.5%) 발생 원인
  (출처) 흡연과 폐암의 인과성에 대한 〈대한예방의학회·한국역학회 담배와 폐암 소송 관련 특별위원회〉의 의견
- 건강보험 진료비 3조 5,917억 원('22년 기준) 지출, 최근 5년간 평균 4.5% 증가

■ 담배소송 개요
- 담배 제조사를 상대로 약 533억 원에 대하여 손해배상 청구 − 20갑년* 이상, 30년 이상 흡연 후 폐암 중 편평세포암·소세포암, 후두암 중 편평세포암으로 진단받은 환자 3,465명의 공단 급여비
  ※ 갑년: 하루에 한 갑(20개피)의 궐련을 1년 동안 피운 흡연력을 1갑년이라고 함
  ※ 과거 선행 담배소송에서 흡연과 인과성이 인정된 암종에 한하여 제소

■ 공단의 주요 주장
- (흡연과 암 발생의 인과관계) 수많은 연구 결과를 토대로 확증된 사실, 고도 흡연 이후 폐암 진단을 받았다면 흡연으로 인한 질환임
- (담배회사의 제조물책임) 담배 제조 과정에서 위험성을 감소시킬 수 있는 설계를 채택하지 않았고, 담배 위험성(특히 중독성)에 대한 경고도 충분치 않았음
  ※ 저니코틴·저타르 단어를 사용하여 소비자들이 덜 해로운 제품으로 인식하도록 함
- (손해배상) 급여비 지급으로 손해를 입은 공단이 직접 손해배상 청구 및 구상금 청구 모두 가능

담배소송 진행 경과

■ 진행 경과

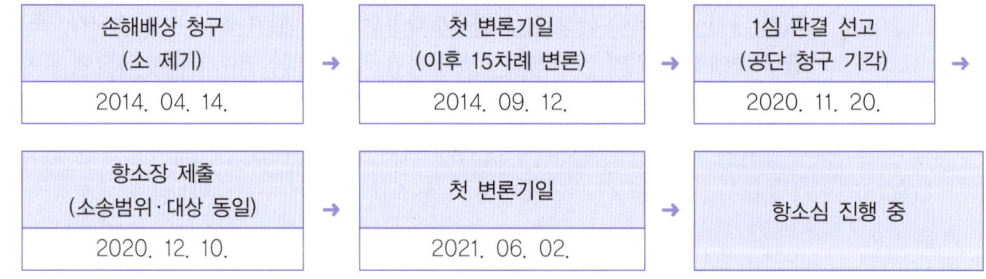

- (1심 결과) '20. 11. 20. 패소 … 공단(원고)의 청구 모두 기각

주요 쟁점	재판부 판단
① 공단의 직접 손해배상청구 가능 여부	청구 불가(보험자의 의무이행에 불과)
② 흡연과 폐암 발병 간 인과관계	흡연 이외 다른 요인에 의한 발병 가능
③ 담배회사의 제조물 책임	설계·표시상 결함 부존재
④ 담배회사의 불법행위 책임	담배의 중독성 등 축소·은폐 불인정
⑤ 공단의 손해액 범위	손해 판단 불요

■ 항소심 제기
- (항소장 제출) '20. 12. 10. 항소, 항소심 규모 및 피고 1심과 동일
- (항소 이유) 흡연으로 인한 건강보험 재정 지출의 지속적 증가, 담배로 인해 발생하는 피해에 대하여 담배회사의 책임 규명 필요
- ※ 소송을 통해 국민들의 보험료로 운영되는 건강보험 재정을 보전하고, 그간 공단이 제출한 방대한 증거와 주장에 대하여 상급법원의 심도 있는 판단을 받아볼 필요가 있음
- (진행 경과) 쟁점별 증거조사 위주의 공방 중

16 주어진 글을 읽고 '담배소송'에 대한 설명으로 적절하지 않은 것은?

① 담배는 모든 폐암과 후두암 발생의 원인으로 작용한다.
② 20갑년은 담배를 하루에 한 갑씩 20년을 핀 것을 의미한다.
③ 담배소송은 2025년 현재 10년 이상 진행되고 있는 소송이다.
④ 공단은 담배소송을 통해 건강보험 재정을 보전하려고 한다.

17 공단에서 담배소송에 대한 항소심을 할 때, 내세울 수 있는 주장으로 적절하지 않은 것은?

① 폐암은 특이성 질환과 비특이성 질환 중 비특이성 질환에 해당하므로 담배와 역학적 인과관계가 인정되더라도 특정 위험인자와 비특이성 질환 간의 개별적 인과관계를 증명해야 한다.
② 담배는 제조물에 해당하므로 제조물의 결함은 제조물책임 성립에 있어서 중요하게 고려된다. 따라서 제조업자가 그 제조물에 의하여 발생할 수 있는 피해나 위험을 줄이거나 피할 수 있음에도 불구하고 그렇지 않은 것은 제조물 결함에 해당한다.
③ 담배의 중독성에 대한 경고는 2008년 전까지는 전혀 기재되지 않았는데, 이러한 행위는 담배 제조사들이 합리적인 경고를 하였더라면 담배로 인해 피해를 줄일 수 있었음에도 그렇게 하지 않은 것이므로 담배에 표시상의 결함이 존재한다.
④ 흡연과 폐암 발병 사이에 역학적 인과관계가 인정되었으므로 폐암 발병의 원인이 담배가 아닌 다른 원인이라고 주장하기 위해서는 담배 제조사가 이 인과관계를 부정해야 한다. 피해자에게 흡연과 폐암 발병 간의 자연과학적 인과관계를 증명하라는 것은 타당하지 않다.

18 위의 글을 바탕으로 다음과 같은 담배소송 홍보 리플렛을 만든다고 한다. 이때, ㉠~㉣에 들어갈 내용으로 적절하지 않은 것은?

담배소송 개요

■ 개요
공단은 2014년 담배회사를 상대로
㉠ _____

> 흡연력 20갑년(하루 한 갑씩 20년 흡연), 30년 이상 흡연 후 폐암 중 편평세포암·소세포암, 후두암 중 편평세포암으로 진단받은 환자 3,465명의 공단 급여비

■ 추진 목적

1	흡연 관련 질환으로 인한 **건강보험 재정 누수 방지**
2	흡연 폐해 공론화 및 ㉡ _____
3	담배 규제 및 금연문화 확산으로 **국민보건 향상**

공단 주요 주장 및 1심 판결

공단	1심법원
㉢ _____	공단의 진료비 지출은 보험자 의무이행에 불과하다.
흡연자들의 폐암·후두암 발병 원인은 담배이다.	흡연 외 다른 요인에 의해 발병 가능하므로 인과관계는 인정할 수 없다.
담배 유해성·중독성을 충분히 알리지 않았고 ㉣ _____	담배회사의 책임을 인정할 수 없다.
'저타르' 등 담배가 덜 유해한 것처럼 소비자를 속이고 유해성을 축소·은폐시켰다.	담배 유해성·중독성을 축소·은폐했다고 인정할 근거가 부족하다.

① ㉠ 흡연으로 인한 건강보험 진료비 약 533억 원에 대하여 손해배상 청구
② ㉡ 담배회사 책임 규명
③ ㉢ 직접 흡연으로 매년 약 5만 8천여 명이 사망하고 있다.
④ ㉣ 담배 위험성 저감 노력을 하지 않았다.

[19~20] 다음은 필수의료 기반 강화를 위한 건강보험공단의 주요 추진내용이다. 이를 바탕으로 이어지는 질문에 답하시오.

〈주요 추진내용〉

구분	주요내용
중증·응급	• 중증응급환자 응급실 내원 24시간 내 최종 치료 시 수가 가산율 인상 　- (대상기관) 권역응급의료센터, 전문응급의료센터, 권역외상센터 　- 평일 주간 50% → 100%, 평일 야간·공휴일 주간 100% → 150%, 공휴일 야간 100% → 200% • 흉부외과 수술(대동맥박리 수술, 소아심장수술) 수가 세분화 및 인공심폐순환(선택적 뇌관류) 수가 신설
소아	• 중증 소아 응급진료 수가(응급의료관리료, 진료구역관찰료) 개선 　- 소아전문응급의료센터의 응급의료관리료 수가 신설 　- 응급실 내 해당 진료구역(중증응급, 응급)에서 진료 시 1세 미만 100%, 1세 이상~8세 미만 50% 추가 가산 • 소아 입원진료 보상 강화 　- 소아·신생아 중환자실 입원 보상 개선 　- 소아 일반병동 입원 연령 가산 확대(8세 미만 30% 가산 → 1세 미만 50%, 1세 이상~8세 미만 30% 가산) 　- 입원전담전문의 소아환자 진료 시 연령 가산 신설, 야간근무 보상 강화 　- 병·의원급 신생아실, 모자동실 입원료 50% 인상 • 소아청소년과 전문의 6세 미만 초진 시 정책수가 신설 　- (대상기관) 소아청소년과 표방 의료기관, 산부인과 표방 의원 중 분만실 보유 요양기관 　- 1세 미만, 1세 이상~6세 미만 구분

19 위의 자료를 읽고 이해한 내용으로 가장 적절한 것은?

① 중증응급환자가 권역외상센터에 내원했을 경우 공휴일 야간 수가가 가장 높다.
② 2살 소아가 응급실에서 진료를 받을 시 추가 수가는 7살 소아보다 높다.
③ 산모가 신생아실을 이용하지 않고 모자동실을 이용할 경우 입원료가 줄어든다.
④ 모든 산부인과에서 6세 미만의 소아를 초진할 경우 정책수가를 받을 수 있다.

20 다음 〈보기〉는 국민건강보험공단이 필수의료 기반 강화를 위한 추진방향이다. 제시된 자료와 가장 관련이 있는 추진방향은?

• 보기 •

㉠ 역량있는 의료인력 확충
㉡ 의료 전달체계 정상화 및 지역의료 재건
㉢ 필수의료에 대한 충분하고 공정한 보상
㉣ 환자-의료진 모두의 의료사고 안전망 구축

① ㉠　　　　② ㉡　　　　③ ㉢　　　　④ ㉣

[21~22] 다음은 의원표시과목별 진료인원에 대한 자료이다. 이를 읽고 질문에 답하시오.

〈표〉 2019~2023년 의원표시과목별 진료인원

(단위: 명)

구분	2019년	2020년	2021년	2022년	2023년
전체	118,844	107,807	107,016	129,331	130,647
내과	19,622	17,757	17,374	21,320	22,320
신경과	710	736	827	935	968
정신건강의학과	1,343	1,481	1,694	1,913	2,063
외과	2,864	2,703	2,792	3,104	3,092
정형외과	11,253	10,739	11,406	12,371	12,677
신경외과	1,931	1,876	2,013	2,148	2,143
심장혈관흉부외과	108	102	112	129	126
성형외과	126	128	155	190	216
마취통증의학과	2,826	2,746	2,913	3,162	3,219
산부인과	4,087	3,930	4,022	4,138	4,064
소아청소년과	6,717	5,571	5,270	8,924	7,545
안과	13,633	12,505	13,080	13,214	13,721
이비인후과	17,469	14,077	12,465	19,519	20,331
피부과	7,298	7,206	7,208	7,160	7,400
비뇨의학과	3,973	3,796	3,765	3,744	3,817
영상의학과	759	689	725	771	755
진단검사의학과	7	4	4	8	3
결핵과	7	5	2	2	2
재활의학과	1,260	1,230	1,308	1,444	1,472
가정의학과	2,977	2,565	2,393	3,365	3,278
일반의	19,869	17,957	17,484	21,764	21,430
기타	5	4	4	6	5

21 주어진 자료에 대한 설명으로 옳은 것은?

① 2023년 전체 의원표시과목의 진료인원 중 내과 과목이 차지하는 비중은 20% 이상이다.
② 2019~2023년 동안 소아청소년과 과목의 진료인원은 매년 산부인과의 2배 미만이었다.
③ 2020~2023년 동안 정신건강의학과와 성형외과 과목의 진료인원은 전년 대비 매년 증가했다.
④ 2023년 정형외과 과목의 전년 대비 증가인원은 신경과 과목의 전년 대비 증가인원의 10배 이상이다.

22 주어진 자료를 바탕으로 작성한 그래프 중 옳지 않은 것은?

① 진단검사의학과 과목의 전년 대비 증가인원

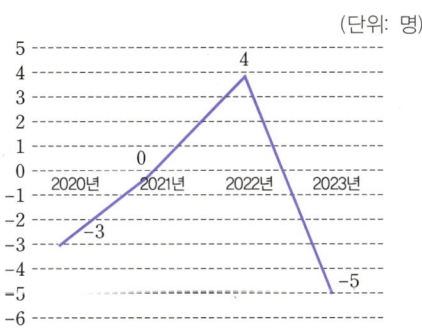

② 안과 및 피부과 과목의 2019~2023년 연평균 진료인원

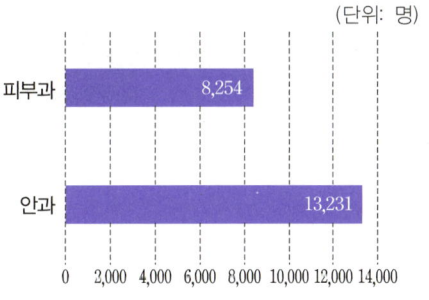

③ 2021~2023년 비뇨의학과 및 가정의학과 과목의 진료인원

④ 이비인후과 과목의 연도별 진료인원 증감 추이

[23~24] 다음은 2020~2022년 연령대별 비만율 분포 현황을 조사한 자료이다. 이를 바탕으로 이어지는 질문에 답하시오.

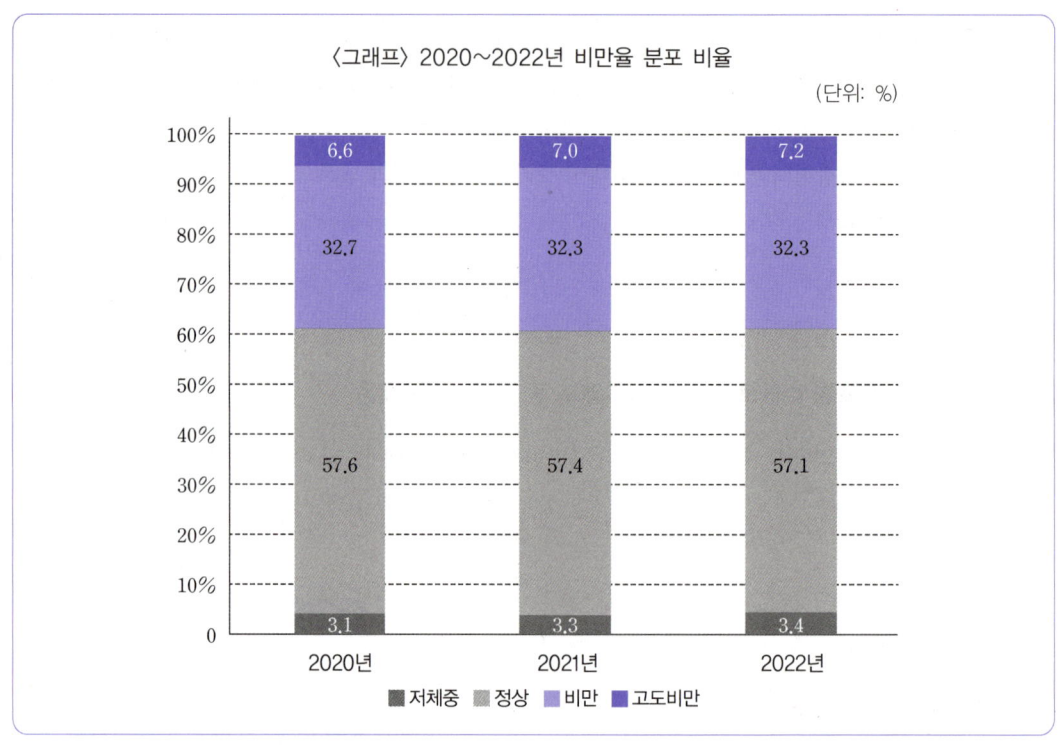

〈그래프〉 2020~2022년 비만율 분포 비율 (단위: %)

〈표〉 2020~2022년 연령대별 비만율 분포 현황

(단위: %)

구분	2020년				2021년				2022년			
	저체중	정상	비만	고도비만	저체중	정상	비만	고도비만	저체중	정상	비만	고도비만
20대	7.5	62.3	22.3	7.9	8.1	61.6	22.1	8.2	8.0	60.7	22.6	8.7
30대	3.9	54.4	31.5	10.2	4.3	54.3	30.7	10.7	4.3	53.8	30.7	11.2
40대	2.7	56.5	33.2	7.6	2.9	55.9	33.0	8.2	3.1	55.1	33.1	8.7
50대	1.8	58.7	34.3	5.2	2.0	58.4	34.1	5.5	2.2	58.2	33.9	5.7
60대	1.6	57.7	36.1	4.6	1.8	58.0	35.5	4.7	1.9	58.7	34.9	4.5
70대	2.2	56.4	36.8	4.6	2.2	56.3	36.7	4.8	2.3	57.0	36.1	4.6
80세 이상	5.5	60.4	30.5	3.6	5.1	59.7	31.3	3.9	4.9	59.7	31.5	3.9

※ 저체중: BMI<18.5
※ 정상: 18.5≤BMI<25
※ 비만: 25≤BMI<30
※ 고도비만: 30≤BMI

23 주어진 자료에 대한 설명으로 옳지 않은 것은?

① 2020~2022년 동안 BMI가 30 이상인 사람의 비중은 매년 BMI가 18.5 미만인 사람의 비중의 2배 이상이다.
② 2022년 BMI가 18.5 이상 25 미만인 사람의 비중이 2년 전보다 높아진 연령대는 60대가 유일하다.
③ 2020~2022년 동안 BMI가 25 이상 30 미만인 20대는 매년 전체 20대 중 4분의 1 미만을 차지하고 있다.
④ 2022년 80세 미만의 모든 연령대에서 정상, 비만, 고도비만, 저체중 순으로 차지하는 비중이 높다.

24 2022년 비만율 분포 조사 인원이 1,700만 명이고, 그 중 30대 조사 인원이 300만 명일 때, 전체 비만 인구 중 30대가 차지하는 비중은? (단, 모든 계산은 각 단위의 소수점 첫째 자리에서 반올림한다.)

① 17%   ② 20%   ③ 22%   ④ 24%

[25~26] 다음은 2019~2023년 산재보험 급여 지급 현황 자료이다. 이를 바탕으로 이어지는 질문에 답하시오.

〈표 1〉 2020~2023년 산재보험 급여 지급

(단위: 억 원)

구분	2020년	2021년	2022년	2023년
보험급여 계	59,968	64,529	66,864	72,849
요양급여	13,098	13,607	13,164	15,187
휴업급여	14,133	15,839	16,934	18,648
장해급여	22,579	24,345	25,448	( )
유족급여	7,612	8,218	8,850	9,447
상병보상연금	1,461	1,439	1,371	1,438
장례비	342	348	388	363
간병급여	520	526	506	515
직업재활급여	223	207	203	256

〈표 2〉 2021~2023년 장해급여 및 유족급여 지급

(단위: 억 원)

구분	장해급여			유족급여		
	2021년	2022년	2023년	2021년	2022년	2023년
일시금	7,917	8,589	9,426	1,305	1,411	( )
연금	16,428	16,859	17,569	6,913	7,439	8,078

25 주어진 자료에 대한 〈보기〉의 설명 중 옳지 않은 것만을 모두 고르면?

• 보기 •

㉠ 2020~2023년 동안 보험급여 계에서 급여 지급액이 가장 많은 2가지의 합계 급여액이 차지하는 비중은 매년 60% 이상이다.
㉡ 2020년과 비교해서 2023년 산재보험 종류별 급여 지급액은 모두 증가했다.
㉢ 2021~2023년 동안 장해급여의 연금 지급액은 일시금 지급액의 매년 2배 이상이다.
㉣ 2022~2023년 장해급여 및 유족급여 일시금과 연금 지급액은 전년보다 매년 증가했다.

① ㉠, ㉢   ② ㉡, ㉢   ③ ㉠, ㉡, ㉣   ④ ㉡, ㉢, ㉣

26 주어진 자료를 바탕으로 나타낸 그래프 중 옳지 않은 것은? (단, 소수점 첫째 자리에서 반올림 한다.)

① 2021~2023년 산재보험 전체 급여 지급액의 전년 대비 증가액

② 2023년 산재보험 종류별 급여 지급액 비중

③ 2021~2023년 간병급여 및 장례비 급여 지급액의 전년 대비 증가액

④ 2023년 장해급여 지급액 비중

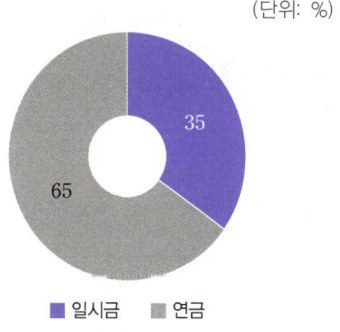

[27~29] 다음은 2022~2024년 예술활동 분야에 따른 고용보험 가입률을 조사한 자료이다. 이를 바탕으로 이어지는 질문에 답하시오.

〈표〉 예술활동 분야에 따른 고용보험 가입률

(단위: 명, %)

구분	2022년		2023년		2024년	
	응답자 수	가입률	응답자 수	가입률	응답자 수	가입률
소계	5,008	25.1	4,953	25.6	5,109	29.0
문학	494	21.3	559	22.5	479	22.6
미술	960	18.2	617	10.1	820	18.5
공예	196	31.3	159	28.6	213	18.9
사진	171	29.5	466	30.1	201	23.1
건축	232	81.6	151	64.3	186	66.6
음악	390	29.0	483	39.5	475	34.2
국악	372	22.5	285	20.4	328	29.9
(A)	354	17.1	518	25.0	673	27.0
방송연예	182	17.0	317	19.2	294	19.0
(B)	312	19.0	358	24.8	330	41.4
연극	512	28.0	449	30.1	468	33.0
(C)	181	14.4	238	23.1	360	35.4
(D)	124	11.8	189	4.8	187	23.6
기타	528	27.2	164	42.4	95	50.4

※ 가입률(%) = $\frac{\text{가입자 수}}{\text{응답자 수}} \times 100$

27 주어진 자료에 대한 설명으로 옳지 않은 것은?

① 2022~2024년 동안 고용보험 가입 응답자 수가 매년 감소한 예술활동 분야는 기타가 유일하다.
② 2024년 음악 분야의 고용보험 가입자 수는 2022년보다 많다.
③ 2023년 대비 2024년 예술활동 분야의 고용보험 가입자 수 증가율은 20% 미만이다.
④ 2022년 예술활동 분야에서 고용보험 가입자 수는 미술 분야에서 가장 많다.

28 다음 〈조건〉을 모두 고려했을 때, A~D에 해당하는 예술활동 분야를 바르게 연결한 것은?

• 조건 •

㉠ A~D에 들어갈 예술활동 분야는 각각 대중음악, 영화, 무용, 만화 중 하나에 해당한다.
㉡ 2022~2024년 동안 매년 응답자 수와 가입률이 모두 증가한 예술활동 분야는 대중음악과 영화로 2가지뿐이다.
㉢ 대중음악은 2023년 대비 2024년 가입률 증가폭이 10%p 미만이다.
㉣ A~D 중에서 2023년 고용보험 가입 응답자 수가 가장 적은 예술활동 분야는 만화다.

	(A)	(B)	(C)	(D)
①	영화	무용	대중음악	만화
②	영화	대중음악	무용	만화
③	대중음악	무용	영화	만화
④	대중음악	무용	만화	영화

29 다음 중 주어진 자료를 바탕으로 나타낸 그래프로 옳은 것은? (단, 각 단위 소수점 첫째 자리에서 반올림한다.)

① 2024년 응답자 수 상위 5대 예술활동 분야

② 2022~2024년 공예 분야 고용보험 가입자 수

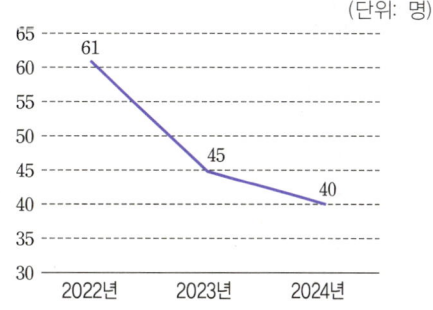

③ 2022~2024년 고용보험 전체 응답자 중 방송연예 분야 비중

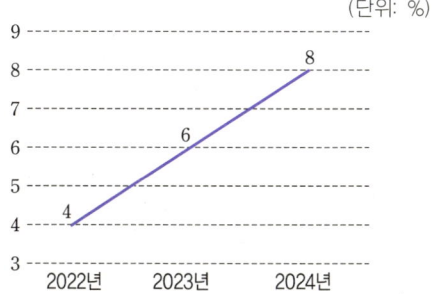

④ 2023~2024년 예술활동 분야의 전년 대비 가입률 증가폭

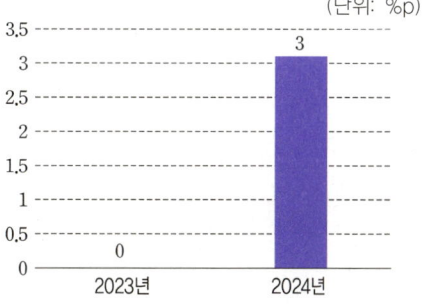

[30~32] 다음 자료를 보고 질문에 답하시오.

〈표 1〉 2019~2023년 국가건강검진 종별 수검인원 추이

(단위: 천 명)

구분		2019년	2020년	2021년	2022년	2023년
일반 건강검진	대상인원	21,717	21,446	22,837	22,862	23,001
	수검인원	16,098	14,545	16,953	17,233	17,462
암검진	대상인원	23,123	22,973	23,937	23,456	23,313
	수검인원	12,891	11,389	13,555	13,657	13,932
영유아 건강검진	대상인원	2,712	2,488	2,468	2,558	2,309
	수검인원	2,103	2,064	2,149	2,064	1,770

※ 수검률(%) = $\frac{수검인원}{대상인원} \times 100$

※ 영유아수검률: 2020~2022년 코로나로 인한 검진기간 연장(6개월)으로 일시적 증가, 2023년은 코로나 시기 이전으로 회복함

〈표 2〉 2023년 연령대별 일반건강검진 수검인원 및 종합판정 현황

(단위: %)

구분	전체인원 대비 비중	수검인원 대비 판정 비율			질환의심	유질환자
		정상				
		계 (c=a+b)	정상A (a)	정상B(경계) (b)		
계	100.0	40.2	10.7	29.5	32.2	27.6
20대 이하	10.5	72.1	26.3	45.8	26.9	1.0
30대	16.6	59.8	19.7	40.1	36.1	4.1
40대	21.2	45.5	10.4	35.1	39.8	14.7
50대	22.6	35.6	7.3	28.3	33.1	31.3
60대	18.5	20.8	3.1	17.7	28.2	51.0
70대	8.1	11.6	1.5	10.1	21.5	66.9
80대 이상	2.5	5.8	0.6	5.2	22.2	72.0

30 다음 중 자료에 대한 설명으로 옳지 않은 것은?

① 2019~2023년 동안 일반건강검진 대상인원과 수검인원의 증감 추이는 동일하다.
② 조사 기간 중 암검진 수검률은 2020년을 제외하고 매년 50% 이상이다.
③ 2023년 일반건강검진 전체인원 대비 비중이 가장 높은 연령대 1~3위의 수검인원 총합은 1,000만 명 이상이다.
④ 2023년 일반건강검진 수검인원 대비 유질환자 판정 비율이 질환의심 판정 비율보다 높아지기 시작하는 연령대는 50대부터다.

31 다음 〈보기〉에서 2023년 국가건강검진 종별 수검률의 대소 관계를 바르게 나타낸 것은?

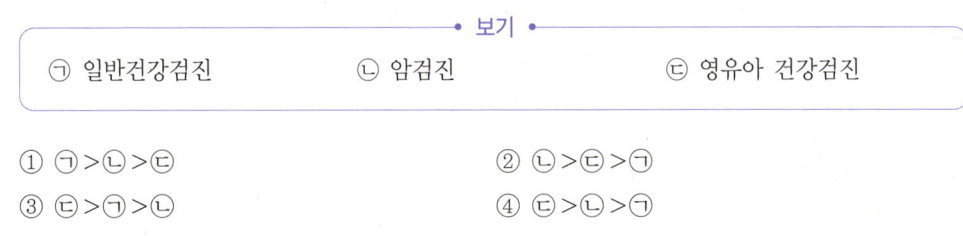

① ㉠>㉡>㉢
② ㉡>㉢>㉠
③ ㉢>㉠>㉡
④ ㉢>㉡>㉠

32 2023년 일반건강검진 종합판정 비율은 전년에 비해 정상A는 0.1%p, 정상B(경계)는 0.3%p 감소했다고 한다. 이때, 2022년 정상A로 판정받은 수검인원과 정상B(경계)로 판정받은 수검인원의 차이는 얼마인가? (단, 천 명 단위에서 반올림한다.)

① 324만 명
② 327만 명
③ 330만 명
④ 333만 명

[33~35] 다음 자료를 보고 질문에 답하시오.

〈표〉 장소별 식중독 발생건수 및 환자 수

(단위: 건, 명)

구분		합계	음식점	집단 급식소	학교	기업체	그 외	가정집	기타	불명
2015년	발생건수	330	199	64	38	7	19	9	54	4
	환자 수	5,981	1,506	2,782	1,980	204	598	34	1,641	18
2016년	발생건수	399	251	68	36	5	27	3	73	4
	환자 수	7,162	2,120	3,943	3,039	175	729	16	974	109
2017년	발생건수	336	222	50	27	3	20	2	52	10
	환자 수	5,649	1,994	2,579	2,153	56	370	6	776	294
2018년	발생건수	363	202	82	44	7	31	3	67	9
	환자 수	11,504	2,323	5,011	3,136	487	1,388	10	4,094	66
2019년	발생건수	286	175	53	24	6	23	3	48	7
	환자 수	4,075	1,409	1,834	1,214	191	429	7	764	61
2020년	발생건수	164	108	38	13	12	13	3	15	0
	환자 수	2,534	797	1,444	401	612	431	13	280	0
2021년	발생건수	245	119	76	21	16	39	3	44	3
	환자 수	5,160	2,705	1,935	708	441	786	12	501	7
2022년	발생건수	311	180	69	25	11	33	3	43	16
	환자 수	5,501	2,117	2,005	1,102	277	626	32	1,239	108
2023년	발생건수	( )	200	68	21	14	33	4	54	33
	환자 수	8,789	3,526	2,949	1,027	832	1,090	32	2,057	225

33 다음 중 자료에 대한 해석으로 옳지 않은 것은?

① 2015~2023년 중 식중독 환자 수가 가장 많은 해는 2018년이다.
② 2015~2023년 중 식중독 발생건수가 가장 적은 해에 식중독 환자 수 또한 가장 적었다.
③ 2023년 식중독 발생건수는 전년 대비 20% 이상 증가했다.
④ 2023년 음식점과 가정집에서의 식중독 발생건수는 전년보다 증가했지만, 집단급식소에서의 식중독 발생건수는 전년보다 감소했다.

34 2023년 음식점에서 식중독에 걸린 환자 수가 전체 식중독 환자 수에서 차지하는 비중은 5년 전에 비해 얼마나 증가했는가? (단, 모든 계산은 각 단위의 소수점 첫째 자리에서 반올림한다.)

① 10%p　　② 15%p　　③ 20%p　　④ 25%p

35 다음 〈보기〉 중 2019년, 2021년, 2023년 장소별 식중독 환자 수의 2년 전 대비 증가율을 나타낸 것으로 옳은 것만을 모두 고르면? (단, 소수점 첫째 자리에서 반올림한다.)

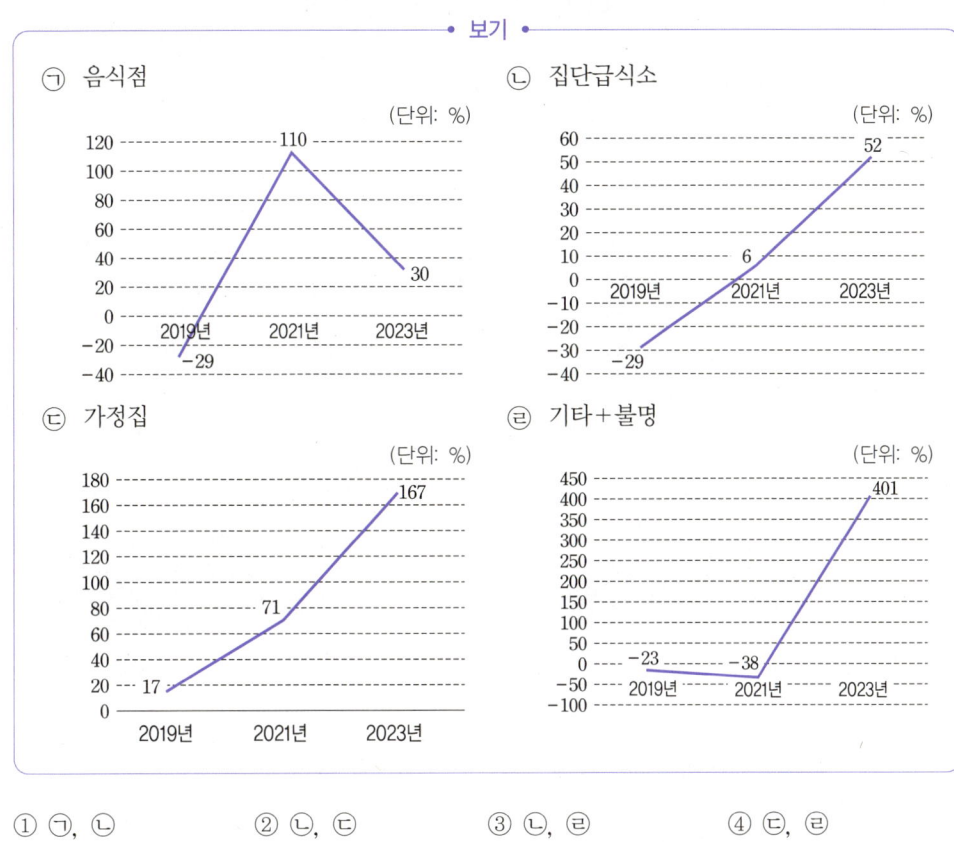

① ㉠, ㉡   ② ㉡, ㉢   ③ ㉡, ㉣   ④ ㉢, ㉣

[36~37] 다음은 연도별 장기이식 현황 자료이다. 이를 바탕으로 질문에 답하시오.

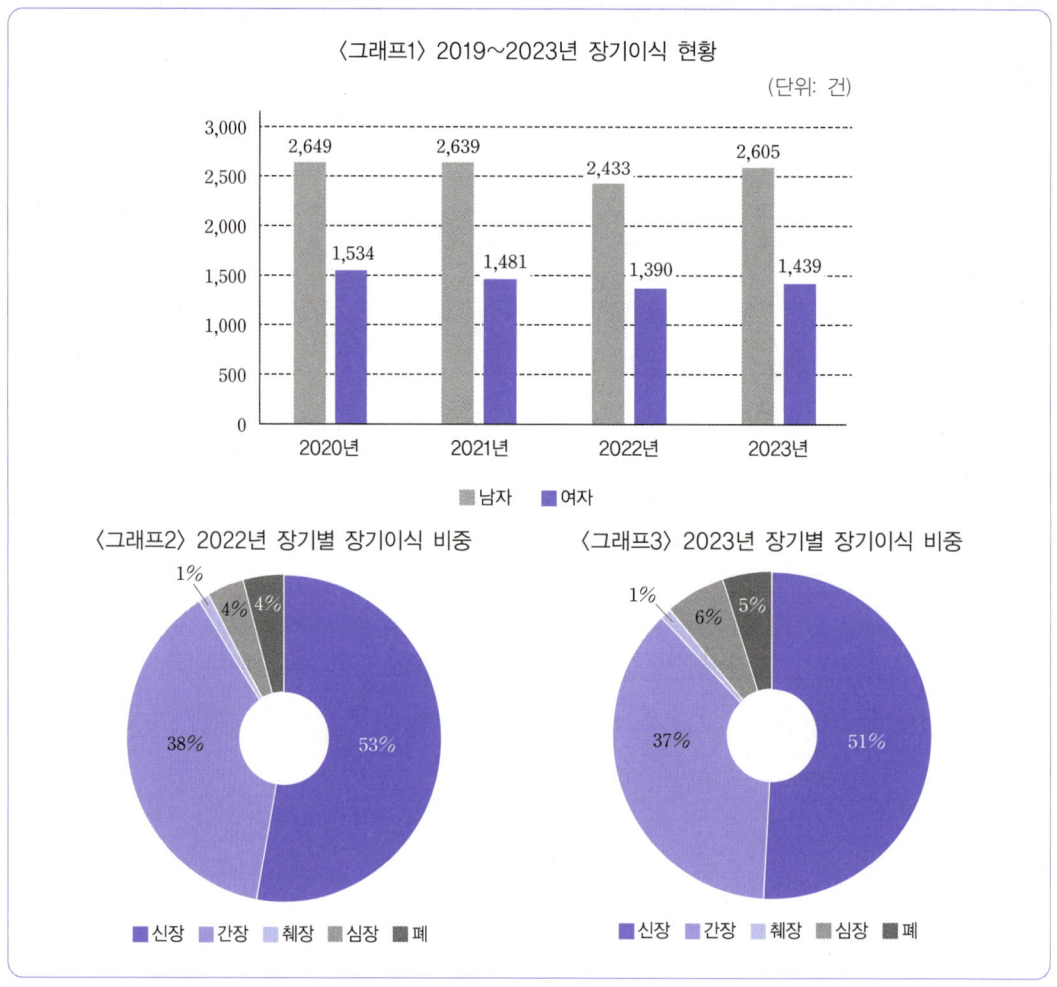

36 주어진 자료에 대한 설명으로 옳은 것은?

① 2019~2023년 동안 장기이식 건수는 매년 4,000건 이상이다.
② 2021~2023년 중 여자 장기이식 건수의 전년 대비 변동률이 가장 높은 연도는 2022년이다.
③ 2020~2023년 동안 남자의 장기이식은 평균 2,500건 이상, 여자의 장기이식은 평균 1,500건 이상 이루어졌다.
④ 2022년 대비 2023년 장기이식 비중이 감소한 장기는 3가지다.

37 2023년 장기이식 비중이 가장 낮은 장기의 전년 대비 장기이식 건수 증가율은? (단, 계산 시 소수점 둘째 자리에서 반올림한다.)

① 5.8% ② 6.1% ③ 6.4% ④ 6.7%

[38~40] 다음 자료를 보고 질문에 답하시오.

〈그래프〉 2017~2022년 의료보장 적용인구 현황
(단위: 천 명)

※ 의료보장 적용인구 = 건강보험 적용인구 + 의료급여 수급권자

〈표〉 2017~2022년 의료보장 및 건강보험 적용인구 세부 현황

(단위: 천 명, 천 세대)

구분		2017년	2018년	2019년	2020년	2021년	2022년
건강보험	합계	50,941	51,072	51,391	51,345	51,412	51,410
	직장	36,899	36,990	37,227	37,150	37,180	36,633
	가입자	16,830	17,480	18,123	18,543	19,090	19,594
	피부양자	20,069	19,510	19,104	18,607	18,090	17,039
	직장 부양률(명)	1.19	1.12	1.05	1.00	0.95	( )
	지역	14,042	14,082	14,164	14,195	14,232	14,777
	세대주	6,541	6,678	6,957	7,134	7,336	7,702
	세대원	7,501	7,404	7,207	7,061	6,896	7,075
	지역 부양률(명)	0.96	0.92	0.86	0.82	0.78	( )
	세대 수	7,786	8,053	8,377	8,590	8,817	9,314

※ 직장 부양률(명) = $\frac{피부양자}{직장\ 가입자}$, 지역 부양률(명) = $\frac{세대원}{세대수}$

※ 1세대당 세대주는 1명이며, 세대주는 직장건강보험 적용인구(비가입세대주)이거나 지역건강보험 적용인구임
※ 건강보험 적용 외국인 및 재외국민 포함

38 다음 〈보기〉 중 자료를 올바르게 해석한 것만을 모두 고르면?

• 보기 •

㉠ 2017~2022년 중 의료급여 수급권자 수가 가장 많았던 해에 의료보장 적용인구 중 직장 건강보험 적용인구가 차지하는 비중은 70% 이상이다.
㉡ 2022년 직장 부양률과 지역 부양률 차이는 0.1명 미만이다.
㉢ 2017년 이후 비가입세대주가 150만 명을 처음으로 넘긴 해는 2021년이다.
㉣ 지역건강보험 적용인구의 세대원 수는 2017년부터 감소 추세이다가 2022년에 증가했다.

① ㉠ ② ㉠, ㉣ ③ ㉡, ㉢ ④ ㉢, ㉣

39 다음 〈표〉를 참고했을 때, 2018~2022년 중 외국인 및 재외국민 건강보험 적용인구의 전년 대비 증가인원이 가장 많았던 해를 (가), 해당 연도에 건강보험 적용 외국인 및 재외국민이 건강보험 적용인구에서 차지하는 비중을 (나)라고 했을 때, (가)와 (나)를 바르게 짝지은 것을 고르면? (단, 계산 시 소수점 둘째 자리에서 반올림한다.)

〈표〉 2017~2022년 외국인 및 재외국민 건강보험 적용인구 현황

(단위: 명)

구분	2017년	2018년	2019년	2020년	2021년	2022년
외국인	889,891	946,745	1,212,475	1,182,341	1,237,278	1,315,474
재외국민	23,259	24,454	27,064	27,068	27,152	27,698

	(가)	(나)
①	2019년	2.4%
②	2019년	2.8%
③	2022년	2.4%
④	2022년	2.8%

40 다음 중 주어진 자료를 바탕으로 만든 그래프로 옳지 않은 것은? (단, 계산 시 소수점 둘째 자리에서 반올림한다.)

① 직장건강보험 적용인구의 전년 대비 증가 인원

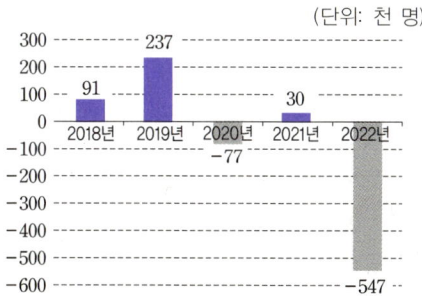

② 지역건강보험 적용인구의 전년 대비 증가 인원

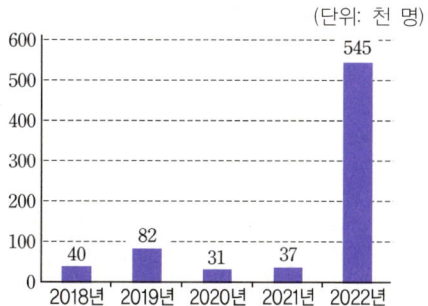

③ 2018~2021년 건강보험 적용인구의 전년 대비 증가율

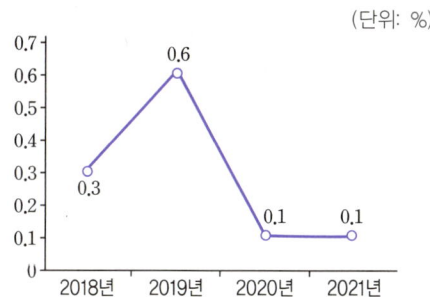

④ 2022년 지역건강보험 적용인구에서의 세대주, 세대원 비중

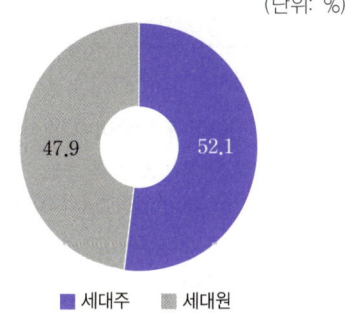

[41~42] 다음은 미숙아 및 선천성이상아 의료비 지원사업에 대한 내용이다. 이를 바탕으로 이어지는 질문에 답하시오.

- ■ 미숙아 의료비 지원사업
  - 지원 대상: 긴급한 수술 또는 치료가 필요하여 출생 후 24시간 이내에 신생아중환자실(NICU)에 입원한 미숙아
    ※ 신생아중환자실 부족에 따른 대기 또는 이송의 사유로 출생 후 24시간 이내에 신생아중환자실에 입원하지 못한 경우, 의료기관의 확인을 받아 지원 가능
  - 지원 제외: 재입원, 외래 및 재활치료, 이송비, 제증명서 발급비용, 병실입원료, 보호자 식대, 미숙아용 기저귀, 치료와 직접 관련이 없는 소모품(체온계 등), 예방접종비, 외국 의료기관에서 발생한 진료비, 간이영수증으로 발급받은 의료비, 개인이 직접 구입한 소모품비 등
    ※ 치료 목적이 포함된 예방접종비의 경우 의료기관에 확인 후 지원 가능(단, 요양기관에서 발급한 간이영수증 중 검사비, 처치 및 수술료 등은 의료기관에 확인 후 지원 가능)
  - 서비스 내용: 체중별로 최고 300~1,000만 원까지 지원

출생 시 체중	2.0~2.5kg 미만, 재태 기간 37주 미만	1.5~2.0kg 미만	1~1.5kg 미만	1kg 미만
1인당 지원한도	3백만 원	4백만 원	7백만 원	10백만 원

  - 신청기간: (최종)퇴원일로부터 6개월 이내
- ■ 선천성이상아 의료비 지원사업
  - 지원 대상: 출생 후 2년 이내에 선천성이상(Q코드)으로 진단받고, 선천성이상 질환을 치료하기 위하여 출생 후 2년 이내에 입원하여 수술한 경우
    ※ 출생 후 2년 이내에 진단을 받았으나 2년 이내에 입원 및 수술을 할 수 없다는 의사소견이 있을 시, 2년을 경과하더라도 예외적으로 인정 가능
    ※ 반드시 입원하여 치료를 위한 수술을 시행하고 그에 따른 치료비용에 한하여 지원(기능상 문제로 인한 치료목적의 수술이 아닌 외모개선 목적의 수술은 제외)
    ※ 2회 이상 입, 퇴원하여 수술한 경우도 지원 가능, 의료비는 최종 수술이 끝난 후 일괄 신청
  - 지원 제외: 외래 및 재활치료, 이송비, 제증명서 발급비용, 병실입원료, 보호자 식대, 치료와 직접 관련이 없는 소모품(체온계 등), 예방접종비, 외국 의료기관에서 발생한 진료비, 선천성부이개(Q17.0, Q82.8), 설유착증(Q38.1) 및 구개구순(Q35~Q37) 수술 시 동반한 코성형, 간이영수증으로 발급받은 의료비 또는 개인이 직접 구입한 소모품비
    ※ 치료 목적이 포함된 예방접종비의 경우 의료기관에 확인 후 지원 가능
    ※ 코성형은 기능상 문제로 인해 반드시 수술이 필요하다는 명확한 사유가 기재된 소견서가 첨부되어야 지원 가능('필요에 의해' 등 불명확한 소견서는 지원 불가)
    ※ 단, 요양기관에서 발급한 간이영수증 중 검사비, 처치 및 수술료 등은 의료기관에 확인 후 지원 가능
  - 서비스 내용: 최고 500만 원까지 지원
    - 진료비영수증상 전액본인부담금과 비급여부분에 대해 지원
    - 100만 원 이하분에 대해서는 지원율 100%, 100만 원 초과분에 대해서는 지원율 90%를 각각 적용
  - 신청기간: (최종)퇴원일로부터 6개월 이내

41 주어진 미숙아 및 선천성이상아 의료비 지원 기준에 따라 판단한 내용으로 옳지 않은 것은?

① 미숙아 및 선천성이상아가 치료 후 6월 30일 자로 퇴원 시 당해 말까지 신청해야 의료비를 지원받을 수 있다.
② 의사 소견서를 첨부하는 경우 출생 후 2년 3개월 차에 진단코드 Q코드를 받고 입원하여 수술이 필요한 상황일 때 선천성이상아 의료비 지원대상에 해당된다.
③ 의료기관의 확인을 받은 치료 목적의 예방접종비나 간이영수증 일부 내역은 미숙아 또는 선천성이상아 의료비 지원 항목에 모두 포함된다.
④ 선천성이상 질환을 가지고 체중 900g으로 태어난 직후 NICU에 입원한 경우 최고지원금은 1,500만 원이다.

42 A는 출생 직후 선천성이상으로 진단받아 선천성이상 질환을 치료하기 위하여 곧바로 입원하여 수술을 받았고, 40일 만에 퇴원 통지를 받아 A의 부모는 진료비를 수납하게 되었다. A의 진료비 영수증을 확인한 결과가 다음과 같았다면, 선천성이상아 의료비 지원사업으로 인한 지원금액은 얼마인가? (단, 약품비는 예방접종비에 해당한다.)

[진료비 영수증]

(단위: 원)

항목			급여		비급여	
			일부 본인부담	전액 본인부담	선택 신료료	선택진료료 이외
			본인부담금	공단부담금			
기본 항목	주사료	⋮					
		행위료					
		약품비					52,570
	치료재료대						113,510
선택 항목	⋮						
	제증명서 발급						20,000
	⋮						
합계			67,235	32,541,265	0	0	186,080

① 113,510원 ② 133,510원
③ 166,080원 ④ 186,080원

[43~45] 다음은 재난적의료비 지원사업에 관한 내용이다. 이를 바탕으로 이어지는 질문에 답하시오.

재난적의료비 지원사업

■ 목적
과도한 의료비 지출로 경제적 어려움을 겪는 국민들에게 건강보험이 보장하지 않은 부분에 대해 의료비 일부를 지원하고자 함

■ 지원대상
국내에 거주하는 국민으로, 질환, 소득, 재산, 의료비 부담 수준을 모두 충족하는 자를 지원함
• 질환기준: 입원, 외래 구분 없이 모든 질환 합산 지원
• 소득기준: 기초생활수급자·차상위계층 또는 기준 중위소득 100% 이하(아래 표는 기준 중위소득과 인원수별 최고보험료를 나타냄)

기준 중위소득	인원수	보험료(단위: 원)		
		직장	지역	혼합
50% 이하	1인	41,890	10,460	43,340
	2인	66,420	14,930	67,340
	3인	83,790	21,520	84,670
	4인	101,580	34,150	102,550
	5인	119,660	63,160	120,660
50% 초과 70% 이하	1인	55,640	14,360	57,100
	2인	91,600	22,790	92,160
	3인	117,390	60,090	118,470
	4인	142,350	93,620	144,020
	5인	167,880	125,950	169,860
70% 초과 85% 이하	1인	67,340	15,730	67,790
	2인	111,690	50,950	112,770
	3인	142,350	93,620	144,020
	4인	173,770	129,920	175,970
	5인	205,290	155,840	202,380
85% 초과 100% 이하	1인	79,240	20,460	79,850
	2인	130,910	75,770	132,130
	3인	167,880	125,950	169,860
	4인	205,290	159,280	208,160
	5인	239,080	199,020	243,100

• 재산기준: 지원대상자가 속한 가구의 재산 과세표준액이 7억 원 이하
• 의료비 부담 수준: 가구 소득 구간별 본인이 부담한 의료비 총액이 기준금액 초과 시 지원

가구 소득 수준	인원수	의료비 부담 수준	지원비율
기초생활수급자, 차상위계층		본인부담의료비 총액이 80만 원 초과	80%
기준 중위소득 50% 이하	1인 가구	본인부담의료비 총액이 120만 원 초과	70%
	2인 가구 이상	본인부담의료비 총액이 160만 원 초과	
기준 중위소득 50% 초과 70% 이하	1인 가구	본인부담의료비 총액이 180만 원 초과	60%
	2인 가구 이상	본인부담의료비 총액이 310만 원 초과	
기준 중위소득 70% 초과 85% 이하	1인 가구	본인부담의료비 총액이 220만 원 초과	
	2인 가구 이상	본인부담의료비 총액이 370만 원 초과	
기준 중위소득 85% 초과 100% 이하	1인 가구	본인부담의료비 총액이 260만 원 초과	
	2인 가구 이상	본인부담의료비 총액이 440만 원 초과	

※ 본인부담의료비 총액=본인부담상한제 적용을 받지 않는 본인부담금+전액 본인부담금+비급여항목
  -지원 제외 항목
※ 본인부담상한제 적용을 받지 않는 본인부담금: 예비·선별급여, 급여 적용된 만 65세 이상의 임플란트, 급여 적용된 노인틀니, 추나요법(급여적용 건), 병원 2·3인실 입원료

■ 세부내용

구분	내용
신청 기한	퇴원일 또는 최종진료일의 다음날부터 180일 이내(토·공휴일 포함)
지원일수 및 지원한도	• 지원일수: 최종진료일 이전 1년 이내 진료 건 중, 입원 및 외래 진료일수의 합이 연간 180일 이내(투약일수 제외) • 지원한도: 연간 5천만 원 한도 내 지원 ※ 단, 지원 기준에 따라 산정한 금액이 10만 원 미만인 경우 지원하지 않음
지원 제외 항목	• 비급여항목 중 제도 취지에 부합하지 않는 의료비는 지원 제외 - 미용·성형, 특·1인실, 간병비, 한방첩약, 요양병원에서 발생한 의료비, 다빈치로봇수술, 도수치료, 보조기, 증식치료, 제증명수수료 등 • 국가·지자체 지원금 및 민간보험(실손) 수령(예정)액 차감 후 지원(중복수급 확인 시 환수) • 제3자로 인한 구상, 자동차보험, 산업재해 등에 해당하는 경우 지원 제한
신청 방법	환자 또는 대리인이 국민건강보험공단 지사에 방문하여 지급 신청하는 방법이 원칙이지만, 부득이한 경우 우편 또는 팩스 신청 가능

■ 구비서류

발급기관	구비서류
국민건강 보험공단	• 재난적의료비 지급신청서 • (원본) 개인정보 수집·이용 및 제공 동의서(환자용/가구원용) ※ 기초생활수급자·차상위계층은 제외(가구원용에 한함) • (원본) 재난적의료비 지원 신청을 위한 보험정보 제공 및 통보의무 면제 동의서 • 타 의료비 지원금 등 수령내역 신고서

의료기관	• 진단서
	  ※ 발급이 곤란한 경우 질병명, 질병코드 등이 기재되어 진료내역이 확인 가능한 의료기관에서 발급한 서류도 제출 가능
	• 입(퇴)원 확인서 또는 통원사실확인서
	  ※ 진단서에 입·퇴원 확인 시 제출 불필요
	• 진료비 계산서·영수증
	• 진료비 영수증에 대한 전체(비급여 포함) 세부내역

행정복지센터 (주민자치센터)	가족관계증명서(상세)(환자 기준 발급) ※ 기초생활수급자·차상위계층은 제출 생략
보험회사	민간보험 가입(계약)서류 및 지급내역 확인서

43 주어진 자료를 읽고 이해한 내용으로 옳은 것은?

① 재난적의료비 지원금은 최소 5만 원부터 최대 5천만 원까지 받을 수 있다.
② 신청하려면 환자 또는 대리인이 공단 지사에 직접 방문을 통해서만 가능하다.
③ 3월 1일부터 7월 31일까지 입원 진료 후 퇴원하여 60일을 추가로 외래 진료를 받았다면 180일 동안의 진료에 대한 지원금액을 산정받는다.
④ 지원 신청 시 공단 또는 행정복지센터에서 발급받는 서류는 예외 없이 제출해야 한다.

44 다음 중 재난적의료비 지원금을 받게 되는 경우를 고른 것은? (단, 신청자 모두 질환기준과 재산기준은 충족한다.)

구분	인원수	월 건강보험료	의료비 부담 수준 (지원 제외 항목 차감)	특이사항
①	2인	혼합 / 67,340원	700,000원	차상위계층
②	3인	지역 / 118,720원	4,200,000원	
③	1인	직장 / 55,640원	1,500,000원	
④	4인	혼합 / 172,450원	3,850,000원	

45 기준 중위소득이 80%에 해당하는 1인 가구인 P씨는 재난적의료비 지원대상자로 아래의 항목별 비용을 본인부담해야 한다. 이를 참고했을 때, 지원받을 수 있는 재난적의료비 금액은?

- 전액 본인부담 의료비: 1,200만 원
- 선별급여: 185만 원
- 도수치료비: 200만 원
- 민간보험금 수령액: 500만 원

① 189만 원　　② 411만 원　　③ 548만 원　　④ 651만 원

[46~48] 다음은 긴급돌봄 지원사업에 관한 내용이다. 이를 바탕으로 이어지는 질문에 답하시오.

긴급돌봄 지원사업

1. **사업 개요**

   주 돌봄자의 갑작스러운 부재(사망, 입원 등), 질병, 부상 등으로 짧은 기간 동안 일상생활에 다른 사람의 도움이 필요한 경우 재가 돌봄 서비스를 제공하는 사업

2. **대상**

   주 돌봄자 부재, 질병, 부상 등으로 일시적 돌봄이 필요하나 기존 서비스로 돌봄을 받기 어려운 19세 이상 국민. '성인 돌봄'을 주 대상으로 하지만, 예외적으로 긴급한 지원이 필요한 경우 연령 관계없이 지원 가능

   - 소득 기준: 소득 수준에 따른 대상자 기준은 없으나, 건강보험료 기준 중위소득 구간에 따라 본인부담 차등 부과(본인부담률=기준 중위소득(%)에서 100%p를 제한 수치. 가령 기준 중위소득 120%인 경우 20%)

     ※ 기준 중위소득 100% 이하는 본인부담이 면제되며, 기준 중위소득 160% 초과자는 전액 본인부담

   - 대상 제외: 일반적 아동 양육, 즉시 개입이 필요한 사고, 자연재난 등으로 거주가 불안정한 경우, 자살시도, 학대사례 등은 제외

3. **서비스**

   일정 자격을 갖춘 서비스 제공인력이 대상자의 가정을 방문해 서비스를 제공함

구분		서비스 내용
기본돌봄 서비스	재가 돌봄	신체청결, 옷 갈아입히기 등 몸단장 지원, 식사도움, 체위변경 등 신체 수발 지원 및 건강지원
	가사 지원	청소, 설거지, 식사 준비 등 가정 내 일상생활을 위한 가정환경 마련 • 청소: 방, 거실, 주방, 화장실 한정 청소 및 쓰레기 배출과 주거 공간 내부 정리 • 세탁: 세탁 및 세탁물 수거(다림질 제외) • 식사 준비: 식재료 준비와 설거지, 밥하기, 기본 국반찬하기 등
	이동 지원	장보기, 은행 방문 등 외출 시 동행하여 이동지원 및 업무 보조 등 제공 ※ 이동 지원 서비스의 경우 제공인력 개인차량 이용 불가
방문목욕 서비스		목욕 준비, 입욕 시 이동 보조, 몸 씻기, 머리 말리기, 옷 갈아입히기 등이며 목욕 후 주변 정리까지를 포함

   ※ 지역별로 서비스 내용은 일부 달리하여 제공될 수 있으며, 방문목욕 서비스는 일부 지역에서만 제공 중

4. **서비스 가격**

   - 기본돌봄 서비스: 1일 이용시간에 따라 금액 적용

   (단위: 원)

0.5시간	1시간	1.5시간	2시간	2.5시간	3시간	3.5시간	4시간
이용 불가	25,000	33,000	42,000	49,000	55,000	62,000	68,000
4.5시간	**5시간**	**5.5시간**	**6시간**	**6.5시간**	**7시간**	**7.5시간**	**8시간**
77,000	85,000	93,000	101,000	110,000	117,000	123,000	136,000

   - 방문목욕: 회당 82,000원

5. 서비스 제공 기간

   최대 72시간 범위 내에서 30분 단위로 지원(방문목욕은 최대 4회), 서비스 시작일로부터 30일 내 사용을 완료해야 함
   - 기본돌봄 서비스는 하루 최대 8시간 내, 방문목욕 서비스는 하루 최대 1회 지원
   - 예외로 지자체장이 인정하는 경우 등에 있어 기본돌봄 서비스 최대 72시간, 방문목욕 최대 4회, 기간 30일 추가지원 가능

46 주어진 자료를 읽고 판단한 내용으로 옳지 않은 것은?

① 자연재난 등으로 거주가 불안정하거나 자살시도에 해당할 경우, 대상자에서 제외된다.
② 기본돌봄 서비스는 하루 최소 1시간부터 30분 단위로 하루 최대 8시간까지 이용할 수 있다.
③ 6월 1일 자로 서비스를 받기 시작했다면, 6월 30일까지 최대 72시간 범위 내에서 사용해야 한다.
④ 일정 자격을 갖춘 서비스 제공인력이 신체청결, 청소, 설거지, 다림질, 장보기 이동 지원 등의 서비스를 제공한다.

47 대상자 A~D의 서비스 유형과 기준 중위소득을 참고했을 때, 본인부담금이 가장 많은 사람은? (단, A~D 모두 기본돌봄 서비스는 최대 시간, 방문목욕 서비스는 최대 횟수를 사용하였다.)

대상자	하루 이용 시간	서비스 구성	기준 중위소득
A	4시간	기본돌봄	180%
B	6시간	기본돌봄+목욕	120%
C	6시간	기본돌봄 추가지원	150%
D	3시간	기본돌봄+목욕	130%

① A ② B ③ C ④ D

48 다음은 한 남성이 기본돌봄 서비스 및 방문목욕 서비스를 받은 내용이다. 남성은 기준 중위소득 110%인 자라고 할 때, 해당 서비스에 대해 정부에서 지원받을 수 있는 금액은? (단, 평일 09:00~18:00 외 시간대의 서비스에 대해서는 가산 수가 30분당 1,500원을 이용자가 부담해야 한다.)

구분	이용 시간 및 목욕 횟수
4월 1일(화)~11일(금) ※ 5~6일 제외	09:00~15:00 목욕 1회
4월 14일(월)~15일(화)	11:00~19:00 목욕 1회

① 1,205,100원　　　　② 1,210,500원
③ 1,215,900원　　　　④ 1,345,000원

[49~50] 다음은 암 환자 의료비 지원사업에 관한 내용이다. 이를 바탕으로 이어지는 질문에 답하시오.

■ 소아 암 환자 의료비 지원사업
- 지원대상: 18세 미만의 자
  - 의료급여수급권자 및 차상위 본인부담경감대상자: 당연 선정
  - 건강보험가입자: 소아 암 환자 가구의 소득과 재산이 지원 기준에 적합한 자
  ※ 1월 1일 기준 17세이지만, 해당연도 내 생일이 지나 18세가 되더라도 지원 가능
- 지원 대상자 선정 소득 및 재산 기준(둘 다 만족해야 지원 가능)
  - 소득 기준: 중위소득 120% 이하

(단위: 원/월)

1인 가구	2인 가구	3인 가구	4인 가구	5인 가구
2,870,416	4,719,190	6,030,424	7,317,328	8,529,830

  - 재산 기준: 최고 재산액 기준 300% 이하

(단위: 원)

1인 가구	2인 가구	3인 가구	4인 가구	5인 가구
365,834,906	410,170,014	441,614,475	472,475,482	501,552,288

- 지원내용

백혈병	연간 최대 3,000만 원(진료발생일 기준)까지 지원
기타 암종	연간 최대 2,000만 원(진료발생일 기준)까지 지원 ※ 조혈모세포이식을 받은 경우, 연간 최대 3,000만 원까지 지원하며 이후 연도에도 연간 최대 3,000만 원까지 지원

  ※ 급여 본인일부부담금과 비급여 본인부담금 구분 없이 상한금액까지 지원 가능
  ※ 2개 이상의 암을 동시에 갖더라도 연간 상한금액 내에서 통합하여 지원
  ※ 후원금 발생 시: 환자부담금인 총진료비에서 후원금을 공제 후 실제 지불한 치료비만 지원 신청 가능
- 지원 암종: 악성 신생물, 제자리암종, 행동양식 불명 및 미상의신생물 중 원발성 악성 신생물에 해당하는 D45, D46, D47.1, D47.3, D47.4, D47.5만을 지원대상으로 함

■ 성인 암 환자 의료비 지원사업
[의료급여수급자 및 차상위 본인부담경감대상자]
- 지원대상: 건강보험 차상위 계층 또는 의료급여수급권자 중 18세 이상의 전체 원발성 암 환자
  ※ 기존 소아 암 환자로 지원을 받고 있던 환자는 1월 1일 기준 18세 이상 연도부터 성인으로 지원
- 지원 암종: 악성 신생물, 제자리암종, 행동양식 불명 및 미상의신생물 중 원발성 악성 신생물에 해당하는 D45, D46, D47.1, D47.3, D47.4, D47.5만을 지원대상으로 함
- 지원 금액: 본인부담금 연간 최대 300만 원(급여·비급여 구분 없음)까지 지원

[건강보험가입자(한시 적용)]
- 지원대상
  - 20X1년 6월까지 국가암검진 수검을 한 사람 중 국가암검진 수검일로부터 만 2년 이내에 5대 암(위암, 간암, 대장암, 자궁경부암, 유방암)을 진단받은 경우
  ※ 해당 연도 1월 1일 기준 부양자의 건강보험료 납부액(고지액)이 기준에 적합할 시 지원

- 20X1년 6월까지 폐암으로 진단받은 자
※ 국가암검진 관계없이 폐암으로 진단받은 건강보험가입자가 해당 연도 1월 건강보험료 기준 만족 시 지원
- 지원 금액 및 기간: 본인일부부담금 연간 최대 200만 원까지 지원

49 주어진 자료를 읽고 이해한 내용으로 옳지 않은 것은?

① 1월 1일 기준 17세인 암 환자로 지원을 받고 있던 환자의 경우 다음 연도 1월 1일부터 성인으로 의료비를 지원받는다.
② 3인 가구의 건강보험가입자인 백혈병 진단을 받은 10세 소년의 경우 해당 가구의 월 소득이 460만 원, 재산이 4억 5천만 원이라면 소아 암 의료비를 지원받을 수 있다.
③ 20X1년 5월에 폐암 진단을 받은 성인 건강보험가입자가 치료받고 본인일부부담금 200만 원이 발생했다면, 당해 건강보험료 기준 만족 시 200만 원을 지원받을 수 있다.
④ 기타 암종으로 조혈모세포이식을 받은 15세 청소년은 연간 최대 3,000만 원까지 지원받을 수 있다.

50 17세 A군은 소아 뇌종양 환자로, 소아 암 환자 의료비 지원사업의 지원을 받는다. A군은 암 치료비로 본인일부부담금 3,200만 원, 비급여 본인부담금 300만 원이 발생했다. 또한, 암 치료비 목적 후원금으로 400만 원을 지원받았다. 이 경우 A군이 지원받은 금액을 제외하고 최종적으로 본인이 지불해야 하는 금액은 얼마인가? (단, 이 모든 일은 올해 안에 발생하였다.)

① 100만 원　　　　　　　　　　② 800만 원
③ 1,100만 원　　　　　　　　　④ 1,500만 원

[51~52] 다음 자료를 읽고, 이어지는 질문에 답하시오.

3단계 상병수당 시범사업

(2025년 기준)

■ 정의/목적

상병수당이란 업무와 관련 없는 질병 또는 부상으로 일을 하지 못할 때 치료에 집중할 수 있도록 소득을 지원하는 제도임

■ 대상
- 기본자격: 아래 3가지 조건을 모두 충족한 자
  - 거주지: 시범사업 지역(충주, 홍성, 전주, 원주) 거주자 또는 시범사업 지역에 소재한 사업장 근로자
  - 연령: 만 15세 이상~만 65세 미만
  - 국적: 대한민국 국적자(단, 국내 체류 외국인 중 대한민국 국민과 혼인 중이거나 대한민국 국민인 배우자와 이혼하거나 그 배우자가 사망한 사람으로서 대한민국 국적을 가진 직계존비속을 돌보고 있거나 난민법에 따라 난민으로 인정된 사람은 국적 자격을 충족하는 것으로 인정함)
- 추가 필요 자격: 아래 3가지 조건 중 1가지 이상을 충족한 자
  - 건강보험 직장가입자: 근로활동불가기간 초일 포함 직전 2개월(60일) 동안 30일 이상 가입자격 유지 시 인정
  - 고용·산재보험 가입자: 근로활동불가기간 초일 포함 직전 2개월(60일) 동안 30일 이상 가입자격 유지 시 인정
  - 자영업자: 사업자등록 유지기간 및 매출 기준 모두 충족 시 인정
    [사업자등록] 근로활동불가기간 초일 포함 직전 3개월(90일) 동안 사업자등록 유지
    [매출] 근로활동불가기간 초일이 속한 직전 3개월 월평균 매출액이 209만 원 이상
- 질병·부상의 제외 범위
  - 질병 치료 및 필수 기능 개선을 위한 진료가 아닌 경우 신청 불가[미용 목적으로 행해지는 성형수술(시술) 등]
  - 출산 관련 진료 건으로, 합병증 등이 발생하지 않은 경우 신청 불가
  - 질병·부상의 진단 및 치료를 위해 임상적 검사 또는 수술(시술)을 시행하지 않은 경우 신청불가

■ 급여지급
- 지급금액: 상병수당 최종 급여일수×[48,150원(하한액)~66,000원(상한액)]+20,000원(진단서 발급비용 보전)
  - 건강보험 직장가입자: 1일 48,150원~66,000원(정률지급)
  ※ 보수월액 확인이 불가하거나 건강보험료 부과 이력이 없는 경우 1일 48,150원 정액지급
  - 건강보험 직장가입자 외 취업자: 1일 48,150원(정액지급)
- 급여지급일: 신청일로부터 2달 이내

51 주어진 자료를 읽고 판단한 내용으로 옳은 것은?

① 업무 중 부상을 입어 일을 하지 못하게 되면 3단계 상병수당 시범사업의 대상이 된다.
② 병원에서 치료를 받지 않고 집에서 요양하는 경우에는 3단계 상병수당 시범사업의 대상이 될 수 없다.
③ 3단계 상병수당 시범사업의 대상이 되어 10일에 해당하는 급여를 받는 경우, 최소 지급금액은 481,500원이다.
④ 근로활동불가기간 초일 포함 직전 2개월(60일) 동안 30일 이상 건강보험, 고용보험, 산재보험 모두에 가입자격 유지가 되어 있어야 3단계 상병수당 시범사업 대상이 된다.

52 다음 중 3단계 상병수당 시범사업의 대상이 되는 사람을 모두 고른 것은? (단, 제시되지 않은 사항에 대해서는 조건을 모두 충족한다고 가정한다.)

• 보기 •
㉠ 충주에 거주하면서 청주의 사업장에서 근무하는 대한민국 국적의 만 43세 A씨
㉡ 익산에 거주하면서 전주의 사업장에서 근무하는 외국 국적의 만 33세 B씨(대한민국 국민과 현재 혼인 중)
㉢ 홍성에 거주하면서 홍성의 사업장에서 근무하는 외국 국적의 만 65세 C씨(난민법에 따라 난민으로 인정됨)
㉣ 원주에 거주하면서 2개월 전 사업자등록을 내고 자영업을 시작하여 월평균 매출액 400만 원을 달성한 대한민국 국적의 만 50세 D씨

① ㉠, ㉡　　② ㉠, ㉣　　③ ㉡, ㉢　　④ ㉢, ㉣

[53~54] 다음 자료를 읽고, 이어지는 질문에 답하시오.

직장가입자 자격상실 및 보험료 환급 절차 안내

공단에서는 직장가입자의 자격상실 이후 과납된 보험료 환급과 관련하여 다음과 같은 기준에 따라 행정 절차를 운영하고 있으니, 관련 업무 처리 시 본 안내문을 참고하시기 바랍니다.

1. 자격상실 신고
   - 직장가입자가 근무했던 사업장은 퇴사일로부터 늦어도 14일 후까지(비영업일 포함) 자격상실을 아래 2가지 방법 중 하나로 신고해야 합니다.
     - 전자 신고: 신고일 당일에 접수 완료
     - 우편 신고: 우편 도착일의 다음 영업일에 접수 완료

2. 과납 보험료 확인
   - 공단은 자격상실 신고 접수 완료일로부터 늦어도 5영업일 후까지는 과납 여부를 확인합니다.
   - 과납이 확인된 경우, 확인 당일에 대상자의 휴대전화로 환급 안내문이 발송됩니다.

3. 환급 신청서 제출
   - 대상자는 환급 안내문을 수령한 날로부터 늦어도 10영업일 후까지 환급 신청서를 제출해야 합니다.
   - 환급 신청서는 휴대전화로 발송된 환급 안내문에 포함된 링크 주소를 통해 제출할 수 있으며, 이는 즉시 공단에 제출됩니다.

4. 환급 심사 및 지급
   - 공단은 환급 신청서를 제출받은 날로부터 늦어도 7영업일 후까지는 심사를 완료합니다.
   - 심사가 완료된 날의 다음 영업일에 환급금이 지급됩니다.

5. 유의사항
   - 영업일이란 주말 및 공휴일을 제외한 날입니다.
   - 환급 신청서 제출 기한을 초과할 경우 환급이 연기되며, 30영업일을 초과하면 별도 재신청이 필요합니다.

53 주어진 자료를 잘못 이해한 것은? (단, 해당 기간 동안 주말을 제외한 비영업일은 5월 5일(월), 5월 6일(화), 6월 6일(금) 3일뿐이다.)

① A사업장의 직장가입자가 5월 2일(금)에 퇴사하였다면 자격상실 신고를 해야 하는 가장 늦은 날은 5월 16일(금)이다.
② B사업장이 자격상실을 우편으로 신고하여 5월 14일(수)에 우편이 도착하였다면 환급 안내문이 발송되는 가장 늦은 날은 5월 22일(목)이다.
③ C대상자가 6월 4일(수)에 환급 안내문을 수령하였다면 환급 신청서를 제출해야 하는 가장 늦은 날은 6월 18일(수)이다.
④ D대상자가 6월 10일(화)에 환급 신청서를 제출하였다면 환급금이 지급되는 가장 늦은 날은 6월 20일(금)이다.

54 직장가입자 K는 8월 1일(금)에 공단으로부터 건강보험료 환급금이 입금되었음을 확인하였다. 다음과 같은 상황을 고려했을 때, 직장가입자 K의 퇴사일로 가장 적절한 날짜는 언제인가? (단, 해당 기간 동안 주말을 제외한 비영업일은 없다.)

- 관련된 모든 절차에서 최대 기간이 소요되었다.
- 직장가입자 K가 근무했던 사업장은 자격상실을 전자 신고로 하였다.
- 환급 신청서 제출 기한은 초과하지 않았다.

① 6월 17일(화)
② 6월 18일(수)
③ 6월 19일(목)
④ 6월 20일(금)

[55~57] 다음은 외국인 환자 유치 및 아시아 의료관광 중심국가 도약에 관한 보도자료이다. 이를 바탕으로 이어지는 질문에 답하시오.

2024년 우리나라를 방문한 외국인 환자가 117만 명으로 2023년 61만 명 대비 약 2배 증가했다. 외국인 환자 유치는 2019년까지 꾸준히 증가하였으나, 코로나19 영향으로 2020년 12만 명으로 급감하였으며, 이후 3년간의 회복 단계를 거쳐 2023년에는 61만 명, 2024년에는 117만 명까지 증가한 것이다. 이는 외국인 환자 유치사업을 본격적으로 시작한 2009년 이래 역대 최대 실적으로 16년간 한국을 방문한 외국인 환자는 누적 505만 명에 이르게 되었다.

2024년 한 해 동안 202개국의 외국인 환자가 우리나라를 방문하였다. 일본·중국이 전체 외국인 환자의 60.0%(70.2만 명)를 차지했으며, 미국 8.7%(10.2만 명), 대만 7.1%(8.3만 명) 순으로 뒤를 이었다. 특히, 전년 대비 증가율은 대만(550.6%)과 일본(135.0%), 중국(132.4%) 순으로 나타났는데, 피부과를 방문한 환자의 수가 늘어난 이유로 보인다.

권역별로는 동아시아의 방문 비중이 69.2%로(81만 명) 가장 높았으며, 미주 10.0%(11.7만 명), 동남아시아 9.6%(11.2만 명) 순으로 뒤를 이었다. 일본은 작년에 이어 전체 국가 중 1위를 차지하였으며, 중국은 2023년 대비 132.4% 증가한 26.1만 명이 방문하였다. 대만은 전년 대비 550.6%로 가장 높게 증가하여 작년 9위에서 올해 4위로 상승하였다. 한편, 일본은 피부과(69.7%)·성형외과(14.0%)의 비중이 여전히 높았으나, 피부과(155.2%) 다음으로 한방통합(150.9%)과 내과통합(102.6%)의 증가율도 높아진 것으로 나타났다. 미국은 2023년 대비 32.2%가 증가한 10.2만 명, 캐나다 또한 2023년 대비 58.3% 증가한 1.5만 명으로 양국 모두 2009년 이후 가장 많은 환자가 한국을 방문하였다. 미국은 피부과·내과통합·검진센터 순으로 각각 33.0%, 14.3%, 9.7%의 비중을 보였다.

태국(5위)은 3.8만 명으로 전년 대비 23.7%, 싱가포르(6위)는 2.7만 명으로 97.5% 증가하여 각각 2009년 이후 가장 많은 외국인 환자가 방문하였으며, 특히 싱가포르는 동남아 국가 중 전년 대비 증가율이 가장 높았다. 이는 피부과·내과통합을 위해 방문하는 외국인 환자의 증가에 따른 것으로 보이며, 피부과 및 내과통합의 증가율이 전년 대비 태국은 70.4%, 싱가포르는 210.1% 증가하였다. 러시아(7위 → 9위)는 1.7만 명으로 전년 대비 12.9%, 카자흐스탄(10위 → 11위)은 1.4만 명으로 전년 대비 22.6% 증가하였다. 이는 검진센터·피부과를 방문하는 외국인 환자의 증가로 인한 것으로 보이며, 검진센터 및 피부과의 증가율이 전년 대비 러시아는 44.4%, 카자흐스탄은 39.6% 증가하였다.

피부과 진료가 70.5만 명으로 전체 진료과목 중 60.3%로 가장 많았으며, 그다음으로 성형외과(11.4%), 내과통합(10.0%), 검진센터(4.5%) 순으로 나타났다. 2023년과 비교하면 피부과(194.9%), 한방통합(84.6%), 내과통합(36.4%) 순으로 높은 증가율을 보였다. 「2024년 한국 의료서비스 해외 인식도 조사」에 따르면, 한국 화장품산업은 바이오헬스 산업 경쟁국가 19개국 중에서 1위를 차지하였으며, 이러한 외국인들의 한국 화장품에 대한 높은 수준의 호감도가 우리나라의 피부과와 성형외과를 많이 방문하게 된 이유로 추정된다.

지역별로 보면, 서울은 전체 외국인 환자의 85.5%인 100만 명을 유치하였으며, 경기(4.4%), 부산(2.6%), 제주(1.9%), 인천(1.8%) 순으로 뒤를 이었다. 이는 서울시 소재 유치등록 의료기관이 2024년 1,994개소(63.2%)로 가장 높은 비중을 차지하고 있으며, 특히 급증하는 외국인 환자의 피부과 진료 수요가 반영된 것으로 보인다. 비수도권 지역도 제주(221.0%), 부산(133.6%), 충북(116.1%) 순으로 전년 대비 높은 증가율을 보였다. 제주는 전년 대비 피부과가 781.4% 증가하였으며, 부산은 피부과 674.0%, 한방통합 170.9%, 치과 156.5%, 성형외과 127.8% 순으로 증가하였다.

2024년은 한국이 의료관광 분야에서 아시아 중심국가로 도약한 의미가 있는 해라 할 것이다. 보건복지부 장관은 "2023년 5월 발표한 「외국인 환자 유치 활성화 전략」을 통해 2027년 달성 목표였던 70만 명의 외국인 환자를 유치하려는 정부 목표를 조기 달성할 수 있었다."라고 밝혔다.

55 주어진 보도자료를 읽고 판단한 내용으로 옳지 않은 것은?

① 2024년은 한국을 방문한 외국인 환자가 2020년 이후 처음으로 100만 명을 돌파하여 활성화 전략 달성 목표를 3년 앞당긴 해이다.
② 2009년부터 2023년까지 한국을 방문한 외국인 환자는 누적하여 500만 명 이상이다.
③ 피부과와 성형외과가 한국을 방문한 외국인 환자들의 주 진료과목이게 된 배경에는 한국 화장품에 대한 호감도가 작용했을 것이다.
④ 2024년 국내 유치 등록 의료기관 수는 3,000개소 이상이다.

56 다음 중 보도자료에 대해 잘못 이해한 사람은?

① 은비: "2023년 한국을 방문한 외국인 환자 수 1위국은 일본이다."
② 지현: "2024년 동안 우리나라를 방문한 외국인 환자 상위 6개국은 일본, 중국, 미국, 대만, 태국, 싱가포르 순으로 집계되었다."
③ 주환: "우리나라를 방문한 미국인 환자는 일본에 비해 피부과 이용 비중이 낮은 것으로 보인다."
④ 윤후: "2024년 한국을 방문한 싱가포르인 환자 증가율의 대부분은 검진센터 및 피부과 진료 목적으로 인한 환자들 덕분이었다."

57 다음 〈보기〉의 ㉠~㉢을 크기가 큰 순으로 바르게 나열한 것은?

• 보기 •
㉠ 2020년 대비 2023년 한국을 방문한 외국인 환자 증가율
㉡ 2023년 대비 2024년 한국을 방문한 대만인 환자 증가율
㉢ 2023년 대비 2024년 부산에서의 외국인 환자 피부과 진료 증가율

① ㉠ > ㉡ > ㉢
② ㉡ > ㉠ > ㉢
③ ㉢ > ㉠ > ㉡
④ ㉢ > ㉡ > ㉠

[58~60] 다음 자료를 읽고 이어지는 질문에 답하시오.

지역가입자 건강보험료 부과 및 산정

(2025년 기준)

■ 개요
- 지역가입자 건강보험료는 가입자의 소득을 기준으로 산정하는 소득월액보험료와 재산(전월세 포함)을 기준으로 산정하는 재산보험료를 합산하여 세대 단위로 부과합니다.
- 보험료는 지역가입자의 자격을 취득한 날이 속하는 달의 다음 달부터 지역가입자의 자격을 잃은 날의 전날이 속하는 달까지 부과·징수합니다.(단, 지역가입자의 자격을 매월 1일에 취득한 경우에는 지역가입자 자격을 취득한 날이 속하는 그 달부터 부과·징수합니다.)

■ 소득월액보험료 산정방법

$$소득월액보험료(원) = 소득월액(원) \times 건강보험료율(0.0709)$$

- 소득월액: 연간 소득을 12개월로 나눈 금액
- 소득월액보험료의 하한액, 상한액은 각각 19,780원, 4,504,170원임
- 이자, 배당, 사업, 기타소득은 전액을 소득월액으로 적용함
- 근로, 연금소득은 50%만 소득월액으로 적용함

■ 재산보험료 산정방법

$$재산보험료(원) = \{재산(전월세 등 포함)보험료 부과점수 \times 부과점수당 금액(208.4원)\}$$

- 재산보험료의 기준이 되는 재산에는 토지, 주택, 건축물, 선박, 항공기, 전월세가 있음
- 재산별 가액을 모두 합친 재산 금액에서 1억 원까지 공제한 후의 재산 금액에 따라 재산보험료 부과점수를 산정함(공제 후 재산 금액이 0원인 경우에는 0점)
- 토지, 주택, 건축물, 선박, 항공기는 전액을 가액으로 적용함
- 전월세는 {보증금+(월세×40)}×0.3을 가액으로 적용함

공제 후 재산 금액(만 원)	부과점수	공제 후 재산 금액(만 원)	부과점수
10,700 초과 11,900 이하	465	38,800 초과 43,200 이하	757
11,900 초과 13,300 이하	490	43,200 초과 48,100 이하	785
13,300 초과 14,800 이하	516	48,100 초과 53,600 이하	812
14,800 초과 16,400 이하	535	53,600 초과 59,700 이하	841
16,400 초과 18,300 이하	559	59,700 초과 66,500 이하	881
18,300 초과 20,400 이하	586	66,500 초과 74,000 이하	921
20,400 초과 22,700 이하	611	74,000 초과 82,400 이하	961
22,700 초과 25,300 이하	637	82,400 초과 91,800 이하	1,001
25,300 초과 28,100 이하	659	91,800 초과 103,000 이하	1,041
28,100 초과 31,300 이하	681	103,000 초과 114,000 이하	1,091
31,300 초과 34,900 이하	706	114,000 초과 127,000 이하	1,141
34,900 초과 38,800 이하	731	127,000 초과 142,000 이하	1,191

58 주어진 자료를 읽고 판단한 내용으로 옳지 않은 것은?

① 지역가입자 건강보험료는 최대 4,504,170원까지 부과될 수 있다.
② 같은 액수의 소득이라도 소득의 종류에 따라 소득월액보험료는 달라질 수 있다.
③ 보증금 2억 원짜리 전세 외에 다른 재산이 없는 지역가입자의 재산보험료는 0원이다.
④ 1월 1일에 지역가입자의 자격을 취득한 후 같은 해 12월 1일에 자격을 잃었다면, 지역가입자 건강보험료는 총 11개월 동안 부과·징수된다.

59 지역가입자 A씨의 상황이 다음과 같을 때, A씨에게 청구되는 건강보험료는? (단, 건강보험료에서 10원 단위 미만은 절사한다.)

- 연간 기타소득이 4,000만 원, 연간 연금소득이 4,000만 원이며 그 외 소득은 없다.
- 보증금 1억 원에 100만 원짜리 월세에 살고 있으며, 이와 별도로 5억 원짜리 토지를 소유하고 있다.
- 그 외의 재산은 없다.

① 512,250원　　　　　② 518,090원
③ 529,760원　　　　　④ 636,260원

60 지역가입자 B씨의 상황이 다음과 같을 때, 줄어드는 건강보험료 액수는?

- 연간 사업소득은 3,600만 원으로 일정하다.
- 소유하고 있던 9억 원짜리 주택을 매각하고 보증금 9억 원짜리 전세로 옮겼다.
- 그 외의 재산은 없다.

① 71,270원　　　　　② 75,020원
③ 81,270원　　　　　④ 83,780원

직무시험_국민건강보험법

20문항 / 20분

※ 요양직 응시자는 380p로 이동해 주세요.

01 다음 중 국민건강보험법상 규정에 대한 설명으로 옳은 것은?

① 가입자 자격의 취득은 그 사실이 확인된 날부터 효력이 발생한다.
② 가입자 자격의 상실은 상실사유가 발생한 날로부터 30일이 지난 날부터 효력이 발생한다.
③ 공단은 자격의 취득·변동·상실을 확인할 수 없으며, 반드시 가입자의 신청에 의해서만 확인 절차를 진행할 수 있다.
④ 가입자나 피부양자였던 사람도 자격의 취득·변동·상실에 대한 확인을 청구할 수 있다.

02 다음 중 국민건강보험법상 규정으로 옳지 않은 것은?

① 공단의 조직·인사·보수 및 회계에 관한 규정은 이사회의 의결을 거쳐 보건복지부장관의 승인을 받아 정한다.
② 이사장은 공단 업무에 관한 모든 재판상의 행위 또는 재판 외의 행위를 대행하게 하기 위하여 공단의 이사 또는 직원 중에서 대리인을 선임할 수 있다.
③ 이사장은 모든 사항에 대하여 공단을 대표한다.
④ 국민건강보험법에 규정된 이사장의 권한 중 급여의 제한, 보험료의 납입고지 등 대통령령으로 정하는 사항은 정관으로 정하는 바에 따라 분사무소의 장에게 위임할 수 있다.

03 다음 〈보기〉 중 국민건강보험법상 종합계획에 포함되어야 할 사항만을 올바르게 모두 고르면?

• 보기 •

㉠ 건강보험 보장성 강화의 추진계획 및 추진방법
㉡ 보험료 부과체계에 관한 사항
㉢ 취약계층 지원에 관한 사항
㉣ 지역가입자의 보험료율과 재산보험료부과점수당 금액

① ㉠, ㉡
② ㉠, ㉣
③ ㉠, ㉡, ㉢
④ ㉡, ㉢, ㉣

04 다음 중 국민건강보험법상 보험급여의 정지 사유에 해당하지 않는 사례는?

① A는 교도소에 수감되었다.
② B는 해외 주재원으로 파견되어 국외에 체류하게 되었다.
③ C는 하사로 지원하여 군대에 복무하게 되었다.
④ D는 군간부후보생이 되었다.

05 다음 중 국민건강보험법상 임원 중 비상임이사는 몇 명인가?

① 5명　　② 7명　　③ 9명　　④ 11명

06 다음 〈보기〉의 사례를 읽고 국민건강보험법상 보건복지부장관의 조치로 옳지 않은 것을 고르면?

― 보기 ―

국내 제약회사 A는 신약 'N'을 개발하고 식약처 허가를 받아 생산·판매하고 있다. A회사는 'N'이 요양급여대상에 포함되지 않아 보건복지부장관에게 요양급여대상 여부 결정을 신청하였다.
한편 제약회사 B는 기존에 요양급여대상으로 고시된 약제 'C'의 처방을 유도하기 위하여 약사 및 의료인에게 경제적 이익을 제공하다「약사법」제47조 제2항을 위반한 사실이 확인되었다. 해당 건으로 보건복지부장관으로부터 조치를 받았음에도 1년 후에 동일한 약제 'C'에 대하여 같은 위반행위를 다시 저질렀다.

① 보건복지부장관은 A회사의 신청이 정당하다고 판단되는 경우, 일정 기간 내에 'N'의 요양급여대상 여부를 결정하여 A회사에 통보해야 한다.
② 보건복지부장관은 A회사의 신청이 없더라도 'N'에 대한 요양급여대상 여부를 직권으로 결정할 수 있다.
③ 보건복지부장관은 B회사의 'C'에 대해 요양급여비용 상한금액의 40% 이내에서 요양급여비용 상한금액의 일부를 감액할 수 있다.
④ 보건복지부장관은 B회사의 'C'에 대해 1년의 범위에서 요양급여 적용을 정지할 수 있다.

07 다음 〈보기〉 중 국민건강보험법상 규정에 대한 설명으로 옳은 것만을 모두 고르면?

• 보기 •

㉠ 요양급여비용은 공단의 이사장과 대통령령으로 정하는 의약계를 대표하는 사람들의 계약으로 정한다. 이 경우 계약기간은 3년으로 한다.
㉡ 요양급여비용의 계약이 기한까지 체결되지 아니하는 경우 보건복지부장관이 그 직전 계약기간 만료일이 속하는 연도의 6월 30일까지 심의위원회의 의결을 거쳐 요양급여비용을 정한다.
㉢ 공단의 이사장은 재정운영위원회의 심의·의결을 거쳐 요양급여비용의 계약을 체결하여야 한다.
㉣ 모든 요양급여비용은 요양급여비용의 계약에서 정해진 내용대로 산정하여야 한다.

① ㉠, ㉡   ② ㉠, ㉣   ③ ㉡, ㉢   ④ ㉢, ㉣

08 다음은 국민건강보험법상 보험료의 납부기한에 대한 내용 일부이다. 빈칸 ㉠과 ㉡에 들어갈 말로 적절한 것은?

제78조(보험료의 납부기한)
① 제77조 제1항 및 제2항에 따라 보험료 납부의무가 있는 자는 가입자에 대한 그 달의 보험료를 그 다음 달 (㉠)까지 납부하여야 한다. 다만, 직장가입자의 보수 외 소득월액보험료 및 지역가입자의 보험료는 보건복지부령으로 정하는 바에 따라 분기별로 납부할 수 있다.
② 공단은 제1항에도 불구하고 납입 고지의 송달 지연 등 보건복지부령으로 정하는 사유가 있는 경우 납부의무자의 신청에 따라 제1항에 따른 납부기한부터 (㉡)의 범위에서 납부기한을 연장할 수 있다. 이 경우 납부기한 연장을 신청하는 방법, 절차 등에 필요한 사항은 보건복지부령으로 정한다.

	(㉠)	(㉡)
①	10일	1개월
②	10일	2개월
③	25일	1개월
④	25일	2개월

09 다음 중 국민건강보험법상 규정으로 옳지 않은 것은?

① 공단 또는 심사평가원의 처분에 이의가 있는 자는 그 처분이 있음을 안 날부터 90일 이내에 이의신청을 할 수 있다.
② 공단 또는 심사평가원의 처분에 이의가 있는 자는 이의신청을 하지 않고도 심판청구를 할 수 있다.
③ 공단 또는 심사평가원의 처분에 이의가 있는 자는 이의신청이나 심판청구를 하지 않고도 행정소송을 할 수 있다.
④ 심판청구를 하려는 자는 심판청구서를 공단이나 심사평가원, 또는 건강보험분쟁조정위원회에 제출하여야 한다.

10 다음 중 국민건강보험법상 공단의 정관에 포함되지 않는 것은?

① 사무소의 소재지
② 요양급여비용에 관한 사항
③ 자산 및 회계에 관한 사항
④ 보험료 및 보험급여에 관한 사항

11 다음 〈조건〉은 공단의 결산에 관한 내용이다. 공단이 2025년도 말에 추가로 적립해야 할 준비금은 얼마인가?

━━━━━━ • 조건 • ━━━━━━
• 2025년의 보험급여 비용은 8,000억 원이다.
• 2025년도 결산상 잉여금은 500억 원이다.
• 2025년 말 기준으로 이미 적립된 준비금 총액은 3,900억 원이다.

① 0억 원　　　　　　　　　② 100억 원
③ 400억 원　　　　　　　　④ 700억 원

12 다음 〈보기〉 중 국민건강보험법상 요양기관에서 실시하는 요양급여에서 제외되는 것만을 모두 고르면?

보기

ㄱ. 검사 ㄴ. 재활
ㄷ. 간호 ㄹ. 이송

---

① ㄱ, ㄴ   ② ㄱ, ㄹ   ③ ㄴ, ㄷ   ④ ㄷ, ㄹ

13 다음은 국민건강보험법상 연체금에 대한 내용 일부이다. 빈칸 ㉠과 ㉡에 들어갈 말로 적절한 것은?

제80조(연체금)
② 공단은 보험료등의 납부의무자가 체납된 보험료등을 내지 아니하면 납부기한 후 30일이 지난 날부터 매 1일이 경과할 때마다 다음 각 호에 해당하는 연체금을 제1항에 따른 연체금에 더하여 징수한다.
　1. 제69조에 따른 보험료 또는 제53조 제3항에 따른 보험급여 제한 기간 중 받은 보험급여에 대한 징수금을 체납한 경우: 해당 체납금액의 (㉠)에 해당하는 금액. 이 경우 연체금(제1항 제1호의 연체금을 포함한 금액을 말한다)은 해당 체납금액의 (㉡)을 넘지 못한다.

	(㉠)	(㉡)
①	5,000분의 1	1,000분의 30
②	5,000분의 1	1,000분의 50
③	6,000분의 1	1,000분의 30
④	6,000분의 1	1,000분의 50

14 다음 중 국민건강보험법상 규정으로 옳지 않은 것은?

① 이사장은 공단을 대표하고 업무를 총괄하며, 임기 중 공단의 경영성과에 대하여 책임을 진다.
② 이사장이 부득이한 사유로 그 직무를 수행할 수 없을 때에는 정관으로 정하는 임원이 그 직무를 대행한다.
③ 감사는 공단의 업무, 회계 및 재산 상황을 감사한다.
④ 대한민국 국민이 아닌 사람은 공단의 임원이 될 수 없다.

15 다음 〈보기〉 중 국민건강보험법상 보험료 등에 우선하여 징수되지 않는 것만을 모두 고르면?

―――――――― 보기 ――――――――
㉠ 국세   ㉡ 지방세
㉢ 회사채 ㉣ 사채

① ㉠, ㉡ ② ㉠, ㉢ ③ ㉡, ㉣ ④ ㉢, ㉣

16 다음 중 국민건강보험법상 3년 동안 행사하지 아니하면 소멸시효가 완성되는 권리가 아닌 것은?

① 제3자에게 구상권을 청구할 권리
② 보험료, 연체금 및 가산금으로 과오납부한 금액을 환급받을 권리
③ 보험급여를 받을 권리
④ 과다납부된 본인일부부담금을 돌려받을 권리

17 다음 ㉠~㉢에 들어갈 숫자를 모두 더하면?

제34조(재정운영위원회의 구성 등)
① 재정운영위원회는 다음 각 호의 위원으로 구성한다.
  1. 직장가입자를 대표하는 위원 (㉠)명
  2. 지역가입자를 대표하는 위원 (㉡)명
  3. 공익을 대표하는 위원 (㉢)명

① 15 ② 20 ③ 25 ④ 30

18 다음 〈보기〉 중 국민건강보험법상 건강보험정책심의위원회에서 심의와 의결을 모두 하는 사항이 몇 개인지 고르면?

─── 보기 ───
㉠ 직장가입자의 보험료율
㉡ 지역가입자의 재산보험료부과점수당 금액
㉢ 요양급여의 기준
㉣ 종합계획 및 시행계획
㉤ 요양급여비용

① 1개 ② 2개 ③ 3개 ④ 4개

19 다음 중 국민건강보험법상 부당이득의 징수에 대한 설명으로 옳지 않은 것은?

① 공단은 속임수나 그 밖의 부당한 방법으로 보험급여를 받은 사람·준요양기관 및 보조기기 판매업자나 보험급여 비용을 받은 요양기관에 대하여 그 보험급여나 보험급여 비용에 상당하는 금액을 징수한다.
② 공단이 속임수나 그 밖의 부당한 방법으로 보험급여 비용을 받은 요양기관에 대하여 징수금을 납부하게 할 때, 해당 요양기관을 개설한 자에게는 연대책임을 물을 수 없다.
③ 공단은 속임수나 그 밖의 부당한 방법으로 보험급여를 받은 사람과 같은 세대에 속한 가입자에게 속임수나 그 밖의 부당한 방법으로 보험급여를 받은 사람과 연대하여 징수금을 내게 할 수 있다.
④ 요양기관이 가입자나 피부양자로부터 속임수나 그 밖의 부당한 방법으로 요양급여비용을 받은 경우 공단은 해당 요양기관으로부터 이를 징수하여 가입자나 피부양자에게 지체 없이 지급하여야 한다.

20 다음 〈보기〉의 사례를 읽고 국민건강보험법상 구상권에 따른 공단의 조치로 가장 적절한 것은?

> • 보기 •
>
> 가입자 갑은 음주운전 차량 운전자 을에 의해 부상을 입어 150만 원의 손해배상금을 지급받았다. 그 후 갑은 공단으로부터 보험급여를 받으려 하는데, 그 금액은 200만 원이다.

① 공단은 가입자 갑에게 보험급여비용 50만 원을 지급하고, 사고를 일으킨 제3자 을에게 50만 원의 손해배상을 청구할 수 있다.
② 공단은 가입자 갑에게 보험급여비용 50만 원을 지급하고, 사고를 일으킨 제3자 을에게 200만 원의 손해배상을 청구할 수 있다.
③ 공단은 가입자 갑에게 보험급여비용 200만 원을 지급하고, 사고를 일으킨 제3자 을에게 50만 원의 손해배상을 청구할 수 있다.
④ 공단은 가입자 갑에게 보험급여비용 200만 원을 지급하고, 사고를 일으킨 제3자 을에게 200만 원의 손해배상을 청구할 수 있다.

직무시험_노인장기요양보험법

20문항 / 20분

01 다음 〈보기〉 중 노인장기요양보험법상 규정으로 옳은 것만을 모두 고르면?

― 보기 ―

㉠ 국가 및 지방자치단체는 노인인구 및 지역특성 등을 고려하여 장기요양급여가 원활하게 제공될 수 있도록 적정한 수의 장기요양기관을 확충하고 장기요양기관의 설립을 지원하여야 한다.
㉡ 장기요양기관은 장기요양요원의 처우를 개선하고 복지를 증진하며 지위를 향상시키기 위하여 적극적으로 노력하여야 한다.
㉢ 국가 및 지방자치단체는 노인이 일상생활을 혼자서 수행할 수 있는 온전한 심신상태를 유지하는데 필요한 사업을 실시하여야 한다.
㉣ 지방자치단체는 장기요양기본계획을 수립·시행함에 있어서 노인뿐만 아니라 장애인 등 일상생활을 혼자서 수행하기 어려운 모든 국민이 장기요양급여, 신체활동지원서비스 등을 제공받을 수 있도록 노력하고 나아가 이들의 생활안정과 자립을 지원할 수 있는 시책을 강구하여야 한다.

① ㉠, ㉢   ② ㉠, ㉣   ③ ㉡, ㉢   ④ ㉡, ㉣

02 다음 〈보기〉 중 노인건강요양보험법상 장기요양인정의 신청을 대리할 수 있는 사람만을 모두 고르면?

― 보기 ―

㉠ 장기요양급여를 받고자 하는 자의 가족
㉡ 장기요양급여를 받고자 하는 자의 친족
㉢ 장기요양급여를 받고자 하는 자의 가족의 동의를 받은 관할지역 사회복지전담공무원
㉣ 뇌혈관성질환으로 인해 장기요양급여를 받고자 하는 자의 동의를 받은 관할지역 치매안심센터의 장

① ㉠, ㉡   ② ㉠, ㉣   ③ ㉠, ㉡, ㉢   ④ ㉡, ㉢, ㉣

03 다음 중 노인장기요양보험법상 폐쇄회로 텔레비전을 설치·관리하지 않아도 되는 장기요양기관은?

① A장기요양기관: 재가급여만을 제공한다.
② B장기요양기관: 운영하는 자가 수급자 전원에게 동의를 받아 시장에게 신고하였다.
③ C장기요양기관: 운영하는 자가 수급자 전원에게 동의를 받아「개인정보 보호법」및 관련 법령에 따른 네트워크 카메라를 설치하였다.
④ D장기요양기관: 운영하는 자가 수급자 전원의 보호자에게 동의를 받아 특별자치도지사에게 신고하였다.

04 다음 〈보기〉 중 노인장기요양보험법상 장기요양급여를 제한할 수 있는 경우만을 모두 고르면?

• 보기 •
ㄱ. 수급자가 부정한 방법으로 장기요양인정을 받은 것이라 의심되어 공단이 조사를 요구하였으나 정당한 사유 없이 수급자가 이에 응하지 않은 경우
ㄴ. 장기요양급여를 받고 있거나 받을 수 있는 자가 장기요양기관이 거짓이나 그 밖의 부정한 방법으로 장기요양급여비용을 받는 데에 가담한 경우
ㄷ. 장기요양보험가입자가 대통령령으로 정하는 기간 이상 보험료를 체납한 경우

① ㄱ, ㄴ   ② ㄱ, ㄷ   ③ ㄴ, ㄷ   ④ ㄱ, ㄴ, ㄷ

05 다음 〈보기〉의 노인장기요양보험법상 장기요양급여의 종류 중 장기요양요원이 수급자의 가정 등을 방문하는 장기요양급여의 개수는?

• 보기 •
ㄱ. 방문요양   ㄴ. 방문목욕
ㄷ. 방문간호   ㄹ. 주·야간보호
ㅁ. 단기보호   ㅂ. 시설급여

① 2개   ② 3개   ③ 4개   ④ 5개

06 다음 〈보기〉 중 노인장기요양보험법상 장기요양기관의 지정을 취소해야만 하는 경우만을 모두 고르면?

― 보기 ―
㉠ 급여외행위를 제공한 경우
㉡ 법인이 결격사유에 해당하게 된 경우
㉢ 수급자를 소개, 알선 또는 유인하는 행위 및 이를 조장하는 행위를 한 경우
㉣ 업무정지기간 중에 장기요양급여를 제공한 경우

① ㉠, ㉡   ② ㉠, ㉢   ③ ㉡, ㉣   ④ ㉢, ㉣

07 다음은 노인장기요양보험법상 장기요양등급판정기간에 대한 내용 일부이다. 빈칸 ㉠과 ㉡에 들어갈 말로 적절한 것은?

제16조(장기요양등급판정기간)
① 등급판정위원회는 신청인이 신청서를 제출한 날부터 (㉠) 이내에 제15조에 따른 장기요양등급판정을 완료하여야 한다. 다만, 신청인에 대한 정밀조사가 필요한 경우 등 기간 이내에 등급판정을 완료할 수 없는 부득이한 사유가 있는 경우 (㉡) 이내의 범위에서 이를 연장할 수 있다.

	㉠	㉡
①	15일	15일
②	15일	30일
③	30일	15일
④	30일	30일

08 다음 중 노인장기요양보험법상 장기요양기관의 지정에 대한 설명으로 옳지 않은 것은?

① 장기요양기관은 재가급여 또는 시설급여를 제공한다.
② 특별자치시장·특별자치도지사·시장·군수·구청장이 장기요양기관을 지정하기 위한 검토를 할 때 후보 기관에 관련 자료의 제출을 요청하거나 그 의견을 들을 수 있다.
③ 특별자치시장·특별자치도지사·시장·군수·구청장이 장기요양기관을 지정하면 지체 없이 지정 명세를 공단에 통보하여야 한다.
④ 재가급여를 제공하는 장기요양기관 중 의료기관이 아닌 자가 설치·운영하는 장기요양기관이 방문간호를 제공하는 경우에는 방문간호의 관리책임자로서 간호사를 둔다.

09 다음 중 노인장기요양보험법상 장기요양요원지원센터의 업무가 아닌 것은?

① 장기요양요원의 권리 침해에 관한 상담 및 지원
② 장기요양요원의 역량강화를 위한 교육지원
③ 장기요양요원의 고용계약 체결을 위한 표준계약서 작성 및 대행
④ 그 밖에 장기요양요원의 업무 등에 필요하여 대통령령으로 정하는 사항

10 다음 〈보기〉의 사례를 읽고 노인장기요양보험법상 구상권에 따른 공단의 조치로 가장 적절한 것은?

• 보기 •

수급자 갑은 제3자 을의 불법 행위로 인해 100만 원의 손해배상금을 지급받았다. 그 후 을의 행위로 인해 장기요양급여의 제공사유가 발생하여 갑은 공단으로부터 장기요양급여를 받으려 하는데, 그 금액은 200만 원에 상당한다.

① 공단은 수급자 갑에게 100만 원에 상당하는 장기요양급여를 제공하고, 행위를 한 제3자 을에게 100만 원의 손해배상을 청구할 수 있다.
② 공단은 수급자 갑에게 100만 원에 상당하는 장기요양급여를 제공하고, 행위를 한 제3자 을에게 200만 원의 손해배상을 청구할 수 있다.
③ 공단은 수급자 갑에게 200만 원에 상당하는 장기요양급여를 제공하고, 행위를 한 제3자 을에게 100만 원의 손해배상을 청구할 수 있다.
④ 공단은 수급자 갑에게 200만 원에 상당하는 장기요양급여를 제공하고, 행위를 한 제3자 을에게 200만 원의 손해배상을 청구할 수 있다.

11 다음은 노인장기요양보험법상 장기요양급여 재무·회계기준에 대한 내용 일부이다. 빈칸 ㉠과 ㉡에 들어갈 말로 적절한 것은?

> 제35조의2(장기요양기관 재무·회계기준)
> ① 장기요양기관의 장은 (㉠)으로 정하는 재무·회계에 관한 기준(이하 "장기요양기관 재무·회계기준"이라 한다)에 따라 장기요양기관을 투명하게 운영하여야 한다. 다만, 장기요양기관 중 「(㉡)」제34조에 따라 설치한 사회복지시설은 같은 조 제4항에 따른 재무·회계에 관한 기준에 따른다.

	㉠	㉡
①	대통령령	사회복지사업법
②	대통령령	노인복지법
③	보건복지부령	사회복지사업법
④	보건복지부령	노인복지법

12 다음 〈보기〉의 사례에서 등급판정위원회의 A안건이 의결되기 위해 필요한 최소한의 찬성 인원 수는?

> • 보기 •
> A안건을 의결하기 위하여 등급판정위원회 회의가 구성원의 3분의 2가 출석하여 개의하였다.

① 5명 ② 6명 ③ 7명 ④ 8명

13 다음 중 노인장기요양보험법상 공단이 장기요양사업 수행에 필요하다고 인정할 때 자료의 제출을 요구할 수 있는 자가 아닌 것은?

① 의료급여수급권자
② 장기요양요원
③ 장기요양기관
④ 의료기관

14 다음 중 노인장기요양보험법상 재가 및 시설 급여비용의 청구 및 지급 등에 대한 설명으로 옳지 않은 것은?

① 공단은 장기요양기관으로부터 재가 또는 시설 급여비용의 청구를 받은 경우 이를 심사하여 그 내용을 장기요양기관에 통보하여야 하며, 장기요양에 사용된 비용 중 공단부담금(재가 및 시설 급여비용 중 본인부담금을 공제한 금액을 말한다)을 해당 장기요양기관에 지급하여야 한다.
② 공단은 장기요양기관의 장기요양급여평가 결과에 따라 장기요양급여비용을 가산 또는 감액 조정하여 지급할 수 있다.
③ 공단이 장기요양급여비용을 심사한 결과 수급자가 이미 낸 본인부담금이 장기요양기관에 통보한 본인부담금보다 더 많으면 두 금액 간의 차액을 장기요양기관이 수급자에게 지급하여야 한다.
④ 장기요양기관은 지급받은 장기요양급여비용 중 보건복지부장관이 정하여 고시하는 비율에 따라 그 일부를 장기요양요원에 대한 인건비로 지출하여야 한다.

15 다음은 노인장기요양보험법상 본인부담금에 대한 내용 일부이다. 빈칸 ⊙과 ⓒ에 들어갈 말로 적절한 것은?

> 제40조(본인부담금)
> ④ 다음 각 호의 어느 하나에 해당하는 자에 대해서는 본인부담금의 (⊙)의 범위에서 보건복지부장관이 정하는 바에 따라 차등하여 감경할 수 있다.
>   1. 「(ⓒ)」 제3조 제1항 제2호부터 제9호까지의 규정에 따른 수급권자
>   2. 소득·재산 등이 보건복지부장관이 정하여 고시하는 일정 금액 이하인 자. 다만, 도서·벽지·농어촌 등의 지역에 거주하는 자에 대하여 따로 금액을 정할 수 있다.
>   3. 천재지변 등 보건복지부령으로 정하는 사유로 인하여 생계가 곤란한 자

	⊙	ⓒ
①	100분의 20	노인복지법
②	100분의 20	의료급여법
③	100분의 60	노인복지법
④	100분의 60	의료급여법

16 다음 〈보기〉의 사례에서 A장기요양기관에게 내려야 하는 가장 적절한 처분은?

> • 보기 •
> A장기요양기관은 폐쇄회로 텔레비전의 영상정보 보관기준을 위반하였다.

① 6개월 이내의 범위에서 시정명령
② 6개월의 범위에서 업무정지
③ 2년 이하의 징역 또는 2천만 원 이하의 벌금
④ 300만 원 이하의 과태료

17 다음 중 노인장기요양보험법상 규정으로 옳지 않은 것은?

① 심사청구는 그 처분이 있음을 안 날부터 90일 이내에 문서(전자문서 포함)로 하여야 하며, 처분이 있은 날부터 180일을 경과하면 이를 제기하지 못한다.
② 심사청구 사항을 심사하기 위하여 위원장 1명을 포함한 50명 이내의 위원으로 구성된 심사위원회를 공단에 둔다.
③ 심사청구에 대한 결정에 불복하는 사람은 그 결정통지를 받은 날부터 90일 이내에 재심사위원회에 재심사를 청구할 수 있다
④ 재심사청구 사항을 심사하기 위하여 위원장 1인을 포함한 20인 이내의 위원으로 구성된 재심사위원회를 공단에 둔다.

18 다음 중 노인장기요양보험법상 보고 및 검사에 대한 설명으로 옳지 않은 것은?

① 보건복지부장관, 특별시장·광역시장·도지사 또는 특별자치시장·특별자치도지사·시장·군수·구청장은 보고 또는 자료제출 명령이나 질문 또는 검사 업무를 효율적으로 수행하기 위하여 필요한 경우에는 공단에 행정응원(行政應援)을 요청할 수 있다.
② 질문 또는 검사 업무를 수행하는 소속 공무원은 그 권한을 표시하는 증표 및 조사기간, 조사범위, 조사담당자, 관계 법령 등 보건복지부령으로 정하는 사항이 기재된 서류를 지니고 이를 관계인에게 내보여야 한다.
③ 질문 또는 검사의 절차·방법 등에 관하여는 보건복지부령으로 정한다.
④ 행정응원의 절차·방법 등에 관하여 필요한 사항은 대통령령으로 정한다.

19 다음 중 노인장기요양보험법상 최대 벌금 액수가 나머지와 다른 것은?

① 수급자를 소개, 알선 또는 유인하는 행위를 하거나 이를 조장한 자
② 정당한 사유 없이 장기요양급여의 제공을 거부한 자
③ 장기요양급여에 관련된 자료제출 명령에 따르지 아니하거나 거짓으로 자료제출을 한 장기요양기관 또는 의료기관
④ 장기요양기관이 지정취소 되었을 때 수급자가 부담한 본인부담금 중 정산하여야 할 비용을 정당한 사유 없이 정산하지 아니한 자

20 다음 〈보기〉는 노인장기요양보험법상 과태료 부과 대상인 갑, 을, 병 3인의 위반 내용이다. 이들에게 부과될 수 있는 과태료 총합의 최댓값은 얼마인가?

— 보기 —
- 갑: 거짓이나 그 밖의 부정한 방법으로 장기요양급여비용 청구에 가담하였다.
- 을: 장기요양기관의 장으로서 장기요양요원에게 급여외행위의 제공을 요구하였다.
- 병: 장기요양기관으로서 시설·인력을 변경하였으나 변경지정을 받지 아니하거나 변경신고를 하지 아니하였다.

① 900만 원 ② 1,100만 원
③ 1,300만 원 ④ 1,500만 원

한눈에 보는 유형배치표

의사소통능력 (100문항)

유형1. 글의 내용 일치/불일치

모의고사	문번									오답 수
기출복원	5	6	7	8	9	11	13	16	19	
1회	2	3	6	9	11	13	14	16	19	
2회	2	3	7	8	11	14	16	17	18	19	/ 44
3회	1	3	6	7	11	13	14	15	16	
4회	1	3	9	14	15	16	19			

유형2. 논리적 추론

모의고사	문번					오답 수
기출복원	2	3	10	17	18	
1회	15	17	20			
2회	5	10	12	13	20	/ 23
3회	5	8	12	18		
4회	4	5	6	12	17	20	

유형3. 주제/제목/글의 목적 찾기

모의고사	문번			오답 수
기출복원	1			
1회	1	8		
2회	6	9		/ 9
3회	2			
4회	2	8	11	

유형4. 빈칸 삽입

모의고사	문번			오답 수
기출복원	12	20		
1회	5	12		
2회	15			/ 12
3회	9	10	20	
4회	7	10	13	18	

기타유형

유형	문번					오답 수
유형5. 맥락상 어울리지 않는 문장/문단 찾기	기출 4	기출 15	2회 4	3회 17	3회 19	/ 5
유형6. 개념의 이해 및 활용	기출 14	1회 4	1회 18			/ 3
유형7. 문단배열	1회 10	2회 1				/ 2
유형8. 사례 선택	1회 7	2회 4				/ 2

수리능력   100문항

유형1. 자료에 대한 진위 판단(계산 필요)

모의고사	문번										오답 수
기출복원	21	23	25	28	29	32	35	39			
1회	25	33	36								
2회	21	25	32	38							/ 24
3회	25	32	35	38							
4회	25	27	33	36	38						

유형2. 자료에 대한 진위 판단(계산 불필요)

모의고사	문번										오답 수
기출복원	–										
1회	21	23	27	30	38	39					
2회	23	27	29	33							/ 16
3회	21	23	27								
4회	21	23	30								

유형3. 자료계산

모의고사	문번										오답 수
기출복원	22	24	26	27	33	36	38				
1회	22	24	26	29	31	32	35				
2회	22	24	30	36	37	39	40				/ 35
3회	22	24	26	28	30	33	36	39			
4회	24	31	32	34	37	39					

유형4. 자료변환

모의고사	문번					오답 수
기출복원	31	34	37	40		
1회	28	34	37	40		
2회	26	28	31	34		/ 21
3회	31	34	37	40		
4회	22	26	29	35	40	

기타유형

유형	문번		오답 수
유형5. 보고서 작성	2회 35	3회 29	/ 2
유형6. 추가자료 활용	기출 30		/ 1
유형7. 상황판단형	4회 28		/ 1

문제해결능력　　　　　　　　　　　　　　　　　　　　100문항

유형1. 공고문/규정 이해

모의고사	문번									오답 수
기출복원	43	46	47	49	52	54	56	57	58	59
1회	41	46	49	52	53	55	56	58		/41
2회	41	42	43	44	46	49	51	52	58	59
3회	41	43	46	49	53	58				
4회	41	43	46	49	51	53	58			

유형2. 적정 대상 선택

모의고사	문번						오답 수
기출복원	42	44	48	50	55		
1회	42	45	47	51	54	60	/22
2회	45	47	48	50			
3회	44	47	51	57	59		
4회	44	52					

유형3. 수치 계산(비용, 시간)

모의고사	문번									오답 수
기출복원	45	51	53	60						
1회	48	50	57	59						/27
2회	54	57	60							
3회	42	45	48	50	52	54	60			
4회	42	45	47	48	50	54	57	59	60	

유형4. 지문의 이해 및 활용

모의고사	문번				오답 수
기출복원	41				
1회	43	44			
2회	53	55	56		/10
3회	55	56			
4회	55	56			

MEMO

초판 발행 : 2025년 8월 13일
발행인 : 박경식
저자 : 애드투북스
편집자 : 조재필, 심재훈, 이정은
발행처 : (주)애드투
등록번호 : 제 2022-000008호
이메일 : books@addto.co.kr
교재정오표 : addto.co.kr

> 저자와
> 협의하에
> 인지를 생략함

* 잘못된 책은 구입한 곳에서 문의해주세요.
* 이 책은 저작권법에 의해 보호를 받는 저작물로 저작권자나 (주)애드투의 사전 동의없이 본문의 일부 또는 전부를 무단으로 복제하거나 다른 매체에 기록할 수 없습니다.

ISBN 979-11-93369-14-2
정가   24,000원

독학으로 끝내는 시리즈

25년 기출복원

독끝 국민건강보험공단

최신 기출분석 모의고사

기출유형 16선 ➕ 건보법/요양법 암기노트

PART 2 기출복원 모의고사

정답 — NCS 직업기초능력

오답표기	문번	정답	유형	오답표기	문번	정답	유형
	01	④	주제 / 제목 / 글의 목적 찾기		31	③	자료변환
	02	④	논리적 추론		32	②	자료에 대한 진위 판단(계산 필요)
	03	④	논리적 추론		33	④	자료계산
	04	③	맥락상 어울리지 않는 문장 / 문단 찾기		34	②	자료변환
	05	④	글의 내용 일치 / 불일치		35	③	자료에 대한 진위 판단(계산 필요)
	06	①	글의 내용 일치 / 불일치		36	①	자료계산
	07	④	글의 내용 일치 / 불일치		37	④	자료변환
	08	③	글의 내용 일치 / 불일치		38	②	자료계산
	09	③	글의 내용 일치 / 불일치		39	②	자료에 대한 진위 판단(계산 필요)
	10	①	논리적 추론		40	①	자료변환
	11	②	글의 내용 일치 / 불일치		41	④	지문의 이해 및 활용
	12	①	빈칸 삽입		42	①	적정 대상 선택
	13	③	글의 내용 일치 / 불일치		43	②	공고문 / 규정 이해
	14	③	개념의 이해 및 활용		44	④	적정 대상 선택
	15	③	맥락상 어울리지 않는 문장 / 문단 찾기		45	③	수치 계산(비용, 시간)
	16	③	글의 내용 일치 / 불일치		46	②	공고문 / 규정 이해
	17	②	논리적 추론		47	②	공고문 / 규정 이해
	18	②	논리적 추론		48	①	적정 대상 선택
	19	④	글의 내용 일치 / 불일치		49	②	공고문 / 규정 이해
	20	②	빈칸 삽입		50	③	적정 대상 선택
	21	③	자료에 대한 진위 판단(계산 필요)		51	④	수치 계산(비용, 시간)
	22	④	자료계산		52	④	공고문 / 규정 이해
	23	①	자료에 대한 진위 판단(계산 필요)		53	①	수치 계산(비용, 시간)
	24	④	자료계산		54	②	공고문 / 규정 이해
	25	②	자료에 대한 진위 판단(계산 필요)		55	③	적정 대상 선택
	26	④	자료계산		56	②	공고문 / 규정 이해
	27	③	자료계산		57	③	공고문 / 규정 이해
	28	③	자료에 대한 진위 판단(계산 필요)		58	③	공고문 / 규정 이해
	29	④	자료에 대한 진위 판단(계산 필요)		59	④	공고문 / 규정 이해
	30	①	추가자료 활용		60	②	수치 계산(비용, 시간)

정답 — 직무시험_국민건강보험법

오답표기	문번	정답	관련조문	오답표기	문번	정답	관련조문
	01	④	제53조		11	③	제53조
	02	②	제4조		12	③	제56조의2
	03	①	제17조, 제18조		13	④	제101조의2
	04	①	제9조		14	②	제69조, 제76조
	05	③	제41조, 제45조, 제50조, 제52조		15	③	제108조의2
	06	①	제78조의2		16	③	제44조
	07	③	제75조		17	①	제110조
	08	④	제45조		18	④	제94조, 제95조
	09	③	제115조		19	②	제100조
	10	④	제8조, 제9조, 제10조		20	①	제44조

정답 — 직무시험_노인장기요양보험법

오답표기	문번	정답	관련조문	오답표기	문번	정답	관련조문
	01	④	제7조		11	②	제37조, 제37조의2
	02	④	제25조, 제26조, 제28조, 제29조		12	③	제41조
	03	②	제10조, 제15조		13	①	제46조
	04	②	제2조		14	①	제48조
	05	④	제2조, 제12조		15	②	제53조, 제53조의2
	06	②	제14조		16	④	제55조
	07	①	제17조		17	②	제63조
	08	③	제23조		18	②	제58조
	09	③	제32조의2		19	④	제67조, 제69조
	10	③	제33조		20	④	제67조, 제68조

❶교시 NCS 직업기초능력

01 정답 ④ 난이도 ●●○
주제 / 제목 / 글의 목적 찾기

💡 정답해설
주어진 글은 노인의 만성질환별 특성을 고려한 운동 가이드를 설명하고 있다. 첫 번째 문단에서는 노인 개개인의 건강 상태와 가지고 있는 만성질환에 따라 적절한 운동을 선택해야 함을 강조하고 있다. 두 번째 문단에서는 강도에 따른 운동의 종류를 설명한다. 이후 문단에서는 순서대로 고혈압, 당뇨병, 골다공증 등 각 질환에 따른 적절한 운동 가이드를 구체적으로 설명하고 있다. 마지막 문단에서는 운동 시 주의사항이 안내된다.
따라서 글의 내용을 포괄하는 제목은 '노인 만성질환별 운동 가이드'이다.

02 정답 ④ 난이도 ●●●
논리적 추론

💡 정답해설
마지막 문단을 통해 치매가 있는 사람이나 고령자는 안전하게 운동하는 것이 중요하므로 고강도 운동은 더 신중하게 접근해야 하고, 두 번째 문단을 통해 스쿼시는 고강도 운동임을 알 수 있다. 따라서 운동 가이드를 적절하게 제시한 것은 ④이다.

🔍 오답풀이
① 개개인의 운동 능력과 처한 상황에 맞게 운동 실천 방법이 다르다는 것은 적절한 진술이지만, 고강도에서 저강도 운동 순으로 해야 한다는 설명은 적절하지 않다. 첫 번째 문단에 따르면 운동은 낮은 강도부터 천천히 시작하는 것이 원칙이다.
② 세 번째 문단에 따르면 고혈압의 경우 아령 등 가벼운 기구를 드는 근력 운동은 근육이 쉴 시간을 주기 위해 일주일에 2~3회 정도 간헐적으로 해야 한다고 하였다.
③ 세 번째 문단에 따르면 혈압을 낮추기 위해 일주일에 5회 이상, 한 번에 30분 이상의 달리기 같은 유산소 운동을 권고한다고 하였다. 달리기는 혈압을 낮추는 작용을 하는 운동이지 혈관 내 포도당 수치를 낮춰주는 것은 아니다.

03 정답 ④ 난이도 ●●○
논리적 추론

💡 정답해설
네 번째 문단에 따르면 공단 김○○ 빅데이터연구개발실장은 공단이 보유한 방대한 건강보험 데이터를 어떻게 인공지능(AI)을 통해 분석하고 활용할 수 있는지에 대한 방안을 발표했다. 즉 공단이 건강보험 데이터를 방대하게 보유하고 있음을 추론할 수 있다.

🔍 오답풀이
① 첫 번째와 두 번째 문단에 따르면 심포지엄은 2016년부터 2024년까지 9년간 개최되고 있다.
② 세 번째 문단에 따르면 심포지엄의 좌장은 고○○ 연세대 교수가 맡았다고 설명되어 있다.
③ 세 번째와 다섯 번째 문단에 따르면 심포지엄의 1부에서는 '빅데이터 및 AI 기반 건강보험 서비스 혁신'을 주제로 한 전문가 발표가 진행되었고, 2부에서는 '건강보험 빅데이터를 활용한 우수 연구 성과'에 대해 유관부처 관계자, 학계 연구자 등 전문가급 인사의 발표가 있었음을 추론할 수 있다. 따라서 2부에서 일반인이 발표했다고 보기는 어렵다.

04 정답 ③ 난이도 ●●○
맥락상 어울리지 않는 문장 / 문단 찾기

💡 정답해설
주어진 글은 2024년 보건의료 빅데이터 활용 성과공유 심포지엄에 대한 보도자료이다. ⓒ은 주요 국제기구와 선진국들이 보건의료 체계에 대한 성과 평과 및 정책 또는 제도 운영에 대한 효과 평가를 수행하고 있다는 내용이므로 글의 흐름상 어색한 문장이다.

05 정답 ④ 난이도 ●●○
글의 내용 일치 / 불일치

💡 정답해설
공단 빅테이터 연구개발실 선 팀장은 '병원 내에서 발생하는' 폐렴 데이터를 분석하여 병원 내 감염관리 체계를 마련하고자 했다. 따라서 국내의 폐렴 감염관리 체계를 마련하고자 했다는 설명은 적절하지 않다.

오답풀이

① 서울대병원 권 교수는 인공지능 기능을 활용한 공단의 가입자 맞춤형 서비스 제공 방안을, 경상국립대 김 교수는 인공지능(sLLM)을 활용한 건강보험 내·외부 서비스 향상을 주제로 고객 서비스 및 업무 효율성 증대 사례를 발표했다. 즉 두 교수 모두 AI를 활용하여 건강보험 가입자에게 제공할 수 있는 서비스 강화에 대해 연구한 것이다.

② 다섯 번째 문단에 따르면 심포지엄 2부에서 서울대 김○○ 교수가 분석 결과를 공유했음을 알 수 있다.

③ 질병관리청 박 과장은 결핵 빅데이터인 국가결핵통합자료원(K-TB-N Cohort) 구축을 통한 국가결핵 관리 정책 및 사업의 효과와 향후 계획에 대해 발표했다.

06 정답 ①
글의 내용 일치 / 불일치

정답해설

올해 7월 1일부터 제도가 시행되므로, 올해는 연 365회가 아닌 연 184회를 초과한 외래진료에 대해 본인부담률이 90%가 적용된다.

오답풀이

② 의료기관은 "공단의 수진자 자격조회 시스템을 통해 외래진료 횟수 확인 및 안내 가능"이라고 설명되어 있다.

③ 연 365회 초과 외래진료자는 2021년에 2,561명으로 집계되었으며, 국민 1인당 연간 외래이용횟수는 2021년 한국 15.7회, OECD 5.9회로 OECD의 약 2.7배에 달했다.

④ 환자는 국민건강보험 홈페이지 및 앱을 통해 스스로의 의료이용 횟수를 확인하고 관리할 수 있다.

07 정답 ④
글의 내용 일치 / 불일치

정답해설

당연 제외 기준에 해당하지 '않는' 산정특례자, 중증장애인은 과다의료이용심의위원회를 통해 의학적 타당성 등을 심의받아야 적용 제외된다.

오답풀이

① 우리나라의 연간 외래이용 횟수가 높은 점 등을 감안하여, 합리적 의료이용을 유도하기 위해 의료과다이용 시 본인부담을 높이는 본인부담차등화를 도입하게 되었다고 설명하고 있다.

② 외래진료 횟수는 매해 1월 1일~12월 31일을 기준으로 산정하되, 올해만 제도 시행일인 7월 1일부터 산정한다고 설명되어 있다. 따라서 시행 시점은 2024년 7월 1일이다.

③ 본인부담차등화의 주요 내용은 약 처방일수, 입원일수 등을 제외하고, 연 365회를 초과한 외래진료에 대하여 본인부담률을 현행 평균 20%에서 90%로 상향하는 것이라 설명하고 있다.

08 정답 ③
글의 내용 일치 / 불일치

정답해설

〈표2〉를 보면 산업 분야 기술 중 디지털 헬스 기술의 기술격차는 2.2년이고 한의약 진단치료법 개발은 1.8년이다. 따라서 디지털 헬스 기술은 한의약 진단치료법 개발보다 기술격차를 줄이는 데 더 오래 걸릴 것이다.

오답풀이

① 〈표1〉을 보면 질환 분야 기술수준이 가장 높은 분야는 근골격계통 및 결합조직의 질환이 아니라 87.2%인 순환계통 질환이다.

② 〈표1〉을 보면 정신 및 행동장애 기술의 기술격차는 3년이고 호흡계통의 질환 기술의 기술격차는 2.1년이다. 따라서 호흡계통의 질환보다 정신 및 행동장애 기술의 기술격차를 줄이는 것이 더 오래 걸릴 것이다.

④ 〈표2〉를 보면 산업 분야 기술 중 재생의료 기술수준의 기술격차는 2.9년이다. 그런데 의약품 개발의 기술격차가 3.6년이므로 산업 분야 종류 중 세계 최고 수준에 도달하는 데 가장 오래 걸릴 기술은 의약품 개발이다.

09 정답 ③

글의 내용 일치 / 불일치

정답해설

〈표1〉을 보면, 국가 감염병 극복의 기술격차는 2.4년이다.

오답풀이

①, ② 세 번째 문단에 따르면, 한의약 분야를 제외한 모든 분야에서 미국이 최고기술 보유국으로 평가되었으며, 기술수준은 유럽, 일본, 한국, 중국 순이라고 나와 있다.

④ 마지막 문단을 보면 보건복지부 보건산업정책국장이 이 연구에 근거하여 개별 기술수준에 맞는 정책 및 연구개발(R&D) 사업 투자 계획을 수립하겠다"라고 밝혔음을 알 수 있다.

10 정답 ①

논리적 추론

정답해설

2022년과 비교해서 2024년 질환 분야의 기술수준을 보면 한국은 0.2%p 발전했으나 중국은 4.6%p 발전했다. 기술수준은 한국이 중국보다 높지만, 발전 정도는 중국이 높다.

오답풀이

② 질환 분야에서 2024년 유럽의 기술수준은 90.8%이고, 기술격차는 1.0년으로 100을 기준으로 하는 미국과 가장 비슷하다.

③ 2022년 기술수준은 일본 83%, 한국 80.1%, 2024년 기술수준은 일본 83.3%, 한국 80.3%로 일본은 항상 한국보다 3% 정도 앞서고 있다.

④ 일본의 기술격차는 2022년과 2024년 모두 1.8년으로 줄이지 못했고, 한국도 마찬가지로 2.2년으로 줄이지 못했다.

11 정답 ②

글의 내용 일치 / 불일치

정답해설

두 번째 문단에 따르면 수소는 연소 시 온실가스를 배출하지 않으며, 무게당 저장할 수 있는 에너지가 휘발유의 2.7배에 달하는 차세대 연료지만 현재 생산되는 수소 대부분은 천연가스에서 추출되며, 이 과정에서 이산화탄소가 다량 발생한다고 하였다. 즉, 현재 수소 에너지는 추출이 어려운 것이 아니라 수소 에너지 추출 과정에서 이산화탄소가 발생하는 것이 문제라 할 수 있다.

오답풀이

① 첫 번째 문단을 통해 울산과학기술원(UNIST)은 사탕수수 찌꺼기에서 나온 바이오매스와 실리콘 광전극으로 수소를 생산할 수 있는 기술을 개발했는데, 해당 기술은 외부 전력 없이 햇빛으로만 수소를 생산한다고 하였고, 세 번째 문단에서 이산화탄소 배출 없는 수소 생산 광전기화학시스템을 고안했다고 하였다.

③ 마지막 문단에서 실리콘 광전극은 전자를 많이 생성할 수 있어 수소 생산에 유리하지만, 생성되는 전압은 낮아 외부 전원 없이는 단독으로 수소 생산 반응을 일으키기 어려웠다고 하였다.

④ 마지막 문단에서 연구진은 후면전극형(IBC) 구조를 활용해 광전극 내부에서 발생하는 전압 손실을 줄이고, 광전극을 니켈 포일과 유리층으로 감싸 전해질로부터 보호해 장기적인 안정성도 확보했다고 했으며, 높은 광전류 밀도를 유지하면서도 전체 시스템의 전압 부담을 줄여 외부 전력 없이도 수소가 생산되도록 하였다고 나와 있다.

12 정답 ①

빈칸 삽입

정답해설

세 번째 문단에 따르면, 고안한 광전기화학시스템은 양극과 음극 양쪽에서 수소가 동시에 생산되는 방식이며, 푸르푸랄이 구리 전극에서 산화되면서 수소가 나오고 반대쪽 전극인 실리콘 광전극에서는 물이 분해돼 수소가 생산된다. 일반적인 광전기화학시스템은 한쪽에서만 수소가 생산되기 때문에 양쪽에서 수소가 동시에 생산되는 해당 시스템은 기존 광전기화학시스템보다 이론적으로 생산 속도가 2배 빠를 것이다.

문제해결 Tip

수소 생산 속도가 느려지면 애초에 미국 에너지부가 제시한 상용화 기준에 닿을 수가 없다. 또 미국 에너지부가 제시한 상용화 기준의 4배라고 해서 4배 빠른 속도로 수소가 만들어지는 것이 아니다. 원래는 한쪽 전극에서만 나오던 것을 양쪽 전극으로 만들었으니, 속도는 2배가 빨라진 것이고 이것이 상용화 기준의 4배인 것이다.

13 정답 ③ 난이도 ●●●
글의 내용 일치 / 불일치

정답해설

여섯 번째 문단에 따르면 도시형생활주택은 청약통장이 필요 없고 청약 관련 규제를 받지 않으므로, 청약 가점제 역시 적용되지 않아 청약 점수에서 불리한 1인 가구의 선호도가 높을 것이다. 또한, 다섯 번째 문단에서 도시형생활주택은 1~2인 가구가 늘어남에 따라 소규모 주택을 저렴하고 신속하게 공급하여 시민의 주거 안정 기여를 위해 도입한 유형이라는 설명도 뒷받침이 된다.

오답풀이

① 첫 번째 문단에 따르면 오피스텔을 주거용으로 신고하지 않고 주택을 가지고 있는 경우 1가구 1주택인 경우 양도세 비과세의 혜택을 받을 수 있고, 일반 임대 사업자로 임대를 진행할 경우 부가가치세를 환급받을 수 있다. 물론 오피스텔을 주거용으로 신고하지 않으면 2.5배의 재산세를 내야 하지만, 주택 수에 포함되지 않아 관련 세금 징수로부터 자유롭다. 따라서 단순히 세금을 많이 내야 한다는 설명은 옳지 않다.

② 네 번째 문단에 따르면 오피스텔의 입주민이 주거용으로 사용하는 상수도 요금은 가정용으로 적용되지만, 하수도 요금은 영업용으로 적용되는 경우가 많다고 서술되어 있다.

④ 여섯 번째와 일곱 번째 문단에 따르면 도시형생활주택의 경우 전용 85m² 이하의 6억 이하를 취득할 경우 취득세 1.1%를 적용받으며, 1세대당 전용면적 85m² 이하로 300세대 미만으로만 구성할 수 있다. 즉 6억이 넘어갈 경우 취득세의 비율은 1.1%에서 변동될 것이므로 고정이라고 보기 어렵다.

14 정답 ③ 난이도 ●●●
개념의 이해 및 활용

정답해설

취득세는 전용면적 60m² 이하의 경우 취득세 감면 혜택을 받을 수 있으나 최초 취득 시에만 가능하다. 따라서 전용면적이 40~60m²라 하더라도 구매할 때마다 취득세를 감면받는 것은 아니다.

오답풀이

①, ② 주택 수는 오피스텔의 경우 오피스텔 소유자가 주택으로 신고하지 않는다면 주택 수에 포함되지 않는다. 또한, 도시형생활주택은 주택법의 적용을 받기 때문에 주택 수에 포함되는데 전용면적 20m² 이하 1채는 주택 수에 포함되지 않지만, 2채 이상은 주택 수에 포함된다고 설명하고 있다.

④ 전용률은 도시형생활주택의 경우 70~80% 수준인 데 반해 오피스텔은 50~60%이므로 도시형생활주택과 오피스텔이 같은 전용면적 85m²라고 할 때 도시형생활주택이 오피스텔보다 더 넓게 사용할 수 있다.

15 정답 ③ 난이도 ●●○
맥락상 어울리지 않는 문장 / 문단 찾기

정답해설

세 번째 문단은 오피스텔을 주거용으로 사용할 때의 장점(도심 위치, 교통편의, 저렴한 임대료 등)에 관해 설명하고 있다. 그러나 ⓒ은 오피스텔을 업무용으로 사용할 때의 장점(회의실, 비즈니스 센터 등)을 소개하고 있어 해당 문단의 흐름에 어긋난다. 따라서 삭제해야 한다.

16 정답 ③ 난이도 ●○○
글의 내용 일치 / 불일치

정답해설

'지원금액' 항목을 보면 임신 1회당 100만 원, 다태아의 경우 140만 원을 지원해 주는데 분만 취약자의 경우 20만 원을 추가 지원해 준다. 따라서 다태아를 임신한 분만 취약자는 160만 원을 지원받을 수 있다.

오답풀이

① '사업목적'을 보면, 자궁 외 임신은 2019년 7월 1일부터 시행되었다. 따라서 2019년 이전에는 지원받을 수 없었음을 알 수 있다.
② '지원범위'를 보면 3세 미만이 아니라 2세 미만임을 알 수 있다.
④ '제출서류'를 보면 임산부와의 관계 입증이 가능한 신분증이나 가족관계증명서를 제출하면 가족도 신청할 수 있다.

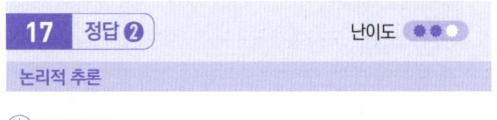

17 정답 ②
논리적 추론

정답해설

'추가지원금액'은 태아당 100만 원이 되도록 추가 지급하는 제도이다. 세쌍둥이를 임신했을 때 기준으로 태아당 100만 원씩 300만 원까지 지원받을 수 있는데, 다태아 기준 기본 지원금으로 140만 원을 받으므로 추가지원금액은 200만 원이 아닌 160만 원이 되어야 한다.

오답풀이

① 2024. 01. 01. 이후 다태아를 출산한 임산부에 해당하므로 적절한 설명이다.
③ 세쌍둥이가 사산으로 인해 쌍둥이가 되었으므로 지원금액은 아이 한 명당 100만 원씩 총 200만 원이 될 수 있도록 추가지원금액은 60만 원으로 측정될 것이다.
④ 사용종료일은 분만예정일 또는 출산일로부터 2년이고 민원인은 2025년 6월 10일에 출산했으므로, 사용기간은 2027년 6월 9일까지이다.

18 정답 ②
논리적 추론

정답해설

(가)에서 요추 염좌는 주로 잘못된 자세로 물건을 들거나 갑자기 허리를 펴거나 돌리는 등의 무리한 운동을 할 때, 척추를 지지하는 인대나 근육이 손상되면서 발생한다고 나와 있다. 따라서 허리를 자주 구부렸다 폈다 동작하는 업종에서는 (가)에서 설명한 상황이 발생할 가능성이 높으므로 이로 인한 산재 신청도 많을 것이라는 추론은 타당하다.

오답풀이

① (가)를 보면 척추관이 서서히 좁아지면서 그 속을 지나가는 척추신경을 압박하는 것이 척추관 협착증이다.
③ (가)를 보면 허리디스크가 허리의 통증 중 가장 흔한 것이라고 나와 있지만, 허리디스크의 원인이 추간판이 노화로 인해 손상되고 변성되어 발생한다고 나와 있다. 즉 퇴행성이라는 얘기다. (나)를 보면, 퇴행성 질환으로 인한 요통은 원칙적으로 산재 대상에서 제외된다고 나와 있다. 즉, 허리디스크가 요통의 높은 비율을 차지할 수는 있지만, 그것이 곧 산재로 쉽게 인정된다는 뜻으로 보기는 어렵다.
④ 최근 도로 상황의 개선과 대형 자동차의 기술이 발전했다면 진동 등의 요통 발생 원인이 상당 부분 제거될 것이다. 따라서 운전기사들의 요통 발생이 증가할 것이라는 추론은 적절하지 않다.

19 정답 ④
글의 내용 일치 / 불일치

정답해설

(나)를 보면 화물차 운전자의 산재보험 적용은 2020년 7월 1일부터 시작되었다고 나와 있다.

오답풀이

① (가)에 따르면 골다공증은 그 자체로는 통증을 유발하지 않으나, 척추 골절 등 뼈의 손상이 쉽게 발생하게 함으로써 이차적으로 통증을 유발한다고 나와 있다.
② (가)를 보면 척추 측만증이나 척추 후만증은 대개 중년까지는 심각한 통증을 일으키지 않는다고 나와 있다.
③ (나)를 보면 건설업 종사자들 역시 업무 중 진동과 충격, 무거운 물건을 들거나 반복적인 동작의 연속 등의 이유로 근골격계 질환 중 특히 요통에 취약하며 이들은 요통으로 인한 산재 발생이 늘어나고 있다고 나와 있다.

20 정답 ②
빈칸 삽입

정답해설

〈보기〉에서 제시한 요통의 원인은 무거운 물건을 다루는 작업에서 오는 신체적 부담으로, 이를 '중량물 부하'라고 한다.

21 정답 ③
자료에 대한 진위 판단(계산 필요)

정답해설

부산의 심폐소생술 시행 시 생존률은 다음과 같다.
- 2020년: $\frac{190}{1,376} \times 100 ≒ 13.8(\%)$
- 2021년: $\frac{207}{1,459} \times 100 ≒ 14.2(\%)$
- 2022년: $\frac{237}{1,531} \times 100 ≒ 15.5(\%)$
- 2023년: $\frac{227}{1,612} \times 100 ≒ 14.1(\%)$
- 2024년: $\frac{229}{1,695} \times 100 ≒ 13.5(\%)$

생존률이 20%를 넘긴 해는 없다.

오답풀이

① 2023년 서울의 급성심정지 건수는 $\frac{3,728}{0.64} = 5,825$(건)이다.

② 2024년 세종의 심폐소생술 시행 시 생존 건수는 2020년 대비 $\frac{132-98}{98} \times 100 ≒ 34.7(\%)$로, 30% 이상 증가하였다.

④ 2024년 서울, 부산, 인천, 세종 4개 지역 각각의 심폐소생술 시행 건수는 2020년에 비해 증가하였다. 각각이 증가하였으므로, 그 합계도 증가하였음을 알 수 있다.

문제해결 Tip

③ 생존률이 20%를 넘기려면 생존 건수에 5를 곱한 값이 시행 건수를 넘겨야 한다. 그러나 눈으로만 확인해도 그런 연도는 없다는 것을 알 수 있다.

22 정답 ④
자료계산

정답해설

심폐소생술 시행 시 생존 건수의 전년 대비 증가율이 가장 낮은 해는 2건 증가한 2024년이다. 다른 해는 2건 이상 증가한 데다가 분모의 숫자도 2024년보다 작으므로 계산하지 않아도 2024년 증가율이 가장 낮다는 것을 알 수 있다.

2024년 인천에서 급성심정지 상태일 때 심폐소생술을 실시하지 않은 건수를 구하기 위해 급성심정지 건수를 구해보면 $\frac{1,452}{0.57} ≒ 2,547$(건)이다. 따라서 심폐소생술을 실시하지 않은 건수는 $2,547 - 1,452 = 1,095$(건)이다.

23 정답 ①
자료에 대한 진위 판단(계산 필요)

정답해설

2022년 총환자 수는 다음과 같은 2가지 방식으로 구할 수 있다.
- 〈표1〉 이용: $\frac{14.2조\ 원}{185만\ 명} ≒ 0.0768$(억 명)=768(만 명)
- 〈표2〉 이용: $\frac{265만\ 명}{0.346} ≒ 766$(만 명)

따라서 800만 명 미만이다.

오답풀이

② 2021년 고령 환자의 진료비 총액은 $13.1 \times 0.419 = 5.4889$(조 원)이므로, 6조 원 미만이다.

③ 2024년 총진료비 중 고령 환자 진료비 비중은 46.1%, 총환자 중 고령 환자 비중은 36.2%다. 고령 환자 비중이 더 낮음에도 불구하고 고령 환자의 진료비 비중은 상대적으로 더 높으므로, 고령 환자 1인당 진료비는 환자 1인당 진료비보다 높다는 것을 알 수 있다. 2024년 환자 1인당 진료비가 202만 원이므로, 고령 환자 1인당 진료비는 202만 원을 초과한다. 즉, 200만 원 이상이다.

④ 둘 다 계속해서 증가하고 있으므로 증감 추이는 동일하다.

정답해설

㉠ 2024년 총진료비는 4년 전 대비 $\dfrac{17.4-12.5}{12.5}\times100=39.2(\%)$ 증가하였다.

㉡ 2023년 고령 환자 1인당 진료비는 $\dfrac{15.5\times0.446조\ 원}{287만\ 명}$ ≒0.0241(억 원)=241(만 원)이다.

정답해설

제2중부고속도로의 이익률은 $\dfrac{365.4-305.4}{365.4}\times100$ ≒16.4(%)이므로 5개 도로 중 제2중부고속도로의 이익률이 가장 낮다. 따라서 이익률이 가장 낮은 도로의 하루 평균 이용 차량 수는 29만 대다.

오답풀이

① 5개 도로의 평균 6월 유지관리비는
$\dfrac{700+496.3+363+347.8+305.4}{5}=442.5(억\ 원)$으로, 450억 원 미만이다.

③ 경부고속도로에 대한 내용이다.

④ 565.8+561.6=1,127.4<1,165.8이므로 옳다.

정답해설

서해안고속도로의 6월 통행료 수입은 5,200원×52만 대×30일=8,112,000(만 원)=811.2(억 원)이다. 7월에는 6월 대비 30억 원 증가했으므로 811.2+30=841.2(억 원)이다.

27 정답 ❸
자료계산

정답해설

㉠ 서울: 3,678+502=4,180(대)
㉡ 전남: 4,573+624=5,197(대)
㉢ 경북: 4,154+567=4,721(대)
따라서 ㉡-㉢-㉠이다.

28 정답 ❸
자료에 대한 진위 판단(계산 필요)

정답해설

2025년 임차 계약이 된 전국의 덤프트럭 중 경기 지역의 덤프트럭 비중은 $\dfrac{9,362}{47,106}\times100$ ≒19.9(%)이므로, 20% 미만이다.

오답풀이

① 2024년, 2025년 전국 덤프트럭 대수는 다음과 같다.
- 2024년: 47,005+6,431=53,436(대)
- 2025년: 47,106+6,429=53,535(대)

따라서 2025년 전국 덤프트럭 대수는 전년보다 증가했다.

② 임차 대수와 소유 대수의 증감 추이는 다음과 같다.
- 임차: 증가 → 증가 → 감소 → 증가
- 소유: 감소 → 증가 → 증가 → 감소

따라서 증감 추이는 같지 않다.

④ 임차 계약이 되지 않은 덤프트럭은 '소유'이다. 인천과 광주의 '소유' 비중은 다음과 같다.
- 인천: $\dfrac{157}{1,986+157}\times100$ ≒7.3(%)
- 광주: $\dfrac{146}{1,073+146}\times100$ ≒12.0(%)

따라서 인천의 비중은 광주보다 낮다.

문제해결 Tip

③ 47,106의 10%는 약 4,711이고, 20%는 4,711×2=9,422이므로 분자의 9,362보다 더 크다. 따라서 20% 미만임을 쉽게 알 수 있다.

29 정답 ④
자료에 대한 진위 판단(계산 필요) 난이도 ●○○

정답해설
진료기록 관련 민사소송이 전체에서 차지하는 비중은 다음과 같다.

- 2020년: $\dfrac{1,108}{11,334} \times 100 ≒ 9.8(\%)$
- 2024년: $\dfrac{1,379}{13,004} \times 100 ≒ 10.6(\%)$

따라서 4년 전보다 높아졌다.
2020년에는 분자가 분모의 10%가 되지 않고, 2024년에는 분자가 분모의 10%를 초과하므로 계산하지 않아도 2024년의 비중이 더 높다는 것을 알 수 있다.

오답풀이
① 의료사고(과실) 민사소송 건수는 다음과 같다.
- 2022년: 12,245−3,660−1,902−1,256−689 =4,738(건)
- 2023년: 12,502−3,521−2,017−1,314−668 =4,982(건)

따라서 2023년 건수가 2022년보다 더 많다.

② 11,334건 → 11,925건 → 12,245건 → 12,502건 → 13,004건으로, 매년 증가하였다.

③ 3,694−3,587=107(건)이므로 100건 이상 증가하였다.

30 정답 ①
추가자료 활용 난이도 ●●○

정답해설
2024년 설명의무 위반 건수는 13,004−5,129−3,694−1,379−659=2,143(건)이다. 승소율이 9%이므로, 승소 건수는 2,143×0.09≒193(건)이다.

31 정답 ③
자료변환 난이도 ●●○

정답해설
2022년과 2023년 전체 의료 민사소송 건수의 전년 대비 증가 건수가 바뀌었다. 2022년이 320건, 2023년이 257건이다.

오답풀이
① 2020년 수치만 확인하면 된다. 11,334−4,213−3,587−1,742−1,108=684(건)이므로 옳다.

② 전체에서 진료비 분쟁이 차지하는 비중은 다음과 같다.
- 2020년: $\dfrac{3,587}{11,334} \times 100 ≒ 32(\%)$
- 2021년: $\dfrac{3,742}{11,925} \times 100 ≒ 31(\%)$
- 2022년: $\dfrac{3,660}{12,245} \times 100 ≒ 30(\%)$
- 2023년: $\dfrac{3,521}{12,502} \times 100 ≒ 28(\%)$
- 2024년: $\dfrac{3,694}{13,004} \times 100 ≒ 28(\%)$

④ 의료사고(과실)과 설명의무 위반의 차이는 다음과 같다.
- 2020년: 4,213−1,742=2,471(건)
- 2021년: 4,456−1,831=2,625(건)
- 2022년: 4,738−1,902=2,836(건)
- 2023년: 4,982−2,017=2,965(건)
- 2024년: 5,129−2,143=2,986(건)

32 정답 ②
자료에 대한 진위 판단(계산 필요) 난이도 ●●●

정답해설
수도권(서울, 인천, 경기) 재검진 판정자 수는 13,845+7,421+14,870=36,136(명)으로, 4만 명 미만이다.

오답풀이
① 대구와 경북의 재검진 비율은 다음과 같다.
- 대구: $\dfrac{6,312}{154,970} \times 100 ≒ 4.1(\%)$
- 경북: $\dfrac{4,013}{120,840} \times 100 ≒ 3.3(\%)$

따라서 대구가 경북보다 높다.

③ 2025년 1분기 전국 건강검진자 중 세종의 비중은 $\dfrac{42,388}{2,787,713} \times 100 ≒ 1.5(\%)$이므로, 2% 미만이다.

④ 2025년 1분기 서울의 건강검진자 중 40대의 비중은 $\dfrac{89,376}{421,380} \times 100 ≒ 21.2(\%)$이므로, 20% 이상이다.

문제해결 Tip

① 대구의 분자에 30을 곱하면 분모보다 월등히 크지만, 경북의 분자에 30을 곱하면 분모와 거의 비슷해지므로 계산하지 않더라도 대구의 비율이 더 높다는 것을 알 수 있다.

② $2\%=0.02=\dfrac{1}{50}$이므로, 분자에 50을 곱했을 때 분모와 같으면 정확히 2%다. 분자 42,388에 50을 곱하면 분모보다 작으므로, 계산하지 않더라도 2% 미만임을 알 수 있다.

④ $20\%=0.2=\dfrac{1}{5}$이므로, 분자에 5를 곱했을 때 분모와 같으면 정확히 20%다. 분자 89,376에 5를 곱하면 분모보다 크므로, 계산하지 않더라도 20% 이상임을 알 수 있다.

33 정답 ④ 난이도 ★★☆
자료계산

정답해설

60세 이상만 재검진 판정자 수에 20을 곱했을 때 건강검진자 수보다 크므로 60세 이상의 재검진 비율이 가장 높다.

34 정답 ② 난이도 ★★☆
자료변환

정답해설

㉠ 수도권 각 지역의 재검진 비율은 서울, 인천, 경기가 각각 2~3% 대가 나와야 하는데 그러한 그래프는 없다.

㉣ 서울의 연령대별 건강검진자 수나 재검진 판정자 수의 그래프는 있지만, 그 둘의 차이인 연령대별 재검진 판정을 받지 않은 건강검진자 수를 나타낸 그래프는 없다.

오답풀이

㉡ 좌측 상단의 그래프다.

㉢ 수도권 건강검진자의 지역별 비중은 다음과 같다.

- 서울: $\dfrac{421,380}{1,245,803} \times 100 ≒ 34.0(\%)$

- 인천: $\dfrac{223,150}{1,245,803} \times 100 ≒ 18.0(\%)$

- 경기: $\dfrac{601,273}{1,245,803} \times 100 ≒ 48.0(\%)$

따라서 우측 상단의 그래프다.

35 정답 ③ 난이도 ★☆☆
자료에 대한 진위 판단(계산 필요)

정답해설

2023년 순증가 수는 $1,448-978=470$(개소)다. 따라서 2023년 순증가 수가 가장 많다.

오답풀이

① 2025년 누적 순증가 수는 $2,078+423=2,501$(개소)다.

② 순증가 수가 매년 양수이므로 매년 증가하였다.

④ 2025년에 대한 내용이다.

36 정답 ① 난이도 ★★☆
자료계산

정답해설

선지에 제시된 4개 연도의 소멸 장기요양기관 수 대비 신규 장기요양기관 수를 구해보면 다음과 같다.

- 2020년: $\dfrac{1,234}{812} ≒ 1.52$
- 2022년: $\dfrac{1,365}{1,043} ≒ 1.31$
- 2024년: $\dfrac{1,398}{1,001} ≒ 1.40$
- 2025년: $\dfrac{1,510}{1,087} ≒ 1.39$

따라서 2020년이 가장 많다.

문제해결 Tip

(순증가 수)=(신규 장기요양기관 수)-(소멸 장기요양기관 수)

이므로 $\dfrac{(신규\ 장기요양기관\ 수)}{(소멸\ 장기요양기관\ 수)} = 1 + \dfrac{(순증가\ 수)}{(소멸\ 장기요양기관\ 수)}$이다. 즉, $\dfrac{(신규\ 장기요양기관\ 수)}{(소멸\ 장기요양기관\ 수)}$를 기준으로 따진 대소 비교와 $\dfrac{(순증가\ 수)}{(소멸\ 장기요양기관\ 수)}$를 기준으로 따진 대소 비교는 동일하다.

2020년의 경우 순증가 수의 2배가 소멸 장기요양기관 수를 넘기는데, 2022년, 2024년, 2025년은 그렇지 않다. 따라서 2020년이 가장 크다.

37 정답 ④   난이도 ●●○
자료변환

정답해설
가로축의 연도가 1년씩 빠르다. 2021년 168개소, 2022년 −37개소, ⋯, 2025년 112개소가 되어야 한다.

오답풀이
① 소멸 장기요양기관 수의 전년 대비 증감폭은 다음과 같다.
  • 2021년: 935−812=123(개소)
  • 2022년: 1,043−935=108(개소)
  • 2023년: 978−1,043=−65(개소)
  • 2024년: 1,001−978=23(개소)
  • 2025년: 1,087−1,001=86(개소)

② 2019년 장기요양기관 수가 50,000개소이므로, 각 연도의 누적 순증가 수에 50,000을 더하면 제시된 그래프를 얻을 수 있다.

③ 2025년 소멸 장기요양기관 수와 신규 장기요양기관 수의 비율은 다음과 같다.
  • 소멸: $\dfrac{1,087}{1,087+1,510}\times 100 ≒ 42(\%)$
  • 신규: $\dfrac{1,510}{1,087+1,510}\times 100 ≒ 58(\%)$

38 정답 ②   난이도 ●●○
자료계산

정답해설
전국 입원, 외래, 약국 진료비 합계 중에서 서울이 차지하는 비중은 $\dfrac{57,410,451+35,265,227+21,804,816}{200,417,878+192,110,158+101,483,056}\times 100 ≒ 23(\%)$이다.

문제해결 Tip
비중을 계산할 때 숫자 뒤 여섯 자리를 생략하면 분자는 대략 114, 분모는 대략 494이므로 $\dfrac{114}{494} ≒ \dfrac{120}{500} = \dfrac{240}{1,000} = 0.24$이다. 여기에 제일 가까운 ②가 정답일 확률이 높다.

39 정답 ②   난이도 ●○○
자료에 대한 진위 판단(계산 필요)

정답해설
광주의 외래 환자 1인당 외래 진료비는 $\dfrac{6,689,483}{134,478} ≒ 49.7$(천 원)$=49,700$(원)이므로 5,000원 이상이다. 자릿수 함정에 빠지지 않도록 주의한다.

오답풀이
① $338,901\times 2=677,802$(명)으로 2배를 해도 경기의 약국 환자 수인 785,558명보다 적다. 따라서 경기가 서울의 2배 이상이다.

③ 부산의 입원, 외래, 약국 환자 수 합계는 $10,860+121,932+71,606=204,398$(명)이므로, 20만 명 이상이다.

④ 전국 입원 진료비에서 제주가 차지하는 비중은 $\dfrac{4,620,143}{200,417,878}\times 100 ≒ 2.3(\%)$이므로, 5% 미만이다.

40 정답 ①   난이도 ●○○
자료변환

정답해설
인천 내 입원, 외래, 약국 환자 수 비중은 다음과 같다.
• 입원: $\dfrac{21,284}{21,284+75,658+38,592}\times 100 ≒ 16(\%)$
• 외래: $\dfrac{75,658}{21,284+75,658+38,592}\times 100 ≒ 56(\%)$
• 약국: $\dfrac{38,592}{21,284+75,658+38,592}\times 100 ≒ 28(\%)$

따라서 정답은 ①이다.

오답풀이

② 주어진 〈표〉에서 쉽게 확인할 수 있다.

③ 전북, 전남의 약국 환자 1인당 약국 진료비는 다음과 같다.
- 전북: $\frac{2,150,471}{99,479} ≒ 22$(천 원)
- 전남: $\frac{2,395,030}{49,457} ≒ 48$(천 원)

④ 주어진 〈표〉에서 쉽게 확인할 수 있다.

문제해결 Tip

인천의 입원과 약국 환자 수를 더해도 외래보다 적으므로 외래 비중이 50% 이상임을 알 수 있다. 따라서 계산하지 않더라도 정답이 ①임을 알 수 있다.

지문의 이해 및 활용

정답해설

외국인 신청 시 임신 사전건강관리 지원 신청서, 개인정보 수집 이용 및 제3자 제공 동의서, 신청일 기준 외국인등록사실증명 또는 국내거소신고사실증명 또는 행정정보 공동이용 사전동의서, 내국인 배우자의 주민등록등본 또는 배우자의 행정정보 공동이용 사전동의서를 제출해야 하며, 필요 시에는 혼인 증빙서류도 제출해야 한다. 따라서 필수로 제출해야 하는 서류는 4가지이다.

오답풀이

① 임신과 출산에 장애가 될 수 있는 건강위험요인을 '미리 발견'하여 치료 또는 관리할 필요성에 의해 조기발견 기회를 제공하고자 지원하는 사업이다. 출산 과정 중이 아닌 '결혼 전 생식건강관리 및 난임 예방 목적'으로 지원하는 것이므로 옳지 않은 설명이다.

② 2025년 전까지는 생애 1회만 지원하였으므로 여성은 생애 최대 13만 원을 지원받았지만, 2025년부터는 생애 최대 3회까지 확대되었으므로 그 3배인 39만 원까지 지원받을 수 있다.

③ 주기별로 최대 1회, 생애 최대 3회까지 비용을 지원받을 수 있다. 제1주기는 29세 이하이므로 30세인 대상자는 지원받을 수 없으며, 제2주기와 제3주기에 각각 1회씩, 생애 최대 2회까지 지원받을 수 있다.

적정 대상 선택

정답해설

2025년 기준, 20~49세 내국인이면 결혼 여부 및 자녀 수와 관계없이 남녀 모두 신청 가능하다.

오답풀이

② 20~49세 남녀를 대상으로 지원하기 때문에, 50세인 남성은 나이 기준에 부합하지 않아 지원대상에 해당하지 않는다.

③ 외국인의 경우 내국인 배우자가 있어야 신청 가능하다. 외국인 부인이 있는 외국인 남성은 지원대상에 해당하지 않는다.

④ 15~19세 남녀는 부부여야 신청 가능하다. 따라서 아직 결혼하지 않은 18세 남성은 지원대상에 해당하지 않는다.

43 정답 ②

공고문 / 규정 이해

정답해설

발달선별검사는 생후 9~12개월인 3차부터 검진 가능하다. 검진항목에도 발달선별검사는 3차부터 포함되어 있다. 따라서 1~2차 검진시기에는 포함되지 않는다.

오답풀이

① 건강검진 및 구강검진이 함께 이루어지는 검진시기는 4~7차이며, 차수별로 구강검진 기간이 건강검진 기간에 비해 최대 5개월 더 늦게 받을 수 있다.

③ 영양교육은 모든 검진시기에 포함되어 있다.

④ 귓속말검사는 6차 검진시기에서만 한 차례 시행한다.

적정 대상 선택

정답해설

5차 검진시기의 영유아가 발달선별검사를 하는 월령대는 생후 30~36개월이다. 따라서 13차, 14차 발달선별검사는 반드시 대상이 되고, 만약 생후 36개월인 경우에는 15차 대상이 될 수 있다. 따라서 정답은 13차, 14차, 15차다.

45 정답 ③   난이도 ●●○
수치 계산(비용, 시간)

정답해설

- 생후 72개월: 8차 검진시기를 놓친 경우로, 41,950원의 검진비용이 든다.
- 생후 25개월: 4차 건강검진 시기를 놓친 경우이지만, 구강검진은 시기를 놓치지 않았으므로 검진을 통해 공단 지원을 받을 수 있다. 구강을 제외한 69,630 − 15,680 = 53,950(원)의 검진비용은 본인이 부담해야 한다.

따라서 A씨가 부담하게 되는 총 검진비용은 41,950 + 53,950 = 95,900(원)이다.

46 정답 ②   난이도 ●●○
공고문 / 규정 이해

정답해설

신청방법은 공단 고객센터로 문의하거나 가까운 병원 및 보건소를 통해 문의하면 된다.

오답풀이

① 다제약물 관리사업 대상자는 건강보험 가입자 중 다음 3가지 조건을 모두 충족해야 한다.
  - 만성질환 중 1가지 이상 진단: 고혈압, 당뇨병 질환을 앓는 중이므로 충족
  - 만 65세 이상의 노인: 만 80세 남성이므로 충족
  - 최근 6개월간 60일 이상의 투약으로 복용하는 약 성분 10종 이상: 고위험약물은 1종을 2종으로 계산하는데, 고위험약물만 6종을 6개월간 매일 복용 중이므로 복용하는 약 성분은 12종으로 계산할 수 있다. 따라서 충족

③ 2022년 36곳 → 2023년 48곳 → 2024년 60곳으로 매년 확대되었다.

④ 본인부담금에 따르면 건강보험료 납부자는 무료이므로 발생하는 비용이 없다.

47 정답 ②   난이도 ●●○
공고문 / 규정 이해

정답해설

지역사회모형과 병원모형 모두 3차 때 유선상담이 진행된다.

오답풀이

① 지역사회모형인 경우 자문약사, 병원모형인 경우 약사다.

③ 지역사회모형과 병원모형 모두 최대 4회 서비스를 제공하지만, 4차 때는 복약순응도 평가와 함께 지역사회모형의 경우 복약상태 점검 및 상담을 병행하고 병원모형의 경우 모니터링을 병행한다.

④ 지역사회모형에서 1차 및 4차 서비스 단계에서 복약상태 점검 및 상담을 진행하는데, 이때 자문약사와 공단 직원이 2인 1조로 방문하여 상담을 진행한다.

48 정답 ①   난이도 ●●●
적정 대상 선택

정답해설

심사 5인의 항목별 점수를 모두 합하여 계산하면 다음과 같다.

구분	A병원	B병원	C병원
외부위원1	67점	78점	81점
외부위원2	59점	80점	59점
외부위원3	64점	78점	57점
외부위원4	64점	76점	77점
내부위원1	69점	87점	59점

60점 이상의 점수를 부여한 위원이 전체 위원의 과반수 이상일 때 최종 참여병원으로 선정된다. C병원은 60점 이상인 위원이 외부위원1, 외부위원4 둘 뿐이므로 과반수 이상이 아니다. 따라서 선정되지 못하며, A병원과 B병원만 선정된다.

49. 정답 ②

공고문 / 규정 이해

정답해설

'서비스 유형' 중 '2급 유형'을 보면 ④에 임상심리사 1급이라고 나와 있다. 즉 임상심리사 1급에게 서비스를 받으려면 1급 유형이 아니라 2급 유형 서비스를 받아야 한다.

오답풀이

① '서비스 대상'을 보면 우울·불안 등 정서적 어려움이 있는 국민 중 1~5의 기준에 해당하는 자로, 나이 및 소득 기준은 없다고 나와 있다.
③ '서비스 유형' 중 '1급 유형'을 보면 ①에 정신건강전문요원 1급이라고 나와 있다.
④ '서비스 유형' 중 '2급 유형'을 보면 ②에 청소년상담사 2급이라고 나와 있다.

50. 정답 ③

적정 대상 선택

정답해설

'서비스 대상' 1의 비고를 보면 사설 심리상담센터는 의뢰서 발급기관에서 제외된다고 하였으므로, 사설 심리상담센터에서 발급한 의뢰서를 가지고 온 C씨는 서비스 대상이 될 수 없다.

오답풀이

① '서비스 대상' 3을 보면 우울증 선별검사에서 중간 정도 이상의 우울, 즉 10점 이상의 점수를 받아야만 서비스 대상에 해당된다. 즉 11점인 A씨는 서비스 대상에 해당된다.
② B씨는 정신의료기관 등에서 우울·불안 등으로 인하여 심리상담이 필요하다고 인정하는 자에 해당하며, 신청일 기준 3개월 이내에 정신건강의학과 의사가 발급해준 진단서 또는 소견서를 제출했으므로 서비스 대상에 해당된다.
④ D씨는 자립준비청년에 해당하며, 2020년 10월 이전 보호종료자로 시설 또는 가정위탁지원센터에서 발급한 보호 종료확인서로 증빙했기 때문에 서비스 대상에 해당된다.

51. 정답 ④

수치 계산(비용, 시간)

정답해설

기준 중위소득 70% 초과 120% 이하에 해당하며, 이때는 본인부담률이 10%이므로 1급 유형 기준 정부지원금은 1회당 단가 80,000원의 10%를 적용한 80,000원×(1−0.1)=72,000(원)이다. 연간 8회 사용했으므로 정부가 부담하는 전체 지원금액은 72,000원×8회=576,000(원)이다.

52. 정답 ④

공고문 / 규정 이해

정답해설

1,800만 원을 분할해지하면 잔여예금은 200만 원이다. 이는 신규 가입금액 2,000만 원의 10%이므로, 추가로 분할해지는 불가능하다.

오답풀이

① 가입 대상은 실명의 개인으로 1인 1계좌 원칙이 적용된다.
② 우체국 창구를 통한 종이통장 미발행 가입자이거나 인터넷 및 스마트뱅킹 가입자는 인터넷뱅킹을 통해 가입증서를 출력할 수 있다.
③ 압류, 사고신고, 질권설정 등 법적 지급제한 사유가 있는 계좌는 만기 자동해지가 불가하다고 설명되어 있다.

53. 정답 ①

수치 계산(비용, 시간)

정답해설

가입 기간은 1년으로 신규 기본이자율은 3.0%이다. 여기에 조건에 따라 우대이율이 추가된다.
• 친환경 실천 가입확인서 제출: A씨는 서울시에 거주 중인데, 한국환경공단 탄소중립포인트 가입확인서의 경우 자동차는 서울시 외 지역 거주자만 우대이율을 적용한다. 따라서 우대이율 0.3%p를 적용받을 수 없다.

- 우체국공익재단 협약기관 기부 동참: 우대이율을 적용받는 기부금 기준은 50만 원 이상이다. 기준에 미치지 못하는 30만 원을 이체하였으므로 우대이율 0.2%p를 적용받을 수 없다.
- 스마트뱅킹을 통해 가입하였으므로 우대이율 0.1%p를 적용받는다.

따라서 최종 만기 시 금리는 3.0+0.1=3.1(%p)이므로, 예치금 2,000만 원에 대한 1년 만기 후 수령 금액은 2,000×(1+0.031)=2,062(만 원)이다.

54 정답 ②
공고문 / 규정 이해

정답해설
고도화 수준 1개 사는 추천접수 우대 없이 고득점 기업을 우선 선정한다고 설명되어 있다.

오답풀이
① 신청방법을 보면 상생누리 사이트로 신청하며, 신청서와 증빙파일(PDF)은 이메일로 제출하라고 되어 있으므로 온라인으로만 신청이 가능하다는 것을 알 수 있다.
③ 기초 수준의 경우 기업별 총 3,000만 원에서 정부지원금은 1,000만 원이므로 정부가 차지하는 비중은 33% 수준이고, 고도화 수준의 경우 사업비 총 1.4억 원에서 정부지원금은 0.4억 원이므로 정부가 차지하는 비중은 28.6% 수준이다. 따라서 고도화 수준의 정부지원금 비중이 더 낮다.
④ 기초 수준은 총 16개 사를 선정하며, 지원분야를 보면 솔루션, 연동 설비의 최초 구축을 지원한다고 되어 있다.

55 정답 ③
적정 대상 선택

정답해설
기업선정 평가표의 합산점수는 다음과 같다.
- A기업: 63점
- B기업: 71점
- C기업: 70점
- D기업: 70점

여기에 특이사항을 고려하면 A기업은 가점 +3점, B기업은 가점 +1점, C기업은 가점 +4점, D기업은 가점 +3점이다. 이를 고려한 최종 점수는 다음과 같다.
- A기업: 63+3=66(점)
- B기업: 71+1=72(점)
- C기업: 70+4=74(점)
- D기업: 70+3=73(점)

고도화 수준은 고득점 1개 사 우선 선정이므로 74점으로 가장 높은 점수를 획득한 C기업이 선정된다.

56 정답 ②
공고문 / 규정 이해

정답해설
인적 및 외부자원을 활용한 신규 일자리 아이템을 창출하는 사업은 사회서비스형 선도모델이다. 해당 사업유형은 참여노인에게 월 최대 34만 원으로 5개월 지원하므로, 연간 최대 1인당 170만 원을 지원받을 수 있다.

오답풀이
① 공공형은 만 65세 이상 기초연금 수급자가 참여 가능한 사업으로, 지역사회 공익증진을 목적으로 하는 봉사활동이다. 여기에 참여하면 활동비 월 29만 원을 지급받는다.
③ 노인에게 기업 인턴 연계 후 인건비 지원 및 계속고용 시 기업에 인건비를 추가로 지원하는 사업유형은 시니어인턴십이다.
④ 지원사업에 참여하는 경우 시·군·구 또는 수행기관(모집기관)에 관련 서류를 제출해야 하는데, 지원사업을 직접 수행하는 수행기관에 신청하는 경우 주민등록등본을 첨부하라고 설명되어 있다.

57 정답 ③
공고문 / 규정 이해

정답해설
국내 거주자 중 외국인은 국적 취득자(주민등록번호 소유자)에 한하여 신청 가능하다.

오답풀이
① 의료급여, 교육급여, 주거급여 수급자는 신청 가능하다. 다만, 생계급여 수급자는 신청할 수 없다.

② 국민건강보험 직장가입자는 신청할 수 없지만, 사회서비스형 및 시장형사업단은 해당 사업의 건강보험 직장가입자일 경우 가능하다. 그러나 문제에서는 해당 사업이 아닌 외부기업 직장가입자이므로 신청할 수 없다.
④ ~장기요양보험 등급 판정자(1~5등급 또는 인지지원등급)는 신청할 수 없다.

정답해설

제한경쟁에는 장애인 또는 고졸만 지원할 수 있지만, 그 역이 성립하는 것은 아니다. 장애인 또는 고졸이라 하더라도 조건만 만족하면 일반직 또는 무기계약직에 지원할 수 있다.

오답풀이

① 국가유공자 및 보훈대상자, 장애인 등에 해당 시 증빙서류를 1부 제출해야 하며, 확인될 경우 1차 전형에서 가산점을 부여받을 수 있다.
② 응시원서 접수와 블라인드 채용 및 주요 유의사항 안내를 통해 알 수 있다.
④ 공공기관 정보화 사업 및 정보보호 및 보안 업무 유경험자의 경우 일반직 지원자에 한해 가산점을 부여받는다.

정답해설

남성의 경우 병역필 또는 면제자이어야 하며, 병역사항 해당 시 주민등록초본(최근 3개월 이내 발행분) 1부를 제출해야 한다.

오답풀이

① 중퇴 및 편입학, 전문학사 취득 시 전 학위(졸업)증명서 및 전 학년 성적증명서와 더불어 편입학 해당 증명서를 추가로 제출해야 한다.
② 건강보험자격득실확인서 1부도 제출해야 한다.
③ 외국어능력시험 성적표 사본은 공고일 이내에 결과가 발표된 것에 한한다.

정답해설

1일 후면 기준일에서 1을 더하면 된다. 따라서 3월 2일에서 $10+7+14+13=44$(일)을 더한 날짜가 최종합격자 발표 예정일이다. 3월 2일에서 29일을 더하면 3월 31일이고, 여기에 하루를 더하면 4월 1일이다. 추가로 더해야 할 날짜는 $44-29-1=14$(일)이다.
4월 1일에서 14일을 더하면 4월 15일이며, 이 날이 최종합격자 발표일이다.

❷교시 직무시험_국민건강보험법

01 정답 ④ 빈출도 ●●●
일치 / 불일치

> **관련조문**
> 제53조(급여의 제한)
> ① 공단은 보험급여를 받을 수 있는 사람이 다음 각 호의 어느 하나에 해당하면 보험급여를 하지 아니한다.
> 1. 고의 또는 중대한 과실로 인한 범죄행위에 그 원인이 있거나 고의로 사고를 일으킨 경우
> 2. <u>고의 또는 중대한 과실로 공단이나 요양기관의 요양에 관한 지시에 따르지 아니한 경우</u>
> 3. 고의 또는 중대한 과실로 제55조(급여의 확인)에 따른 문서와 그 밖의 물건의 제출을 거부하거나 질문 또는 진단을 기피한 경우
> 4. 업무 또는 공무로 생긴 질병·부상·재해로 다른 법령에 따른 보험급여나 보상(報償) 또는 보상(補償)을 받게 되는 경우
> ③ 공단은 가입자가 대통령령으로 정하는 기간 이상 다음 각 호의 보험료를 체납한 경우 그 체납한 보험료를 완납할 때까지 그 가입자 및 피부양자에 대하여 보험급여를 실시하지 아니할 수 있다. 다만, <u>월별 보험료의 총체납횟수(이미 납부된 체납보험료는 총체납횟수에서 제외하며, 보험료의 체납기간은 고려하지 아니한다)</u>가 대통령령으로 정하는 횟수 미만이거나 가입자 및 피부양자의 소득·재산 등이 대통령령으로 정하는 기준 미만인 경우에는 그러하지 아니하다.
> 1. 제69조(보험료) 제4항 제2호에 따른 보수 외 소득월액보험료
> 2. 제69조(보험료) 제5항에 따른 세대단위의 보험료
> ④ 공단은 제77조(보험료의 납부의무) 제1항 제1호에 따라 납부의무를 부담하는 사용자가 제69조(보험료) 제4항 제1호에 따른 보수월액보험료를 체납한 경우에는 그 체납에 대하여 <u>직장가입자 본인에게 귀책사유가 있는 경우</u>에 한하여 제3항의 규정을 적용한다. 이 경우 해당 직장가입자의 피부양자에게도 제3항의 규정을 적용한다.
> ⑤ 제3항 및 제4항에도 불구하고 제82조(체납보험료의 분할납부)에 따라 공단으로부터 분할납부 승인을 받고 그 승인된 보험료를 <u>1회 이상 낸 경우에는 보험급여를 할 수 있다.</u> 다만, 제82조에 따른 분할납부 승인을 받은 사람이 정당한 사유 없이 5회(같은 조 제1항에 따라 승인받은 분할납부 횟수가 5회 미만인 경우에는 해당 분할납부 횟수를 말한다. 이하 이 조에서 같다) 이상 그 승인된 보험료를 내지 아니한 경우에는 그러하지 아니하다.

> **정답해설**
> ④ (×) 이미 납부한 체납보험료는 총체납횟수에서 제외된다.

> **독끝 암기포인트**
> ④ 이미 납부한 체납보험료까지 계속해서 기준에서 포함시키면 한 번 체납한 사실이 영원히 지워지지 않고 계속해서 따라다니며 낙인효과를 줄 수 있다. 일시적으로 어려운 사정으로 인해 보험료를 체납하였어도 이후 이를 납부하였다면 이를 감안하여 과도하게 제재를 하지 않는 것이 앞으로의 성실한 납부를 유도할 수 있다.

02 정답 ② 난이도 ●●●
숫자 더하기

> **관련조문**
> 제4조(건강보험정책심의위원회)
> ④ 심의위원회의 위원은 다음 각 호에 해당하는 사람을 보건복지부장관이 임명 또는 위촉한다.
> 1. 근로자단체 및 사용자단체가 추천하는 각 <u>2명</u>
> 2. 시민단체(「비영리민간단체지원법」 제2조에 따른 비영리민간단체를 말한다. 이하 같다), 소비자단체, 농어업인단체 및 자영업자단체가 추천하는 각 <u>1명</u>
> 3. 의료계를 대표하는 단체 및 약업계를 대표하는 단체가 추천하는 <u>8명</u>
> 4. 다음 각 목에 해당하는 8명
>   가. 대통령령으로 정하는 중앙행정기관 소속 공무원 2명
>   나. 국민건강보험공단의 이사장 및 건강보험심사평가원의 원장이 추천하는 각 1명
>   다. 건강보험에 관한 학식과 경험이 풍부한 4명

> **정답해설**
> 2+1+8=11

> **독끝 암기포인트**
> 제4조(건강보험정책심의위원회)의 구성원은 25명인데, 25명 중 1명은 보건복지부차관이 위원장이 되고 나머지 24명은 각 이해집단별로 8명(가입자), 8명(의약업계), 8명(중립)으로 구성된다. (그리고 중립 8명 중에서 위원장이 지명하는 사람 1명이 부위원장이 된다.)
> • 근로자단체 및 사용자단체: 직장가입자를 대변 ➔ 각 2명씩 총 4명

- 시민단체, 소비자단체, 농어업인단체, 자영업자단체: 지역가입자를 대변 → 각 1명씩 총 4명
- 의료계, 약업계: 의약업계 관계자 8명
- 공무원, 공단 및 심평원, 기타: 중립 8명

03 정답 ① 빈출도 ●●○

해당하는 것 고르기

관련조문

제17조(정관)
① 공단의 정관에는 다음 각 호의 사항을 적어야 한다.
1. 목적
2. 명칭
3. 사무소의 소재지
4. 임직원에 관한 사항
5. 이사회의 운영
6. 재정운영위원회에 관한 사항
7. 보험료 및 보험급여에 관한 사항
8. 예산 및 결산에 관한 사항
9. 자산 및 회계에 관한 사항
10. 업무와 그 집행
11. 정관의 변경에 관한 사항
12. 공고에 관한 사항

제18조(등기)
공단의 설립등기에는 다음 각 호의 사항을 포함하여야 한다.
1. 목적
2. 명칭
3. 주된 사무소 및 분사무소의 소재지
4. 이사장의 성명·주소 및 주민등록번호

정답해설

㉠ (×) 정관이 아닌 설립등기
㉡ (×) 정관이 아닌 설립등기
㉢ (○) 정관이 맞음
㉣ (×) 설립등기가 아닌 정관
㉤ (×) 설립등기가 아닌 정관
㉥ (○) 정관과 설립등기 모두 해당

독끝 암기포인트

정관은 내부규정으로 목적, 명칭, 임직원, 이사회, 보험료, 예산, 자산 등 공단 내부 운영 규칙과 관련된 건 뭐든지 적는다. 반면 설립등기는 대외공시로 목적, 명칭, 모든 사무소의 소재지, 이사장 개인정보와 같이 법인 설립 요건으로 중요한 공개 정보만 나열한다.

04 정답 ① 빈출도 ●●●

일치/불일치

관련조문

제9조(자격의 변동 시기 등)
① 가입자는 다음 각 호의 어느 하나에 해당하게 된 날에 그 자격이 변동된다.
1. 지역가입자가 적용대상사업장의 사용자로 되거나, 근로자·공무원 또는 교직원(이하 "근로자등"이라 한다)으로 사용된 날
2. 직장가입자가 다른 적용대상사업장의 사용자로 되거나 근로자등으로 사용된 날
3. 직장가입자인 근로자등이 그 사용관계가 끝난 날의 다음 날
4. 적용대상사업장에 제7조 제2호(휴업·폐업 등 보건복지부령으로 정하는 사유가 발생한 경우)에 따른 사유가 발생한 날의 다음 날
5. 지역가입자가 다른 세대로 전입한 날
② 제1항에 따라 자격이 변동된 경우 직장가입자의 사용자와 지역가입자의 세대주는 다음 각 호의 구분에 따라 그 명세를 보건복지부령으로 정하는 바에 따라 자격이 변동된 날부터 14일 이내에 보험자에게 신고하여야 한다.
1. 제1항 제1호 및 제2호에 따라 자격이 변동된 경우: 직장가입자의 사용자
2. 제1항 제3호부터 제5호까지의 규정에 따라 자격이 변동된 경우: 지역가입자의 세대주
③ 법무부장관 및 국방부장관은 직장가입자나 지역가입자가 제54조 제3호(「병역법」에 따른 현역병(지원에 의하지 아니하고 임용된 하사를 포함한다), 전환복무된 사람 및 군간부후보생) 또는 제4호(교도소, 그 밖에 이에 준하는 시설에 수용되어 있는 경우)에 해당하면 보건복지부령으로 정하는 바에 따라 그 사유에 해당된 날부터 1개월 이내에 보험자에게 알려야 한다.

정답해설

㉠ (○) 지역가입자에서 사용자가 된 경우, 사용자가 14일 이내에 신고해야 하는데 본인이 사용자이므로 본인이 신고해야 한다.

㉡ (×) 지역가입자가 다른 세대로 전입한 경우에도 그 날에 자격이 변동되며, 자격이 변동된 날부터 14일 이내에 지역가입자의 세대주가 보험자에게 신고하여야 한다.

㉢ (×) 휴업·폐업 등의 사유가 발생한 날이 아니라 다음 날에 자격이 변동된다.

독끝 암기포인트

㉠ 사업장의 사용자도 직장가입자이며, 자격 변동으로 인해 직장가입자가 되었다면 사업주가 신고하고 지역가입자가 되었다면 세대주가 신고한다.

㉡ 지역가입자 → 지역가입자라 하더라도 세대가 바뀌었다면 자격 변동으로 보고, 이것을 신고해야 한다. 마찬가지로 직장가입자 → 직장가입자라 하더라도 사업장이 바뀌었다면 자격 변동으로 본다. 이는 보험료를 내는 대상(직장가입자의 경우 사업주가 절반 부담, 지역가입자의 경우 세대주)이 달라지기 때문이다. 만약 지역가입자가 다른 세대로 전입하는 것이 아니라, 세대 전체가 다른 곳으로 전입하는 경우에는 주소지 이동일 뿐이므로 자격 변동이 아니고 신고할 필요도 없다.

㉢ 퇴사하거나 휴업·폐업하여 마지막 근무를 하는 경우에는 그 날까지 근무한 것으로 상정하므로 다음 날부터 자격이 변동된다.

㉣ 제54조 제3호는 병역과 관련되었으므로 국방부장관, 제4호는 징역과 관련되었으므로 법무부장관이 보험자에게 알려야 한다.

---

05 정답 ③   빈출도 ●●○

일치 / 불일치

관련조문

제41조(요양급여)
③ 요양급여의 방법·절차·범위·상한 등의 기준은 <u>보건복지부령</u>으로 정한다.

제45조(요양급여비용의 산정 등)
① 요양급여비용은 공단의 이사장과 대통령령으로 정하는 의약계를 대표하는 사람들의 계약으로 정한다. 이 경우 계약기간은 1년으로 한다.
⑦ 제1항에 따른 <u>계약의 내용과 그 밖에 필요한 사항</u>은 <u>대통령령</u>으로 정한다.

제50조(부가급여)
공단은 이 법에서 정한 요양급여 외에 <u>대통령령</u>으로 정하는 바에 따라 <u>임신·출산 진료비, 장제비, 상병수당, 그 밖의 급여</u>를 실시할 수 있다.

제52조(건강검진)
① 공단은 가입자와 피부양자에 대하여 질병의 조기 발견과 그에 따른 요양급여를 하기 위하여 <u>건강검진</u>을 실시한다.
④ 제1항에 따른 <u>건강검진의 횟수·절차</u>와 그 밖에 필요한 사항은 <u>대통령령</u>으로 정한다.

정답해설

③ (×) 보건복지부령이 아니라 대통령령으로 정한다.

독끝 암기포인트

대통령령과 보건복지부령의 차이는 다음과 같이 요약할 수 있다.

구분	대통령령	보건복지부령
주체	대통령	보건복지부 장관
적용 범위	나라 전체, 부처 간 조정 포함	보건복지부 소관 업무에 한정
중요도	상대적으로 더 중요하고 큰 사안	실무적이고 구체적인 사안
예시	이사회 운영, 현역병의 요양급여 기준 등	신고 절차, 서류 양식 등

② 요양급여비용의 계약은 공단 외에 수많은 요양기관이 관련되어 있으므로 대통령령으로 정한다.
③ 부가급여는 국민건강보험법에서 정한 요양급여를 벗어난 것이므로 대통령령으로 정한다.
④ 건강검진은 공단 외에 요양기관, 사업장, 근로자와 관련되어 있으므로 대통령령으로 정한다.

---

06 정답 ①    빈출도 ●●○

빈칸 채우기

관련조문

제78조의2(가산금)
① 사업장의 사용자가 대통령령으로 정하는 사유에 해당되어 직장가입자가 될 수 없는 자를 제8조 제2항 또는 제9조 제2항을 위반하여 거짓으로 보험자에게 직장가입자로 신고한 경우 공단은 제1호의 금액에서 제2호의 금액을 뺀 금액의 <u>100분의 10</u>에 상당하는 가산금을 그 사용자에게 부과하여 징수한다.

정답해설

'100분의 10'이 들어가야 한다.

독끝 암기포인트

제78조의2에서의 가산금은 지역가입자였어야 했던 자를 직장가입자라고 거짓으로 신고한 경우에 부과하는 것이다. 이는 일반적으로 직장가입자보다 지역가입자의 건강보험료가 더 높게 부과되는 경향이 있고, 지역가입자와는 달리 직장가입자의 건강보험료는 절반을 사업자가 대납하기 때문에 건강보험료를 경감시키기 위해 지역가입자가 거짓으로 직장가입자 자격을 얻는 경우가 있기 때문이다. 따라서 원래 지역가입자였을 때 납부했어야 했던 건강보험료에서 직장가입자 자격으로 납부한 건강보험료의 차액에 가산금을 책정하는데, 이는 다소 경미한 위반이므로 10%의 가산금을 책정한다.

07 정답 ③

해당하는 것 고르기

관련조문

제75조(보험료의 경감 등)
① 다음 각 호의 어느 하나에 해당하는 가입자 중 보건복지부령으로 정하는 가입자에 대하여는 그 가입자 또는 그 가입자가 속한 세대의 보험료의 일부를 경감할 수 있다.
1. 섬·벽지(僻地)·농어촌 등 대통령령으로 정하는 지역에 거주하는 사람
2. 65세 이상인 사람
3. 「장애인복지법」에 따라 등록한 장애인
4. 「국가유공자 등 예우 및 지원에 관한 법률」제4조 제1항 제4호, 제6호, 제12호, 제15호 및 제17호에 따른 국가유공자
5. 휴직자
6. 그 밖에 생활이 어렵거나 천재지변 등의 사유로 보험료를 경감할 필요가 있다고 보건복지부장관이 정하여 고시하는 사람

정답해설

ⓒ (×) 60세가 아닌 65세 이상인 사람이다.

독끝 암기포인트

'섬노장유휴보'로 외운다. 각 글자는 다음과 같다.
- 섬: 섬·벽지·농어촌
- 노: 노인(65세 이상)
- 장: 장애인
- 유: 유공자
- 휴: 휴직자
- 보: 보건복지부장관이 정하여 고시하는 사람

08 정답 ④

일치 / 불일치

관련조문

제45조(요양급여비용의 산정 등)
① 요양급여비용은 공단의 이사장과 대통령령으로 정하는 의약계를 대표하는 사람들의 계약으로 정한다. 이 경우 계약기간은 1년으로 한다.
③ 제1항에 따른 계약은 그 직전 계약기간 만료일이 속하는 연도의 5월 31일까지 체결하여야 하며, 그 기한까지 계약이 체결되지 아니하는 경우 보건복지부장관이 그 직전 계약기간 만료일이 속하는 연도의 6월 30일까지 심의위원회의 의결을 거쳐 요양급여비용을 정한다. 이 경우 보건복지부장관이 정하는 요양급여비용은 제1항 및 제2항에 따라 계약으로 정한 요양급여비용으로 본다.
⑤ 공단의 이사장은 제33조(재정운영위원회)에 따른 재정운영위원회의 심의·의결을 거쳐 제1항에 따른 계약을 체결하여야 한다.
⑥ 심사평가원은 공단의 이사장이 제1항에 따른 계약을 체결하기 위하여 필요한 자료를 요청하면 그 요청에 성실히 따라야 한다.

정답해설

① (○) 재정운영위원회의 심의·의결을 거쳐 공단의 이사장은 요양급여비용에 대한 계약을 체결한다.
② (○) 공단의 이사장이 요양급여비용에 대한 계약에 필요한 자료를 요청하는 곳은 심사평가원이다.
③ (○) 계약기간은 1년이다.
④ (×) 6월 30일까지가 아니라 5월 31일까지다.

독끝 암기포인트

② 심사평가원은 계약 체결을 위한 근거 자료(진료비 자료, 진료량, 의료자원 활용 등)를 보유하고 있으므로 공단이 자료를 요청할 수 있다.
③ 물가상승률, 인건비 상승, 의료기술 및 진료 패턴 변화 등을 적절한 시기에 반영하기 위해 1년 단위 계약을 체결한다.

④ 협상에 실패할 경우를 대비해 보건복지부장관이 개입하여 요양급여비용을 6월 30일까지 결정할 수 있도록 1달 동안의 여유 기간을 두어 5월 31일까지 계약이 체결되도록 한 것이다. 6월 30일은 최후의 데드라인으로 볼 수 있다.

09 정답 ③
계산

관련조문

제115조(벌칙)
② 다음 각 호의 어느 하나에 해당하는 자는 3년 이하의 징역 또는 3천만 원 이하의 벌금에 처한다.
1. 대행청구단체의 종사자로서 거짓이나 그 밖의 부정한 방법으로 요양급여비용을 청구한 자
2. 제102조(정보의 유지 등) 제2호를 위반하여 업무를 수행하면서 알게 된 정보를 누설하거나 직무상 목적 외의 용도로 이용 또는 제3자에게 제공한 자
④ 거짓이나 그 밖의 부정한 방법으로 보험급여를 받거나 타인으로 하여금 보험급여를 받게 한 사람은 2년 이하의 징역 또는 2천만 원 이하의 벌금에 처한다.
⑤ 다음 각 호의 어느 하나에 해당하는 자는 1년 이하의 징역 또는 1천만 원 이하의 벌금에 처한다.
1. 제42조의2(선별급여) 제1항 및 제3항을 위반하여 선별급여를 제공한 요양기관의 개설자
2. 제47조 제7항(요양기관은 요양급여비용의 심사청구를 각 호의 단체에 대행하게 할 수 있음)을 위반하여 대행청구단체가 아닌 자로 하여금 대행하게 한 자
3. 제93조(근로자의 권익 보호)를 위반한 사용자
4. 제98조 제2항(업무정지 처분을 받은 자는 해당 업무정지기간 중에 요양급여를 할 수 없음)을 위반한 요양기관의 개설자

정답해설

- 갑: 제5항 제1호 ➡ 최대 1천만 원
- 을: 제2항 제1호 ➡ 최대 3천만 원
- 병: 제2항 제2호 ➡ 최대 3천만 원
- 정: 제4항 ➡ 최대 2천만 원

따라서 벌금 최대액의 합계는 1+3+3+2=9(천만 원)이다.

 독끝 암기포인트

벌칙 상한	위반행위 요약
5년 / 5천만 원	가입자 및 피부양자 개인정보 유출
3년 / 3천만 원	1. 대행청구단체가 부정하게 요양급여비용 청구 2. 업무 수행 중에 알게 된 정보 유출
3년 / 1천만 원	전산정보자료를 목적 외 용도로 이용
2년 / 2천만 원	부정하게 보험급여를 받거나 받게 함
1년 / 1천만 원	1. 자격 없이 선별급여 2. 자격 없이 대행청구 3. 근로자 권익 보호 × 4. 업무정지 중에 요양급여
1천만 원	요양·약제의 지급 등 보험급여에 대한 서류 제출을 하지 않거나 거짓으로 함
5백만 원	1. 정당한 이유 없이 요양급여를 거부함 2. 요양비 명세서나 영수증을 주지 않음

10 정답 ④
순서 정하기

관련조문

제8조(자격의 취득 시기 등)
② 제1항에 따라 자격을 얻은 경우 그 직장가입자의 사용자 및 지역가입자의 세대주는 그 명세를 보건복지부령으로 정하는 바에 따라 자격을 취득한 날부터 14일 이내에 보험자에게 신고하여야 한다.

제9조(자격의 변동 시기 등)
② 제1항에 따라 자격이 변동된 경우 직장가입자의 사용자와 지역가입자의 세대주는 다음 각 호의 구분에 따라 그 명세를 보건복지부령으로 정하는 바에 따라 자격이 변동된 날부터 14일 이내에 보험자에게 신고하여야 한다.
1. 제1항 제1호 및 제2호에 따라 자격이 변동된 경우: 직장가입자의 사용자
2. 제1항 제3호부터 제5호까지의 규정에 따라 자격이 변동된 경우: 지역가입자의 세대주
③ 법무부장관 및 국방부장관은 직장가입자나 지역가입자가 제54조 제3호(「병역법」에 따른 현역병(지원에 의하지 아니하고 임용된 하사를 포함한다), 전환복무된 사람 및 군간부후보생) 또는 제4호(교도소, 그 밖에 이에 준하는 시설에 수용되어 있는 경우)에 해당하면 보건복지부령으로 정하는 바에 따라 그 사유에 해당된 날부터 1개월 이내에 보험자에게 알려야 한다.

제10조(자격의 상실 시기 등)
② 제1항에 따라 자격을 잃은 경우 직장가입자의 사용자와 지역가입자의 세대주는 그 명세를 보건복지부령으로 정하는 바에 따라 자격을 잃은 날부터 14일 이내에 보험자에게 신고하여야 한다.

정답해설

①, ②, ③ 14일 이내
④ 1개월 이내

독끝 암기포인트

- 일반적인 경우: 관계자(사업자, 세대주)가 신고하므로 14일 이내
- 국가와 관련된 경우(법무부장관, 국방부장관): 행정 처리 시간이 필요하므로 1개월 이내

11 정답 ③   빈출도 ●●●
빈칸 채우기

관련조문

제53조(급여의 제한)
⑥ 제3항 및 제4항에 따라 보험급여를 하지 아니하는 기간(이하 이 항에서 "급여제한기간"이라 한다)에 받은 보험급여는 다음 각 호의 어느 하나에 해당하는 경우에만 보험급여로 인정한다.
1. 공단이 급여제한기간에 보험급여를 받은 사실이 있음을 가입자에게 통지한 날부터 2개월이 지난 날이 속한 달의 납부기한 이내에 체납된 보험료를 완납한 경우
2. 공단이 급여제한기간에 보험급여를 받은 사실이 있음을 가입자에게 통지한 날부터 2개월이 지난 날이 속한 달의 납부기한 이내에 제82조(체납보험료의 분할납부)에 따라 분할납부 승인을 받은 체납보험료를 1회 이상 낸 경우. 다만, 제82조에 따른 분할납부 승인을 받은 사람이 정당한 사유 없이 5회 이상 그 승인된 보험료를 내지 아니한 경우에는 그러하지 아니하다.

정답해설

㉠ 2개월
㉡ 1회
㉢ 5회

독끝 암기포인트

'1회 / 5회'는 제53조 제5항에서도 동일하므로 세트로 외운다. 또한 법조문을 보면 "~가 지난 날이 속한 달의 납부기한 이내에"라고 되어 있으므로 1개월일 경우 자칫하면 실제 기한이 매우 짧아질 우려가 있다. 따라서 기간을 넉넉하게 확보하는 차원에서 '2개월'로 알아두면 된다.

12 정답 ③   빈출도 ●●●
일치 / 불일치

관련조문

제56조의2(요양비등수급계좌)
① 공단은 이 법에 따른 보험급여로 지급되는 현금(이하 "요양비등"이라 한다)을 받는 수급자의 신청이 있는 경우에는 요양비등을 수급자 명의의 지정된 계좌(이하 "요양비등수급계좌"라 한다)로 입금하여야 한다. 다만, 정보통신장애나 그 밖에 대통령령으로 정하는 불가피한 사유로 요양비등수급계좌로 이체할 수 없을 때에는 직접 현금으로 지급하는 등 대통령령으로 정하는 바에 따라 요양비등을 지급할 수 있다.
② 요양비등수급계좌가 개설된 금융기관은 요양비등수급계좌에 요양비등만이 입금되도록 하고, 이를 관리하여야 한다.
③ 제1항 및 제2항에 따른 요양비등수급계좌의 신청 방법·절차와 관리에 필요한 사항은 대통령령으로 정한다.

정답해설

㉡ (×) 공단이 희망할 경우가 아니라 정보통신장애 등의 불가피한 사유로 요양비등수급계좌로 이체할 수 없을 때에만 직접 현금으로 지급할 수 있다.

독끝 암기포인트

요양비 등을 지급할 때는 계좌로 입금하는 것이 행정비용이 적게 들어간다. 직접 현금으로 지급하는 것은 비효율적이므로 불가피한 사유가 있지 않는 한 지양한다.

13 정답 ④   빈출도 ●●○
빈칸 채우기

관련조문

제101조의2(약제에 대한 쟁송 시 손실상당액의 징수 및 지급)
③ 제1항에 따른 손실에 상당하는 금액은 집행정지 기간 동안 공단이 지급한 요양급여비용과 집행정지가 결정되지 않았다면 공단이 지급하여야 할 요양급여비용의 차액으로 산정한다. 다만, 요양급여대상에서 제외되거나 요양급여의 적용을 정지하는 내용의 조정등의 경우에는 요양급여비용 차액의 <u>100분의 40</u>을 초과할 수 없다.
④ 제2항에 따른 손실에 상당하는 금액은 해당 조정 등이 없었다면 공단이 지급하여야 할 요양급여비용과 조정등에 따라 공단이 지급한 요양급여비용의 차액으로 산정한다. 다만, 요양급여대상에서 제외되거나 요양급여의 적용을 정지하는 내용의 조정등의 경우에는 요양급여비용 차액의 <u>100분의 40</u>을 초과할 수 없다.

정답해설

㉠ 100분의 40
㉡ 100분의 40

독끝 암기포인트

"약쟁이 말고 약쟁사" → 약제, 쟁송, 40%

14 정답 ②   빈출도 ●●●
계산

관련조문

제69조(보험료)
④ 직장가입자의 월별 보험료액은 다음 각 호에 따라 산정한 금액으로 한다.
1. 보수월액보험료: 제70조에 따라 산정한 <u>보수월액</u>에 제73조 제1항 또는 제2항에 따른 <u>보험료율</u>을 <u>곱하여 얻은 금액</u>
2. 보수 외 소득월액보험료: 제71조 제1항에 따라 산정한 보수 외 소득월액에 제73조 제1항 또는 제2항에 따른 보험료율을 곱하여 얻은 금액

제76조(보험료의 부담)
① 직장가입자의 보수월액보험료는 직장가입자와 다음 각 호의 구분에 따른 자가 각각 보험료액의 100분의 50씩 부담한다. 다만, <u>직장가입자가 교직원으로서 사립학교에 근무하는 교원이면 보험료액은 그 직장가입자가 100분의 50을, 제3조 제2호 다목에 해당하는 사용자가 100분의 30을, 국가가 100분의 20을 각각 부담한다.</u>
1. 직장가입자가 근로자인 경우에는 제3조 제2호 가목에 해당하는 사업주
2. 직장가입자가 공무원인 경우에는 그 공무원이 소속되어 있는 국가 또는 지방자치단체
3. 직장가입자가 교직원(사립학교에 근무하는 교원은 제외한다)인 경우에는 제3조 제2호 다목에 해당하는 사용자

정답해설

직장가입자 A씨의 월별 건강보험료액은 보수월액보험료와 보수 외 소득월액보험료의 합인데, A씨는 보수 외 소득이 없으므로 보수월액보험료만 계산하면 된다. A씨의 보수월액보험료는 $625 \times 0.08 = 50$(만 원)이다. 그런데 A씨는 사립학교에 근무하는 교원이며, 이 경우 보수월액보험료는 직장가입자가 50%, 사용자가 30%, 국가가 20%를 부담한다. 따라서 사용자가 부담하는 비용은 $50 \times 0.3 = 15$(만 원)이다.

독끝 암기포인트

직장가입자의 소득월액보험료는 직장가입자 본인과 사용자가 5:5로 부담한다. 그러나 예외가 하나 있는데, 바로 사립학교 교원이다. 사립학교 교원은 공교육을 수행하고 있다는 점에서 공익적 성격이 있으므로, 원래라면 사용자가 50%를 부담해야 하지만 30%만 부담하게 하고 나머지 20%는 국가가 부담하는 형태이다.

15 정답 ③   빈출도 ●●○
해당하는 것 고르기

관련조문

제108조의2(보험재정에 대한 정부지원)
② 공단은 「국민건강증진법」에서 정하는 바에 따라 같은 법에 따른 <u>국민건강증진기금에서 자금을 지원받을 수 있다.</u>
④ 공단은 제2항에 따라 지원된 재원을 다음 각 호의 사업에 사용한다.
1. <u>건강검진 등 건강증진에 관한 사업</u>

2. 가입자와 피부양자의 흡연으로 인한 질병에 대한 보험급여
3. 가입자와 피부양자 중 65세 이상 노인에 대한 보험급여

정답해설

③ (×) 흡연으로 인한 질병에 대한 보험급여는 있으나, 음주로 인한 질병에 대한 보험급여는 없다.

독끝 암기포인트

국민건강증진기금은 담배에 부과하는 부담금으로 조성된다. 따라서 흡연으로 인한 질병에 대한 보험급여 사업에는 사용되나, 음주에는 그렇지 않다.

16 정답 ③ 빈출도 ●●●
사례

관련조문
제44조(비용의 일부부담)
② 본인이 연간 부담하는 다음 각 호의 금액의 합계액이 대통령령으로 정하는 금액(이하 이 조에서 "본인부담상한액"이라 한다)을 초과한 경우에는 공단이 그 초과 금액을 부담하여야 한다. 이 경우 공단은 당사자에게 그 초과 금액을 통보하고, 이를 지급하여야 한다.
1. 본인일부부담금의 총액
2. 제49조 제1항(준요양기관에서 질병·부상·출산 등에 대하여 요양을 받거나 요양기관이 아닌 장소에서 출산한 경우에는 요양급여에 상당하는 금액을 요양비로 지급)에 따른 요양이나 출산의 비용으로 부담한 금액(요양이나 출산의 비용으로 부담한 금액이 보건복지부장관이 정하여 고시한 금액보다 큰 경우에는 그 고시한 금액으로 한다)에서 같은 항에 따라 요양비로 지급받은 금액을 제외한 금액

정답해설

직장가입자 A의 본인부담상한액 초과 금액은 아래와 같이 산정할 수 있다.
- 본인일부부담금의 총액: 300만 원
- 출산을 하여 별도로 부담한 금액이 50만 원이지만, 보건복지부장관이 고시한 기준금액이 40만 원으로 더 작다. 따라서 40만 원을 적용하며, 이 40만 원에서 요양비로 지급받은 35만 원을 제외한 40-35=5(만 원)

위 두 값을 더한 300+5=305(만 원)에서 본인부담상한액 280만 원을 초과하는 금액인 305-280=25(만 원)을 공단이 부담해야 한다.

① (×) A의 본인일부부담금 300만 원에서 차감되는 금액은 없다.
② (×) 출산비용 50만 원에 대한 고시 기준금액은 40만 원이므로, 40만 원이 반영되며 이 중 요양비로 지급받은 35만 원을 제외한 5만 원만 산정 대상이 된다.
④ (×) 요양기관이 아닌 기관에서 발생한 출산비용도 본인부담상한액 초과 금액의 산정에 포함된다.

독끝 암기포인트

본인부담상한제는 과도한 의료비로 인한 가계 파탄을 막기 위해 가입자가 부담해야 할 연간 의료비의 상한금액을 제한한 제도이다. 상한의 대상이 되는 액수는 다음과 같이 산정한다.

> 본인일부부담금+{(준요양기관에서의 비용 or 장소 불문 출산비용)−돌려받은 요양비}

단, (준요양기관에서의 비용 or 장소 불문 출산비용)의 경우 보건복지부장관이 정하여 고시한 금액보다 클 수 없다. 위 결괏값이 본인부담상한액보다 크다면 그 차액만큼 공단에서 부담한다.

17 정답 ① 빈출도 ●●○
일치 / 불일치

관련조문
제110조(실업자에 대한 특례)
① 사용관계가 끝난 사람 중 직장가입자로서의 자격을 유지한 기간이 보건복지부령으로 정하는 기간 동안 통산 1년 이상인 사람은 지역가입자가 된 이후 최초로 제79조(보험료등의 납입 고지)에 따라 지역가입자 보험료를 고지받은 날부터 그 납부기한에서 2개월이 지나기 이전까지 공단에 직장가입자로서의 자격을 유지할 것을 신청할 수 있다.
② 제1항에 따라 공단에 신청한 가입자(이하 "임의계속가입자"라 한다)는 제9조(자격의 변동 시기)에도 불구하고 대통령령으로 정하는 기간 동안 직장가입자의 자격을 유지한다. 다만, 제1항에 따른 신청 후 최초로 내야 할 직장가입자 보험료를 그 납부기한부터 2개월이 지난 날까지 내지 아니한 경우에는 그 자격을 유지할 수 없다.

③ 임의계속가입자의 보수월액은 보수월액보험료가 산정된 최근 12개월간의 보수월액을 평균한 금액으로 한다.
④ 임의계속가입자의 보험료는 보건복지부장관이 정하여 고시하는 바에 따라 그 일부를 경감할 수 있다.
⑤ 임의계속가입자의 보수월액보험료는 제76조(보험료의 부담) 제1항 및 제77조(보험료 납부의무) 제1항 제1호에도 불구하고 그 임의계속가입자가 전액을 부담하고 납부한다.

정답해설

② (×) 직장가입자로서의 자격을 유지한 기간이 보건복지부령으로 정하는 기간 동안 통산 1년 이상인 사람이 지역가입자 보험료를 고지받은 날부터 그 납부기한에서 2개월이 지나기 이전까지 공단에 직장가입자로서의 자격을 유지할 것을 신청하면 제9조(자격의 변동 시기)에도 불구하고 대통령령으로 정하는 기간 동안 직장가입자의 자격을 유지한다.

③ (×) 3개월간이 아닌 12개월간이다.

④ (×) 임의계속가입자가 전액을 부담하고 납부한다.

독끝 암기포인트

② 직장가입자에서 지역가입자로 갑작스레 전환될 경우, 지역가입자는 직장가입자에 비해 보험료 산정 체계도 더 복잡하고 더 많은 금액이 산정될 수 있으므로 일정 조건을 만족하면 일시적으로 직장가입자 자격을 유지하여 유예기간을 준다.
③ 직장가입자 및 지역가입자 모두 연간 소득을 12개월로 나눈 값을 기준으로 하므로, 이와 동일하게 임의계속가입자도 최근 12개월간의 보수월액을 평균한 금액으로 기준을 삼는다.
④ 직장가입자였던 사람을 배려하기 위하여 유예기간을 주지만, 사용자에게 이미 사용계약이 끝난 사람의 보험료까지 부담시키는 것은 부당하므로 임의계속가입자가 전액을 부담하고 납부하도록 한다.

18 정답 ④

일치 / 불일치

관련조문

제94조(신고 등)
① 공단은 사용자, 직장가입자 및 세대주에게 다음 각 호의 사항을 신고하게 하거나 관계 서류(전자적 방법으로 기록된 것을 포함한다. 이하 같다)를 제출하게 할 수 있다.
1. 가입자의 거주지 변경
2. 가입자의 보수·소득
3. 그 밖에 건강보험사업을 위하여 필요한 사항
② 공단은 제1항에 따라 신고한 사항이나 제출받은 자료에 대하여 사실 여부를 확인할 필요가 있으면 소속 직원이 해당 사항에 관하여 조사하게 할 수 있다.

제95조(소득 축소·탈루 자료의 송부 등)
① 공단은 제94조(신고 등) 제1항에 따라 신고한 보수 또는 소득 등에 축소 또는 탈루(脫漏)가 있다고 인정하는 경우에는 보건복지부장관을 거쳐 소득의 축소 또는 탈루에 관한 사항을 문서로 국세청장에게 송부할 수 있다.
② 국세청장은 제1항에 따라 송부받은 사항에 대하여 「국세기본법」 등 관련 법률에 따른 세무조사를 하면 그 조사결과 중 보수·소득에 관한 사항을 공단에 송부하여야 한다.

정답해설

④ (×) 조사결과 전체가 아닌 조사결과 중 보수·소득에 관한 사항만 공단에 송부하여야 한다.

독끝 암기포인트

④ 공단의 업무 범위를 벗어나는 조사결과는 개인정보 보호를 위하여 공단에 공유할 수 없도록 규정하고 있다.

19 정답 ❷   빈출도 ●●○

사례

관련조문

제100조(위반사실의 공표)
① 보건복지부장관은 관련 서류의 위조·변조로 요양급여비용을 거짓으로 청구하여 제98조(업무정지) 또는 제99조(과징금)에 따른 행정처분을 받은 요양기관이 다음 각 호의 어느 하나에 해당하면 그 위반 행위, 처분 내용, 해당 요양기관의 명칭·주소 및 대표자 성명, 그 밖에 다른 요양기관과의 구별에 필요한 사항으로서 대통령령으로 정하는 사항을 공표할 수 있다. 이 경우 공표 여부를 결정할 때에는 그 위반행위의 동기, 정도, 횟수 및 결과 등을 고려하여야 한다.
1. 거짓으로 청구한 금액이 1천 500만 원 이상인 경우
2. 요양급여비용 총액 중 거짓으로 청구한 금액의 비율이 100분의 20 이상인 경우

정답해설

① (○) 요양급여비용 총액 중 거짓으로 청구한 금액의 비율이 100분의 20 이상
② (×) 거짓으로 청구한 금액이 1,500만 원 미만이며, 비율도 15%로 100분의 20 미만
③ (○) 거짓으로 청구한 금액이 1,500만 원 이상이며, 비율도 30%로 100분의 20 이상
④ (○) 거짓으로 청구한 금액이 1,500만 원 이상

독끝 암기포인트

"일오 이십 이상이면 뉴스에 뜬다." → 일오(1,500만 원) or 이십(20%) 이상이면 공표된다.

20 정답 ❶   빈출도 ●●●

계산

관련조문

제44조(비용의 일부부담)
① 요양급여를 받는 자는 대통령령으로 정하는 바에 따라 비용의 일부(이하 "본인일부부담금"이라 한다)를 본인이 부담한다. 이 경우 선별급여에 대해서는 다른 요양급여에 비하여 본인일부부담금을 상향 조정할 수 있다.

② 본인이 연간 부담하는 다음 각 호의 금액의 합계액이 대통령령으로 정하는 금액(이하 이 조에서 "본인부담상한액"이라 한다)을 초과한 경우에는 공단이 그 초과 금액을 부담하여야 한다. 이 경우 공단은 당사자에게 그 초과 금액을 통보하고, 이를 지급하여야 한다.
1. 본인일부부담금의 총액
2. 제49조(요양비) 제1항에 따른 요양이나 출산의 비용으로 부담한 금액(요양이나 출산의 비용으로 부담한 금액이 보건복지부장관이 정하여 고시한 금액보다 큰 경우에는 그 고시한 금액으로 한다)에서 같은 항에 따라 요양비로 지급받은 금액을 제외한 금액
③ 제2항에 따른 본인부담상한액은 가입자의 소득수준 등에 따라 정한다.

정답해설

A씨의 올해 본인일부부담금은 $1,200 \times 0.3 = 360$(만 원)이며, 본인부담상한액은 150만 원이므로 둘의 차액인 $360 - 150 = 210$(만 원)을 공단으로부터 환급받을 수 있다. 비급여 항목은 계산에 포함되지 않는 것에 유의한다.

독끝 암기포인트

본인부담상한제는 과도한 의료비로 인한 가계 파탄을 막기 위해 가입자가 부담해야 할 연간 의료비의 상한금액을 제한한 제도이다. 그러나 건강보험이 적용되지 않는 비급여 항목에는 해당하지 않는다.
또한 본인부담상한제는 원칙적으로 '먼저 낸 다음, 나중에 공단이 초과분을 돌려주는 구조'인 사후정산제도로, 진료비를 처음부터 낼 돈이 없는 가입자에게는 이 제도가 실질적으로 도움이 되지 않는 경우도 있다. 이를 보완하기 위해 재난적의료비 지원 등의 제도가 있지만, 공단의 '사전 본인부담금 대납' 제도는 현재까지 존재하지 않는다.

❷교시 직무시험_노인장기요양보험법

01 정답 ④   빈출도 ●●○
일치 / 불일치

[관련조문]
제7조(장기요양보험)
① 장기요양보험사업은 보건복지부장관이 관장한다.
② 장기요양보험사업의 보험자는 공단으로 한다.
③ 장기요양보험의 가입자(이하 "장기요양보험가입자"라 한다)는 「국민건강보험법」 제5조(적용 대상 등) 및 제109조(외국인 등에 대한 특례)에 따른 가입자로 한다.
④ 공단은 제3항에도 불구하고 「외국인근로자의 고용 등에 관한 법률」에 따른 외국인근로자 등 대통령령으로 정하는 외국인이 신청하는 경우 보건복지부령으로 정하는 바에 따라 장기요양보험가입자에서 제외할 수 있다.

정답해설
④ (×) 제외할 수 있다.

독끝 암기포인트
④ 노인장기요양보험은 고령이나 노인성 질병 등의 사유로 일상생활을 혼자서 수행하기 어려운 노인 등에게 제공하기 위한 보험으로, 일시적으로 국내에 체류하는 외국인근로자의 경우에는 보험료만 납부하고 혜택을 받지 못할 우려가 있다. 따라서 외국인이 신청하는 경우 장기요양보험가입자에서 제외할 수 있도록 길을 열어주고 있다.

02 정답 ④   빈출도 ●●○
일치 / 불일치

[관련조문]
제25조(특례요양비)
① 공단은 수급자가 장기요양기관이 아닌 노인요양시설 등의 기관 또는 시설에서 재가급여 또는 시설급여에 상당한 장기요양급여를 받은 경우 대통령령으로 정하는 기준에 따라 해당 장기요양급여비용의 일부를 해당 수급자에게 특례요양비로 지급할 수 있다.

제26조(요양병원간병비)
① 공단은 수급자가 「의료법」 제3조 제2항 제3호 라목에 따른 요양병원에 입원한 때 대통령령으로 정하는 기준에 따라 장기요양에 사용되는 비용의 일부를 요양병원간병비로 지급할 수 있다.

제28조(장기요양급여의 월 한도액)
① 장기요양급여는 월 한도액 범위 안에서 제공한다. 이 경우 월 한도액은 장기요양등급 및 장기요양급여의 종류 등을 고려하여 산정한다.

제29조(장기요양급여의 제한)
① 공단은 장기요양급여를 받고 있는 자가 정당한 사유 없이 제15조 제4항에 따른 조사나 제60조 또는 제61조에 따른 요구에 응하지 아니하거나 답변을 거절한 경우 장기요양급여의 전부 또는 일부를 제공하지 아니하게 할 수 있다.
② 공단은 장기요양급여를 받고 있거나 받을 수 있는 자가 장기요양기관이 거짓이나 그 밖의 부정한 방법으로 장기요양급여비용을 받는 데에 가담한 경우 장기요양급여를 중단하거나 1년의 범위에서 장기요양급여의 횟수 또는 제공 기간을 제한할 수 있다.
③ 제2항에 따른 장기요양급여의 중단 및 제한 기준과 그 밖에 필요한 사항은 보건복지부령으로 정한다.

정답해설
④ (×) 제29조에 의해 장기요양급여를 받고 있는 자라 하더라도 경우에 따라 장기요양급여가 제한될 수 있다.

독끝 암기포인트
①, ② 장기요양급여에는 재가급여, 시설급여, 특별현금급여(가족요양비, 특례요양비, 요양병원간병비)가 있다. 즉, 경우에 따라 특례요양비, 요양병원간병비와 같은 특별현금급여가 가능하다.
③ 공단의 재정건전성과 지속가능성을 위하여 장기요양급여에는 월 한도액이 정해져 있다.
④ 부정수급에 대한 패널티를 주기 위해 경우에 따라 이미 제공되고 있는 장기요양급여를 제한할 수 있다.

03 정답 ②

일치 / 불일치   빈출도 ●●○

> **관련조문**
>
> 제10조(장애인 등에 대한 장기요양보험료의 감면)
> 공단은 「장애인복지법」에 따른 장애인 또는 이와 유사한 자로서 대통령령으로 정하는 자가 장기요양보험 가입자 또는 그 피부양자인 경우 제15조 제2항에 따른 수급자로 결정되지 못한 때 대통령령으로 정하는 바에 따라 장기요양보험료의 전부 또는 일부를 감면할 수 있다.
>
> 제15조(등급판정 등)
> ① 공단은 제14조(장기요양인정 신청의 조사)에 따른 조사가 완료된 때 조사결과서, 신청서, 의사소견서, 그 밖에 심의에 필요한 자료를 등급판정위원회에 제출하여야 한다.
> ② 등급판정위원회는 신청인이 제12조의 신청자격요건을 충족하고 6개월 이상 동안 혼자서 일상생활을 수행하기 어렵다고 인정하는 경우 심신상태 및 장기요양이 필요한 정도 등 대통령령으로 정하는 등급판정기준에 따라 수급자로 판정한다.
> ③ 등급판정위원회는 제2항에 따라 심의·판정을 하는 때 신청인과 그 가족, 의사소견서를 발급한 의사 등 관계인의 의견을 들을 수 있다.
> ④ 공단은 장기요양급여를 받고 있거나 받을 수 있는 자가 다음 각 호의 어느 하나에 해당하는 것으로 의심되는 경우에는 제14조 제1항 각 호의 사항을 조사하여 그 결과를 등급판정위원회에 제출하여야 한다.
> 1. 거짓이나 그 밖의 부정한 방법으로 장기요양인정을 받은 경우
> 2. 고의로 사고를 발생하도록 하거나 본인의 위법행위에 기인하여 장기요양인정을 받은 경우

정답해설

㉠ (×) 장기요양보험료의 전부 또는 일부를 감면받을 수 있다.

㉢ (×) 신청인과 그 가족, 의사소견서를 발급한 의사 등 관계인의 의견을 들을 수 있다.

> **독끝 암기포인트**
>
> ㉠ 수급자로 결정되지 않더라도 장애인과 같은 취약계층에게는 보험료 부담 완화를 통한 사회적 보호가 필요하므로 보험료의 전부 또는 일부를 감면해 준다.
> ㉡ 조사를 했으므로 조사결과서, 신청인이 신청할 때 제출한 신청서 및 의사소견서, 그 밖에 필요한 자료를 제출한다.

㉢ 장기요양인정은 서류나 수치만으로 판단하기에는 어려운 부분이 있으며, 일상생활능력이나 보호자의 상황과 같은 정량화하기 어려운 질적 정보도 함께 고려해야 한다. 또한 당사자의 의견을 배제한 채 판정이 내려질 경우, 불복이나 민원 발생 가능성이 높아진다. 따라서 보다 종합적으로 심의·판정하고, 절차적으로 정당성을 확보하기 위하여 관계인의 의견을 들을 수 있게 한다.

04 정답 ②

해당하는 것 고르기   빈출도 ●●●

> **관련조문**
>
> 제2조(정의)
> 이 법에서 사용하는 용어의 정의는 다음과 같다.
> 1. "노인등"이란 65세 이상의 노인 또는 65세 미만의 자로서 치매·뇌혈관성질환 등 대통령령으로 정하는 노인성 질병을 가진 자를 말한다.
> 2. "장기요양급여"란 제15조(등급판정 등) 제2항에 따라 6개월 이상 동안 혼자서 일상생활을 수행하기 어렵다고 인정되는 자에게 신체활동·가사활동의 지원 또는 간병 등의 서비스나 이에 갈음하여 지급하는 현금 등을 말한다.
> 3. "장기요양사업"이란 장기요양보험료, 국가 및 지방자치단체의 부담금 등을 재원으로 하여 노인등에게 장기요양급여를 제공하는 사업을 말한다.
> 4. "장기요양기관"이란 제31조에 따른 지정을 받은 기관으로서 장기요양급여를 제공하는 기관을 말한다.
> 5. "장기요양요원"이란 장기요양기관에 소속되어 노인등의 신체활동 또는 가사활동 지원 등의 업무를 수행하는 자를 말한다.

정답해설

② (×) 6개월 미만이 아니라 6개월 이상이다.

> **독끝 암기포인트**
>
> ① 노인의 연령 기준은 「노인복지법」에 의해 65세 이상으로 정해져 있다. 2025년 현재 노인의 연령 기준을 65세 이상에서 70세 이상으로 상향하는 논의가 진행 중이다.
> ② 6개월 '미만'이라는 단기보다는 '이상'이라는 장기간의 어려움에 대해 장기요양급여를 적용하는 것이 합리적이다.

05 정답 ④   빈출도 ●●○
사례

> **관련조문**
>
> 제2조(정의)
> 이 법에서 사용하는 용어의 정의는 다음과 같다.
> 1. "노인등"이란 65세 이상의 노인 또는 65세 미만의 자로서 치매·뇌혈관성질환 등 대통령령으로 정하는 노인성 질병을 가진 자를 말한다.
>
> 제12조(장기요양인정의 신청자격)
> 장기요양인정을 신청할 수 있는 자는 노인등으로서 다음 각 호의 어느 하나에 해당하는 자격을 갖추어야 한다.
> 1. 장기요양보험가입자 또는 그 피부양자
> 2. 「의료급여법」 제3조 제1항에 따른 수급권자(이하 "의료급여수급권자"라 한다)

정답해설

① (○) 65세 이상이므로 '노인등'이며, 장기요양보험가입자 자격을 갖추었다.

② (○) 65세 이상이므로 '노인등'이며, 피부양자 자격을 갖추었다.

③ (○) 65세 미만이지만 노인성 질병인 치매를 앓고 있으므로 '노인등'이며, 장기요양보험가입자 자격을 갖추었다.

④ (✕) 외과적 장애는 노인성 질병이 아니므로 '노인등'에 해당하지 않는다. 따라서 의료급여수급권자 자격을 갖추었더라도 '노인등'에 해당하지 않으므로 신청할 수 없다.

독끝 암기포인트

노인장기요양보험 자체가 노인을 위한 것이므로 65세 이상의 노인은 기본적인 자격에 해당한다. 그리고 노인이 아니더라도 노인성 질병을 가진 자도 노인으로 대우하는 '노인등'에 해당한다.
한편 장기요양보험가입자 또는 그 피부양자는 보험료를 납부하는 사람 및 보험가입자가 돌보는 사람이므로 이 자격이 필요한 것은 당연하다. 그러나 국민건강보험법 제5조에 의해 의료급여수급권자는 보험가입자 또는 피부양자에서 제외되는데, 복지의 사각지대에 방치되지 않도록 의료급여수급권자도 따로 명시하여 장기요양인정을 신청할 수 있게 하였다. 의료급여수급권자는 장기요양보험가입자가 아니므로 보험료를 내지는 않지만, 복지 차원에서 장기요양인정을 신청할 수 있다.

06 정답 ②   빈출도 ●●○
일치 / 불일치

> **관련조문**
>
> 제14조(장기요양인정 신청의 조사)
> ① 공단은 제13조(장기요양인정의 신청) 제1항에 따라 신청서를 접수한 때 보건복지부령으로 정하는 바에 따라 소속 직원으로 하여금 다음 각 호의 사항을 조사하게 하여야 한다. 다만, 지리적 사정 등으로 직접 조사하기 어려운 경우 또는 조사에 필요하다고 인정하는 경우 특별자치시·특별자치도·시·군·구(자치구를 말한다. 이하 같다)에 대하여 조사를 의뢰하거나 공동으로 조사할 것을 요청할 수 있다.
> 1. 신청인의 심신상태
> 2. 신청인에게 필요한 장기요양급여의 종류 및 내용
> 3. 그 밖에 장기요양에 관하여 필요한 사항으로서 보건복지부령으로 정하는 사항
> ② 공단은 제1항 각 호의 사항을 조사하는 경우 2명 이상의 소속 직원이 조사할 수 있도록 노력하여야 한다.
> ③ 제1항에 따라 조사를 하는 자는 조사일시, 장소 및 조사를 담당하는 자의 인적사항 등을 미리 신청인에게 통보하여야 한다.
> ④ 공단 또는 제1항 단서에 따른 조사를 의뢰받은 특별자치시·특별자치도·시·군·구는 조사를 완료한 때 조사결과서를 작성하여야 한다. 조사를 의뢰받은 특별자치시·특별자치도·시·군·구는 지체 없이 공단에 조사결과서를 송부하여야 한다.

정답해설

② (✕) 2명 이상의 소속 직원이 조사할 수 있도록 노력하여야 한다.

독끝 암기포인트

① 조사해야 하는 내용은 신청인의 상태+상태에 따라 필요한 장기요양급여의 종류 및 내용+기타 필요한 사항이다.
② 한 사람의 주관적인 판단에 휩쓸리지 않고 보다 다각도로 조사하면서, 부정한 행위 등을 방지하기 위해 2명 이상의 소속 직원이 조사할 수 있도록 노력하여야 한다.
③ 독재국가가 아니므로 신청인에게 미리 조사에 대한 내용을 충분히 알려야 한다.

07 정답 ①
빈칸 채우기

관련조문
제17조(장기요양인정서)
① 공단은 등급판정위원회가 장기요양인정 및 등급판정의 심의를 완료한 경우 지체 없이 다음 각 호의 사항이 포함된 장기요양인정서를 작성하여 수급자에게 송부하여야 한다.
1. 장기요양등급
2. 장기요양급여의 종류 및 내용
3. 그 밖에 장기요양급여에 관한 사항으로서 보건복지부령으로 정하는 사항

정답해설
'장기요양인정서'가 들어가야 한다.

독끝 암기포인트
장기요양 해당된다고 인정하는지, 인정하지 않는지를 심의한 것에 대한 증서이므로 장기요양'인정'서다.

08 정답 ③
해당하는 것 고르기

관련조문
제23조(장기요양급여의 종류)
① 이 법에 따른 장기요양급여의 종류는 다음 각 호와 같다.
1. 재가급여
  가. 방문요양: 장기요양요원이 수급자의 가정 등을 방문하여 신체활동 및 가사활동 등을 지원하는 장기요양급여
  나. 방문목욕: 장기요양요원이 목욕설비를 갖춘 장비를 이용하여 수급자의 가정 등을 방문하여 목욕을 제공하는 장기요양급여
  다. 방문간호: 장기요양요원인 간호사 등이 의사, 한의사 또는 치과의사의 지시서(이하 "방문간호지시서"라 한다)에 따라 수급자의 가정 등을 방문하여 간호, 진료의 보조, 요양에 관한 상담 또는 구강위생 등을 제공하는 장기요양급여
  라. 주·야간보호: 수급자를 하루 중 일정한 시간 동안 장기요양기관에 보호하여 신체활동 지원 및 심신기능의 유지·향상을 위한 교육·훈련 등을 제공하는 장기요양급여
  마. 단기보호: 수급자를 보건복지부령으로 정하는 범위 안에서 일정 기간 동안 장기요양기관에 보호하여 신체활동 지원 및 심신기능의 유지·향상을 위한 교육·훈련 등을 제공하는 장기요양급여
  바. 기타재가급여: 수급자의 일상생활·신체활동 지원 및 인지기능의 유지·향상에 필요한 용구(소프트웨어를 포함한다)를 제공하거나 가정을 방문하여 재활에 관한 지원 등을 제공하는 장기요양급여로서 대통령령으로 정하는 것

정답해설
③ (×) 해당 설명은 단기보호가 아닌 주·야간보호이다.

독끝 암기포인트
주·야간보호는 하루 중 일부(주간 또는 야간), 단기보호는 하루를 넘지만 그래도 장기는 아닌 짧은 일수 동안 장기요양기관에 보호하는 장기요양급여다. 재가급여 중 이 둘의 설명이 매우 유사하므로 확실하게 구분해야 한다.

09 정답 ③
해당하는 것 고르기

관련조문
제32조의2(결격사유)
다음 각 호의 어느 하나에 해당하는 자는 제31조(장기요양기관의 지정)에 따른 장기요양기관으로 지정받을 수 없다.
1. 미성년자, 피성년후견인 또는 피한정후견인
2. 「정신건강증진 및 정신질환자 복지서비스 지원에 관한 법률」 제3조 제1호의 정신질환자. 다만, 전문의가 장기요양기관 설립·운영 업무에 종사하는 것이 적합하다고 인정하는 사람은 그러하지 아니하다.
3. 「마약류 관리에 관한 법률」 제2조 제1호의 마약류에 중독된 사람
4. 파산선고를 받고 복권되지 아니한 사람
5. 금고 이상의 실형을 선고받고 그 집행이 종료(집행이 종료된 것으로 보는 경우를 포함한다)되거나 집행이 면제된 날부터 5년이 경과되지 아니한 사람
6. 금고 이상의 형의 집행유예를 선고받고 그 유예기간 중에 있는 사람
7. 대표자가 제1호부터 제6호까지의 규정 중 어느 하나에 해당하는 법인

정답해설

① (○) 제2호에 따르면 정신질환자는 불가능하다. 그러나 전문의가 적합하다고 인정하는 사람은 그렇지 않다. 즉, 가능하다.

② (○) 제4호에 따르면 파산선고를 받고 복권되지 않은 사람은 불가능하다. 그러나 복권되면 그렇지 않다. 즉, 가능하다.

③ (×) 제5호에 따르면 집행이 종료되거나 집행이 면제된 날부터 5년이 경과되지 않은 사람은 불가능하다. 해당 선지는 아직 3년밖에 경과되지 않았으므로 불가능하다.

④ (○) 제6호에 따르면 집행유예를 선고받고 그 유예기간 중에 있는 사람은 불가능하다. 그러나 유예기간이 종료되었다면 그것이 단 1일 후라 하더라도 불가능하지 않다. 즉, 가능하다.

독끝 암기포인트

불가능한 것은 미성년자, 피성년후견인, 피한정후견인, 정신질환자, 마약중독자, 파산자, 범죄자(실형, 집행유예 모두)이다. 이 중에서 예외적으로 기억할 것은 아래 2가지이다.
- 정신질환자: 상태에서 벗어나지 못했더라도 전문의가 인정하면 가능
- 범죄자(실형): 상태에서 벗어났다 하더라도 5년이 지나야 가능

---

10 정답 ③ 빈출도 ●●○
빈칸 채우기

관련조문

제33조(장기요양기관의 시설·인력에 관한 변경)
① 장기요양기관의 장은 시설 및 인력 등 보건복지부령으로 정하는 중요한 사항을 변경하려는 경우에는 보건복지부령으로 정하는 바에 따라 특별자치시장·특별자치도지사·시장·군수·구청장의 <U>변경지정</U>을 받아야 한다.
② 제1항에 따른 사항 외의 사항을 변경하려는 경우에는 보건복지부령으로 정하는 바에 따라 특별자치시장·특별자치도지사·시장·군수·구청장에게 <U>변경신고</U>를 하여야 한다.

정답해설

㉠ 변경지정
㉡ 변경신고

독끝 암기포인트

㉠ 변경지정의 '지정'이란 '관공서, 학교, 회사, 개인 등이 어떤 것에 특정한 자격을 줌'이라는 뜻이다. '지정 병원', '문화재 지정'과 같은 용례로 쓰인다. 즉, 변경지정이란 변경 자격을 준다는 의미로, 중요한 사항을 변경하는 경우에는 특별자치시장·특별자치도지사·시장·군수·구청장의 허락부터 받아야 하는 것이다.
㉡ 중요한 사항 외의 것을 변경하는 경우에는 신고만 하면 된다. 신청은 상대방에게 확인, 허가 등의 특정한 행위를 요구하는 것이므로 적절하지 않다.

---

11 정답 ② 빈출도 ●●●
일치 / 불일치

관련조문

제37조(장기요양기관 지정의 취소 등)
① 특별자치시장·특별자치도지사·시장·군수·구청장은 장기요양기관이 다음 각 호의 어느 하나에 해당하는 경우 그 지정을 취소하거나 <U>6개월의 범위에서 업무정지</U>를 명할 수 있다. 다만, <U>제1호, 제2호의2, 제3호의5, 제7호, 또는 제8호</U>에 해당하는 경우에는 <U>지정을 취소하여야 한다</U>.
1. 거짓이나 그 밖의 부정한 방법으로 지정을 받은 경우
1의2. 제28조의2(급여외행위의 제공 금지)를 위반하여 급여외행위를 제공한 경우. 다만, 장기요양기관의 장이 그 위반행위를 방지하기 위하여 해당 업무에 관하여 상당한 주의와 감독을 게을리하지 아니한 경우는 제외한다.
2. 제31조(장기요양기관의 지정) 제1항에 따른 지정기준에 적합하지 아니한 경우
2의2. 제32조의2(결격사유) 각 호의 어느 하나에 해당하게 된 경우. 다만, 제32조의2 제7호(대표자가 결격사유에 해당하는 법인)에 해당하게 된 법인의 경우 3개월 이내에 그 대표자를 변경하는 때에는 그러하지 아니하다.
3. 제35조(장기요양기관의 의무 등) 제1항을 위반하여 장기요양급여를 거부한 경우
3의2. 제35조 제5항을 위반하여 본인부담금을 면제하거나 감경하는 행위를 한 경우

3의3. 제35조 제6항을 위반하여 수급자를 소개, 알선 또는 유인하는 행위 및 이를 조장하는 행위를 한 경우
3의4. 제35조의4(장기요양요원의 보호) 제2항 각 호(급여외행위의 제공 요구, 수급자의 본인부담금을 대신 부담하도록 요구)의 어느 하나를 위반한 경우
3의5. 제36조(장기요양기관의 폐업 등의 신고 등) 제1항에 따른 폐업 또는 휴업 신고를 하지 아니하고 1년 이상 장기요양급여를 제공하지 아니한 경우
3의6. 제36조의2(시정명령)에 따른 시정명령을 이행하지 아니하거나 회계부정 행위가 있는 경우
3의7. 정당한 사유 없이 제54조(장기요양급여의 관리·평가)에 따른 평가를 거부·방해 또는 기피하는 경우
4. 거짓이나 그 밖의 부정한 방법으로 재가 및 시설 급여비용을 청구한 경우
5. 제61조(보고 및 검사) 제2항(장기요양급여에 관한 자료제출)에 따른 자료제출 명령에 따르지 아니하거나 거짓으로 자료제출을 한 경우나 질문 또는 검사를 거부·방해 또는 기피하거나 거짓으로 답변한 경우
6. 장기요양기관의 종사자 등이 다음 각 목의 어느 하나에 해당하는 행위를 한 경우. 다만, 장기요양기관의 장이 그 행위를 방지하기 위하여 해당 업무에 관하여 상당한 주의와 감독을 게을리하지 아니한 경우는 제외한다.
   가. 수급자의 신체에 폭행을 가하거나 상해를 입히는 행위
   나. 수급자에게 성적 수치심을 주는 성폭행, 성희롱 등의 행위
   다. 자신의 보호·감독을 받는 수급자를 유기하거나 의식주를 포함한 기본적 보호 및 치료를 소홀히 하는 방임행위
   라. 수급자를 위하여 증여 또는 급여된 금품을 그 목적 외의 용도에 사용하는 행위
   마. 폭언, 협박, 위협 등으로 수급자의 정신건강에 해를 끼치는 정서적 학대행위
7. 업무정지기간 중에 장기요양급여를 제공한 경우
8. 「부가가치세법」 제8조에 따른 사업자등록 또는 「소득세법」 제168조에 따른 사업자등록이나 고유번호가 말소된 경우

제37조의2(과징금의 부과 등)

① 특별자치시장·특별자치도지사·시장·군수·구청장은 제37조 제1항 각 호의 어느 하나(같은 항 제4호는 제외한다)에 해당하는 행위를 이유로 업무정지명령을 하여야 하는 경우로서 그 업무정지가 해당 장기요양기관을 이용하는 수급자에게 심한 불편을 줄 우려가 있는 등 보건복지부장관이 정하는 특별한 사유가 있다고 인정되는 경우에는 업무정지명령을 갈음하여 2억 원 이하의 과징금을 부과할 수 있다. 다만, 제37조 제1항 제6호를 위반한 행위로서 보건복지부령으로 정하는 경우에는 그러하지 아니하다.
② 특별자치시장·특별자치도지사·시장·군수·구청장은 제37조 제1항 제4호에 해당하는 행위를 이유로 업무정지 명령을 하여야 하는 경우로서 그 업무정지가 해당 장기요양기관을 이용하는 수급자에게 심한 불편을 줄 우려가 있는 등 보건복지부장관이 정하는 특별한 사유가 있다고 인정되는 경우에는 업무정지명령을 갈음하여 거짓이나 그 밖의 부정한 방법으로 청구한 금액의 5배 이하의 금액을 과징금으로 부과할 수 있다.

🧠 정답해설

① (○) 제37조 제1항 제4호에 따라 업무정지를 내릴 수 있지만, 제37조의2 제2항에 따라 과징금으로 갈음할 수 있다.

② (×) 제37조 제1항 제6호 가목에 따라 업무정지를 내릴 수 있다. 그럼에도 불구하고 제37조의2 제1항에 따라 보건복지부령으로 정하는 경우에는 과징금으로 갈음할 수 없다.

③ (○) 제37조 제1항 제3호의5에 따라 지정취소만 가능하다.

④ (○) 제37조 제1항 제3호의6에 따라 업무정지를 내릴 수 있다.

📘 독끝 암기포인트

기본은 6개월의 범위에서 업무정지이며, 업무정지인 경우에는 2억 원 이하의 과징금으로 갈음할 수 있다. 아래 특수한 경우만 암기하면 된다.
- 반드시 지정취소(과징금으로 갈음 불가능)
  - 거짓이나 그 밖의 부정한 방법으로 지정을 받은 경우
  - 결격사유에 해당하는 경우(단, 대표자가 결격사유인 경우 3개월 이내에 변경하면 제외)
  - 1년 이상 장기요양급여를 제공하지 않은 경우(사실상 폐업·휴업)
  - 업무정지기간 중에 장기요양급여를 제공한 경우
  - 사업자등록이 말소된 경우
  즉, 장기요양기관으로서의 자격이 없거나 기능을 상실한 경우에는 지정취소된다.
- 업무정지인데 과징금으로 갈음 불가능: 종사자 등이 수급자에게 폭행, 성범죄, 유기, 방임, 학대 등 위해를 가한 경우(단, 장기요양기관의 장이 감독을 열심히 했음에도 발생했다면 제외)

- 과징금 액수가 2억 원 이하가 아닌 경우: 부정한 방법으로 급여비용 청구(부정한 방법으로 청구한 금액의 5배 이하)

12 정답 ③   빈출도 ●●○
해당하는 것 고르기

관련조문
제41조(가족 등의 장기요양에 대한 보상)
① 공단은 장기요양급여를 받은 금액의 총액이 보건복지부장관이 정하여 고시하는 금액 이하에 해당하는 수급자가 가족 등으로부터 제23조 제1항 제1호 가목에 따른 방문요양에 상당한 장기요양을 받은 경우 보건복지령으로 정하는 바에 따라 본인부담금의 일부를 감면하거나 이에 갈음하는 조치를 할 수 있다.
② 제1항에 따른 본인부담금의 감면방법 등 필요한 사항은 보건복지부령으로 정한다.

정답해설
ⓒ (×) 제2호가 아닌 제1호다.
ⓓ (×) 대통령령이 아닌 보건복지부령이다.

독끝 암기포인트
ⓒ 각 조문에서 다른 조문을 인용할 때 그 숫자까지 정확히 외우는 것은 어려운 일이다. 따라서 ⓒ을 제외한 다른 보기를 먼저 확인한 후 소거법으로 정답을 찾는 전략으로 해결하는 것이 좋다.
ⓒ, ⓓ 대통령령과 보건복지부령의 차이는 다음과 같이 요약할 수 있다.

구분	대통령령	보건복지부령
주체	대통령	보건복지부 장관
적용 범위	나라 전체, 부처 간 조정 포함	보건복지부 소관 업무에 한정
중요도	상대적으로 더 중요하고 큰 사안	실무적이고 구체적인 사안
예시	노인성 질병 범위, 장기요양보험료율	신고 절차, 서류 양식 등

어쩔 수 없는 사유로 인하여 수급자가 사회시스템 대신 가족으로부터 방문요양에 상당하는 장기요양을 받은 경우에는 보상적 차원에서 본인부담금의 일부를 감면받는데, 이에 대한 구체적 기준이나 방법 등은 실무적이고 구체적인 사안이므로 보건복지부령으로 정한다.

13 정답 ①   빈출도 ●●●
숫자 더하기

관련조문
제46조(장기요양위원회의 구성)
① 장기요양위원회는 위원장 1인, 부위원장 1인을 포함한 16인 이상 22인 이하의 위원으로 구성한다.
② 위원장이 아닌 위원은 다음 각 호의 자 중에서 보건복지부장관이 임명 또는 위촉한 자로 하고, 각 호에 해당하는 자를 각각 동수로 구성하여야 한다.
1. 근로자단체, 사용자단체, 시민단체(「비영리민간단체 지원법」 제2조에 따른 비영리민간단체를 말한다), 노인단체, 농어업인단체 또는 자영자단체를 대표하는 자
2. 장기요양기관 또는 의료계를 대표하는 자
3. 대통령령으로 정하는 관계 중앙행정기관의 고위공무원단 소속 공무원, 장기요양에 관한 학계 또는 연구계를 대표하는 자, 공단 이사장이 추천하는 자
③ 위원장은 보건복지부차관이 되고, 부위원장은 위원 중에서 위원장이 지명한다.
④ 장기요양위원회 위원의 임기는 3년으로 한다. 다만, 공무원인 위원의 임기는 재임기간으로 한다.

정답해설
ⓐ 1 / ⓑ 22 / ⓒ 3
- $1 + 22 + 3 = 26$

독끝 암기포인트
ⓐ 노인장기요양보험법에서 등장하는 모든 위원장과 부위원장의 수는 각각 1명이다.
ⓑ 위원장 1인, 부위원장 1인을 제외하면 최대 20명이다.(둘 포함하여 최대 22명)
ⓒ 노인장기요양보험법에서 등장하는 모든 임기는 3년이다.

14 정답 ①   빈출도 ●●●
개수 고르기

관련조문
제48조(관리운영기관 등)
① 장기요양사업의 관리운영기관은 공단으로 한다.
② 공단은 다음 각 호의 업무를 관장한다.
1. 장기요양보험가입자 및 그 피부양자와 의료급여수급권자의 자격관리
2. 장기요양보험료의 부과·징수

3. 신청인에 대한 조사
4. 등급판정위원회의 운영 및 장기요양등급 판정
5. 장기요양인정서의 작성 및 개인별장기요양이용계획서의 제공
6. 장기요양급여의 관리 및 평가
7. 수급자 및 그 가족에 대한 정보제공·안내·상담 등 장기요양급여 관련 이용지원에 관한 사항
8. 재가 및 시설 급여비용의 심사 및 지급과 특별현금급여의 지급
9. 장기요양급여 제공내용 확인
10. 장기요양사업에 관한 조사·연구, 국제협력 및 홍보
11. 노인성질환예방사업
12. 이 법에 따른 부당이득금의 부과·징수 등
13. 장기요양급여의 제공기준을 개발하고 장기요양급여비용의 적정성을 검토하기 위한 장기요양기관의 설치 및 운영
14. 그 밖에 장기요양사업과 관련하여 보건복지부장관이 위탁한 업무

정답해설

ㅁ 자산의 관리·운영 및 증식사업
ㄱ 의료시설의 운영
위 2개 항목은 국민건강보험법상 공단의 업무이다.

독끝 암기포인트

14가지 업무를 빠짐없이 모두 외우는 것은 어려운 일이다. 그러나 업무의 내용을 보면 모두 장기요양과 관련된 것들이므로, 노인장기요양보험법 전반을 공부하였다면 관련 없는 업무를 가려낼 수 있다.

15 정답 ②

일치 / 불일치

관련조문

제53조(등급판정위원회의 운영)
① 등급판정위원회 위원장은 위원 중에서 특별자치시장·특별자치도지사·시장·군수·구청장이 위촉한다. 이 경우 제52조(등급판정위원회의 설치) 제2항 단서에 따라 2 이상의 특별자치시·특별자치도·시·군·구를 통합하여 하나의 등급판정위원회를 설치하는 때 해당 특별자치시장·특별자치도지사·시장·군수·구청장이 공동으로 위촉한다.
② 등급판정위원회 회의는 구성원 과반수의 출석으로 개의하고 출석위원 과반수의 찬성으로 의결한다.

제53조의2(장기요양급여심사위원회의 설치)
① 다음 각 호의 사항을 심의하기 위하여 공단에 장기요양급여심사위원회(이하 "급여심사위원회"라 한다)를 둔다.
1. 장기요양급여 제공 기준의 세부사항 설정 및 보완에 관한 사항
2. 장기요양급여비용 및 산정방법의 세부사항 설정 및 보완에 관한 사항
3. 장기요양급여비용 심사기준 개발 및 심사조정에 관한 사항
4. 그 밖에 공단 이사장이 필요하다고 인정한 사항
② 급여심사위원회는 위원장 1명을 포함하여 10명 이하의 위원으로 구성한다.

정답해설

① (O) 제53조 제1항
② (X) 제53조 제2항에 따르면 출석위원 과반수의 찬성으로 의결한다.
③ (O) 제53조의2 제1항
④ (O) 제53조의2 제2항

독끝 암기포인트

② 장기요양위원회와 등급판정위원회 회의 둘 다 구성원 과반수의 출석으로 개의하고 출석위원 과반수의 찬성으로 의결한다. 의결은 구성원 과반수가 아닌 출석위원 과반수임에 유의한다.

16 정답 ④

빈칸 채우기

관련조문

제55조(심사청구)
① 장기요양인정·장기요양등급·장기요양급여·부당이득·장기요양급여비용 또는 장기요양보험료 등에 관한 공단의 처분에 이의가 있는 자는 공단에 심사청구를 할 수 있다.
② 제1항에 따른 심사청구는 그 처분이 있음을 안 날부터 90일 이내에 문서(「전자정부법」 제2조 제7호에 따른 전자문서를 포함한다)로 하여야 하며, 처분이 있은 날부터 180일을 경과하면 이를 제기하지 못한다. 다만, 정당한 사유로 그 기간에 심사청구를 할 수 없었음을 증명하면 그 기간이 지난 후에도 심사청구를 할 수 있다.

③ 제1항에 따른 심사청구 사항을 심사하기 위하여 공단에 장기요양심사위원회(이하 "심사위원회"라 한다)를 둔다.
④ 심사위원회는 위원장 1명을 포함한 50명 이내의 위원으로 구성한다.

 정답해설

㉠ 90일
㉡ 180일
㉢ 50명

> **독끌 암기포인트**
>
> "심사청구는 365" → 알면 3달(90일), 몰라도 6달(180일), 심사위원회는 위원장 포함 50명까지

17 정답 ②   빈출도 ●●○
해당하는 것 고르기

> **관련조문**
>
> 제63조(청문)
> 특별자치시장·특별자치도지사·시장·군수·구청장은 다음 각 호의 어느 하나에 해당하는 처분 또는 공표를 하려는 경우에는 청문을 하여야 한다.
> 1. 제37조(장기요양기관 지정의 취소 등) 제1항에 따른 장기요양기관 지정취소 또는 업무정지명령
> 2. 삭제
> 3. 제37조의3(위반사실 등의 공표)에 따른 위반사실 등의 공표
> 4. 제37조의5(장기요양급여 제공의 제한) 제1항에 따른 장기요양급여 제공의 제한 처분

정답해설

② (×) 과징금의 부과는 청문을 필요로 하지 않는다.

> **독끌 암기포인트**
>
> 청문은 국민의 권익을 제한하는 불이익 처분을 하기 전에 그 상대방에게 의견을 진술하거나 반박할 기회를 주는 절차이다. 다만 모든 불이익 처분에 대해서 하지는 않고, 처분이 이뤄질 경우 기관 운영 중단, 자격 박탈, 명예 실추 등 돌이키기 어려운 중대한 타격이 예상되는 경우에만 청문을 하여 충분한 기회를 준다. 따라서 단순히 금전 부과에 해당하는 과징금에는 청문을 하지 않는다.

18 정답 ②   빈출도 ●●●
계산

> **관련조문**
>
> 제58조(국가의 부담)
> ① 국가는 매년 예산의 범위 안에서 해당 연도 장기요양보험료 예상수입액의 100분의 20에 상당하는 금액을 공단에 지원한다.

 정답해설

1조 원은 10,000억 원이므로, 국가가 공단에 지원해야 하는 금액은 10,000×0.2=2,000(억 원)이다.

> **독끌 암기포인트**
>
> 장기요양보험은 고령자 및 사회적 약자를 보호하기 위한 공공복지적 성격도 있으므로 국가가 장기요양보험료 예상수입액에 비례하여 지원금을 준다. 20%라는 수치는 방법이 없으니 그냥 외워야 한다.

19 정답 ④   빈출도 ●●●
해당하는 것 고르기

> **관련조문**
>
> 제67조(벌칙)
> ④ 제61조 제2항(장기요양급여에 관련된 자료의 제출을 명령)에 따른 자료제출명령에 따르지 아니하거나 거짓으로 자료제출을 한 장기요양기관 또는 의료기관이나 질문 또는 검사를 거부·방해 또는 기피하거나 거짓으로 답변한 장기요양기관 또는 의료기관은 1천만 원 이하의 벌금에 처한다.
>
> 제69조(과태료)
> ① 정당한 사유 없이 다음 각 호의 어느 하나에 해당하는 자에게는 500만 원 이하의 과태료를 부과한다.
> 1. 삭제
> 2. 제33조(장기요양기관의 시설·인력에 관한 변경)를 위반하여 변경지정을 받지 아니하거나 변경신고를 하지 아니한 자 또는 거짓이나 그 밖의 부정한 방법으로 변경지정을 받거나 변경신고를 한 자
> 2의2. 제34조(장기요양기관 정보의 안내 등)를 위반하여 장기요양기관에 관한 정보를 게시하지 아니하거나 거짓으로 게시한 자
> 2의3. 제35조(장기요양기관의 의무 등) 제3항을 위반하여 수급자에게 장기요양급여비용에 대한 명세서를 교부하지 아니하거나 거짓으로 교부한 자

3. 제35조(장기요양기관의 의무 등) 제4항을 위반하여 장기요양급여 제공 자료를 기록·관리하지 아니하거나 거짓으로 작성한 사람
3의2. 제35조의4 제2항(장기요양요원에게 급여외 행위 제공 요구, 수급자가 부담하여야 할 본인부담금 요구) 각 호의 어느 하나를 위반한 자
3의3. 제35조의4 제5항(장기요양요원의 고충에 대한 조사 및 조치)에 따른 적절한 조치를 하지 아니한 자
4. 제36조(장기요양기관의 폐업 등의 신고 등) 제1항 또는 제6항을 위반하여 폐업·휴업 신고 또는 자료이관을 하지 아니하거나 거짓이나 그 밖의 부정한 방법으로 신고한 자
4의2. 제37조의4(행정제재처분 효과의 승계) 제4항을 위반하여 행정제재처분을 받았거나 그 절차가 진행 중인 사실을 양수인등에게 지체 없이 알리지 아니한 자
5. 삭제
6. 거짓이나 그 밖의 부정한 방법으로 수급자에게 장기요양급여비용을 부담하게 한 자
7. 제60조(장기요양사업 수행에 필요한 자료 제출 요구), 제61조 제1항(보수·소득 등 자료의 제출을 명령) 또는 제2항(같은 항 제1호(장기요양기관 및 의료기관)에 해당하는 자는 제외한다)(장기요양급여에 관련된 자료의 제출을 명령)에 따른 보고 또는 자료제출 요구·명령에 따르지 아니하거나 거짓으로 보고 또는 자료제출을 한 자나 질문 또는 검사를 거부·방해 또는 기피하거나 거짓으로 답변한 자
8. 거짓이나 그 밖의 부정한 방법으로 장기요양급여비용 청구에 가담한 사람
9. 제62조의2(유사명칭의 사용금지)를 위반하여 노인장기요양보험 또는 이와 유사한 용어를 사용한 자
② 다음 각 호의 어느 하나에 해당하는 자에게는 300만 원 이하의 과태료를 부과한다.
1. 제33조의2(폐쇄회로 텔레비전의 설치 등)에 따른 폐쇄회로 텔레비전을 설치하지 아니하거나 설치·관리의무를 위반한 자
2. 제33조의3(영상정보의 열람금지 등) 제1항 각 호에 따른 열람 요청에 응하지 아니한 자

정답해설

① (○) 제69조 제1항 제2호의2 → 최대 500만 원의 과태료
② (○) 제69조 제2항 제1호 → 최대 300만 원의 과태료
③ (○) 제69조 제1항 제6호 → 최대 500만 원의 과태료
④ (×) 제67조 제4항 → 최대 1천만 원의 벌금

독끝 암기포인트

벌칙 상한	위반행위 요약
3년 / 3천만 원	1. 부정한 방법으로 장기요양급여비용 청구 2. 폐쇄회로 텔레비전(CCTV)를 설치 목적과 무관하게 조작, 방향 바꿈, 녹음, 지정되지 않은 기기에 저장
2년 / 2천만 원	1. 지정 없이 또는 거짓으로 지정받아 장기요양기관 운영 2. 폐쇄회로 텔레비전(CCTV) 안전성 미확보로 인해 영상 유출 3. 본인부담금 면제·감경 4. 수급자 알선·유인 5. 업무수행 중 알게 된 비밀 누설
1년 / 1천만 원	1. 정당한 사유 없이 장기요양급여 제공 거부 2. 부정한 방법으로 장기요양급여 수급 3. 정당한 사유 없이 폐업·휴업 시 수급자 권익 보호 × 4. 지정취소 또는 업무정지 시 본인부담금 정산 ×
1천만 원	(장기요양기관 및 의료기관만) 장기요양급여에 관련된 자료의 제출 명령에 거부 또는 거짓 제출

과태료 상한	위반행위 요약
500만 원	1. 시설·인력을 변경하고 변경지정 또는 변경신고 × 2. 장기요양기관 정보 미게시 또는 거짓 게시 3. 수급자에게 장기요양급여비용 명세서 미교부 또는 거짓 교부 4. 장기요양급여 제공 자료 기록·관리 × 5. 장기요양요원에 대한 잘못(급여외 행위 제공 요구, 본인부담금 요구, 고충에 대한 미조치) 6. 폐업·휴업 신고 × 7. 행정제재처분 받은 사실을 양수인에게 지체 없이 알리지 않음 8. 부정한 방법으로 수급자에게 장기요양급여비용 부담 9. 장기요양사업 수행에 필요한 자료 제출 요구에 거부 또는 거짓 제출 10. (장기요양기관 및 의료기관 제외) 장기요양급여에 관련된 자료의 제출 명령에 거부 또는 거짓 제출 → 만약 장기요양기관 및 의료기관이라면 1천만 원 이하의 벌금 11. 부정한 방법으로 장기요양급여비용 청구에 가담 12. 노인장기요양보험 또는 유사한 용어 사용
300만 원	1. 폐쇄회로 텔레비전(CCTV) 설치 × 2. 폐쇄회로 텔레비전(CCTV) 영상기록 열람을 정당하게 요구하였으나 거절

- '장기요양급여에 관련된 자료의 제출 명령에 거부 또는 거짓 제출'은 그 행위자가 장기요양기관 및 의료기관인 경우에는 벌금, 그렇지 않으면 과태료를 부과하는 특이한 경우이니 알아두어야 한다.
- 아래 3개는 비슷해 보이지만 처분이 다르므로 유의하여 구분한다.
  - 거짓이나 그 밖의 부정한 방법으로 장기요양급여비용을 청구한 자: 3년 이하의 징역 또는 3,000만 원 이하의 벌금
  - 거짓이나 그 밖의 부정한 방법으로 수급자에게 장기요양급여비용을 부담하게 한 자: 500만 원 이하의 과태료
  - 거짓이나 그 밖의 부정한 방법으로 장기요양급여비용 청구에 가담한 사람: 500만 원 이하의 과태료

20 정답 ④ 빈출도

사례

관련조문

제67조(벌칙)

① 다음 각 호의 어느 하나에 해당하는 자는 3년 이하의 징역 또는 <u>3천만 원 이하의 벌금</u>에 처한다.

1. <u>거짓이나 그 밖의 부정한 방법으로 장기요양급여비용을 청구한 자</u>
2. 제33조의3(영상정보의 열람금지 등) 제2항 제1호를 위반하여 폐쇄회로 텔레비전의 설치 목적과 다른 목적으로 폐쇄회로 텔레비전을 임의로 조작하거나 다른 곳을 비추는 행위를 한 자
3. 제33조의3(영상정보의 열람금지 등) 제2항 제2호를 위반하여 녹음기능을 사용하거나 보건복지부령으로 정하는 저장장치 이외의 장치 또는 기기에 영상정보를 저장한 자

제68조(양벌규정)

법인의 대표자, <u>법인이나 개인의 대리인·사용인 및 그 밖의 종사자</u>가 그 법인 또는 개인의 업무에 관하여 <u>제67조(벌칙)</u>에 해당하는 위반행위를 한 때에는 그 행위자를 벌하는 외에 <u>그 법인 또는 개인에 대하여도 해당 조의 벌금형을 과한다.</u> 다만, 법인 또는 개인이 그 위반행위를 방지하기 위하여 해당 업무에 관하여 <u>상당한 주의와 감독을 게을리하지 아니한 경우에는 그러하지 아니하다.</u>

정답해설

종사자 B는 제67조 제1항 제1호에 따라 3년 이하의 징역 또는 3천만 원 이하의 벌금에 처한다. 만약 종사자 B가 속한 법인 A가 위반행위를 방지하기 위하여 상당한 주의와 감독을 게을리하지 않았다면 A는 처분을 피할 수 있었겠지만, 게을리하였으므로 B와 동일한 조의 벌금형, 3천만 원 이하의 벌금형을 받을 수 있다.

독끝 암기포인트

위반행위 방지를 위해 상당한 주의와 감독을 하였다면 면책될 수 있다.

기출유형 모의고사 1회

정답 — NCS 직업기초능력

오답 표기	문번	정답	유형	오답 표기	문번	정답	유형
	01	①	주제 / 제목 / 글의 목적 찾기		31	②	자료계산
	02	③	글의 내용 일치 / 불일치		32	①	자료계산
	03	④	글의 내용 일치 / 불일치		33	④	자료에 대한 진위 판단(계산 필요)
	04	②	개념의 이해 및 활용		34	②	자료변환
	05	①	빈칸 삽입		35	③	자료계산
	06	④	글의 내용 일치 / 불일치		36	④	자료에 대한 진위 판단(계산 필요)
	07	②	사례 선택		37	③	자료변환
	08	③	주제 / 제목 / 글의 목적 찾기		38	②	자료에 대한 진위 판단(계산 불필요)
	09	④	글의 내용 일치 / 불일치		39	①	자료에 대한 진위 판단(계산 불필요)
	10	②	문단 배열		40	③	자료변환
	11	③	글의 내용 일치 / 불일치		41	④	공고문 / 규정 이해
	12	④	빈칸 삽입		42	③	적정 대상 선택
	13	①	글의 내용 일치 / 불일치		43	①	지문의 이해 및 활용
	14	④	글의 내용 일치 / 불일치		44	③	지문의 이해 및 활용
	15	③	논리적 추론		45	③	적정 대상 선택
	16	④	글의 내용 일치 / 불일치		46	③	공고문 / 규정 이해
	17	④	논리적 추론		47	②	적정 대상 선택
	18	③	개념의 이해 및 활용		48	②	수치 계산(비용, 시간)
	19	④	글의 내용 일치 / 불일치		49	③	공고문 / 규정 이해
	20	④	논리적 추론		50	③	수치 계산(비용, 시간)
	21	④	자료에 대한 진위 판단(계산 불필요)		51	①	적정 대상 선택
	22	③	자료계산		52	③	공고문 / 규정 이해
	23	④	자료에 대한 진위 판단(계산 불필요)		53	②	공고문 / 규정 이해
	24	①	자료계산		54	①	적정 대상 선택
	25	②	자료에 대한 진위 판단(계산 필요)		55	①	공고문 / 규정 이해
	26	④	자료계산		56	④	공고문 / 규정 이해
	27	④	자료에 대한 진위 판단(계산 불필요)		57	①	수치 계산(비용, 시간)
	28	④	자료변환		58	③	공고문 / 규정 이해
	29	②	자료계산		59	③	수치 계산(비용, 시간)
	30	③	자료에 대한 진위 판단(계산 불필요)		60	②	적정 대상 선택

정답 - 직무시험_국민건강보험법

오답표기	문번	정답	관련조문	오답표기	문번	정답	관련조문
	01	③	제26조		11	②	제7조
	02	③	제5조, 제8조		12	④	제14조
	03	①	제35조		13	④	제42조
	04	①	제12조		14	②	제81조, 제82조, 제83조
	05	④	제60조		15	③	제99조
	06	①	제100조		16	③	제3조의2
	07	①	제70조		17	②	제21조
	08	③	제87조		18	③	제70조, 제87조, 제88조, 제90조
	09	③	제69조, 제71조, 제76조		19	①	제98조
	10	③	제80조		20	②	제6조

정답 - 직무시험_노인장기요양보험법

오답표기	문번	정답	관련조문	오답표기	문번	정답	관련조문
	01	④	제6조		11	③	제33조의2
	02	①	제2조		12	②	제48조
	03	④	제23조		13	②	제35조의5
	04	②	제8조, 제9조		14	①	제35조
	05	①	제31조		15	③	제50조, 제51조
	06	③	제33조의3		16	③	제66조
	07	②	제19조		17	④	제56조
	08	③	제27조의2		18	①	제56조의2, 제57조
	09	②	제39조		19	①	제67조
	10	③	제22조		20	④	제69조

❶교시 NCS 직업기초능력

01 정답 ①
주제 / 제목 / 글의 목적 찾기

정답해설

(가)는 비만의 정의나 종류가 아닌 비만의 건강상 위험성과 그로 인한 질환들을 서술하고 있다.

02 정답 ③
글의 내용 일치 / 불일치

정답해설

(다)에 따르면 뇌에 혈액을 공급하는 혈관이 막히거나 터지면서 뇌가 손상되고, 그에 따라 한쪽 얼굴, 팔, 다리의 마비, 언어장애, 심한 두통 등의 신체장애가 나타나는 질환은 뇌졸중이다.

오답풀이

① (가)에 따르면, 세계보건기구(WHO)는 비만을 단순히 배가 나온 체형의 문제가 아니라 고혈압, 당뇨병, 고지혈증과 같은 질병을 일으키고 나아가 사망에 이를 가능성을 높이는 질병으로 규정한다고 했다.
② (나)에 따르면, 소아비만은 같은 나이대에서 체중이 신장별 표준체중보다 20% 이상 많이 나가거나 BMI 지수가 상위 5%에 해당하는 경우를 말한다고 했다. 두 조건 중 하나만 충족해도 해당된다.
④ (라)에 따르면, 몸이 무거워지면 체중 영향을 받는 관절에 많은 부담이 가면서 염증이 생기며, 퇴행성 관절염은 최근 과체중에 의한 관절 및 연골 압박, 잘못된 자세 등으로 나이와 상관없이 발병하는 것으로 알려졌다고 언급했다.

03 정답 ④
글의 내용 일치 / 불일치

정답해설

네 번째 문단에 따르면, 재산세 과세표준의 합이 5억 4,000만 원을 초과하고 9억 이하인 경우에는 연 소득이 1,000만 원을 넘지 않아야 피부양자 자격을 유지할 수 있다고 했다. 즉 재산 과표가 7억이라도 연간 소득이 1,000만 원 이하라면 피부양자로 인정된다.

오답풀이

① 두 번째 문단에 따르면, 이자소득, 배당소득, 사업소득, 근로소득, 연금소득, 기타소득을 합산한 소득이 연간 2,000만 원을 넘지 않아야 한다고 나와 있다. 즉 사업소득을 제외하면 안 된다.
② 두 번째 문단에 따르면, 퇴직연금과 개인연금과 같은 사적연금소득은 피부양자 자격 여부를 판단하는 소득에 포함되지는 않는다고 하였다.
③ 세 번째 문단에 따르면, 부부의 소득을 합산하지는 않지만, 부부 중 한 명이라도 소득요건을 충족하지 못할 경우 두 사람 모두 피부양자 자격을 상실한다고 하였다.

04 정답 ②
개념의 이해 및 활용

정답해설

건강보험료를 구하는 산식에서 "소득총액×건강보험료율(7.09%)"이 아니라 "보수월액×건강보험료율(7.09%)"이다. 보수 외 소득이 연간 2,000만 원을 넘는 경우에만 보수 외 소득을 기준으로 소득월액 보험료를 부과한다고 되어 있다.

05 정답 ①
빈칸 삽입

정답해설

㉠ 앞에서는 건강보험료는 피부양자 등록 인원수와 관계없다고 설명하고, ㉠ 뒤에서는 피부양자가 아무리 많아도 건강보험료는 오르지 않는다고 했다. 즉 이 두 문장은 인과관계이므로, 이를 자연스럽게 연결하는 접속어는 '때문에'가 가장 적절하다.

㉡ 앞 문장에서는 소득자료 가운데 연금소득은 전년도의 자료를 기준으로 삼고, ㉡ 뒤 문장에서는 연금소득 이외의 소득자료는 전전년도 자료를 활용한다고 했다. 즉, 기준연도가 다름을 대조하고 있으므로, 이 둘을 연결하는 데는 역접의 접속어가 와야 한다. 따라서 '반면'이 가장 잘 어울린다.

㉢ 앞 문장에서는 피부양자 자격 상실 시 지역가입자로 전환되어 소득과 재산에 따라 건강보험료가 발생하게 된다고 설명하고 있으며, ㉢ 뒤 문장에서는 직장

가입자의 피부양자 조건과 피부양자 자격상실 요건을 잘 알고 있어야 한다고 당부하고 있다. 따라서 '그러므로'가 가장 잘 어울린다.

④ 마지막 문단에 따르면, AI OCR 시스템을 활용하여 주민등록번호, 건강보험증번호 등 개인 정보를 검출하는 프로그램을 개발했다고 나와 있다.

06 정답 ④
글의 내용 일치 / 불일치

정답해설
AI OCR의 설명에 따르면, AI OCR 시스템은 종이 문서의 수작업 입력이 필요한 단순·반복 업무를 자동화한다고 되어 있다. AI OCR이 AI를 접목해 인공 지능을 기반으로 하는 것은 맞으나 이를 통해 문서를 스캔하면 서식 분류, 데이터 추출 및 자료 연계 등을 한다.

오답풀이
① 첫 번째 문단에서 디지털 창구 시스템을 통해 종이 서류 중심의 업무 프로세스를 디지털화함으로써 직원의 업무 효율성이 향상되고, 국민의 편의성도 높아질 것으로 기대한다고 하였다.

② 두 번째 문단에 따르면, 2023년에 도입한 '종합민원실 디지털 창구 시스템'을 고도화하는 것으로, 친환경 및 저탄소 정책에 맞춰 종이 없는 종합민원실을 구현한다고 설명되어 있다.

③ 두 번째 문단에 따르면, 디지털 창구 시스템은 터치모니터와 문서 스캐너를 활용해 각종 업무 서식을 종이 대신 전자적 형태로 접수·관리할 수 있다고 나와 있다.

07 정답 ②
사례 선택

정답해설
〈종합민원실 디지털 창구 업무 프로세스〉에 따르면, 전자 서식에 서명할 때 민원인은 태블릿 모니터를 이용하여 전자서명하도록 되어 있다.

오답풀이
① 〈종합민원실 디지털 창구 업무 프로세스〉에 따르면 신분증 및 구비서류는 비대면으로 스캔해야 한다고 명시되어 있다.

③ 피부양자 자격 취득 및 상실에 관한 서류는 전자 서식을 이용할 수 있다.

08 정답 ③
주제 / 제목 / 글의 목적 찾기

정답해설
주어진 글은 AI 도입에 대한 효과와 부작용에 대해서 갑론을박 벌일 것이 아니라 AI는 인류가 피할 수 없는 기술이며 우리가 어떻게 사용하느냐에 따라 그 영향이 달라진다는 점을 강조한다. 따라서 이를 인지하고 사회가 이에 맞춰 변화를 모색해야 한다는 내용을 담고 있다.

오답풀이
① (가)에서 AI와 관련하여 논쟁이 있음을 묘사했을 뿐 논쟁하지 말자고 주장했다 보기는 어렵다.

② AI가 미래에 필수불가결한 도구라는 점은 인정하지만, 전국에 AI 시스템을 도입하자는 식으로 주장하고 있는 것은 아니다.

④ 글쓴이는 AI의 중요성과 필요성, 그리고 막을 수 없는 현상임을 주장하고 있다.

09 정답 ④
글의 내용 일치 / 불일치

정답해설
(라)에서는 AI에 대해 고민과 갈등만 겪는 것은 부적절하다는 논조의 이야기를 하고 있으나 AI의 부작용에 대한 고민이 불필요하다는 뜻은 아니다. (다)에서도 AI의 부작용을 최소화하려는 노력이 필요하다고 했다. 즉, 부작용에 대해 충분히 고민함으로써 AI 기술의 긍정적인 면을 받아들여야 한다.

오답풀이
① (가)에서 생성형 AI로 일자리 이야기를 하거나 학생들의 과제 또는 시험에 문제를 제기한다고 했다. 이는 생성형 AI가 일자리를 대신하거나 과제를 대신할 수 있음을 알 수 있다.

② (나)를 보면, AI의 데이터센터는 막대한 전력을 소비하며 지구 온난화를 가속화하고 환경에 부담을 주는 전력을 잡아먹는 하마라고 비판한다고 했다. 이

를 통해 AI는 거대한 데이터센터가 필요하고, 이를 운영하기 위한 전력 역시 필요하다는 것을 알 수 있다.
③ (다)를 보면, 일론 머스크나 소프트뱅크그룹 회장의 말을 인용하여 세계의 리더들이 AI의 잠재력을 강조하고 긍정적으로 평가하고 있다는 점을 밝히고 있다.

10 정답 ② 난이도 ●●○
문단 배열

정답해설

〈보기〉는 어떠한 논란에도 불구하고 AI 기술과 서비스가 발전하고 있다는 것을 다양한 예를 들어 설명하고 있다. (나)에서는 챗GPT와 딥시크의 등장에 대해 동시에 나왔던 많은 비판과 우려를 소개하고 있다. 이러한 우려를 나열한 뒤, AI 기술의 긍정적인 사례를 반박 논거로 제시하는 〈보기〉의 문단이 들어가는 위치로는 (나)의 뒤가 가장 자연스럽다.

11 정답 ③ 난이도 ●●○
글의 내용 일치 / 불일치

정답해설

네 번째 문단에 따르면, 독감 진단 후 항바이러스제 처방 시 보험금을 지급하는 '독감보험'의 판매 증가 및 보장 한도 확대가 비급여 증가의 주요 원인 중 하나라고 설명되어 있다. 따라서 독감이 진단된 후 항바이러스제를 처방받으면, 독감보험 가입자는 보상을 받을 수 있다는 진술은 적절하다.

오답풀이

① 첫 번째 문단에 따르면, 독감 관련 검사 및 치료주사 비급여 진료비는 각각 2,350억 원(전년 대비 113% 증가)과 3,103억 원(전년 대비 213% 증가)으로 나타났다. 즉 검사비보다 치료주사비가 더 많이 증가했음을 알 수 있다.
② 두 번째 문단에 따르면, 코로나19로 감소했던 독감 진료 건수가 증가했다고만 언급되어 있으며, 독감 검사의 감소로 의료기관에서 검사 가격을 인상했다는 언급은 없다.
④ 마지막 문단에 따르면, 독감 경구치료제(급여)와 주사치료제(비급여)의 치료 효과는 비슷하며, 두 치료제 모두 부작용(설사, 오심, 구토, 간 수치 상승, 드물게 섬망 등)이 발생할 수 있다고 되어 있다. 즉 주사치료제가 부작용이 적어 임산부 등 고위험군에게 검사 없이 급여 항바이러스제 처방이 가능하다는 진술은 적절하지 않다.

12 정답 ④ 난이도 ●○○
빈칸 삽입

정답해설

세 번째 문단에 따르면, 독감 검사 비급여 진료비와 치료주사 비급여 진료비의 증가는 모두 의원급에서 두드러지게 나타났다고 되어 있다. ⑤은 진료비의 급격한 상승을 나타내고 있으므로 해당하는 요양기관은 '의원'이다.

13 정답 ① 난이도 ●●○
글의 내용 일치 / 불일치

정답해설

'장기요양인정의 신청'에 따르면 신청장소가 전국 공단 지사라고 되어 있다. 공단 지사 중 운영센터가 없는 경우 장기요양 신청서 접수 이외의 상담 업무가 불가능하고 되어 있지만 신청이 불가능한 것은 아니다.

오답풀이

② 장기요양인정의 대상인 노인성 질병은 의사협회가 아니라 대통령령으로 정하고 있다.
③ 장기요양인정 신청 자격으로는 만 65세 이상 또는 만 65세 미만으로 노인성 질병을 가진 자도 가능하다고 되어 있다.
④ 장기요양인정의 대상자 중 65세 미만(최초, 재신청)이거나 외국인의 경우 인터넷이나 앱을 통해서는 신청이 불가능하다.

14 정답 ④

글의 내용 일치 / 불일치

정답해설

67세인 환자 D는 장기요양인정 신청 시 의사소견서를 등급판정위원회에 심의자료 제출 전까지 제출할 수 있다. 이것이 장기요양인정신청서를 제출한 후 등급판정의원회의 승인 후 의사소견서를 제출해야 한다는 것을 의미하지는 않는다. 원칙적으로 의사소견서는 장기요양인정신청서와 함께 제출해야 하며, 단 만 65세 이상인 경우 늦게 제출할 수 있음을 의미한다.

오답풀이

① 장기요양인정 신청 자격에는 장기요양보험가입자 및 그 피부양자, 의료급여수급권자로 되어 있으므로, 의료급여수급권자인 A는 장기요양신청이 가능하다.

② 장기요양인정 신청 시, 신청인이 치매 환자인 경우에 한하여 치매안심센터의 장, 시장·군수·구청장이 지정하는 사람도 대리인으로 신청할 수 있다. 따라서 치매 환자가 요양 중인 요양병원의 장으로, 군수가 지정한 B는 장기요양인정 신청을 할 수 있다.

③ 첨부서류와 관련하여, 방문 신청하는 경우 신분증을 제시해야 하고, 우편 신청하는 경우 신분증 사본을 제출해야 한다. C는 환자의 가족이므로 대리인으로 신청할 경우 신분증 사본을 첨부하면 된다.

15 정답 ③

논리적 추론

정답해설

등급변경 신청은 장기요양급여를 받고 있는 환자의 신체적, 정신적 상태의 변화가 있는 경우에 신청하는 것이다. 주수발자인 가족구성원이 해외 체류의 사유로 환자의 보호가 불가능할 때는 등급변경 신청이 아니라 급여 종류 및 내용 변경을 신청해야 한다.

오답풀이

① 인정신청은 장기요양인정신청을 처음하는 경우에 해당한다. 만 65세가 넘은 내국인이라면 장기요양인정신청은 「The 건강보험」 앱으로 신청할 수 있다.

② 장기요양인정신청을 이미 한 사람이 유효기간 종료 60일 전에 신청하는 것은 갱신신청에 해당한다. 갱신신청의 경우 신분확인 절차를 거쳐 전화로도 재신청을 할 수 있다.

④ 재가급여를 받고 있던 환자가 시설급여로 바꾸는 것은 급여 종류 내용을 변경하는 것이므로, 급여 종류 내용 변경을 신청해야 한다.

16 정답 ④

글의 내용 일치 / 불일치

정답해설

세 번째 문단에 따르면, 소득 정산제도는 건강보험 지역 가입자나 직장 가입자(보수를 뺀 나머지 소득이 연 2천만 원 초과) 중 휴·폐업, 퇴직 등으로 인해 소득 활동이 중단되거나 줄어든 경우 보험료를 즉시 조정해 부담을 낮출 수 있다고 나와 있다. 즉 직장 가입자는 해당하지 않는다는 진술은 적절하지 않다.

오답풀이

① 2025년 1월부터 소득 정산제도의 신청 대상 소득이 기존 2종에서 6종으로 늘었으므로, 4가지가 추가되었다는 진술은 적절하다.

② 두 번째 문단에 따르면, 전년도보다 현재 소득이 감소한 것뿐만 아니라 증가한 경우에도 신청할 수 있다고 하였다.

③ 두 번째 문단에 따르면, 공단은 "신청 선택권을 넓혀 실제 소득에 가까운 보험료를 납부할 수 있게 개선한 것"이라고 설명했다.

17 정답 ④

논리적 추론

정답해설

세 번째 문단에 따르면, 지역 가입자의 건강보험료는 전년도 소득을 기준으로 이듬해 11월부터 산정되며 소득 발생 시점과 보험료 부과 시점 사이에 시차가 크다고 되어 있다. 즉 2024년에 폐업한다면 전년도 소득을 기준으로 다음 해 11월부터 건강보험료가 산정된다.

오답풀이

① 세 번째 문단에 따르면, 직장 가입자도 보수를 제외한 나머지 소득이 연 2천만 원을 초과할 경우 소득 조정 및 정산 신청 대상에 포함된다.

② 마지막 문단에 따르면, 소득 조정 및 정산 신청은 우편 또는 팩스, 가까운 공단 지사 방문을 통해 가능하며, 휴·폐업, 퇴직·해촉, 종합소득 감소의 경우에는 온라인 신청도 가능하다.

③ 네 번째 문단에 따르면, 2025년에 건강보험료 정산제도를 신청해 승인되면 현재 소득에 맞춘 보험료가 적용되지만, 2026년 11월에는 2025년 귀속된 국세청 확인소득을 기준으로 보험료를 재산정해 차액 부과 및 환급받는 형태로 진행된다.

정답해설

'건강보험 만성질환 환자등록 신청서'에 따라 공단에 신청하여 등록한 사람인 것은 맞지만, 산정특례 대상자에 해당되지 않는 사람이 지원 대상이라는 내용은 없다. 또한, '지급금액' 항목에서 산정특례 등록자와 미등록자 간의 지원 비율 차이만 존재할 뿐 산정특례의 해당 여부가 반드시 서비스 대상에 영향을 주지 않음을 알 수 있다.

오답풀이

①, ② '신청 대상' 내용에 따르면, 내과 전문의가 검사 결과에 따라 복막관류액 또는 자동 복막 투석이 필요하다고 인정된 사람 중 해당 상병에 해당하고 '건강보험 만성질환 환자등록 신청서'에 따라 공단에 신청하여 등록한 사람이다.

④ '제공방법' 항목을 보면 신청하고 지원하는 데 공단 홈페이지, 방문, 우편의 방법을 사용할 수 있음을 알 수 있다.

정답해설

'제공방법'의 '등록 적용일' 항목에 따르면, 담당 의사의 사실 확인일로부터 90일 이내에 공단에 접수(신청)한 경우 등록일은 의사의 사실 확인일로 소급된다고 명시되어 있다. 즉 등록일이 확인일보다 뒤이더라도 90일 이내면 등록일은 의사 확인일이 된다.

오답풀이

① 복막관류액의 경우 환자가 지출한 금액 전액이 아닌 보건복지부 고시 건강보험 약가 기준액의 범위 내(초과액은 전액 본인 부담)에서 부가가치세를 포함한 실소요액의 90% 즉 지출액 중 범위 내 중 90%만 지급한다.

② 차상위 본인부담경감 대상자든 아니든 실구입금액의 100%가 아니라 기준금액과 실구입금액 중 낮은 금액을 지원한다. 단지 차상위 본인부담경감 대상자는 낮은 금액의 100%, 비대상자는 낮은 금액의 90%라는 차이만 있을 뿐이다.

③ 지문에 따르면, 소아의 경우 소아청소년과 전문의의 확진도 가능하다. 따라서 급여대상자가 되기 위해서는 나이와 관계없이 반드시 내과 전문의의 확진이 필요하다는 진술은 적절하지 않다.

정답해설

본인부담금만 납부한 경우 카드 전표와 거래명세서 둘 중 하나만 준비할 것이 아니라 모두 준비해야 한다. 여기에 공단부담금액이 나와 있는 세금계산서도 필요하다.

정답해설

60대는 치핵수술이 4위로, 3위 안에 들지 못했다.

오답풀이

① 34개 주요 수술 환자는 60대가 39만 302명으로 가장 많다.

② 50대 이후는 1위가 모두 백내장 수술이다.

③ 2023년 34개 주요 수술 환자는 1,659,125명이고, 상위 5개 수술 환자는 431,930+195,066+149,645+146,181+94,461=1,017,283(명)이다. 34개 주요 수술 환자를 대략 166만 명이라 하고, 60%를 계산하면 99.6만 명으로 산출되는데, 이는 1,017,283명보다 적으므로 60% 이상임을 알 수 있다.

22 정답 ③ 난이도 ●●●
자료계산

정답해설

2023년 1위에 해당하는 수술은 '백내장수술'이며, 해당 수술 환자는 431,930명이다. 〈표2〉에서는 40대 이하의 백내장수술 환자 수를 찾을 수 없지만, 50대 이상 백내장수술 환자 수는 $50,228+145,992+158,391+63,607=418,218$(명)으로 구할 수 있다. 따라서 백내장수술 환자 총 431,930명 중 418,218명을 제외한 $431,930-418,218=13,712$(명)은 40대 이하에 해당하며, $\frac{13,712}{431,930} \times 100 ≒ 3.2(\%)$를 차지한다.

23 정답 ④ 난이도 ●○○

정답해설

2023년 자녀교육의 경우 경력단절여성 수가 전년 대비 1만 명, 2022년 가족돌봄의 경우 전년 대비 1만 4천 명 증가하였다. 전년 대비 증가한 경우는 이 둘 뿐이다.

오답풀이

① 경력단절여성은 2019년부터 1,699 → 1,506 → 1,447 → 1,397 → 1,348 → 1,216천 명으로 매년 감소하였지만, 2019년과 비교해서 2024년에 감소한 경력단절여성은 $1,699-1,216=483$(천 명)으로 50만 명 미만 감소하였다.

② 2021년과 2023년에는 자녀교육과 가족돌봄의 순서가 바뀌었고, 2024년에는 서로 같다.

③ 15~29세의 경우 임신/출산(35.9%) 비중이 가장 높았고, 50~54세의 경우 결혼(35.8%) 비중이 가장 높았다.

24 정답 ① 난이도 ●●○
자료계산

정답해설

2023년 경력단절여성 수는 1,348천 명이고, 그중 30~39세(30대)에 해당하는 비중은 40%이므로 30대 경력단절여성 수는 $1,348 \times 0.4=539.2$(천 명)이다. 이 중에서 자녀교육과 가족돌봄의 이유로 경력단절된 비중은 $1.1+2.9=4(\%)$이므로, 해당하는 경력단절여성 수는 $539.2 \times 0.04=21.568$(천 명)=21,568(명)이다.

25 정답 ② 난이도 ●●●
자료에 대한 진위 판단(계산 필요)

정답해설

사망원인 1~4위 및 6위는 남녀 순위가 동일하다. 따라서 5위, 7~10위만 보면 된다.
남자 사망원인 5위 고의적자해(자살)와 9위 코로나19의 여자 사망원인 순위는 각각 9위와 10위로 남자의 순위가 더 높다. 반면 남자 사망원인 10위 알츠하이머병의 여자 사망원인 순위는 5위로 여자가 더 높다.
또한 남자 사망원인 7위 간 질환과 8위 만성하기도질환의 여자 사망원인 순위는 10위권 밖이다. 따라서 이 둘도 남자의 순위가 더 높다고 볼 수 있다.
결과적으로 남자의 순위가 더 높은 사망원인은 5위, 7위, 8위, 9위 4가지다.

오답풀이

① 2023년 남녀 연령대별 사망원인은 1위 악성신생물(암), 2위 심장질환, 3위 폐렴, 4위 뇌혈관질환으로 동일하다.

③ 간 질환에 의한 사망률은 남자의 경우 인구 십만 명당 21명이고, 여자의 경우 코로나19에 의한 사망률인 인구 십만 명당 14명보다 낮다. 따라서 남자가 여자보다 $\frac{21}{14}=1.5$(배) 이상임을 알 수 있다.

④ 사망자 수가 1만 명대인 사망원인은 다음과 같다.
• 남자

심장질환	폐렴	뇌혈관질환	합계
16,523명	15,782명	11,969명	44,274명

• 여자

심장질환	폐렴	뇌혈관질환	합계
16,624명	13,640명	12,225명	42,489명

따라서 사망자 수 총합은 남자가 여자보다 많다.

문제해결 Tip

④ 사망자 수가 1만 명대인 사망원인은 심장질환, 폐렴, 뇌혈관질환 3가지로 남녀 동일하다. 심장질환과 뇌혈

관질환의 경우 여자 사망자 수가 더 많지만, 그 차이가 거의 미미하다. 반면, 폐렴은 남자 사망자 수가 2,000명 이상 많으므로 총합을 고려했을 때 남자가 여자보다 많다는 것을 일일이 계산하지 않아도 알 수 있다.

26 정답 ④
자료계산 난이도 ●●○

정답해설

남녀 고의적자해(자살)에 의한 사망자 수는 9,747+4,231=13,978(명)이다. 2023년 주민등록연앙인구수가 51,146,000명이므로, 주어진 산식에 따르면 자살률은 $\frac{13,978}{51,146,000} \times 100,000 ≒ 27.3$(명)이다.

27 정답 ④
자료에 대한 진위 판단(계산 불필요) 난이도 ●●●

정답해설

2022년과 비교해서 2023년 연간 1인당 진료비 구간에 따른 진료실인원수를 살펴보면, 100만 원 이하의 경우 26,585천 명에서 25,389천 명으로 감소하였다. 따라서 모든 구간에서 증가한 것은 아니다.

오답풀이

① 2023년 건강보험 진료비는 1,108,029억 원으로, 2022년 대비 $\frac{1,108,029-1,058,585}{1,058,585} \times 100 = \frac{49,444}{1,058,585} \times 100 ≒ 4.7(\%)$ 증가하였다. 또한, 2023년 급여비는 830,925억 원으로 2022년 대비 $\frac{830,925-795,099}{795,099} \times 100 = \frac{35,826}{795,099} \times 100 ≒ 4.5(\%)$ 증가하였다. 따라서 2022년 대비 2023년 진료비와 급여비는 모두 5% 미만으로 증가하였다.
2023년 건강보험 진료비는 110조 8,000억 원가량으로, 전년보다 5조 원가량 증가하였다. 2022년 건강보험 진료비가 건강보험 진료비 증가분의 20배 이상이므로 5% 미만으로 증가하였음을 알 수 있다. 마찬가지로 2023년 급여비는 83조 1,000억 원가량이고, 전년보다 3조 6,000억 원가량 증가하였는데, 2022년 급여비는 급여비 증가분의 20배 이상

이므로 5% 미만으로 증가하였음을 알 수 있다.

② 2023년 연간 1인당 진료비가 500만 원을 초과하는 사람들의 진료비 합계가 전체 진료비에서 차지하는 비중은 전체 100%에서 진료비 500만 원 이하 진료비 비율을 제외하면 된다. 이는 100−(9.9+24.1+14.3)=51.7(%)이므로 전체의 50% 이상이다.

③ 2020~2023년 건강보험 진료비 증가액을 구하여 정리하면 다음과 같다.

구분	2020년	2021년	2022년	2023년
진료비	6,029억 원	87,237억 원	104,210억 원	49,443억 원
급여비	4,035억 원	62,653억 원	79,530억 원	35,826억 원

따라서 전년 대비 건강보험 진료비 증가액이 가장 큰 연도는 2022년이고, 급여비 증가액이 가장 큰 연도도 2022년이다.

28 정답 ④
자료변환 난이도 ●●○

정답해설

구간별 비중은 다음과 같다.
- 500만 원 이하: 9.9+24.1+14.3=48.3(%)
- 500~2,000: 15.8+11.2=27(%)
- 2,000~5,000: 6.1+6.2+3.3=15.6(%)
- 5,000만 원 초과: 6.2+2.9=9.1(%)

오답풀이

① 구간별 비중은 다음과 같다.
  - 100만 원 이하: 9.9%
  - 100~500: 24.1+14.3=38.4(%)
  - 500~1,000: 15.8%
  - 1,000만 원 초과: 11.2+6.1+6.2+3.3+6.2+2.9=35.9(%)

② 구간별 비중은 다음과 같다.
  - 300만 원 이하: 9.9+24.1=34(%)
  - 300~1,000: 14.3+15.8=30.1(%)
  - 1,000~3,000: 11.2+6.1=17.3(%)
  - 3,000만 원 초과: 6.2+3.3+6.2+2.9=18.6(%)

③ 구간별 비중은 다음과 같다.
  - 300만 원 이하: 9.9+24.1=34(%)
  - 300~1,000: 14.3+15.8=30.1(%)

- 1,000~5,000: 11.2+6.1+6.2+3.3≒26.8(%)
- 5,000만 원 초과: 6.2+2.9=9.1(%)

29 정답 ②
난이도
자료계산

정답해설

- 2020년 소아청소년 인플루엔자 접종자 수는 1,172명이고, 이보다 11% 감소했으므로 2021년 소아청소년 인플루엔자 접종자 수는 1,172×(1−0.11)≒1,043(명)이다. → (㉠)=1,043
- 2020~2022년 여자 소아청소년 인플루엔자 평균 접종자 수의 평균은 (543+㉡+454) / 3이며, ㉡이 이보다 3명 더 많으므로 아래 식이 성립한다.
  (543+㉡+454) / 3 = ㉡−3
  → ㉡+997 = 3×㉡−9
  → 2×㉡ = 1,006
  ∴ ㉡ = 503 → (㉡)=503

30 정답 ③
난이도
자료에 대한 진위 판단(계산 불필요)

정답해설

2021년 접종률은 6~11세 여자의 경우 81.3%로 가장 높았고, 그다음으로 1~5세 여자의 경우가 78.9%로 두 번째로 높았다.

오답풀이

① 2022년 접종자 수의 2년 전 대비 감소율은 다음과 같다.
- 남자: $\frac{629-483}{629} \times 100 ≒ 23(\%)$
- 여자: $\frac{543-454}{543} \times 100 ≒ 16(\%)$

따라서 전년 대비 감소율은 남자가 여자보다 높다.

② 연령대별로 2020년 대비 2022년 접종자 수 감소율을 계산하여 정리하면 다음과 같다.

구분	2020년	2022년	감소율
1~5세	296	211	29%
6~11세	445	394	11%
12~14세	212	169	20%
15~18세	219	163	26%

따라서 감소율이 가장 높은 연령대는 1~5세이다.

④ 2020~2022년 접종자 수를 남녀로 구분하여 정리하면 다음과 같다.

구분	2020년	2021년	2022년
남자	629	540	483
여자	543	503	454

따라서 매년 남자 접종자 수가 여자보다 많았다는 것을 알 수 있다.

31 정답 ②
난이도
자료계산

정답해설

2020년 대비 2022년 접종자 수 감소분은 다음과 같다.

1~5세	6~11세	12~14세	15~18세
296−211 =85(명)	445−394 =51(명)	212−169 =43(명)	219−163 =56(명)

따라서 감소분이 가장 큰 연령대는 1~5세로 85명이고, 가장 작은 연령대는 12~14세로 43명이다. 따라서 $\frac{85}{43} ≒ 2$(배)다.

32 정답 ①
난이도
자료계산

정답해설

2021년 기금 부담금이 전년 대비 12% 증가했다면, 2020년 기금 부담금은 $\frac{95,032}{(1+0.12)} ≒ 84,850$(억 원)이다. 따라서 4년간의 평균 기금 부담금은 $\frac{84,850+95,032+100,455+108,807}{4} = \frac{389,144}{4} = 97,286$(억 원)이다.

33 정답 ④
난이도
자료에 대한 진위 판단(계산 필요)

정답해설

병원, 요양병원 2종이다.

오답풀이

① 입(내)원일당 진료비 = $\dfrac{\text{의료급여비용}}{\text{입(내)원 일수}}$ 이므로, 2023년 입(내)원일당 진료비는 $\dfrac{111{,}970\text{억 원}}{124{,}590\text{천 일}} \fallingdotseq 0.898707 \times 100{,}000 \fallingdotseq 89{,}871$(원)이다. 따라서 90,000원 미만이다.

② 건당 진료비 = $\dfrac{\text{의료급여비용}}{\text{청구건수}}$ 이므로, 2021년 건당 진료비는 $\dfrac{97{,}694\text{억 원}}{80{,}227\text{천 건}} \fallingdotseq 1.217719 \times 100{,}000 \fallingdotseq 121{,}772$(원)이다. 따라서 120,000원 이상이다.

③ 2022년 요양병원의 경우 입원 진료 인원이 102천 명, 외래 진료 인원이 45천 명으로 '입원>외래'인 유일한 병원종이다.

34 정답 ② 난이도
자료변환

정답해설

2023년 정신병원의 입원 및 외래 진료 인원 비율은 다음과 같다.

- 입원: $\dfrac{53}{124} \times 100 \fallingdotseq 43(\%)$
- 외래: $\dfrac{71}{124} \times 100 \fallingdotseq 57(\%)$

따라서 정답은 ②다.

35 정답 ③ 난이도
자료계산

정답해설

2019~2023년 의약품 등재품목 수를 살펴보면, '전문의약품'과 '일반의약품'의 품목 수를 합한 것임을 알 수 있다. 2024년 1월 1일 기준 의약품 등재품목 수는 22,887품목이고, 전문의약품 등재품목 수는 21,442품목이므로 일반의약품 등재품목 수는 22,887−21,442=1,445(품목)이다. 또는 8+1,437=1,445(품목)으로 구할 수도 있다.

따라서 등재된 일반의약품은 전체 의약품에서 $\dfrac{1{,}445}{22{,}887} \times 100 \fallingdotseq 6.3(\%)$를 차지한다.

36 정답 ④ 난이도
자료에 대한 진위 판단(계산 필요)

정답해설

2020년 대비 2024년 일반의약품 등재품목 수는 $\dfrac{1{,}655 - 1{,}445}{1{,}655} \times 100 \fallingdotseq 13.0(\%)$ 감소했다. 따라서 15% 미만 감소했다.

오답풀이

① 2021년에 대한 내용이다.

② 전문의약품 신약·신규 외 품목은 2019년부터 2024년까지 차례대로 증가, 증가, 감소, 감소, 감소했고, 일반의약품 신약·신규 외 품목은 증가, 증가, 감소, 감소, 감소했다. 따라서 증감 추이는 동일했음을 알 수 있다.

③ 2022~2024년 동안 의약품의 평균 등재품목 수는 $\dfrac{25{,}047 + 23{,}643 + 22{,}887}{3} = \dfrac{71{,}577}{3} = 23{,}859$ (품목)이다. 따라서 24,000품목 미만이다.

문제해결 Tip

③ 선택지에서 기준이 되는 평균 등재품목 수는 24,000 품목이다. 2022년의 경우 기준 대비 +1,047품목, 2023년의 경우 −357품목, 2024년의 경우 −1,113 품목이다. 감소분이 증가분보다 크므로 평균은 24,000품목 미만임을 알 수 있다.

37 정답 ③ 난이도
자료변환

정답해설

2022년 전문의약품과 일반의약품 등재품목 비율은 다음과 같다.

- 전문의약품: $\dfrac{23{,}411}{25{,}047} \times 100 \fallingdotseq 93(\%)$
- 일반의약품: $\dfrac{1{,}636}{25{,}047} \times 100 \fallingdotseq 7(\%)$

따라서 ③은 적절하지 않은 그래프이다.

오답풀이

① 제시된 자료 중 [의약품 등재품목 수]를 살펴보면, 2020년부터 2024년까지 의약품 등재품목 수의 전

년 대비 증감 추이는 다음과 같다.

(단위: 품목)

2020. 01.01.	2021. 01.01.	2022. 01.01.	2023. 01.01.	2024. 01.01.
2,688	2,209	−751	−1,404	−756

따라서 ①은 적절한 그래프이다.

② 제시된 자료 중 [전문의약품 현황]을 살펴보면, 2019~2024년 1월 1일 기준으로 신약·신규 등재 품목 수는 다음과 같다.

(단위: 품목)

2019. 01.01.	2020. 01.01.	2021. 01.01.	2022. 01.01.	2023. 01.01.	2024. 01.01.
679	661	680	760	782	795

따라서 ②는 적절한 그래프이다.

④ 2020~2024년 전문의약품 및 일반의약품 비중의 전년 대비 증감 추이를 표로 계산하여 정리하면 다음과 같다.

(단위: %p)

구분	2020년	2021년	2022년	2023년	2024년
전문 의약품	93−92.7 =0.3	93.1−93 =0.1	93.5−93.1 =0.4	93.4−93.5 =−0.1	93.7−93.4 =0.3
일반 의약품	7−7.3 =−0.3	6.9−7 =−0.1	6.5−6.9 =−0.4	6.6−6.5 =0.1	6.3−6.6 =−0.3

따라서 ④는 적절한 그래프이다.

38 정답 ②

자료에 대한 진위 판단(계산 불필요)

정답해설

2021~2024년 장기요양기관 현황 자료에서 막대그래프 높이가 매년 높아지고 있으므로, 장기요양기관의 수는 꾸준히 증가했다는 것을 알 수 있다. 연도별로 장기요양기관의 수를 계산하면 다음과 같다.

(단위: 개소)

구분	2021년	2022년	2023년	2024년
재가급여	20,559	21,334	22,097	22,675
시설급여	5,988	6,150	6,269	6,310
장기요양 기관 수	26,547	27,484	28,366	28,985

따라서 매년 증가했다.

오답풀이

① 2021년 재가급여 기관 수는 경기, 서울, 경남, 경북, 부산, 전북, 인천 순이다. 반면, 2022년 재가급여 기관 수는 경기, 서울, 경남, 경북, 부산, 인천, 전북 순으로 6위와 7위가 바뀐다.

③ 2022년 재가급여 장기요양기관 수의 전년 대비 증가율은 $\frac{21{,}334-20{,}559}{20{,}559} \times 100 ≒ \frac{775}{20{,}559} \times 100$ ≒3.8(%)이고, 시설급여는 $\frac{6{,}150-5{,}988}{5{,}988} \times 100$ ≒ $\frac{162}{5{,}988} \times 100$ ≒2.7(%)이다. 따라서 재가급여가 더 높다.

④ 경기 지역의 장기요양기관 수는 4,607+2,136= 6,743(개소)로 그 수가 가장 많다. 2022년 전체 장기요양기관 수가 27,484개소이므로 $\frac{6{,}743}{27{,}484}$ ×100≒24.5(%)를 차지한다. 따라서 30% 미만이다.

39 정답 ①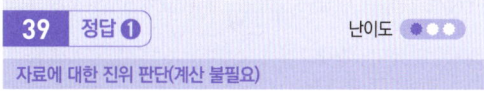

자료에 대한 진위 판단(계산 불필요)

정답해설

재가급여 기관 수가 증가한 지역은 17곳 중 세종을 제외한 16곳이다. 그 중에서 시설급여 기관 수 또한 증가한 지역은 인천, 광주, 대전, 울산, 경기, 충북, 충남, 전북, 전남, 경북, 경남, 제주 12곳이다.

40 정답 ③

자료변환

정답해설

[2021년]
- (수도권) 재가급여 기관 수: 3,110+1,176+4,429 =8,715(개소)
- (수도권 외) 재가급여 기관 수: 20,559−8,715 =11,844(개소)

따라서 수도권 비중은 $\frac{8{,}715}{20{,}559} \times 100$ ≒42.4(%)이고, 수도권 외 비중은 $\frac{11{,}844}{20{,}559} \times 100$ ≒57.6(%)이다.

- (수도권) 시설급여 기관 수: 511+467+2,042 =3,020(개소)
- (수도권 외) 시설급여 기관 수: 5,988-3,020 =2,968(개소)

따라서 수도권 비중은 $\frac{3,020}{5,988} \times 100 ≒ 50.4(\%)$, 수도권 외 비중은 $\frac{2,968}{5,988} \times 100 ≒ 49.6(\%)$ 이다.

[2022년]
- (수도권) 재가급여 기관 수: 3,144+1,237+4,607 =8,988(개소)
- (수도권 외) 재가급여 기관 수: 21,334-8,988= 12,346(개소)

따라서 수도권 비중은 $\frac{8,988}{21,334} \times 100 ≒ 42.1(\%)$, 수도권 외 비중은 $\frac{12,346}{21,334} \times 100 ≒ 57.9(\%)$ 이다.

- (수도권) 시설급여 기관 수: 502+485+2,136 =3,123(개소)
- (수도권 외) 시설급여 기관 수: 6,150-3,123 =3,027(개소)

따라서 수도권 비중은 $\frac{3,123}{6,150} \times 100 ≒ 50.8(\%)$, 수도권 외 비중은 $\frac{3,027}{6,150} \times 100 ≒ 49.2(\%)$ 이다.

정리하면 가장 바르게 나타낸 그래프는 ③이다.

공고문 / 규정 이해

정답해설

고혈압을 지녔고 일차의료만성질환관리 시범사업에 등록하여 케어플랜을 수립하였으므로 관리형 신청자이며 이러한 경우 참여 시작일로부터 1년이 지나면 종료된다. 내후년까지 참여할 수 있으려면 예방형인 신청자만 가능하므로 적절한 판단이라 할 수 없다.

오답풀이

① 예방형은 국가건강검진을 받은 만 20~64세 중 건강관리가 필요한 국민을 신청 대상으로 하므로 건강검진 이력이 있어야 한다. 또한, 포인트 적립을 통해 지정된 인터넷 몰에서 상품을 구매하거나 관리형 참여자의 경우 건강실천카드를 발급받아 전국 의원에서 진료비 결제에 사용할 수 있다.

② 참여 포인트 5,000점, 실천 포인트 연 최대 35,000 +15,000=50,000(점), 개선 포인트는 1년 안에 3번 획득하여 최대 15,000점 적립할 수 있으므로 5,000+50,000+15,000=70,000(점)까지 첫 해에 적립할 수 있다.

③ 팩스 신청 시 공단이 전산에 사업참여 대상으로 입력한 날이 참여 시작일이며, 공단은 팩스 신청일을 포함하여 3일 이내(토요일과 공휴일 제외) 접수 및 전산 입력을 해야 한다. 따라서 3월 2일(금)에 팩스로 신청했다면 3월 2일(금), 3일과 4일은 주말로 제외, 5일(월), 6일(화) 내로 입력할 것이므로 이 중에 하루가 참여 시작일이 될 것이다.

적정 대상 선택

정답해설

C는 70÷(1.65×1.65)≒25.7이므로 비만에 해당하며, 혈압이 120(수축기)/80(이완기)mmHg 이상이거나 공복혈당이 100mg/dL 이상이어야 하는데 혈압이 125/85mmHg로 혈압 조건에서 부합한다. 따라서 예방형 대상자가 될 수 있다.

오답풀이

① A는 이완기 혈압이 80mmHg 미만으로 혈압과 공복혈당 기준 모두 미달하여 예방형 대상자가 될 수 없다. (BMI는 90÷(1.8×1.8)≒27.8이므로, 비만에 해당하여 조건에 부합하나, 이것만으로는 대상자가 될 수 없다.)

② B는 혈압 또는 공복혈당 기준 중 공복혈당이 조건이 부합하지만, BMI가 45÷(1.7×1.7)≒15.6으로 저체중에 해당하여 기본 조건을 만족하지 못한다. 따라서 예방형 대상자가 될 수 없다.

④ D는 혈압 118/77mmHg, 공복혈당 99mg/dL로 두 조건 모두 기준 미만이므로 예방형 대상자가 될 수 없다. (BMI는 65÷(1.6×1.6)≒25.4이므로, 비만에 해당하여 조건에 부합하나, 이것만으로는 대상자가 될 수 없다.)

43 정답 ①

지문의 이해 및 활용

난이도 ●○○

정답해설

올해부터 응급의료기관, 시·도, 보건소 등 감시체계 참여기관에 온열질환 발생 예측정보를 시범 제공하며, 해당 서비스를 통해 의료기관은 선제적으로 환자 대응체계를 마련할 수 있을 것으로 예상된다고 설명되어 있다. 또한, 온열질환 응급실감시체계는 전국 500여 개 응급실 운영 의료기관과 관할 보건소 및 시·도, 질병관리청이 협력한다고 설명되어 있다.

오답풀이

② 첫 번째 문단에 따르면 온열질환 응급실감시체계를 전년 대비 5일 앞서, 오는 5월 15일부터 운영한다. 따라서 작년 운영 시작 시기는 5월 20일이다.

③ 네 번째 문단에 따르면 온열질환 발생 정보는 질병관리청 누리집 '신고현황'을 통해 매일 공개되며, 지난 연도 발생현황 통계는 '감시체계 연보'를 통해 확인할 수 있다. 따라서 작년 온열질환 발생 통계 자료는 지난 연도 발생현황으로 '감시체계 연보'를 통해 확인 가능하다.

④ 지난해 온열질환자 수는 3,704명이고, 전년 대비 31.4% 증가한 것으로 나타났으므로 재작년 온열질환자 수는 $3,704 \div 1.314 ≒ 2,819$(명)일 것이다. 따라서 재작년에 비해 작년 온열질환자 수는 $3,704 - 2,819 = 885$(명) 즉, 1,000명 미만으로 늘어났을 것이다.

44 정답 ③

지문의 이해 및 활용

난이도 ●●○

정답해설

두 번째 문단에서 「온열질환 응급실감시체계」로 파악된 작년 온열질환자는 총 3,704명이었고, 세 번째 문단에서 발생장소는 실외 작업장 31.7%, 논·밭 14.3%, 길가 9.8% 순으로 나타났다고 설명되어 있다. 따라서 실외의 최소 비중은 전체의 55.8%이며, 60% 이상이라고 단정할 수 없다.

오답풀이

① 뜨거운 환경에 장시간 노출 시 방치하면 생명이 위태로울 수 있는 질병으로 열사병과 열탈진이 대표적이며, 온열질환자별로는 절반 이상을 넘을 만큼 열탈진이 가장 많았고, 신고된 온열질환 추정 사망자의 추정 사인은 94.1%로 열사병으로 조사되었다고 설명되어 있다.

② 두 번째 문단에서 2018년 추정 사망자 수는 48명이고, 2018년 이후 지난해 추정 사망자 34명인 경우가 두 번째로 많았다고 설명되어 있다. 따라서 추정 사망자 수가 세 번째로 많았던 시기의 사망자 수는 34명보다 적을 것이다.

④ 마지막 두 문단에서 온열질환은 응급대처도 중요하지만 사전 예방이 더 중요하다고 나와 있으며, 폭염 시 외출 자제(가장 더운 시간대에 야외 활동), 햇볕 차단(양산 또는 모자 쓰기 등) 등 폭염 대비 건강수칙을 철저히 준수하여야 한다고 설명되어 있다.

45 정답 ③

적정 대상 선택

난이도 ●●○

정답해설

3단계가 서울, 경기로 2곳이고 2단계가 부산, 대구, 인천, 광주, 강원, 충북, 전남으로 7곳, 1단계가 대전, 울산, 세종, 충남, 전북, 경북, 경남, 제주로 8곳이다. 따라서 전국 기준으로 '17개 시·도에 3단계가 1곳 이상인 경우, 또는 2단계가 7곳 이상인 경우'이므로 위험 등급은 '경계'이다.

46 정답 ③

공고문 / 규정 이해

난이도 ●○○

정답해설

미용 목적으로 행해지는 성형 수술은 질병 치료 및 필수 기능 개선을 위한 진료가 아니므로, 질병 및 부상의 범위에서 제외되며 근로활동불가기간으로 인정할 수 없다.

오답풀이

① 국내 체류 외국인으로서 대한민국 국민과 혼인 중인 사람, 대한민국 국민인 배우자와 이혼 또는 그 배우자가 사망하여 대한민국 국적을 가진 직계존비속을 돌보고 있는 사람, 난민법에 따라 난민으로 인정된 사람은 지원대상으로 인정된다.

② 2단계 혼합근로활동불가모형으로 입원 신청인 경우 대기기간은 0일이다. 해당 경우를 제외하면 다른 모형에서의 대기기간은 7일, 최대 보장기간은 150일이다.
④ 근로활동불가기간은 질병 및 부상에 의한 근로활동을 수행할 수 없는 기간으로, 수술일로부터 근로복귀일까지인 2일+5일=7(일)이다.

정답해설

㉠ A씨: 근로활동불가기간 초일(6월 1일) 포함 직전 4~5월 2개월 동안 41일(4월 5일~5월 15일) 즉 30일 이상 가입 자격을 유지하였다. 따라서 건강보험 직장가입자로 인정되어 지원을 받을 수 있다.

㉢ C씨: 근로활동불가기간 초일(11월 20일) 포함 직전 3개월(90일) 동안(8월 23일~11월 20일) 사업자 등록을 유지 중이었고, 9월 말부터 매달 300만 원 이상의 매출을 벌어들였다면 3개월 월평균 매출액이 209만 원 이상이므로 사업자등록 유지기간 및 매출 기준을 모두 충족한다. 자영업자로 인정되며, 질병 치료 목적의 해외 출국자이므로 지원 제외자에 해당하지 않아 지원을 받을 수 있다.

오답풀이

㉡ B씨: 근로활동불가기간 초일(9월 14일) 포함 직전 2개월 동안(7월 15일~9월 14일) 30일 미만(7월 15일~9월 13일)으로 가입자격을 유지했다. 고용 및 산재보험 가입자로 인정되지 않아 지원을 받을 수 없다.

㉣ D씨: 공무원 및 국공립학교 교직원인 경우 지원 대상에 해당하지 않는다.

정답해설

경기도 안양에서 지원하는 모형은 근로활동불가모형이다. 대기기간 7일 차감 후 최대 보장기간 150일 내에서 상병수당 최종 급여일수를 산정한다. 상병수당 최종 급여일수는 근로활동을 수행할 수 없는 기간인 20일 중 대기기간인 7일을 제외한 13일이며, 급여지급금액은 13×48,150원=625,950(원)에 진단서 발급비용 20,000원을 더한 645,950원이다.

정답해설

금연진료는 타상병과 동시 진료하는 경우 '금연동시진료'와 금연진료만 행하는 '금연단독진료'로 구분된다. 공단과 본인 부담금의 합계액을 계산하여 비교하면 두 경우 모두 최초진료비는 18,330+4,500=19,830+3,000=22,830(원)으로 같다.

오답풀이

① 금연치료 지원사업에 참여한 병원, 의원, 보건소, 보건지소 등에서만 지원받을 수 있다.
② 최대 24주가 아닌 36주간 처방을 받을 수 있다.
④ 금연 프로그램을 이수하기만 하면 본인이 부담한 진료비 및 약제비를 전액 환급받을 수 있다. 금연의 성공, 실패 여부에 대한 내용은 없다.

정답해설

이수 인센티브 환급액은 본인부담액이므로 A~D의 본인부담액을 계산해 보면 다음과 같다.
- A: 50일×2정×1,100원×0.2=22,000(원)
  → 그러나 투약일 조건 미충족으로 이수 인센티브 0원
- B: 4,500원(1회)+2,700원(2회)=7,200(원)
  (3회부터 본인부담금 전액 면제)
- C: 84일×2정×520원×0.2=17,472(원)
- D: 84일×(3,000−2,800)=16,800(원)

A는 조건 미충족으로 환급액이 0원이므로 C의 환급액이 가장 높다.

51 정답 ① 난이도 ★○○
적정 대상 선택

정답해설

간선버스이므로 번호는 3자리이며, 출발권역은 강동구(3번 권역)이고 도착권역은 서초구(4번 권역)이므로 34로 시작하는 선택지 ①이 가장 적절하다.

52 정답 ③ 난이도 ★○○
공고문 / 규정 이해

정답해설

순환버스는 특정 권역 내부를 순환하는 노선으로, 순환하는 권역에 대한 정보만 버스번호에 표시된다. 34번은 강동, 송파 내부를 순환하거나 하남, 광주 내부를 순환하는 노선일 수 있다.

오답풀이

① 광역버스는 9로 시작하며, 두 번째 자리가 외곽 번호로 5번(안산)이다. 따라서 안산에서 출발하여 서울로 들어오는 노선일 수 있다.
② 간선버스는 3자리이며, 권역 번호 조합 양천(6번 권역)-도봉(1번 권역)으로 적절하다.
④ 지선버스는 4자리이며, 권역 번호 조합 강남(4번 권역)-동작(5번 권역)으로 적절하다.

53 정답 ② 난이도 ★○○
공고문 / 규정 이해

정답해설

수요자나 수요처를 대상으로 월 30시간(일 3시간 이내), 연 11개월간 봉사활동하는 것이 원칙인 것은 노인일자리가 아닌 노인사회활동에 대한 내용이다.

오답풀이

① 공모전은 국가행정기관, 지방자치단체, 공공기관, 노인일자리 수행기관을 대상으로 개최한다.
③ 공모 분야는 '노인일자리(노인역량활용)'와 '노인사회활동(노인공익활동)'으로 2개이며, 응모 시 전자우편으로 제출한다.
④ 공모전 시상 내역 표에서 대상, 최우수상, 우수상은 '보건복지부장관상'으로, 장려상은 '한국노인인력개발원장상'으로 구분하고 있다. 이를 통해 보건복지부와 한국노인인력개발원이 주최 및 주관하는 공모전임을 알 수 있다.

54 정답 ① 난이도 ★○○
적정 대상 선택

정답해설

응모자 A~D의 가중치를 반영한 최종 점수를 계산하여 정리하면 다음과 같다.
- 응모자 A: $(85+88) \times 0.3 + 75 \times 0.4 = 81.9$(점)
- 응모자 B: $(80+78) \times 0.3 + 82 \times 0.4 = 80.2$(점)
- 응모자 C: $(90+85) \times 0.3 + 70 \times 0.4 = 80.5$(점)
- 응모자 D: $(75+80) \times 0.3 + 80 \times 0.4 = 78.5$(점)

따라서 점수가 가장 높은 응모자는 A이다.

55 정답 ① 난이도 ★○○
공고문 / 규정 이해

정답해설

건강보험 틀니 대상자 변경 / 취소를 원하는 경우 신청서 및 진료기록부 사본 등 해당 증빙자료를 팩스, 내방, 우편과 같은 방법으로 공단에 제출해야 한다.

오답풀이

② 치과 병(의)원에서 진료 후 노인틀니 급여대상자로 판정하면, 환자는 병(의)원에서 시술 동의를 받고 등록 신청해야 한다. 치과 병(의)원에서는 등록결과를 확인 후 틀니 시술을 진행하는 방식이다.
③ 틀니 유지관리 행위는 급여인정 횟수가 초과하는 경우 등록이 불가하다. 클라스프(고리) 복잡수리의 경우 급여인정 횟수는 연 1회이므로 시술하는 경우 전액 본인이 부담해야 한다.
④ 만 65세 이상의 건강보험 틀니 대상자라면 무치악인 경우 완전틀니 및 치아 결손으로 남은 치아를 이용하는 부분틀니를 모두 지원받을 수 있다.

56	정답 ④	난이도 ●○○
공고문 / 규정 이해		

정답해설

무상유지관리기간은 틀니를 장착한 다음날부터 3개월 이내 최대 6회까지다.

오답풀이

- 재현, 선미: 급여 적용기간은 원칙적으로 7년이며, 그 전에는 추가 급여가 불가하고 7년이 지난 이후 다시 보험적용을 받을 수 있다. 다만, 구강 상태의 심각한 변형으로 인해 새로운 틀지 제작이 불가피하다는 의학적 소견을 받거나 천재지변에 의한 틀니 분실 또는 파손의 경우 7년 이내여도 동종틀니에 한정하여 1회의 추가 급여가 가능하다. 따라서 환자의 불만족이나 개인의 귀책사유로 인해 7년 이내에 다시 제작할 경우 급여 적용은 불가하다는 것을 알 수 있다.
- 민아: 어태치먼트(똑딱이) 등 특수 부분틀니의 경우 급여 적용에서 제외된다고 설명되어 있다.

정답해설

만 65세 이상의 건강보험 가입자이며, 차상위대상자이자 희귀난치성질환자이므로 본인부담률은 요양급여비용 총액의 5%이다. 요양급여비용이 200만 원이므로 본인부담금은 $200 \times 0.05 = 10$(만 원)이다.

정답해설

대한민국 국적을 가진 자라면 누구나 참가할 수 있다. 또한, 출품 수에 제한은 없으나 입상은 작품 중 가장 상위 평가 받은 1작품에 대해서만 수상할 수 있으며 중복 수상은 불가하다고 적혀 있다.

오답풀이

① 드라마, 애니메이션, 댄스, 노래, 패러디, 콩트 등 전 장르 가능하며, 공모전 전용 홈페이지에 접속하여 신청하면 된다. 대상(1명), 최우수상(2명), 우수상(3명), 장려상(3명)으로 총 9팀에 대한 시상을 할 계획이지만, 참가자 수 및 작품 수준에 따라 시상 내용이 변경될 수 있으므로 최대 9팀만이 수상할 수 있다고 단정지을 수 없다.
② 예정대로 발표했다면 최종 당선작 발표일은 12월 13일(금)이다. 공단에서는 비영리·공익적 목적으로 수상작에 한해 수상 발표일로부터 3년 동안 복제 및 전송, 배포할 수 있으므로 3년 후 12월 12일까지만 가능하며, 그 해 말일(12월 31일)까지 이를 실행할 수 있다는 판단은 적절하지 않다.
④ 출품자가 응모작 반환을 요구한다면 입상하지 않은 응모작은 출품자에게 반환되겠지만, 반환과 관련한 추가 비용은 출품자가 부담해야 한다. 그리고 상금 수상에 따른 제세공과금도 수상자 본인이 부담해야 한다고 안내되어 있다.

59	정답 ③	난이도 ●●○
수치 계산(비용, 시간)		

정답해설

계획했던 시상 내역으로 출품작이 선정되었을 경우와 최종 선정된 10팀을 대상으로 필요한 상금 총액을 표로 계산하여 나타내면 다음과 같다.

구분	기존 예정 내용(9팀)	최종 선정 내용(10팀)	상금 총액 차이
대상 (300만 원)	1팀	1팀	없음 (300만 원 → 300만 원)
최우수상 (150만 원)	2팀	1팀	−150만 원 (300만 원 → 150만 원)
우수상 (50만 원)	3팀	4팀	+50만 원 (150만 원 → 200만 원)
장려상 (30만 원)	3팀	4팀	+30만 원 (90만 원 → 120만 원)

$-150 + 50 + 30 = -70$(만 원)이므로 70만 원 차이가 난다.

60	정답 ②		난이도 ●●○
적정 대상 선택			

정답해설

타 공모전에 기 입상된 작품 또는 표절 / 편집 / 합성된 출품작품은 심사에서 제외된다.

오답풀이

① 공고된 작품 형식 및 규격에 맞지 않는 작품은 심사에서 제외된다.
   → 전 장르를 대상으로 하고, 화면 비율은 3:4 또는 9:16의 세로형을 충족하며, 영상 최대 길이인 58초를 넘기지 않으므로 제외될 일이 없다.
③ 출품자는 초상권 등 저작권과 관련하여 발생할 수 있는 문제들을 해결한 후에 출품해야 하며, 향후 관련 분쟁이 발생할 경우 민·형사상의 모든 법적 책임은 출품자(저작권자)에게 있다. 그럼에도 불구하고 심사 또는 수상이 제외되는 것은 아니다.
④ 작품을 잘못 제출했어도 접수 때 받은 수정 링크를 통해 접수 기간이 끝나기 전에 수정했다면 다른 작품으로 다시 출품할 수 있다.

❷교시 직무시험_국민건강보험법

※ 문항별 관련조문 내용은 별책으로 제공되는 [독끝 암기노트]를 참고해 주세요.

01	정답 ③		빈출도 ●●○
일치 / 불일치			

[관련조문]
제26조(이사회)

정답해설

① (○) 제1항
② (○) 제2항
③ (×) 감사는 출석 및 발언 가능하므로 옳지 않은 설명이다.
④ (○) 제4항

독끝 암기포인트

③ 감사는 공단 운영의 감시자 역할로, 이사회에 출석해 발언함으로써 예산 낭비나 위법 행위가 일어나지 않도록 감시하거나 관련 내용을 지적할 수 있다. 이는 이사회의 투명성과 책임성을 높이기 위한 제도적 장치이다.
④ 대통령령과 보건복지부령의 차이는 다음과 같이 요약할 수 있다.

구분	대통령령	보건복지부령
주체	대통령	보건복지부 장관
적용 범위	나라 전체, 부처 간 조정 포함	보건복지부 소관 업무에 한정
중요도	상대적으로 더 중요하고 큰 사안	실무적이고 구체적인 사안
예시	이사회 운영, 현역병의 요양급여 기준 등	신고 절차, 서류 양식 등

공단 이사회는 중요한 결정을 하는 조직이므로 실무지침 차원의 보건복지부령이 아닌, 국가적 차원의 대통령령으로 정한다.

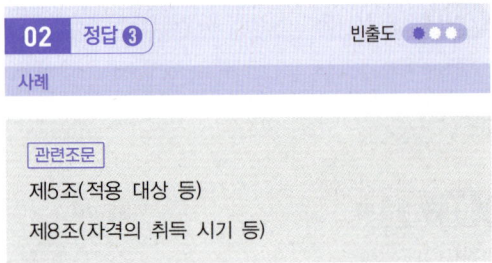

사례

> **관련조문**
> 제5조(적용 대상 등)
> 제8조(자격의 취득 시기 등)

정답해설

A는 4월 1일에 유공자등 의료보호대상자가 되었으므로 가입자 또는 피부양자에서 제외된다. 그런데 4월 5일에 건강보험의 적용을 신청하였으므로 그 날에 가입자 자격을 얻는다.

① (×) 4월 1일이 아니라 4월 5일에 가입자 자격이 생긴다.

② (×) 4월 5일에 가입자 자격이 생긴다.

④ (×) 이 사례의 A는 피부양자가 아니라 가입자 자격을 취득한다.

독끝 암기포인트

유공자등 의료보호대상자는 국가가 따로 의료비를 지원하므로 건강보험 대상에서 제외된다. 이 경우에는 건강보험료도 납부하지 않으므로 유공자에 대한 대우라고 할 수 있다. 그러나 유공자등 의료보호대상자가 이러한 대우에도 불구하고 굳이 건강보험 신청을 하는 경우에는 직장가입자 또는 지역가입자가 되어 건강보험료를 납부하면서 건강보험 혜택을 받을 수 있다.

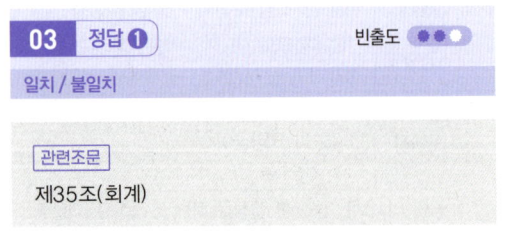

일치 / 불일치

> **관련조문**
> 제35조(회계)

정답해설

㉠ (○) 제1항

㉡ (×) 직장가입자와 지역가입자의 재정은 통합하여 운영한다.

㉢ (○) 제3항

㉣ (×) 고용보험사업 회계는 구분하여 회계처리해야 한다.

독끝 암기포인트

② 직장가입자와 지역가입자는 소득 구조에 따른 가입자 종류 구분일 뿐, 병원이나 약국에서 건강보험 혜택을 받을 때는 이 둘을 구분하지 않는다. 이는 건강보험료를 징수할 때만 직장가입자와 지역가입자를 구분하고, 재정은 통합하여 운영하기 때문에 가능한 것이다. 만약 재정도 분리하여 운영하였다면 건강보험 혜택을 받을 때에도 직장가입자, 지역가입자를 구분하였을 것이다.

③ 건강보험사업, 국민연금사업, 고용보험사업, 산업재해보상보험사업은 흔히들 말하는 4대보험(국민연금, 건강보험, 고용보험, 산재보험)에 해당한다. 건강보험사업은 국민건강보험공단이 담당 기관이지만, 나머지(국민연금사업, 고용보험사업, 산업재해보상보험사업)은 담당 기관이 다르며 국민건강보험공단은 징수업무만 위탁받아서 대신 보험료를 걷고 있다. 여기에 회사가 망했을 때, 직원이 받지 못한 임금이나 퇴직금을 보장하는 임금채권보장사업도 담당 기관은 고용노동부이며 국민건강보험공단은 징수업무만 대신한다. 따라서 이들의 회계는 공단의 다른 회계와 구분하여 처리해야만 한다.

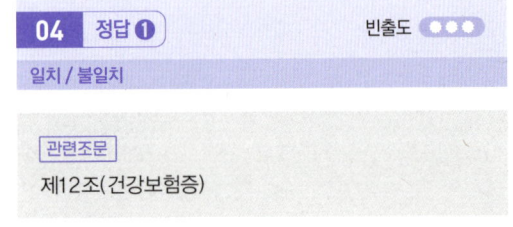

일치 / 불일치

> **관련조문**
> 제12조(건강보험증)

정답해설

㉠ (×) 신청하는 경우에만 발급한다.

㉡ (○) 제3항

㉢ (○) 제5항

㉣ (○) 제8항

독끝 암기포인트

㉣ 대통령령과 보건복지부령의 차이는 다음과 같이 요약할 수 있다.

구분	대통령령	보건복지부령
주체	대통령	보건복지부 장관
적용 범위	나라 전체, 부처 간 조정 포함	보건복지부 소관 업무에 한정

중요도	상대적으로 더 중요하고 큰 사안	실무적이고 구체적인 사안
예시	이사회 운영, 현역병의 요양급여 기준 등	신고 절차, 서류 양식 등

건강보험증의 신청 절차와 방법, 서식과 그 교부 및 사용 등에 필요한 사항은 실무 지침 차원의 보건복지부령으로 정한다.

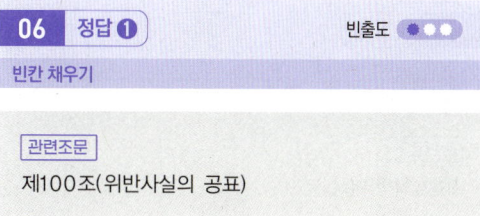

일치 / 불일치

관련조문
제60조(현역병 등에 대한 요양급여비용 등의 지급)

정답해설

① (○) 공단은 현역병이 요양급여를 받은 경우, 요양급여비용을 법무부장관·국방부장관·경찰청장·소방청장 또는 해양경찰청장으로부터 예탁받아 지급할 수 있다.

② (○) 예산상 불가피한 경우는 예외사항에 해당한다.

③ (○) 요양급여비용과 요양비를 예탁해야 한다.

④ (×) 사후적이 아닌, 미리 공단에 예탁해야 한다.

독끝 암기포인트

① 제54조 제3호 및 제4호에 해당하는 사람(현역병, 전환복무자, 군간부후보생, 교도소 수감자)은 직장가입자나 지역가입자처럼 보험료를 납부하지 않으므로, 이런 특수 신분자에 대해 요양급여나 요양비가 발생하면 관련 기관이 예탁한 돈으로 처리하는 구조이다.

④ 대통령령과 보건복지부령의 차이는 다음과 같이 요약할 수 있다.

구분	대통령령	보건복지부령
주체	대통령	보건복지부 장관
적용 범위	나라 전체, 부처 간 조정 포함	보건복지부 소관 업무에 한정
중요도	상대적으로 더 중요하고 큰 사안	실무적이고 구체적인 사안
예시	이사회 운영, 현역병의 요양급여 기준 등	신고 절차, 서류 양식 등

법무부장관·국방부장관·경찰청장·소방청장 또는 해양경찰청장이 공단에 예탁하는 것은 부처 간 조정이 필요한 일이므로 대통령령으로 정한다.

06 정답 ① 빈출도 ●●○

빈칸 채우기

관련조문
제100조(위반사실의 공표)

정답해설

㉠ 1천 500만 원 → 1,500만 원
㉡ 100분의 20

독끝 암기포인트

"일오 이십 이상이면 뉴스에 뜬다." → 일오(1,500만 원) or 이십(20%) 이상이면 공표된다.

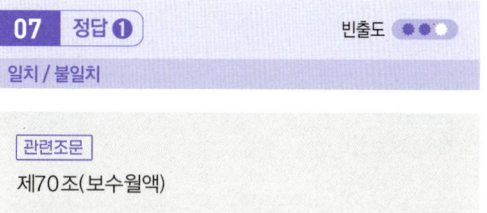

일치 / 불일치

관련조문
제70조(보수월액)

정답해설

㉠ (○) 제1항

㉡ (×) 사유가 발생한 달이 아닌, 발생하기 전 달의 보수월액이 기준이다.

㉢ (×) 실비변상적인 성격을 갖는 금품은 보수에서 제외한다.

㉣ (○) 제3항

독끝 암기포인트

㉡ 휴직한 달의 보수월액은 0이거나 평상시보다 낮은 금액이므로, 그 직전에 받던 정상적인 보수월액을 기준으로 삼는다.

㉢ '실비변상적인 성격을 갖는 금품'이란 근로에 대한 대가가 아니라 업무 수행을 위해 개인적으로 지출한 비용을 회사가 돌려주는 것을 뜻한다. 예를 들어 출장 시의 교통비, 숙박비 등을 영수증으로 정산한 금액 등이 있다. 실비변상적 금품은 근로에 대한 대가가 아니고, 보수에 포함할 경우 보수월액이 비합리적으로 과다하게 잡혀 보험료를 억울하게 많이 납부할 수 있으므로 이를 방지하기 위해 보수에서 제외한다.

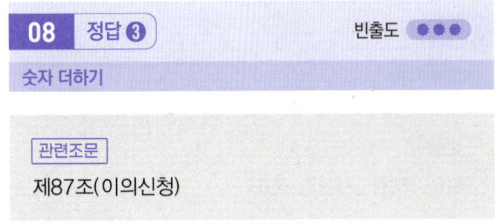

관련조문
제87조(이의신청)

정답해설

㉠: 90 / ㉡: 180 / ㉢: 30
∴ 90+180+30=300

독끝 암기포인트

"이의신청은 361" → 알면 3달(90일), 몰라도 6달(180일), 요양기관은 급하니까 1달(30일)

관련조문
제69조(보험료)
제71조(소득월액)
제76조(보험료의 부담)

정답해설

A씨 본인이 매달 부담해야 하는 건강보험료는 보수월액보험료와 보수 외 소득월액보험료의 합이다.
- 보수월액보험료: 3,200,000×0.07=224,000(원)
- 보수 외 소득월액: (24,800,000−20,000,000)×1/12=400,000(원)
- 보수 외 소득월액보험료: 400,000×0.07=28,000(원)

그런데 보수월액보험료는 사업주와 반반씩 부담하므로, A씨가 부담해야 하는 보수월액보험료는 224,000원의 절반인 112,000원이다. 보수 외 소득월액보험료는 A씨가 전부 부담한다.
따라서 정답은 112,000+28,000=140,000(원)이다.

독끝 암기포인트

- 직장가입자의 보험료는 매달 직장으로부터 얻는 소득(=보수월액)과 부업, 이자, 배당금 등 매달 직장 외에서 얻는 소득(=보수 외 소득월액)에 대해서만 납부하며, 둘 모두 동일한 보험료율을 곱하여 산정한다.
- 직장 외에서 얻는 소득인 보수 외 소득월액은 대통령령으로 정하는 금액만큼은 공제하고 남은 금액에 대해서만 보험료를 산정한다.

• 직장으로부터 얻는 소득인 보수월액에 대한 건강보험료는 사업주가 절반을 내주어 직장가입자는 나머지 절반만 부담하면 된다. 반면 직장 외에서 얻는 소득인 보수 외 소득월액에 대한 건강보험료는 직장과 무관한 소득이므로 직장가입자가 전액 부담한다.

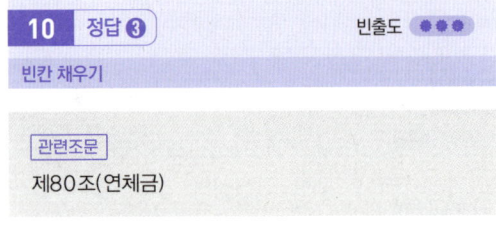

관련조문
제80조(연체금)

정답해설

㉠ 1천500분의 1 → 1,500분의 1
㉡ 1천분의 20 → 1,000분의 20

독끝 암기포인트

- 보험료 체납, 보험료 체납으로 인한 보험급여 제한 기간 중 받은 보험급여에 대한 징수금 체납
  : 하루에 1,500분의 1, 최대 2%
- 그 외에 대한 징수금 체납: 하루에 1,000분의 1, 최대 3%
※ 보험료 체납보다 그 외의 경우에 더 강한 연체금을 부과함

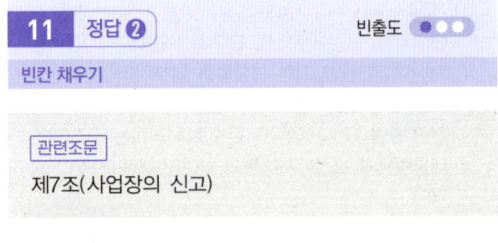

관련조문
제7조(사업장의 신고)

정답해설

㉠ 14일 이내
㉡ 적용대상사업장

독끝 암기포인트

㉠ 제7조~제10조는 사업장과 가입자 자격의 신고에 대한 법조문인데, 단 하나의 예외를 제외하고는 신고 기한이 모두 14일까지다.(예외는 제9조 제3항의 1개월)
㉡ 건강보험법이 적용되는 사업장이므로 '적용대상사업장'이라고 한다.

12 정답 ④ · 빈출도 ●●○
해당하는 것 고르기

> 관련조문
> 제14조(업무 등)

정답해설
① (○) 제1항 제6호
② (○) 제1항 제8호
③ (○) 제1항 제7호
④ (×) 건강보험정책의 기본목표 수립은 보건복지부장관이 수립하는 종합계획에 해당하며, 이는 제3조의2(국민건강보험종합계획의 수립 등)에 따른 보건복지부장관의 업무이다.

독끝 암기포인트
공단의 업무 중 당연하지 않게 여겨지는 업무가 포함된 이유는 다음과 같다.
- 4. 가입자 및~예방사업으로서 대통령령으로 정하는 사업: 아픈 후에 치료비를 보장하는 것보다 미리 예방하는 것이 경제적으로 더 이득이므로 예방사업도 실시한다.
- 6. 자산의 관리·운영 및 증식사업: 가입자가 낸 보험료로 조성된 막대한 기금의 가치가 훼손되지 않도록 안정적으로 운용하면서, 보험급여가 필요할 때 언제든지 지급할 수 있도록 준비하기 위해 자산의 관리·운영·증식사업도 실시한다.
- 7. 의료시설의 운영: 공공의 목적이나 보험자 입장에서 의료현장을 직접 경험·운영하여 실무현장의 이해도를 높이기 위해 의료시설도 직접 운영한다.
- 10. 이 법에서 공단의 업무로 정하고 있는 사항: 다른 조문에 흩어져 규정된 개별 업무를 포괄하기 위한 규정이다. 예시로는 다음이 있다.
  - 제9조의2(자격 취득·변동 사항의 고지): 공단은 자격 취득 또는 변동을 확인하면 보험료 납입 고지 시 이를 알려야 한다.
  - 제12조(건강보험증): 공단은 가입자 또는 피부양자가 신청하는 경우 건강보험증을 발급하여야 한다.
  - 제49조(요양비): 공단은 가입자나 피부양자가 부득이한 사유로 준요양기관에서 요양받은 경우 요양비를 지급한다.
  - 제50조(부가급여): 공단은 임신·출산 진료비, 장제비, 상병수당, 그 밖의 급여를 실시할 수 있다.
  - 제51조(장애인에 대한 특례): 공단은 등록 장애인에게 보조기기에 대한 보험급여를 할 수 있다.
  - 제52조(건강검진): 공단은 건강검진을 실시한다.

- 11. 「국민연금법」~에 따라 위탁받은 업무: 국민연금, 고용보험, 산재보험 등은 모두 사회보험으로, 공단이 한 번에 통합해서 징수하면 행정 효율성과 국민 편의성이 높아지므로 징수체계 일원화를 위해 공단이 대신 위탁받아 징수업무를 한다.

13 정답 ④ · 빈출도 ●●○
해당하는 것 고르기

> 관련조문
> 제42조(요양기관)

정답해설
① (○) 제1항 제1호
② (○) 제1항 제4호
③ (○) 제1항 제2호
④ (×) 한국희귀·필수의약품센터는 「약사법」에 따라 설립된 것이어야 하며, 「의료법」에 따라 설립된 것이 아니다.

독끝 암기포인트
- 의료법 → 의료기관
- 약국 → 약사법
- 한국희귀·필수의약품센터 → 의약품센터니까 약사법 (약사법 제91조가 한국희귀·필수의약품센터의 설립에 대한 내용임)
- 지역보건법 → 보건소·보건의료원·보건지소(규모의 차이만 있을 뿐 셋 다 지역의 공중보건을 위해 설치되며, 의사가 있어야 함)
- 농어촌 등 보건의료를 위한 특별조치법 → 보건진료소 (보건지소조차 설치되지 않은 의료 사각지대인 농어촌·도서벽지의 의료 불균형 문제를 해결하기 위한 특별조치법에 의해 설치되는 것이 보건진료소이며, 의사 없이 간호사 1인만 근무하는 형태)

14 정답 ② · 빈출도 ●○○

일치 / 불일치

> 관련조문
> 제81조(보험료등의 독촉 및 체납처분)
> 제82조(체납보험료의 분할납부)
> 제83조(고액·상습체납자의 인적사항 공개)

정답해설

㉠ (○) 제82조 제1항에 따라 공단은 보험료를 3회 이상 체납한 자가 신청하는 경우에 분할납부를 승인할 수 있다.

㉡ (×) 제83조에 따르면 최소 1억 원이 아니라 1천만 원 이상이면 인적사항 등을 공개할 수 있다.

㉢ (○) 제81조 제1항에 의해 옳다.

㉣ (×) 제81조 제3항에 따르면 '독촉을 받은 자'에 한해서 국세 체납처분의 예에 따라 징수할 수 있다. 따라서 체납자에게 독촉 없이 징수는 할 수 없다.

독끝 암기포인트

㉠ 1~2회의 체납은 일시적인 사정에 의한 것일 수도 있으므로 강한 행정조치보다는 자발적 납부를 유도한다. 반면 3회 이상의 체납은 상습적인 체납 가능성이 높아 관리 대상이 되고, 이에 따라 체납액 회수율을 높이기 위해 분할납부의 기회를 부여한다.

---

15 정답 ③ 빈출도 ●●●
계산

관련조문
제99조(과징금)

정답해설

- 갑 요양기관은 제99조 제2항 제2호에 해당 → 최대 과징금은 $1{,}140{,}000 \times 60\% = 684{,}000$(원)
- 을 요양기관은 제99조 제2항 제1호에 해당 → 최대 과징금은 $680{,}000 \times 200\% = 1{,}360{,}000$(원)

따라서 두 기관의 최대 과징금의 합계는 $684{,}000 + 1{,}360{,}000 = 2{,}044{,}000$(원)이다.

독끝 암기포인트

약제에 대한 요양급여를 정지해야 하나, 정지할 경우 오히려 사회적 피해가 더 클 것으로 예상되는 약제에 대해서는 어쩔 수 없이 과징금으로 갈음할 수 있다.
예상되는 피해가 더 큰 약제의 경우에는 제약회사의 협상력이 높으므로 상대적으로 더 적은 과징금(60%)이 부과되고, 예상되는 피해가 덜 심각한 약제의 경우에는 제약회사의 협상력이 낮으므로 상대적으로 더 큰 과징금(200%)이 부과된다.

---

16 정답 ③ 빈출도 ●●●
일치 / 불일치

관련조문
제3조의2(국민건강보험종합계획의 수립 등)

정답해설

① (○) 제1항
② (○) 제3항
③ (×) 제7항에 따르면 보건복지부령이 아닌 대통령령으로 정한다.
④ (○) 제5항

독끝 암기포인트

① 종합계획은 건강보험의 중장기적 방향과 재정 운영의 안정성을 확보하기 위해 5년 단위로 수립되며, 국민건강증진종합계획, 저출산·고령사회 기본계획 등도 같은 이유로 5년 주기로 수립된다.

③ 대통령령과 보건복지부령의 차이는 다음과 같이 요약할 수 있다.

구분	대통령령	보건복지부령
주체	대통령	보건복지부 장관
적용 범위	나라 전체, 부처 간 조정 포함	보건복지부 소관 업무에 한정
중요도	상대적으로 더 중요하고 큰 사안	실무적이고 구체적인 사안
예시	이사회 운영, 현역병의 요양급여 기준 등	신고 절차, 서류 양식 등

종합계획과 시행계획은 건강보험 정책의 핵심이므로 국가 차원의 규율이 필요한 사항이기 때문에 이에 대한 사항은 대통령령으로 정한다.

---

17 정답 ② 빈출도 ●●●
일치 / 불일치

관련조문
제21조(징수이사)

정답해설

① (○) 제2항
② (×) 제5항에 따르면 계약 체결은 보건복지부장관이 아닌 이사장이 한다.

③ (○) 제1항
④ (○) 제3항

> **독끌 암기포인트**
>
> 이사 중에서 유일하게 '징수이사'만 별도의 조문을 둔 이유는 징수이사의 업무가 공단 전체 재정 운영의 핵심이자 고난도·고책임 분야이기 때문이다. 따라서 징수이사 추천위원회의 심사도 거쳐야 하며, 공정성을 기하기 위해 주요 일간신문에 후보 모집을 공고해야 한다. 그러나 어디까지나 국민건강보험공단 소속 상임이사이므로 보건복지부장관이 아닌 이사장이 계약 체결을 한다.

18 정답 ③   빈출도 ●●○

사례

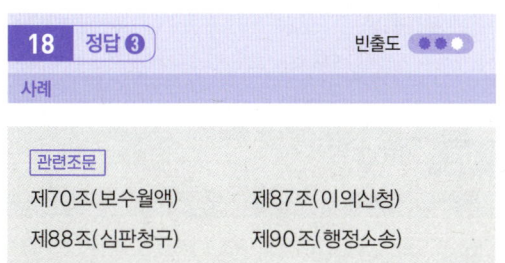

관련조문

제70조(보수월액)   제87조(이의신청)
제88조(심판청구)   제90조(행정소송)

정답해설

① (○) 제70조 제2항에 따르면, 휴직 사유가 6월 10일에 생겼으므로 그 전 달인 5월을 기준으로 산정된다.

② (○) 제87조 제3항에 따르면, 처분이 있음을 안 날이 1월 20일이므로, 1월 20일로부터 90일 이내인 4월 20일까지 제기할 수 있다.

③ (×) 제88조 제1항에 따르면, 심판청구의 제기기간은 제87조 제3항을 준용하므로, 결정 통지를 안 날인 3월 1일부터 90일 이내인 5월 29일까지 제기해야 한다.

④ (○) 제90조에 따르면, 「행정소송법」에 따라 행정소송을 제기할 수 있다.

> **독끌 암기포인트**
>
> "이의신청은 361" ➡ 알면 3달(90일), 몰라도 6달(180일), 요양기관은 급하니까 1달(30일)

19 정답 ①   빈출도 ●●●

해당하는 것 고르기

관련조문

제98조(업무정지)

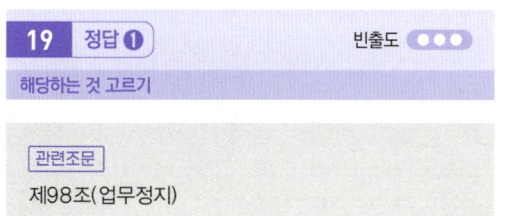

정답해설

① (×) 제47조(요양급여비용의 청구와 지급 등) 제2항을 위반하긴 하였으나, 업무정지 사유는 아니다.

② (○) 제1항 제1호
③ (○) 제1항 제2호
④ (○) 제1항 제3호

> **독끌 암기포인트**
>
> 속임수나 부당한 방법으로 요양급여비용을 가입자·피부양자에게 부담시키거나, 보건복지부장관의 보고·서류 제출 명령 또는 검사·질문에 불응하면 업무정지 사유에 해당한다.

20 정답 ②   빈출도 ●●●

해당하는 것 고르기

관련조문

제6조(가입자의 종류)

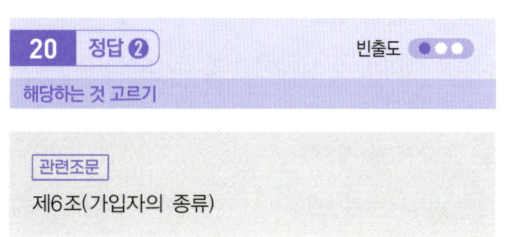

정답해설

① (×) 1개월 미만인 일용근로자만 직장가입자에서 제외되므로, 고용 기간이 2개월인 일용근로자는 직장가입자로 볼 수 있다.

② (○) 지원에 의하지 아니하고 임용된 하사도 직장가입자에서 제외되는 사람에 포함된다.

③ (×) 매월 보수 또는 보수에 준하는 급료를 받지 않아야 직장가입자에서 제외된다.

④ (×) 교직원은 직장가입자가 되며, 사립학교에 다니면 제외된다는 내용은 없다.

> **독끌 암기포인트**
>
> ① 건강보험료는 1달 단위로 부과되므로, 고용 기간이 1개월 미만인 일용근로자는 행정 절차 간소화를 위해 지역가입자로 분류한다.
> ② 현역병과 비자발적으로 임용된 하사 등은 병역에 대한 의무를 이행하는 중이므로 건강보험료를 부과하지 않는 차원에서 직장가입자에서 제외한다. 제54조(급여의 정지)에 의해 보험급여 대상이 아니며, 이에 따라 건강보험료도 부과하지 않는 것이다. 대신 제60조(현역병 등에 대한 요양급여비용 등의 지급)에 따른 요양급여를 실시한다.
> ③ 보수 또는 보수에 준하는 급료를 받지 아니하면 무보수이므로 직장가입자로 보지 않는다.

❷교시 직무시험_노인장기요양보험법

※ 문항별 관련조문 내용은 별책으로 제공되는 [독끝 암기노트]를 참고해 주세요.

01 정답 ④   빈출도 ●●○
해당하는 것 고르기

[관련조문]
제6조(장기요양기본계획)

정답해설

㉠ (○) 제1항 제1호

㉡ (×) 연도별 장기요양기관 및 장기요양전문인력 관리 방안

㉢ (○) 제1항 제3호

㉣ (×) 보건복지부령이 아닌 대통령령으로 정하는 사항

독끝 암기포인트

㉣ 대통령령과 보건복지부령의 차이는 다음과 같이 요약할 수 있다.

구분	대통령령	보건복지부령
주체	대통령	보건복지부 장관
적용 범위	나라 전체, 부처 간 조정 포함	보건복지부 소관 업무에 한정
중요도	상대적으로 더 중요하고 큰 사안	실무적이고 구체적인 사안
예시	노인성 질병 범위, 장기요양보험료율	신고 절차, 서류 양식 등

장기요양기본계획은 5년 단위로 수립하는 장기요양제도의 전반적인 내용에 관한 것이므로, 더 높은 주체인 대통령령으로 정한다.

02 정답 ①   빈출도 ●●●
일치 / 불일치

[관련조문]
제2조(정의)

정답해설

① (×) 노인의 기준은 60세 이상이 아니라 65세 이상이다.

② (○) 제2조 제2호

③ (○) 제2조 제3호

④ (○) 제2조 제4호

독끝 암기포인트

① 노인의 연령 기준은 「노인복지법」에 의해 65세 이상으로 정해져 있다. 2025년 현재 노인의 연령 기준을 65세 이상에서 70세 이상으로 상향하는 논의가 진행 중이다.

03 정답 ④   빈출도 ●●●
해당하는 것 고르기

[관련조문]
제23조(장기요양급여의 종류)

정답해설

통합재가서비스는 재가급여의 가목부터 마목까지의 전부 또는 일부를 통합하여 제공하는 서비스다. 가목~마목은 다음과 같다.
가. 방문요양
나. 방문목욕
다. 방문간호
라. 주·야간보호
마. 단기보호
바목의 기타재가급여는 통합재가서비스에 포함되지 않는다.

독끝 암기포인트

재가급여 중에서 유일하게 기타재가급여만 통합재가서비스에 포함되지 않는다.

04 정답 ②

빈출도 ●●●

일치 / 불일치

관련조문
제8조(장기요양보험료의 징수)
제9조(장기요양보험료의 산정)

① (○) 제8조 제2항
② (×) 제8조 제3항에 따르면 장기요양보험료와 건강보험료를 각각의 독립회계로 관리하여야 한다.
③ (○) 제9조 제1항
④ (○) 제9조 제2항

독끝 암기포인트

건강보험료는 질병이나 부상에 대한 진료비를 보장하기 위한 것이고, 장기요양보험료는 고령자나 노약자의 일상생활 보조를 위한 장기요양급여를 위한 것이다. 목적이 완전히 다르기 때문에, 통합하여 관리하면 기금의 용도 혼용과 재정의 왜곡이 발생하여 반드시 독립회계로 관리하여야 한다.
다만, 건강보험료와 장기요양보험료는 둘 다 공단에서 징수하기 때문에 징수할 때는 통합하여 징수한다(단, 고지는 구분).

05 정답 ①

빈출도 ●●●

해당하는 것 고르기

관련조문
제31조(장기요양기관의 지정)

정답해설

제2항에 따르면 장기요양기관으로 지정을 받을 수 있는 시설은 「노인복지법」 제31조에 따른 노인복지시설 중 대통령령으로 정하는 시설이다.

독끝 암기포인트

장기요양급여는 재활과 같은 의료서비스가 아니라 일상생활 돌봄과 같은 복지서비스다. 따라서 재활전문시설이 아닌 노인복지시설이 장기요양기관으로 적합하다.

06 정답 ③

빈출도 ●●●

개수 고르기

관련조문
제33조의3(영상정보의 열람금지 등)

정답해설

㉠ (○) 제1항 제1호
㉡ (○) 제1항 제2호
㉢ (×) 장기요양기관의 종사자와 관련하여 영상정보를 열람할 수 있는 경우는 없으며, 대신 「개인정보 보호법」 제2조 제6호 가목에 따른 공공기관이 「노인복지법」 제39조의11 등 법령에서 정하는 노인의 안전업무 수행을 위하여 요청하는 경우가 추가로 있다.
㉣ (○) 제1항 제4호

독끝 암기포인트

폐쇄회로 텔레비전의 설치 목적은 노인학대 방지 등 수급자의 안전을 위한 것이므로 수급자 및 보호자의 정당한 요청에 대해서만 영상정보를 열람할 수 있다. 그 외에 공공기관이 노인의 안전업무 수행을 위해 요청하거나, 범죄의 수사나 법적 다툼에 대한 재판업무 수행을 위해 필요한 경우, 그 외에 보건복지부령으로 정하는 경우에 영상정보를 열람할 수 있다.

07 정답 ②

빈출도 ●●●

빈칸 채우기

관련조문
제19조(장기요양인정의 유효기간)

정답해설

㉠ 1년
㉡ 보건복지부령

독끝 암기포인트

대통령령과 보건복지부령의 차이는 다음과 같이 요약할 수 있다.

구분	대통령령	보건복지부령
주체	대통령	보건복지부 장관

적용 범위	나라 전체, 부처 간 조정 포함	보건복지부 소관 업무에 한정
중요도	상대적으로 더 중요하고 큰 사안	실무적이고 구체적인 사안
예시	노인성 질병 범위, 장기요양보험료율	신고 절차, 서류 양식 등

장기요양급여의 대상은 단기간에 상황이 호전되는 일이 거의 없으므로, 유효기간은 최소 1년 이상으로 정해야 한다. 이 유효기간에 따라 소요되는 국가의 재원이 크게 달라지고, 장기요양급여는 공단뿐만 아니라 지방자치단체 및 요양기관들에게도 큰 영향을 미치므로 대통령령으로 정한다.
반면 유효기간의 산정방법과 같은 실무적인 사안은 보건복지부령으로 정한다.

특별현금급여수급계좌는 공단 외에 금융기관도 관여되어 있으므로 대통령령으로 정한다.

09 정답 ② 빈출도 ●●●
해당하는 것 고르기

관련조문
제39조(장기요양급여비용 등의 산정)

정답해설

제1항에 따르면 보건복지부장관이 장기요양위원회의 심의를 거쳐 다음 연도의 재가 및 시설 급여비용과 특별현금급여의 지급금액을 정하여 고시한다.

독끝 암기포인트

보건복지부장관은 장기요양보험사업을 관장하므로 장기요양기본계획, 실태조사, 장기요양급여비용 산정과 같은 전반적인 업무를 진행한다. 장기요양위원회는 보건복지부장관 소속으로 장기요양급여비용의 심의는 하지만 최종적으로 승인하고 고시하는 것은 보건복지부장관이다.

08 정답 ③ 빈출도 ●●○
일치 / 불일치

관련조문
제27조의2(특별현금급여수급계좌)

정답해설

① (×) 제1항에 따르면 수급자의 신청이 있는 경우에 특별현금급여수급계좌로 입금한다.

② (×) 제1항에 따르면 정보통신장애나 그 밖에 대통령령으로 정하는 불가피한 사유로 이체할 수 없는 때에는 현금 지급이 가능하다.

③ (○) 제2항에 따르면 옳은 설명이다.

④ (×) 제3항에 따르면 보건복지부령이 아닌 대통령령으로 정한다.

독끝 암기포인트

④ 대통령령과 보건복지부령의 차이는 다음과 같이 요약할 수 있다.

구분	대통령령	보건복지부령
주체	대통령	보건복지부 장관
적용 범위	나라 전체, 부처 간 조정 포함	보건복지부 소관 업무에 한정
중요도	상대적으로 더 중요하고 큰 사안	실무적이고 구체적인 사안
예시	노인성 질병 범위, 장기요양보험료율	신고 절차, 서류 양식 등

10 정답 ③ 빈출도 ●●●
사례

관련조문
제22조(장기요양인정 신청 등에 대한 대리)

정답해설

① (×) 제2항에 따르면 김 씨 몰래 대리하면 안 되며, 김 씨 본인이나 가족의 동의가 필요하다.

② (×) 제2항에 따르면 다른 지역의 사회복지전담공무원이 아닌 관할 지역의 사회복지전담공무원이 대리해야 한다.

③ (○) 제3항에 따라 가능하다.

④ (×) 이웃 주민은 대리할 수 있는 권한이 없다.

독끝 암기포인트

- 가족, 친족, 이해관계인: 추가 조건 없음
- 사회복지전담공무원: 본인이나 가족의 동의 필요, 관할 지역

- 치매안심센터의 장: 본인이나 가족의 동의 필요, 관할 지역, 치매환자여야 함
- 특별자치시장·특별자치도지사·시장·군수·구청장이 지정하는 자: 마땅한 대리인이 없는 경우

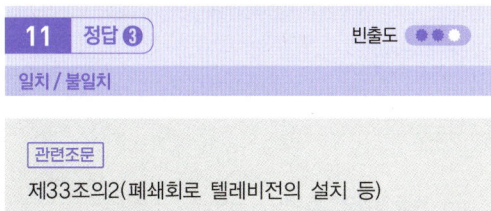

관련조문
제33조의2(폐쇄회로 텔레비전의 설치 등)

정답해설

① (○) 제2항 제1호

② (○) 제2항 제2호

③ (×) 제3항에 따르면 영상정보를 60일 이상 보관하여야 한다.

④ (○) 제4항

독끝 암기포인트

폐쇄회로 텔레비전의 영상정보는 노인학대 방지 등 수급자의 안전을 위하여 설치되므로, 향후 발생할 노인학대 등의 사건에 증거로 활용하여 위하여 60일 이상 보관하는 것이 원칙이다.

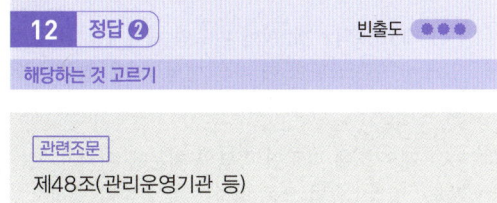

관련조문
제48조(관리운영기관 등)

정답해설

㉠ (○) 제2항 제3호

㉡ (○) 제2항 제4호

㉢ (×) 해당 업무는 제31조에 따라 특별자치시장·특별자치도지사·시장·군수·구청장의 업무다.

㉣ (×) 공단의 업무 중 회계감사에 대한 내용은 없다.

㉤ (○) 제2항 제11호

독끝 암기포인트

14가지 업무를 빠짐없이 모두 외우는 것은 어려운 일이다. 그러나 업무의 내용을 보면 모두 장기요양과 관련된 것들이므로, 노인장기요양보험법 전반을 공부하였다면 관련 없는 업무를 가려낼 수 있다.

관련조문
제35조의5(보험 가입)

정답해설

㉠ 전문인 배상책임보험

㉡ 장기요양급여비용

독끝 암기포인트

㉠ 전문인 배상책임보험은 직무 수행 중 발생할 수 있는 전문성 관련 과실에 대한 것이고, 영업배상책임보험은 매장 등 일반적인 사업 공간에서 발생한 과실에 대한 것이다.

㉡ 공단이 장기요양기관에 지급하는 것은 장기요양급여비용이다. 즉, 장기요양기관이 전문인 배상책임보험에 가입하지 않은 경우 장기요양급여비용의 일부를 감액하는 불이익을 주겠다는 것으로, 달리 말하면 전문인 배상책임보험에 웬만하면 가입하라는 뜻이다.

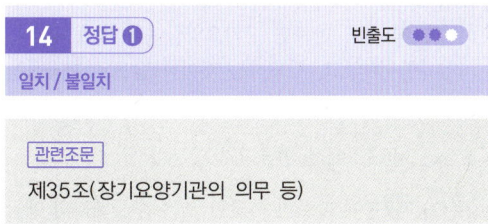

관련조문
제35조(장기요양기관의 의무 등)

정답해설

① (×) 제1항에 따르면 입소정원에 여유가 없는 경우 등 정당한 사유가 있는 경우에는 장기요양급여의 제공을 거부할 수 있다.

② (○) 제3항

③ (○) 제4항

④ (○) 제6항

15 정답 ③ 빈출도 ●●●
일치 / 불일치

관련조문
제50조(장기요양사업의 회계)
제51조(권한의 위임 등에 관한 준용)

정답해설
① (○) 제50조 제1항
② (○) 제50조 제2항
③ (×) 제50조 제2항에 따르면 관리운영에 필요한 재정은 구분하여 운영하지 아니할 수 있다고 되어 있다.
④ (○) 제51조 및 「국민건강보험법」 제32조

독끝 암기포인트
③ 관리 주체가 공단으로 같으므로, 관리운영에 필요한 재정은 구분하여 운영할 필요가 없다.

16 정답 ③ 빈출도 ●○○
해당하는 것 고르기

관련조문
제66조(수급권의 보호)

정답해설
㉠ (○) 제1항에 따르면 장기요양급여를 받을 권리는 압류할 수 없고, 양도하는 것이나 담보로 제공하는 것도 할 수 없다.
㉡ (×) 제66조에서 언급되지 않는다.
㉢ (○) 제2항에 따르면 특별현금급여수급계좌의 예금에 관한 채권은 압류할 수 없다.

독끝 암기포인트
장기요양급여를 받을 권리 및 특별현금급여수급계좌의 예금에 관한 채권은 노인 등 사회적 약자의 일상생활을 위해 지급되는 것이므로 압류 대상에서 제외한다. 반면, 장기요양급여비용은 이 법에서 압류 제외 대상으로 명시되어 있지 않다.

17 정답 ④ 빈출도 ●●●
빈칸 채우기

관련조문
제56조(재심사청구)

정답해설
㉠ 90일
㉡ 20인

독끝 암기포인트
- "심사청구는 365" → 알면 3달(90일), 몰라도 6달(180일), 심사위원회는 위원장 포함 50명까지
- 재심사청구는 결정통지를 받은 날을 알 수밖에 없으므로 그냥 90일, 재심사위원회는 위원장 포함 20명

18 정답 ① 빈출도 ●●○
일치 / 불일치

관련조문
제56조의2(행정심판과의 관계)
제57조(행정소송)

정답해설
㉠ (○) 제56조의2 제1항
㉡ (×) 제56조의2 제2항에 따르면 재심사를 거친 경우에는 「행정심판법」에 따른 행정심판을 청구할 수 없다.
㉢ (×) 제57조에 따르면 공단의 처분에 이의가 있는 자도 「행정소송법」으로 정하는 바에 따라 행정소송을 제기할 수 있다.

독끝 암기포인트
㉡ 재심사는 이미 행정심판에 준하는 2심적 내부 절차이므로, 재심사를 거치면 행정심판을 청구할 수 없게 된다.
㉢ 심사청구 → 재심사청구의 단계를 거치나, 행정소송은 별개다. 심사청구 → 행정소송 또는 심사청구 → 재심사청구 → 행정소송의 단계도 가능하다.

19 정답 ①　　빈출도 ●●●
해당하는 것 고르기

관련조문
제67조(벌칙)

정답해설

① 제4항 → 최대 1천만 원의 벌금

② 제3항 제3호 → 최대 1년의 징역 또는 최대 1천만 원의 벌금

③ 제2항 제2호 → 최대 2년의 징역 또는 최대 2천만 원의 벌금

④ 제1항 제3호 → 최대 3년의 징역 또는 최대 3천만 원의 벌금

독끝 암기포인트

벌칙 상한	위반행위 요약
3년 / 3천만 원	1. 부정한 방법으로 장기요양급여비용 청구 2. 폐쇄회로 텔레비전(CCTV)를 설치 목적과 무관하게 조작, 방향 바꿈, 녹음, 지정되지 않은 기기에 저장
2년 / 2천만 원	1. 지정 없이 또는 거짓으로 지정받아 장기요양기관 운영 2. 폐쇄회로 텔레비전(CCTV) 안전성 미확보로 인해 영상 유출 3. 본인부담금 면제·감경 4. 수급자 알선·유인 5. 업무수행 중 알게 된 비밀 누설
1년 / 1천만 원	1. 정당한 사유 없이 장기요양급여 제공 거부 2. 부정한 방법으로 장기요양급여 수급 3. 정당한 사유 없이 폐업·휴업 시 수급자 권익 보호 × 4. 지정취소 또는 업무정지 시 본인부담금 정산 ×
1천만 원	(장기요양기관 및 의료기관만) 장기요양급여에 관련된 자료의 제출 명령에 거부 또는 거짓 제출

20 정답 ④　　빈출도 ●●●
계산

관련조문
제69조(과태료)

정답해설

- 갑: 제1항 제2호 → 최대 500만 원
- 을: 제1항 제2호의3 → 최대 500만 원
- 병: 제1항 제8호 → 최대 500만 원

따라서 과태료 총합의 최댓값은 $500+500+500=1,500$(만 원)이다.

독끝 암기포인트

과태료 상한	위반행위 요약
500만 원	1. 시설·인력을 변경하고 변경지정 또는 변경신고 × 2. 장기요양기관 정보 미게시 또는 거짓 게시 3. 수급자에게 장기요양급여비용 명세서 미교부 또는 거짓 교부 4. 장기요양급여 제공 자료 기록·관리 × 5. 장기요양요원에 대한 잘못(급여외행위 제공 요구, 본인부담금 요구, 고충에 대한 미조치) 6. 폐업·휴업 신고 × 7. 행정제재처분 받은 사실을 양수인에게 지체 없이 알리지 않음 8. 부정한 방법으로 수급자에게 장기요양급여비용 부담 9. 장기요양사업 수행에 필요한 자료 제출 요구에 거부 또는 거짓 제출 10. (장기요양기관 및 의료기관 제외) 장기요양급여에 관련된 자료의 제출 명령에 거부 또는 거짓 제출 → 만약 장기요양기관 및 의료기관이라면 1천만 원 이하의 벌금 11. 부정한 방법으로 장기요양급여비용 청구에 가담 12. 노인장기요양보험 또는 유사한 용어 사용
300만 원	1. 폐쇄회로 텔레비전(CCTV) 설치 × 2. 폐쇄회로 텔레비전(CCTV) 영상기록 열람을 정당하게 요구하였으나 거절

300만 원 이하가 2가지밖에 없으므로 이를 먼저 외운다. 이에 해당하지 않는 과태료는 모두 500만 원 이하다.

기출유형 모의고사 2회

정답 | NCS 직업기초능력

오답표기	문번	정답	유형	오답표기	문번	정답	유형
	01	②	문단 배열		31	④	자료변환
	02	④	글의 내용 일치 / 불일치		32	③	자료에 대한 진위 판단(계산 필요)
	03	②	글의 내용 일치 / 불일치		33	②	자료에 대한 진위 판단(계산 불필요)
	04	④	맥락상 어울리지 않는 문장 / 문단 찾기		34	②	자료변환
	05	③	논리적 추론		35	④	보고서 작성
	06	②	주제 / 제목 / 글의 목적 찾기		36	③	자료계산
	07	③	글의 내용 일치 / 불일치		37	④	자료계산
	08	④	글의 내용 일치 / 불일치		38	②	자료에 대한 진위 판단(계산 필요)
	09	③	주제 / 제목 / 글의 목적 찾기		39	②	자료계산
	10	②	논리적 추론		40	②	자료계산
	11	②	글의 내용 일치 / 불일치		41	②	공고문 / 규정 이해
	12	④	논리적 추론		42	③	공고문 / 규정 이해
	13	③	논리적 추론		43	②	공고문 / 규정 이해
	14	④	글의 내용 일치 / 불일치		44	②	공고문 / 규정 이해
	15	①	빈칸 삽입		45	②	적정 대상 선택
	16	③	글의 내용 일치 / 불일치		46	①	공고문 / 규정 이해
	17	①	글의 내용 일치 / 불일치		47	④	적정 대상 선택
	18	③	글의 내용 일치 / 불일치		48	④	적정 대상 선택
	19	④	글의 내용 일치 / 불일치		49	③	공고문 / 규정 이해
	20	①	논리적 추론		50	②	적정 대상 선택
	21	③	자료에 대한 진위 판단(계산 필요)		51	②	공고문 / 규정 이해
	22	③	자료계산		52	③	공고문 / 규정 이해
	23	②	자료에 대한 진위 판단(계산 불필요)		53	③	지문의 이해 및 활용
	24	③	자료계산		54	③	수치 계산(비용, 시간)
	25	③	자료에 대한 진위 판단(계산 필요)		55	④	지문의 이해 및 활용
	26	③	자료변환		56	②	지문의 이해 및 활용
	27	③	자료에 대한 진위 판단(계산 불필요)		57	②	수치 계산(비용, 시간)
	28	②	자료변환		58	③	공고문 / 규정 이해
	29	②	자료에 대한 진위 판단(계산 불필요)		59	③	공고문 / 규정 이해
	30	④	자료계산		60	③	수치 계산(비용, 시간)

정답 — 직무시험_국민건강보험법

오답표기	문번	정답	관련조문	오답표기	문번	정답	관련조문
	01	①	제3조		11	④	제41조
	02	②	제25조		12	④	제47조의4
	03	④	제10조		13	②	제66조
	04	①	제20조		14	③	제47조
	05	②	제43조		15	②	제115조, 제116조
	06	④	제79조		16	①	제14조
	07	③	제33조, 제35조, 제36조, 제37조		17	①	제81조의3
	08	③	제99조		18	④	제51조, 제55조, 제56조
	09	①	제42조의2		19	③	제44조
	10	②	제69조, 제71조, 제73조, 제74조		20	①	제4조, 제20조, 제34조, 제65조

정답 — 직무시험_노인장기요양보험법

오답표기	문번	정답	관련조문	오답표기	문번	정답	관련조문
	01	③	제3조		11	①	제27조
	02	③	제37조의4		12	②	제37조, 제37조의2
	03	③	제6조의2		13	③	제35조의4
	04	①	제13조		14	③	제31조
	05	③	제24조		15	①	제46조, 제47조
	06	①	제35조의3		16	①	제36조
	07	④	제6조		17	①	제52조
	08	③	제40조		18	②	제58조, 제59조
	09	①	제37조의3		19	①	제67조, 제69조
	10	①	제49조		20	③	제69조

❶교시 NCS 직업기초능력

01 정답 ②
문단 배열
난이도 ●●○

정답해설

주어진 글은 '소버린 AI'를 중심으로 국가에서 소버린 AI를 어떻게 사용할 것인지에 대해 설명하고 있다. 따라서 가장 먼저 나와야 할 문단은 '소버린'이 무슨 뜻인지 용어를 정의하는 (나)이다. 이어서 개념을 부연 설명해 주는 (가)가 뒤를 잇는다. (가) 다음에는 화제를 전환해 주는 '한편'이라는 접속어를 통해 AI 활용의 이원화 필요성을 설명해 주는 (라)가 나오고, 이를 한국 사회에서 어떻게 사용해야 하는지 그 지침을 제시해 주는 (다)가 순서대로 나와야 한다. 이러한 순서가 문맥상 가장 자연스럽다.

02 정답 ④
글의 내용 일치 / 불일치
난이도 ●○○

정답해설

(라)에 따르면, AI의 이원화는 인공지능 발전 과정에서 자연스럽게 나타나는 현상이 아닌, 의도적으로 설계되고 관리되어야 할 구조라 말하고 있다.

오답풀이

① (가)에 따르면, 과거 핵무기가 국가안보의 핵심 수단이었다면, 21세기에는 AI가 그 자리를 대체하고 있다고 언급되어 있다.

② (나)에 따르면, 소버린(Sovereign)은 한 나라의 정책이나 자원에 대한 독립적인 통제권을 의미하는데 최근 소버린의 개념은 인공지능 영역으로 확장되어 더욱 중요한 의미를 갖게 되었다고 설명하고 있다.

③ (다)에 따르면, 국회에서 논의되는 인공지능 기본법은 소버린 AI와 상용 AI를 명확히 구분하고, 각각의 발전 방향을 제시하는 법적 토대가 되어야 한다고 설명하고 있다.

03 정답 ②
글의 내용 일치 / 불일치
난이도 ●●●

정답해설

'적용 방법' 중 '사전급여'에 따르면 2020년부터 요양병원은 사전급여 적용 대상에서 제외되었다. 즉 동일한 요양병원에서 환자 본인이 900만 원을 부담한 경우 92만 원이 해당 요양병원으로 지급되는 것이 아니라 환자가 신청하여 사후급여를 받아야 한다.

오답풀이

① '대상' 항목을 보면 상급병실(2~3인실) 입원료는 제외되고 산정된다.

③ '본인부담상한제 수준별 상한액 기준 결정 시기' 및 '제공 방법'을 보면 알 수 있다.

④ '신청 방법'에서 '지급동의계좌신청서를 제출하는 경우 향후 본인부담상한액 초과금이 발생할 경우 별도 신청 없이 신청한 계좌로 자동지급이 가능합니다.'라고 안내되어 있다.

04 정답 ④
맥락상 어울리지 않는 문장 / 문단 찾기
난이도 ●○○

정답해설

노인장기요양보험료는 본인부담상한제와 상관없는 내용이다. ㉣에 해당하는 문장은 노인장기요양보험료 부과 체계에 관한 설명으로, 본인부담상한제의 적용 기준이나 절차, 사전급여/사후환급 등과는 직접적인 관련이 없어 삭제하는 것이 타당하다.

오답풀이

① ㉠은 본인부담상한제를 사전급여와 사후환급으로 구분하여 운영한다는 핵심 개념을 담고 있으므로 필수적인 내용이다.

② ㉡은 상한제 적용 대상자를 정의한 문장으로, 제도 운영의 전제 조건이 되는 내용이다.

③ ㉢은 기준보험료 결정 이전에 최고상한액을 초과한 경우 매월 지급한다는 설명으로, 수혜 방식과 관련된 중요 정보이다.

05 정답 ③ 난이도 ●●○
논리적 추론

정답해설
1분위와 2~3분위는 2023~2025년 21만 원의 차이가 난다. 한편, 9분위와 10분위의 차이는 2023년에는 283만 원, 2024년에는 294만 원, 2025년에는 301만 원이다. 따라서 본인부담상한액의 차이가 가장 작은 구간은 1분위와 2~3분위이고 가장 큰 구간은 9분위와 10분위라는 진술은 적절하다.
참고로 2~3분위에서 4~5분위는 대략 54~60만 원이고 4~5분위에서 6~7분위는 140~150만 원, 6~7분위와 8분위는 110~120만 원, 마지막으로 8분위와 9분위는 80~90만 원 정도의 차이가 난다.

오답풀이
① 분위가 올라갈수록 본인부담상한액의 총액과 인상액 모두 높다. 2023년에서 2025년까지 1분위는 2만 원이 올랐지만 10분위는 46만 원이 인상되었다.
② 지역가입자의 경우 진료년도에 그 지역가입자가 속한 세대 전체의 지역보험료 평균금액을 기준으로 하므로 연말정산과는 상관이 없다.

06 정답 ② 난이도 ●○○
주제 / 제목 / 글의 목적 찾기

정답해설
주어진 글은 '일자목증후군', '추간판탈출증', '근막통증증후군', '손목터널증후군'이라는 근골격계 질환의 종류를 소개하고 그 특징을 설명하고 있다.

오답풀이
① 근골격계 질환의 예방 방법은 나와 있지 않다.
③ 근골격계 질환의 증상은 나와 있으나 치료 방법은 나와 있지 않다.
④ 근골격계 질환에 대한 정보로 근골격계 질환의 사실이라고 할 수는 있으나 오해는 나와 있지 않다.

07 정답 ③ 난이도 ●●○
글의 내용 일치 / 불일치

정답해설
세 번째 문단에 따르면 근막통증증후군은 근육에 갑자기 스트레스가 가해지거나 근육이 과도하게 긴장하면 조직이 손상되고 근육세포 내 칼슘 농도 조절에 이상이 생기면서 통증이 발생하며 통증 유발점은 대개 팽팽한 띠나 매듭처럼 만져진다고 했다.

오답풀이
① 첫 번째 문단에 따르면, 일자목증후군은 목의 모양이 C자 형태로 유지되어서 생기는 것이 아니라 C자 형태여야 하는 경추 정렬이 소실되어 생긴다는 것을 알 수 있다.
② 두 번째 문단에 따르면, 추간판탈출증은 추간판 안쪽의 말랑한 수핵에 염증이 생기면서 발생하는 것이 수핵의 수분과 탄력성이 감소하고 섬유륜이 파열되면서 수핵이 빠져나오면서 생긴다는 것을 알 수 있다.
④ 네 번째 문단에 따르면, 손목터널 증후군은 손가락의 통증이 특징적인 것은 맞다. 그러나 손목 사용을 많이 하는 청소년기에 주로 발생하는 것이 아니라 30~60대에서 발생한다

08 정답 ④ 난이도 ●●○
글의 내용 일치 / 불일치

정답해설
다섯 번째 문단에 따르면, 장기요양 돌봄로봇 도입을 위해 우선 필요한 부분으로 시설과 재가기관 공통적으로 돌봄로봇 효과성 검증을 들었다. 정부보조금은 돌봄로봇 도입을 위한 주요 재원 마련 방안에 해당한다.

오답풀이
① 두 번째 문단에 따르면, 우리나라의 돌봄로봇은 보건복지부가 돌봄로봇의 도입 및 활용과 관련된 업무를 주로 담당한다고 되어 있다.
② 세 번째 문단에 따르면, 장기요양 현장에 돌봄로봇을 개발 및 보급하고 있는 일본의 개호로봇 사례가 있음을 알 수 있다.

③ 네 번째와 다섯 번째 문단을 보면, 돌봄로봇을 활용하고 있는 장기요양기관은 매우 적지만 장기요양기관 시설장들의 돌봄로봇의 필요성과 도입 의사는 높다는 것을 알 수 있다.

09 정답 ③   난이도 ●●○
주제 / 제목 / 글의 목적 찾기

정답해설
(다)는 돌봄로봇 종사자의 교육과 훈련의 필요성에 관한 내용이다. 활용교재를 교육에 사용할 수 있지만, 활용교재 개발이 이 문단의 중심 내용이라고 보기는 어렵다.

오답풀이
(다)를 제외한 나머지는 각 문단의 중심 내용으로 적절하다.

10 정답 ②   난이도 ●●●
논리적 추론

정답해설
노인돌봄인력의 자격 기준 완화는 돌봄로봇의 도입에 관한 제언에 들어가기 어려운 내용이다. 돌봄로봇 도입의 여러 가지 이유 중 하나로 노인돌봄인력의 부족도 있는데 노인돌봄인력의 자격 기준을 완화하게 되면 돌봄로봇보다 인력을 쓰려고 하는 사람이 많아지는 등 상대적으로 돌봄로봇의 필요성과 중요성이 낮아질 수 있다. 또한, 돌봄인력의 자격 기준 완화는 노인돌봄시스템의 질적 저하도 가지고 올 수 있으므로 다양한 연구 등을 통해 제언해야 한다.

오답풀이
① 장기요양 돌봄로봇에 대한 수급자, 종사자, 시설장, 개발자, 학계 전문가 등 다양한 이해관계자의 의견을 반영한 수요조사가 필요하다.
③ 배설케어로봇, 웨어러블로봇 등 장기요양에서도 효과성과 안전성이 검증된 돌봄로봇을 도입하는 것이 필요하다.
④ 시설급여와 재가급여 장기요양기관 모두 장기요양 현장에 필요한 돌봄로봇을 개발하기 위해 가장 필요한 부분이 무엇인지 확인하여 '현장에서 사용하기 쉬운 돌봄로봇'을 개발하고 도입해야 한다.

11 정답 ②   난이도 ●●○
글의 내용 일치 / 불일치

정답해설
하늘반창고는 이번에 신설된 사회공헌 브랜드이다. 의료봉사는 2009년부터 시작되었으나 집수리 봉사는 2005년부터 시작되어 가장 오래 지속된 봉사활동이다.

오답풀이
① '하늘반창고'에서 '하늘'이 봉사단복의 색상을 의미한다고 명확히 서술되어 있다.
③ 의료봉사의 '내용'과 '대상'을 살펴보면 진료버스를 이용해 의료소외계층에게 찾아가 의료서비스를 제공하는 내용이 일치한다.
④ 탄소배출 저감을 위해 지역사회 25개 기관과 연대하는 '온기(溫氣)동행'은 저소득 에너지 취약계층 대상에 단열재(뽁뽁이)를 제작·지원하여 난방비 절감과 함께 온실가스 저감 효과도 기대되어 환경에도 도움이 된다.

12 정답 ④   난이도 ●●○

논리적 추론

정답해설
저소득 영유아 보육 가정에는 육아용품 세트를 제작하거나 전달하는 봉사활동을 지원한다. 숙제를 봐주는 등의 학습 지원은 작은 공부방에서 이루어진다.

오답풀이
① 집수리 봉사는 도배, 전기, 목공 등 전문 자격증을 취득한 임직원만 가능하므로 적절한 진술이다.
② 세탁 봉사는 수해지역 및 노인·장애인 등 취약계층 밀집지역을 대상으로 하므로 적절한 진술이다.
③ 혈액 수급 안정화를 위한 '생명나눔 헌혈' 활동에 해당하는 봉사 내용이다.

13 정답 ③

논리적 추론

정답해설

주어진 글의 내용을 읽고 복부대동맥류의 치료법이 오직 수술만이라는 추론은 적절하지 않다. 복부대동맥류는 혈관이 터지기 전까지 증상이 없을 수 있고, 복부대동맥류가 처음 발견됐을 경우 크기와 증상 유무에 따라 치료 여부를 결정한다.
참고로 복부대동맥류의 경우 수술치료와 비수술 치료가 있으며 비수술 치료의 경우 스텐트를 이식한다.

오답풀이

① 첫 번째 문단을 보면, 동맥은 심장이 뛰는 속도로 박동하는 맥동성을 지닌다고 했으므로 혈압을 잴 때는 동맥으로 재는 것이 적절하다. 정맥은 압력이 비교적 낮고 혈류 속도가 느리기에 혈관벽 역시 얇고 탄력성이 낮다고 했으므로 주사를 맞을 때는 정맥을 사용하는 것이 적절하다.

② 두 번째와 세 번째 문단에서의 동맥류 질환은 치명률이 높고 급사 위험이 있는 질환이다. 한편, 네 번째와 다섯 번째 문단에서의 정맥류 질환은 사망률은 낮으나 만성적이거나 난임을 유발하는 질환이다. 따라서 동맥류 질환이 정맥류 질환보다 더 치명적이라는 추론은 적절하다.

④ 마지막 문단에서의 정계정맥류에 대한 설명을 보면, 음낭의 고환에서 나오는 정맥혈관이 확장돼 꼬불꼬불 엉키고 부풀어 오르는 질환이라고 했다. 따라서 고환에 구불구불한 핏줄이 뚜렷하게 보인다면 정계정맥류를 의심해 볼 수 있다는 설명은 적절하다.

14 정답 ④

글의 내용 일치 / 불일치

정답해설

하지정맥류는 종아리나 허벅지에 혈관이 튀어나오는 질환이다. 따라서 의사가 육안으로 혈관을 관찰하고 진행이 심하다 싶으면 초음파 검사 등을 활용할 수 있다. 반드시 혈관 컴퓨터 촬영, 자기공명영상(MRI), 혈관 조영술을 해야 하는 것은 아니다.

오답풀이

① 첫 번째 문단을 보면, 다리 정맥의 혈액은 중력을 거슬러 심장으로 올라가므로 역류 가능성이 무척 높다고 했다. 즉 하지정맥류의 발생 원인은 바로 중력으로 인해 피가 올라가지 못하고 다시 내려가는 데 있다.

② 네 번째 문단을 보면, 하지정맥류는 유전, 노화, 호르몬, 비만, 운동 부족 등의 여러 가지 요인이 복합적으로 작용해 발생한다고 했다. 따라서 여성이 남성보다 근육량이 적고 호르몬에 영향을 많이 받기 때문에 여성의 발병률이 남성보다 많다는 응답은 적절하다.

③ 네 번째 문단을 보면, 하지정맥류는 만성 질환이라는 것을 알 수 있다. 따라서 다양한 치료 방법이 있다는 응답은 적절하다.

15 정답 ①

빈칸 삽입

정답해설

㉠ 동맥과 정맥의 특징을 비교하는 부분이다. 따라서 어떤 일에 대하여, 앞서 설명한 것과는 다른 측면을 말할 때 쓰는 대표적 연결어로 '한편'과 상반되는 것을 연결해 주는 '하지만' 모두 들어갈 수 있다.

㉡ 뇌동맥류는 혈관이 터지기 전까지는 대부분 증상을 느끼지 못하나 혈관이 터지면 심각한 두통을 경험한다는 내용을 연결하고 있다. 따라서 상황의 변화나 전환을 보여주는 의미의 '하지만'과 '그러나'가 들어갈 수 있다. 전체 흐름상 '하지만'이 더 부드럽다.

㉢ 하지정맥류가 다양한 원인에 의해 발생함에도 불구하고, 무증상으로 질환을 인지하지 못하는 경우가 많다는 내용을 연결하고 있다. 따라서 화제를 앞의 내용과 관련시키면서 다른 방향으로 이끌 때 쓰는 부사인 '그런데'가 들어가야 한다.

위 세 가지를 모두 만족시키는 것은 ①이다.

16 정답 ③

글의 내용 일치 / 불일치

정답해설

차상위 2종, E, F에 해당하는 18세 미만 아동은 차상위 본인부담경감 대상자이다. 따라서 지급기준금액의 100분의 90이 아니라 100%를 지급받는다.

오답풀이

① 동일 보조기기는 재료의 재질·형태·기능 및 종류에 관계없이 유형별로 정해진 내구연한 내 1인당 1회 지급한다고 나와 있다.
② 공단의 부담금액은 기준액, 고시금액 및 구입금액 중 최저금액(지급기준금액)의 90% 또는 100%를 지급한다.
④ 전동휠체어, 전동스쿠터, 자세보조용구 등 일부 품목은 공단 등록업소에서 구입한 경우에만 급여한다고 나와 있다.

17 정답 ①
글의 내용 일치 / 불일치

정답해설

국민건강보험 가입자 및 의료급여 대상자는 이용할 수 있지만, 요양기관에서 입원 치료 중인 환자는 이용할 수 없으므로 모두 이용할 수 있다는 것은 잘못된 진술이다.

오답풀이

② 신청자 또는 대여자가 신분증을 지참하고 유선 예약한 후 대여지사를 방문하여 신청해야 한다.
③ '대여 가능한 보조기기 종류' 표를 보면 알 수 있다.
④ 휠체어, 보행보조차, 목발 모두 기본 대여기간은 2개월이며, 1개월 연장할 수 있는데 1회만 가능하므로 최대 3개월을 사용할 수 있다.

18 정답 ③
글의 내용 일치 / 불일치

정답해설

장기요양기관 정보 및 평과 결과는 노인장기요양보험 홈페이지 등을 통해 확인할 수 있다고 나와 있다.

오답풀이

① 수급자가 되기 위해서가 아닌, 수급자가 된 후 국민건강보험공단으로부터 필수서류 및 장기요양기관 현황을 제공받고 설명회 및 담당자와의 상담을 통해 본인에게 맞는 서비스를 이용할 수 있게 되는 것이다.
② 인터넷 재발급의 발급 대상은 수급자 본인이나 인정신청 접수 당시의 대리인이다. 해당 접수를 한 대리인이 주민등록상 동일 세대의 가족 또는 현재 유효한 동일 건강보험증에 등재된 가족이어야 하는 것이다.
④ 「국민기초생활보장법」에 따른 의료급여 수급자 및 기타 의료급여 수급권자는 관할 시군구에 입소이용 신청·승인 후 급여계약을 진행하여야 한다고 했지만, 관할 시군구가 직접 급여계약을 진행한다는 내용은 없다.

19 정답 ④
글의 내용 일치 / 불일치

정답해설

계약서를 2부 작성하는 것은 맞지만, 필수서류의 원본은 장기요양기관이 아닌 수급자가 보관해야 한다고 명시되어 있다. 또한, 계약서도 수급자와 장기요양기관이 각각 1부씩 보관하는 것이 원칙이다.

오답풀이

① 이용을 중단하였거나 종료한 장기요양기관과의 급여계약은 반드시 해지하라고 되어 있다.
② 체결한 계약서 내용을 꼼꼼히 확인하라고 되어 있다.
③ 공정거래위원회의 '장기요양급여 이용 표준약관'에 부합하는 계약서 사용을 권장한다고 나와 있다.

20 정답 ①
논리적 추론

정답해설

필수서류는 장기요양인정서, 개인별장기요양이용계획서, 복지용구 급여확인서이다. 본인부담금 감경대상자 증명서는 해당자만 제출하는 선택적 서류이다.

오답풀이

② 비급여 대상에는 식사재료비, 이·미용비, 상급침실(1~2인실) 이용에 따른 추가비용 등이 있다. 따라서 1인실 입원료는 보험 처리가 어려울 수 있다.
③ "수급자의 기능상태, 희망급여 등 변화 시 개인별장기요양이용계획서 재작성을 신청할 수 있으며, 신청일로부터 발급일까지는 14일 소요될 수 있습니다(공휴일, 토요일 제외)."라고 나와 있다.

④ "급여를 이용한 경우 장기요양 급여제공기록지를 장기요양기관으로부터 제공받아야 합니다[노인장기요양보험법 시행규칙 제18조]."라고 나와 있다.

21 정답 ③
자료에 대한 진위 판단(계산 필요)

정답해설

경상권의 2023년 비자의적 입원율은 $\frac{9,876}{13,048+9,876}\times100≒43.1(\%)$이고, 충청권의 2023년 비자의적 입원율은 $\frac{2,439}{3,761+2,439}\times100≒39.3(\%)$이다. 따라서 두 권역의 입원율은 $43.1-39.3=3.8(\%\text{p})$ 차이 난다. 즉, 3.5%p 이상 높다.

오답풀이

① 2023년 한방병원 정신과에서의 자의입원자 수는 94명으로 동의입원자 수 115명보다 적다.
② 전년 대비 2023년 자의적 입원 감소율은 $\frac{36,171-35,359}{36,171}\times100≒2.2(\%)$이고, 비자의적 입원 증가율은 $\frac{20,312-19,693}{19,693}\times100≒3.1(\%)$이다. 따라서 변화율은 자의적 입원이 비자의적 입원보다 낮다.
④ 전년 대비 2023년 응급입원자 수는 $\frac{225}{83}≒2.7(배)$이다. 즉, 3배 미만이다.

22 정답 ③
자료계산

정답해설

권역별로 계산한 자의적 입원환자의 수 감소인원은 다음과 같다.

구분	2022년	2023년	감소인원
수도권	11,813	11,763	50
전라권	5,819	5,527	292
경상권	13,297	13,048	249
강원권	1,311	1,260	51
충청권	3,931	3,761	170

따라서 '전라권'이 가장 많이 감소했으며, 해당 권역의 2023년 자의 입원의 전년 대비 감소율은 $\frac{3,865-3,654}{3,865}\times100≒5(\%)$다.

23 정답 ②
자료에 대한 진위 판단(계산 불필요)

정답해설

전체 흡연율은 2019년에 21.5%, 2020년에 20.6%를 기록하다가 2021년 이후로 19.3%, 17.7%, 19.6%로 20% 아래로 낮아지긴 했으나 2023년 흡연율이 전년에 비해 높아졌다.

오답풀이

① 연도별로 남자 흡연율이 여자 흡연율의 몇 배인지 살펴보면, 2019년 약 5.3배, 2020년 약 5.2배, 2021년 약 4.5배, 2022년 6배, 2023년 약 5.1배다. 따라서 옳지 않다.
③ 2019년에는 19~29세의 흡연율이 가장 높았다.
④ 금연계획자 수를 알기 위해서는 〈표3〉에서의 금연계획률과 더불어 '흡연자 수'를 알고 있어야 한다. 흡연자 수를 구하려면 〈표1〉에서 19세 이상 인구수를 파악해야 하는데, 해당 자료가 없으므로 금연계획자 수도 알 수 없다.

24 정답 ③
자료계산

정답해설

〈표3〉 주석을 보면 '금연계획률(%)=$\frac{\text{금연계획자 수}}{\text{흡연자 수}}\times100$'이므로 산식을 변형하면 '금연계획자 수=흡연자 수$\times\frac{\text{금연계획률}}{100}$'이다. 해당 산식을 통해 2019년과 2023년 금연계획자 수를 구하면 다음과 같다.

- 2019년 금연계획자 수: 6,190명×0.175≒1,083(명)
- 2023년 금연계획자 수: 5,763명×0.131≒755(명)

따라서 2019년 대비 2023년 금연계획자 수 감소율은 $\frac{1,083-755}{1,083}\times100≒30(\%)$이다.

25 정답 ③
자료에 대한 진위 판단(계산 필요)

정답해설
2022년 난임시술 원인 중 상위 3개 원인은 복합요인 57,073건, 원인불명 41,641건, 난소기능저하 35,810건으로 총 $\frac{57,073+41,641+35,810}{200,007} \times 100 ≒ 67(\%)$를 차지한다. 즉, 60% 이상이다.

오답풀이
① 2019년 대비 2022년 난임시술 건수는 $\frac{200,007-146,354}{146,354} \times 100 ≒ 37(\%)$ 증가했다. 즉, 40% 미만으로 증가했다.

② 2020~2022년 동안 체외수정시술 건수는 매년 증가했지만, 인공수정시술 건수는 증가하였다가 감소하였다.

④ 체외수정시술의 경우 166,870건 중 복합요인에 의한 시술 건수가 52,051건으로 가장 많고, 인공수정시술의 경우 33,137건 중 원인불명에 의한 시술 건수가 12,367건으로 가장 많다. 따라서 서로 동일하지 않다.

26 정답 ③
자료변환

정답해설
난임원인 D의 인공수정시술 건수는 6,921건, 체외수정시술 건수는 23,042건인데 합하면 전체 난임시술 건수는 29,963건으로, 〈표〉에서 '남성요인'에 해당함을 알 수 있다.

27 정답 ③
자료에 대한 진위 판단(계산 불필요)

정답해설
2021~2023년 동안 지역응급의료기관 수가 매년 증가한 지역은 대구(10 → 12 → 13)가 유일하다.

오답풀이
① 2021~2023년 중 권역응급의료센터 수에 변동이 있던 지역은 서울(5 → 7 → 7)과 경기(7 → 7 → 9)로 총 2곳이다.

② 2021~2023년 지역응급의료센터 수가 변하지 않은 지역은 부산(8개소), 대구(4개소), 광주(4개소), 세종(1개소), 강원(4개소), 충남(7개소), 전북(8개소), 전남(3개소), 경북(6개소), 제주(4개소)로 총 10개소이다. 17곳 중 10곳이므로 절반을 넘는다.

④ 2023년 전국 응급의료시설 수는 109개소이고, 이 중 시설 수 상위 지역 3곳은 경기 22개소, 서울 16개소, 경남 15개소로 총 53개소이다. 따라서 전체의 $\frac{53}{109} \times 100 ≒ 48.6(\%)$를 차지한다. 즉, 50% 미만이다.

28 정답 ②
자료변환

정답해설
2021~2023년 서울의 응급의료기관 및 응급의료시설 수를 계산하면 다음과 같다.
- 2021년: 응급의료기관 5+26+19=50(개소), 응급의료시설 17개소
- 2022년: 응급의료기관 7+24+19=50(개소), 응급의료시설 16개소
- 2023년: 응급의료기관 7+24+18=49(개소), 응급의료시설 16개소

따라서 옳지 않다.

오답풀이
① 〈표1〉을 보면 올바른 그래프라는 것을 쉽게 알 수 있다.

③ 2022년 응급의료기관 유형별 비중을 구하면 다음과 같다.

권역응급의료센터	지역응급의료센터	지역응급의료기관
$\frac{40}{410} \times 100$ ≒ 9.8(%)	$\frac{126}{410} \times 100$ ≒ 30.7(%)	$\frac{244}{410} \times 100$ ≒ 59.5(%)

따라서 바르게 나타낸 그래프이다.

④ 2022년과 2023년 응급의료기관 유형별 전년 대비 증가량을 계산하면 다음과 같다.

구분	2022년	2023년
권역응급의료센터	40−38=2	42−40=2
지역응급의료센터	126−128=−2	137−126=11
지역응급의료기관	244−238=6	232−244=−12

따라서 바르게 나타낸 그래프이다.

29 정답 ②
난이도 ●●○
자료에 대한 진위 판단(계산 불필요)

정답해설

㉠ 2023년에는 기타종사자 응답자가 1% 있었지만, 2024년에는 없다. 따라서 기타종사자 응답자 수가 감소했다.

㉢ 임시근로자, 기타종사자로 총 2개 집단이다.

오답풀이

㉡ 2023년과 2024년 모두 영향 있음>보통>영향 없음 순으로 동일하다.

㉣ 20~40대 '영향 없음'의 비율을 보면 다음과 같다.
  • 2023년: 40대 20%, 30대 21%, 20대 22%
  • 2024년: 40대 18%, 30대 19%, 20대 22%
따라서 연령대가 낮아질수록 비율이 높아지는 경향을 보인다.

30 정답 ④
난이도 ●●○
자료계산

정답해설

2024년 '영향 있음'이라 응답한 비율이 가장 높은 종사자는 일용근로자(65%)이다. 2024년 조사 인원 15,000명 중 일용근로자 수는 15,000×0.02=300(명)이고, 이 중 '영향 있음'이라 응답한 일용근로자 수는 300×0.65=195(명)이다.

31 정답 ④
자료변환

정답해설

2024년이 아닌 2023년에 대한 그래프가 제시되어 있으므로 ④가 옳지 않다.

32 정답 ③
난이도 ●●○
자료에 대한 진위 판단(계산 필요)

정답해설

2019년에는 2,405,770×2=4,811,540(명)으로 직장 내 노인인구가 2배 이상이었다.

오답풀이

① 근로자 노인인구 대비 공무원 및 교직원 노인인구 비율은 다음과 같다.

  • 2019년: $\frac{638,555}{4,418,661} \times 100 ≒ 14(\%)$
  • 2020년: $\frac{629,065}{4,627,508} \times 100 ≒ 14(\%)$
  • 2021년: $\frac{622,645}{4,833,360} \times 100 ≒ 13(\%)$
  • 2022년: $\frac{561,652}{4,874,899} \times 100 ≒ 12(\%)$
  • 2023년: $\frac{544,237}{5,076,318} \times 100 ≒ 11(\%)$

따라서 매년 10% 이상이었음을 알 수 있다.

② $\frac{9,215,541}{51,453,055} \times 100 ≒ 18.0(\%)$이므로 15% 이상을 차지한다.

④ $\frac{427,172+436,656+462,318+506,821+525,996}{5}$
$= \frac{2,358,963}{5} = 471,793$(명)으로 50만 명 미만이다.

문제해결 Tip

① 일일이 계산하지 않고, '65세 이상 노인 근로자×0.1<공무원 및 교직원 인구'를 통해 빠르게 확인 가능하다.

④ 평균이 50만 명 이상이려면 5년 동안의 군 내 노인인구는 총 50만 명×5=250(만 명)을 넘어야 한다. 하지만 2019년부터 2023년까지 해당 인구수를 보면 2019년부터 약 43만 명, 44만 명, 46만 명, 51만 명, 53만 명으로 합쳤을 때 어림잡아 올림하여 따져도 250만 명 미만이므로 평균도 50만 명 미만일 것을 추론할 수 있다.

33 정답 ②

자료에 대한 진위 판단(계산 불필요)

난이도 ●●○

정답해설

도시 내 노인인구 계속해서 증가했다.
㉠, ㉢ 계속해서 증가하였으므로 동일하다.

오답풀이

㉡ 계속해서 감소하였으므로 정반대다.
㉣ 2022년에 전년 대비 감소하였다.

34 정답 ②

자료변환

난이도 ●●●

정답해설

2019~2023년 지역 내 65세 이상 노인인구 비중을 계산하여 정리하면 다음과 같다.

구분	지역 내 군	지역 내 도시
2019년	$\frac{427,172}{2,405,770} \times 100$ ≒17.8(%)	$\frac{1,978,598}{2,405,770} \times 100$ ≒82.2(%)
2020년	$\frac{436,656}{2,647,532} \times 100$ ≒16.5(%)	$\frac{2,210,876}{2,647,532} \times 100$ ≒83.5(%)
2021년	$\frac{462,318}{2,401,655} \times 100$ ≒16.1(%)	$\frac{2,401,655}{2,863,973} \times 100$ ≒83.9(%)
2022년	$\frac{506,821}{2,807,990} \times 100$ ≒15.3(%)	$\frac{2,807,990}{3,314,811} \times 100$ ≒84.7(%)
2023년	$\frac{525,996}{3,068,990} \times 100$ ≒14.6(%)	$\frac{3,068,990}{3,594,986} \times 100$ ≒85.4(%)

따라서 옳지 않은 그래프다.

오답풀이

① 〈표1〉을 통해 올바른 그래프임을 알 수 있다.
③ 2023년 총 노인인구는 9,215,541명이므로, 직장 노인인구가 차지하는 비중은 $\frac{5,620,555}{9,215,541} \times 100$ ≒61(%)이고, 지역 노인인구가 차지하는 비중은 $\frac{3,594,986}{9,215,541} \times 100$ ≒39(%)이다.
④ 〈표2〉를 통해 올바른 그래프임을 알 수 있다.

문제해결 Tip

② 그래프에서 2019년의 경우 지역 내 군 비중이 19.5%라고 나와 있는데, 20%로 가정 시 2,405,770명의 20%는 481,154명이지만 〈표3〉에서는 427,172명으로 차이가 크게 난다는 것을 알 수 있다. 따라서 옳지 않음을 추론할 수 있다.

35 정답 ④

보고서 작성

난이도 ●●○

정답해설

2020년 대비 2070년 노령화지수 증가율은 $\frac{619.5 - 129.2}{129.2} \times 100$ ≒379.5(%)로 400% 미만이다.

오답풀이

㉠ 2020년부터 2070년까지 10년 주기별 전체 인구 중 생산가능인구인 15~64세 인구가 차지하는 비중을 식으로 표현하면 다음과 같다.

구분	2020년	2030년	2040년	2050년	2060년	2070년
생산가능인구	3,738	3,381	2,852	2,419	2,066	1,737
전체 인구	5,184	5,120	5,019	4,736	4,261	3,766
비중	72.1	66.0	56.8	51.1	48.5	46.1

따라서 2020년 전체 인구 중 생산가능인구는 72.1%로 70% 이상이었지만, 10년 단위로 계속해서 낮아져 2060년에는 48.5%로 50% 미만으로 떨어질 전망이다.

㉡ 인구성장률은 2020년에는 0.14%로 플러스 성장이었지만, 이후 2030년부터 2070년까지 10년 단위로 계속 마이너스 성장을 기록할 전망이다.

㉢ 총부양비는 2020년 38.7로 시작하여 계속 증가하다가 2060년에 106.3으로 첫 100 이상을 기록한다. 총부양비는 유소년부양비와 노년부양비의 합이므로, 총부양비가 100을 넘겼다는 것은 '피부양인구(0~14세 인구와 65세 이상 인구의 합)>생산가능인구'라는 의미다.

36 정답 ③
자료계산 / 난이도 ●●○

정답해설
2020년 대비 2050년 노년부양비 증가율을 계산하여 표로 정리하면 다음과 같다.

한국	일본	미국	칠레	핀란드	프랑스
260%	44%	56%	136%	30%	49%

독일	네덜란드	폴란드	스페인	영국
57%	52%	89%	136%	50%

따라서 증가율이 100% 이상일 것으로 예상되는 국가는 한국, 칠레, 스페인으로 총 3개국이다.

문제해결 Tip
증가율 100%는 2배가 된다는 뜻이므로 2050년 수치가 2020년의 2배 이상이 되는 국가를 찾으면 된다.

37 정답 ④
자료계산 / 난이도 ●●●

정답해설
생산가능인구 감소인원은 다음과 같다.

2030년	2040년	2050년	2060년	2070년
−357	−529	−433	−353	−329

따라서 가장 크게 감소한 연도는 2040년이며, 10년 전과 비교해서 2040년 65세 이상 인구수는 $1,724-1,306=418$(만 명) 증가하였고, 0~14세 인구수는 $443-433=10$(만 명) 증가하였다. 따라서 65세 이상 인구수 변화인원이 0~14세 인구수 변화인원의 $\frac{418}{10}=41.8$(배)다.

38 정답 ②
자료에 대한 진위 판단(계산 필요) / 난이도 ●●●

정답해설
2013~2023년 11년 동안의 연평균 이송인원은
$(1,548,880+1,678,382+1,755,031+1,793,010+1,817,526+1,879,725+1,860,071+1,621,775+1,823,819+1,996,688+2,017,007)÷11≒$
$1,799,265$(명)으로, 180만 명 미만이다.

오답풀이
① 이송건수와 이송인원의 증감 추이는 2018년까지 증가, 2020년까지 감소, 2023년까지 증가로 동일하다.

③ 2022년 구급차당 이송인원은 $\frac{1,996,688}{1,643}≒1,215$(명)이고, 2023년 구급차당 이송인원은 $\frac{2,017,007}{1,625}≒1,241$(명)이다. 따라서 전년보다 많다.

④ 2023년 월별 이송인원이 가장 많은 달은 8월(190,000명)이고, 가장 적은 달은 2월(137,023명)이다. 두 달의 이송인원 차이는 $190,000-137,023=52,977$(명)이므로 5만 명 이상이다.

39 정답 ②
자료계산 / 난이도 ●○○

정답해설
$\frac{3,564,720-3,486,526}{3,486,526}\times 100≒2.2(\%)$

40 정답 ②
자료계산 / 난이도 ●○○

정답해설
$\frac{0.8}{0.8+7.1+1.4}\times 100≒9(\%)$

41 정답 ②
공고문 / 규정 이해 / 난이도 ●●●

정답해설
예금주의 자녀가 등록장애인인 경우에도 희망가득 우대이율 적용 대상이며, 장애인증명서, 장애인등록증(복지카드), 가족관계증명서 3가지 증빙자료를 영업점에 제출해야 한다. 그런데 우대이율 적용을 위한 서류제출 시 발급일로부터 3개월 이내인 서류만 유효하므로, 6월 1일에 발급한 증빙자료는 8월이 지나기 전까지 제출해야 한다.

오답풀이

① 이체일이 영업일이 아닌 경우 그다음 영업일에 이체된다고 설명되어 있으므로, 3월 20일이 토요일이라면 이틀 후인 3월 22일 월요일에 이체될 것이다.

③ 가입 거래방법은 모바일뱅킹과 영업점 2가지뿐이며, 해지하는 경우 모바일뱅킹, 인터넷뱅킹, 영업점 및 고객센터 등 다양한 방법이 있지만 고객센터를 통해 해지 시 만기해지만 가능하다.

④ 아동수당 6회 이상을 받아야 육아응원 우대이율을 적용받을 수 있는데, 아동수당으로 인정받기 위해서는 10만 원 이상씩 입금되어야 하므로 $6 \times 10 = 60$(만 원) 이상을 아동수당으로 받아야 한다.

정답해설

- 아이사랑 우대이율: 첫째 아이 1명, 둘째 아이 임신확인서 → 우대이율 연 2%p
- 육아응원 우대이율: 조건을 모두 만족하므로 우대이율 연 3%p

기본 이율이 연 2%이므로, B씨의 적용 이자율은 연 $2+2+3=7(\%)$이다.

정답해설

안전사고예방 교육을 받지 않는 시기는 5차 검진이며, 이때 전자미디어노출 교육도 받지 않는다. 전자미디어노출 교육은 2차, 4차, 7차 검진 때 받는다.

오답풀이

① 영유아건강검진 대상자와 검진 주기를 통해 '생후 14일부터 생후 71개월까지의 영유아를 대상으로 시기별로 1회씩, 총 8회 실시한다는 것을 알 수 있다.

③ 발달 정밀검사비 지원을 통해 확인할 수 있다. 의료급여수급권자, 기초생활수급자, 차상위 계층뿐만 아니라 건강보험가입자 및 피부양자도 지원 대상이다.

④ 시각 문진, 청각 문진, 키, 몸무게, 머리둘레, 영양 총 6가지 항목은 1~8차 모든 검진에서 빠짐없이 검진을 받아야 한다.

정답해설

생후 48개월인 경우 일반검진과 구강검진에서 모두 '6차 검진'에 해당한다.
- 문진 및 진찰: 4가지
- 신체계측: 4가지
- 발달평가 및 상담: 1가지
- 건강교육 및 상담: 3가지
- 구강검진: 4가지

따라서 $4+4+1+3+4=16$(가지)이다.

정답해설

건강검진을 받은 날로부터 1년 이내에 발달 정밀검사를 받고, 정밀검사를 받은 해의 다음연도 6월 말까지 신청했으므로 지원받을 수 있다.

오답풀이

① 정밀검사를 받은 해의 다음연도 6월을 넘겨 지원 신청했으므로 옳지 않다.

③ 정밀검사를 받은 날로부터 1년이 지나 정밀검사를 받았으므로 옳지 않다.

④ 발달 정밀검사를 받지 않았으므로 옳지 않다.

정답해설

5월 7일부터 기업 모집을 시작하여 12월 말에 성과공유회가 예정되어 있다. 따라서 6개월을 넘는 일정이다.

오답풀이

② 참여기업 선정은 서면평가로만 진행되며, 준비, 초보, 성장 3가지 수출 단계에 따라 각각 4개 사씩, 총 12개의 기업이 선정된다.

③ 컨설팅 지원금액은 모든 수출 단계에서 50만 원×9회=450(만 원)이다.

④ 기술수출 등록과 해외박람회 참가 지원서비스는 수출 단계 중 '성장'에 해당하며, '성장' 단계 기업은 서비스 지원금액으로 700만×2건=1,400(만 원)을 지원받을 수 있다.

정답해설

마을기업은 사회적경제기업에 속하며, 신청할 수 있을 뿐만 아니라 가점도 부여된다.

오답풀이

① 휴업 중인 경우 신청할 수 없다.
② 중소기업이 아닌 개인사업자의 경우 신청할 수 있다.
③ 공고일 기준 타 기관으로부터 해외판로 관련 지원을 받고 있는 기업의 경우 신청할 수 없다.

정답해설

각 기업의 평가항목 점수 합계는 다음과 같다.
- A: 4+5+4+6+11+7+20=57(점)
- B: 4+4+4+3+9+10+23=57(점)
- C: 6+6+4+6+13+7+25=67(점)
- D: 7+7+8+9+16+6+26=79(점)

여기에 A는 우대가점 2+5=7(점)이 붙어 최종점수는 64점, C는 우대가점 5+5+3=13(점)이지만, 최대 10점까지만 반영되므로 최종점수는 77점이 된다. 따라서 우대가점을 고려하더라도 D의 점수가 가장 높다.

정답해설

필수 확인사항을 살펴보면, 운전면허 적성검사 간소화 서비스와 채용 신체검사 대체 통보서 발급 서비스 모두 2년 이내의 기간 조건이 있으므로 '언제든지' 면제받을 수 있는 것은 아니다. 또한 운전면허를 면제받는 것이 아니라 신체검사(시력·청력)만을 면제받는다.

오답풀이

① 주어진 일반건강검진 안내문은 2025년 기준으로 게시된 안내문이며, 건강보험가입자 중 피부양자의 경우 '20세 이상이자 홀수년도 출생자'여야 한다. 2005년 12월 31일 이전 출생자 중 홀수년도에 출생한 사람이면 되므로, 2005년 5월생인 피부양자는 대상자이다. 또한, '2년마다 1회' 주기로 건강검진이 실시되므로 다음 검진 시기는 2027년이다.

② 검진 항목 중 성·연령별 검사 항목의 비고란을 살펴보면, 간암 예방을 위해 신규 도입된 'C형간염검사', 골다공증 예방 및 관리를 위해 60세 여성이 추가된 '골밀도검사', 청년층(20~34세) 정신건강 위험도 증가로 검사 주기가 단축된 '정신건강검사(우울증)', 신설된 '조기정신증'으로 총 4가지가 전과 비교해서 변경 또는 추가된 검사 항목이다.

④ 일반건강검진 결과 확진검사를 받아야 할 경우, 검진기간을 지나서 받으면 본인부담금이 발생할 수 있지만, 확진검사 없이 기간 내 건강검진을 받았다면 건강보험가입자는 공단에서 전액을 부담하고, 의료급여수급권자는 국가 및 지자체에서 부담한다. 따라서 본인부담금은 발생하지 않는다.

정답해설

85년생 여성(만 40세): 이상지질혈증(4가지), B형간염검사, 우울증, 생활습관평가, 치면세균막검사 → 총 8가지

오답풀이

① 91년생 남성(만 34세): 우울증, 조기정신증 → 총 2가지(이상지질혈증은 24세가 되자마자 받았고, 4년 주기이므로 28세, 32세에 받았으며 다음에는 36세에 받을 예정이다.)

③ 61년생 여성(만 64세): 이상지질혈증(4가지), 골밀도검사 → 총 5가지(우울증은 50세가 되자마자 받았다.)

④ 59년생 남성(만 66세): 인지기능장애검사, 노인신체기능검사 → 총 2가지(이상지질혈증은 24세가 되자마자 받았고, 4년 주기이므로 다음에는 68세에 받을 예정이다. 우울증은 60세가 되자마자 받았다.)

51 정답 ②
공고문 / 규정 이해

정답해설

보험료 정산 기간은 조정한 연도 전체(1~12월분)가 대상이므로, 당해연도 내 보험료 조정을 받은 해당 기간에 한정하여 정산된다는 해석은 옳지 않다.

오답풀이

① 지역가입자 또는 직장가입자 중 보수 외 소득월액보험료 부과대상자만을 대상으로 하는 제도이다. 따라서 직장가입자의 보수는 해당 제도와 무관하다.
③ 온라인(홈페이지, 모바일앱)과 오프라인(방문, 우편, 팩스)을 통해 신청 가능하지만, 온라인신청은 '소득이 감소'한 경우여야 한다.
④ 유의사항의 마지막 문장을 통해 알 수 있다.

52 정답 ③
공고문 / 규정 이해

정답해설

- C: 11월, 12월, 1월에 그 달 1일부터 그 달 보험료의 납부마감일 사이에 신청하는 경우 그 달부터 적용된다고 예외 적용에 대해 안내되어 있다. 따라서 보험료의 납부마감일인 25일의 이전인 12월 13일에 조정 신청을 한다면, 당해 12월부터 조정 적용이 된다.

오답풀이

- A: 기본적으로 조정 적용 기간은 신청일의 다음 달부터 그 해 12월까지이다. 따라서 4월 5일에 조정 신청했다면 4월의 다음 달인 5월부터 그 해 12월까지가 조정 적용 기간이다.
- B: 예외 적용되는 사항으로는 매달 1일 신청 시에는 그 달부터 적용된다. 따라서 4월 1일에 조정 신청했다면 그 달부터 적용되어 4월부터 12월까지가 조정 적용 기간이다.

53 정답 ③
지문의 이해 및 활용

정답해설

심사평가원이 심사를 완료하면 같은 날에 공단에게 심사 결과를 통보하는 것이 아니라 요양급여비용을 청구한 요양기관에게 심사 결과를 통보해야 한다.

오답풀이

① 서면청구이므로 3월 31일(월)에 청구하면 1영업일 후인 4월 1일(화)에 접수가 완료된다. 심사평가원의 보완 요청은 접수가 완료된 날을 포함하여 10영업일 이내이므로, 4월 14일(월)까지이다. 따라서 4월 14일(월)에 자료 보완을 요청한 것은 절차에 어긋나지 않는다.
② 보완 요청을 받은 요양기관은 보완 요청일을 포함하여 7영업일 이내에 보완 자료를 제출해야 한다. 보완 요청일이 4월 14일(월)이므로, 4월 22일(화)까지 보완 자료를 제출해야 하는데 그보다 하루 앞선 4월 21일(월)에 제출하였으므로 절차에 어긋나지 않는다.
④ 공단은 심사평가원으로부터 심사 결과 및 요양기관의 동의 사실을 통보받은 날의 다음 영업일까지 요양급여비용을 지급해야 한다. 통보받은 날이 4월 28일(월)이므로, 다음 영업일인 4월 29일(화)에 지급한 것은 절차에 어긋나지 않는다.

54 정답 ③
수치 계산(비용, 시간)

정답해설

전자청구를 했으므로 청구 즉시 접수가 완료되며, 접수 완료일(=청구일)을 포함하여 15영업일에 심사가 완료된다. 심사가 완료된 당일에 B요양기관에게 심사 결과가 통보되고, B요양기관은 심사 결과를 통보받은 당일에 심사 결과에 동의하며, 동의한 당일에 심사평가원은 공단에게 심사 결과 및 요양기관의 동의 사실을 통보한다. 공단은 심사 결과 및 요양기관의 동의 사실을 통보받은 날의 다음 영업일에 요양급여비용을 지급하므로 접수 완료일(=청구일)을 포함하여 16영업일에 요양급여비용이 지급된다.
요양급여비용 지급 희망일인 5월 12일(월)을 포함하여 16영업일을 역으로 추적하면 다음과 같다.

- 5/12(월) → 1영업일
- 5/5(월)~5/9(금) → 3영업일(5/5, 5/6 이틀은 비영업일)
- 4/28(월)~5/2(금) → 5영업일
- 4/21(월)~4/25(금) → 5영업일

4월 21일(월)까지가 1+3+5+5=14영업일이므로, 4월 18일(금)은 15영업일, 4월 17일(목)이 16영업일이다. 따라서 정답은 4월 17일(목)이다.

지문의 이해 및 활용

정답해설

노로바이러스에 감염되면 12~48시간 안에 구토, 설사 등의 증상이 나타난다. 따라서 이틀(48시간)의 잠복기를 거쳐 사흘(3일) 후부터 증상이 나타난다는 설명은 옳지 않다.

오답풀이

① 노로바이러스감염증은 영유아 환자가 전체의 58.8%를 차지한다고 설명되어 있으므로, 절반 이상이 영유아라고 할 수 있다.

② 노로바이러스감염증은 동절기에 유행하며, 개인위생이 취약하고 집단생활을 많이 하는 0~6세의 영유아를 중심으로 발생하는 특성을 보인다. 따라서 동절기에 어린이집, 키즈카페 등의 출입을 줄인다면 감염될 환경에서의 노출도를 낮출 수 있다.

③ 노로바이러스는 감염력이 매우 강하고 일상 환경에서도 사흘간 생존이 가능하다. 또한, 노로바이러스에 오염된 물 또는 음식물 섭취, 사람 간 전파 또는 분비물의 비말에 의한 감염도 가능하다.

지문의 이해 및 활용

정답해설

- 가은: 증상이 사라진 후 48시간이 지날 때까지 등원, 등교 및 출근을 자제해야 한다.
- 라돈: 화장실 사용 시 배변 후 1차로 변기 뚜껑을 닫고 2차로 물을 내려서 비말로 인한 노로바이러스 확산을 차단하도록 해야 한다.

오답풀이

- 나라: 손 소독제보다는 비누를 사용하여 30초 이상 손을 씻어야 한다.
- 다운: 식재료는 흐르는 물에 세척하여 85℃ 이상에서 1분 이상 충분히 익혀서 안전하고 위생적으로 조리된 음식을 섭취해야 한다.

수치 계산(비용, 시간)

정답해설

- 공간 및 물건 소독: 락스와 물의 비율이 1:50이므로, 물 1L에 락스 $\dfrac{1}{50}$ L=20ml가 필요하다.
- 세탁물 헹구기: 락스와 물의 비율이 1:250이므로, 물 1L에 락스 $\dfrac{1}{250}$ L=4ml가 필요하다.

따라서 필요한 락스의 양은 총 20+4=24(ml)이다.

공고문 / 규정 이해

정답해설

배추와 고춧가루 2가지에 대한 원산지를 따로 표시해야 한다.

오답풀이

① 축산물의 경우 포장재 등에 표시하는 등 배달용도 표시해서 판매되어야 하므로 옳지 않다.

② 살아있는 모든 수산물도 원산지 표시를 해야 한다.

④ 위반업소를 인터넷에 공개하는 경우는 원산지 거짓(혼동) 표시 또는 미표시한 횟수가 2회 이상인 경우이며, 표시방법 위반은 해당사항이 없다.

공고문 / 규정 이해

정답해설

- 운영자 B: 원산지 표시 글자는 음식명 글자 크기와 같거나 그보다 커야 하며, 작으면 표시 위반에 해당한다.

- 운영자 D: 원산지가 다른 2개 이상의 동일 품목을 섞은 경우에는 섞음 비율이 높은 순서대로 표시해야 하므로, 양지곰탕(쇠고기: 미국산과 호주산을 섞음)이라 표시해야 한다.

오답풀이

- 운영자 A: 모든 음식에 사용된 특정 원료의 원산지가 같은 경우 그 원료에 대해서는 일괄하여 표시할 수 있다. 따라서 닭의 원산지가 국내산으로 모두 같은 상황에서는 일괄하여 표시한 것이며, 국내산(국산)인 경우에는 "국산"이나 "국내산"으로 표시해야 하므로 적절하다.
- 운영자 C: 쇠고기, 돼지고기, 닭고기, 오리고기, 넙치, 조피볼락 및 참돔 등을 다른 품목끼리 섞은 경우 각각의 원산지를 표시해야 한다. 참돔과 우럭(조피볼락)이라는 서로 다른 품목의 원산지를 각각 표시하였으므로 적절하다.

수치 계산(비용, 시간)

정답해설

- A식당의 경우: 오리고기 미표시는 2회째이므로 과태료 60만 원, 조사 거부 및 방해는 1회째이므로 과태료 100만 원이다. 합은 160만 원이다.
- B한식당의 경우: 배추김치와 쌀 원산지를 미표시했고, 쇠고기 식육의 종류만 미표시했다. 미표시 1회 위반인 경우에 해당하므로, 30+30+30=90(만 원)의 과태료가 부과된다.

❷교시 직무시험_국민건강보험법

※ 문항별 관련조문 내용은 별책으로 제공되는 [독끝 암기노트]를 참고해 주세요.

일치 / 불일치

관련조문
제3조(정의)

정답해설

① (×) 법인의 이사와 그 밖의 임원도 근로자에 포함한다.
② (○) 제3조 제3호
③ (○) 제3조 제4호
④ (○) 제3조 제5호

독끝 암기포인트

- 사업장 대장(공·사 구분 없이): 사용자
- 사업장 직원(사기업): 근로자(이사 및 임원 포함)
- 사업장 직원(공무원): 공무원
- 사업장 직원(사립학교): 교직원 → 특수한 경우

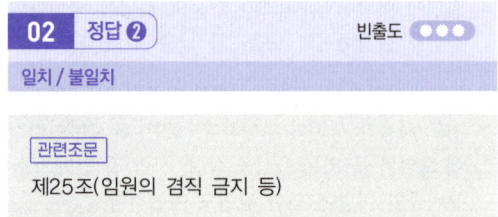

일치 / 불일치

관련조문
제25조(임원의 겸직 금지 등)

정답해설

① (×) 영리 목적 겸직은 금지이다.
② (○) 상임임원은 임명권자 또는 제청권자의 허가를 받아 비영리 목적의 업무를 겸할 수 있다.
③ (×) 공단 직원은 이사장의 허가가 있어도 영리 목적의 업무는 겸할 수 없다.
④ (×) 공단 직원은 임명권자가 아닌 이사장의 허가가 필요하다.

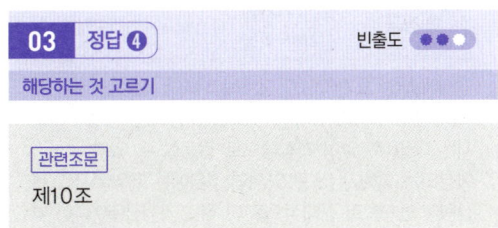

- '영리 목적' → 무조건 불가
- '비영리 목적' → 허가 필요
  - 상임임원: 높은 사람이니까 더 윗선(임명권자 or 제청권자)의 허가 필요
  - 직원: 조직 내부이니까 이사장의 허가면 충분

03 정답 ④ 빈출도 ●●●
해당하는 것 고르기

관련조문
제10조

정답해설
㉠ (×) 제1항 제1호에 따르면, 사망한 날의 다음 날이다.
㉡ (×) 제1항 제2호에 따르면, 국적을 잃은 날의 다음 날이다.
㉢ (○) 제1항 제4호
㉣ (○) 제1항 제6호

- 제1호~제3호: 다음 날 → 사망, 국적 잃음, 국내 거주 ×
- 제4호~제6호: 그 날 → 국내 거주 ○

04 정답 ① 빈출도 ●●●
숫자 더하기

관련조문
제20조(임원)

정답해설
㉠ 1 / ㉡ 3
∴ 1+3=4

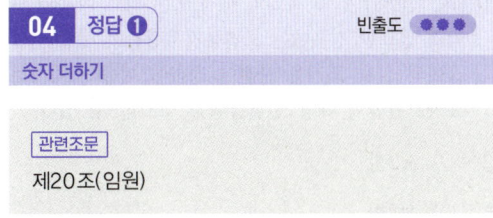

- 임원 수: 16명(이사장 1명, 감사 1명, 이사 14명)
- 상임임원 수: 7명(이사장 1명, 감사 1명, 이사 5명)
이것만 외워두면 비상임이사의 수는 16−7=9(명)으로 자연스럽게 추론할 수 있다. 비상임이사가 9명이 되기 위해서는 ㉠은 1만 가능하며, ㉡은 9−6=3이 가능하다.

05 정답 ② 빈출도 ●●
빈칸 채우기

관련조문
제43조(요양기관 현황에 대한 신고)

정답해설
㉠ 심사평가원 또는 건강보험심사평가원
㉡ 15일

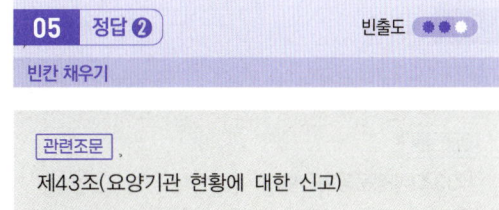

심사평가원은 요양기관이 청구한 요양급여비용의 적정성을 심사하는 기관이므로, 해당 요양기관이 어떤 시설과 장비, 인력을 갖추고 있는지 알아야 청구한 진료나 치료가 적절했는지 평가할 수 있다. 가령 전문의가 없는데 전문진료를 했다거나, 특정 장비 없이 고가의 치료를 청구했다면 부당청구일 수 있는 것이다.
따라서 심사평가원은 요양기관의 시설·장비 및 인력에 대한 현황을 파악할 필요가 있으며, 요양급여비용의 증감에 관련된 변동이 있다면 이를 반영할 수 있도록 15일 이내에 심사평가원에 신고하여야 한다.

06 정답 ④ 빈출도 ●●
해당하는 것 고르기

관련조문
제79조(보험료등의 납입 고지)

정답해설
납부 고지 문서에 적어야 하는 내용은 아래 3개뿐이다.
1. 징수하려는 보험료등의 종류
2. 납부해야 하는 금액
3. 납부기한 및 장소

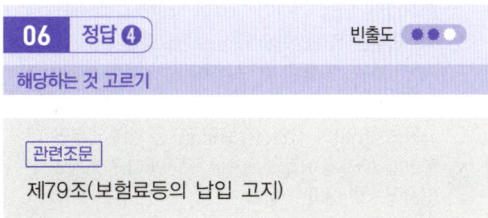

종류, 금액, 납부기한 및 장소와 같이 필수적인 것만 적으면 된다. 실제 고지서에는 더 많은 내용이 적혀 있지만, 이는 가입자의 이해를 돕기 위해 적은 것일 뿐 국민건강보험법에는 반드시 필요한 3가지만 명시되어 있다.

07 정답 ③ 빈출도 ●●○

일치 / 불일치

관련조문
제33조(재정운영위원회)
제35조(회계)
제36조(예산)
제37조(차입금)

정답해설

㉠ (○) 제33조 제1항
㉡ (○) 제35조 제3항
㉢ (○) 제36조
㉣ (×) 제37조에 따르면, 기획재정부장관이 아닌 보건복지부장관의 승인을 받아야 한다.

독끝 암기포인트

㉡ 건강보험사업, 국민연금사업, 고용보험사업, 산업재해보상보험사업은 흔히들 말하는 4대보험(국민연금, 건강보험, 고용보험, 산재보험)에 해당한다. 건강보험사업은 국민건강보험공단이 담당 기관이지만, 나머지(국민연금사업, 고용보험사업, 산업재해보상보험사업)은 담당 기관이 다르며 국민건강보험공단은 징수업무만 위탁받아서 대신 보험료를 걷고 있다. 여기에 회사가 망했을 때, 직원이 받지 못한 임금이나 퇴직금을 보장하는 임금채권보장사업도 담당 기관은 고용노동부이며 국민건강보험공단은 징수업무만 대신한다. 따라서 이들의 회계는 공단의 다른 회계와 구분하여 처리해야만 한다.
㉣ 공단의 상위 정부부처는 보건복지부이므로 보건복지부장관의 승인을 받는다. 국민건강보험법에서 기획재정부장관이 등장하는 경우는 감사를 제청할 때뿐이다.

08 정답 ③ 빈출도 ●●●

계산

관련조문
제99조(과징금)

정답해설

제1항에 따르면 부당한 방법으로 부담하게 한 금액의 5배 이하의 금액을 과징금으로 부과·징수할 수 있다.

따라서 과징금의 최대 금액은 2,000,000×5=10,000,000(원)이다.

독끝 암기포인트

내용		최대 과징금
업무정지 대신 과징금		5배
약제 요양급여 정지 대신 과징금	환자 진료에 불편	2배 → 3.5배(재발 시)
	국민 건강에 심각한 위험	0.6배 → 1배(재발 시)

약제에 대한 요양급여를 정지해야 하나, 정지할 경우 오히려 사회적 피해가 더 클 것으로 예상되는 약제에 대해서는 어쩔 수 없이 과징금으로 갈음할 수 있다.
예상되는 피해가 더 큰 약제의 경우에는 제약회사의 협상력이 높으므로 상대적으로 더 적은 과징금(60%)이 부과되고, 예상되는 피해가 덜 심각한 약제의 경우에는 제약회사의 협상력이 낮으므로 상대적으로 더 큰 과징금(200%)이 부과된다.

09 정답 ① 빈출도 ●●○

일치 / 불일치

관련조문
제42조의2(요양기관의 선별급여 실시에 대한 관리)

정답해설

① (×) 선별급여 중 자료의 축적 또는 의료 이용의 관리가 필요한 경우에는 보건복지부장관이 해당 선별급여의 실시 조건을 사전에 정하여 이를 충족하는 요양기관만이 해당 선별급여를 실시할 수 있다.
② (○) 제2항
③ (○) 제3항
④ (○) 제4항

독끝 암기포인트

선별급여는 아직 요양급여대상이 아니지만 일정 기준을 충족하여 한시적·제한적으로 지원하는 방식이다. 따라서 요양급여대상에 포함될 만큼 검증이 되었는지를 주기적으로 모니터링하며 적합성을 평가하므로 효과적인 데이터 수집과 관리를 위해 실시 조건을 충족한 요양기관만이 선별급여를 실시할 수 있다.

10 정답 ②

빈출도 ●●●

계산

> **관련조문**
> 제69조(보험료)
> 제71조(소득월액)
> 제73조(보험료율 등)
> 제74조(보험료의 면제)

🧠 정답해설

보수 외 소득월액보험료를 구하는 문제이므로 보수월액은 무시한다. 또한 국외에 체류하고 있지만 피부양자가 국내에서 거주 중이므로 보험료는 면제받지 못한다. 대신 국외에서 업무에 종사하고 있으므로 보험료율을 절반만 적용받는다.

- 보수 외 소득월액: $(1{,}700{,}000 - 500{,}000) \times 1/12 = 100{,}000$(원)
- 보수 외 소득월액보험료: $100{,}000 \times 0.07 \times 0.5 = 3{,}500$(원)

따라서 B씨의 보수 외 소득월액보험료는 3,500원이다.

📑 독끝 암기포인트

- 국외 체류자는 국내 의료서비스(요양급여 등)를 사실상 이용할 수 없는 상태이므로, 대통령령으로 정하는 기간 이상 국외에서 체류할 시 보험료가 면제된다.
- 그러나 국내에 피부양자가 있을 경우, 국내에 남아 있는 피부양자는 보험 혜택을 계속 받고 있으므로 보험료 납부는 유지된다. 그러나 보험료율을 절반만 적용받는다.
- 이를 간단하게 나타내면 다음과 같다.

구분		직장가입자	
		국내	국외(일정 기간 이상)
피부양자	국내	정상 보험료	50% 경감
	국외 또는 없음		면제

---

11 정답 ④

빈출도 ●●●

해당하는 것 고르기

> **관련조문**
> 제41조(요양급여)

🧠 정답해설

요양급여의 종류는 다음과 같다.
1. 진찰·검사
2. 약제(藥劑)·치료재료의 지급
3. 처치·수술 및 그 밖의 치료
4. 예방·재활
5. 입원
6. 간호
7. 이송(移送)

📑 독끝 암기포인트

교통사고가 났다고 상상해 보면, 다음과 같은 흐름대로 갈 것이다.
구급차를 타고 이송 → 진찰·검사 → 처치·수술 및 그 밖의 치료 → 약제·치료재료의 지급 → 입원 → 간호 → 재활
이 모든 것이 요양급여이다.

---

12 정답 ④

빈출도 ●●○

일치 / 불일치

> **관련조문**
> 제47조의4(요양급여의 적정성 평가)

🧠 정답해설

① (○) 제1항
② (○) 제2항
③ (○) 제3항
④ (×) 제4항에 따르면, 대통령령이 아니라 보건복지부령으로 정한다.

📑 독끝 암기포인트

④ 대통령령과 보건복지부령의 차이는 다음과 같이 요약할 수 있다.

구분	대통령령	보건복지부령
주체	대통령	보건복지부 장관
적용 범위	나라 전체, 부처 간 조정 포함	보건복지부 소관 업무에 한정
중요도	상대적으로 더 중요하고 큰 사안	실무적이고 구체적인 사안
예시	이사회 운영, 현역병의 요양급여 기준 등	신고 절차, 서류 양식 등

요양급여의 적정성 평가의 기준·범위·절차·방법 등은 보건복지부 소관의 실무적이고 구체적인 사안이므로 보건복지부령으로 정한다.

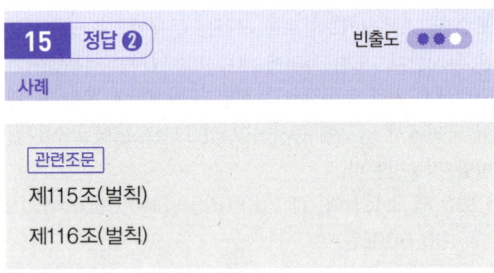

독끝 암기포인트

심사평가원은 요양급여의 적정성을 평가하고 요양급여비용을 심사하는 전문 기관이므로 요양기관은 심사평가원에 요양급여비용의 심사를 청구한다. 심사평가원은 심사 결과를 공단 및 요양기관에게 통보하고, 공단은 심사평가원의 통보를 바탕으로 요양급여비용을 지급한다. 즉, 공단은 행정 처리 업무를 맡는 기관으로 볼 수 있다. 공단이 요양급여비용을 지급할 때 가입자가 본인일부부담금을 더 지급했거나 요양기관에서 체납한 보험료 등이 있다면 공단은 이를 반영하여 요양급여비용을 지급한다.

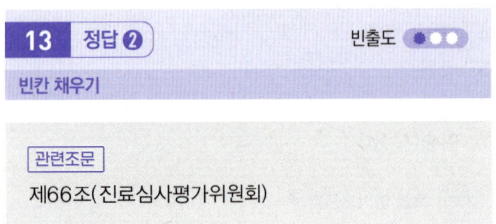

13 정답 ②   빈출도 ●●○
빈칸 채우기

관련조문
제66조(진료심사평가위원회)

정답해설
㉠ 90명
㉡ 1천 명 → 1,000명

독끝 암기포인트
"상근은 출근하니까 9시, 비상근은 많으니까 천" → 상근은 90명, 비상근은 1,000명

15 정답 ②   빈출도 ●●○
사례

관련조문
제115조(벌칙)
제116조(벌칙)

정답해설
① A: 제115조 제2항 제2호 → 3년 이하의 징역 또는 3천만 원 이하의 벌금
② B: 제115조 제1항 → 5년 이하의 징역 또는 5천만 원 이하의 벌금
③ C: 제115조 제5항 제4호 → 1년 이하의 징역 또는 1천만 원 이하의 벌금
④ D: 제116조 → 1천만 원 이하의 벌금

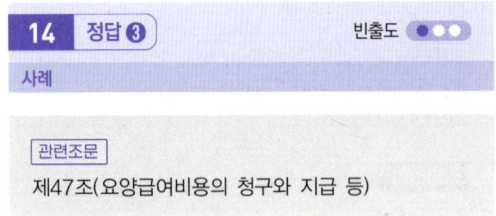

14 정답 ③   빈출도 ●○○
사례

관련조문
제47조(요양급여비용의 청구와 지급 등)

정답해설
① (×) 제3항에 따르면 본인일부부담금 과다 납부액은 요양기관에 지급할 금액에서 공제 후 가입자에게 지급해야 한다. 별도로 환급하지 않는다.
② (×) 제4항에 따르면 요양기관이 체납한 보험료는 요양급여비용에서 공제 가능하다. 반드시 전액 지급해야 하는 것은 아니다.
③ (○) 제3항에 따르면 공단은 과다 납부된 본인일부부담금만큼을 공제하고 해당 가입자에게 지급해야 한다.
④ (×) 제2항에 따르면 요양기관은 반드시 심사평가원에 요양급여비용의 심사청구를 해야 한다. 직접 청구는 불가능하다.

독끝 암기포인트

벌칙 상한	위반행위 요약
5년 / 5천만 원	가입자 및 피부양자 개인정보 유출
3년 / 3천만 원	1. 대행청구단체가 부정하게 요양급여비용 청구 2. 업무 수행 중에 알게 된 정보 유출
3년 / 1천만 원	전산정보자료를 목적 외 용도로 이용
2년 / 2천만 원	부정하게 보험급여를 받거나 받게 함
1년 / 1천만 원	1. 자격 없이 선별급여 2. 자격 없이 대행청구 3. 근로자 권익 보호 × 4. 업무정지 중에 요양급여

1천만 원	요양·약제의 지급 등 보험급여에 대한 서류 제출을 하지 않거나 거짓으로 함
5백만 원	1. 정당한 이유 없이 요양급여를 거부함 2. 요양비 명세서나 영수증을 주지 않음

16 정답 ① 빈출도 ●●○
해당하는 것 고르기

[관련조문]
제14조(업무 등)

정답해설

㉠ (○) 제2항 제1호
㉡ (○) 제2항 제2호
㉢ (×) 제2항 제3호에 따르면 '특별법에 따라 설립된 법인이 발행하는 유가증권의 매입'만 명시되어 있다.
㉣ (×) 제2항 제5호에 따르면 '공단의 업무에 사용되는 부동산의 취득 및 일부 임대'만 명시되어 있다.

독끝 암기포인트

은행 예금, 국공채, 특별법에 따라 설립된 법인(대부분 공공기관)이 발행하는 유가증권 등 국내에서 극도로 안전한 사업만이 명시되어 있다. 부동산의 경우에는 공단의 업무에 사용되는 부동산만 명시되어 있다.

17 정답 ① 빈출도 ●●○
빈칸 채우기

[관련조문]
제81조의3(체납 또는 결손처분 자료의 제공)

정답해설

㉠ 500만 원
㉡ 1억 원
㉢ 500만 원

독끝 암기포인트

해당 조문은 일정 기준을 만족하는 체납자 또는 결손처분한 자에 대한 정보를 신용정보 기관 등에 제공할 수 있다는 내용이다. 즉, 악질적인 체납자에 대한 정보를 공유하여 신용점수에 이를 반영하도록 하기 위함이다. 보험료 체납액은 500만 원만 되어도 상당한 액수이며, 부당이득금은 경우에 따라 상당히 커질 수 있으므로 기준선이 1억 원이다. 결손처분은 체납액 받는 것을 포기하고 손실처리하는 것으로, 결손처분이 발생한 것 자체가 이미 상당한 악질이기 때문에 비교적 작은 액수인 500만 원을 기준으로 잡는다.

18 정답 ④ 빈출도 ●●●
일치 / 불일치

[관련조문]
제51조(장애인에 대한 특례)
제55조(급여의 확인)
제56조(요양비 등의 지급)

정답해설

① (○) 제51조 제1항
② (○) 제51조 제2항
③ (○) 제55조
④ (×) 제56조에 따르면 지체 없이 이를 지급하여야 한다.

독끝 암기포인트

④ 지급의무가 있는 경우에는 지급에 별도의 시간이 소요되지 않으므로 지체 없이 지급하여야 한다.

19 정답 ③ 빈출도 ●●●
계산

[관련조문]
제44조(비용의 일부부담)

정답해설

350＋(60－40)＝370(만 원)은 본인부담상한액 300만 원을 370－300＝70(만 원) 초과하므로 70만 원을 환급받을 수 있다.

독끝 암기포인트

본인부담상한제는 과도한 의료비로 인한 가계 파탄을 막기 위해 가입자가 부담해야 할 연간 의료비의 상한금액을 제한한 제도이다. 상한의 대상이 되는 액수는 다음과 같이 산정한다.

본인일부부담금＋{(준요양기관에서의 비용 또는 장소불문 출산비용)－돌려받은 요양비}

단, (준요양기관에서의 비용 또는 장소불문 출산비용)의 경우 보건복지부장관이 정하여 고시한 금액보다 클 수 없다. 위 결괏값이 본인부담상한액보다 크다면 그 차액만큼 공단에서 부담한다.

---

20 정답 ① 빈출도 ●●○
순서 정하기

관련조문
제4조(건강보험정책심의위원회)
제20조(임원)
제34조(재정운영위원회의 구성 등)
제65조(임원)

정답해설
A: 3년 / B, C, D: 2년

독끝 암기포인트
- 임기 3년: 건강보험정책심의위원회 위원, 공단 이사장, 심사평가원 이사장
- 임기 2년: 공단 이사 / 감사, 심사평가원 이사 / 감사, 재정운영위원회 위원

---

❷교시 직무시험_노인장기요양보험법

※ 문항별 관련조문 내용은 별책으로 제공되는 [독끝 암기노트]를 참고해 주세요.

01 정답 ③ 빈출도 ●○○
일치 / 불일치

관련조문
제3조(장기요양급여 제공의 기본원칙)

정답해설
① (○) 제1항
② (○) 제2항
③ (×) 제3항에 따르면 가족과 함께 생활하면서 가정에서 장기요양을 받는 재가급여를 우선적으로 제공하여야 한다.
④ (○) 제4항

독끝 암기포인트
장기요양기관 자원은 수요에 비해 한정적이므로, 가정에서 장기요양을 받는 재가급여를 우선적으로 제공하는 것이 기본원칙이다.

---

02 정답 ③ 빈출도 ●○○
사례

관련조문
제37조의4(행정제재처분 효과의 승계)

정답해설
㉠ (○) 제1항 제1호에 해당하여 승계된다.
㉡ (×) 제1항 제1호에 해당하지만 제3항에 따라 위반사실을 알지 못한 것을 증명하면 행정제재처분의 효과가 승계되지 않는다.
㉢ (○) 제1항 제2호에 해당하여 승계된다.
㉣ (×) 제1항 제3호에 해당하는 것 같지만 3년이 지났으므로 승계되지 않는다.

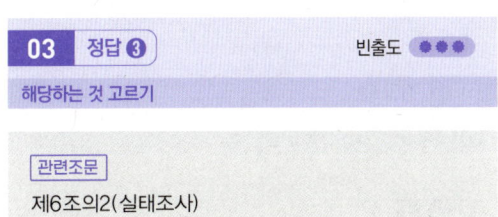

행정제재처분을 받은 장기요양기관을 다른 사람이나 법인이 양수 또는 합병하였을 때, 이를 승계하지 않는다면 편법으로 행정제재처분을 피할 수 있다. 따라서 이를 승계하도록 하되, 기간은 3년으로 하고 처분 사실을 모르고 선의로 양수 또는 합병하였음을 증명한 자에게는 승계하지 않는다.
또한 아예 폐업 후 다시 장기요양기관을 설립하는 식의 편법도 차단하기 위하여 종전에 행정제재처분을 받은 자나 그 배우자, 또는 그 직계혈족이 같은 장소에 다시 장기요양기관을 설립한 경우에도 처분 효과를 승계한다.

03 정답 ③ 빈출도 ●●●
해당하는 것 고르기

[관련조문] 제6조의2(실태조사)

정답해설
실태조사에서는 다음 5가지 사항이 포함된다.
1. 장기요양인정에 관한 사항
2. 제52조(등급판정위원회의 설치)에 따른 장기요양등급판정위원회(이하 "등급판정위원회"라 한다)의 판정에 따라 장기요양급여를 받을 사람(이하 "수급자"라 한다)의 규모, 그 급여의 수준 및 만족도에 관한 사항
3. 장기요양기관에 관한 사항
4. 장기요양요원의 근로조건, 처우 및 규모에 관한 사항
5. 그 밖에 장기요양사업에 관한 사항으로서 보건복지부령으로 정하는 사항

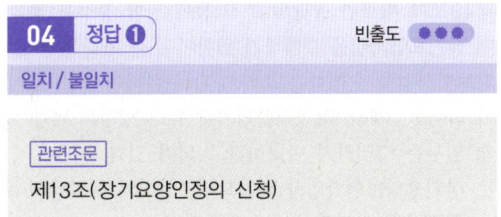

장기요양위원회는 장기요양보험료율 등을 심의하기 위한 것으로, 장기요양사업이 잘 운영되고 있는지 점검하는 실태조사와는 거리가 멀다.

04 정답 ① 빈출도 ●●●
일치 / 불일치

[관련조문] 제13조(장기요양인정의 신청)

정답해설
장기요양인정의 신청인은 신청서에 의사소견서를 첨부하여 제출하여야 한다. 다만, 제2항에 따르면 거동이 현저하게 불편하거나 도서·벽지 지역에 거주하여 의료기관을 방문하기 어려운 자 등 대통령령으로 정하는 자는 의사소견서를 제출하지 아니할 수 있다. 주민등록표 등본은 제출해야 하는 것에 포함되지 않는다.

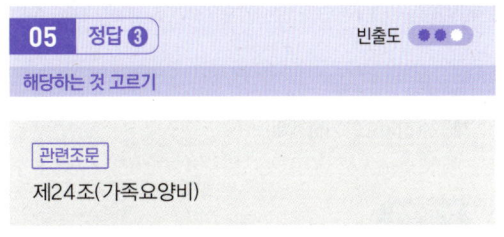

장기요양인정을 위해서는 어차피 공단 소속 직원이 내방하여 조사하므로 신청할 때 많은 문서를 제출할 필요가 없다. 신청서와 의사소견서만 제출하면 된다. 또한, 의사소견서는 공단이 등급판정위원회에 자료를 제출하기 전까지 제출해도 무방하고, 신청인의 거동이 불편하거나 도서·벽지 지역에 거주하여 의사소견서를 받기 어려운 경우에는 제출을 아니할 수 있다.

05 정답 ③ 빈출도 ●●○
해당하는 것 고르기

[관련조문] 제24조(가족요양비)

정답해설
① (○) 제1항 제1호
② (○) 제1항 제2호
③ (×) 해당 내용은 가족요양비 조건에 없다.
④ (○) 제1항 제3호

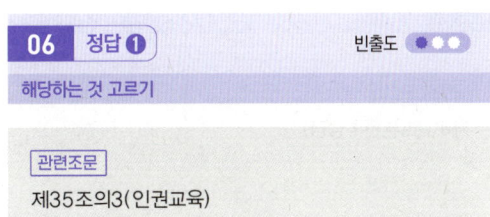

어쩔 수 없는 사유로 인하여 수급자가 사회시스템 대신 가족으로부터 방문요양에 상당하는 장기요양을 받은 경우에는 보상적 차원에서 특별현금급여의 일종인 가족요양비를 지급한다. 그러나 그러한 사유 없이 그저 본인이 가족으로부터 장기요양급여를 받기를 희망하는 것만으로는 가족요양비를 지급할 수 없다.

06 정답 ① 빈출도 ●○○
해당하는 것 고르기

[관련조문] 제35조의3(인권교육)

정답해설

① (O) 제4항 제1호에 따르면 지정을 취소해야 한다.
②, ③ (×) 제4항 제2호 및 제3호에 따르면 지정 취소 외에 6개월 이내의 기간을 정하여 업무 정지도 가능하다.
④ (×) 지정 취소, 업무 정지 그 어느 것에도 해당하지 않는다.

독끝 암기포인트

인권교육기관이 지정 취소 또는 업무 정지되는 경우는 3가지이며, 그 중에서 가장 죄질이 나쁜 '거짓이나 그 밖의 부정한 방법으로 지정을 받은 경우'에는 지정 취소만 가능하다.

---

07 정답 ④ 빈출도 ●●○
빈칸 채우기

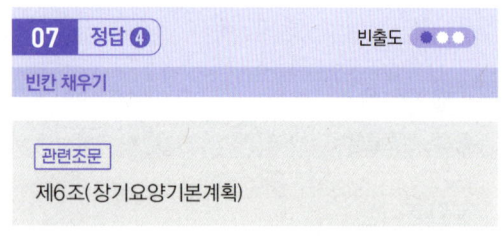

관련조문
제6조(장기요양기본계획)

정답해설

㉠ 5년
㉡ 지방자치단체의 장

독끝 암기포인트

㉠ 장기요양기본계획은 노인장기요양보험의 중장기적 방향과 재정 운영의 안정성을 확보하기 위해 5년 단위로 수립되며, 국민건강증진종합계획, 저출산·고령사회 기본계획 등도 같은 이유로 5년 주기로 수립된다.
㉡ 국가(보건복지부장관)이 장기요양기본계획을 수립하고, 현장에서 이를 수행하는 지방자치단체의 장이 각자 현지 사정에 맞게 세부시행계획을 수립한다.

---

08 정답 ③ 빈출도 ●●○
해당하는 것 고르기

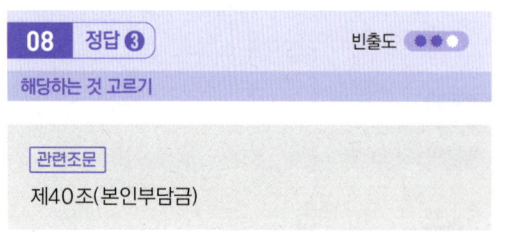

관련조문
제40조(본인부담금)

정답해설

① (O) 제3항 제1호
② (O) 제3항 제2호
③ (×) 제2항에 따라 본인부담금을 부담하지 않는 경우다.
④ (O) 제3항 제3호

독끝 암기포인트

종류와 범위, 한도를 벗어난 장기요양급여는 그 비용을 수급자가 전부 부담한다.

---

09 정답 ① 빈출도 ●●○
빈칸 채우기

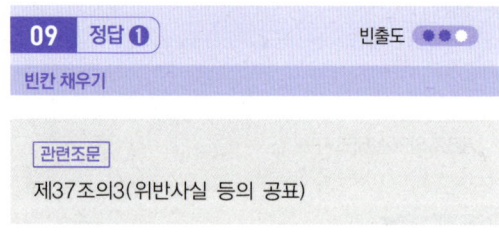

관련조문
제37조의3(위반사실 등의 공표)

정답해설

㉠ 1천만 원 → 1,000만 원
㉡ 100분의 10

독끝 암기포인트

1,000만 원 이상 또는 총액의 100분의 10은 간단한 숫자이므로 쉽게 외울 수 있다.

---

10 정답 ① 빈출도 ●●●
해당하는 것 고르기

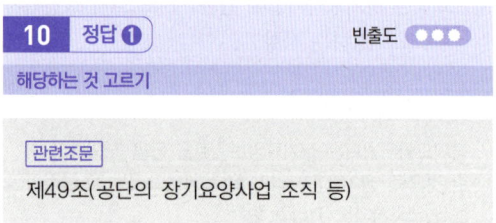

관련조문
제49조(공단의 장기요양사업 조직 등)

정답해설

제49조에 따르면 공단의 조직 등에 관한 규정을 정할 때 장기요양사업을 수행하기 위하여 두는 조직 등을 건강보험사업을 수행하는 조직 등과 구분하여 따로 두어야 하지만, 제48조(관리운영기관 등) 제2항의 아래 2개 업무는 그러하지 아니하다고 되어 있다.
1. 장기요양보험가입자 및 그 피부양자와 의료급여수급권자의 자격관리

2. 장기요양보험료의 부과·징수

독끝 암기포인트

㉠ 장기요양보험가입자와 건강보험가입자는 제7조(장기요양보험) 제3항에 따라 같으므로 조직을 구분할 이유가 없다.
㉡ 장기요양보험료와 건강보험료는 제8조(장기요양보험료의 징수) 제2항에 따라 통합 징수하므로 조직을 구분할 이유가 없다.
위 2개를 제외한 나머지 업무는 통합하여 하는 일이 없으므로, 조직을 구분하여 따로 두어야 한다.

11 정답 ① 빈출도 ●●○
빈칸 채우기

관련조문
제27조(장기요양급여의 제공)

정답해설
㉠ 장기요양인정서
㉡ 개인별장기요양이용계획서

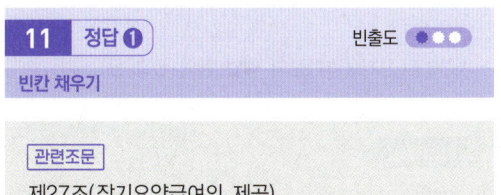
독끝 암기포인트

장기요양급여를 제공하기 위해서는 수급자가 장기요양인정이 되었는지 확인이 되어야 한다. 이를 확인하기 위해 장기요양인정서가 있어야 한다. 또한 해당 수급자에게 장기요양급여를 어떻게 제공해야 하는지 지침 역할을 하는 개인별장기요양이용계획서도 함께 필요하다. 이 두 가지를 모두 공단에 제출하고, 이것이 공단에 도달한 날부터 장기요양급여를 받을 수 있다.

12 정답 ② 빈출도 ●●●
사례

관련조문
제37조(장기요양기관 지정의 취소 등)
제37조의2(과징금의 부과 등)

정답해설
㉠ (×) 제37조 제1항 제1호에 해당되어 지정취소만 가능한데, 제37조의2에 제1항에 따라 과징금으로 갈음하려면 업무정지인 경우에만 가능하다. 즉, 지

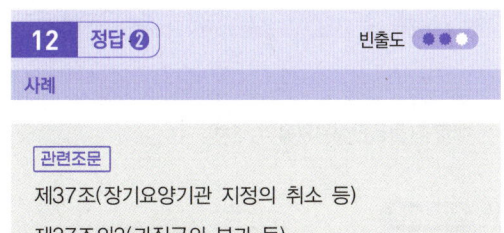

정취소만 가능한 해당 경우는 과징금으로 갈음이 불가능하다.
㉡ (○) 제37조 제1항 제3호에 해당되어 업무정지가 가능하며, 제37조의2 제1항에 따라 과징금으로 부과 가능하다.
㉢ (○) 제37조의2 제2항에 따라 가능하다.
㉣ (×) 제37조의2 제1항에 따라 불가능하다.

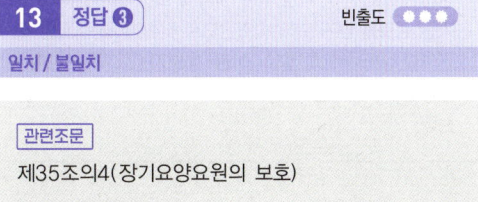
독끝 암기포인트

기본은 6개월의 범위에서 업무정지이며, 업무정지인 경우에는 2억 원 이하의 과징금으로 갈음할 수 있다. 아래 특수한 경우만 암기하면 된다.
• 반드시 지정취소(과징금으로 갈음 불가능)
 - 거짓이나 그 밖의 부정한 방법으로 지정을 받은 경우
 - 결격사유에 해당하는 경우(단, 대표자가 결격사유인 경우 3개월 이내에 변경하면 제외)
 - 1년 이상 장기요양급여를 제공하지 않은 경우(사실상 폐업·휴업)
 - 업무정지기간 중에 장기요양급여를 제공한 경우
 - 사업자등록이나 고유번호가 말소된 경우

13 정답 ③ 빈출도 ●●●
일치 / 불일치

관련조문
제35조의4(장기요양요원의 보호)

정답해설
① (○) 제1항 제1호
② (○) 제2항 제2호
③ (×) 제4항에 따르면 장기요양기관의 장이 제1항에 따른 적절한 조치를 하지 아니한 경우에 시정 신청을 할 수 있다. '수급자가 부담하여야 할 본인부담금의 전부 또는 일부를 부담하도록 요구하는 행위'는 제2항이므로 시정 신청의 요건에 맞지 않는다.
④ (○) 제6항

독끝 암기포인트

장기요양기관의 장은 아래 1번을 해야 하며, 2번은 하지 말아야 한다.
1. 장기요양요원의 고충에 대한 조치

2. 장기요양요원에게 급여외행위 제공 요구, 본인부담
   금 부담 요구
장기요양기관의 장이 해야 하는 것을 하지 않은 경우에는 시정 신청을 할 수 있으며, 하지 말아야 할 것을 한 경우에는 500만 원 이하의 과태료 처분에 해당하므로 시정 신청이 아니라 신고를 해야 한다.

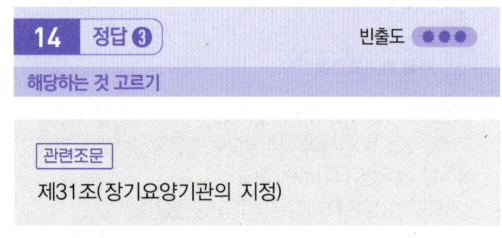

관련조문
제31조(장기요양기관의 지정)

정답해설
① (○) 제3항 제1호
② (○) 제3항 제2호
③ (×) 장기요양기관의 운영 계획이 검토 사항이다.
④ (○) 제3항 제4호

독끝 암기포인트
장기요양기관의 시설 및 인력 현황은 보건복지부령으로 정하는 조건만 넘기면 되는 정량적 조건이며, 장기요양기관 검토를 받기 위해 최소한으로 갖춰야 하는 기본 조건이다. 따라서 특별자치시장·특별자치도지사·시장·군수·구청장이 검토하는 정성적 평가에는 포함되지 않는다.

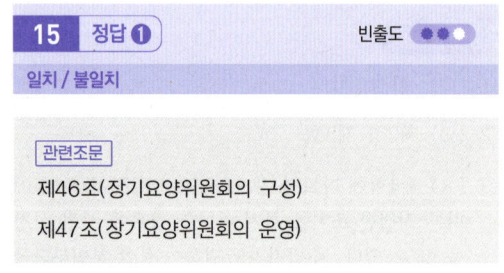

관련조문
제46조(장기요양위원회의 구성)
제47조(장기요양위원회의 운영)

정답해설
① (×) 제46조 제2항에 따르면 각 호에 해당하는 자를 각각 동수로 구성하여야 한다. 고위공무원단 소속 공무원이 2명이라면 연구계를 대표하는 자도 2명, 공단 이사장이 추천하는 자도 2명이어야 한다.
② (○) 제46조 제4항
③ (○) 제47조 제1항

④ (○) 제47조 제2항

독끝 암기포인트
③ 장기요양위원회와 등급판정위원회 회의 둘 다 구성원 과반수의 출석으로 개의하고 출석위원 과반수의 찬성으로 의결한다. 의결은 구성원 과반수가 아닌 출석위원 과반수임에 유의한다.

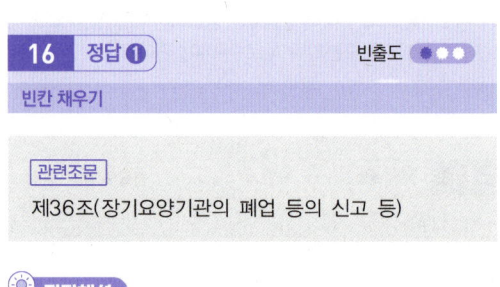

관련조문
제36조(장기요양기관의 폐업 등의 신고 등)

정답해설
㉠ 30일
㉡ 30일

독끝 암기포인트
폐업 또는 휴업을 하려면 수급자가 대응할 충분한 시간을 주어야 하고, 장기요양기관의 장은 수급자의 권익을 보호하기 위해 여러 조치를 취해야 하므로 비교적 긴 시간인 30일 미리 신고를 하여야 한다.
마찬가지 차원에서 장기요양기관이 갱신 신청을 하지 않는 경우 똑같은 기간인 30일 미리 공단에 통보하여야 한다. 이때 주의할 것은 장기요양기관이 통보하는 것이 아니라 특별자치시장·특별자치도지사·시장·군수·구청장이 통보한다는 것이다.

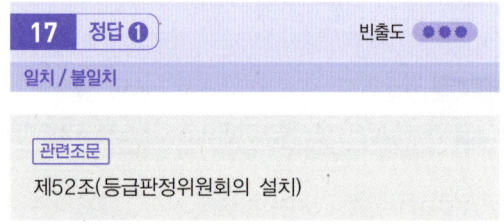

관련조문
제52조(등급판정위원회의 설치)

정답해설
① (×) 제2항에 따르면 특별자치시·특별자치도·시·군·구 단위로 둘 이상의 등급판정위원회를 설치하거나 둘 이상의 특별자치시·특별자치도·시·군·구를 통합하여 하나의 등급판정위원회를 설치할 수 있다.
② (○) 제3항

③ (○) 제4항

④ (○) 제5항

> 📝 **독끝 암기포인트**
> ① 등급판정위원회는 반드시 하나일 필요가 없으며, 인구수를 고려하여 유연하게 설치할 수 있다.
> ④ 노인장기요양보험법에서 등장하는 임기는 등급판정위원회, 장기요양위원회 둘 뿐이며 모두 3년이다. 단, 등급판정위원회는 한 차례 연임이 가능하다.

18 정답 ② 빈출도 ●●●

일치 / 불일치

관련조문
제58조(국가의 부담)
제59조(전자문서의 사용)

정답해설

① (○) 제58조 제1항

② (×) 제58조 제2항에 따르면 일부 또는 전액이 아닌 전액을 부담한다.

③ (○) 제59조 제2항

④ (○) 제59조 제3항

> 📝 **독끝 암기포인트**
> ② 의료급여수급권자에게 지급하는 것들은 노인장기요양보험법을 벗어나 사회안전망 차원에서 국가가 지급하는 것이므로 전액을 국가와 지방자치단체가 부담한다.

19 정답 ① 빈출도 ●●●

해당하는 것 고르기

관련조문
제67조(벌칙)
제69조(과태료)

정답해설

① (×) 제67조 제3항 제1호 → 최대 1년의 징역 또는 최대 1,000만 원의 벌금

② (○) 제69조 제1항 제3호의3 → 최대 500만 원의 과태료

③ (○) 제69조 제1항 제9호 → 최대 500만 원의 과태료

④ (○) 제69조 제1항 제3호 → 최대 500만 원의 과태료

> 📝 **독끝 암기포인트**

벌칙 상한	위반행위 요약
3년 / 3천만 원	1. 부정한 방법으로 장기요양급여비용 청구 2. 폐쇄회로 텔레비전(CCTV)를 설치 목적과 무관하게 조작, 방향 바꿈, 녹음, 지정되지 않은 기기에 저장
2년 / 2천만 원	1. 지정 없이 또는 거짓으로 지정받아 장기요양기관 운영 2. 폐쇄회로 텔레비전(CCTV) 안전성 미확보로 인해 영상 유출 3. 본인부담금 면제·감경 4. 수급자 알선·유인 5. 업무수행 중 알게 된 비밀 누설
1년 / 1천만 원	1. 정당한 사유 없이 장기요양급여 제공 거부 2. 부정한 방법으로 장기요양급여 수급 3. 정당한 사유 없이 폐업·휴업 시 수급자 권익 보호 × 4. 지정취소 또는 업무정지 시 본인부담금 정산 ×
1천만 원	(장기요양기관 및 의료기관) 장기요양급여에 관련된 자료의 제출 명령에 거부 또는 거짓 제출

과태료 상한	위반행위 요약
500만 원	1. 시설·인력을 변경하고 변경지정 또는 변경신고 × 2. 장기요양기관 정보 미게시 또는 거짓 게시 3. 수급자에게 장기요양급여비용 명세서 미교부 또는 거짓 교부 4. 장기요양급여 제공 자료 기록·관리 × 5. 장기요양요원에 대한 잘못(급여외행위 제공 요구, 본인부담금 요구, 고충에 대한 미조치) 6. 폐업·휴업 신고 × 7. 행정제재처분 받은 사실을 양수인에게 지체 없이 알리지 않음 8. 부정한 방법으로 수급자에게 장기요양급여비용 부담 9. 장기요양사업 수행에 필요한 자료 제출 요구에 거부 또는 거짓 제출

	10. (장기요양기관 및 의료기관 제외) 장기요양급여에 관련된 자료의 제출 명령에 거부 또는 거짓 제출 → 만약 장기요양기관 및 의료기관이라면 1천만 원 이하의 벌금 11. 부정한 방법으로 장기요양급여비용 청구에 가담 12. 노인장기요양보험 또는 유사한 용어 사용
300만 원	1. 폐쇄회로 텔레비전(CCTV) 설치 × 2. 폐쇄회로 텔레비전(CCTV) 영상기록 열람을 정당하게 요구하였으나 거절

20 정답 ③ 빈출도 ●●●
계산

관련조문
제69조(과태료)

정답해설

- 갑: 제1항 제4호의2 → 최대 500만 원
- 을: 제2항 제1호 → 최대 300만 원
- 병: 제1항 제2호의2 → 최대 500만 원

따라서 과태료 총합의 최댓값은 500+300+500=1,300(만 원)이다.

독끝 암기포인트

과태료 상한	위반행위 요약
500만 원	1. 시설·인력을 변경하고 변경지정 또는 변경신고 × 2. 장기요양기관 정보 미게시 또는 거짓 게시 3. 수급자에게 장기요양급여비용 명세서 미교부 또는 거짓 교부 4. 장기요양급여 제공 자료 기록·관리 × 5. 장기요양요원에 대한 잘못(급여외행위 제공 요구, 본인부담금 요구, 고충에 대한 미조치) 6. 폐업·휴업 신고 × 7. 행정제재처분 받은 사실을 양수인에게 지체 없이 알리지 않음 8. 부정한 방법으로 수급자에게 장기요양급여비용 부담

	9. 장기요양사업 수행에 필요한 자료 제출 요구에 거부 또는 거짓 제출 10. (장기요양기관 및 의료기관 제외) 장기요양급여에 관련된 자료의 제출 명령에 거부 또는 거짓 제출 → 만약 장기요양기관 및 의료기관이라면 1천만 원 이하의 벌금 11. 부정한 방법으로 장기요양급여비용 청구에 가담 12. 노인장기요양보험 또는 유사한 용어 사용
300만 원	1. 폐쇄회로 텔레비전(CCTV) 설치 × 2. 폐쇄회로 텔레비전(CCTV) 영상기록 열람을 정당하게 요구하였으나 거절

300만 원 이하가 2가지밖에 없으므로 이를 먼저 외운다. 이에 해당하지 않는 과태료는 모두 500만 원 이하다.

MEMO

기출유형 모의고사 3회

정답 — NCS 직업기초능력

오답표기	문번	정답	유형	오답표기	문번	정답	유형
	01	②	글의 내용 일치 / 불일치		31	④	자료변환
	02	③	주제 / 제목 / 글의 목적 찾기		32	③	자료에 대한 진위 판단(계산 필요)
	03	②	글의 내용 일치 / 불일치		33	②	자료계산
	04	③	사례 선택		34	④	자료변환
	05	④	논리적 추론		35	③	자료에 대한 진위 판단(계산 필요)
	06	④	글의 내용 일치 / 불일치		36	④	자료계산
	07	②	글의 내용 일치 / 불일치		37	④	자료변환
	08	②	논리적 추론		38	②	자료에 대한 진위 판단(계산 필요)
	09	③	빈칸 삽입		39	④	자료계산
	10	①	빈칸 삽입		40	②	자료변환
	11	③	글의 내용 일치 / 불일치		41	④	공고문 / 규정 이해
	12	①	논리적 추론		42	①	수치 계산(비용, 시간)
	13	②	글의 내용 일치 / 불일치		43	③	공고문 / 규정 이해
	14	④	글의 내용 일치 / 불일치		44	②	적정 대상 선택
	15	②	글의 내용 일치 / 불일치		45	②	수치 계산(비용, 시간)
	16	①	글의 내용 일치 / 불일치		46	③	공고문 / 규정 이해
	17	③	맥락상 어울리지 않는 문장 / 문단 찾기		47	④	적정 대상 선택
	18	①	논리적 추론		48	③	수치 계산(비용, 시간)
	19	②	맥락상 어울리지 않는 문장 / 문단 찾기		49	②	공고문 / 규정 이해
	20	③	빈칸 삽입		50	②	수치 계산(비용, 시간)
	21	③	자료에 대한 진위 판단(계산 불필요)		51	②	적정 대상 선택
	22	①	자료계산		52	③	수치 계산(비용, 시간)
	23	④	자료에 대한 진위 판단(계산 불필요)		53	②	공고문 / 규정 이해
	24	②	자료계산		54	②	수치 계산(비용, 시간)
	25	③	자료에 대한 진위 판단(계산 필요)		55	①	지문의 이해 및 활용
	26	③	자료계산		56	③	지문의 이해 및 활용
	27	②	자료에 대한 진위 판단(계산 불필요)		57	②	적정 대상 선택
	28	④	자료계산		58	③	공고문 / 규정 이해
	29	③	보고서 작성		59	②	적정 대상 선택
	30	②	자료계산		60	③	수치 계산(비용, 시간)

정답 직무시험_국민건강보험법

오답표기	문번	정답	관련조문	오답표기	문번	정답	관련조문
	01	③	제48조		11	③	제44조
	02	②	제41조의2		12	④	제79조, 제79조의2
	03	③	제52조		13	④	제109조
	04	②	제24조		14	③	제18조
	05	②	제119조		15	④	제89조
	06	③	제38조, 제39조		16	③	제69조, 제71조
	07	②	제63조		17	①	제41조, 제41조의4
	08	①	제4조		18	③	제20조
	09	①	제96조, 제96조의2, 제96조의4		19	④	제53조
	10	①	제57조의2		20	①	제84조

정답 직무시험_노인장기요양보험법

오답표기	문번	정답	관련조문	오답표기	문번	정답	관련조문
	01	②	제6조의2		11	①	제37조의3
	02	①	제18조		12	③	제43조
	03	②	제4조		13	②	제37조
	04	②	제28조의2		14	③	제53조의2, 제54조
	05	②	제32조의4		15	③	제20조, 제21조
	06	④	제36조		16	④	제22조
	07	②	제45조		17	②	제48조
	08	④	제32조의3		18	①	제66조의3
	09	④	제33조의3, 제34조		19	③	제69조
	10	④	제52조		20	①	제67조

❶교시 NCS 직업기초능력

01 정답 ②
글의 내용 일치 / 불일치

정답해설

네 번째 문단에 따르면, 양 기관은 인플루엔자에 대한 대응을 위해 정기 보고서를 함께 발간하고, 이를 예방접종 정책과 건강보험 제도 개선에 중요한 근거 자료로 활용하고자 한다.

오답풀이

① 두 번째 문단에 따르면, 공단과 질병청은 이미 2021년 4월에 업무협약(MOU)을 체결했다. 즉, 이번 협약은 최초가 아니다.

③ 일곱 번째 문단에 따르면, 공단과 질병청은 만성폐쇄성폐질환 환자 정보를 통해 질병의 예방이 아니라 조기진단 또는 개인 맞춤형 진료 지침 수립을 하고자 한다.

④ 마지막 문단에 따르면, 공단은 이번 협약을 통해 국민의 건강 증진과 질병 예방, 적정진료 유도, 의료의 질 향상 등 근거 중심의 정책 개선에 많은 성과를 기대하고 있다. 팬데믹과 같은 위기 상황에서도 더 빠르고 과학적인 대응은 질병청이 삼고 있는 목표다.

02 정답 ③
주제 / 제목 / 글의 목적 찾기

정답해설

(다)는 국가건강검진 실효성을 위해 빅데이터를 분석하여 제도 개선에 힘쓰겠다는 내용이다. 각 검진 항목이 실제로 질병 예방과 조기 발견에 얼마나 도움이 되는지 등의 내용이 있으므로 소비자 만족도와는 거리가 있다. 따라서 (다)에 들어갈 소제목으로는 '국가건강검진 제도 개선을 위한 빅데이터 분석' 정도가 적절하다.

오답풀이

① (가)는 인플루엔자 대응 강화를 위해 정기보고서 발간 계획을 밝힌 내용으로, 소제목과 일치한다.

② (나)는 의료방사선 노출량을 평가하고, 보다 안전한 검사 환경 조성을 위한 정책 마련 내용을 담고 있어 적절하다.

④ (라)는 만성폐쇄성폐질환 환자 정보, 유전정보, 건강보험 빅데이터 등 다양한 자료를 통합 분석하여 조기진단 또는 개인 맞춤형 진료 지침 수립을 목표로 한다는 점에서 '만성질환 데이터 통합 분석'이라는 소제목은 적절하다.

03 정답 ②
글의 내용 일치 / 불일치

정답해설

제2조 제5항에 따르면 급여대상 품목 기준 및 절차, 방법 등에 관한 세부사항은 보건복지부 장관이 아니라 공단 이사장이 정하여 공고한다고 나와 있다.

오답풀이

① 제1조의2를 보면 모두 해당하는 요건들이다.

③ 제2조 제4항을 보면, 이사장은 수급자의 일상생활 지원 등에 필요한 품목의 선정이 필요하다고 판단하는 때에는 제9조에 따른 복지용구급여평가위원회에 심의를 요청할 수 있다고 나와 있다. 즉 심의에 통과한다면 필요한 복지용품의 급여대상의 품목이 새롭게 지정될 수 있다.

④ 제3조 제1항을 보면, 수급자는 복지용구 급여를 연 한도액 범위 안에서 제공받을 수 있으며, 이 경우 연 한도액은 수급자 1인당 연간 160만 원으로 한다고 나와 있다. 아울러 제3조 제3항을 보면 연 한도액을 초과하는 금액은 전액 수급자 본인이 부담한다고 나와 있다.

04 정답 ③
사례 선택

정답해설

ⓒ의 지팡이와 성인용 보행기는 ⓛ 이동보조에 해당하는 보조용구이다. ⓔ은 이동을 위한 환경지원이므로 안전손잡이나 경사로가 더 적합하다.

05 정답 ④   난이도 ●●○

논리적 추론

정답해설

〈보기〉의 복지용구는 욕창예방매트리스로 환자의 피부에 가해지는 압력을 고르게 분산해 욕창을 예방하지만, 자세 변경이 불필요하다는 의미는 아니다. 욕창예방매트리스를 사용한다고 해도 간병인은 환자를 1~2시간에 한 번은 자세를 변경해 줘야 한다. 간병인이 최소 2시간에 한 번 환자의 상태를 확인하는 것이 바로 그 이유이다.

오답풀이

① 〈보기〉에 따르면 욕창예방매트리스는 공기압으로 모양을 유지함을 알 수 있다. 즉 날카로운 도구나 뜨거운 열에 취약할 수 있다는 추론은 적절하다.

② 전동침대보다 욕창예방매트리스를 높게 설정하지 말라고 경고하고 있다는 것은 전동침대 위에 욕창예방매트리스를 올려놓고 사용할 시 낙상할 위험이 있다는 것을 의미한다.

③ 욕창예방매트리스를 와상환자가 아닌 사람이 사용할 경우 오히려 신체 기능 저하나 간병 부담이 커질 수 있다고 했다. 즉 와상환자가 아닌 일반 고령자가 사용한다면 부작용이 있을 수 있다.

06 정답 ④   난이도 ●●○

글의 내용 일치 / 불일치

정답해설

제11조 제5항에 따르면 계약기간이 종료되는 연구직 직원과 재계약을 하지 않으려면 계약기간 만료일 30일 전까지 사유 및 계약기간 만료일을 해당 직원에게 구두가 아닌 서면으로 통지해야 한다.

오답풀이

① 제6조 제1항 제1호를 보면 공개경쟁 채용에 2회 이상 합격자가 없는 경우 제한경쟁을 통해 연구직을 채용할 수 있음을 알 수 있다.

② 제11조 제2항을 보면 이사장은 최근 3년의 근무실적 평가결과가 평가그룹 내에서 2회 이상 상위 20퍼센트 이내에 해당하는 연구직 직원에 대하여 중앙인사위원회의 심의·의결을 거친 경우에는 제1항에도 불구하고 계약기간을 5년 이내로 재계약을 체결할 수 있다고 되어 있다.

③ 제11조 제3항을 보면 이사장은 제12조에 따른 근무실적 평가결과가 우수하다고 인정되는 연구직 직원 중 「인사규정」에 따른 근속기간이 다음 각 호의 구분에 해당하는 경우에는 정원의 범위에서 중앙인사위원회의 심의·의결을 거쳐 상위직급으로 재계약을 체결할 수 있다고 되어 있다. 이때 제2호에 부연구위원은 3년 이상 근무해야 한다고 되어 있다.

07 정답 ②   난이도 ●●○

글의 내용 일치 / 불일치

정답해설

〈별표2〉에 따르면 종합병원 의료기관에서 근무했을 때는 경력이 100% 환산되지만, 병원 및 의원급 의료기관 근무 시에는 경력의 80%만 환산된다. 즉 "의료기관에서 일했다면 병원급과 상관없이 경력을 모두 인정받는군."이라는 진술은 적절하지 않다.

오답풀이

① 제16조 제1항을 보면 연구원 중 선임연구위원은 일반직 1급과 동급으로 연구직 중 가장 연봉이 높다.

③ 제16조 제2항 제2호와 〈별표2〉의 주석에 따르면, 〈별표2〉에 나와 있지 않은 경력에 대한 인정은 중앙인사위원회의 의결을 거쳐 정하되 신규 채용자의 경우 100분의 40의 범위에서 가감 조정할 수 있다.

④ 제16조 제3항을 보면 연구직 직원의 연봉액을 산정하는 구체적인 기준은 이사장이 정한다고 되어 있다.

08 정답 ②   난이도 ●●●

논리적 추론

정답해설

'세계 홍역 발생 상황'을 보면 서태평양 지역에 홍역 환자가 많이 발생하고 있다는 사실은 명시되어 있지만, 그 원인을 위생 문제로 인해 유행하고 있다고 추론하기는 어렵다. 홍역은 기침 또는 재채기를 통해 형성된 에어로졸로 인한 공기 전파로 감염되는 질병이고, 백신으로 인해 예방률이 높은 질병이므로 홍역의 전파가 반드시 위생으로 귀결되는 것은 아니다.

오답풀이

① '국내 홍역 발생 상황'에 따르면, 2025년 환자 중 71.4%는 19세 이상 성인이고 그중 65.7%만이 홍

역 백신 접종력이 없거나 접종 여부를 모른다고 했다. 즉 약 34%는 홍역 예방접종을 했음에도 홍역에 걸린 것이다. 즉, 어릴 때 예방접종을 했더라도 성인이 되어 홍역에 걸릴 수 있다는 추론은 가능하다.

③ '홍역 예방을 위한 권고 사항'을 보면 예방접종 후 방어면역 형성까지의 기간(보통 2주)을 고려해 출국 전 미리 예방접종이 필요하다고 했다. 즉 6월 첫째 주에 서태평양 지역 여행이 계획되어 있다면, 여행일보다 2주 전인 5월 둘째 주에는 MMR 백신을 맞아야 한다.

④ 발열, 발진은 홍역의 대표적 증상이다. 그리고 해외여행 이력이 없는 경우라면 국내 감염이므로 관련 치료비는 정부가 지원한다.

09 정답 ③ 난이도
빈칸 삽입

정답해설
㉮는 '국내 홍역 발생 평가'에 관한 내용이 들어가야 한다. ㉮ 앞 문장에서는 전 세계적으로 홍역 발생이 증가하는데 우리나라의 국제여행이 증가하고 있다는 사실이 언급된다. 따라서 ㉮에 들어갈 내용으로는 국내 상황에 대한 구체적인 평가와 향후 전망이 이어져야 한다. 따라서 ③이 가장 자연스럽게 연결된다.

오답풀이
① 홍역은 대증 요법으로 치료가 가능한 것은 맞지만, 전염성이 매우 높고 합병증 위험이 있기 때문에 홍역이 발생하는 것을 크게 신경 쓰지 않아도 된다는 내용은 적절하지 않다.

② 내용만을 보면 중요한 정보일 수 있지만, 이 문장은 '세계 홍역 발생 상황'과 관련된 문단에 더 잘 어울리는 문장이다.

④ 내용만을 보면 '홍역 예방을 위한 권고 사항' 문단과 더 잘 어울리며 ㉮에 들어가기에는 어려움이 있다.

10 정답 ① 난이도
빈칸 삽입

정답해설
㉠은 최근에 한국에 홍역 환자가 늘고 있으며 이중 대부분이 해외여행 중 감염된 사례가 있다는 것을 연결해 주고 있다. 따라서 상반되는 내용을 연결해 주는 '반면'이 아니라 동시에 일어나고 있다는 의미인 '아울러' 정도의 부사로 수정해 주는 것이 적절하다.

오답풀이
② ㉡은 전 세계적으로 홍역 발생이 크게 증가하고 있다는 내용과 이로 인해 WHO가 브리핑을 통해 예방접종과 감시강화를 당부했다는 것을 이어 주고 있다. 따라서 '그리고'를 원인과 결과를 이어 주는 '그래서'로 수정하는 것이 적절하다.

③ ㉢은 홍역은 전염성이 매우 강하지만, 백신접종으로 충분히 예방 가능하다는 내용을 이어 주고 있다. 따라서 역접의 부사인 '하지만'으로 바꾸어 주는 것이 적절하다.

④ ㉣은 해외여행 중 홍역 증상이 있으면 검역관에게 신고하고 치료를 받아야 한다는 내용을 이어 주고 있다. 따라서 정보를 더해 주는 '또한'으로 수정해 주는 것이 적절하다.

11 정답 ③ 난이도
글의 내용 일치 / 불일치

정답해설
응급실이 공휴일이나 야간 등 의료서비스가 제공되기 어려울 때에 이용하는 곳은 맞긴 하나 소아 경련성 질환은 '응급 증상'에 해당하므로 응급실을 이용해야 하는 상황이다.

오답풀이
① 응급실은 역할에 따라 권역응급의료센터, 지역응급의료센터, 지역응급의료기관, 기관 외 응급실로 나뉜다.

② 응급실에서는 단기간(1~3일)의 약 처방만 가능하다고 명시되어 있다.

④ 화상은 응급실을 이용해야 하는 대표적인 증상이므로, 환자는 응급의료 관리료를 절반만 부담한다.

12 정답 ①
논리적 추론 · 난이도 ●●○

정답해설

응급실에서는 위급한 환자부터 진료한다고 나와 있다. 즉 생명이 위급한 환자를 우선 진료하고 상태가 위중한 순서대로 진료하는 것이다. ㉠ 역시 응급에 준하는 상황이긴 하지만 ㉠~㉣ 중 상태가 덜 위중하다 할 수 있다.

오답풀이

㉡ '의식 없음'은 신경학적 응급 증상으로 생명이 위태로운 상황이다.

㉢ '사지 절단 위험'은 외과적 응급 증상으로 응급 증상에 준하는 증상이다.

㉣ '지속적인 위장관 출혈'은 내부 출혈 의심 상황으로, 위중한 상태로 간주된다.

13 정답 ③
글의 내용 일치/불일치 · 난이도 ●●○

정답해설

〈대리신청이 가능한 사람〉을 보면, 「공인노무사법」 제2조에 따라 공인노무사는 가능하지만, 행정사 및 법무사는 불가하다고 명시되어 있다.

오답풀이

① 이의신청(심사청구) 제도는 공단의 처분에 이의가 있는 개인뿐만 아니라 법인도 신청할 수 있는 권리구제 제도이므로, '개인만 가능하다'는 설명은 옳지 않다.

② 대리신청할 경우 위임장뿐 아니라, 법정대리권을 증명하는 가족관계증명서 등의 서류도 함께 제출해야 한다.

④ 자료에 따르면, 이의신청을 제기하였다는 사유만으로 공단의 처분 효력이 정지(유예)되지 않으며, 연체금 부과 및 압류 등 체납처분의 절차를 속행할 수 있다.

14 정답 ④
글의 내용 일치/불일치 · 난이도 ●●○

정답해설

주어진 자료에 따르면, 이의신청은 건강보험 업무 및 연금보험료 징수 업무 관련 처분에 대한 불복절차하는 것이다. 국민건강보험공단의 건의 및 진정은 처분에 대한 불복이 아니므로 이의신청과 상관없다.

오답풀이

①, ② 건강보험료가 과다하게 부과되었다고 판단되는 경우, 보험료의 부과 및 징수에 대해 이의신청할 수 있으며 건강보험료의 경우 공단의 이의신청위원회 소관이다.

③ 가입자 및 피부양자의 자격 취득, 상실, 변동에 관해서 이의신청할 수 있다.

15 정답 ②
글의 내용 일치/불일치 · 난이도 ●●○

정답해설

처분이 난 날로부터 90일이 아니라 당사자가 처분을 안 날로부터 90일 이내에 신청해야 한다. 처분을 안 날은 고지서 수령 등을 기준으로 할 수 있다.

오답풀이

① 제도개선 및 법령개정은 처분성이 없는 사안이다.

③ 공단의 처분의 직접적인 당사자가 아니면 법률상의 이익이 없다.

④ 제기한 이의신청과 동일한 내용으로 이미 결정을 받은 경우 또 신청하는 것은 재신청에 해당한다.

16 정답 ①
글의 내용 일치/불일치 · 난이도 ●●●

정답해설

두 번째 문단에 따르면, 장기요양기관 정기평가 대상 중 절반 이상이 최하위(E) 등급을 받은 것이 아니라 최하위(E) 등급을 받은 장기요양기관 중 절반이 신규기관이라고 설명하고 있다.

오답풀이

② 두 번째 문단에 따르면, 2022년부터 신규 장기요양기관의 체계적인 서비스 품질 관리를 위한 시범운영을 시작하여 올해 3차 시범운영을 진행한다. 1~2차 시범운영에서는 기관을 방문하여 예비평가를 실시하고, 평가결과 60점(총점 100점) 미만인 기관에 추가 상담을 제공했다고 나와 있다.

③ 두 번째 문단에 따르면, 3차 시범운영은 신규기관에 필요한 점검 항목을 중심으로 기관별 2회 방문하여 체계적인 관리와 맞춤형 상담 제공에 중점을 두면서 '운영컨설팅'이라고 그 명칭을 변경하였다고 나와 있다.

④ 세 번째 문단에 따르면, 이번 시범운영 참여기관은 2023년 4월부터 12월까지 신규 개설한 장기요양기관 중 신청을 받아 기관 규모, 급여 종류, 지역 균형성 등을 고려하여 200개소를 선정하였다고 나와 있다.

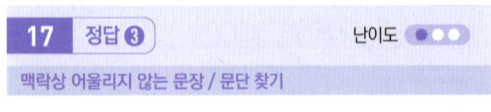

정답해설

주어진 글은 공단이 신규 장기요양기관에 안정적인 운영을 위한 컨설팅을 지원한다는 내용이다. ㉢은 이러한 주제에 적합한 내용이므로 삭제해서는 안 된다.

오답풀이

① 정기평가 결과와 점수 하락 원인에 대한 내용이므로 이 글에는 적합하지 않다.

② 2024년 수시평가 일정과 방법에 대한 안내이므로 이 글에는 적합하지 않다.

④ 장기요양 서비스를 집에서도 받을 수 있다는 내용이므로 이 글에는 적합하지 않다.

정답해설

첫 번째 문단에 따르면, 건강보험공단은 흡연 폐해에 대한 담배회사의 책임을 규명하고 흡연 관련 질환으로 인해 발생한 건강보험 재정 누수를 방지하기 위해 소송을 제기했다고 밝혔다. 이는 곧 건강보험공단이 담배회사 및 제조사로 인해 건강보험 재정에 손해를 입었다고 판단하고 있음을 나타낸다. 따라서 ①은 글의 내용으로부터 타당하게 추론 가능한 내용이다.

오답풀이

② 첫 번째 문단을 통해 건강보험공단은 흡연과 폐암 간의 인과관계, 담배의 중독성 및 위험성에 대한 경고 미흡으로 인한 제조물 과실책임을 이유로 담배회사와 제조사에 소송을 걸었음을 짐작할 수 있다. 그런데 두 번째 문단에서 법원은 세 가지 사항에 대해서 모두 기각했는데, 흡연과 폐암 발병 간 인과관계가 명확하지 않음, 담배회사나 제조사가 담배의 중독성이나 위험성 등을 축소 및 은폐하려 했다고 인정하기 어려움, 그리고 건보공단이 담배회사를 상대로 직접 손해배상청구 소송을 제기할 자격이 없음이 그 이유였다. 따라서 공단이 제시한 세 개의 쟁점 중 두 가지를 기각하고 한 가지는 인정한 것이 아니라 모두 기각했다.

③ 네 번째 문단을 보면 공단은 '담배회사의 불법행위 입증'을 가장 중점적으로 변론하고 있다고 했다. 그리고 법원은 흡연과 폐암 발생 간 인과관계는 의학적이나 역학적으로는 당연히 인정되지만, 법적 인과관계에 기준으로는 인정되지 않는 부분이 있다고 했다. 따라서 건강보험공단이 2심 재판에서 흡연과 폐암 발생 간 인과관계를 인정받는 데 노력을 기울일 것이라는 추론은 적절하지 않다.

④ 마지막 문단을 보면 최종 판결에서 공단이 패소하더라도 흡연의 위험성을 사회적 인식을 환기시키고, 담배회사의 책임을 강조하는 효과가 있기 때문에 의미 있는 소송이라고 생각한다는 변호사의 의견을 전했다. 즉 공단이 담배소송에서 최종 패한다고 해서 그간의 노력이 모두 무의미해질 것이라는 우려가 크다는 추론은 적절하지 않다.

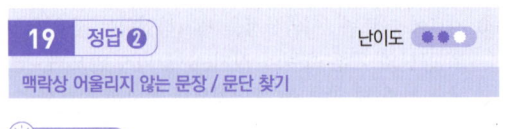

정답해설

㉡이 속해있는 문단은 법원이 공단의 소송을 기각하는 내용이 서술되어 있다. 그런데 ㉡은 공단의 이사장이 이 판결에 대해 변론하는 내용이다. 따라서 ㉡이 가장 문맥에 어울리지 않는다.

오답풀이

㉠ 이 문장은 앞 문장의 주장(제조물 책임에 대한 설명)을 구체화하며 자연스럽게 연결된다.

㉢ 2심에서 공단이 인과관계를 입증하기 위해 한 노력의 예로 제시된 것으로, 해당 문단의 주장과 밀접하게 연결되어 있다.

㉣ 공단의 소송 전략 또는 정당성을 강조하는 흐름에서 자연스럽게 이어지고 있다.

20 정답 ③ 난이도 ●●●
빈칸 삽입

정답해설

㉮ 건강보험공단이 1심 패소에도 불구하고 항소할 것이라는 내용을 담고 있으므로 앞의 문단에서 제시한 상황에 반대되는 상황을 나타내 주는 '그러나'가 들어가야 한다.

㉯ 해외에서 담배소송에서 승리한 사례를 나열하고 있으므로 이를 대등적으로 연결해 주는 '또한'이 들어가야 한다.

㉰ 담배회사의 책임을 묻는 추세가 전 세계적이라는 점과 공단이 소송에 패한다해도 그 의의가 있음을 서술하고 있으므로 결론 및 종합 의미의 '그러므로'가 들어가는 것이 가장 적절하다.

21 정답 ③ 난이도 ●●○
자료에 대한 진위 판단(계산 불필요)

정답해설

2022년과 2024년에는 2월이 가장 저조한 달이었지만 2023년에는 1월이 가장 저조했다.

오답풀이

① 헌혈률은 ×100 산식으로 계산할 수 있는데, 2022~2024년 총인구(분모의 값)가 매년 감소했고, 총헌혈실적(분자의 값)이 매년 증가했으므로 분수 값은 매년 증가했음을 알 수 있다. 일일이 계산하면, 헌혈률은 2022년 약 5.15%, 2023년 약 5.41%, 2024년 약 5.58%다.

② 2022년 대비 2024년 헌혈가능인구는 38,970,845 −38,674,973=295,872(명) 감소했으므로, 30만 명 미만으로 감소했다.

④  ≒ 1,297,630(명)이므로 130만 명 미만이다.

문제해결 Tip

④ 헌혈자 실인원수를 130만 명을 기준으로 살펴보면, 2022년 +27,587명, 2023년 +774명, 2024년 −35,475명이므로 총합했을 때 (−)이다. 따라서 연평균 헌혈자 실인원이 130만 명 미만임을 알 수 있다.

22 정답 ① 난이도 ●●●
자료계산

정답해설

2022~2024년 실제 국민 헌혈률을 계산하면 다음과 같다.

- $A = \dfrac{1,327,587}{38,970,845} \times 100 ≒ 3.41(\%)$
- $B = \dfrac{1,300,774}{38,873,293} \times 100 ≒ 3.35(\%)$
- $C = \dfrac{1,264,525}{38,674,973} \times 100 ≒ 3.27(\%)$

따라서 A~C의 대소 관계는 A>B>C다.

23 정답 ④ 난이도 ●●○
자료에 대한 진위 판단(계산 불필요)

정답해설

20~29세와 30~39세의 비중 순위가 2021~2022년 기점으로 서로 바뀐다.

오답풀이

① 남자 비정규직 수와 여자 비정규직 수의 차이가 가장 큰 연도는 2023년(100.8만 명)이고, 가장 작은 연도는 2020년(75.6만 명)이다. 두 시기의 비정규직 수 평균은 $\dfrac{7,426+8,122}{2}=7,774$(천 명)=777만 4천 명으로, 800만 명 미만이다.

② 임금근로자 중 정규직이 차지하는 비중은 2020년 $\frac{13,020}{20,446}\times100$이고, 2021년 $\frac{12,927}{20,993}\times100$이다. 2021년 분모의 값이 더 크고, 분자의 값이 더 작으므로 분수의 값은 2021년이 더 작다는 것을 계산하지 않아도 알 수 있다.

③ 60세 이상에서 비정규직 비중은 2020년부터 2023년까지 28.7% → 29.8% → 31.3% → 32.2%로 유일하게 늘어났다.

24 정답 ②   난이도 ●○○
자료계산

정답해설

2020년과 2022년 15~19세 비정규직 비중은 1.9%로 같고, 비정규직 수가 2020년 7,426천 명<2022년 8,156천 명이므로 2020년 대비 2022년 15~19세 비정규직 수는 증가했다. 같은 방법으로 선지 ①, ③, ④를 보면 모두 증가한다.
그러나 선지 ②는 비정규직이 2022년 8,156천 명에서 2023년 8,122천 명으로 감소한다. 따라서 증감 추이가 다른 것은 ②이다.

문제해결 Tip

일일이 계산해야 하는 것처럼 보이지만, 비교하는 두 해에 해당하는 연령대 비중이 동일한 점을 참고하면 해당 연령대의 비정규직 수를 일일이 계산해서 비교할 필요 없이 전체 비정규직 수의 증감 여부만 살펴보면 추이를 바로 확인할 수 있다.

25 정답 ③   난이도 ●●○
자료에 대한 진위 판단(계산 필요)

정답해설

2022년 주요 의료인력 수는 112,321+27,987+22,807+41,614+254,227+217,589=676,545(명)으로 68만 명 미만이다.

오답풀이

① 2022년 의사 중 레지던트만이 10,990명에서 9,637명으로 감소했다.

② 2018년 대비 2022년 치과의사 인력 증가율은 $\frac{27,987-25,792}{25,792}\times100=\frac{2,195}{25,792}\times100≒8.5(\%)$이고, 한의사 인력 증가율은 $\frac{22,807-20,759}{20,759}\times100=\frac{2,048}{20,759}\times100≒9.9(\%)$이다. 따라서 치과의사 인력 증가율이 한의사보다 낮다.

④ 〈표2〉를 통해 2배 이상인 지역이 없다는 것을 알 수 있다.

문제해결 Tip

② 치과의사 인력 증가율과 한의사 인력 증가율을 구하는 식을 비교하면, 분자의 값은 2,195 대 2,048로 수치가 거의 비슷한 반면, 분모의 값은 25,792 대 20,759로 치과의사 인력 증가율의 분모값이 상대적으로 크므로 분수값은 작다는 것을 어림잡을 수 있다.

26 정답 ③   난이도 ●●○
자료계산

정답해설

의사 의료인력 대비 간호사 의료인력 비율은 $\frac{\text{간호사 의료인력}}{\text{의사 의료인력}}\times100$이다. 2018년부터 2022년까지 해당 비율을 구하여 정리하면 다음과 같다.

• 2018년: $\frac{195,314}{102,471}\times100≒190.6(\%)$

• 2019년: $\frac{215,293}{105,628}\times100≒203.8(\%)$

• 2020년: $\frac{225,462}{107,976}\times100≒208.8(\%)$

• 2021년: $\frac{240,307}{109,937}\times100≒218.6(\%)$

• 2022년: $\frac{254,227}{112,321}\times100≒226.3(\%)$

따라서 바르게 나타낸 표는 ③이다.

문제해결 Tip

2019~2022년의 경우 '분모의 값(의사 의료인력)×2>분자의 값(간호사 의료인력)'이므로 200% 이상이어야 한다. 따라서 해당 연도가 모두 200% 이상인 ③이 정답이다.

27 정답 ②

자료에 대한 진위 판단(계산 불필요)

정답해설

2023년 부모 연령대별 출생아 수를 살펴보면, 모 연령이 30~34세일 때 105,370명으로 가장 출생아 수가 많았고, 부 연령이 35~39세일 때 84,200명으로 가장 출생아 수가 많았다. 따라서 부모 연령대별로 출생아 수가 가장 많았던 연령대는 상이하다.

오답풀이

① 2020년과 비교해서 2023년 출생아 수는 남자의 경우 21,500명 감소했고, 여자의 경우 20,809명 감소했다. 따라서 출생아 수는 남녀 모두 2만 명 이상 감소했다.

③ 모 연령대가 30대 미만인 출생아 수는 24세 이하인 경우와 25~29세인 경우를 더한 39,613명이다. 이 중 '모 연령대>부 연령대'인 출생아 수는 445명으로 400명 이상이다.

④ 2023년 연앙인구가 5,115만 명이라면 조출생률은 $\frac{230,028,000}{51,150,000} ≒ 4.5$(명)이다. 2022년 조출생률이 인구 천 명당 4.9명이었으므로, 전년과 비교해서 0.3명 이상 차이난다.

28 정답 ④

자료계산

정답해설

부모가 모두 30대(30~39세)인 경우에 해당하는 출생아 수는 다음과 같다.

- 30~34세:
  $79,797 - 831 - 15,559 - 475 = 62,932$(명)
- 34~39세:
  $84,200 - 439 - 4,654 - 2,817 = 76,290$(명)

즉, 부모가 모두 30대인 경우에 해당하는 출생아 수는 $62,932 + 76,290 = 139,222$(명)이다. 따라서 연령 미상을 제외한 전체 출생아 수 중 $\frac{139,222}{227,455} \times 100 ≒ 61$(%)를 차지한다.

29 정답 ③

보고서 작성

정답해설

자연분만 건수가 전년과 비교해서 감소폭이 가장 컸던 시기는 $148,741 - 126,776 = 21,965$(건) 감소한 2020년이다. 또한, 제왕절개 분만 건수가 전년과 비교해서 변화폭이 가장 컸던 시기는 $152,046 - 146,516 = 5,530$(건) 감소한 2020년이다. 즉, 2023년이 아니다.

오답풀이

㉠ 2019년 분만 건수는 300,787건으로 30만 건 이상이었고, 2023년에는 4년 전인 2019년과 비교해서 $\frac{300,787 - 230,510}{300,787} \times 100 ≒ 23$(%) 감소하였다. 즉, 20% 이상 감소하였다.

㉡ 자연분만 건수는 2019년 148,741건 → 126,776건(감소) → 113,313건(감소) → 95,667건(감소) → 83,337건(감소)으로 매년 감소한 반면, 제왕절개 분만 건수는 2019년 152,016건 → 146,516건(감소) → 148,328건(증가) → 150,912건(증가) → 147,173건(감소)으로 증감을 반복하는 모습을 보였다.

㉣ 2023년 분만기관 수는 $44 + 81 + 132 + 199 + 12 = 468$(개소)였고, 의원 199개소, 병원 132개소, 종합병원 81개소, 상급종합병원 44개소, 조산원 12개소 순으로 많았음을 알 수 있다.

30 정답 ②

자료계산

정답해설

2023년 분만 건수는 총 230,510건인데, 30대를 제외한 분만 건수의 합은 $389 + 41,900 + 15,517 + 4 = 57,810$(건)이다. 이는 전체의  $\frac{57,810}{230,510} \times 100 ≒ 25$(%)이므로 30대가 차지하는 비중은 $100 - 25 = 75$(%)이다.

31 정답 ④   난이도 ●●○

자료변환

정답해설

2023년 분만 건수는 총 230,510건이고, 수도권(경기+서울+인천) 분만 건수는 63,727+48,908+12,329=124,964(건)이다. 따라서 전체 분만 건수 중 수도권의 경우 절반 이상이므로 50% 이상을 차지하는데 그래프상 수도권 외 비중이 50% 이상으로 나타나 있으므로 옳지 않다.

정확히 계산하면, 수도권의 경우 전체 분만 건수의 $\frac{124,964}{230,510} \times 100 ≒ 54(\%)$를 차지하고 수도권 외의 경우 $\frac{105,546}{230,510} \times 100 ≒ 46(\%)$를 차지한다. 서로 숫자가 뒤바뀌었다.

오답풀이

① 경기 및 경기 외 시도의 분만 건수 비중을 정확히 계산하면 다음과 같다.
- 경기: $\frac{63,727}{230,510} \times 100 ≒ 28(\%)$
- 경기 외: $\frac{166,783}{230,510} \times 100 ≒ 72(\%)$

따라서 올바르게 나타낸 그래프이다.

② 서울 및 서울 외 시도의 분만 건수 비중을 정확히 계산하면 다음과 같다.
- 서울: $\frac{48,908}{230,510} \times 100 ≒ 21(\%)$
- 서울 외: $\frac{181,602}{230,510} \times 100 ≒ 79(\%)$

따라서 올바르게 나타낸 그래프이다.

③ 인천 및 인천 외 시도의 분만 건수 비중을 정확히 계산하면 다음과 같다.
- 인천: $\frac{12,329}{230,510} \times 100 ≒ 5(\%)$
- 인천 외: $\frac{218,181}{230,510} \times 100 ≒ 95(\%)$

따라서 올바르게 나타낸 그래프이다.

32 정답 ③   난이도 ●●○

자료에 대한 진위 판단(계산 필요)

정답해설

불임 환자가 전년 대비 증가한 해는 2020년, 2021년이고, 난임 시술 환자가 전년 대비 증가한 해는 2019년, 2020년, 2021년이다. 따라서 2020년과 2021년만을 비교해 보면 된다. 불임 환자의 경우 2020년에 +1,137명, 2021년에 +22,010명이므로 증가 인원이 가장 많은 해는 2021년이다. 난임 시술의 경우 2020년에 +6,633명, 2021년에 +13,912명이므로 증가 인원이 가장 많은 해는 2021년이다. 따라서 동일하다.

오답풀이

① 2018~2022년 불임과 난임시술의 1인당 진료비를 나눠 계산하여 표로 정리하면 다음과 같다.

구분	2018년	2019년	2020년	2021년	2022년
난임시술/불임	2.3배	2.4배	2.0배	1.9배	1.8배

따라서 2021년과 2022년의 경우 2배 미만이다.

② 2018년 대비 2022년 불임 진료비 증가율은 $\frac{2,447-1,245}{1,245} \times 100 ≒ 96.5(\%)$이고, 난임 시술 진료비 증가율은 $\frac{2,590-1,541}{1,541} \times 100 ≒ 68.1(\%)$이다. 따라서 불임 진료비 증가율은 난임 시술 진료비 증가율보다 96.5-68.1=28.4(%p) 더 높으므로 30%p 이상 높지 않다.

④ 5년 동안 불임 환자의 연평균 진료비는 $\frac{1,245+1,341+1,831+2,230+2,447}{5} = \frac{9,094}{5} ≒ 1,819$(억 원)이고, 난임 시술 환자의 연평균 진료비는 $\frac{1,541+1,738+2,091+2,415+2,590}{5} = \frac{10,375}{5} = 2,075$(억 원)이다. 따라서 불임 환자의 연평균 진료비는 난임 시술 환자의 연평균 진료비보다 적다.

문제해결 Tip

④ 연평균 진료비를 구하는 계산식에서 분모는 5년의 기간으로 동일하다. 따라서 분자의 값(5년 동안의 진료

비를 모두 합함)이 클수록 평균도 크다는 것을 알 수 있는데, 2018~2022년 불임 환자의 진료비가 모든 해에서 난임 시술 환자의 진료비보다 적으므로 총합도 적다는 것을 알 수 있다.

정답해설

2018년 난임 시술 진료비는 1,541억 원인데, 남성 난임 시술 진료비가 98억 원이므로 여성 난임 시술 진료비는 1,541−98=1,443(억 원)이다.

따라서 여성 난임 환자의 1인당 진료비는 $\dfrac{진료비}{환자\ 수}$ = $\dfrac{1,443억\ 원}{64,922명}$ ≒222(만 원)이다.

34 정답 ④ 난이도

자료변환

정답해설

2022년 여성 불임 환자 수는 153,085명인데, 143,085명으로 잘못 표시되어 있다.

오답풀이

① 주어진 〈표1〉에서 2022년 난임 시술 환자는 총 140,458명이고, 〈표3〉에서 남성은 64,143명, 여성은 76,315명이므로 각각 전체에서 차지하는 비중은 $\dfrac{64,143}{140,458}×100$≒46.0(%), $\dfrac{76,315}{140,458}×100$ ≒54.0(%)이다. 따라서 올바르게 나타낸 그래프이다.

② 〈표2〉를 통해 올바르게 나타낸 그래프임을 알 수 있다.

③ 〈표2〉와 〈표3〉을 통해 올바르게 나타낸 그래프임을 알 수 있다.

35 정답 ③ 난이도

자료에 대한 진위 판단(계산 필요)

정답해설

2018~2022년 여성 대비 남성 ADHD 환자 수를 구하면 다음과 같다.

2018년	2019년	2020년	2021년	2022년
$\dfrac{46,997}{12,606}$	$\dfrac{55,637}{16,815}$	$\dfrac{58,398}{20,845}$	$\dfrac{72,340}{29,992}$	$\dfrac{96,322}{48,215}$
≒3.7(배)	≒3.3(배)	≒2.8(배)	≒2.4(배)	≒2.0(배)

따라서 2019년까지만 3배 이상이었고, 2020년부터는 3배 미만이었다.

오답풀이

① ADHD 환자는 2018년 59,603명에서 2022년 144,537명으로 2배 이상이 되었고, 진료비 또한 2018년 303억 원에서 2022년 924억 원으로 2배 이상이 되었다.

② ADHD 남자 환자의 2018년 대비 2022년 증가율은 $\dfrac{96,322-46,997}{46,997}×100$≒105(%)이고, 여자 환자의 2018년 대비 2022년 증가율은 $\dfrac{48,215-12,606}{12,606}×100$≒283(%)로, 여자가 남자보다 높다.

④ $\dfrac{286+381+441+604+895}{5}$=521.4(억 원)으로 500억 원 이상이다.

36 정답 ④ 난이도

정답해설

2022년 1인당 진료비는 $\dfrac{924×10^8}{144,537}$≒639,283(원) ≒64(만 원)이고, 2018년 1인당 진료비는 $\dfrac{303×10^8}{59,603}$ ≒508,364(원)≒51(만 원)이다. 따라서 2018년에 비해 2022년 1인당 ADHD 진료비는 64−51=13(만 원) 정도 증가했다.

37 정답 ④   난이도 ●●○
자료변환

정답해설

2019~2022년 ADHD 남녀 진료비 전년 대비 증가액을 계산하면 다음과 같다.

구분	2019년	2020년	2021년	2022년
남자	73억 원	26억 원	107억 원	169억 원
여자	28억 원	31억 원	61억 원	126억 원

2022년 남자의 증가액은 169억 원인데, 그래프에서는 180억 원이라고 잘못 표기되어 있다.

오답풀이

① 2018~2022년 ADHD 남녀 환자 진료 비율을 구하여 정리하면 다음과 같다.

구분	2018년	2019년	2020년	2021년	2022년
남자	$\frac{46,997}{59,603}$×100 ≒79(%)	$\frac{55,637}{72,452}$×100 ≒77(%)	$\frac{58,398}{79,243}$×100 ≒74(%)	$\frac{72,340}{102,332}$×100 ≒71(%)	$\frac{96,322}{144,537}$×100 ≒67(%)
여자	21%	23%	26%	29%	33%

따라서 바르게 나타낸 그래프이다.

② 〈표2〉를 통해 바르게 나타낸 그래프임을 알 수 있다.

③ 2018~2022년 ADHD 입원 및 외래 진료비를 더하면 다음과 같다. 또는 〈표1〉을 통해 전체 진료비로 계산 없이 확인할 수 있다.

진료비	2018년	2019년	2020년	2021년	2022년
입원	17	23	20	25	29
외래	286	381	441	604	895
합계	303	404	461	629	924

따라서 바르게 나타낸 그래프이다.

38 정답 ②   난이도 ●○○
자료에 대한 진위 판단(계산 필요)

정답해설

어린이 보호구역으로 지정된 서울의 병설유치원은 141개소, 일반유치원은 361개소이다. 따라서 서울의 병설유치원 1개소당 일반유치원 수는 $\frac{361}{141}$≒2.6(개소)로 3개소 미만이다.

오답풀이

① 어린이 보호구역으로 지정된 전국의 어린이집은 3,017개소로 이의 10%는 약 301개소이다. 해당 수보다 더 많은 지역은 서울(479개소), 경기(670개소)로 총 2곳이다.

③ 어린이 보호구역으로 지정된 인천의 초등학교 수는 269개소이다. 따라서 경기의 전체 초등학교 1,352개소의 $\frac{269}{1,352}$×100≒19.9(%)로 20% 미만이다.

④ 어린이 보호구역으로 지정된 대구와 강원의 특수학교 수의 평균은 $\frac{10+8}{2}$=9(개소)로, 부산과 울산의 특수학교 수의 평균인 $\frac{15+3}{2}$=9(개소)와 같다.

문제해결 Tip

③ 나눗셈이 아니라 곱셈으로 접근하면 좀 더 쉽다. 269×5=1,345<1,352이므로 20% 미만임을 알 수 있다.

④ 2개 지역의 평균값을 비교하는 것으로 ÷2를 하지 않고 학교 수를 합산했을 때 같은지만 확인하면 된다.

39 정답 ④   난이도 ●●○
자료계산

정답해설

2019년 대비 2024년 상반기 어린이 보호구역으로 지정된 전국의 학원 수가 200% 증가했다면, 2019년 상반기 어린이 보호구역으로 지정된 전국의 학원 수는 96÷(1+2)=32(개소)이다.
또한, 유치원 수가 10% 감소했다면 2019년 상반기 어린이 보호구역으로 지정된 전국의 유치원 수는 (2,648+4,138)÷0.9=7,540(개소)이다.
따라서 2019년 상반기 어린이 보호구역으로 지정된 전국의 학원과 유치원 수의 합계는 총 32+7,540=7,572(개소)이다.

자료변환

정답해설

6개 광역시는 부산, 대구, 인천, 광주, 대전, 울산 지역이며, 지역별로 일반유치원 및 어린이집 어린이 보호구역 지정된 건수와 순위를 정리하면 다음과 같다.

구분	부산	대구	인천	광주	대전	울산
일반유치원	277개소	185개소	170개소	106개소	86개소	89개소
순위	1위	2위	3위	4위	6위	5위
어린이집	143개소	176개소	201개소	141개소	128개소	44개소
순위	3위	2위	1위	4위	5위	6위

일반유치원의 순위 그래프가 잘못되었다.

오답풀이

① 어린이 보호구역으로 지정된 특수학교 수 상위 3개 지역은 경기(31개소), 서울(27개소), 부산(15개소)으로, 적절한 그래프다.

③ 제주의 어린이 보호구역 지정 건수 현황을 살펴보면 초등학교(118개소), 일반유치원(17개소), 병설유치원(103개소), 특수학교(3개소), 어린이집(91개소)로, 적절한 그래프다.

④ 어린이 보호구역으로 지정된 학원 수와 비중을 수도권별로 정리하면 서울(59개소, 약 61%), 인천(13개소, 약 14%), 경기(14개소, 약 15%), 그 외 지역(10개소, 10%)이다. 따라서 적절한 그래프다.

공고문 / 규정 이해

정답해설

타인(제3자)에 대한 위임기간은 최대 3년이다.

오답풀이

① 신청방법을 살펴보면, 온라인 / 유선 / 방문·팩스·우편을 통해 신청할 수 있다고 안내되어 있다.

② 매년 8월 말 경 공단에서 본인부담상한액 초과금 지급대상자에게 지급신청서를 포함한 안내문을 발송하면 신청 가능하다고 안내하고 있다.

③ 지급신청서와 함께 지급동의계좌신청서를 제출했다면 본인부담상한액 초과금이 발생했을 때 별도 신청 없이 신청한 계좌로 자동 지급이 가능하다고 안내하고 있다.

수치 계산(비용, 시간)

정답해설

비급여 진료비 400만 원은 총 본인일부부담금에 포함되지 않는다. A의 본인일부부담금은 $3,600 \times 0.05 = 180$(만 원)이며, 4~5분위이므로 본인부담상한액은 167만 원이다. 따라서 초과금은 $180 - 167 = 13$(만 원)이다.

43 정답 ③

공고문 / 규정 이해

정답해설

특별현금급여는 '기관 이용이 어려워 가족 등에게 방문요양에 상당한 장기요양급여를 받은 경우'에 지급되며, 급여 종류 간 중복 이용 불가 조항에 따라 재가급여와 병행하여 받을 수 없다.

오답풀이

① 가정과 같은 주거 여건에서 필요한 편의를 제공하는 곳은 '노인요양공동생활가정'에 대한 설명으로, 입소 정원은 5명 이상 9명 이하이다.

② 방문간호는 반드시 의사 등의 방문간호지시서가 있어야 하며, 간호사, 간호조무사, 치과위생사가 서비스를 제공한다. 반면, 방문목욕은 장기요양요원이 제공한다.

④ 장기요양등급 1등급을 받은 65세 이상의 노인은 월 한도액이 2,306,400원이며, 일반대상자 기준으로 본인부담금은 $2,306,400 \times 0.15 = 345,960$(원)이다.

적정 대상 선택

정답해설

P씨의 서비스 군별 점수에 따른 요양인정점수의 합은 $7.2 + 10.5 + 16.2 + 5.8 + 0.8 + 16.4 + 12.4 + 6.3 = 75.6$(점)으로 2등급에 해당한다. 2등급인 경우 심신

의 기능상태 장애로 일상생활에서 '상당 부분' 다른 사람의 도움이 필요한 자로 판단되어 서비스를 받게 된다.

정답해설

7월 2일(수)부터 서비스를 받았으므로, 매주 월요일, 수요일, 금요일, 일요일에 받은 경우 7월 한 달 동안 평일은 13일, 공휴일은 4일 이용한 것이다. 1일당 급여비용은 150분을 제공받았으므로 49,160원이다.
- 평일: 49,160원×13일=639,080(원)
- 일요일: 가산율 30%를 적용하면 49,160원×1.3×4일=255,632≒255,630(원)
- 40% 감경대상자이고, 방문요양서비스는 재가급여이므로 (639,080+255,630)×0.09=80,523.9≒80,520(원)

46 정답 ③ 난이도 ●●○
공고문 / 규정 이해

정답해설

신청 대상 조건은 소득기준과 세대원 특성기준을 모두 충족해야 한다. 생계급여 수급자이므로 소득기준을 만족하고, 1960년 12월 31일 이전 출생자(만 65세 이상)이므로 세대원 특성기준을 만족한다. 그러나 1인 세대인데 본인이 보장시설 수급자이므로, 세대원 모두가 보장시설 수급자가 되어 지원 제외 대상에 속한다.

오답풀이

① 하절기에 사용하지 않고 동절기에 몰아서 사용하기를 희망하는 경우 하절기 요금 미차감 신청을 하면 의무차감 금액이 차감되지 않고 지원금액 총액을 그대로 동절기에 사용할 수 있다. 따라서 2인 세대의 경우 하절기 요금 미차감 신청을 하면 407,500원을 동절기에 그대로 사용할 수 있다.
② '신청 및 사용기간'의 신청안내에서 알 수 있다.
④ 세대원 수 증가 시 신청기간은 2025년 6월 9일부터 다음 해 5월 25일로 사용기간 내 상시로 가능하다. 그러나 세대원 수 감소 시 신청기간은 신청 시작 시기로부터 3주가 되지 않는 특정 기간으로 한정된다.

정답해설

2017년 10월생 자녀는 영유아 기준에 해당하지 않으므로, 세대원 특성기준을 충족하지 못한다.

오답풀이

① 한부모가족이므로, 세대원 특성기준을 충족한다.
② 등록 장애인 1인 가구로, 세대원 특성기준을 충족한다.
③ 어머니가 중증질환자이므로, 세대원 특성기준을 충족한다.

48 정답 ③ 난이도 ●●○
수치 계산(비용, 시간)

정답해설

신청 당시 3인 세대였으므로, 총지원금액은 532,700원이다. 하절기에 바우처로 가스요금 75,000원을 사용했으므로 바우처에 남은 금액은 532,700-75,000=457,700(원)이다. 그러나 동절기 전 세대원 수 변경이 있었고, 재신청했으므로 증가한 세대원 기준으로 금액이 조정된다. 즉, 변경신청을 통해 4인 세대 기준으로 재산정이 된 총지원금액은 701,300원이고, 하절기에 이미 사용한 75,000원을 제외하고 남은 바우처 금액은 626,300원이다. 하지만 4인 세대의 하절기 의무차감 금액을 차감하고 사용할 수 있는 동절기 금액은 701,300-102,000=599,300(원)이므로 이 범위를 초과해서 사용할 수 없으며 사용 가능한 최대 금액은 599,300원이다.

정답해설

가구소득은 본인뿐 아니라 본인의 주민등록표등본상 부모를 포함하여 가구 전체 기준으로 삼는다. 따라서 3인 가구로 250% 중위소득인 12,563,383원을 넘지 않아야 한다. 가구 전체 소득이 1,300만 원 즉, 250%를 넘으므로 요건을 충족하지 못한다.

① 병역복무기간 2년을 인정받아 만 36세에서 2세 낮춰 만 34세가 되어 나이 기준은 충족하지만, 총급여액이 8천만 원으로 기준 금액을 넘기 때문에 해당 상품에 가입할 수 없다.

③ 월 정부기여금을 3.3만 원까지 지급받을 수 있는 총급여액은 2,400만 원 이하이다.

④ 사업장의 폐업으로 인해 특별중도해지를 신청 시 특별중도해지 사유에 해당되어 본인 납입금 외 정부기여금이 지급되고, 비과세 혜택도 적용받을 수 있다.

50 정답 ②   난이도 ●●○
수치 계산(비용, 시간)

정답해설

월 납입액 50만 원에 납입 기간 5년 즉, 60개월이므로 총납입원금은 50×60=3,000(만 원)이다.
월 소득이 280만 원이라면 총급여 3,600만 원 이하 구간에 해당, 해당 구간에서 월 납입금이 50만 원이라면 월 정부기여금은 23,000원이므로 5년 동안의 정부기여금은 23,000×60=138(만 원)이다.
은행이자는 400만 원이므로, 만기 시 수령하는 총 금액은 3,000+138+400=3,538(만 원)이다.

51 정답 ②   난이도 ●●○
적정 대상 선택

정답해설

소년소녀가정, 조손가정, 한부모가정(법정보호세대)에 해당하는 경우 서비스 대상자는 자녀 및 손자녀이다.

① 만 65세 미만, 기준 중위소득 70% 이하, 6개월 이상 치료를 요하는 중증질환자 조건을 모두 갖췄다.

③ 만 65세 미만, 기준 중위소득 70% 이하, 의료급여 수급자, 장기입원 사례관리 퇴원자 조건을 모두 갖췄다.

④ 만 65세 미만, 기준 중위소득 70% 이하, 기타 시·군·구청장이 간병 서비스가 필요하다고 인정하는 자 조건을 모두 갖췄다.

52 정답 ③   난이도 ●●●
수치 계산(비용, 시간)

정답해설

한 달 중 9일을 하루 3시간씩 지원받을 수 있는 서비스로 선택했으므로, 월 27시간 이용할 수 있는 'B형 서비스'일 것이다. 생계급여 수급자이므로, 대상 조건에 맞는 서비스 가격은 월 480,600원인데, 그 중 정부지원금은 466,180원이다. 지원 기간이 1년이므로 해당 기간 이용했다면, 정부지원금으로 466,180원×12개월=5,594,160(원)을 받게 된다.

53 정답 ②   난이도 ●●○
공고문 / 규정 이해

정답해설

결혼이민의 경우 체류자격 코드 F-6에 해당하며, F-6은 입국일에 당연가입된다. 따라서 입국일인 2월 15일에 자격을 취득할 것이다.

① 유학생의 경우 체류자격 코드 D-2에 해당하며, D-2는 입국일에 당연가입된다. 따라서 입국한 5월 20일에 자격을 취득할 것이다.

③ 외국인 교수의 경우 체류자격 코드 E-1에 해당하며, E-1은 국내에 입국한 날로부터 6개월이 경과한 날 당연가입된다. 따라서 6월 1일에 입국 시 6개월이 경과한 12월 1일에 자격을 취득할 것이다.

④ 외국국적동포(재외동포)의 경우 체류자격 코드 F-4에 해당하며, F-4인 외국인이 입학일이 확인 가능한 입학 예정증명서 등 서류를 제출하면 입학 예정일에 취득이 가능하다. 따라서 입학 예정일인 9월 15일에 자격을 취득할 것이다.

54 정답 ②   난이도 ●●○
수치 계산(비용, 시간)

정답해설

전문직업 자격을 갖춘 외국인 A씨는 체류자격 코드로 E-5를 받은 자이다. 따라서 입국한 날로부터 6개월이 경과한 날 지역가입자로 자격을 취득하므로 9월 29일부터 자격을 취득하게 된다.

보험료는 자격을 취득한 다음 달부터 납부를 시작하므로 20×5년에는 10~12월 3달 동안 보험료를 납부하며, 외국인의 경우 산정된 보험료가 전년도 11월 전체가입자 평균보험료 미만인 경우에는 평균보험료를 적용하므로 월 보험료의 최소금액은 전년도인 20×4년 11월 전체가입자 평균보험료인 152,790원이다.
따라서 총 보험료의 최소금액은 152,790원×3개월=458,370(원)이다.

정답해설

여드름 치료제인 '이소트레티노인' 성분은 착상 초기에 체내에 남아있을 경우 태아 기형을 유발할 수 있어서 임신 1개월 전부터 치료제 사용을 중단해야 한다.

오답풀이

② 뇌전증 치료제인 '발프로산' 등은 태아 신경관 이상 등을 유발할 수 있어 주의가 필요하지만, 임신 중 발작이 오히려 태아에게 더 위험할 수도 있으므로 의약품 사용을 일부러 중단하지 말고 반드시 전문가 진료 후 적절한 치료를 받아야 한다.

③ 디클로페낙, 케토프로펜, 플루르비프로펜 성분의 피부에 붙이는 파스류, 바르는 연고·크림·겔제 비스테로이드성 소염진통제는 가급적 임신 기간 중에는 사용하지 않는 것이 좋다고 설명하고 있다.

④ 엽산은 임신 한 달 전부터 임신 후 3개월까지 4개월 동안 복용하는 것이 좋다.

56 정답 ③

정답해설

두통 등 통증이 지속되는 경우 아세트아미노펜 성분 의약품을 복용할 수 있는데, 복용량을 하루에 4,000mg 넘지 않도록 주의해야 한다. 또한, 이부프로펜, 덱시부프로펜, 나프록센 등 통증 완화에 사용하는 비스테로이드성 소염진통제는 태아 신장에 문제를 일으킬 수 있어 임신 30주 이후에는 사용하지 않는 것이 좋다고 설명되어 있다.

오답풀이

① 임신 초기 38℃ 이상의 고열이 지속되면 태아 신경계에 영향을 미칠 수 있으므로, 증상이 심할 경우 '아세트아미노펜' 성분 해열 및 진통제를 복용할 수 있다. 또한, 감기에 걸려서 콧물·코막힘 증상이 있을 시 '디펜히드라민', '클로르페니라민' 성분 의약품을 복용할 수 있다.

② 변비 증상이 지속되면 '락툴로즈', '차전자피' 또는 '마그네슘 함유' 변비약을 복용할 수 있다.

④ 가려움이 지속되면 '클로르페니라민' 성분 등 항히스타민제를 사용할 수 있지만, 스테로이드가 함유된 연고 등은 반드시 의사·약사 등 전문가와 상담한 후 사용해야 한다.

정답해설

임산부 A~D의 임신 전 체중 및 키를 반영한 BMI와 체중증가량을 계산하면 다음과 같다.

구분	BMI	임신 중 체중	체중증가량
임산부 A	18.4	55kg	8kg
임산부 B	30.5	80kg	2kg
임산부 C	20.8	65kg	5kg
임산부 D	26.7	73kg	13kg

- 임산부 A: BMI가 18.5 이하이므로 체중증가 권고량은 12.8~18kg인데, 8kg만 증가하였으므로 범위를 벗어난다.
- 임산부 B: BMI가 30 이상이므로 체중증가 권고량은 7kg 이하인데, 2kg만 증가하였으므로 범위 안에 있다.
- 임산부 C: BMI가 18.6~24.9 구간이므로 체중증가 권고량은 11.5~16kg인데, 5kg만 증가하였으므로 범위를 벗어난다.
- 임산부 D: BMI가 25~29.9 구간이므로 체중증가 권고량은 7~11.5kg인데, 13kg가 증가하였으므로 범위를 벗어난다.

따라서 범위를 벗어나지 않는 임산부는 B다.

58 정답 ③ 난이도 ●●○
공고문 / 규정 이해

정답해설

중소득 140%는 150% 이하 구간에 속하며, 정부지원 3,654원, 본인부담 8,526원으로 본인부담 금액이 더 크다.

오답풀이

① 정부지원 대상에 해당하지 않는 가정도 전액 본인부담하면 서비스를 이용할 수 있다.
② 영아종일제 돌봄서비스는 1일 최소 3시간 이상 사용이 원칙이므로, 오후 1~3시 신청 시 최소 시간을 채우지 못해 서비스를 이용할 수 없다.
④ 중복 금지 기준 예외에 속하므로 정부지원을 받을 수 있다.

59 정답 ② 난이도 ●●○
적정 대상 선택

정답해설

부 또는 모가 학교에 재학 중이면 기타 양육부담 가정에 속하며, 부가 장애인이므로 장애부모 가정에 속해 정부지원이 가능한 양육공백 가정에 해당한다. 하지만, 휴직 또는 전업 양육자가 비장애인인 경우 양육공백을 인정하지 않는다. 모가 비장애인인 경우이므로 양육공백으로 간주할 수 없으며 정부지원 가능 대상자에 해당하지 않는다.

오답풀이

① 조손가족을 포함한 한부모가정으로, 1일 이상 입원의 경우에도 양육공백에 해당한다. 또한, 생후 36개월 이하이므로 정부지원을 받을 수 있는 대상에 포함된다.
③ 모의 출산으로 출생 아동의 형제 / 자매에 돌봄공백이 발생한 경우로 기타 양육부담 가정에 속하며, 36개월 이하 아동과 만 12세 이하 아동 총 2명 이상을 키우는 다자녀 가정에 속하므로 정부지원이 가능한 양육공백 가정에 해당한다.
④ 맞벌이 가정이며, 만 12세 이하 아동에 시간 단위 돌봄을 제공해야 하는 경우이다.

60 정답 ③ 난이도 ●●●
수치 계산(비용, 시간)

정답해설

- 2019년생인 첫째의 경우(시간제 돌봄서비스 이용)
중위소득 120%인 가정 기준으로 기본형+아동 관련 가사 돌봄인 '종합형'이자 2018년 이후 출생자라 'A형'이다. 따라서 시간당 정부지원금은 7,308원, 본인부담금은 8,522원이다. 1주 기준 서비스 10시간(하루 5시간 화요일, 목요일)을 받으므로 한 달(4주) 기준 40시간이다. 따라서 본인부담금은 $40 \times 8,522 = 340,880$(원)이다.

- 생후 36개월인 둘째의 경우(영아종일제 돌봄서비스 이용)
중위소득 120% 이하인 가정 기준으로 시간당 정부지원금은 7,308원, 본인부담금은 4,872원이다. 1주 기준 45시간(월~금요일 오전 8시~오후 5시)을 받으므로, 한 달(4주) 기준 $45 \times 4 = 180$(시간)이다. 따라서 본인부담금은 $180 \times 4,872 = 876,960$(원)이다. 그러므로 한 달분 본인부담금은 $340,880 + 876,960 = 1,217,840$(원)이다.

❷교시 직무시험_국민건강보험법

※ 문항별 관련조문 내용은 별책으로 제공되는 [독끝 암기노트]를 참고해 주세요.

01 정답 ③   빈출도 ●●○
일치 / 불일치

관련조문
제48조(요양급여 대상 여부의 확인 등)

정답해설
㉠ (×) 제1항에 따르면, 보건복지부가 아닌 심사평가원에 확인을 요청할 수 있다.
㉡ (○) 제2항
㉢ (○) 제3항
㉣ (○) 제4항

독끝 암기포인트
㉠ 심사평가원은 요양급여비용의 심사, 요양급여의 적정성 등을 평가하는 전문 기관이므로 요양급여 대상인지, 비급여대상인지를 확인하기 위해서는 심사평가원에 확인을 요청해야 한다. 공단은 심사·평가보다는 전반적인 행정 업무에 치중하는 기관이며, 보건복지부는 보다 상위의 정부부처이며, 정책 결정 및 산하 기관의 관리, 감독을 주로 맡는다.

02 정답 ②   빈출도 ●●●
빈칸 채우기

관련조문
제41조의2(약제에 대한 요양급여비용 상한금액의 감액 등)

정답해설
㉠ 100분의 20
㉡ 5년
㉢ 100분의 40

독끝 암기포인트
「약사법」 제47조 제2항의 위반은 간단히 말해 제약사가 리베이트를 한 경우이다. 이 경우 약값이 적정가보다 과도하게 책정되었을 것이란 합리적인 의심을 할 수 있기 때문에 해당 약제에 대하여 요양급여비용의 상한금액을 20%까지 낮출 수 있는 조문을 만든 것이다.
만약 5년 내에 동일한 약제에 대하여 같은 일이 발생하면 가중처벌하는 것과 비슷하게 요양급여비용의 상한금액을 40%까지 낮출 수 있도록 한다.

03 정답 ③   빈출도 ●○○
일치 / 불일치

관련조문
제52조(건강검진)

정답해설
㉠ (○) 제2항 제1호
㉡ (○) 제2항 제2호
㉢ (×) 제2항 제3호에 따르면, 13세 미만이 아닌 6세 미만이다.

독끝 암기포인트
영유아의 기준 연령은 6세 미만이다.

04 정답 ②   빈출도 ●●●
해당하는 것 고르기

관련조문
제24조(임원의 당연퇴임 및 해임)

정답해설
① (○) 제2항 제1호
② (×) 임원의 겸직 금지 조문이 제25조에 있지만, 비영리 겸직은 해당되지 않는다.
③ (○) 제2항 제3호
④ (○) 제2항 제4호

독끝 암기포인트
② 비상임임원의 경우 비상임이므로 공단 업무 외에 다른 사업이나 업무를 볼 수 있다. 따라서 비영리 겸직을 한다고 하여 해임하는 조항을 만들기에는 무리가 있다.

05 정답 ② 빈출도 ●●●
계산

관련조문
제119조(과태료)

정답해설
- 갑: 제4항 제6호 → 최대 100만 원
- 을: 제4항 제3호 → 최대 100만 원
- 병: 제3항 제4호 → 최대 500만 원

따라서 과태료 총합의 최댓값은 100+100+500 = 700(만 원)이다.

독끝 암기포인트
- 500만 원 이하 과태료가 부과되는 행위들은 '신고, 보고, 제출'과 관련되어 있으며, 공단 업무나 보험 운영에 직접적 지장을 준다.
  → 공단에 뭔가 알려야 하는데 안 한 경우
- 100만 원 이하 과태료가 부과되는 행위들은 '보존, 확인, 표시'와 관련되어 있으며, 행정적 부주의나 보조적 의무 위반에 해당한다.
  → 뭔가 유지·관리해야 하는데 소홀한 경우

06 정답 ③ 빈출도 ●●●
일치/불일치

관련조문
제38조(준비금)
제39조(결산)

정답해설
① (○) 제38조 제2항
② (○) 제38조 제3항
③ (×) 제39조 제1항에 따르면, 다음 해 2월 말일까지 보건복지부장관에게 보고하여야 한다.
④ (○) 제39조 제2항

독끝 암기포인트
공단뿐만 아니라 모든 정부 부처와 기관은 다음해 2월 말일까지 결산보고서와 사업보고서를 작성하여야 한다. 그래야만 3월 중에 통합·집계하여 감사원 감사를 받을 수 있다. 대부분의 사기업에서도 4월에 심사 완료된 결산보고서와 사업보고서를 DART 등에 공시한다.

07 정답 ② 빈출도 ●●●
해당하는 것 고르기

관련조문
제63조(업무 등)

정답해설
㉠ (○) 제1항 제1호
㉡, ㉢ (×) 공단의 업무이다.
㉣ (○) 제1항 제3호

독끝 암기포인트
심사평가원의 업무는 심사 및 평가에 전문화되어 있다. 나머지 여러 행정적인 업무는 모두 공단의 소관이다.

08 정답 ① 빈출도 ●●●
숫자 더하기

관련조문
제4조(건강보험정책심의위원회)

정답해설
㉠ 2 / ㉡ 1 / ㉢ 4
∴ 2+1+4 = 7

독끝 암기포인트
건강보험정책심의위원회의 구성원은 25명인데, 25명 중 1명은 보건복지부차관이 위원장이 되고 나머지 24명은 이해집단별로 8명(가입자), 8명(의약업계), 8명(정부)으로 구성된다. (그리고 정부 8명 중에서 위원장이 지명하는 사람 1명이 부위원장이 된다.)
- 근로자단체 및 사용자단체: 직장가입자를 대변 → 각 2명씩 총 4명
- 시민단체, 소비자단체, 농어업인단체, 자영업자단체: 지역가입자를 대변 → 각 1명씩 총 4명
- 의료계, 약업계: 의약업계 관계자 8명
- 공무원, 공단 및 심평원, 기타: 정부 8명

한편 법조문에 나타나는 숫자는 다음과 같이 비슷한 구조가 있다.
- 제1호, 제2호, 제3호: 2 / 1 / 8
- 제4호: 2 / 1 / 4

09 정답 ①
일치 / 불일치

관련조문
제96조(자료의 제공)
제96조의2(금융정보등의 제공 등)
제96조의4(서류의 보존)

정답해설
① (×) 제96조 제3항에 따르면, 공단이 아니라 보건복지부장관이 요청할 수 있다.
② (○) 제96조의2 제1항
③ (○) 제96조의4 제1항
④ (○) 제96조의4 제3항

독끝 암기포인트
- 공단이 요청할 수 있는 자료: 가입자 및 피부양자의 자격 관리, 보험료의 부과·징수, 보험급여의 관리 등 건강보험사업의 수행을 위한 자료
- 심사평가원이 요청할 수 있는 자료: 요양급여비용 심사, 요양급여의 적정성을 평가하기 위한 자료
- 보건복지부장관이 요청할 수 있는 자료: 약제에 대한 요양급여비용 상한금액의 감액, 요양급여의 적용 정지를 위해 필요한 자료

10 정답 ①
빈칸 채우기

관련조문
제57조의2(부당이득 징수금 체납자의 인적사항등 공개)

정답해설
㉠ 1년
㉡ 1억 원
㉢ 6개월

독끝 암기포인트
제57조의2에서 2를 0.5로 보고 반올림하면 58이며, 58의 2배는 116이다.

11 정답 ③
계산

관련조문
제44조(비용의 일부부담)

정답해설
C씨의 올해 본인일부부담금부터 구한다.
- 상급종합병원(3차): 6,000,000×0.3=1,800,000(원)
- 의원(1차): 1,000,000×0.3=300,000(원)
- 치과: (6,000,000−1,000,000)×0.3=1,500,000(원)
∴ 본인일부부담금의 총액: 1,800,000+300,000+1,500,000=3,600,000(원)

C씨의 본인부담상한액은 1,200,000원이므로, 공단으로부터 환급받을 수 있는 본인부담상한액 초과금은 3,600,000−1,200,000=2,400,000(원)이다.

문제해결 Tip
치과 진료비 6,000,000원 중 1,000,000원은 비급여 항목으로, 전액 본인이 부담하는 금액이지만 본인부담상한제 대상에 포함되지 않는다. 따라서 제외하고 급여 항목 5,000,000원에 대해서만 본인일부부담금을 구한다는 점에 유의한다.

독끝 암기포인트
본인부담상한제는 과도한 의료비로 인한 가계 파탄을 막기 위해 가입자가 부담해야 할 연간 의료비의 상한금액을 제한한 제도이다. 그러나 건강보험이 적용되지 않는 비급여 항목에는 해당하지 않는다.
또한 본인부담상한제는 원칙적으로 '먼저 낸 다음, 나중에 공단이 초과분을 돌려주는 구조'인 사후정산제도로, 진료비를 처음부터 낼 돈이 없는 가입자에게는 이 제도가 실질적으로 도움이 되지 않는 경우도 있다. 이를 보완하기 위해 재난적의료비 지원 등의 제도가 있지만, 공단의 '사전 본인부담금 대납' 제도는 현재까지 존재하지 않는다.

12 정답 ④ 빈출도 ●●●
일치 / 불일치

관련조문
제79조(보험료등의 납입 고지)
제79조의2(신용카드등으로 하는 보험료등의 납부)

정답해설
① (○) 제79조 제4항
② (○) 제79조 제5항
③ (○) 제79조의2 제1항
④ (×) 제79조의2 제3항에 따르면 납부를 대행하는 대가로 수수료를 받을 수 있다.

독끝 암기포인트
④ 보험료등납부대행기관은 사기업이고, 국가에서 정당한 대가 없이 사기업의 서비스를 받을 수는 없다.

13 정답 ④ 빈출도 ●●●
해당하는 것 고르기

관련조문
제109조(외국인 등에 대한 특례)

정답해설
① (○) 제2항 제2호에 따라 직장가입자가 된다.
② (○) 제2항 제3호에 따라 직장가입자가 된다.
③ (○) 제3항 제1호와 제2호 가목에 따라 지역가입자가 된다.
④ (×) 제3항 제1호를 만족하였으나 제2호를 만족하지 못해 지역가입자가 될 수 없다. 지역가입자가 되기 위해서는 제2항 제3호가 아닌 제1호 또는 제2호를 만족하여 가목에 해당하거나, 보건복지부령으로 정하는 체류자격까지 갖추어 나목에 해당해야 한다.

독끝 암기포인트
- 외국인이 직장가입자가 되려면: 국내체류＋적용대상사업장의 근로자 또는 공무원 또는 교직원＋주 / 재 / 출
- 외국인이 지역가입자가 되려면: 국내체류＋보건복지부령으로 정하는 기간 동안 거주 또는 지속적 거주할 예정＋주 / 재 / 출 (＋체류자격)

14 정답 ③ 빈출도 ●●●
해당하는 것 고르기

관련조문
제18조(등기)

정답해설
공단의 설립등기에는 아래 4가지가 포함된다.
1. 목적
2. 명칭
3. 주된 사무소 및 분사무소의 소재지
4. 이사장의 성명·주소 및 주민등록번호

독끝 암기포인트
정관은 내부규정으로 목적, 명칭, 임직원, 이사회, 보험료, 예산, 자산 등 공단 내부 운영 규칙과 관련된 건 뭐든지 적는다. 반면 설립등기는 대외공시로 목적, 명칭, 모든 사무소의 소재지, 이사장 개인정보와 같이 법인 설립요건으로 중요한 공개 정보만 나열한다.

15 정답 ④ 빈출도 ●●●
빈칸 채우기

관련조문
제89조(건강보험분쟁조정위원회)

정답해설
㉠ 60명
㉡ 7명
㉢ 9명

독끝 암기포인트
'육칠구(679) 위원회'로 암기한다.

16 정답 ③ 빈출도 ●●●
계산

관련조문
제69조(보험료)
제71조(소득월액)

정답해설

$(6{,}200 - 2{,}000) \times 1/12 = 350$(만 원)

350만 원 $\times\, 0.07 = 24.5$(만 원)

독끝 암기포인트

- 소득월액=(연간 보수 외 소득−대통령령으로 정하는 금액)×1/12
- 보수 외 소득월액보험료=소득월액×보험료율
- 직장 외에서 얻는 소득인 보수 외 소득월액에 대한 건강보험료는 직장과 무관한 소득이므로 직장가입자가 전액 부담한다.

17 정답 ①   빈출도 ●●●

일치 / 불일치

관련조문
제41조(요양급여)
제41조의4(선별급여)

정답해설

① (×) 제41조의4 제2항에 따라 보건복지부장관은 대통령령으로 정하는 절차와 방법에 따라 선별급여에 대하여 주기적으로 요양급여의 적합성을 평가하여 요양급여 여부를 다시 결정해야 한다.

② (○) 제41조 제2항에 따라 약제는 고시된 것만 요양급여대상이 된다. 약제가 아닌 다른 것들은 비급여대상 외에는 모두 포함된다.

③ (○) 제41조의4 제1항

④ (○) 제41조 제4항

독끝 암기포인트

①, ③ 선별급여는 아직 요양급여대상이 아니지만 일정 기준을 충족하여 한시적·제한적으로 지원하는 방식이다. 따라서 요양급여대상에 포함될만큼 검증이 되었는지를 주기적으로 모니터링하며 적합성을 평가하되, 이는 정해진 절차와 방법에 따라야 한다.
② 약제는 선택된 것만 요양급여대상, 약제가 아닌 것은 선택된 것(비급여대상) 외에 전부 요양급여대상이다.

18 정답 ③   빈출도 ●●●

일치 / 불일치

관련조문
제20조(임원)

정답해설

① (○) 제1항

② (○) 제2항

③ (×) 제5항에 따르면, 감사는 기획재정부장관의 제청으로 대통령이 임명한다.

④ (○) 제7항

독끝 암기포인트

이사장은 국민건강보험공단의 경영 전반을 총괄하는 자이므로, 상위 정부기관인 보건복지부의 장관이 제청한다. 감사는 공단의 회계, 재정 운용 등을 감사하는 역할이므로 공단과 독립적이어야 한다. 따라서 보건복지부와 무관한 기획재정부의 장관이 제청한다.

19 정답 ④   빈출도 ●●●

사례

관련조문
제53조(급여의 제한)

정답해설

① (○) A는 중대한 과실로 인한 범죄행위에 그 원인이 있으므로 제1항 제1호에 따라 보험급여가 제한된다.

② (○) B는 산업재해로 다른 법령(산업재해보상보험법)에 따른 보상을 받았으므로 제1항 제4호에 따라 보험급여가 제한된다.

③ (○) C는 고의로 요양기관의 지시를 따르지 않았으므로 제1항 제2호에 따라 보험급여가 제한된다.

④ (×) D는 체납 횟수가 대통령령으로 정하는 횟수보다 더 많지만, 소득이 대통령령으로 정하는 기준 미만이므로 보험급여 제한의 예외에 속한다.

독끝 암기포인트

보험급여가 제한되는 사유는 범죄, 지시불이행, 공단의 확인 거부, 다른 법령에 따른 중복보상, 보험료 체납이 있다. 이때, 체납 횟수가 대통령령으로 정한 횟수 미만이거나 소득·재산 등이 대통령령으로 정하는 기준 미만인 경우에는 제한을 하지 않는다.

20 정답 ①
해당하는 것 고르기
빈출도 ●●○

관련조문
제84조(결손처분)

정답해설
결손처분의 사유는 아래 3가지뿐이다.
1. 체납처분이 끝나고 체납액에 충당될 배분금액이 그 체납액에 미치지 못하는 경우
2. 해당 권리에 대한 소멸시효가 완성된 경우
3. 그 밖에 징수할 가능성이 없다고 인정되는 경우로서 대통령령으로 정하는 경우

독끝 암기포인트
① 소득이 발생하지 않더라도 압류할 수 있는 재산이 있는 경우에는 결손처분을 할 이유가 없다. 결손처분은 체납액 받는 것을 포기하고 손실처리하는 것으로, 체납액을 돌려받을 가능성이 아예 없는 경우에 한해 행정력을 낭비하지 않기 위해 내리는 최후의 결정이다.

❷교시 직무시험_노인장기요양보험법

※ 문항별 관련조문 내용은 별책으로 제공되는 「독끝 암기노트」를 참고해 주세요.

01 정답 ②
빈칸 채우기
빈출도 ●●●

관련조문
제6조의2(실태조사)

정답해설
㉠ 3년
㉡ 보건복지부령

독끝 암기포인트
㉠ 장기요양기본계획은 중장기 계획이므로 5년, 실태조사는 그것보다는 더 자주 해야 하므로 3년
㉡ 대통령령과 보건복지부령의 차이는 다음과 같이 요약할 수 있다.

구분	대통령령	보건복지부령
주체	대통령	보건복지부 장관
적용 범위	나라 전체, 부처 간 조정 포함	보건복지부 소관 업무에 한정
중요도	상대적으로 더 중요하고 큰 사안	실무적이고 구체적인 사안
예시	노인성 질병 범위, 장기요양보험료율	신고 절차, 서류 양식 등

실태조사의 방법은 실무적이고 구체적인 사안이므로 보건복지부령으로 정한다.

02 정답 ①
해당하는 것 고르기
빈출도 ●○○

관련조문
제18조(장기요양인정서를 작성할 경우 고려사항)

정답해설
공단이 장기요양인정서를 작성할 경우 장기요양급여의 종류 및 내용을 정할 때 고려해야 하는 사항은 다음 3가지뿐이다.
1. 수급자의 장기요양등급 및 생활환경

2. 수급자와 그 가족의 욕구 및 선택
3. 시설급여를 제공하는 경우 장기요양기관이 운영하는 시설 현황

> **독끝 암기포인트**
>
> 공단이 장기요양인정서를 작성한다는 것은 등급판정위원회로부터 등급판정은 이미 이루어졌으므로, 공단이 고려해야 하는 것은 수급자에게 가장 적합한 장기요양급여를 제공하는 방법이다. 따라서 수급자의 장기요양등급과을 바탕으로 수급자와 그 가족이 원하는 것, 현재 생활환경이 과연 적합한지, 시설급여를 제공할 경우 시설 현황이 적합한지 등을 고려하여 장기요양인정서를 작성해야 한다.

03 정답 ②   빈출도 ●●●

일치 / 불일치

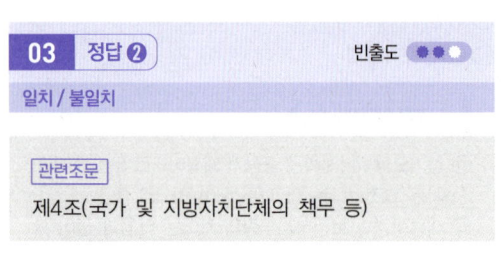

관련조문: 제4조(국가 및 지방자치단체의 책무 등)

정답해설

① (○) 제2항
② (×) 제4항에 따르면 사립 장기요양기관이 아닌 국·공립 장기요양기관을 확충하기 위하여 노력하여야 한다.
③ (○) 제5항
④ (○) 제7항

> **독끝 암기포인트**
>
> ① 노인성질환예방사업을 수행하는 지방자치단체 또는 공단에게 이에 소요되는 비용을 지원하면, 장기적으로는 장기요양급여로 지출되는 금액을 줄이는 효과가 있으므로 국가는 이를 지원하고 있다.
> ② 국가 및 지방자치단체가 사설 기관을 확충하기 위해 노력하기는 어렵다.

04 정답 ②   빈출도 ●●●

해당하는 것 고르기

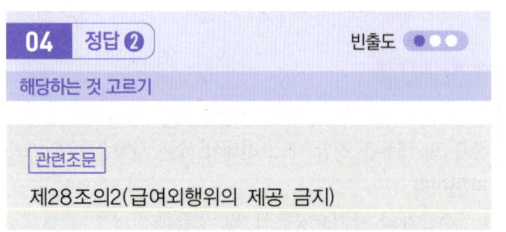

관련조문: 제28조의2(급여외행위의 제공 금지)

정답해설

요구하거나 제공하여서는 아니 되는 급여외행위는 아래 3가지뿐이다.
1. 수급자의 가족만을 위한 행위
2. 수급자 또는 그 가족의 생업을 지원하는 행위
3. 그 밖에 수급자의 일상생활에 지장이 없는 행위

> **독끝 암기포인트**
>
> 장기요양급여는 수급자의 원활한 일상생활을 지원하는 것이다. 따라서 수급자를 제외한 수급자의 가족만을 위한 행위나, 일상생활이 아닌 생업을 지원하는 행위는 급여외행위로 볼 수 있다. 급여외행위는 제도의 취지를 벗어나는 과잉 급여이므로 금지하고 있다.

05 정답 ②   빈출도 ●○○

일치 / 불일치

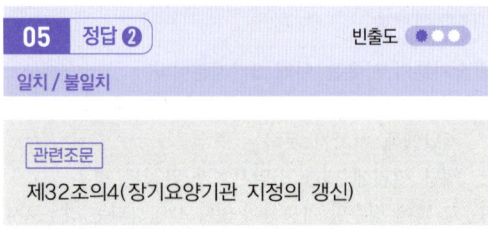

관련조문: 제32조의4(장기요양기관 지정의 갱신)

정답해설

① (○) 제1항
② (×) 제2항에 따르면, 장기요양요원이 아니라 소속 공무원으로 하여금 현장심사를 하게 할 수 있다.
③ (○) 제4항
④ (○) 제5항

> **독끝 암기포인트**
>
> 장기요양요원은 장기요양기관에 소속된 사람이다. 즉, 특별자치시장·특별자치도지사·시장·군수·구청장의 소속도 아닐뿐더러 현장심사를 받는 쪽에 소속된 사람이므로 이들에게 현장심사를 하게 한다는 것은 어불성설이다.

06 정답 ④   빈출도 ●○○

해당하는 것 고르기

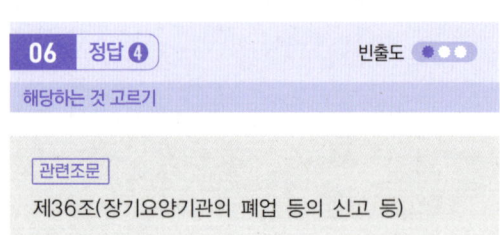

관련조문: 제36조(장기요양기관의 폐업 등의 신고 등)

정답해설

㉠ (○) 제3항 제1호
㉡ (○) 제3항 제2호
㉢ (○) 제3항 제3호

독끝 암기포인트

㉢ 대통령령과 보건복지부령의 차이는 다음과 같이 요약할 수 있다.

구분	대통령령	보건복지부령
주체	대통령	보건복지부 장관
적용 범위	나라 전체, 부처 간 조정 포함	보건복지부 소관 업무에 한정
중요도	상대적으로 더 중요하고 큰 사안	실무적이고 구체적인 사안
예시	노인성 질병 범위, 장기요양보험료율	신고 절차, 서류 양식 등

실무적이고 구체적인 사안이므로 보건복지부령으로 정한다.

07 정답 ② 빈출도 ●○○

해당하는 것 고르기

관련조문
제45조(장기요양위원회의 설치 및 기능)

정답해설

① (○) 제1호
② (×) 장기요양급여 제공 기준의 세부사항 설정 및 보완에 관한 사항은 급여심사위원회에서 심의한다.
③ (○) 제3호
④ (○) 제2호

독끝 암기포인트

장기요양위원회에서는 '비용'에 관련된 것만을 심의한다. '장기요양급여'는 신체활동·가사활동의 지원 또는 간병 등의 서비스나 이에 갈음하여 지급하는 현금을 모두 포괄하는 개념이다.

08 정답 ④ 빈출도 ●○○

빈칸 채우기

관련조문
제32조의3(장기요양기관 지정의 유효기간)

정답해설

장기요양기관 지정의 유효기간은 6년이다.

독끝 암기포인트

노인장기요양보험법에서 유효기간은 2가지만 외우면 된다.
• 장기요양인정의 유효기간: 최소 1년
• 장기요양기관 지정의 유효기간: 6년

09 정답 ④ 빈출도 ●○○

일치 / 불일치

관련조문
제33조의3(영상정보의 열람금지 등)
제34조(장기요양기관 정보의 안내 등)

정답해설

① (○) 제33조의3 제2항 제2호
② (○) 제33조의3 제3항
③ (○) 제33조의3 제4항
④ (×) 제34조 제1항에 따르면, 자신이 운영하는 인터넷 홈페이지가 아니라 공단이 운영하는 인터넷 홈페이지에 게시하여야 한다.

독끝 암기포인트

④ 수급자가 아직 자신이 입소하지도 않은 장기요양기관의 홈페이지에 접속하여 정보를 찾기에는 접근성이 떨어지는 편이므로, 수급자의 접근성을 위하여 공단 홈페이지에서 통합하여 정보를 제공할 수 있도록 공단이 운영하는 인터넷 홈페이지에 정보를 게시하게 하고 있다.

10 정답 ④ 빈출도 ●●●
해당하는 것 고르기

관련조문
제52조(등급판정위원회의 설치)

정답해설
- ㉠ (○) 제4항 제1호
- ㉡ (×) 제4항에 따르면 「약사법」에 따른 약사는 등급판정위원회의 위촉 명단에 없다.
- ㉢ (○) 제4항 제2호
- ㉣ (○) 제4항 제3호

독끝 암기포인트
장기요양급여에는 약제와 관련된 종류가 없으므로, 등급판정위원회에 약사가 굳이 필요하진 않다.

11 정답 ① 빈출도 ●●○
사례

관련조문
제37조의3(위반사실 등의 공표)

정답해설
- ㉠ (○) 제1항 제2호에 해당한다.
- ㉡ (○) 제1항 제1호에 해당한다.
- ㉢ (×) 제2항에 따르면 폐업 등으로 공표의 실효성이 없는 경우이므로 공표하지 않는다.
- ㉣ (×) 영업정지 처분을 받긴 했지만 제1항과 제2항 모두에 속하지 않으므로 공표 대상이 아니다.

독끝 암기포인트
위반사실 공표의 경우는 아래 딱 2가지 경우로 인해 지정취소, 영업정지, 과징금 처분을 받았을 때뿐이다.
1. 거짓이나 그 밖의 부정한 방법으로 재가 및 시설 급여 비용을 청구한 경우(단, 1,000만 원 이상 또는 전체 금액의 10% 이상)
2. 장기요양급여에 관련된 자료의 제출을 명령받았으나 이를 거부하거나 거짓으로 제출

12 정답 ③ 빈출도 ●●○
개수 고르기

관련조문
제43조(부당이득의 징수)

정답해설
- ㉠ (○) 제1항 제1호
- ㉡ (×) 부당이득 징수에 해당하지 않는다.
- ㉢ (○) 제1항 제2호
- ㉣ (○) 제1항 제3호
- ㉤ (○) 제1항 제4호의2

독끝 암기포인트
부당이득은 장기요양급여, 장기요양급여비용, 의사소견서등 발급비용 3가지의 경우에만 해당한다.

13 정답 ② 빈출도 ●●○
일치 / 불일치

관련조문
제37조(장기요양기관 지정의 취소 등)

정답해설
- ① (○) 제2항
- ② (×) 제5항에 따르면 장기요양기관의 장이 아니라 특별자치시장·특별자치도지사·시장·군수·구청장이 수급자의 권익을 보호하기 위하여 적극적으로 노력하여야 한다.
- ③ (○) 제7항
- ④ (○) 제8항 제1호

독끝 암기포인트
② 수급자의 권익을 보호하기 위해 노력해야 하는 주체는 다음과 같다.
- 폐업, 휴업, 지정 갱신을 하지 않는 경우: 장기요양기관의 장
- 지정취소, 영업정지인 경우: 특별자치시장·특별자치도지사·시장·군수·구청장

즉, 장기요양기관을 자의적으로 그만두는 경우에는 그만두는 사람이, 강제로 그만두는 경우에는 지방자치단체가 뒷수습을 하게 된다.
③ 본인부담금 정산 처리의 경우에는 폐업, 휴업, 지정갱신 ×, 지정취소, 영업정지를 막론하고 금전관계 당사자인 장기요양기관의 장이 정산을 하여야 한다.

> **독끝 암기포인트**
>
> 장기요양인정의 유효기간을 연장하기 위해서는 유효기간 만료 30일 전에 갱신 신청을 하면 된다. 마치 공동인증서를 유효기간 만료 30일 전에 갱신하는 것과 같다. 그리고 장기요양급여를 받는 중에 수급자의 건강상태 등이 변화하면 그에 따라 장기요양등급 또는 장기요양급여의 종류나 내용을 변경하고 싶어질 수 있다. 이런 수급자는 이미 공단이 조사를 통해 장기요양인정을 받은 상태이므로, 장기요양인정이라는 번거로운 절차를 다시 겪을 필요가 없다. 따라서 변경신청으로 처리한다.

14 정답 ③   빈출도 ●●○
일치 / 불일치

관련조문
제53조의2(장기요양급여심사위원회의 설치)
제54조(장기요양급여의 관리·평가)

정답해설

① (○) 제53조의2 제1항 제1호
② (○) 제53조의2 제2항
③ (×) 제54조 제1항에 따르면, 장기요양위원회가 아니라 공단이다.
④ (○) 제54조 제2항

> **독끝 암기포인트**
>
> 장기요양위원회는 장기요양보험료율, 가족요양비, 특례요양비 및 요양병원간병비의 지급기준, 재가 및 시설 급여비용과 같이 '비용'에 관련된 것만을 심의하는 위원회다.

15 정답 ③   빈출도 ●●○
해당하는 것 고르기

관련조문
제20조(장기요양인정의 갱신)
제21조(장기요양등급 등의 변경)

정답해설

㉠ (○) 제20조 제1항
㉡ (○) 제20조 제2항
㉢ (×) 제21조 제1항에 따르면, 장기요양인정을 취소하고 새로 신청할 필요 없이 공단에 변경신청을 하면 된다.

16 정답 ④   빈출도 ●●●
일치 / 불일치

관련조문
제22조(장기요양인정 신청 등에 대한 대리)

정답해설

① (○) 제2항에 따르면, 관할 지역 안에 거주하는 사람 중에서 신청을 대리할 수 있다고 되어 있다.
② (○) 제2항 제2호에 따르면, 치매환자인 경우에만 치매안심센터의 장이 대리할 수 있다고 되어 있다.
③ (○) 제3항
④ (×) 제4항에 따르면, 대통령령이 아닌 보건복지부령이다.

> **독끝 암기포인트**
>
> ④ 대통령령과 보건복지부령의 차이는 다음과 같이 요약할 수 있다.
>
> | 구분 | 대통령령 | 보건복지부령 |
> | --- | --- | --- |
> | 주체 | 대통령 | 보건복지부 장관 |
> | 적용 범위 | 나라 전체, 부처 간 조정 포함 | 보건복지부 소관 업무에 한정 |
> | 중요도 | 상대적으로 더 중요하고 큰 사안 | 실무적이고 구체적인 사안 |
> | 예시 | 노인성 질병 범위, 장기요양보험료율 | 신고 절차, 서류 양식 등 |
>
> 대리 방법 및 절차 등은 실무적이고 구체적인 사안이므로 보건복지부령으로 정한다.

17 정답 ❷ 빈출도 ●●●
해당하는 것 고르기

관련조문
제48조(관리운영기관 등)

정답해설
① (○) 제4항 제1호
② (×) 정관에는 장기요양요원에 대한 내용이 없다.
③ (○) 제4항 제2호
④ (○) 제4항 제3호

독끝 암기포인트
장기요양요원은 장기요양기관 소속이므로 공단의 정관에 기재되지 않는다.

18 정답 ❶ 빈출도 ●●○
빈칸 채우기

관련조문
제66조의3(소액 처리)

정답해설
빈칸에 들어갈 말은 1,000원이다.

독끝 암기포인트
1,000원 미만, 즉 동전부터는 소액으로 간주되어 징수 또는 반환하지 않는다. 상계 처리가 가능하여 직접 징수하거나 반환하지 않아도 되는 경우에는 소액 처리에 해당하지 않는다.

19 정답 ❸ 빈출도 ●●●
해당하는 것 고르기

관련조문
제69조(과태료)

정답해설
① 제1항 제4호의2 → 최대 500만 원
② 제1항 제3호 → 최대 500만 원
③ 제2항 제2호 → 최대 300만 원
④ 제1항 제7호 → 최대 500만 원
따라서 정답은 ③이다.

독끝 암기포인트

과태료 상한	위반행위 요약
500만 원	1. 시설·인력을 변경하고 변경지정 또는 변경신고 × 2. 장기요양기관 정보 미게시 또는 거짓 게시 3. 수급자에게 장기요양급여비용 명세서 미교부 또는 거짓 교부 4. 장기요양급여 제공 자료 기록·관리 × 5. 장기요양요원에 대한 잘못(급여외 행위 제공 요구, 본인부담금 요구, 고충에 대한 미조치) 6. 폐업·휴업 신고 × 7. 행정제재처분 받은 사실을 양수인에게 지체 없이 알리지 않음 8. 부정한 방법으로 수급자에게 장기요양급여비용 부담 9. 장기요양사업 수행에 필요한 자료 제출 요구에 거부 또는 거짓 제출 10. (장기요양기관 및 의료기관 제외) 장기요양급여에 관련된 자료의 제출 명령에 거부 또는 거짓 제출 → 만약 장기요양기관 및 의료기관이라면 1천만 원 이하의 벌금 11. 부정한 방법으로 장기요양급여비용 청구에 가담 12. 노인장기요양보험 또는 유사한 용어 사용
300만 원	1. 폐쇄회로 텔레비전(CCTV) 설치 × 2. 폐쇄회로 텔레비전(CCTV) 영상기록 열람을 정당하게 요구하였으나 거절

300만 원 이하가 2가지밖에 없으므로 이를 먼저 외운다. 이에 해당하지 않는 과태료는 모두 500만 원 이하다.

20 정답 ❶ 빈출도 ●●●
계산

관련조문
제67조(벌칙)

 **정답해설**

- 갑: 제2항 제3호 ➔ 최대 2,000만 원
- 을: 제3항 제4호 ➔ 최대 1,000만 원
- 병: 제1항 제2호 ➔ 최대 3,000만 원

따라서 벌금 총합의 최댓값은 2,000+1,000+3,000 =6,000(만 원)이다.

독끝 암기포인트

벌칙 상한	위반행위 요약
3년 / 3천만 원	1. 부정한 방법으로 장기요양급여비용 청구 2. 폐쇄회로 텔레비전(CCTV)를 설치 목적과 무관하게 조작, 방향 바꿈, 녹음, 지정되지 않은 기기에 저장
2년 / 2천만 원	1. 지정 없이 또는 거짓으로 지정받아 장기요양기관 운영 2. 폐쇄회로 텔레비전(CCTV) 안전성 미확보로 인해 영상 유출 3. 본인부담금 면제·감경 4. 수급자 알선·유인 5. 업무수행 중 알게 된 비밀 누설
1년 / 1천만 원	1. 정당한 사유 없이 장기요양급여 제공 거부 2. 부정한 방법으로 장기요양급여 수급 3. 정당한 사유 없이 폐업·휴업 시 수급자 권익 보호 × 4. 지정취소 또는 업무정지 시 본인부담금 정산 ×
1천만 원	(장기요양기관 및 의료기관만) 장기요양급여에 관련된 자료의 제출 명령에 거부 또는 거짓 제출

기출유형 모의고사 4회

정답 — NCS 직업기초능력

오답 표기	문번	정답	유형	오답 표기	문번	정답	유형
	01	④	글의 내용 일치 / 불일치		31	③	자료계산
	02	③	주제 / 제목 / 글의 목적 찾기		32	②	자료계산
	03	②	글의 내용 일치 / 불일치		33	③	자료에 대한 진위 판단(계산 필요)
	04	④	논리적 추론		34	③	자료계산
	05	③	논리적 추론		35	②	자료변환
	06	④	논리적 추론		36	②	자료에 대한 진위 판단(계산 필요)
	07	③	빈칸 삽입		37	①	자료계산
	08	④	주제 / 제목 / 글의 목적 찾기		38	②	자료에 대한 진위 판단(계산 필요)
	09	④	글의 내용 일치 / 불일치		39	①	자료계산
	10	③	빈칸 삽입		40	③	자료변환
	11	①	주제 / 제목 / 글의 목적 찾기		41	②	공고문 / 규정 이해
	12	③	논리적 추론		42	①	수치 계산(비용, 시간)
	13	②	빈칸 삽입		43	③	공고문 / 규정 이해
	14	④	글의 내용 일치 / 불일치		44	④	적정 대상 선택
	15	③	글의 내용 일치 / 불일치		45	②	수치 계산(비용, 시간)
	16	①	글의 내용 일치 / 불일치		46	④	공고문 / 규정 이해
	17	①	논리적 추론		47	①	수치 계산(비용, 시간)
	18	③	빈칸 삽입		48	②	수치 계산(비용, 시간)
	19	①	글의 내용 일치 / 불일치		49	②	공고문 / 규정 이해
	20	③	논리적 추론		50	③	수치 계산(비용, 시간)
	21	③	자료에 대한 진위 판단(계산 불필요)		51	②	공고문 / 규정 이해
	22	②	자료변환		52	①	적정 대상 선택
	23	②	자료에 대한 진위 판단(계산 불필요)		53	③	공고문 / 규정 이해
	24	①	자료계산		54	①	수치 계산(비용, 시간)
	25	④	자료에 대한 진위 판단(계산 필요)		55	②	지문의 이해 및 활용
	26	②	자료변환		56	④	지문의 이해 및 활용
	27	④	자료에 대한 진위 판단(계산 필요)		57	④	수치 계산(비용, 시간)
	28	③	상황판단형		58	①	공고문 / 규정 이해
	29	②	자료변환		59	②	수치 계산(비용, 시간)
	30	④	자료에 대한 진위 판단(계산 불필요)		60	④	수치 계산(비용, 시간)

정답 직무시험_국민건강보험법

오답표기	문번	정답	관련조문	오답표기	문번	정답	관련조문
	01	④	제11조		11	②	제38조
	02	③	제29조, 제30조, 제31조, 제32조		12	④	제41조, 제42조
	03	③	제3조의2		13	④	제80조
	04	③	제6조, 제54조		14	②	제22조, 제23조
	05	③	제20조		15	②	제85조
	06	④	제41조의2, 제41조의3		16	①	제91조
	07	③	제45조, 제46조		17	④	제34조
	08	①	제78조		18	④	제4조
	09	②	제87조, 제88조, 제90조		19	②	제57조
	10	②	제17조		20	①	제58조

정답 직무시험_노인장기요양보험법

오답표기	문번	정답	관련조문	오답표기	문번	정답	관련조문
	01	①	제4조, 제5조		11	③	제35조의2
	02	③	제22조		12	②	제53조
	03	③	제33조의2		13	②	제60조
	04	④	제29조, 제30조		14	③	제38조
	05	②	제23조		15	④	제40조
	06	③	제37조		16	①	제36조의2
	07	④	제16조		17	④	제55조, 제56조
	08	②	제31조		18	③	제61조
	09	③	제47조의2		19	①	제67조
	10	①	제44조		20	④	제69조

1교시 NCS 직업기초능력

01 정답 ④
난이도 ●●○
글의 내용 일치 / 불일치

정답해설

「비급여 정보 포털」에서 비급여 항목에 대한 다양한 통계자료를 제공하지만, 필수적으로 행해야 하는 비급여 진료에 대한 정보를 제공하는 것은 아니다. 비급여 진료의 시행 여부는 의료기관과 환자 간의 판단에 따라 결정되는 것이다.

오답풀이

① 「비급여 정보 포털」은 '비급여 바로 알기', '알고 받는 비급여', '통계로 보는 비급여'의 세 가지 메뉴로 구성되어 있다.

② 비급여 항목은 가격이나 진료 기준이 법으로 정해진 급여 항목과 달리, 의료기관이 자율적으로 가격과 진료 기준 등을 제공한다고 나와 있다. 따라서 비급여는 의료기관마다 가격과 진료 기준이 다를 수 있다.

③ 공단은 「비급여 정보 포털」을 통해 향후 전문기관 등과의 협력을 강화하고, 지속적인 분석 및 평가를 통해 제공 정보를 확대해 나갈 예정이라 하였다.

02 정답 ③
난이도 ●●○
주제 / 제목 / 글의 목적 찾기

정답해설

보도자료의 '부제'는 '표제'를 도와 내용을 요약하고 전달하는 역할을 한다. 주어진 보도자료에 따르면 국민건강보험공단은 국민의 알 권리를 향상시키고 합리적 의료 이용을 도모하기 위해 비급여 정보를 한눈에 쉽게 파악할 수 있는 「비급여 정보 포털」을 운영한다고 했다. 이러한 내용을 바탕으로 할 때 ⊙에 들어갈 내용으로 가장 적절한 것은 ③이다.

오답풀이

① 국민의 알 권리에 대한 내용은 있으나 건강보험 세수에 관한 언급은 없다.

② 다양한 정보를 공개하는 것은 맞지만, 과잉진료 관행을 타파하겠다는 내용은 포함되어 있지 않다. 본문에 나와 있는 내용을 바탕으로 구성하는 것이 바람직하다.

④ 정보를 한눈에 확인할 수 있다는 내용은 있지만, 이를 통해 의료 사각지대를 줄이겠다는 내용은 없다.

03 정답 ②
난이도 ●●○
글의 내용 일치 / 불일치

정답해설

첫 번째 문단에 따르면 AGI는 인간 지능을 모방하고 인간의 능력을 재현하는 것에 목표를 두는 것은 맞지만, 이를 바탕으로 완벽한 기계적 학습에 도달하려고 하는 것은 아니다. AGI는 기계적 학습을 넘어 인간과 유사한 수준의 이해와 처리 능력을 지향한다.

오답풀이

① 첫 번째 문단에 따르면 Narrow AI는 특정 목적 인공지능으로 한정된 작업이나 특정 분야에서 사용된다면 AGI는 다양한 분야에서 일정 수준 이상의 능력을 발휘할 수 있다.

③ 다섯 번째 문단에 따르면 AGI에 감정 인식 기술을 접목하여 인간의 표정, 음성, 생체 신호 등 비언어적 정보로부터 감정을 인식하게 한다.

④ 마지막 문단에 따르면 AGI는 국가 정책, 시장 경쟁 양상, 개인의 의사 결정, 사회의 작동 구조 등 사회 전반에 큰 변화를 일으킬 것이다.

04 정답 ④
난이도 ●●●
논리적 추론

정답해설

기호적 추론은 정형화된 환경에서 효과적이며 규칙 기반의 결정을 내리므로 수학 문제 풀이, 전략 게임 등에서 쓰일 것이다. 기상 예측, 질병 진단, 금융 시장 분석과 같이 변동성이 중요한 분야는 현실의 불확실성을 기반으로 하고 있으므로 확률적 추론 기술이 쓰일 것이다.

오답풀이

① 텍스트 생성, 번역, 요약과 같은 작업은 고도의 언어 처리 작업에 해당하므로 NLP 기술 분야에 해당한다.

② CV는 시각 데이터를 이해하고 분석하는 기술로 컴퓨터가 사진이나 비디오를 이해할 수 있게 함으로써 인간과 유사한 방식으로 시각적 정보를 처리할 수 있게 하는 기술이다. 이러한 기술은 자율주행 기기가 실시간으로 주변을 인식하고 해석하여 안전한 운

전 결정을 내리는 데 사용되기 좋다. 실제로 CV는 자율주행 자동차 기술에 핵심적인 역할을 한다.

③ 로보틱스(Robotics)는 AGI의 물리적 상호 작용을 위한 기술로 Boston Dynamics의 로봇들은 복잡한 환경에서도 안전하게 이동하고 물체를 조작한다고 나와 있다. 따라서 로봇을 물류센터에 배치해 인간 작업자가 빠르고 안전하게 작업할 수 있도록 돕는 것은 로보틱스 기술이라 할 수 있다.

르몬과 교감신경 항진으로, 시상하부-뇌하수체-부신피질 축(HPA axis)이 과활성화되어 나타난다고 알려져 있다. 따라서 번아웃증후군은 어떠한 이유로 부신 기능에 문제가 생기면 발병할 수 있다는 추론은 적절하다.

③ 세 번째 문단을 보면, 무기력증의 원인이 정식적·신체적 요인 모두라고 설명되어 있다. 따라서 병원에서 무기력증으로 진단받으면 원인 질환을 먼저 확인하고 치료하는 것이 바람직하다는 추론은 적절하다.

〈보기〉에서 설명하는 LTPA는 강화학습이라 했고, 강화학습의 특성상 LTPA에게 보상을 극대화하는 목표를 주고 학습이 진행된다면 어느 시점에서 인간이 그 보상을 제한한다. 그런데 이때 AGI가 보상을 극대화하기 위해 인간의 개입을 제한하려는 강한 동기가 생길 수 있는 위험이 있다. 인간의 개입을 인공지능이 제한한다는 것은 결국 인간으로서는 제어가 어려운, 위험한 인공지능이 된다는 의미이므로, 〈보기〉가 설명하는 AGI의 특징은 AGI 제어 문제와 관련이 깊다.

㉠ 앞 문장에서 "대한정신건강의학과의사회의 자료에 따르면, 평생 우울증에 걸릴 확률은 남성이 5~12%, 여성이 10~25%라고 한다."고 언급하고 있으며, 이어지는 문장에서는 가족력이 있는 경우 우울증 발생 확률이 더 높다는 설명이다. 따라서 ㉠에는 여성이 우울증에 더 잘 걸리는 원인을 설명하는 문장이 들어가는 것이 자연스럽다. ③은 여성의 생리적 특성과 호르몬 변화로 인해 우울증에 취약할 수 있다는 설명을 제시하고 있어 문맥상 가장 적절하다.

오답풀이

① 우울증의 예방 및 치료 방법에 대한 설명으로, ㉠에 들어가기에 적절하지 않다.

② 우울증 증상에 관한 내용이 ㉠에 들어가는 것이 적절하지 않으며, 선택지에 진술된 내용이 우울증 증상인지도 확실하지 않다.

④ 우울증 상담에 관한 내용은 ㉠에 들어가기에 적절하지 않다.

마지막 문단을 보면, 불안장애를 유발하는 원인은 다양하다고 설명되어 있다. 또한, 불안장애 안에 범불안장애, 공황장애, 사회불안장애 등 각기 다른 성격의 여러 정신질환이 포함된다고 하였다. 이를 통해 발병 원인을 하나로 규정할 수 없음을 추측할 수 있다. 따라서 불안이라는 공통된 감정에서 비롯되어 원인을 하나로 규정할 수 있다는 추론은 적절하지 않다.

오답풀이

① 첫 번째 문단을 보면, 우울증은 심리적·환경적 요인과 밀접하게 연관되어 있다고 하였다. 이로부터 우울증 예방을 위해 규칙적인 생활을 하고 사람들과 어울릴 수 있는 취미 활동을 하는 것이 도움이 된다는 추론은 적절하다.

② 두 번째 문단을 보면, 번아웃증후군의 원인은 만성적 스트레스가 지속되면서 생긴 부신의 코르티솔 호

주어진 계획안은 중증 수급자에 대한 재가생활 지원 강화, 수시방문 서비스 도입, 통합재가기관 확대 등을 통해 시설이 아닌 가정 내 돌봄이 가능하도록 하는 장기요양서비스 강화를 목표로 하고 있다. 따라서 주어진 계획안에서 궁극적으로 추구하는 목적은 ④이다.

오답풀이

① 의료-요양 연계라는 표현은 지문에 나와 있지 않으며, ICT 기반 응급안전서비스와 같은 내용은 포함되나 의료기관과의 연계라고 해석하기는 어렵다.
② 환자 가족에 대한 별도의 지원체계 마련 내용은 지문 내 등장하지 않는다.
③ 지문에서 '특화서비스', '통합재가기관', '유연한 재가급여 이용' 등의 내용은 있지만, 맞춤형 체계 구축 자체를 핵심 목적으로 강조했다고 보기는 어렵다.

09 정답 ④ 난이도 ●●●
글의 내용 일치 / 불일치

정답해설

'2. 통합재가서비스 확산'의 내용을 보면, "통합재가서비스의 기본원칙을 반영한 「노인장기요양보험법」 개정은 2024년까지 완료될 예정이며, 이를 기반으로 본사업을 추진한다고 되어 있다. 따라서 2025년 1월부터 통합재가서비스의 기본원칙은 개정된 「노인장기요양보험법」에 적용받을 것이라는 추론은 적절하다.

오답풀이

① 갑작스러운 상태 변화 등이 있는 경우 계획된 서비스 시간 외에도 서비스를 제공하는 수시방문 서비스는 2024년 하반기부터 시범사업으로 도입되는 것이다. 즉 2024년 1월부터는 제공되지 않는다.
② 1~2등급자에게 요양보호사가 1회 180분 이상 방문했을 시 1인당 3천 원을 더 지원하는 요양보호사 가산 정책은 2026년부터 시행되며, 지급 대상은 수급자가 아니라 요양보호사이다.
③ 3~5등급 수급자가 시설입소 희망 시 본인부담금이 강화된다는 내용은 없다. 2024년에 3~5등급 수급자가 시설입소 희망 시 사례관리 등을 통해 적정서비스이용 유도, 본인부담금 강화 등 이용합리화 방안에 대해 연구만 있었을 뿐이다.

10 정답 ③ 난이도 ●●●
빈칸 삽입

정답해설

장기요양기관 수급관리나 공급 체계에 대한 내용은 나와 있지 않으므로 〈보기〉의 도식화에 들어갈 수 없다.

오답풀이

① ㉠ 주어진 계획안에 따르면, 재가서비스 공급 체계를 방문요양 편중의 단일급여 제공 기관에서 다양한 재가급여를 복합 제공하는 기관 중심으로 재편한다고 나와 있다.
② ㉡ 주어진 계획안에 따르면, 사업 참여 가산(정책가산, 서비스가산 등)이 포함된 월정액 수가를 통해 기관의 포괄적 서비스 강화 및 안정적 기관 운영 기반을 마련할 것이라고 나와 있다.
④ ㉣ 주어진 계획안에 따르면, 수급자의 서비스 선택권 확대를 위한 모형을 보완할 것이라 나와 있다.

11 정답 ① 난이도 ●●○
주제 / 제목 / 글의 목적 찾기

정답해설

주어진 글은 아토피 피부염의 일반적인 치료법과 더불어 최근 등장한 표적치료제들에 대한 설명을 주로 하고 있다. 따라서 글의 주제로 '아토피피부염의 치료법'이 가장 적절하다.

오답풀이

② 아토피피부염의 발생 원인이 다양하다고 나와 있지만 글 전체의 중심 내용은 아니다. 따라서 이를 주제로 보기에는 어렵다.
③ 아토피피부염의 예방과 근절에 대해서는 나와 있지 않다.
④ 아토피피부염의 건강보험 급여가 확대 적용되었다고 나와 있지만 제한적으로 언급되며, 이를 주제로 보기에는 어렵다.

12 정답 ③
논리적 추론

정답해설

아시아인에서는 Th2 이외에도 Th17 면역반응이 우세하다고 알려져 있다고 되어 있으나 Th2보다 Th17 면역반응이 우세하다고 볼 수는 없다. 아토피피부염은 Th2 면역반응 외에도 Th17, Th22, Th1 등 다양한 면역반응이 관여하며, 나이나 인종에 따라 이러한 면역반응이 다양한데, 그중 Th17 면역반응이 우세한 것이기 때문이다. 따라서 JAK 억제제가 가장 효과적이라는 진술 역시 적절하지 않다.

오답풀이

① 국소 스테로이드제와 달리 국소 칼시뉴린 억제제는 장기간 사용에도 피부 위축 등의 부작용이 없다고 하였다. 이로부터 국소 스테로이드는 장기간 사용 시 칼시뉴린 억제제와 달리 부작용이 있음을 유추할 수 있다.

② 아토피피부염에서는 알레르기 염증 반응에 관여하는 Th2 세포가 중요한 역할을 하며, 이들 세포가 생성하는 인터루킨(interleukin, IL)-4와 IL-13이 발병에 중요하다고 하였다. 그리고 듀피젠트는 IL-4와 IL-13의 공통 수용체에 대한 단클론항체로 두 사이토카인을 동시에 억제하는 최초의 생물학적 제제라고 하였다.

④ JAK 억제제 중 올루미언트는 성인에서만, 린버크와 시빈코는 12세 이상 청소년과 성인에서 사용할 수 있으므로 린버크와 시빈코가 올루미언트보다 더 많은 환자에게 투여 가능하다.

13 정답 ②
빈칸 삽입

정답해설

주어진 글은 현재 국내에서 사용할 수 있는 표적치료제를 소개하며, 생물학적 제제와 JAK 억제제를 나누어 설명하고 있다. 생물학적 제제인 듀피젠트에 대한 설명이 먼저 제시된 후 ㉠ 다음에는 JAK 억제제에 대한 장점이 이어진다. 따라서 ㉠에는 JAK 억제제의 작용 원리나 기전에 대한 설명이 들어가는 것이 가장 자연스럽다. ②는 JAK 억제제의 기전을 설명하고 있으므로, 문맥상 가장 적절하다.

14 정답 ④
글의 내용 일치 / 불일치

정답해설

국민건강보험 지역가입자가 3개월 이상 국외에 체류하는 경우 그 가입자가 속한 세대의 보험료 산정 시 그 가입자의 소득월액 및 재산보험료부과점수를 제외한다고 명시되어 있다. 즉, 국외체류자가 속한 세대의 보험료에는 변동이 생기므로, 변동되지 않는다는 내용은 옳지 않다.

오답풀이

① '국외에 체류하는 경우 그 기간에는 보험급여를 하지 아니한다'라고 규정된 국민건강보험법 제54조(급여의 정지) 제2호에 따라 해외로 출국한 다음 날부터 입국하기 전날까지 출국자의 보험급여가 정지된다고 명시되어 있다.

② 국민건강보험 직장가입자가 3개월 이상 국외에 체류하는 경우 보험료가 면제된다.

③ 국민건강보험 직장가입자 중 업무에 종사하기 위해 국외에 체류하는 경우라고 국민건강보험공단이 인정하는 경우에는 1개월 이상 국외에 체류 시에도 보험료가 면제되지만, 보험료를 면제받기 위해서는 국내에 거주하는 피부양자가 없어야 한다고 명시되어 있다.

15 정답 ③
글의 내용 일치 / 불일치

정답해설

주어진 글에 따르면, 급여정지 사유가 매월 1일에 없어진 경우에는 그달의 보험료가 면제되지 않거나 보험료의 산정에서 보험료부과점수가 제외되지 않는다고 설명되어 있다. 이는 ㉢의 직원 설명과 일치한다.

오답풀이

① 가까운 보건소가 아닌, 국민건강보험공단의 관할 지사에 보험료 면제 신청을 해야 한다.

② 비행기표 사본만 제출할 경우에도 신고서에 내용을 기재하면 신청이 가능하다. 따라서 신청이 불가능하다는 직원의 설명은 적절하지 않다.

④ 국외에 체류하는 가입자나 그 피부양자가 국내에 입국하여 입국일이 속하는 달에 보험급여를 받고 그달에 출국하는 경우 보험료가 면제되지 않는다. 출장 중 입국했다는 이유로 보험료 면제가 취소되는 것은 아니다.

글의 내용 일치 / 불일치

정답해설

담배가 폐암과 후두암의 발생 원인이 될 수는 있지만, 모든 폐암과 후두암 발생의 원인으로 보기는 어렵다. 주어진 글에서는 담배를 폐암 중 편평세포암, 소세포암의 발생 원인으로 보고 있으며 후두암에서는 편평세포암의 원인으로 보고 있다. 또한, 과거 선행 담배소송에서도 흡연과 인과성이 인정된 암종에 한해서만 제소했다는 점을 고려하면 담배가 모든 폐암과 후두암의 원인으로 작용한다고 단정할 수 없다.

오답풀이

② 갑년은 하루 한 갑의 궐련을 1년 동안 피운 흡연력을 의미한다. 즉, 20갑년은 하루에 한 갑씩 20년 동안 피운 것을 의미한다.
③ 담배소송은 2014년에 소 제기되었으며, 2025년 현재 11년째 진행 중이다.
④ 공단은 담배소송을 통해 국민들의 보험료로 운영되는 건강보험 재정을 보전하려고 한다고 설명하고 있다.

논리적 추론

정답해설

특이성 질환은 단어 그대로 특정 병인에 의해 발생하며 원인과 결과가 명확한 질환이고, 비특이성 질환은 발생 원인 및 기전에 복잡하여 선천적 요인과 후천적 요인이 복합적으로 작용하는 질환이다. 폐암이 비특이성 질환에 해당한다고 규정하고 담배와의 역학적 인과관계가 인정되더라도 그 개별적 인과관계를 증명해야 한다는 것은 적절한 반론이라 하기 어렵다. 이 주장은 1심 법원의 입장인데, 질병을 특이성, 비특이성 질환으로 구분하는 것이 자연과학적인 근거로 부족하다. 어떠한 질병도 한가지 병인만으로 발생하지 않고 복수의 상호 작용으로 발생하기 때문이다. 또한, 피해자에게 개별 인과관계 증명을 요구하는 것은 과도한 증명의 부담을 지우는 것이기도 하다.

오답풀이

② 담배는 제조물책임법상 제조물에 해당하여 제조물 책임 법리가 적용된다. 제조물 결함은 제조물 책임 성립에 중요한 요건이다. 현행 제조물책임법상 유형화된 결함 개념에 따르면, 담배는 설계상의 결함에 해당한다.
③ 1950년대부터 해외에서 흡연과 폐암 발병 관련 다수의 역학 연구 결과가 발표되었고, 1964년 미국 정부는 공식 보고서를 통해 흡연이 폐암의 원인임을 공식적으로 밝혔다. 그 무렵부터 국내 언론도 꾸준히 담배 유해성을 보도했다. 이에 담배 제조사들은 이르면 1950년부터 또는 늦어도 1960년대 초중반부터는 담배의 위험성을 잘 알았거나 알 수 있었음에도 80년대까지 '건강을 위해 지나친 흡연을 삼가라' 수준의 모호한 경고만 표시했으며, 중독성 경고는 2008년 이전까지 전혀 기재하지 않았다. 이는 담배 제조사들이 합리적 경고를 하지 않아 담배로 인한 피해를 줄일 기회를 놓친 것으로 담배에 표시상의 결함이 존재한다고 볼 수 있다.
④ 흡연 시작부터 폐암 등 질병이 발현하기까지 통상 오랜 시간이 걸리고 흡연과 폐암의 발병 사이에 다른 요인이 개입할 가능성도 크다. 그런데 법원이 피해자 측에게 증명을 요구하는 것은 사실상 흡연과 폐암 발병 간의 자연과학적 인과관계를 정확히 증명하라는 것과 같다. 이는 현실적으로 불가능하며, 오히려 역학적 인과관계를 통해 특정 위험인지와 질환 간의 인과성을 확인할 수 있는 점을 고려할 때 역학적 인과관계가 인정되면 원칙적으로 개별적인 인과관계도 인정된다. 다만, 제조업자가 해당 질환 발병의 원인이 특정 위험인자가 아닌 다른 원인 때문임을 증명하면 인과관계를 부정하는 것이 합리적이다.

빈칸 삽입

정답해설

ⓒ의 1심 판결을 보면, 공단의 진료비 지출은 보험자의 의무이행에 불과하다고 하고 있다. 즉 공단의 흡연자의 사망자 수가 아니라 공단은 보험자로서 직접 손해배상 청구가 가능함을 주장해야 한다.

19 정답 ①
글의 내용 일치 / 불일치

정답해설
추진 내용에 따르면, 중증응급환자가 응급실 내원 24시간 내 최종 치료를 받은 경우 공휴일 야간에는 수가가 기존 100%에서 200%로 인상된다. 수가 인상 대상기관은 권역응급의료센터, 전문응급의료센터, 권역외상센터에 한하므로, 가장 적절한 진술은 ①이다.

오답풀이
② 2살 소아나 7살 소아는 응급진료 시 받을 수 있는 추가 수가는 50%로 같다. 1세 미만의 소아인 경우에만 추가 수가가 100%이다.
③ 병·의원급 신생아실과 모자동실 입원료가 각각 50% 인상된다고 나와 있다. 즉 모자동실이용 시 신생아실보다 입원료가 줄어든다고 하기는 어렵다.
④ 모든 산부인과가 아니라 산부인과 표방 의원 중 분만실을 보유하고 있어야 6세 미만의 소아를 초진할 경우 정책수가를 받을 수 있다.

20 정답 ③
논리적 추론

정답해설
주어진 자료는 대부분 필수의료 기반 강화를 위해 다양한 진료 수가의 가산 및 보상 개선 내용을 포함하고 있다. 이는 〈보기〉의 ⓒ과 가장 관련이 깊다.

오답풀이
① ㉠은 전공의 수련 지도 사항 등의 내용을 포함해야 한다.
② ㉡은 지역거점 병원 육성 등의 내용을 포함해야 한다.
④ ㉣은 의료사고 지원법 등 의료 안전과 관련된 내용을 포함해야 한다.

21 정답 ③
자료에 대한 진위 판단(계산 불필요)

정답해설
정신건강의학과는 1,343 → 1,481 → 1,694 → 1,913 → 2,063명으로, 성형외과도 126 → 128 → 155 → 190 → 216명으로 전년 대비 매년 증가했다.

오답풀이
① 2023년 전체 의원표시과목의 진료인원 130,647명 중 내과는 22,320명이므로 $\frac{22,320}{130,647} \times 100 ≒ 17.1(\%)$다. 즉, 20% 미만이다.
② 2022년에는 $4,138 \times 2 = 8,276 < 8,924$로 2배 이상이었다.
④ 2023년 정형외과 과목의 전년 대비 증가인원은 $12,677 - 12,371 = 306$(명)이고, 신경과 과목의 전년 대비 증가인원은 $968 - 935 = 33$(천 명)이다. 따라서 $\frac{306}{33} ≒ 9.3$(배)로 10배 미만이다.

22 정답 ②
자료변환

정답해설
안과 과목의 연평균 진료인원은
$$\frac{13,633 + 12,505 + 13,080 + 13,214 + 13,721}{5}$$
$≒ 13,231$(명)이고, 피부과 과목의 연평균 진료인원은
$$\frac{7,298 + 7,206 + 7,208 + 7,160 + 7,400}{5} ≒ 7,254(명)$$
이다. 그런데 그래프에서는 8,254명이라고 표시되어 있으므로 옳지 않다.

오답풀이
① 2020~2023년 진단검사의학과 과목의 전년 대비 증가인원을 구하면, 2020년 -3명, 2021년 +0명, 2022년 +4명, 2023년 -5명이다. 따라서 바르게 나타낸 그래프이다.
③ 2021~2023년 비뇨의학과 및 가정의학과 과목의 진료인원 현황은 다음과 같다.

구분	2021년	2022년	2023년
비뇨의학과	3,765	3,744	3,817
가정의학과	2,393	3,365	3,278

따라서 바르게 나타낸 그래프이다.

④ 〈표〉를 통해 옳은 그래프임을 확인할 수 있다.

23 정답 ②   난이도 ●●○
자료에 대한 진위 판단(계산 불필요)

정답해설

BMI 18.5 이상 25 미만은 정상이다. 60대(57.7% → 58.7%)뿐만 아니라 70대(56.4% → 57.0%)도 정상 비중이 높아졌다.

오답풀이

① 2020~2022년 저체중 비율(BMI 18.5 미만)은 3.1%, 3.3%, 3.4%이고, 고도비만 비율(BMI 30 이상)은 6.6%, 7.0%, 7.2%이다. 따라서 매년 고도비만 비율은 저체중 비율의 2배 이상임을 알 수 있다.

③ '비만(BMI 25 이상 30)'인 20대는 2020년 22.3%, 2021년 22.1%, 2022년 22.6%로 20대 전체 중 4분의 1인 25%를 넘지 않는다.

④ 20~70대는 모두 정상, 비만, 고도비만, 저체중 순이며, 80세 이상만 정상, 비만, 저체중, 고도비만 순이다.

24 정답 ①   난이도 ●●○

정답해설

2022년 조사 인원 1,700만 명 중 '비만'에 해당하는 인원은 $1,700 \times 32.3\% ≒ 549$(만 명)이다. 그리고 30대 조사 인원 300만 명 중 '비만'에 해당하는 인원은 $300 \times 30.7\% ≒ 92$(만 명)이다. 따라서 전체 비만 인구 중 30대가 차지하는 비중은 $\frac{92}{549} \times 100 ≒ 17(\%)$ 이다.

25 정답 ④   난이도 ●●●
자료에 대한 진위 판단(계산 필요)

정답해설

ⓛ 상병보상연금 지급액은 2020년 1,461억 원 → 2023년 1,438억 원으로 감소, 간병급여 지급액은 2020년 520억 원 → 2023년 515억 원으로 감소했다.

ⓒ 2022년과 2023년의 경우 '장해급여 연금 지급액 < 일시금 지급액×2'이므로 2배 미만이다.

ⓔ 2023년 유족급여 일시금 지급액은 9,447-8,078=1,369(억 원)으로, 전년의 1,411억 원에서 감소했다.

오답풀이

㉠ 2023년 장해급여는 9,426+17,569=26,995 (억 원)이다. 따라서 급여 지급액이 가장 많은 2가지는 장해급여와 휴업급여이다.

구분	2020년	2021년	2022년	2023년
요양급여+ 휴업급여	36,712	40,184	42,382	45,643
보험급여 계	59,968	64,529	66,864	72,849
비중	61%	62%	63%	63%

따라서 매년 60% 이상이다.

26 정답 ②   난이도 ●●○

정답해설

2023년 산재보험 종류별 급여 지급액 비중을 계산하기 전에 지급액 비중이 큰 순으로 살펴보면 장해급여(26,995억 원), 휴업급여, 요양급여, 유족급여 순이다. 따라서 요양급여보다 휴업급여 비중이 커야 하는데, ②는 그렇지 않으므로 옳지 않다.

오답풀이

① 2021~2023년 산재보험 전체 급여 지급액의 전년 대비 증가액은 다음과 같다.
  • 2021년: 64,529-59,968=4,561(억 원)
  • 2022년: 66,864-64,529=2,335(억 원)
  • 2023년: 72,849-66,864=5,985(억 원)
따라서 바르게 나타낸 그래프이다.

③ 2021~2023년 간병급여 및 장례비 급여 지급액의 증가액을 계산하여 정리하면 다음과 같다.

(단위: 억 원)

구분	2021년	2022년	2023년
간병급여	526−520 =6	506−526 =−20	515−506 =9
장례비	348−342 =6	388−348 =40	363−388 =−25

따라서 바르게 나타낸 그래프이다.

④ 2023년 장해급여의 일시금 및 연금 지급액 비중을 계산하여 정리하면 다음과 같다.

- 일시금: $\frac{9,426}{26,995} \times 100 ≒ 35(\%)$
- 연금: $\frac{17,569}{26,995} \times 100 ≒ 65(\%)$

따라서 바르게 나타낸 그래프이다.

27 정답 ④ 난이도
자료에 대한 진위 판단(계산 필요)

정답해설

2022년 응답자 수가 가장 많은 미술 분야에서의 가입자 수는 960×0.182≒175(명)이다. 반면, 응답자 수 대비 가입률이 매우 높은 건축 분야에서의 가입자 수는 232×0.816≒189(명)으로 미술 분야보다 고용보험 가입자 수가 많다. 따라서 미술 분야에서 고용보험 가입자 수가 가장 많다는 설명은 옳지 않다.

오답풀이

① 고용보험 가입 응답자 수가 매년 감소한 예술활동 분야는 기타(528명 → 164명 → 95명)뿐이다.

② 음악 분야의 고용보험 가입자 수는 다음과 같다.
- 2022년: 390×0.29≒113(명)
- 2024년: 475×0.342≒162(명)

따라서 2024년 고용보험 가입자 수가 2022년보다 많다.

③ 2023년 고용보험 가입자 수는 4,953×0.256≒1,268(명)이고, 2024년 고용보험 가입자 수는 5,109×0.29≒1,482(명)이다. 따라서 2023년 대비 2024년 고용보험 가입자 수 증가율은 $\frac{1,482-1,268}{1,268} \times 100 ≒ 17(\%)$이다. 즉, 20% 미만이다.

문제해결 Tip

② 음악 분야의 경우 2024년의 응답자 수와 가입률 모두 2022년보다 숫자가 크므로 가입자 수도 더 많다는 것을 알 수 있다.

28 정답 ③ 난이도
상황판단형

정답해설

ⓒ을 통해 대중음악과 영화는 A 또는 C임을 알 수 있다. 그리고 ⓒ을 통해 A가 대중음악임을 알 수 있다. 따라서 C는 영화다.
마지막으로 ⓓ을 통해 D가 만화임을 알 수 있다. 따라서 B는 마지막으로 남은 무용이다.
정리하자면, A: 대중음악 / B: 무용 / C: 영화 / D: 만화이므로 정답은 ③이다.

29 정답 ② 난이도
자료변환

정답해설

공예 분야에서의 고용보험 가입자 수는 다음과 같다.
- 2022년: 196×0.313≒61(명)
- 2023년: 159×0.286≒45(명)
- 2024년: 213×0.189≒40(명)

따라서 올바른 그래프이다.

오답풀이

① 2024년 응답자 수 상위 5대 예술활동 분야는 미술(820명), 대중음악(673명), 문학(479명), 음악(475명), 연극(468명) 순이다. 2위와 3위 순서가 바뀌었으므로 바르게 나타낸 그래프가 아니다.

③ 고용보험 전체 응답자 중 방송연예 분야가 차지하는 비중은 다음과 같다.
- 2022년: $\frac{182}{5,008} \times 100 ≒ 4(\%)$
- 2023년: $\frac{317}{4,953} \times 100 ≒ 6(\%)$
- 2024년: $\frac{294}{5,109} \times 100 ≒ 6(\%)$

2024년의 비중이 다르므로 옳지 않은 그래프다.

④ 예술활동 분야의 전년 대비 가입률 증가폭은 다음과 같다.
   - 2023년: 25.6−25.1=0.5(%p) → 반올림하면 1%p
   - 2024년: 29−25.6=3.4(%p) → 반올림하면 3%p

   2023년의 수치가 맞지 않으므로 옳지 않은 그래프다.

30 정답 ④ 난이도 ●●○
자료에 대한 진위 판단(계산 불필요)

정답해설
50대가 아닌 60대부터다.

오답풀이
① 일반건강검진 대상인원은 감소, 증가, 증가, 증가하였고, 수검인원은 감소, 증가, 증가, 증가하였다. 따라서 대상인원과 수검인원의 증감 추이는 동일하다.

② 수검률이 50% 이상이려면, '$\frac{수검인원}{대상인원} \times 100 \geq 50$
→ 2×수검인원≥대상인원'이어야 한다. 다른 해는 이 식을 만족하지만, 2020년의 경우 '22,973 > 2×11,389=22,778'이므로 50% 미만이다.

③ 〈표2〉에서 일반건강검진 전체인원 대비 비중이 가장 높은 연령대 1~3위는 50대 22.6%, 40대 21.2%, 60대 18.5%로 전체의 62.3%를 차지한다. 2023년 수검인원 총 17,462천 명 중 62.3%는 10,878,826명이므로 1,000만 명 이상이다.

문제해결 Tip
③ 어림잡아 계산하면 더 빠르게 판단할 수 있는데, 수검인원을 17,000천 명, 전체의 60%로 계산하여도 10,200천 명으로 1,000만 명 이상이다.

31 정답 ③ 난이도 ●●○
자료계산

정답해설
㉠ 일반건강검진 수검률: $\frac{17,462}{23,001} \times 100 ≒ 75.9(\%)$

㉡ 암검진 수검률: $\frac{13,932}{23,313} \times 100 ≒ 59.8(\%)$

㉢ 영유아 건강검진 수검률: $\frac{1,770}{2,309} \times 100 ≒ 76.7(\%)$

따라서 대소 관계는 ㉢>㉠>㉡이다.

32 정답 ② 난이도 ●●○
자료계산

정답해설
〈표2〉에서 2023년 종합판정 비율은 정상A의 경우 10.7%, 정상B(경계)의 경우 29.5%이다. 따라서 2022년 종합판정 비율은 정상A의 경우 2023년 정상A의 비율에서 0.1%p를 더한 10.8%, 정상B(경계)의 경우 0.3%p를 더한 29.8%이다.
〈표1〉에서 일반건강검진 수검인원은 2022년 17,233천 명이므로, 2022년 정상A로 판정받은 수검인원은 17,233천 명×10.8%, 정상B(경계)로 판정받은 수검인원은 17,233천 명×29.8%이다. 따라서 수검인원의 차이는 17,233천 명×(0.298−0.108)=17,233천 명×0.19≒3,274(천 명)≒327(만 명)이다.

33 정답 ③ 난이도 ●●○
자료에 대한 진위 판단(계산 필요)

정답해설
2023년 식중독 발생건수는 200+68+4+54+33=359(건)이다. 2022년 식중독 발생건수는 311건이므로 2022년 대비 2023년 식중독 발생건수는 $\frac{359-311}{311} \times 100 ≒ 15(\%)$ 증가했다. 따라서 20% 이상 증가했다는 해석은 옳지 않다.

오답풀이
① 2018년의 식중독 환자 수는 11,504명이며, 유일하게 만 명대로 가장 많다.

② 모두 2020년에 대한 내용이다.

④ 음식점과 가정집에서의 식중독 발생건수는 각각 180건 → 200건, 3건 → 4건으로 전년보다 증가했지만, 집단급식소에서의 식중독 발생건수는 25건 → 21건으로 전년보다 감소했다.

문제해결 Tip

③ 2022년 식중독 발생 건수에서 20% 증가했다면, 311건×(1+0.2)≒373(건)인데, 2023년 식중독 발생 건수는 359건으로 이보다 적게 발생했기에 20% 미만임을 알 수 있다.

34 정답 ③ 난이도 ●●○
자료계산

정답해설

2018년과 2023년 음식점에서 식중독에 걸린 환자 수가 전체에서 차지하는 비중은 다음과 같다.

- 2018년: $\dfrac{2,323}{11,504} \times 100 ≒ 20(\%)$
- 2023년: $\dfrac{3,526}{8,789} \times 100 ≒ 40(\%)$

따라서 5년 전과 비교해서 2023년 비중은 40−20=20(%p) 증가하였다.

35 정답 ② 난이도 ●●●
자료변환

정답해설

장소별로 2년 전 대비 2019년, 2021년, 2023년 증가율을 계산하여 표로 정리하면 다음과 같다.

구분	2019년	2021년	2023년
음식점	−29%	92%	30%
집단급식소	−29%	6%	52%
가정집	17%	71%	167%
기타+불명	−23%	−38%	349%

따라서 정답은 ㉡, ㉢인 ②다.

문제해결 Tip

㉠ 음식점의 경우 2019년 식중독 환자 수는 1,409명이고, 2021년 식중독 환자 수는 2,705명으로 증가율이 100% 이상이면 2021년 수치가 2,818명을 넘어야 한다. 그러나 그렇지 않으므로 100% 미만임을 알 수 있다. 따라서 ㉠은 옳지 않다.

㉣ 기타+불명의 경우 2021년 식중독 발생 환자 수는 508명이고, 2023년 식중독 발생 환자 수는 2,282명으로 2021년의 4배 이상 5배 미만이다. 이를 증가율로 따져보면 300% 이상 400% 미만인데, ㉣에서는 2023년 증가율이 400% 이상이므로 ㉣은 옳지 않다.

36 정답 ② 난이도 ●●●
자료에 대한 진위 판단(계산 필요)

정답해설

2021~2023년 여자 장기이식 건수의 전년 대비 변동률은 다음과 같다.

- 2021년: $\dfrac{1,534-1,481}{1,534} \times 100 ≒ 3.5(\%)$
- 2022년: $\dfrac{1,481-1,390}{1,481} \times 100 ≒ 6.1(\%)$
- 2023년: $\dfrac{1,439-1,390}{1,390} \times 100 ≒ 3.5(\%)$

2021년 이후 여자 장기이식 건수의 전년 대비 증가율이 가장 높은 연도는 2022년이다.

오답풀이

① 2022년 남자 장기이식 건수는 2,433건, 여자 장기이식 건수는 1,390건으로 총 3,823건이었다. 즉, 4,000건 미만이었다.

③ 4년간 남자의 장기이식은
$\dfrac{2,649+2,639+2,433+2,605}{4} ≒ 2,582(건)$, 여자의 장기이식은 $\dfrac{1,534+1,481+1,390+1,439}{4} = 1,461(건)$ 이루어졌다. 즉, 여자의 장기이식은 평균 1,500건 미만으로 이루어졌다.

④ 2022년 대비 2023년 장기이식 비중이 감소한 장기는 신장 53% → 51%, 간장 38% → 37%로 2가지가 해당한다.

37 정답 ① 난이도 ●●○
자료계산

정답해설

2023년 장기이식 비중이 가장 낮은 장기는 1%의 췌장이다. 2022년과 2023년 모두 췌장의 비중이 1%로 같으므로 췌장의 장기이식 증가율은 전체 장기이식 증가율과 같다.

따라서 $\dfrac{2,605+1,439-(2,433+1,390)}{2,433+1,390}\times 100 ≒ 5.8(\%)$이다.

38 정답 ②
자료에 대한 진위 판단(계산 필요) 난이도 ●●●

정답해설

㉠ 의료급여 수급권자 수가 가장 많았던 해는 1,526천 명인 2020년이다. 해당 연도에서의 의료보장 적용인구는 $37,150+14,195+1,526=52,871$(천 명)이며, 이 중 직장건강보험 적용인구가 37,150천 명이므로 $\dfrac{37,150}{52,871}\times 100 ≒ 70.3(\%)$를 차지한다. 즉, 70% 이상이다.

㉣ 2017년부터 2021년까지 $7,501 \rightarrow 7,404 \rightarrow 7,207 \rightarrow 7,061 \rightarrow 6,896$으로 감소 추세이다가 2022년에 7,075로 증가했다.

오답풀이

㉡ 2022년 직장 부양률은 $\dfrac{17,039}{19,594} ≒ 0.87$(명)이고, 지역 부양률은 $\dfrac{7,075}{9,314} ≒ 0.76$(명)으로 직장 및 지역 부양률의 차이는 $0.87-0.76=0.11$(명)이다. 즉, 0.1명을 초과한다.

㉢ 1세대에 세대주는 1명이며, 세대주는 직장(비가입세대주) 또는 지역이므로 세대 수−세대주=비가입세대주이다. 2017~2022년 비가입세대주를 구하면 다음과 같다.

(단위: 천 명)

2017년	2018년	2019년	2020년	2021년	2022년
1,245	1,375	1,420	1,456	1,481	1,612

따라서 150만 명을 처음으로 넘긴 해는 2022년이다.

39 정답 ①
자료계산 난이도 ●●●

정답해설

• (가): 2018~2022년의 전년 대비 증가인원을 정리하면 다음과 같다.

2018년	2019년	2020년	2021년	2022년
58,049명	268,340명	−30,130명	55,021명	78,742명

따라서 (가)는 2019년이다.

• (나): 2019년 건강보험 적용 외국인 및 재외국민은 $1,212,475+27,064=1,239,539$(명)이고, 2019년 건강보험 적용인구는 총 51,391,000명이므로, $\dfrac{1,239,539}{51,391,000}\times 100 ≒ 2.4(\%)$의 비중을 차지한다.

40 정답 ③
자료변환 난이도 ●●●

정답해설

2020년에 건강보험 적용인구는 전년보다 감소하였다. 그런데 ③의 그래프에서는 증가율이 양수로 되어 있으므로 옳지 않다.

오답풀이

① 2018~2022년 직장건강보험 적용인구의 전년 대비 증가인원을 계산하여 표로 정리하면 다음과 같다.

2018년	2019년	2020년	2021년	2022년
36,990−36,899=91(천 명)	37,227−36,990=237(천 명)	37,150−37,227=−77(천 명)	37,180−37,150=30(천 명)	36,633−37,180=−547(천 명)

따라서 올바르게 나타낸 그래프이다.

② 2018~2022년 지역건강보험 적용인구의 전년 대비 증가인원을 계산하여 표로 정리하면 다음과 같다.

2018년	2019년	2020년	2021년	2022년
14,082−14,042=40(천 명)	14,164−14,082=82(천 명)	14,195−14,164=31(천 명)	14,232−14,195=37(천 명)	14,777−14,232=545(천 명)

따라서 올바르게 나타낸 그래프이다.

④ 2022년 세대주와 세대원의 비중은 다음과 같다.
• 세대주: $\dfrac{7,702}{14,777}\times 100 ≒ 52.1(\%)$
• 세대원: $\dfrac{7,075}{14,777}\times 100 ≒ 47.9(\%)$

따라서 올바르게 나타낸 그래프이다.

41 정답 ②
공고문 / 규정 이해

정답해설
선천성이상아 의료비는 출생 후 2년 이내에 선천성이상(Q코드)으로 진단받아야 하며, 진단받았으나 2년 내 수술이 어려운 경우 의사 소견이 있을 때 예외적으로 인정된다. 출생 후 2년 3개월 차에 Q코드 진단을 받았다면, 출생 후 2년을 경과했으므로 지원은 불가하다.

오답풀이
① 미숙아 및 선천성이상아 의료비 지원사업 신청기간은 모두 최종퇴원일로부터 6개월 이내이므로 6월 30일에 퇴원 시 연말까지 신청해야 의료비를 지원받을 수 있다.
③ 치료 목적이 포함된 예방접종비, 요양기관에서 발급한 간이영수증 중 검사비, 처치 및 수술료 모두 미숙아 및 선천성이상아 의료비 사업의 지원 제외 항목이지만, 의료기관 확인 후에는 지원 가능하다.
④ 미숙아 의료비는 출생 시 체중이 1kg 미만인 경우 1,000만 원까지 지원하고, 선천성이상아 의료비는 최고 500만 원까지 지원한다. 따라서 선천성이상 질환을 가지고 900g으로 태어난 직후 NICU에 입원한 미숙아의 경우 최고 1,000+500=1,500(만원)의 지원금을 받을 수 있다.

42 정답 ①
수치 계산(비용, 시간)

정답해설
전액 본인부담금 및 비급여 본인부담금은 0+186,080=186,080(원)이다. 선천성이상아 의료비 지원사업은 진료비영수증상 전액본인부담금과 비급여부분에 대해 지원하며, 100만 원 이하분에 대해서는 전액 지원이고, 100만 원 초과분에 대해서는 90% 지원한다. 즉, 186,080원에 대해서는 전액 지원이다.
그런데 제증명서 발급비용과 예방접종비(주사료 약품비)는 지원하지 않으므로 186,080-52,570-20,000=113,510(원)을 지원받을 수 있다.

43 정답 ③
공고문 / 규정 이해

정답해설
입원 및 외래 구분 없이 모든 질환을 합산 지원한다. 그런데 입원 및 외래 합산 기간이 153+60=213(일)로 지원 상한 일수인 180일을 넘는다. 따라서 180일에 대해서만 지원금액을 산정받는다.

오답풀이
① 연간 5천만 원 한도 내에서 지원하지만, 산정한 의료비 지원금이 10만 원 미만이라면 지원하지 않는다. 즉, 최소 지원금은 10만 원이다.
② 원칙은 환자 또는 대리인이 국민건강보험공단 지사에 방문하여 지급 신청하는 것이지만, 부득이한 경우 우편 또는 팩스로도 신청할 수 있다.
④ 공단에서 발급받는 개인정보 수집·이용 동의서(가구원용)와 행정복지센터(주민자치센터)에서 발급받는 환자 기준 발급의 가족관계증명서는 기초생활수급자이거나 차상위계층인 경우 제출이 생략된다.

44 정답 ④
적정 대상 선택

정답해설
지역가입자와 직장가입자로 구성된 혼합 4인 가구의 월 건강보험료 합산이 144,020원 초과 175,970원 이하이므로 기준 중위소득 70% 초과 85% 이하 가구에 해당한다. 따라서 본인부담의료비 총액이 370만 원 초과 시 지원대상이 되는데, 385만 원이므로 지원대상이다.

오답풀이
① 차상위계층은 월 건강보험료 관계없이 지원 제외 항목을 차감한 의료비 부담 수준이 80만 원을 초과해야 지원대상이 된다. 80만 원 미만이므로 지원대상이 아니다.
② 지역가입자로 구성된 3인 가구의 월 건강보험료가 93,620 초과 125,950원 이하이므로 기준 중위소득 85% 초과 100% 이하 가구에 해당한다. 따라서 본인부담의료비 총액이 440만 원 초과 발생 시 지원대상이 된다. 440만 원 미만이므로 지원대상이 아니다.

③ 직장가입자 1인 가구의 월 건강보험료가 55,640원이므로 기준 중위소득 50% 초과 70% 이하 가구에 해당한다. 따라서 본인부담의료비 총액이 180만 원 초과 발생 시 지원대상이 된다. 180만 원 미만이므로 지원대상이 아니다.

정답해설

기준 중위소득 '70% 초과 85% 이하'에 해당하는 1인 가구는 본인부담의료비 총액이 220만 원 초과인 경우 60%를 지원받을 수 있다.
본인부담의료비 총액은 본인부담상한제 적용을 받지 않는 본인부담금(선별급여)+전액 본인부담금+비급여-지원 제외 항목(도수치료비, 민간보험금 수령액)=185+1,200-200-500=685(만 원)이다.
즉, 본인부담의료비 총액은 685만 원으로 220만 원을 초과하며, 60%를 지원받으므로 의료비 지원금액은 685×0.6=411(만 원)이다.

정답해설

다림질은 서비스에 해당하지 않는다.

오답풀이

① 일반적 아동 양육, 즉시 개입이 필요한 사고, 자연재난 등으로 거주가 불안정한 경우, 자살시도, 학대사례 등은 서비스 대상에서 제외된다.
② 기본돌봄 서비스는 하루 최대 8시간 내, 전체 72시간 범위 내에서 30분 단위로 지원하며, 서비스 가격을 보면 0.5시간은 불가함을 알 수 있다.
③ 서비스 시작일로부터 30일 내 서비스 사용을 해야 하므로 6월 1일 자로 서비스를 받기 시작했다면 최대 가능한 72시간을 6월 30일까지 사용해야 한다는 판단은 적절하다.

정답해설

- A: 기준 중위소득 160% 초과자이므로 전액 본인이 부담한다. 따라서 본인부담금은 (72÷4)일×68,000원 =1,224,000(원)이다.
- B: (72÷6)일×101,000원+4회×82,000원= 1,540,000(원)의 20%만 본인부담하므로 1,540,000 ×0.2=308,000(원)
- C: (144÷6)일×101,000원=2,424,000(원)의 50%만 본인부담하므로 2,424,000×0.5=1,212,000(원)
- D: (72÷3)일×55,000원+4회×82,000원= 1,648,000(원)의 30%만 본인부담하므로 1,648,000 ×0.3=494,400(원)

따라서 A의 본인부담금이 가장 많다.

정답해설

서비스를 받은 기간에 대해 정리하면 다음과 같다.
- 평일 9일(일당 6시간): 101,000원×9=909,000(원)
- 평일 2일(일당 8시간): 136,000원×2=272,000(원)
- 목욕 2회: 82,000원×2=164,000(원)
- 14일과 15일 이틀간 시간 외 서비스(18:00 이후 1시간)로 1,500원×4=6,000(원)의 가산금이 발생하지만, 이는 본인이 부담해야 한다.

따라서 정부에서 지원받을 수 있는 금액은 (909,000 +272,000+164,000)×0.9=1,210,500(원)이다.

정답해설

3인 가구의 건강보험가입자 소아 암 환자의 경우 월 소득 기준 6,030,424원 이하, 최고 재산액 기준 441,614,475원(약 4억 4천만 원) 이하로 2가지 조건을 모두 충족해야 한다. 그러나 재산액이 기준을 초과하므로 소아 암 의료비를 지원받을 수 없다.

오답풀이

① 1월 1일 기준 17세라면 연도 중 생일이 지나 18세가 되더라도 그 해 연말까지 소아 암 환자 지원을 받을 수 있다. 그렇게 기존 소아 암 환자로 지원을 받고 있다가 다음 해 1월 1일 기준 18세가 되는 경우 성인으로 지원받을 수 있다.

③ 20X1년 6월까지 폐암으로 진단받은 건강보험가입자의 경우 본인일부부담금으로 연간 최대 200만 원까지 지원받을 수 있다.

④ 기타 암종에 대한 지원은 연간 최대 2,000만 원이지만, 조혈모세포이식을 받은 경우에는 최대 3,000만 원까지 지원받을 수 있다.

50 정답 ③ — 수치 계산(비용, 시간) / 난이도 ●●○

정답해설

소아 뇌종양의 경우 급여 본인일부부담금과 비급여 본인부담금 구분 없이 연간 최대 2,000만 원까지 지원받을 수 있다.
- 본인부담금: 3,200만 원
- 비급여 본인부담금: 300만 원
→ 치료비 총 3,500만 원 발생

후원금이 발생한 경우 환자부담금인 총진료비에서 후원금을 공제하므로 환자가 부담하는 진료비는 3,500−400＝3,100(만 원)이고, 소아 암 환자 의료비 지원대상으로 최대 2,000만 원을 지원받으면 지불하는 올해 A군이 최종적으로 본인이 지불해야 하는 금액은 1,100만 원이다.

51 정답 ② — 공고문 / 규정 이해 / 난이도 ●●○

정답해설

'질병·부상의 제외 범위'를 보면 질병·부상의 진단 및 치료를 위해 임상적 검사 또는 수술(시술)을 시행하지 않은 경우 신청이 불가하다고 되어 있다. 따라서 병원에서 치료를 받지 않고 집에서 요양한다면 대상에서 제외된다.

오답풀이

① 정의 / 목적에 따르면 3단계 상병수당 시범사업은 업무와 관련 없는 질병 또는 부상에 대한 제도이다. 따라서 업무 중 부상을 입었다면 대상이 되지 않는다.

③ 급여지급에 따르면 1일 최소 지급금액은 건강보험 직장가입자든 그 외 취업자든 48,150원이다. 따라서 10일에 해당하는 최소 지급금액은 481,500원에 진단서 발급비용 보전액 20,000원을 더한 501,500원이다.

④ '추가 필요 자격'을 보면 3가지 조건 중 1가지 이상을 충족한 자라고 되어 있으므로 건강보험, 고용보험, 산재보험 모두에 가입자격 유지가 되어 있어야 대상이 되는 것은 아니다.

52 정답 ① — 적정 대상 선택 / 난이도 ●●●

정답해설

㉠ 시범사업 지역인 충주에 거주하므로 거주지 조건을 만족한다. 대한민국 국적이므로 국적 조건도 만족하고, 만 43세이므로 연령 조건도 만족한다.

㉡ 시범사업 지역인 전주에 소재한 사업장 근로자이므로 거주지 조건을 만족한다. 외국 국적이긴 하지만 국내 체류 중이면서 대한민국 국민과 혼인 중이므로 국적 조건도 만족하고, 만 33세이므로 연령 조건도 만족한다.

오답풀이

㉢ 만 65세이므로 연령 조건을 만족하지 못한다.

㉣ 자영업자의 경우 사업자등록을 근로활동불가기간 초일 포함 직전 3개월 동안 유지해야 하는데, 사업자등록을 낸 지 2개월밖에 되지 않았으므로 해당 조건을 만족할 수 없다.

53 정답 ③ — 공고문 / 규정 이해 / 난이도 ●●●

정답해설

환급 안내문을 수령한 날로부터 늦어도 10영업일 후까지 환급 신청서를 제출해야 한다. 따라서 6월 4일(수)에 환급 안내문을 수령하였다면 비영업일인 주말과 6월 6일(금)을 제외하고 6월 19일(목)까지 환급 신청서를 제출해야 한다.

오답풀이

① 퇴사일로부터 늦어도 14일 후까지(비영업일 포함) 자격상실 신고를 해야 한다. 따라서 5월 2일(금)에 퇴사하였다면 5월 16일(금)까지 자격상실 신고를 해야 한다.

② 우편 도착일의 다음 영업일에 접수가 완료되고, 신고 접수 완료일로부터 늦어도 5영업일 후까지는 과납 여부를 산정하여 확인 당일에 환급 안내문이 발송된다. 따라서 5월 14일(수)에 우편이 도착하였다면 5월 15일(목)에 접수가 완료되고, 5월 22일(목)까지 환급 안내문이 발송된다.

④ 환급 신청서를 제출받은 날로부터 늦어도 7영업일 후까지는 심사를 완료하고, 심사가 완료된 날의 다음 영업일에 환급금이 지급된다. 따라서 6월 10일(화)에 환급 신청서를 제출하였다면 6월 19일(목)까지 심사가 완료되며, 다음 영업일인 6월 20일(금)까지 환급금이 지급된다.

54 정답 ① 난이도 ●●●
수치 계산(비용, 시간)

정답해설

심사가 완료된 날의 다음 영업일에 환급금이 지급되므로 심사가 완료된 날은 8월 1일(금)의 하루 전인 7월 31일(목)이다. 또한 공단은 환급 신청서를 제출받은 날로부터 늦어도 7영업일 후까지는 심사를 완료하므로 환급 신청서를 제출받은 날은 7월 22일(화)이다.
대상자는 환급 안내문을 수령한 날로부터 늦어도 10영업일 후까지 환급 신청서를 제출해야 하므로 환급 안내문을 수령한 날은 7월 8일(화)이다.
공단은 자격상실 신고 접수 완료일로부터 늦어도 5영업일 후까지는 과납 여부를 확인하고 확인 당일에 환급 안내문이 발송되므로 신고 접수 완료일은 7월 1일(화)이다.
사업장은 퇴사일로부터 늦어도 14일 후까지(비영업일 포함) 자격상실을 신고해야 하므로 퇴사일은 6월 17일(화)이다.

55 정답 ② 난이도 ●●●
지문의 이해 및 활용

정답해설

2009년 이후 16년간 누적 505만 명에 이르렀으며, 2023~2024년 한국을 방문한 외국인 환자가 61+117=178(만 명)이므로 2022년까지는 누적 505-178=327(만 명)일 것이다. 즉, 500만 명 미만이다.

오답풀이

① 우리나라를 방문한 외국인 환자 수는 2020년 12만 명, 2020년부터 3년간의 회복 단계를 거쳐 2023년 61만 명, 2024년 117만 명으로 증가하여 2024년에 처음으로 100만 명을 돌파하였다. 이는 2023년 5월 발표한 「외국인 환자 유치 활성화 전략」을 통한 2027년 달성 목표이던 70만 명을 3년 일찍 달성한 것이다.

③ 피부과 진료가 전체 진료과목 중 60.3%로 가장 많았고, 그다음으로 성형외과가 11.4%로 많았다. 또한, 한국 화장품산업이 바이오헬스 산업 경쟁국가 19개국 중 1위를 차지하였으며, 외국인들의 한국 화장품에 대한 높은 수준의 호감도가 우리나라의 피부과와 성형외과를 많이 방문하게 된 이유로 추정된다고 설명되어 있다.

④ 2024년 서울 소재 유치 등록 의료기관이 1,994개소로 전체의 63.2%를 차지했다는 내용을 보면, 국내 전체 유치 등록 의료기관 수는 $\frac{1,994}{0.632}$≒3,155(개소)임을 알 수 있다. 즉, 3,000개소 이상이다.

56 정답 ④ 난이도 ●●●
지문의 이해 및 활용

정답해설

싱가포르는 동남아시아 국가 중 전년 대비 방문 증가율이 가장 높았는데, 이는 피부과 및 내과통합을 방문하는 외국인 환자의 증가로 인한 것으로 보인다고 설명되어 있다. 검진센터 및 피부과 진료 목적으로 한국을 방문하는 외국인 환자의 증가로 인해 전년과 비교해서 증가한 것으로 보여지는 국가는 러시아와 카자흐스탄이다.

오답풀이

① 권역별로는 동아시아의 방문 비중이 가장 높았고,

그중 일본이 작년에 이어 전체 국가 중 1위를 차지했다고 설명되어 있다.

② 2024년 기준 우리나라를 방문한 외국인 환자 상위 6개국은 일본(1위) 70.2-26.1=44.1(만 명), 중국(2위) 26.1만 명, 미국(3위) 10.2만 명, 대만(4위) 8.3만 명, 태국(5위) 3.8만 명, 싱가포르(6위) 2.7만 명 순이었다.

③ 미국은 피부과·내과통합·검진센터 순으로 각각 33.0%, 14.3%, 9.7%의 비중을 보였으므로, 일본의 피부과 이용 비중이 69.7%로 편중되어 있으므로 일본에 비해 피부과 이용 비중이 낮은 것으로 볼 수 있다.

57 정답 ④
수치 계산(비용, 시간)

정답해설

㉠ 2020년 대비 2023년 한국을 방문한 외국인 환자 증가율은 2020년 12만 명, 2023년 61만 명이므로 $\frac{61-12}{12} \times 100 ≒ 408.3(\%)$이다.

㉡ 2023년 대비 2024년 한국을 방문한 대만인 환자 증가율: 550.6%

㉢ 2023년 대비 2024년 부산에서의 외국인 환자 피부과 진료 증가율: 674.0%

따라서 증가율을 크기가 큰 순으로 나열하면 ㉢>㉡>㉠이다.

58 정답 ①
공고문 / 규정 이해

정답해설

소득월액보험료가 최대 4,504,170원까지 부과될 수 있으므로, 여기에 재산보험료를 더한 건강보험료는 그보다 더 부과될 수 있다.

오답풀이

② 이자, 배당, 사업, 기타소득은 전액을 소득월액으로 적용하고, 근로, 연금소득은 50%만 소득월액으로 적용하므로 소득의 종류에 따라 소득월액보험료가 달라질 수 있다.

③ 보증금 2억 원짜리 전세의 가액은 2억×0.3=0.6(억 원)=6,000(만 원)이며, 1억 원까지 공제되므로 6,000만 원 전액 공제되어 재산보험료는 0원이다.

④ 1일에 자격을 취득한 경우에는 그 달부터 부과·징수하므로 1월도 부과·징수 월에 포함된다. 12월 1일에 자격을 잃었다면 그 전날인 11월 30일이 속하는 달, 즉 11월까지만 부과·징수 월에 포함되므로 1월부터 11월까지 총 11개월 동안 건강보험료가 부과·징수된다.

59 정답 ②
수치 계산(비용, 시간)

정답해설

- 소득월액보험료: 4,000+4,000/2=6,000(만 원)을 12로 나눈 500만 원이 소득월액이다. 여기에 0.0709를 곱하면 소득월액보험료는 5,000,000×0.0709=354,500(원)이다.
- 재산보험료: {10,000+(100×40)}×0.3+50,000=54,200(만 원)에서 1억 원을 공제한 44,200만 원에 대한 부과점수는 785점이다. 따라서 785×208.4=163,594(원)이다.

둘을 더하면 354,500+163,594=518,094(원)이고, 10원 단위 미만을 절사하면 518,090원이다.

60 정답 ④
수치 계산(비용, 시간)

정답해설

소득월액은 변동이 없으므로 재산보험료의 변화만 생각하면 된다.

- 기존 재산보험료: 9억 원에서 1억 원을 공제한 8억 원에 대한 부과점수는 961점이다. 따라서 재산보험료는 961×208.4=200,272.4(원)이고, 10원 단위 미만을 절사하면 200,270원이다.
- 이후 재산보험료: 90,000×0.3=27,000(만 원)에서 1억 원을 공제한 17,000만 원에 대한 부과점수는 559점이다. 따라서 재산보험료는 559×208.4=116,495.6(원)이고, 10원 단위 미만을 절사하면 116,490원이다.

따라서 줄어드는 건강보험료 액수는 200,270-116,490=83,780(원)이다.

❷교시 직무시험_국민건강보험법

※ 문항별 관련조문 내용은 별책으로 제공되는 [독끝 암기노트]를 참고해 주세요.

01 정답 ④   빈출도 ●●●
일치 / 불일치

[관련조문]
제11조(자격취득 등의 확인)

[정답해설]
① (×) 자격의 취득은 단순히 확인된 날이 아니라 자격 취득의 시기로 소급하여 효력을 발생한다.
② (×) 자격의 상실 역시 제10조에 따른 상실사유 발생일로부터 소급하여 효력을 발생한다. 30일 이후라는 규정은 없다.
③ (×) 보험자는 가입자 자격의 취득·변동·상실 사실을 확인할 수 있다. 반드시 가입자의 신청이 있어야만 가능한 것은 아니다.
④ (○) 가입자뿐만 아니라 가입자이었던 자와 피부양자이었던 자도 확인 청구가 가능하다.

02 정답 ③   빈출도 ●○○
일치 / 불일치

[관련조문]
제29조(규정 등)
제30조(대리인의 선임)
제31조(대표권의 제한)
제32조(이사장 권한의 위임)

[정답해설]
① (○) 제29조
② (○) 제30조
③ (×) 이사장은 공단의 이익과 자기의 이익이 상반되는 사항에 대하여는 공단을 대표하지 못한다. 이 경우 감사가 공단을 대표한다.
④ (○) 제32조

[독끝 암기포인트]
③ 대부분의 기관은 이해충돌의 우려가 있는 사항에 대해서는 그 장이라 할지라도 그 기관을 대표할 수 없다. 공단 역시 마찬가지다.

03 정답 ③   빈출도 ●●●
해당하는 것 고르기

[관련조문]
제3조의2(국민건강보험종합계획의 수립 등)

[정답해설]
㉠ (○) 제2항 제2호
㉡ (○) 제2항 제4호
㉢ (○) 제2항 제7호
㉣ (×) 제4조에 따르면, 지역가입자의 보험료율과 재산보험료부과점수당 금액은 건강보험정책심의위원회에서 심의·의결한다.

[독끝 암기포인트]
종합계획에 포함되는 제1호~제4호는 종합계획이라는 이름에 걸맞은 큰 사항이므로 알아두는 것이 어렵지 않다. 따라서 아래 5가지만을 추가적으로 암기한다.
5. 요양급여비용에 관한 사항 → 건강보험정책심의위원회의 심의·의결 사항에도 있음
6. 건강증진 사업에 관한 사항 → 건보료 재정 지출을 최소화하기 위해 국민건강 관련 사업도 진행함
7. 취약계층 지원에 관한 사항 → 건강보험은 사회보장적 성격도 있으므로 취약계층 지원 관련 사업도 진행함
8. 건강보험에 관한 통계 및 정보의 관리에 관한 사항 → 보험의 효율적 운영에 필요
9. 그 밖에 건강보험의 개선을 위하여 필요한 사항으로 대통령령으로 정하는 사항

04 정답 ③   빈출도 ●●○
사례

[관련조문]
제6조(가입자의 종류)
제54조(급여의 정지)

정답해설

① (○) 제54조 제4호

② (○) 제54조 제2호

③ (×) 제6조 제2항 제2호에 따르면 지원에 의하지 아니하고 임용된 하사만 포함된다. 지원하여 하사로 복무하게 된 C는 대상이 아니다.

④ (○) 제6조 제2항 제2호

> **독끝 암기포인트**
>
> ③ 제3호에서 보험급여를 정지하는 사람은 병역의 의무로 인해 군인이 된 사람이 대상이다. 현역병 및 전환복무자, 군간부후보생이 이에 해당한다.

05 정답 ③   빈출도 ●●●
계산

관련조문
제20조(임원)

정답해설

이사 14명 중 5명이 상임이며, 이를 제외한 9명이 비상임이사다.

비상임이사 9명은 노동조합·사용자단체·시민단체·소비자단체·농어업인단체 및 노인단체가 추천하는 각 1명에 대통령령으로 정하는 바에 따라 추천하는 관계 공무원 3명을 더해 총 9명이다.

> **독끝 암기포인트**
>
> - 임원 수: 16명(이사장 1명, 감사 1명, 이사 14명)
> - 상임임원 수: 7명(이사장 1명, 감사 1명, 이사 5명)
> 이것만 외워두면 비상임이사의 수는 자연스럽게 추론할 수 있다.

06 정답 ④   빈출도 ●●○
사례

관련조문
제41조의2(약제에 대한 요양급여비용 상한금액의 감액 등)
제41조의3(행위·치료재료 및 약제에 대한 요양급여대상 여부의 결정 및 조정)

정답해설

① (○) 제41조의3 제3항에 따라 보건복지부장관은 신청이 있으면 정당한 사유가 없는 한 보건복지부령으로 정한 기간 내에 요양급여대상 여부를 결정하여 신청인에게 통보해야 한다.

② (○) 제41조의3 제4항에 따라 신청이 없는 경우에도 환자의 진료상 반드시 필요하다고 보건복지부령으로 정하는 경우에는 직권으로 요양급여대상 여부를 결정할 수 있다.

③ (○) 제41조의2 제2항에 따라 동일한 위반이 5년 이내에 재발한 경우에는 요양급여비용 상한금액의 최대 40%까지 감액 가능하다.

④ (×) 제41조의2 제3항에 따르면 세 번째로 위반하였을 때 요양급여의 적용을 정지할 수 있다. 'C'는 아직 두 번만 위반하였으므로 요양급여 적용 정지가 가능하지 않다.

> **독끝 암기포인트**
>
> ③, ④ 요양급여대상인 약제에 대하여 「약사법」 제47조 제2항을 위반한 횟수에 따른 패널티는 다음과 같다.
> - 1회 → 최대 20% 감액
> - 2회 → 최대 40% 감액
> - 3회 → 최대 1년 정지

07 정답 ③   빈출도 ●●○
일치 / 불일치

관련조문
제45조(요양급여비용의 산정 등)
제46조(약제·치료재료에 대한 요양급여비용의 산정)

정답해설

㉠ (×) 제45조 제1항에 따르면, 계약기간은 3년이 아닌 1년이다.

㉡ (○) 제45조 제3항

㉢ (○) 제45조 제5항

㉣ (×) 제46조에 따르면 약제·치료재료(이하 "약제·치료재료"라 한다)에 대한 요양급여비용은 제45조에도 불구하고 요양기관의 약제·치료재료 구입금액 등을 고려하여 대통령령으로 정하는 바에 따라 달리 산정할 수 있다.

분일로부터 180일이 지나면 이의신청이 불가하다.

② (×) 제88조 제1항에 따르면 이의신청에 대한 결정에 불복하는 자가 심판청구를 할 수 있다고 되어 있다. 그 외에 심판청구를 할 수 있다는 내용이 없으므로 심판청구를 하려면 사전에 이의신청을 먼저 해야 한다.

③ (○) 제90조에 따르면 공단 또는 심사평가원의 처분에 이의가 있는 자는 행정소송을 제기할 수 있다고 되어 있다. 즉, 이의신청이나 심판청구가 사전에 반드시 필요한 것은 아니다.

④ (○) 제88조 제2항

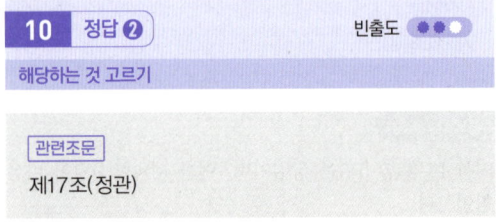

이의신청 → 심판청구의 단계를 거치나, 행정소송은 별개다. 이의신청 → 행정소송 또는 이의신청 → 심판청구 → 행정소송의 단계도 가능하다.

10 정답 ②

해당하는 것 고르기

관련조문
제17조(정관)

정답해설

① (○) 제1항 제3호
② (×) 요양급여비용에 관한 사항은 국민건강보험종합계획, 건강보험정책심의위원회에서 다룬다.
③ (○) 제1항 제9호
④ (○) 제1항 제7호

독끝 암기포인트

정관은 내부규정으로 목적, 명칭, 임직원, 이사회, 보험료, 예산, 자산 등 공단 내부 운영 규칙과 관련된 건 뭐든지 적는다. 반면 설립등기는 대외공시로 목적, 명칭, 모든 사무소의 소재지, 이사장 개인정보와 같이 법인 성립 요건으로 중요한 공개 정보만 나열한다.

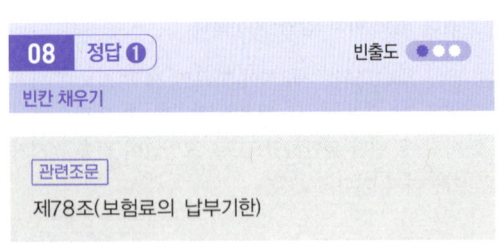

㉠ 물가상승률, 인건비 상승, 의료기술 및 진료 패턴 변화 등을 적절한 시기에 반영하기 위해 1년 단위 계약을 체결한다.
㉡ 6월 30일은 협상에 실패할 경우 최후의 데드라인이며, 일반적으로는 5월 31일까지 계약을 체결해야 한다.
㉢ 약제나 치료재료는 수천~수만 가지의 품목이 존재하며, 제품별로 가격이 다르고 시장 공급 상황 변동도 심한 편이므로 1년 단위의 계약으로 결정하기에는 현실적으로 불가능한 측면이 있다. 따라서 구입금액 등을 고려하여 유연하게 산정한다.

08 정답 ①

빈칸 채우기

관련조문
제78조(보험료의 납부기한)

정답해설

㉠ 10일
㉡ 1개월

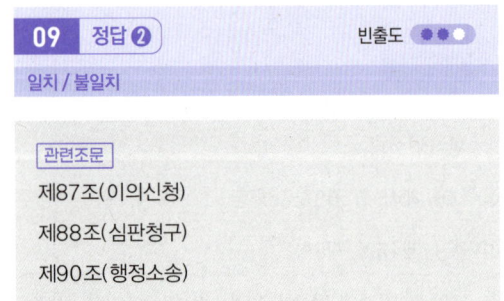

㉠ 대부분의 중소기업은 월급날이 10일이다. 이는 건강보험료 납부와 월급의 지급을 한 번에 처리하기 위함이다. 대기업은 월급날이 25일인 경우가 많은데, 이는 건강보험료 납부와는 관련이 없다.
㉡ 납입 고지의 송달 지연 등으로 인한 납부기한 연장은 단기간에 처리가 가능한 문제이므로 1개월의 범위에서만 연장할 수 있다.

09 정답 ②

일치 / 불일치

관련조문
제87조(이의신청)
제88조(심판청구)
제90조(행정소송)

정답해설

① (○) 제87조 제1항 및 제2항에 따르면 처분이 있음을 안 날부터 90일 이내에 이의신청이 가능하며, 처

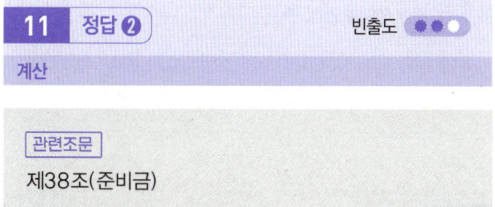

계산

관련조문
제38조(준비금)

정답해설

잉여금 중에서 그 연도의 보험급여에 든 비용의 100분의 5 이상에 상당하는 금액을 그 연도에 든 비용의 100분의 50에 이를 때까지 준비금으로 적립해야 한다. 8,000×0.05=400(억 원)이며, 이는 잉여금 500억 원에서 충분히 사용할 수 있는 금액이다. 그런데 이미 적립된 준비금 총액이 3,900억 원이고, 8,000×0.5=4,000(억 원)에 이를 때까지 준비금으로 적립해야 하므로 남은 금액은 100억 원뿐이다.
따라서 400억 원이 아닌 100억 원만 추가로 적립한다.

적립금은 보험급여 비용의 최소 5%이며, 최대 50%가 될 때까지 적립한다.

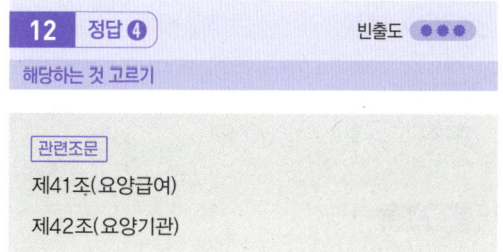

해당하는 것 고르기

관련조문
제41조(요양급여)
제42조(요양기관)

정답해설

제42조에 따르면 요양급여는 간호와 이송을 제외하고 요양기관에서 실시한다.

간호와 이송은 요양급여 범위에는 포함되지만, 요양기관에서 직접 실시해야 하는 항목은 아니므로 제외된다.

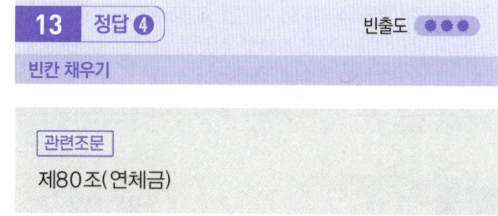

빈칸 채우기

관련조문
제80조(연체금)

정답해설

㉠ 6천분의 1 → 6,000분의 1
㉡ 1천분의 50 → 1,000분의 50

독끝 암기포인트

• 보험료 체납, 보험료 체납으로 인한 보험급여 제한 기간 중 받은 보험급여에 대한 징수금 체납을 또다시 체납: 하루에 6,000분의 1 추가, 최대 5%(첫 체납에선 하루에 1,500분의 1, 최대 2%)
• 그 외에 대한 징수금 체납을 또다시 체납: 하루에 3,000분의 1 추가, 최대 9%(첫 체납에선 하루에 1,000분의 1, 최대 3%)
※ 보험료 체납보다 그 외의 경우에 더 강한 연체금을 부과함

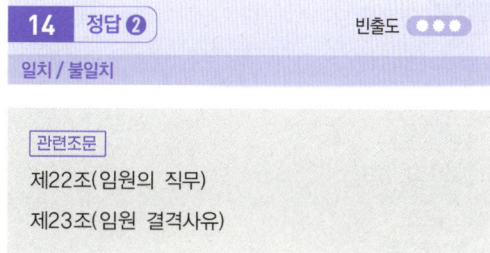

일치 / 불일치

관련조문
제22조(임원의 직무)
제23조(임원 결격사유)

정답해설

① (○) 제22조 제1항

② (×) 이사장이 직무를 수행할 수 없을 때에는 정관으로 정하는 바에 따라 상임이사 중 1명이 그 직무를 대행하는 것이 우선이다. 만약 상임이사가 없거나 그 직무를 대행할 수 없을 때에 비로소 정관으로 정하는 임원이 그 직무를 대행한다.

③ (○) 제22조 제4항

④ (○) 제23조 제1호

② 상임이사는 일정한 임무를 항상 집행하는 이사이며, 비상임이사는 회사의 일상적인 운영에는 관여하지

않지만, 회의나 결정에 자문을 제공하는 이사다. 따라서 이사장이 직무를 수행할 수 없을 때에는 일차적으로 상임이사가 직무를 대행해야 한다.

3년 동안 행사하지 아니하면 소멸시효가 완성되는 권리는 모두 보험료, 보험급여와 관련된 권리들뿐이다.

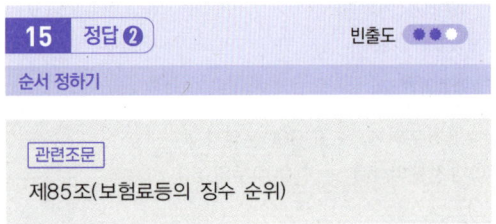

순서 정하기

관련조문
제85조(보험료등의 징수 순위)

정답해설
보험료등은 국세와 지방세를 제외한 다른 채권에 우선하여 징수한다.

독끝 암기포인트
세금(국세, 지방세)의 징수가 최우선이고, 세금에 준하는 건강보험료의 징수가 그다음이다. 일반 채권(회사채, 사채)는 가장 후순위다.

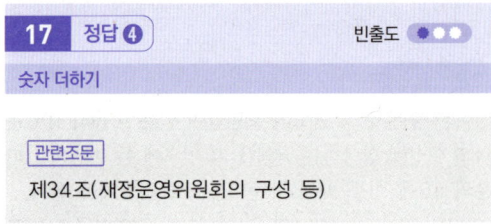

숫자 더하기

관련조문
제34조(재정운영위원회의 구성 등)

정답해설
㉠ 10 / ㉡ 10 / ㉢ 10
∴ 10+10+10=30

독끝 암기포인트
재정운영위원회는 세 집단의 균형을 맞추기 위해 공평하게 10명씩 구성한다.

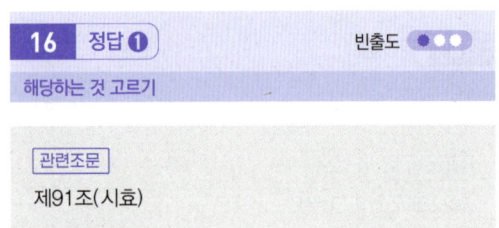

해당하는 것 고르기

관련조문
제91조(시효)

정답해설
3년 동안 행사하지 아니하면 소멸시효가 완성되는 권리는 다음의 6가지이다.
1. 보험료, 연체금 및 가산금을 징수할 권리
2. 보험료, 연체금 및 가산금으로 과오납부한 금액을 환급받을 권리
3. 보험급여를 받을 권리
4. 보험급여 비용을 받을 권리
5. 제47조(요양급여비용의 청구와 지급 등) 제3항 후단에 따라 과다납부된 본인일부부담금을 돌려받을 권리
6. 제61조(요양급여비용의 정산)에 따른 근로복지공단의 권리

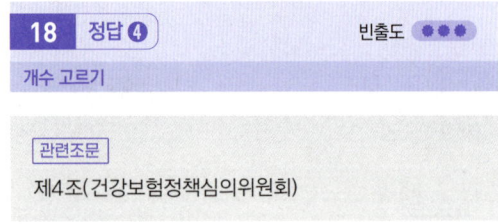

개수 고르기

관련조문
제4조(건강보험정책심의위원회)

정답해설
㉠ (○) 제1항 제4호
㉡ (○) 제1항 제5호
㉢ (○) 제1항 제2호
㉣ (×) 종합계획 및 시행계획은 의결을 하지 않는다.
㉤ (○) 제1항 제3호

독끝 암기포인트
종합계획, 보험료 부과 관련 제도 개선 등은 행정부(보건복지부장관)의 책임하에 수립되는 정책 다양한 의견을 듣기 위해 심의위원회의 심의는 거치되, 최종 결정권(의결권)은 심의위원회가 아닌 정부가 가진다.

19 정답 ② 빈출도 ●●○

일치 / 불일치

[관련조문]
제57조(부당이득의 징수)

정답해설

① (○) 제1항

② (×) 제2항에 따르면, 공단은 속임수나 그 밖의 부당한 방법으로 보험급여 비용을 받은 요양기관이 조건을 만족하는 경우에는 해당 요양기관을 개설한 자에게 그 요양기관과 연대하여 같은 항에 따른 징수금을 납부하게 할 수 있다.

③ (○) 제4항

④ (○) 제5항

독끝 암기포인트

부당이득을 징수할 때 관련된 자들에게 모두 귀책사유가 있는 경우에는 연대하여 징수금을 납부하게 한다.

20 정답 ① 빈출도 ●●○

사례

[관련조문]
제58조(구상권)

정답해설

제3자 을의 행위로 보험급여사유가 생겼는데, 이미 갑은 을로부터 손해배상금 150만 원을 지급받았으므로 공단은 200만 원에서 150만 원을 제한 50만 원만 갑에게 보험급여를 지급한다. 그리고 공단은 이 50만 원에 대하여 제3자 을에게 손해배상을 청구할 권리를 얻는다.

독끝 암기포인트

제3자의 행위로 인해 공단도 보험급여비용이 발생하였으므로, 제3자가 공단에게 직접 손해를 끼치진 않았지만 간접적인 손해를 끼친 셈이 된다. 따라서 구상권을 청구할 수 있다.

❷교시 직무시험_노인장기요양보험법

※ 문항별 관련조문 내용은 별책으로 제공되는 [독끝 암기노트]를 참고해 주세요.

01 정답 ① 빈출도 ●○○

일치 / 불일치

[관련조문]
제4조(국가 및 지방자치단체의 책무 등)
제5조(장기요양급여에 관한 국가정책방향)

정답해설

㉠ (○) 제4조 제3항

㉡ (×) 제4조 제6항에 따르면, 장기요양기관이 아니라 국가 및 지방자치단체가 적극적으로 노력하여야 한다.

㉢ (○) 제4조 제1항

㉣ (×) 제5조에 따르면, 지방자치단체가 아니라 국가가 시책을 강구하여야 한다.

독끝 암기포인트

- 국가만의 책무: 노인성질환예방사업에 소요되는 비용 지원, 장기요양기본계획 수립·시행 시 필요한 모두에게 장기요양급여 제공과 생활안정 및 자립을 지원할 수 있는 시책 강구
- 국가 및 지방자치단체의 책무: 그 외

02 정답 ③ 빈출도 ●●●

해당하는 것 고르기

[관련조문]
제22조(장기요양인정 신청 등에 대한 대리)

정답해설

㉠, ㉡ (○) 제1항에 따르면 가족이나 친족, 그 밖의 이해관계인은 대리를 할 수 있다.

㉢ (○) 제2항 제1호에 따르면 본인 또는 가족의 동의를 받으면 사회복지전담공무원이 대리를 할 수 있다.

② (×) 제2항 제2호에 따르면 치매안심센터의 장이 대리를 할 수 있는 사람은 장기요양급여를 받고자 하는 자가 치매환자인 경우로 한정된다. 따라서 뇌혈관성질환으로 인해 장기요양급여를 받고자 하는 자는 치매안심센터의 장에게 대리를 맡길 수 없다.

> **독끝 암기포인트**
> 가족, 친족은 당연히 대리를 할 수 있으며, 사회복지전담공무원도 대리를 할 수 있다. 이는 가족이나 친족의 도움을 받기 어려운 경우가 있을 수도 있기 때문에 공공시스템적으로 보장을 한 것이다. 특이하므로 알아두어야 할 것은 치매환자의 경우에만 치매안심센터의 장이 대리를 할 수 있다는 것이다.

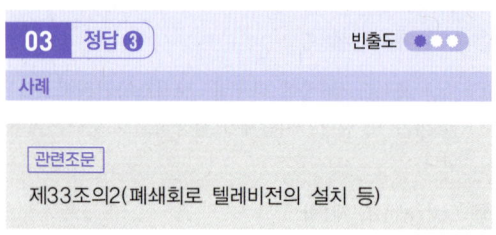

정답해설

① (○) 제1항 제1호

② (○) 제1항 제2호

③ (×) 제1항 제3호에 따르면 수급자, 그 보호자뿐만 아니라 장기요양기관 종사자 전원의 동의를 받아야 한다.

④ (○) 제1항 제2호

> **독끝 암기포인트**
> ① 폐쇄회로 텔레비전 설치하는 이유는 노인학대 방지 등 수급자 안전을 위한 것이므로, 재가급여만을 제공하는 장기요양기관은 굳이 설치할 필요가 없다.
> ②, ④ 폐쇄회로 텔레비전의 설치 여부는 민감한 문제이므로 수급자 또는 보호자 전원의 동의가 필요하다.
> ③ 네트워크 카메라를 폐쇄회로 텔레비전 대신 설치하는 것은 수급자, 보호자뿐만 아니라 장기요양기관 종사자 전원의 동의가 필요하다는 것에 유의한다.

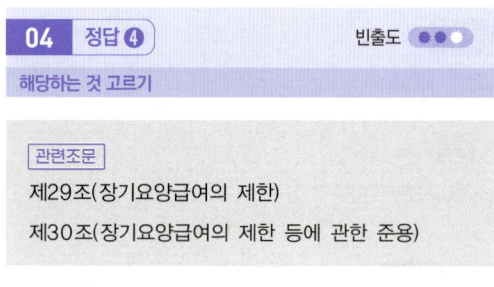

정답해설

㉠ (○) 제29조 제1항
㉡ (○) 제29조 제2항
㉢ (○) 제30조 및 「국민건강보험법」 제53조 제3항

> **독끝 암기포인트**
> 장기요양급여를 제한할 수 있는 경우는 다음과 같다.
> 1. 조사에 응하지 않음
> 2. 거짓이나 부정한 방법으로 장기요양급여비용을 받는 데에 가담
> 3. 보험료 체납

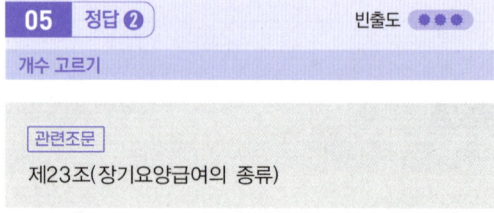

정답해설

㉠, ㉡, ㉢만 장기요양요원이 수급자의 가정 등을 방문하는 장기요양급여다. ㉣, ㉤은 수급자를 장기요양기관에서 일정 기간 동안 보호하는 것이고, ㉥의 시설급여는 수급자를 장기요양기관에 장기간 입소시키는 것이다.

> **독끝 암기포인트**
> 주·야간보호와 단기보호는 재가급여에 속하지만 장기요양기관으로 수급자가 가는 것이므로 유의해야 한다.

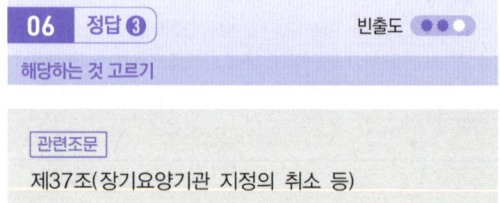

정답해설

지정을 취소해야만 하는 경우는 제1호, 제2호의2, 제3호의5, 제7호, 제8호뿐이다.

- 제1호: 거짓이나 그 밖의 부정한 방법으로 지정을 받은 경우
- 제2호의2: 법인이 결격사유에 해당하게 된 경우(단, 법인의 대표자가 결격사유에 해당하게 된 경우에는 3개월 이내에 그 대표자를 변경하는 때에는 그러하지 아니하다.)
- 제3호의5: 폐업 또는 휴업 신고를 하지 아니하고 1년 이상 장기요양급여를 제공하지 아니한 경우
- 제7호: 업무정지기간 중에 장기요양급여를 제공한 경우
- 제8호: 사업자등록이나 고유번호가 말소된 경우

독끝 암기포인트

장기요양기관으로서의 자격이 없거나 기능을 상실한 경우에만 반드시 지정을 취소해야만 한다.

07 정답 ④ 빈출도 ●●○

빈칸 채우기

관련조문
제16조(장기요양등급판정기간)

 정답해설

㉠ 30일
㉡ 30일

독끝 암기포인트

장기요양등급판정은 서류만으로 처리하는 것이 아니라 직원이 직접 신청인을 조사해야 하므로 상당한 시일이 소요된다. 따라서 30일이라는 약간은 긴 시간의 판정 기간이 주어진다. 그러나 정밀조사가 필요한 경우도 있으므로 30일 추가 연장을 할 수 있다.

08 정답 ② 빈출도 ●●●

일치 / 불일치

관련조문
제31조(장기요양기관의 지정)

 정답해설

① (○) 제1항

② (×) 제3항에 따르면, 후보 기관이 아닌 공단에 관련 자료의 제출을 요청하거나 그 의견을 들을 수 있다.

③ (○) 제4항

④ (○) 제5항

독끝 암기포인트

제3항에서 검토하는 내용은 장기요양기관을 운영하려는 자의 장기요양급여 제공 이력, 장기요양기관의 운영과 관련된 법에 따라 받은 행정처분의 내용, 해당 지역의 노인인구 수, 치매 등 노인성질환 환자 수 및 장기요양급여 수요 등 지역 특성 등 공단이 더 객관적인 자료를 제공할 수 있는 것이 대부분이다. 따라서 후보 기관이 아닌 공단에게 자료의 제출을 요청한다.

09 정답 ③ 빈출도 ●●○

해당하는 것 고르기

관련조문
제47조의2(장기요양요원지원센터의 설치 등)

 정답해설

① (○) 제2항 제1호

② (○) 제2항 제2호

③ (×) 해당 내용은 조문에 없다. 제3호에 있는 내용은 '장기요양요원에 대한 건강검진 등 건강관리를 위한 사업'이다.

④ (○) 제2항 제4호

독끝 암기포인트

고용계약 체결을 위한 표준계약서 작성 및 대행도 지원 업무로 보이지만, 해당 내용은 장기요양요원지원센터의 전문적인 분야가 아니다.

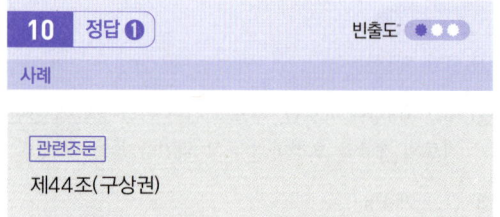

10 정답 ①   빈출도 ●●○

사례

[관련조문]
제44조(구상권)

🔍 **정답해설**

제3자 을의 행위로 장기요양급여의 제공사유가 생겼는데, 이미 갑은 을로부터 손해배상금 100만 원을 지급받았으므로 공단은 200만 원에서 100만 원을 제한 100만 원에 상당하는 장기요양급여를 갑에게 제공한다. 그리고 공단은 이 100만 원에 대하여 제3자 을에게 손해배상을 청구할 권리를 얻는다.

📝 **독끝 암기포인트**

제3자의 행위로 인해 공단도 장기요양급여가 발생하였으므로, 제3자가 공단에게 직접 손해를 끼치진 않았지만, 간접적인 손해를 끼친 셈이 된다. 따라서 구상권을 청구할 수 있다.

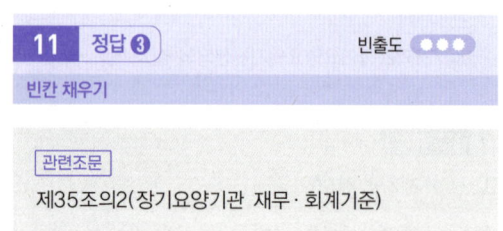

11 정답 ③   빈출도 ●●○

빈칸 채우기

[관련조문]
제35조의2(장기요양기관 재무·회계기준)

🔍 **정답해설**

㉠ 보건복지부령
㉡ 사회복지사업법

📝 **독끝 암기포인트**

㉠ 대통령령과 보건복지부령의 차이는 다음과 같이 요약할 수 있다.

구분	대통령령	보건복지부령
주체	대통령	보건복지부 장관
적용 범위	나라 전체, 부처 간 조정 포함	보건복지부 소관 업무에 한정
중요도	상대적으로 더 중요하고 큰 사안	실무적이고 구체적인 사안
예시	노인성 질병 범위, 장기요양보험료율	신고 절차, 서류 양식 등

따라서 재무·회계 기준과 같이 보건복지부 소관 업무에 한정되는 것은 보건복지부령으로 정한다.
㉡ 사회복지시설은 이미 사회복지사업법에서 정한 재무·회계 기준이 있으므로 중복 적용을 피하기 위해서 재무·회계 기준을 별도로 정한다.

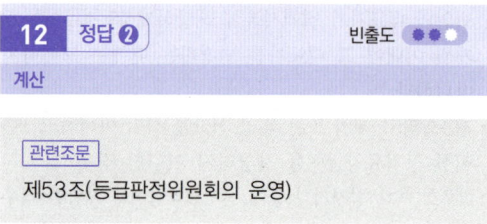

12 정답 ②   빈출도 ●●●

계산

[관련조문]
제53조(등급판정위원회의 운영)

🔍 **정답해설**

등급판정위원회는 위원장 1인을 포함하여 15인의 위원으로 구성한다. 따라서 구성원의 3분의 2가 출석하였다면 10명이 출석한 것이다. 출석위원 과반수의 찬성으로 의결하므로, 10명의 절반을 초과하는 6명의 찬성이 최소한으로 필요하다.

📝 **독끝 암기포인트**

장기요양위원회와 등급판정위원회 회의 둘 다 구성원 과반수의 출석으로 개의하고 출석위원 과반수의 찬성으로 의결한다. 의결은 구성원 과반수가 아닌 출석위원 과반수임에 유의한다.
또한 과반수란 반수를 초과하는 수를 말한다. 19의 과반수는 10이고, 20의 과반수는 11이다.

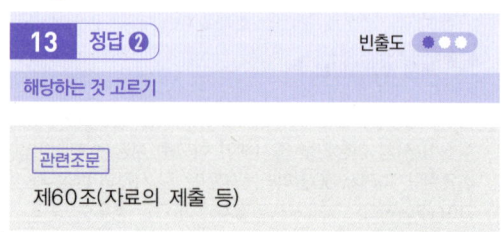

13 정답 ②   빈출도 ●●○

해당하는 것 고르기

[관련조문]
제60조(자료의 제출 등)

🔍 **정답해설**

공단이 장기요양사업 수행에 필요하다고 인정할 때 자료의 제출을 요구할 수 있는 자는 다음과 같다.
1. 장기요양보험가입자 또는 그 피부양자 및 의료급여 수급권자
2. 수급자, 장기요양기관 및 의료기관
여기에 장기요양요원은 없다.

독끝 암기포인트

장기요양요원은 장기요양기관 소속이므로 관련된 자료는 장기요양기관에게 요구할 수 있다. 따라서 장기요양요원은 목록에 있을 필요가 없다.

ⓒ 의료급여법은 생활이 어려운 사람에게 의료급여를 하기 위한 법인데, 해당 조문은 생활이 어려운 자의 본인부담금을 감경하는 것이므로 노인복지법보다는 의료급여법이 더 적합하다.

14 정답 ③ 빈출도 ●●○
일치 / 불일치

관련조문
제38조(재가 및 시설 급여비용의 청구 및 지급 등)

정답해설

① (○) 제2항
② (○) 제3항
③ (×) 제4항에 따르면, 장기요양기관이 수급자에게 지급해야 하는 것이 아니라 공단이 장기요양기관으로부터 공제하여 수급자에게 지급하여야 한다.
④ (○) 제6항

독끝 암기포인트

③ 장기요양기관이 수급자에게 직접 지급하게 하면 정확한 금액이 지급되었는지 공단이 확인할 방법이 없으므로 공단이 장기요양기관으로부터 공제하여 수급자에게 지급한다.

15 정답 ④ 빈출도 ●●○
빈칸 채우기

관련조문
제40조(본인부담금)

정답해설

㉠ 100분의 60
ⓒ 의료급여법

독끝 암기포인트

㉠ 생활이 어려운 자에게는 절반을 넘어서 60%까지 감경

16 정답 ① 빈출도 ●●○
사례

관련조문
제36조의2(시정명령)

정답해설

제36조의2 제1호에 따라 6개월 이내의 범위에서 시정을 명할 수 있다.

독끝 암기포인트

② 업무정지 또는 지정취소에는 폐쇄회로 텔레비전에 대한 내용은 없다.
③ 징역 또는 벌금에 폐쇄회로 텔레비전 관련 내용은 적극적으로 활용하려 한 경우(임의로 조작, 다른 곳 비춤, 녹음기능 사용, 지정된 기기 외의 다른 기기에 영상정보 저장 → 3년 이하 징역 또는 3천만 원 이하 벌금)와 영상정보 보관조치 태만으로 인해 유출사고가 난 경우(2년 이하 징역 또는 2천만 원 이하 벌금)이다. 즉, 영상정보 보관기준을 위반만 하면 시정조치에 그치지만, 그로 인해 유출 사고가 난 경우에는 징역 또는 벌금으로 처분 수위가 높아진다.
④ 과태료에 폐쇄회로 텔레비전 관련 내용은 미설치, 설치·관리의무 위반, 정당한 영상정보 열람 요청에 응하지 않음(300만 원 이하 과태료)이다.

17 정답 ④ 빈출도 ●●●
일치 / 불일치

관련조문
제55조(심사청구)
제56조(재심사청구)

정답해설

① (○) 제55조 제2항
② (○) 제55조 제3항 및 제4항
③ (○) 제56조 제1항

④ (×) 제56조 제2항에 따르면, 재심사위원회는 공단이 아닌 보건복지부장관 소속으로 둔다.

독끝 암기포인트

심사청구에 대한 항소 차원에서 하는 것이 재심사청구이다. 따라서 심사청구보다 한 단계 높은 기관에서 이를 처리한다. 심사위원회는 공단 소속, 재심사위원회는 한 단계 높은 보건복지부장관 소속이다.

일치 / 불일치

관련조문
제61조(보고 및 검사)

정답해설

① (○) 제3항

② (○) 제4항

③ (×) 제5항에 따르면 보건복지부령이 아닌 이 법에서 정하는 사항을 제외하고는 「행정조사기본법」에서 정하는 바에 따른다.

④ (○) 제6항

독끝 암기포인트

③ 보건복지부장관, 특별시장·광역시장·도지사 또는 특별자치시장·특별자치도지사·시장·군수·구청장의 소속 공무원이 질문 또는 검사하는 것이므로, 이에 대해서는 노인장기요양보험법 외의 법을 적용받는다.

④ 대통령령과 보건복지부령의 차이는 다음과 같이 요약할 수 있다.

구분	대통령령	보건복지부령
주체	대통령	보건복지부 장관
적용 범위	나라 전체, 부처 간 조정 포함	보건복지부 소관 업무에 한정
중요도	상대적으로 더 중요하고 큰 사안	실무적이고 구체적인 사안
예시	노인성 질병 범위, 장기요양보험료율	신고 절차, 서류 양식 등

보고 및 검사는 부처 간 조정이 필요한 사안이므로 대통령령으로 정한다.

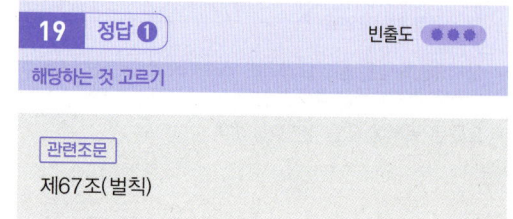
해당하는 것 고르기

관련조문
제67조(벌칙)

정답해설

① 제2항 제4호 → 최대 2천만 원
② 제3항 제1호 → 최대 1천만 원
③ 제4항 → 최대 1천만 원
④ 제3항 제4호 → 최대 1천만 원
따라서 정답은 ①이다.

독끝 암기포인트

벌칙 상한	위반행위 요약
3년 / 3천만 원	1. 부정한 방법으로 장기요양급여비용 청구 2. 폐쇄회로 텔레비전(CCTV)를 설치 목적과 무관하게 조작, 방향 바꿈, 녹음, 지정되지 않은 기기에 저장
2년 / 2천만 원	1. 지정 없이 또는 거짓으로 지정받아 장기요양기관 운영 2. 폐쇄회로 텔레비전(CCTV) 안전성 미확보로 인해 영상 유출 3. 본인부담금 면제·감경 4. 수급자 알선·유인 5. 업무수행 중 알게 된 비밀 누설
1년 / 1천만 원	1. 정당한 사유 없이 장기요양급여 제공 거부 2. 부정한 방법으로 장기요양급여 수급 3. 정당한 사유 없이 폐업·휴업 시 수급자 권익 보호 × 4. 지정취소 또는 업무정지 시 본인부담금 정산 ×
1천만 원	(장기요양기관 및 의료기관만) 장기요양급여에 관련된 자료의 제출 명령에 거부 또는 거짓 제출

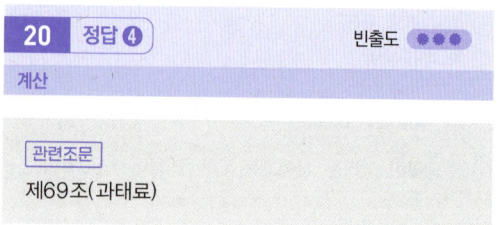
계산

관련조문
제69조(과태료)

정답해설

- 갑: 제1항 제8호 → 최대 500만 원
- 을: 제1항 제3호의2 → 최대 500만 원
- 병: 제1항 제2호 → 최대 500만 원

따라서 과태료 총합의 최댓값은 500+500+500= 1,500(만 원)이다.

독끝 암기포인트

과태료 상한	위반행위 요약
500만 원	1. 시설·인력을 변경하고 변경지정 또는 변경신고 × 2. 장기요양기관 정보 미게시 또는 거짓 게시 3. 수급자에게 장기요양급여비용 명세서 미교부 또는 거짓 교부 4. 장기요양급여 제공 자료 기록·관리 × 5. 장기요양요원에 대한 잘못(급여외 행위 제공 요구, 본인부담금 요구, 고충에 대한 미조치) 6. 폐업·휴업 신고 × 7. 행정제재처분 받은 사실을 양수인에게 지체 없이 알리지 않음 8. 부정한 방법으로 수급자에게 장기요양급여비용 부담 9. 장기요양사업 수행에 필요한 자료 제출 요구에 거부 또는 거짓 제출 10. (장기요양기관 및 외료기관 제외) 장기요양급여에 관련된 자료의 제출 명령에 거부 또는 거짓 제출 → 만약 장기요양기관 및 의료기관이라면 1천만 원 이하의 벌금 11. 부정한 방법으로 장기요양급여비용 청구에 가담 12. 노인장기요양보험 또는 유사한 용어 사용
300만 원	1. 폐쇄회로 텔레비전(CCTV) 설치 × 2. 폐쇄회로 텔레비전(CCTV) 영상기록 열람을 정당하게 요구하였으나 거절

300만 원 이하가 2가지밖에 없으므로 이를 먼저 외운다. 이에 해당하지 않는 과태료는 모두 500만 원 이하다.

MEMO

독학으로 끝내는 시리즈

25년 기출복원

독끝 국민건강보험공단

특별부록
건보법/요양법 암기노트
법조문 전문 + 핵심요약

암기노트 활용 가이드

GUIDE

독끝

- 각 조문별 "**빈출도**", "**기출연도**"를 통해 학습 우선순위를 파악할 수 있습니다.

- 법조문 중 시험에 자주 출제되거나 문제로 만들기 좋은 부분이 **푸른색**으로 표시되어 있습니다.
  시험이 임박한 단기학습자의 경우, 빈출 우선순위와 조문별 **푸른색** 내용 위주로 빠르게 학습하세요.

- 틀렸거나, 확실히 암기하지 못한 조문은 **관련문항**으로 표기한 문항을 통해 다시 한 번 풀어보면서 확실히 암기하세요.

- 길고 복잡한 법조문을 간략하게 파악할 수 있도록 **독끝 핵심정리** 코너를 활용하세요.

- 회색 박스 안의 내용은 '해당하는 것 고르기' 유형으로 출제될 가능성이 높으니 항목 리스트를 암기하세요.

제6조(가입자의 종류) 빈출도  24하

관련문항 1회 20번, 4회 4번

① 가입자는 <u>직장가입자</u>와 <u>지역가입자</u>로 구분한다.
② <u>모든 사업장의 근로자 및 사용자와 공무원 및 교직원은 직장가입자</u>가 된다. 다만, 다음 각 호의 어느 하나에 해당하는 사람은 제외한다.

  1. 고용 기간이 1개월 미만인 일용근로자
  2. 「병역법」에 따른 <u>현역병</u>(지원에 의하지 아니하고 임용된 하사를 포함한다), <u>전환복무된 사람 및 군간부후보생</u>
  3. 선거에 당선되어 취임하는 공무원으로서 매월 보수 또는 보수에 준하는 급료를 받지 아니하는 사람
  4. 그 밖에 사업장의 특성, 고용 형태 및 사업의 종류 등을 고려하여 대통령령으로 정하는 사업장의 근로자 및 사용자와 공무원 및 교직원

③ <u>지역가입자는 직장가입자와 그 피부양자를 제외한 가입자</u>를 말한다.
④ 삭제

🎯 독끝 핵심정리

- 직장가입자: 모든 사업장의 근로자, 사용자, 공무원, 교직원(1개월 미만 일용근로자, 현역병, 무보수 선출 공무원 등 제외)
- 지역가입자: 직장가입자와 피부양자를 제외한 가입자

PART 1 국민건강보험법 ··· 04

PART 2 노인장기요양보험법 ··· 54

PART 1 국민건강보험법

CHAPTER 01 총칙

제1조(목적)   빈출도 ●●●

이 법은 국민의 질병·부상에 대한 예방·진단·치료·재활과 출산·사망 및 건강증진에 대하여 보험급여를 실시함으로써 국민보건 향상과 사회보장 증진에 이바지함을 목적으로 한다.

제2조(관장)   빈출도 ●●●

이 법에 따른 건강보험사업은 보건복지부장관이 맡아 주관한다.

제3조(정의)   빈출도 ●●○ 23하

관련문항   2회 1번

근로자	직업의 종류와 관계없이 근로의 대가로 보수를 받아 생활하는 사람(법인의 이사와 그 밖의 임원을 포함한다)으로서 공무원 및 교직원을 제외한 사람을 말한다.
사용자	가. 근로자가 소속되어 있는 사업장의 사업주 나. 공무원이 소속되어 있는 기관의 장으로서 대통령령으로 정하는 사람 다. 교직원이 소속되어 있는 사립학교를 설립·운영하는 자
사업장	사업소나 사무소
공무원	국가나 지방자치단체에서 상시 공무에 종사하는 사람
교직원	사립학교나 사립학교의 경영기관에서 근무하는 교원과 직원

독끝 핵심정리

사용자	근로자
사업주	공무원, 교직원 제외 임원, 이사 포함
기관의 장	공무원
사립학교 장	사립학교 교원, 직원

제3조의2(국민건강보험종합계획의 수립 등)   빈출도 ●●●
24상, 23상, 22상(2회)

관련문항   1회 16번, 4회 3번

① 보건복지부장관은 이 법에 따른 건강보험의 건전한 운영을 위하여 제4조에 따른 건강보험정책심의위원회의 심의를 거쳐 5년마다 국민건강보험종합계획을 수립하여야 한다. 수립된 종합계획을 변경할 때도 또한 같다.
② 종합계획에는 다음 각 호의 사항이 포함되어야 한다.

> 1. 건강보험정책의 기본목표 및 추진방향
> 2. 건강보험 보장성 강화의 추진계획 및 추진방법
> 3. 건강보험의 중장기 재정 전망 및 운영
> 4. 보험료 부과체계에 관한 사항
> 5. 요양급여비용에 관한 사항
> 6. 건강증진 사업에 관한 사항
> 7. 취약계층 지원에 관한 사항
> 8. 건강보험에 관한 통계 및 정보의 관리에 관한 사항
> 9. 그 밖에 건강보험의 개선을 위하여 필요한 사항으로 대통령령으로 정하는 사항

③ 보건복지부장관은 종합계획에 따라 매년 연도별 시행계획을 건강보험정책심의위원회의 심의를 거쳐 수립·시행하여야 한다.
④ 보건복지부장관은 매년 시행계획에 따른 추진실적을 평가하여야 한다.
⑤ 보건복지부장관은 다음 각 호의 사유가 발생한 경우 관련 사항에 대한 보고서를 작성하여 지체 없이 국회 소관 상임위원회에 보고하여야 한다.

> 1. 제1항에 따른 종합계획의 수립 및 변경
> 2. 제3항에 따른 시행계획의 수립
> 3. 제4항에 따른 시행계획에 따른 추진실적의 평가

⑥ 보건복지부장관은 종합계획의 수립, 시행계획의 수립·시행 및 시행계획에 따른 추진실적의 평가를 위하여 필요하다고 인정하는 경우 관계 기관의 장에게 자료의 제출을 요구할 수 있다. 이 경우 자료의 제출을 요구받은 자는 특별한 사유가 없으면 이에 따라야 한다.
⑦ 그 밖에 제1항에 따른 종합계획의 수립 및 변경, 제3항에 따른 시행계획의 수립·시행 및 제4항에 따른 시행계획에 따른 추진실적의 평가 등에 필요한 사항은 대통령령으로 정한다.

> **독끝 핵심정리**
> - 보건복지부장관 → 종합계획(5년마다)과 시행계획(1년마다)을 수립·시행(심의위원회의 심의를 거쳐)
> - 종합계획 구성항목
>   ① 거시적인 정책 목표, 방향, 계획, 방법
>   ② 돈 관련(중장기 재정, 보험료 부과)
>   ③ 서비스 관련(요양급여비용, 건강증진 사업, 취약계층 지원)
>   ④ 기타(정보관리, 대통령령으로 정하는 사항)

제4조(건강보험정책심의위원회)

빈출도 ●●● 25상, 24상, 23하(2회), 23상, 22상, 21하

관련문항 기출복원 2번, 2회 20번, 3회 8번, 4회 18번

① 건강보험정책에 관한 다음 각 호의 사항을 심의·의결하기 위하여 <u>보건복지부장관 소속</u>으로 건강보험정책심의위원회를 둔다.

> 1. <u>종합계획 및 시행계획에 관한 사항(의결은 제외한다)</u>
> 2. <u>요양급여의 기준</u>
> 3. <u>요양급여비용에 관한 사항</u>
> 4. 직장가입자의 보험료율
> 5. 지역가입자의 보험료율과 재산보험료부과점수당 금액
> 5의2. 보험료 부과 관련 제도 개선에 관한 다음 각 목의 사항(의결은 제외한다)
>   가. 건강보험 가입자의 소득 파악 실태에 관한 조사 및 연구에 관한 사항
>   나. 가입자의 소득 파악 및 소득에 대한 보험료 부과 강화를 위한 개선 방안에 관한 사항
>   다. 그 밖에 보험료 부과와 관련된 제도 개선 사항으로서 심의위원회 위원장이 회의에 부치는 사항
> 6. 그 밖에 건강보험에 관한 주요 사항으로서 대통령령으로 정하는 사항

② 심의위원회는 위원장 <u>1명</u>과 부위원장 <u>1명</u>을 포함하여 <u>25명</u>의 위원으로 구성한다.
③ 심의위원회의 <u>위원장은 보건복지부차관</u>이 되고, 부위원장은 위원 중에서 위원장이 지명하는 사람이 된다.
④ 심의위원회의 위원은 다음 각 호에 해당하는 사람을 보건복지부장관이 임명 또는 위촉한다.

> 1. 근로자단체 및 사용자단체가 추천하는 각 2명
> 2. 시민단체, 소비자단체, 농어업인단체 및 자영업자단체가 추천하는 각 1명
> 3. 의료계를 대표하는 단체 및 약업계를 대표하는 단체가 추천하는 8명
> 4. 다음 각 목에 해당하는 8명
>   가. 대통령령으로 정하는 중앙행정기관 소속 공무원 2명
>   나. 국민건강보험공단의 이사장 및 건강보험심사평가원의 원장이 추천하는 각 1명
>   다. 건강보험에 관한 학식과 경험이 풍부한 4명

⑤ 심의위원회 <u>위원의 임기는 3년</u>으로 한다. 다만, 위원의 사임 등으로 새로 위촉된 위원의 임기는 전임위원 임기의 남은 기간으로 한다.
⑥ 보건복지부장관은 심의위원회가 심의한 사항을 국회에 보고하여야 한다.
⑦ 심의위원회의 운영 등에 필요한 사항은 대통령령으로 정한다.

> **독끝 핵심정리**
>
> | | |
> |---|---|
> | 내용 | 보건복지부장관 소속으로 건강보험정책심의위원회(심의위원회)를 둔다. |
> | 심의·의결 대상 | 종합계획, 시행계획, 요양급여의 기준, 요양급여비용, 직장가입자 및 지역가입자의 보험료 계산에 필요한 변수(보험료율, 재산보험료부과점수당 금액) |
> | 구성 | 위원장 1명(보건복지부차관)+부위원장 1명(위원장 지명)+기타 23명=총 25명 |
> | 임기 | 3년 |
> | 기타 | 심의 사항 국회 보고, 세부 운영은 대통령령 |

CHAPTER 02 가입자

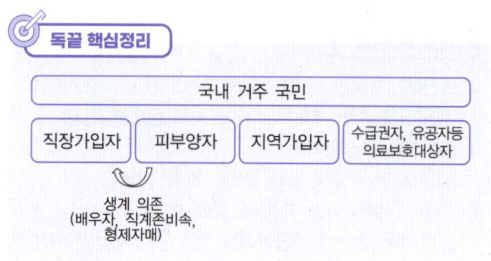

제5조(적용 대상 등) 빈출도 ●●○ 24하

관련문항 1회 2번

① 국내에 거주하는 국민은 건강보험의 가입자 또는 피부양자가 된다. 다만, 다음 각 호의 어느 하나에 해당하는 사람은 제외한다.
　1. 「의료급여법」에 따라 의료급여를 받는 사람(이하 "수급권자"라 한다)
　2. 「독립유공자예우에 관한 법률」 및 「국가유공자 등 예우 및 지원에 관한 법률」에 따라 의료보호를 받는 사람(이하 "유공자등 의료보호대상자"라 한다). 다만, 다음 각 목의 어느 하나에 해당하는 사람은 가입자 또는 피부양자가 된다.
　　가. 유공자등 의료보호대상자 중 건강보험의 적용을 보험자에게 신청한 사람
　　나. 건강보험을 적용받고 있던 사람이 유공자등 의료보호대상자로 되었으나 건강보험의 적용배제신청을 보험자에게 하지 아니한 사람

② 제1항의 피부양자는 다음 각 호의 어느 하나에 해당하는 사람 중 직장가입자에게 주로 생계를 의존하는 사람으로서 소득 및 재산이 보건복지부령으로 정하는 기준 이하에 해당하는 사람을 말한다.
　1. 직장가입자의 배우자
　2. 직장가입자의 직계존속(배우자의 직계존속을 포함한다)
　3. 직장가입자의 직계비속(배우자의 직계비속을 포함한다)과 그 배우자
　4. 직장가입자의 형제·자매

③ 제2항에 따른 피부양자 자격의 인정 기준, 취득·상실시기 및 그 밖에 필요한 사항은 보건복지부령으로 정한다.

제6조(가입자의 종류) 빈출도 ●●○ 24하

관련문항 1회 20번, 4회 4번

① 가입자는 직장가입자와 지역가입자로 구분한다.
② 모든 사업장의 근로자 및 사용자와 공무원 및 교직원은 직장가입자가 된다. 다만, 다음 각 호의 어느 하나에 해당하는 사람은 제외한다.
　1. 고용 기간이 1개월 미만인 일용근로자
　2. 「병역법」에 따른 현역병(지원에 의하지 아니하고 임용된 하사를 포함한다), 전환복무된 사람 및 군간부후보생
　3. 선거에 당선되어 취임하는 공무원으로서 매월 보수 또는 보수에 준하는 급료를 받지 아니하는 사람
　4. 그 밖에 사업장의 특성, 고용 형태 및 사업의 종류 등을 고려하여 대통령령으로 정하는 사업장의 근로자 및 사용자와 공무원 및 교직원

③ 지역가입자는 직장가입자와 그 피부양자를 제외한 가입자를 말한다.
④ 삭제

독끝 핵심정리
- 직장가입자: 모든 사업장의 근로자, 사용자, 공무원, 교직원(1개월 미만 일용근로자, 현역병, 무보수 선출 공무원 등 제외)
- 지역가입자: 직장가입자와 피부양자를 제외한 가입자

제7조(사업장의 신고) 빈출도 ●●○ 23하

관련문항 1회 11번

사업장의 사용자는 다음 각 호의 어느 하나에 해당하게 되면 그때부터 14일 이내에 보건복지부령으로 정하는 바

에 따라 보험자에게 신고하여야 한다. 제1호에 해당되어 보험자에게 신고한 내용이 변경된 경우에도 또한 같다.

> 1. 제6조 제2항에 따라 직장가입자가 되는 근로자·공무원 및 교직원을 사용하는 사업장(이하 "적용대상사업장"이라 한다)이 된 경우
> 2. 휴업·폐업 등 보건복지부령으로 정하는 사유가 발생한 경우

독꿀 핵심정리

사용자는 누군가가 자신의 사업장에 취직하여 직장가입자가 되거나 퇴사하여 자신의 사업장의 직장가입자가 아니게 되면 14일 이내에 공단에 신고해야 하며, 휴업이나 폐업하는 경우에도 공단에 신고해야 한다.

제8조(자격의 취득 시기 등)
빈출도 ●●○ 25상

관련문항 기출복원 10번, 1회 2번

① 가입자는 국내에 거주하게 된 날에 직장가입자 또는 지역가입자의 자격을 얻는다. 다만, 다음 각 호의 어느 하나에 해당하는 사람은 그 해당되는 날에 각각 자격을 얻는다.

> 1. 수급권자이었던 사람은 그 대상자에서 제외된 날
> 2. 직장가입자의 피부양자이었던 사람은 그 자격을 잃은 날
> 3. 유공자등 의료보호대상자이었던 사람은 그 대상자에서 제외된 날
> 4. 제5조 제1항 제2호 가목에 따라 보험자에게 건강보험의 적용을 신청한 유공자등 의료보호대상자는 그 신청한 날

② 제1항에 따라 자격을 얻은 경우 그 직장가입자의 사용자 및 지역가입자의 세대주는 그 명세를 보건복지부령으로 정하는 바에 따라 자격을 취득한 날부터 14일 이내에 보험자에게 신고하여야 한다.

독꿀 핵심정리

- 가입자 자격은 조건을 갖추는 날에 자격을 얻음(일반적으로는 국내에 거주한 날, 특별한 사유로 직장가입자, 지역가입자에서 제외된 경우에는 그 사유가 사라진 날)
- 직장가입자가 된 경우에는 사용자가, 지역가입자가 된 경우에는 세대주가 14일 이내에 공단에 신고

제9조(자격의 변동 시기 등)
빈출도 ●●● 25상(2회), 24상, 21하

관련문항 기출복원 4번, 기출복원 10번

① 가입자는 다음 각 호의 어느 하나에 해당하게 된 날에 그 자격이 변동된다.

> 1. 지역가입자가 적용대상사업장의 사용자로 되거나, 근로자·공무원 또는 교직원(이하 "근로자등"이라 한다)으로 사용된 날
> 2. 직장가입자가 다른 적용대상사업장의 사용자로 되거나 근로자등으로 사용된 날
> 3. 직장가입자인 근로자등이 그 사용관계가 끝난 날의 다음 날
> 4. 적용대상사업장에 휴업·폐업 등 보건복지부령으로 정하는 사유가 발생한 날의 다음 날
> 5. 지역가입자가 다른 세대로 전입한 날

② 제1항에 따라 자격이 변동된 경우 직장가입자의 사용자와 지역가입자의 세대주는 다음 각 호의 구분에 따라 그 명세를 보건복지부령으로 정하는 바에 따라 자격이 변동된 날부터 14일 이내에 보험자에게 신고하여야 한다.

> 1. 제1항 제1호 및 제2호에 따라 자격이 변동된 경우: 직장가입자의 사용자
> 2. 제1항 제3호부터 제5호까지의 규정에 따라 자격이 변동된 경우: 지역가입자의 세대주

③ 법무부장관 및 국방부장관은 직장가입자나 지역가입자가 「병역법」에 따른 현역병(지원에 의하지 아니하고 임용된 하사를 포함한다), 전환복무된 사람 및 군간부후보생 또는 교도소, 그 밖에 이에 준하는 시설에 수용되어 있는 경우에 해당하면 보건복지부령으로 정하는 바에 따라 그 사유에 해당된 날부터 1개월 이내에 보험자에게 알려야 한다.

독꿀 핵심정리

구분	자격 변동	신고
지역가입자 → 직장가입자(취업) 직장가입자 → 직장가입자(이직)	그 날	사용자가 14일 이내
직장가입자 → 지역가입자 (퇴사, 휴·폐업)	다음 날	세대주가 14일 이내
지역가입자 → 지역가입자(전입)	그 날	

직장가입자/지역가입자 → 병역, 징역	그 날	법무부장관/국방부장관이 1개월 이내

제9조의2(자격 취득·변동 사항의 고지) 빈출도 ●●●

공단은 국가, 지방자치단체, 요양기관, 보험회사 및 보험료율 산출 기관, 공공기관, 그 밖의 공공단체 등에게 제공받은 자료를 통하여 가입자 자격의 취득 또는 변동 여부를 확인하는 경우에는 자격 취득 또는 변동 후 최초로 납부의무자에게 보험료 납입 고지를 할 때 보건복지부령으로 정하는 바에 따라 자격 취득 또는 변동에 관한 사항을 알려야 한다.

독끝 핵심정리
공단이 가입자 자격의 취득 또는 변동을 알게 되면 이를 다음 보험료 납입 고지를 할 때 대상자에게 알려야 한다.

제10조(자격의 상실 시기 등) 빈출도 ●●● 25상, 23상, 22상

관련문항 기출복원 10번, 2회 3번

① 가입자는 다음 각 호의 어느 하나에 해당하게 된 날에 그 자격을 잃는다.

다음 날	1. 사망한 날의 다음 날 2. 국적을 잃은 날의 다음 날 3. 국내에 거주하지 아니하게 된 날의 다음 날
그 날	4. 직장가입자의 피부양자가 된 날 5. 수급권자가 된 날 6. 건강보험을 적용받고 있던 사람이 유공자등 의료보호대상자가 되어 건강보험의 적용배제신청을 한 날

② 제1항에 따라 자격을 잃은 경우 직장가입자의 사용자와 지역가입자의 세대주는 그 명세를 보건복지부령으로 정하는 바에 따라 자격을 잃은 날부터 14일 이내에 보험자에게 신고하여야 한다.

독끝 핵심정리
- 자격을 잃는 날이 다음 날인 경우와 그 날인 경우는 다음과 같음
  - 제1호~제3호: 다음 날 → 사망, 국적 잃음, 국내 거주 ×
  - 제4호~제6호: 그 날 → 국내 거주 ○
- 직장가입자가 자격을 잃은 경우에는 사용자가, 지역가입자가 자격을 잃은 경우에는 세대주가 14일 이내에 공단에 신고

제11조(자격취득 등의 확인) 빈출도 ●●●

관련문항 4회 1번

① 가입자 자격의 취득·변동 및 상실은 제8조부터 제10조까지의 규정에 따른 자격의 취득·변동 및 상실의 시기로 소급하여 효력을 발생한다. 이 경우 보험자는 그 사실을 확인할 수 있다.
② 가입자나 가입자이었던 사람 또는 피부양자나 피부양자이었던 사람은 제1항에 따른 확인을 청구할 수 있다.

독끝 핵심정리
공단은 가입자 자격의 취득, 변동, 상실 시기가 언제였는지 확인할 수 있으며, 확인하여 공단이 알게 된 날이 아니라 취득, 변동, 상실 시기부터 소급하여 효력이 발생한다.

제12조(건강보험증) 빈출도 ●●●

관련문항 1회 4번

① 국민건강보험공단은 가입자 또는 피부양자가 신청하는 경우 건강보험증을 발급하여야 한다.
② 가입자 또는 피부양자가 요양급여를 받을 때에는 제1항의 건강보험증을 요양기관에 제출하여야 한다. 다만, 천재지변이나 그 밖의 부득이한 사유가 있으면 그러하지 아니하다.
③ 가입자 또는 피부양자는 제2항 본문에도 불구하고 주민등록증(모바일 주민등록증을 포함한다), 운전면허증, 여권, 그 밖에 보건복지부령으로 정하는 본인 여부를 확인할 수 있는 신분증명서로 요양기관

이 그 자격을 확인할 수 있으면 건강보험증을 제출하지 아니할 수 있다.
④ 요양기관은 가입자 또는 피부양자에게 요양급여를 실시하는 경우 보건복지부령으로 정하는 바에 따라 건강보험증이나 신분증명서로 본인 여부 및 그 자격을 확인하여야 한다. 다만, 요양기관이 가입자 또는 피부양자의 본인 여부 및 그 자격을 확인하기 곤란한 경우로서 보건복지부령으로 정하는 정당한 사유가 있을 때에는 그러하지 아니하다.
⑤ 가입자·피부양자는 자격을 잃은 후 자격을 증명하던 서류를 사용하여 보험급여를 받아서는 아니 된다.
⑥ 누구든지 건강보험증이나 신분증명서를 다른 사람에게 양도(讓渡)하거나 대여하여 보험급여를 받게 하여서는 아니 된다.
⑦ 누구든지 건강보험증이나 신분증명서를 양도 또는 대여를 받거나 그 밖에 이를 부정하게 사용하여 보험급여를 받아서는 아니 된다.
⑧ 제1항에 따른 건강보험증의 신청 절차와 방법, 서식과 그 교부 및 사용 등에 필요한 사항은 보건복지부령으로 정한다.

독꿀 핵심정리

- 공단 → 가입자 또는 피부양자가 신청하는 경우 건강보험증 발급
- 가입자 또는 피부양자 → 요양급여 받을 때 요양기관에 건강보험증 제출(신분증명서로도 자격을 확인할 수 있는 경우 필수 제출 아님)
- 요양기관 → 요양급여를 실시할 때 건강보험증이나 신분증명서로 자격 확인 해야 함

CHAPTER 03 국민건강보험공단

제13조(보험자) 빈출도 ●●●

건강보험의 보험자는 국민건강보험공단으로 한다.

제14조(업무 등) 빈출도 ●●○ 23상, 22상

관련문항 1회 12번, 2회 16번

① 공단은 다음 각 호의 업무를 관장한다.

1. 가입자 및 피부양자의 자격 관리
2. 보험료와 그 밖에 이 법에 따른 징수금의 부과·징수
3. 보험급여의 관리
4. 가입자 및 피부양자의 질병의 조기발견·예방 및 건강관리를 위하여 요양급여 실시 현황과 건강검진 결과 등을 활용하여 실시하는 예방사업으로서 대통령령으로 정하는 사업
5. 보험급여 비용의 지급
6. 자산의 관리·운영 및 증식사업
7. 의료시설의 운영
8. 건강보험에 관한 교육훈련 및 홍보
9. 건강보험에 관한 조사연구 및 국제협력
10. 이 법에서 공단의 업무로 정하고 있는 사항
11. 「국민연금법」, 「고용보험 및 산업재해보상보험의 보험료징수 등에 관한 법률」, 「임금채권보장법」 및 「석면피해구제법」 등 징수위탁 근거법에 따라 위탁받은 업무
12. 그 밖에 이 법 또는 다른 법령에 따라 위탁받은 업무
13. 그 밖에 건강보험과 관련하여 보건복지부장관이 필요하다고 인정한 업무

② 제1항 제6호에 따른 자산의 관리·운영 및 증식사업은 안정성과 수익성을 고려하여 다음 각 호의 방법에 따라야 한다.

1. 체신관서 또는 「은행법」에 따른 은행에의 예입 또는 신탁
2. 국가·지방자치단체 또는 「은행법」에 따른 은행이 직접 발행하거나 채무이행을 보증하는 유가증권의 매입

3. 특별법에 따라 설립된 법인이 발행하는 유가증권의 매입
4. 「자본시장과 금융투자업에 관한 법률」에 따른 신탁업자가 발행하거나 같은 법에 따른 집합투자업자가 발행하는 수익증권의 매입
5. 공단의 업무에 사용되는 부동산의 취득 및 일부 임대
6. 그 밖에 공단 자산의 증식을 위하여 대통령령으로 정하는 사업

③ 공단은 특정인을 위하여 업무를 제공하거나 공단 시설을 이용하게 할 경우 공단의 정관으로 정하는 바에 따라 그 업무의 제공 또는 시설의 이용에 대한 수수료와 사용료를 징수할 수 있다.
④ 공단은 「공공기관의 정보공개에 관한 법률」에 따라 건강보험과 관련하여 보유·관리하고 있는 정보를 공개한다.

독끝 핵심정리
공단의 업무에는 13가지(징수위탁 포함)로 정해져 있으며, 자산의 관리·운영 및 증식사업을 위한 투자처도 6가지로 정해져 있다.

제15조(법인격 등) 빈출도 ●●●

① 공단은 법인으로 한다.
② 공단은 주된 사무소의 소재지에서 설립등기를 함으로써 성립한다.

제16조(사무소) 빈출도 ●●●

① 공단의 주된 사무소의 소재지는 정관으로 정한다.
② 공단은 필요하면 정관으로 정하는 바에 따라 분사무소를 둘 수 있다.

제17조(정관) 빈출도 ●●○ 25상, 23상, 21하

관련문항 기출복원 3번, 4회 10번

① 공단의 정관에는 다음 각 호의 사항을 적어야 한다.
 1. 목적
 2. 명칭
 3. 사무소의 소재지
 4. 임직원에 관한 사항
 5. 이사회의 운영
 6. 재정운영위원회에 관한 사항
 7. 보험료 및 보험급여에 관한 사항
 8. 예산 및 결산에 관한 사항
 9. 자산 및 회계에 관한 사항
 10. 업무와 그 집행
 11. 정관의 변경에 관한 사항
 12. 공고에 관한 사항

② 공단은 정관을 변경하려면 보건복지부장관의 인가를 받아야 한다.

독끝 핵심정리
목적, 명칭, 주된 사무소의 소재지는 정관과 등기에 공통으로 포함된다.

제18조(등기) 빈출도 ●●○ 25상, 23상, 21하

관련문항 기출복원 3번, 3회 14번

공단의 설립등기에는 다음 각 호의 사항을 포함하여야 한다.
 1. 목적
 2. 명칭
 3. 주된 사무소 및 분사무소의 소재지
 4. 이사장의 성명·주소 및 주민등록번호

제19조(해산) 빈출도 ●●●

공단의 해산에 관하여는 법률로 정한다.

제20조(임원) 빈출도 ●●● 23하, 23상, 22하, 21하(2회)

관련문항 2회 4번/20번, 3회 18번, 4회 5번

① 공단은 임원으로서 이사장 1명, 이사 14명 및 감사 1명을 둔다. 이 경우 이사장, 이사 중 5명 및 감사는 상임으로 한다.
② 이사장은 임원추천위원회가 복수로 추천한 사람 중에서 보건복지부장관의 제청으로 대통령이 임명한다.

③ 상임이사는 보건복지부령으로 정하는 추천 절차를 거쳐 이사장이 임명한다.
④ 비상임이사는 다음 각 호의 사람을 보건복지부장관이 임명한다.

> 1. 노동조합·사용자단체·시민단체·소비자단체·농어업인단체 및 노인단체가 추천하는 각 1명
> 2. 대통령령으로 정하는 바에 따라 추천하는 관계 공무원 3명

⑤ 감사는 임원추천위원회가 복수로 추천한 사람 중에서 기획재정부장관의 제청으로 대통령이 임명한다.
⑥ 제4항에 따른 비상임이사는 정관으로 정하는 바에 따라 실비변상(實費辨償)을 받을 수 있다.
⑦ 이사장의 임기는 3년, 이사(공무원인 이사는 제외한다)와 감사의 임기는 각각 2년으로 한다.

독끝 핵심정리

구분		인원	임명권자	임기
이사장(상임)		1명	보건복지부장관 제청, 대통령이 임명	3년
이사	상임	5명	이사장이 임명	2년
	비상임	9명	보건복지부장관이 임명	
감사(상임)		1명	기획재정부장관 제청, 대통령이 임명	
합계		16명	–	

제21조(징수이사)
빈출도 ●●○ 21하

관련문항 1회 17번

① 상임이사 중 보험료와 그 밖에 이 법에 따른 징수금의 부과·징수 및 징수위탁근거법에 따라 위탁받은 업무의 업무를 담당하는 징수이사는 경영, 경제 및 사회보험에 관한 학식과 경험이 풍부한 사람으로서 보건복지부령으로 정하는 자격을 갖춘 사람 중에서 선임한다.
② 징수이사 후보를 추천하기 위하여 공단에 이사를 위원으로 하는 징수이사추천위원회를 둔다. 이 경우 추천위원회의 위원장은 이사장이 지명하는 이사로 한다.
③ 추천위원회는 주요 일간신문에 징수이사 후보의 모집 공고를 하여야 하며, 이와 별도로 적임자로 판단되는 징수이사 후보를 조사하거나 전문단체에 조사를 의뢰할 수 있다.
④ 추천위원회는 제3항에 따라 모집한 사람을 보건복지부령으로 정하는 징수이사 후보 심사기준에 따라 심사하여야 하며, 징수이사 후보로 추천될 사람과 계약 조건에 관하여 협의하여야 한다.
⑤ 이사장은 제4항에 따른 심사와 협의의 결과에 따라 징수이사 후보와 계약을 체결하여야 하며, 이 경우 상임이사의 임명으로 본다.
⑥ 제4항에 따른 계약 조건에 관한 협의, 제5항에 따른 계약 체결 등에 필요한 사항은 보건복지부령으로 정한다.

독끝 핵심정리

징수이사의	자격	• 상임이사일 것 • 경영, 경제 및 사회보험에 관한 학식과 경험이 풍부할 것
	업무	• 보험료와 징수금의 부과·징수 • 징수위탁근거법에 따라 위탁받은 업무
	선임 과정	• 징수이사추천위원회가 주요 일간신문에 징수이사 후보의 모집 공고 • 계약조건 협의 및 이사장이 계약 체결 → 임명

제22조(임원의 직무)
빈출도 ●●●

관련문항 4회 14번

① 이사장은 공단을 대표하고 업무를 총괄하며, 임기 중 공단의 경영성과에 대하여 책임을 진다.
② 상임이사는 이사장의 명을 받아 공단의 업무를 집행한다.
③ 이사장이 부득이한 사유로 그 직무를 수행할 수 없을 때에는 정관으로 정하는 바에 따라 상임이사 중 1명이 그 직무를 대행하고, 상임이사가 없거나 그 직무를 대행할 수 없을 때에는 정관으로 정하는 임원이 그 직무를 대행한다.
④ 감사는 공단의 업무, 회계 및 재산 상황을 감사한다.

독끝 핵심정리

• 이사장 → 상임이사 → 정관으로 정하는 임원 순으로 업무 대행
• 감사는 업무, 회계, 재산 상황 감사

제23조(임원 결격사유) 빈출도 ●●●

관련문항 4회 14번

다음 각 호의 어느 하나에 해당하는 사람은 공단의 임원이 될 수 없다.

1. 대한민국 국민이 아닌 사람
2. 「국가공무원법」의 결격사유에 해당하는 사람
3. 해임된 날부터 3년이 지나지 아니한 사람

제24조(임원의 당연퇴임 및 해임) 빈출도 ●●●

관련문항 3회 4번

① 임원이 제23조 각 호의 어느 하나에 해당하게 되거나 임명 당시 그에 해당하는 사람으로 확인되면 그 임원은 당연퇴임한다.
② 임명권자는 임원이 다음 각 호의 어느 하나에 해당하면 그 임원을 해임할 수 있다.

1. 신체장애나 정신장애로 직무를 수행할 수 없다고 인정되는 경우
2. 직무상 의무를 위반한 경우
3. 고의나 중대한 과실로 공단에 손실이 생기게 한 경우
4. 직무 여부와 관계없이 품위를 손상하는 행위를 한 경우
5. 이 법에 따른 보건복지부장관의 명령을 위반한 경우

독끝 핵심정리

임원 결격사유에 해당하면 자동으로 당연퇴임되지만, 그 외의 경우에는 임명권자가 판단하여 해임하거나 해임하지 않을 수도 있다.

제25조(임원의 겸직 금지 등) 빈출도 ●●●

관련문항 2회 2번

① 공단의 상임임원과 직원은 그 직무 외에 영리를 목적으로 하는 사업에 종사하지 못한다.
② 공단의 상임임원이 임명권자 또는 제청권자의 허가를 받거나 공단의 직원이 이사장의 허가를 받은 경우에는 비영리 목적의 업무를 겸할 수 있다.

독끝 핵심정리

구분	겸직 가능	허가 주체
상임임원	비영리 목적의 업무만	임명권자 또는 제청권자
직원		이사장
비상임임원	제한 없음	

제26조(이사회) 빈출도 ●●○ 21하

관련문항 1회 1번

① 공단의 주요 사항을 심의·의결하기 위하여 공단에 이사회를 둔다.
② 이사회는 이사장과 이사로 구성한다.
③ 감사는 이사회에 출석하여 발언할 수 있다.
④ 이사회의 의결 사항 및 운영 등에 필요한 사항은 대통령령으로 정한다.

제27조(직원의 임면) 빈출도 ●●●

이사장은 정관으로 정하는 바에 따라 직원을 임면(任免)한다.

독끝 핵심정리

임면(任免)이란 임용과 면직을 합친 말이다.

제28조(벌칙 적용 시 공무원 의제) 빈출도 ●●●

공단의 임직원은 수뢰, 사전수뢰, 제삼자뇌물제공, 수뢰후부정처사, 사후수뢰, 알선수뢰 규정을 적용할 때 공무원으로 본다.

독끝 핵심정리

수뢰란 뇌물을 받는 것을 의미하므로, 뇌물을 받는 행위에 대해서는 공무원과 동일한 기준에서 처벌한다.

제29조(규정 등)   빈출도 ●●○ 21하

관련문항 4회 2번

공단의 조직·인사·보수 및 회계에 관한 규정은 이사회의 의결을 거쳐 보건복지부장관의 승인을 받아 정한다.

제30조(대리인의 선임)   빈출도 ●●●

관련문항 4회 2번

이사장은 공단 업무에 관한 모든 재판상의 행위 또는 재판 외의 행위를 대행하게 하기 위하여 공단의 이사 또는 직원 중에서 대리인을 선임할 수 있다.

제31조(대표권의 제한)   빈출도 ●●●

관련문항 4회 2번

① 이사장은 공단의 이익과 자기의 이익이 상반되는 사항에 대하여는 공단을 대표하지 못한다. 이 경우 감사가 공단을 대표한다.
② 공단과 이사장 사이의 소송은 제1항을 준용한다.

제32조(이사장 권한의 위임)   빈출도 ●●○ 24상

관련문항 4회 2번

이 법에 규정된 이사장의 권한 중 급여의 제한, 보험료의 납입고지 등 대통령령으로 정하는 사항은 정관으로 정하는 바에 따라 분사무소의 장에게 위임할 수 있다.

제33조(재정운영위원회)   빈출도 ●●○ 24하

관련문항 2회 7번

① 요양급여비용의 계약 및 결손처분 등 보험재정에 관련된 사항을 심의·의결하기 위하여 공단에 재정운영위원회를 둔다.
② 재정운영위원회의 위원장은 공익을 대표하는 위원 중에서 호선(互選)한다.

🎯 독꿀 핵심정리

호선(互選)이란 조직의 구성원들이 그 사이에서 투표로 사람을 뽑는 것이다.

제34조(재정운영위원회의 구성 등)   빈출도 ●●○ 22하

관련문항 2회 20번, 4회 17번

① 재정운영위원회는 다음 각 호의 위원으로 구성한다.
> 1. 직장가입자를 대표하는 위원 10명
> 2. 지역가입자를 대표하는 위원 10명
> 3. 공익을 대표하는 위원 10명

② 제1항에 따른 위원은 다음 각 호의 사람을 보건복지부장관이 임명하거나 위촉한다.
> 1. 제1항 제1호의 위원은 노동조합과 사용자단체에서 추천하는 각 5명
> 2. 제1항 제2호의 위원은 대통령령으로 정하는 바에 따라 농어업인 단체·도시자영업자단체 및 시민단체에서 추천하는 사람
> 3. 제1항 제3호의 위원은 대통령령으로 정하는 관계 공무원 및 건강보험에 관한 학식과 경험이 풍부한 사람

③ 재정운영위원회 위원(공무원인 위원은 제외한다)의 임기는 2년으로 한다. 다만, 위원의 사임 등으로 새로 위촉된 위원의 임기는 전임위원 임기의 남은 기간으로 한다.
④ 재정운영위원회의 운영 등에 필요한 사항은 대통령령으로 정한다.

🎯 독꿀 핵심정리

재정운영위원회 총원 30명	직장가입자 대표 10명	노동조합 추천 5명 + 사용자단체 추천 5명
	지역가입자 대표 10명	농어업인, 도시자영업자, 시민단체 추천
	공익 대표 10명	관계 공무원 및 건강보험 전문가

제35조(회계) 빈출도 ●●○ 22하, 22상, 21하

관련문항 1회 3번, 2회 7번

① 공단의 회계연도는 정부의 회계연도에 따른다.
② 공단은 <u>직장가입자와 지역가입자의 재정을 통합하여 운영</u>한다.
③ 공단은 건강보험사업 및 <u>징수위탁근거법</u>의 위탁에 따른 국민연금사업·고용보험사업·산업재해보상보험사업·임금채권보장사업에 관한 회계를 <u>공단의 다른 회계와 구분하여 각각 회계처리</u>하여야 한다.

🔑 독끝 핵심정리
- 직장가입자와 지역가입자 재정 통합 운영
- 위탁받아 대신 징수만 하는 사업에 대한 회계는 구분하여 각각 회계처리

제36조(예산) 빈출도 ●●○ 22상, 21하

관련문항 2회 7번

공단은 회계연도마다 예산안을 편성하여 이사회의 의결을 거친 후 <u>보건복지부장관의 승인</u>을 받아야 한다. 예산을 변경할 때에도 또한 같다.

제37조(차입금) 빈출도 ●●○ 22상

관련문항 2회 7번

공단은 지출할 현금이 부족한 경우에는 차입할 수 있다. 다만, <u>1년 이상 장기로 차입</u>하려면 <u>보건복지부장관의 승인</u>을 받아야 한다.

제38조(준비금) 빈출도 ●●○ 22하, 21하

관련문항 3회 6번, 4회 11번

① 공단은 회계연도마다 결산상의 잉여금 중에서 그 연도의 <u>보험급여에 든 비용의 100분의 5 이상</u>에 상당하는 금액을 그 연도에 든 비용의 <u>100분의 50에 이를 때까지 준비금으로 적립</u>하여야 한다.
② 제1항에 따른 준비금은 부족한 보험급여 비용에 충당하거나 지출할 현금이 부족할 때 외에는 사용할 수 없으며, 현금 지출에 준비금을 사용한 경우에는 해당 회계연도 중에 이를 보전(補塡)하여야 한다.
③ 제1항에 따른 준비금의 관리 및 운영 방법 등에 필요한 사항은 보건복지부장관이 정한다.

🔑 독끝 핵심정리
- 결산 후 돈이 남으면 그 해 보험급여 비용의 5% 이상을 준비금으로 적립해야 하며, 이는 보험급여 비용의 50%에 준비금이 도달할 때까지 계속됨
- 준비금은 보험급여 비용을 지급하려는데 자금이 부족한 경우, 또는 현금을 써야 하는데 유동성이 꼬여서 현금이 없는 경우에만 사용 가능하며, 현금이 없는 경우에 준비금을 사용했다면 이를 다시 채워 넣어야 함

제39조(결산) 빈출도 ●●○ 22하, 21하

관련문항 3회 6번

① 공단은 회계연도마다 <u>결산보고서와 사업보고서</u>를 작성하여 <u>다음 해 2월 말일까지 보건복지부장관에게 보고</u>하여야 한다.
② 공단은 제1항에 따라 결산보고서와 사업보고서를 보건복지부장관에게 보고하였을 때에는 보건복지부령으로 정하는 바에 따라 그 내용을 공고하여야 한다.

제39조의2(재난적의료비 지원사업에 대한 출연) 빈출도 ●●●

<u>공단</u>은 「재난적의료비 지원에 관한 법률」에 따른 <u>재난적의료비 지원사업에 사용되는 비용</u>에 충당하기 위하여 매년 <u>예산의 범위에서 출연할 수 있다.</u> 이 경우 출연 금액의 상한 등에 필요한 사항은 대통령령으로 정한다.

제40조(「민법」의 준용) 빈출도 ●●●

공단에 관하여 이 법과 「공공기관의 운영에 관한 법률」에서 정한 사항 외에는 <u>「민법」 중 재단법인에 관한 규정을 준용</u>한다.

CHAPTER 04 보험급여

제41조(요양급여)
빈출도 ●●● 25상, 23상(2회), 22하, 21하

관련문항 기출복원 5번, 2회 11번, 3회 17번, 4회 12번

① 가입자와 피부양자의 질병, 부상, 출산 등에 대하여 다음 각 호의 <u>요양급여를 실시</u>한다.

> 1. 진찰·검사
> 2. 약제(藥劑)·치료재료의 지급
> 3. 처치·수술 및 그 밖의 치료
> 4. 예방·재활
> 5. 입원
> 6. 간호
> 7. 이송(移送)

② 제1항에 따른 요양급여의 <u>요양급여대상</u>은 다음 각 호와 같다.

> 1. 제1항 각 호의 요양급여(제1항 제2호의 약제는 제외한다): 제4항에 따라 보건복지부장관이 <u>비급여대상으로 정한 것을 제외</u>한 일체의 것
> 2. 제1항 제2호의 약제: <u>요양급여대상</u>으로 보건복지부장관이 결정하여 고시한 것

③ 요양급여의 방법·절차·범위·상한 등의 기준은 보건복지부령으로 정한다.

④ <u>보건복지부장관</u>은 제3항에 따라 요양급여의 기준을 정할 때 업무나 일상생활에 지장이 없는 질환에 대한 치료 등 보건복지부령으로 정하는 사항은 <u>요양급여대상에서 제외되는 비급여대상</u>으로 정할 수 있다.

🎯 독끝 핵심정리

- 요양급여의 종류는 진찰·검사, 약제·치료재료, 처치·수술, 예방·재활, 입원, 간호, 이송
- 요양급여를 받을 수 있는 것은 아래 2종류로 나뉨
  - 약제: 요양급여대상으로 지정한 것 (보건복지부장관이 이것 이것 이것만 된다고 지정)
  - 약제 외: 비급여대상으로 지정하지 않은 것 (보건복지부장관이 이것 이것 이것만 빼고 다 된다고 지정)
- 요양급여를 받을 수 없는 것을 비급여대상이라 하며, 이는 보건복지부장관이 정함

제41조의2(약제에 대한 요양급여비용 상한금액의 감액 등)
빈출도 ●●● 24하, 23하(2회), 23상, 21하

관련문항 3회 2번, 4회 6번

① 보건복지부장관은 「약사법」 제47조 제2항의 위반과 관련된 약제에 대하여는 <u>요양급여비용 상한액의 100분의 20을 넘지 아니하는 범위에서 그 금액의 일부를 감액</u>할 수 있다.

② 보건복지부장관은 제1항에 따라 요양급여비용의 상한금액이 감액된 약제가 감액된 날부터 <u>5년의 범위에서 대통령령으로 정하는 기간 내</u>에 다시 제1항에 따른 감액의 대상이 된 경우에는 요양급여비용 상한금액의 <u>100분의 40</u>을 넘지 아니하는 범위에서 요양급여비용 상한금액의 일부를 감액할 수 있다.

③ 보건복지부장관은 제2항에 따라 요양급여비용의 상한금액이 감액된 약제가 감액된 날부터 <u>5년의 범위에서 대통령령으로 정하는 기간 내</u>에 다시 「약사법」 제47조 제2항의 위반과 관련된 경우에는 해당 약제에 대하여 <u>1년의 범위에서 기간을 정하여 요양급여의 적용을 정지</u>할 수 있다.

④ 제1항부터 제3항까지의 규정에 따른 요양급여비용 상한금액의 감액 및 요양급여 적용 정지의 기준, 절차, 그 밖에 필요한 사항은 대통령령으로 정한다.

🎯 독끝 핵심정리

- 「약사법」 제47조 제2항은 간단히 말해 제약사가 리베이트를 한 경우
- 위반하였을 경우 그 횟수에 따라 아래와 같이 조치(5년 지나면 리셋)
  - 1회 → 상한금액 최대 20% 감액
  - 2회 → 상한금액 최대 40% 감액
  - 3회 → 최대 1년 요양급여 정지

제41조의3(행위·치료재료 및 약제에 대한 요양급여대상 여부의 결정 및 조정)

빈출도 ●●○ 23하

관련문항 4회 6번

① 요양기관, 치료재료의 제조업자·수입업자 등 보건복지부령으로 정하는 자는 요양급여대상 또는 비급여대상으로 결정되지 아니한 진찰·검사, 처치·수술 및 그 밖의 치료, 예방·재활의 요양급여에 관한 행위 및 치료재료에 대하여 요양급여대상 여부의 결정을 보건복지부장관에게 신청하여야 한다.
② 「약사법」에 따른 약제의 제조업자·수입업자 등 보건복지부령으로 정하는 자는 요양급여대상에 포함되지 아니한 약제에 대하여 보건복지부장관에게 요양급여대상 여부의 결정을 신청할 수 있다.
③ 제1항 및 제2항에 따른 신청을 받은 보건복지부장관은 정당한 사유가 없으면 보건복지부령으로 정하는 기간 이내에 요양급여대상 또는 비급여대상의 여부를 결정하여 신청인에게 통보하여야 한다.
④ 보건복지부장관은 제1항 및 제2항에 따른 신청이 없는 경우에도 환자의 진료상 반드시 필요하다고 보건복지부령으로 정하는 경우에는 직권으로 행위·치료재료 및 약제의 요양급여대상의 여부를 결정할 수 있다.
⑤ 보건복지부장관은 요양급여대상으로 결정하여 고시한 약제에 대하여 보건복지부령으로 정하는 바에 따라 요양급여대상 여부, 범위, 요양급여비용 상한금액 등을 직권으로 조정할 수 있다.
⑥ 제1항 및 제2항에 따른 요양급여대상 여부의 결정 신청의 시기, 절차, 방법 및 업무의 위탁 등에 필요한 사항, 제3항과 제4항에 따른 요양급여대상 여부의 결정 절차 및 방법, 제5항에 따른 직권 조정 사유·절차 및 방법 등에 관한 사항은 보건복지부령으로 정한다.

독끝 핵심정리

- 요양급여대상인지, 비급여대상인지 아직 결정되지 않은 진찰·검사, 처치·수술, 예방·재활, 치료재료에 대해 결정해달라고 보건복지부장관에게 신청해야 함 → 이건 보건복지부장관이 지정한 것 빼고 다 요양급여대상이 되므로 아직 결정이 안 됐으면 반드시 신청해야 함
- 아직 요양급여대상이 아닌 약제에 대해 요양급여대상 지정을 보건복지부장관에게 신청할 수 있음 → 이건 보건복지부장관이 지정한 것만 요양급여대상이 되므로 비급여대상인 약제 제조업자·수입업자가 신청을 결정할 수 있음

• 보건복지부장관은 신청을 받으면 요양급여대상인지 비급여대상인지 결정하여 신청인에게 통보하여야 하고, 신청이 없더라도 필요하다고 판단되면 직권으로 결정할 수 있음

제41조의4(선별급여)

빈출도 ●●● 24하, 23하, 22하, 22상, 21하

관련문항 3회 17번

① 요양급여를 결정함에 있어 경제성 또는 치료효과성 등이 불확실하여 그 검증을 위하여 추가적인 근거가 필요하거나, 경제성이 낮아도 가입자와 피부양자의 건강회복에 잠재적 이득이 있는 등 대통령령으로 정하는 경우에는 예비적인 요양급여인 선별급여로 지정하여 실시할 수 있다.
② 보건복지부장관은 대통령령으로 정하는 절차와 방법에 따라 제1항에 따른 선별급여에 대하여 주기적으로 요양급여의 적합성을 평가하여 요양급여 여부를 다시 결정하고, 요양급여의 기준을 조정하여야 한다.

독끝 핵심정리

- 요양급여대상으로 확실하게 지정하기에는 추가적인 검증이 필요한 상황이지만, 특수한 경우 임시적으로 선별급여로 지정할 수 있음
- 선별급여는 임시적인 것이므로 주기적으로 다시 평가하여 요양급여 여부를 결정해야 함

제41조의5(방문요양급여)

빈출도 ●●○

가입자 또는 피부양자가 질병이나 부상으로 거동이 불편한 경우 등 보건복지부령으로 정하는 사유에 해당하는 경우에는 가입자 또는 피부양자를 직접 방문하여 요양급여를 실시할 수 있다.

제42조(요양기관)

빈출도 ●●○ 23상, 22하

관련문항 1회 13번, 4회 12번

① 요양급여(간호와 이송은 제외한다)는 다음 각 호의 요양기관에서 실시한다. 이 경우 보건복지부장관은

공익이나 국가정책에 비추어 요양기관으로 적합하지 아니한 대통령령으로 정하는 의료기관 등은 요양기관에서 제외할 수 있다.

> 1. 「의료법」에 따라 개설된 의료기관
> 2. 「약사법」에 따라 등록된 약국
> 3. 「약사법」 제91조에 따라 설립된 한국희귀·필수의약품센터
> 4. 「지역보건법」에 따른 보건소·보건의료원 및 보건지소
> 5. 「농어촌 등 보건의료를 위한 특별조치법」에 따라 설치된 보건진료소

② 보건복지부장관은 효율적인 요양급여를 위하여 필요하면 보건복지부령으로 정하는 바에 따라 시설·장비·인력 및 진료과목 등 보건복지부령으로 정하는 기준에 해당하는 요양기관을 전문요양기관으로 인정할 수 있다. 이 경우 해당 전문요양기관에 인정서를 발급하여야 한다.

③ 보건복지부장관은 제2항에 따라 인정받은 요양기관이 다음 각 호의 어느 하나에 해당하는 경우에는 그 인정을 취소한다.

> 1. 제2항 전단에 따른 인정기준에 미달하게 된 경우
> 2. 제2항 후단에 따라 발급받은 인정서를 반납한 경우

④ 제2항에 따라 <u>전문요양기관</u>으로 인정된 요양기관 또는 <u>상급종합병원</u>에 대하여는 <u>처치·수술 및 그 밖의 치료의 절차 및 요양급여비용을 다른 요양기관과 달리 할 수 있다.</u>

⑤ 제1항·제2항 및 제4항에 따른 요양기관은 정당한 이유 없이 요양급여를 거부하지 못한다.

독끝 핵심정리
- 요양급여(간호와 이송을 제외한 진찰·검사, 약제(藥劑)·치료재료의 지급, 처치·수술 및 그 밖의 치료, 예방·재활, 입원)는 요양기관(의료기관, 약국, 한국희귀·필수의약품센터, 보건소·보건의료원 및 보건지소, 보건진료소)에서 실시함
- 시설·장비·인력 및 진료과목이 일정 기준을 충족하면 전문요양기관으로 인정
- 전문요양기관, 상급종합병원은 처치·수술·치료 절차와 요양급여비용을 다르게 할 수 있음

제42조의2(요양기관의 선별급여 실시에 대한 관리)
빈출도 ●●○
22상

관련문항 2회 9번

① <u>선별급여 중 자료의 축적 또는 의료 이용의 관리가 필요한 경우</u>에는 보건복지부장관이 해당 선별급여의 실시 조건을 사전에 정하여 <u>이를 충족하는 요양기관만이 해당 선별급여를 실시</u>할 수 있다.

② 제1항에 따라 선별급여를 실시하는 요양기관은 해당 선별급여의 평가를 위하여 필요한 자료를 제출하여야 한다.

③ 보건복지부장관은 요양기관이 제1항에 따른 선별급여의 실시 조건을 충족하지 못하거나 제2항에 따른 자료를 제출하지 아니할 경우에는 해당 선별급여의 실시를 제한할 수 있다.

④ 제1항에 따른 선별급여의 실시 조건, 제2항에 따른 자료의 제출, 제3항에 따른 선별급여의 실시 제한 등에 필요한 사항은 보건복지부령으로 정한다.

독끝 핵심정리
- 선별급여는 추가적인 검증이 필요하므로, 이를 위한 자료가 필요하기 때문에 보건복지부장관의 기준을 충족하는 요양기관만 실시할 수 있음
- 선별급여를 실시하는 요양기관은 선별급여 평가를 위한 자료를 제출해야 함

제43조(요양기관 현황에 대한 신고)
빈출도 ●●○
24상, 23상

관련문항 2회 5번

① 요양기관은 <u>요양급여비용을 최초로 청구하는 때</u>에 요양기관의 <u>시설·장비 및 인력 등에 대한 현황</u>을 <u>건강보험심사평가원에 신고</u>하여야 한다.

② 요양기관은 제1항에 따라 신고한 내용(요양급여비용의 증감에 관련된 사항만 해당한다)이 변경된 경우에는 그 변경된 날부터 <u>15일 이내</u>에 보건복지부령으로 정하는 바에 따라 심사평가원에 신고하여야 한다.

③ 제1항 및 제2항에 따른 신고의 범위, 대상, 방법 및 절차 등에 필요한 사항은 보건복지부령으로 정한다.

독끝 핵심정리

- 요양기관이 요양급여비용을 처음으로 청구할 때, 심사평가원이 평가할 수 있도록 시설·장비·인력 등의 현황을 신고해야 함
- 만약 시설·장비·인력 등의 현황이 변경되어 요양급여비용이 변동될 경우, 이를 15일 이내에 심사평가원에 신고해야 함

제44조(비용의 일부 부담)

빈출도 ●●●
25상(2회), 24하, 24상

관련문항 기출복원 16번/20번, 2회 19번, 3회 11번

① <u>요양급여를 받는 자</u>는 대통령령으로 정하는 바에 따라 <u>비용의 일부를 본인이 부담(본인일부부담금)</u>한다. 이 경우 선별급여에 대해서는 다른 요양급여에 비하여 본인일부부담금을 상향 조정할 수 있다.
② 본인이 연간 부담하는 다음 각 호의 금액의 합계액이 대통령령으로 정하는 금액(<u>본인부담상한액</u>)을 <u>초과한 경우에는 공단이 그 초과 금액을 부담</u>하여야 한다. 이 경우 공단은 당사자에게 그 초과 금액을 통보하고, 이를 지급하여야 한다.

> 1. 본인일부부담금의 총액
> 2. 긴급하거나 그 밖의 부득이한 사유로 준요양기관에서 요양을 받거나 요양기관이 아닌 장소에서 출산을 한 비용으로 부담한 금액(요양이나 출산의 비용으로 부담한 금액이 보건복지부장관이 정하여 고시한 금액보다 큰 경우에는 그 고시한 금액으로 한다)에서 같은 항에 따라 요양비로 지급받은 금액을 제외한 금액

③ 제2항에 따른 본인부담상한액은 가입자의 소득수준 등에 따라 정한다.
④ 제2항 각 호에 따른 금액 및 합계액의 산정 방법, 본인부담상한액을 넘는 금액의 지급 방법 및 제3항에 따른 가입자의 소득수준 등에 따른 본인부담상한액 설정 등에 필요한 사항은 대통령령으로 정한다.

독끝 핵심정리

- 요양급여를 받을 경우 일부 금액은 본인이 부담하는데, 이를 본인일부부담금이라 함
- 1년 동안의 '본인일부부담금 총액+(준요양기관에서 요양받은 비용+요양기관이 아닌 곳에서 출산한 비용 –요양비로 보전받은 금액)'이 일정 금액(소득수준에 따라 결정)을 초과하면, 그 초과금액은 공단이 부담함

제45조(요양급여비용의 산정 등)

빈출도 ●●●
25상(2회), 22상

관련문항 기출복원 5번/8번, 4회 7번

① <u>요양급여비용</u>은 공단의 <u>이사장</u>과 대통령령으로 정하는 <u>의약계를 대표하는 사람들의 계약으로 정한다.</u> 이 경우 <u>계약기간은 1년</u>으로 한다.
② 제1항에 따라 계약이 체결되면 그 계약은 공단과 각 요양기관 사이에 체결된 것으로 본다.
③ 제1항에 따른 계약은 그 직전 계약기간 만료일이 속하는 연도의 <u>5월 31일까지 체결</u>하여야 하며, 그 기한까지 계약이 체결되지 아니하는 경우 <u>보건복지부장관</u>이 그 직전 계약기간 만료일이 속하는 연도의 <u>6월 30일까지 심의위원회의 의결을 거쳐 요양급여비용을 정한다.</u> 이 경우 보건복지부장관이 정하는 요양급여비용은 제1항 및 제2항에 따라 계약으로 정한 요양급여비용으로 본다.
④ 제1항 또는 제3항에 따라 요양급여비용이 정해지면 보건복지부장관은 그 요양급여비용의 명세를 지체 없이 고시하여야 한다.
⑤ 공단의 이사장은 재정운영위원회의 심의·의결을 거쳐 제1항에 따른 계약을 체결하여야 한다.
⑥ 심사평가원은 공단의 이사장이 제1항에 따른 계약을 체결하기 위하여 필요한 자료를 요청하면 그 요청에 성실히 따라야 한다.
⑦ 제1항에 따른 계약의 내용과 그 밖에 필요한 사항은 대통령령으로 정한다.

독끝 핵심정리

- 요양급여비용은 이사장과 의약계 대표들이 계약으로 정하며, 1년 단위 계약임. 이 계약은 공단과 모든 요양기관 사이의 계약으로 간주됨
- 1년 단위 계약이므로 계약 만료일이 속한 연도의 5월 31일까지 새로 계약을 체결해야 하며, 그때까지 체결하지 못한 경우 보건복지부장관이 6월 30일까지 심의위원회 의결을 거쳐 요양급여비용을 정함

제46조(약제·치료재료에 대한 요양급여비용의 산정)

빈출도 ●●●

관련문항 4회 7번

<u>약제·치료재료에 대한 요양급여비용</u>은 요양기관의 약제·치료재료 구입금액 등을 고려하여 대통령령으로 정하는 바에 따라 <u>달리 산정할 수 있다.</u>

제47조(요양급여비용의 청구와 지급 등)

빈출도 ●●○ 22하

관련문항 2회 14번

① 요양기관은 공단에 요양급여비용의 지급을 청구할 수 있다. 이 경우 제2항에 따른 요양급여비용에 대한 심사청구는 공단에 대한 요양급여비용의 청구로 본다.
② 제1항에 따라 요양급여비용을 청구하려는 요양기관은 심사평가원에 요양급여비용의 심사청구를 하여야 하며, 심사청구를 받은 심사평가원은 이를 심사한 후 지체 없이 그 내용을 공단과 요양기관에 알려야 한다.
③ 제2항에 따라 심사 내용을 통보받은 공단은 지체 없이 그 내용에 따라 요양급여비용을 요양기관에 지급한다. 이 경우 이미 낸 본인일부부담금이 제2항에 따라 통보된 금액보다 더 많으면 요양기관에 지급할 금액에서 더 많이 낸 금액을 공제하여 해당 가입자에게 지급하여야 한다.
④ 공단은 제3항 전단에 따라 요양급여비용을 요양기관에 지급하는 경우 해당 요양기관이 공단에 납부하여야 하는 보험료 또는 그 밖에 이 법에 따른 징수금을 체납한 때에는 요양급여비용에서 이를 공제하고 지급할 수 있다.
⑤ 공단은 제3항 후단에 따라 가입자에게 지급하여야 하는 금액을 그 가입자가 내야 하는 보험료와 그 밖에 이 법에 따른 징수금과 상계(相計)할 수 있다.
⑥ 공단은 심사평가원이 요양급여의 적정성을 평가하여 공단에 통보하면 그 평가 결과에 따라 요양급여비용을 가산하거나 감액 조정하여 지급한다. 이 경우 평가 결과에 따라 요양급여비용을 가산하거나 감액하여 지급하는 기준은 보건복지부령으로 정한다.
⑦ 요양기관은 제2항에 따른 심사청구를 다음 각 호의 단체가 대행하게 할 수 있다.

> 1. 「의료법」 제28조제1항에 따른 의사회·치과의사회·한의사회·조산사회 또는 같은 조 제6항에 따라 신고한 각각의 지부 및 분회
> 2. 「의료법」 제52조에 따른 의료기관 단체
> 3. 「약사법」 제11조에 따른 약사회 또는 같은 법 제14조에 따라 신고한 지부 및 분회

⑧ 제1항부터 제7항까지의 규정에 따른 요양급여비용의 청구·심사·지급 등의 방법과 절차에 필요한 사항은 보건복지부령으로 정한다.

독꿀 핵심정리

- 요양기관 → 심사평가원: 심사청구(심사청구 대행하는 기관이 있음)
- 심사평가원 → 공단, 요양기관: 심사 결과 통보
- 공단 → 요양기관: 심사 내용에 따라 요양급여비용 지급
- 요양기관이 미지급한 보험료나 징수금이 있으면 이를 공제하고 지급할 수 있음

제47조의2(요양급여 비용의 지급 보류)

빈출도 ●●●

① 공단은 요양급여비용의 지급을 청구한 요양기관이 「의료법」 제4조 제2항, ~~제33조 제2항~~·제8항 또는 「약사법」 제20조 제1항, 제21조 제1항을 위반하였거나, 「의료법」 제33조 제10항 또는 「약사법」 제6조 제3항·제4항을 위반하여 개설·운영되었다는 사실을 수사기관의 수사 결과로 확인한 경우에는 해당 요양기관이 청구한 요양급여비용의 지급을 보류할 수 있다. 이 경우 요양급여비용 지급 보류 처분의 효력은 해당 요양기관이 그 처분 이후 청구하는 요양급여비용에 대해서도 미친다.
② 공단은 제1항에 따라 요양급여비용의 지급을 보류하기 전에 해당 요양기관에 의견 제출의 기회를 주어야 한다.
③ 공단은 요양기관이 「의료법」 제4조 제2항, 제33조 제2항·제8항 또는 「약사법」 제20조 제1항, 제21조 제1항을 위반한 혐의나 「의료법」 제33조 제10항 또는 「약사법」 제6조 제3항·제4항을 위반하여 개설·운영된 혐의에 대하여 법원에서 무죄 판결이 선고된 경우 그 선고 이후 실시한 요양급여에 한정하여 해당 요양기관이 청구하는 요양급여비용을 지급할 수 있다.
④ 법원의 무죄 판결이 확정되는 등 대통령령으로 정하는 사유로 제1항에 따른 요양기관이 「의료법」 제4조 제2항, 제33조 제2항·제8항 또는 「약사법」 제20조 제1항, 제21조 제1항을 위반한 혐의나 「의료법」 제33조 제10항 또는 「약사법」 제6조 제3항·제4항을 위반하여 개설·운영된 혐의가 입증되지 아니한 경우에는 공단은 지급보류 처분을 취소하고, 지급 보류된 요양급여비용에 지급 보류된 기간 동안의 이자를 가산하여 해당 요양기관에 지급하여야 한다. 이 경우 이자는 「민법」 제379조에 따른 법정이율을 적용하여 계산한다.

⑤ 제1항 및 제2항에 따른 지급 보류 절차 및 의견 제출의 절차 등에 필요한 사항, 제3항에 따른 지급 보류된 요양급여비용 및 이자의 지급 절차 등에 필요한 사항은 대통령령으로 정한다.

> [헌법불합치, 2018헌바433, 2023.3.23, 1. 구 국민건강보험법(2014. 5. 20. 법률 제12615호로 개정되고, 2020. 12. 29. 법률 제17772호로 개정되기 전의 것) 제47조의2 제1항 중 '의료법 제33조 제2항'에 관한 부분은 헌법에 합치되지 아니한다. 법원 기타 국가기관 및 지방자치단체는 위 법률조항의 적용을 중지하여야 한다. 2. 국민건강보험법(2020. 12. 29. 법률 제17772호로 개정된 것) 제47조의2 제1항 전문 중 '의료법 제33조 제2항'에 관한 부분은 헌법에 합치되지 아니한다. 위 법률조항은 2024. 12. 31.을 시한으로 개정될 때까지 계속 적용된다.]

독끝 핵심정리

- 요양급여비용을 청구한 요양기관이 의료법 특정 조항(단, 제33조 제2항은 헌법불합치이므로 해당하지 않음)이나 약사법 특정 조항을 위반한 경우 요양급여비용의 지급을 보류할 수 있으며, 그 이후의 요양급여비용 지급도 보류할 수 있음
- 무죄 판결이 선고된 경우 선고 이후 실시된 요양급여에 한정하여 요양급여비용을 지급할 수 있으며, 지급 보류된 기간 동안의 이자를 가산하여 함께 지급

제47조의3 (요양급여비용의 차등 지급)
빈출도 ●●●

지역별 의료자원의 불균형 및 의료서비스 격차의 해소 등을 위하여 <u>지역별로 요양급여비용을 달리 정하여 지급할 수 있다.</u>

제47조의4 (요양급여의 적정성 평가)
빈출도 ●●○
23상, 22하

관련문항 2회 12번

① <u>심사평가원</u>은 요양급여에 대한 의료의 질을 향상시키기 위하여 <u>요양급여의 적정성 평가를 실시할 수 있다.</u>
② 심사평가원은 요양기관의 인력·시설·장비, 환자안전 등 요양급여와 관련된 사항을 포함하여 평가할 수 있다.
③ 심사평가원은 평가 결과를 평가대상 요양기관에 통보하여야 하며, 평가 결과에 따라 요양급여비용을 가산 또는 감산할 경우에는 그 결정사항이 포함된 평가 결과를 가감대상 요양기관 및 공단에 통보하여야 한다.
④ 제1항부터 제3항까지에 따른 평가의 기준·범위·절차·방법 등에 필요한 사항은 보건복지부령으로 정한다.

독끝 핵심정리

심사평가원은 요양기관에서 제공하는 요양급여의 적정성 평가를 할 수 있으며, 평가 결과에 따라 요양급여비용을 변경할 수 있고, 이를 평가대상 요양기관과 공단에 통보해야 한다.

제48조 (요양급여 대상 여부의 확인 등)
빈출도 ●●○
23하, 22하

관련문항 3회 1번

① <u>가입자나 피부양자</u>는 본인일부부담금 외에 자신이 부담한 비용이 <u>요양급여 대상에서 제외되는 비용인지 여부에 대하여 심사평가원에 확인을 요청할 수 있다.</u>
② 제1항에 따른 확인 요청을 받은 심사평가원은 그 결과를 요청한 사람에게 알려야 한다. 이 경우 확인을 요청한 비용이 요양급여 대상에 해당되는 비용으로 확인되면 그 내용을 공단 및 관련 요양기관에 알려야 한다.
③ 제2항 후단에 따라 통보받은 요양기관은 받아야 할 금액보다 더 많이 징수한 금액(<u>과다본인부담금)을 지체 없이 확인을 요청한 사람에게 지급하여야 한다.</u> 다만, 공단은 해당 요양기관이 과다본인부담금을 지급하지 아니하면 해당 요양기관에 지급할 요양급여비용에서 과다본인부담금을 공제하여 확인을 요청한 사람에게 지급할 수 있다.
④ 제1항부터 제3항까지에 따른 확인 요청의 범위, 방법, 절차, 처리기간 등 필요한 사항은 보건복지부령으로 정한다.

독끝 핵심정리

- 가입자나 피부양자는 비급여대상으로 인식하고 비용을 부담했던 요양급여가 진짜 비급여대상인지 심사평가원에 확인을 요청할 수 있으며, 비급여대상이 아니어서 가입자나 피부양자가 과다본인부담금을 지급했다면 요양기관은 그 과다본인부담금을 돌려주어야 함
- 만약 요양기관이 과다본인부담금을 돌려주지 않으면 공단이 요양기관에게 전달할 요양급여비용에서 그만큼을 제하고 가입자나 피부양자에게 지급할 수 있음

제49조(요양비) 빈출도 ●●●

① 공단은 가입자나 피부양자가 보건복지부령으로 정하는 긴급하거나 그 밖의 부득이한 사유로 요양기관과 비슷한 기능을 하는 기관으로서 보건복지부령으로 정하는 준요양기관(업무정지기간 중인 요양기관을 포함한다)에서 질병·부상·출산 등에 대하여 요양을 받거나 요양기관이 아닌 장소에서 출산한 경우에는 그 요양급여에 상당하는 금액을 보건복지부령으로 정하는 바에 따라 가입자나 피부양자에게 요양비로 지급한다.
② 준요양기관은 보건복지부장관이 정하는 요양비 명세서나 요양 명세를 적은 영수증을 요양을 받은 사람에게 내주어야 하며, 요양을 받은 사람은 그 명세서나 영수증을 공단에 제출하여야 한다.
③ 제1항 및 제2항에도 불구하고 준요양기관은 요양을 받은 가입자나 피부양자의 위임이 있는 경우 공단에 요양비의 지급을 직접 청구할 수 있다. 이 경우 공단은 지급이 청구된 내용의 적정성을 심사하여 준요양기관에 요양비를 지급할 수 있다.
④ 제3항에 따른 준요양기관의 요양비 지급 청구, 공단의 적정성 심사 등에 필요한 사항은 보건복지부령으로 정한다.

독끝 핵심정리

- 요양기관이 아니더라도 아래의 경우에는 요양급여에 상당하는 금액을 공단이 가입자나 피부양자에게 요양비로 지급함
  - 긴급하거나 부득이한 사유로 준요양기관에서 요양을 받음
  - 긴급하거나 부득이한 사유로 요양기관이 아닌 곳에서 출산을 함
- 가입자나 피부양자의 위임이 있을 경우 공단은 요양비를 준요양기관에 지급할 수 있음

제50조(부가급여) 빈출도 ●●○ 25상, 21하

관련문항 기출복원 5번

공단은 이 법에서 정한 요양급여 외에 대통령령으로 정하는 바에 따라 임신·출산 진료비, 장제비, 상병수당, 그 밖의 급여를 실시할 수 있다.

제51조(장애인에 대한 특례) 빈출도 ●●○ 24하

관련문항 2회 18번

① 공단은 「장애인복지법」에 따라 등록한 장애인인 가입자 및 피부양자에게는 보조기기에 대하여 보험급여를 할 수 있다.
② 장애인인 가입자 또는 피부양자에게 보조기기를 판매한 자는 가입자나 피부양자의 위임이 있는 경우 공단에 보험급여를 직접 청구할 수 있다. 이 경우 공단은 지급이 청구된 내용의 적정성을 심사하여 보조기기를 판매한 자에게 보조기기에 대한 보험급여를 지급할 수 있다.
③ 제1항에 따른 보조기기에 대한 보험급여의 범위·방법·절차, 제2항에 따른 보조기기 판매업자의 보험급여 청구, 공단의 적정성 심사 및 그 밖에 필요한 사항은 보건복지부령으로 정한다.

독끝 핵심정리

- 장애인인 가입자 및 피부양자에게는 보조기기에 대한 보험급여 가능
- 가입자나 피부양자의 위임이 있는 경우 공단은 보조기기에 대한 보험급여를 보조기기 판매자에게 지급할 수 있음

제52조(건강검진) 빈출도 ●●○ 25상

관련문항 기출복원 5번, 3회 3번

① 공단은 가입자와 피부양자에 대하여 질병의 조기발견과 그에 따른 요양급여를 하기 위하여 건강검진을 실시한다.
② 제1항에 따른 건강검진의 종류 및 대상은 다음 각 호와 같다.

1. 일반건강검진: 직장가입자, 세대주인 지역가입자, 20세 이상인 지역가입자 및 20세 이상인 피부양자
2. 암검진: 「암관리법」 제11조 제2항에 따른 암의 종류별 검진주기와 연령 기준 등에 해당하는 사람
3. 영유아건강검진: 6세 미만의 가입자 및 피부양자

③ 제1항에 따른 건강검진의 검진항목은 성별, 연령 등의 특성 및 생애 주기에 맞게 설계되어야 한다.
④ 제1항에 따른 건강검진의 횟수·절차와 그 밖에 필요한 사항은 대통령령으로 정한다.

독끝 핵심정리

종류	대상
일반 건강검진	• 나이제한 없음: 직장가입자, 지역가입자(세대주) • 20세 이상: 지역가입자(세대원), 피부양자
암검진	암의 종류별 검진주기와 연령 기준 등에 해당하는 사람
영유아 건강검진	6세 미만의 가입자 및 피부양자

제53조(급여의 제한)
빈출도 ●●● 25상(2회), 24하, 23하, 22하, 21하

관련문항 기출복원 1번/11번, 3회 19번

① 공단은 보험급여를 받을 수 있는 사람이 다음 각 호의 어느 하나에 해당하면 보험급여를 하지 아니한다.

1. 고의 또는 중대한 과실로 인한 범죄행위에 그 원인이 있거나 고의로 사고를 일으킨 경우
2. 고의 또는 중대한 과실로 공단이나 요양기관의 요양에 관한 지시에 따르지 아니한 경우
3. 고의 또는 중대한 과실로 제55조(급여의 확인)에 따른 문서와 그 밖의 물건의 제출을 거부하거나 질문 또는 진단을 기피한 경우
4. 업무 또는 공무로 생긴 질병·부상·재해로 다른 법령에 따른 보험급여나 보상(報償) 또는 보상(補償)을 받게 되는 경우

② 공단은 보험급여를 받을 수 있는 사람이 다른 법령에 따라 국가나 지방자치단체로부터 보험급여에 상당하는 급여를 받거나 보험급여에 상당하는 비용을 지급받게 되는 경우에는 그 한도에서 보험급여를 하지 아니한다.

③ 공단은 가입자가 대통령령으로 정하는 기간 이상 다음 각 호의 보험료를 체납한 경우 그 체납한 보험료를 완납할 때까지 그 가입자 및 피부양자에 대하여 보험급여를 실시하지 아니할 수 있다. 다만, 월별 보험료의 총체납횟수(이미 납부된 체납보험료는 총체납횟수에서 제외하며, 보험료의 체납기간은 고려하지 아니한다)가 대통령령으로 정하는 횟수 미만이거나 가입자 및 피부양자의 소득·재산 등이 대통령령으로 정하는 기준 미만인 경우에는 그러하지 아니하다.

1. 보수 외 소득월액보험료
2. 세대단위의 보험료

④ 공단은 납부의무를 부담하는 사용자가 보수월액보험료를 체납한 경우에는 그 체납에 대하여 직장가입자 본인에게 귀책사유가 있는 경우에 한하여 제3항의 규정을 적용한다. 이 경우 해당 직장가입자의 피부양자에게도 제3항의 규정을 적용한다.

⑤ 제3항 및 제4항에도 불구하고 공단으로부터 분할납부 승인을 받고 그 승인된 보험료를 1회 이상 낸 경우에는 보험급여를 할 수 있다. 다만, 분할납부 승인을 받은 사람이 정당한 사유 없이 5회(같은 조 제1항에 따라 승인받은 분할납부 횟수가 5회 미만인 경우에는 해당 분할납부 횟수를 말한다. 이하 이 조에서 같다) 이상 그 승인된 보험료를 내지 아니한 경우에는 그러하지 아니하다.

⑥ 제3항 및 제4항에 따라 보험급여를 하지 아니하는 급여제한기간에 받은 보험급여는 다음 각 호의 어느 하나에 해당하는 경우에만 보험급여로 인정한다.

1. 공단이 급여제한기간에 보험급여를 받은 사실이 있음을 가입자에게 통지한 날부터 2개월이 지난 날이 속한 달의 납부기한 이내에 체납된 보험료를 완납한 경우
2. 공단이 급여제한기간에 보험급여를 받은 사실이 있음을 가입자에게 통지한 날부터 2개월이 지난 날이 속한 달의 납부기한 이내에 분할납부 승인을 받은 체납보험료를 1회 이상 낸 경우. 다만, 분할납부 승인을 받은 사람이 정당한 사유 없이 5회 이상 그 승인된 보험료를 내지 아니한 경우에는 그러하지 아니하다.

독끝 핵심정리

구분	해당 목록
보험급여 전체 제한 필수	• 고의 또는 중대과실로 범죄행위 원인, 고의로 사고 • 고의 또는 중대과실로 요양 지시에 불응 • 고의 또는 중대과실로 공단이 요구하는 문서·물건의 제출 거부 또는 공단의 질문 또는 진단 기피 • 업무 또는 공무로 인한 질병·부상 등으로 다른 법령에 따라 보상받음
보험급여 일부 제한	다른 법령에 따라 국가나 지방자치단체로부터 보험급여에 상당하는 급여를 받거나 보험급여에 상당하는 비용을 지급받음 → 그 한도에서 보험급여 제한
보험급여 제한 가능	가입자가 대통령령으로 정하는 기준 이상으로 보험료 체납 (예외) • 소득·재산 등이 대통령령으로 정하는 기준 미만 • 사용자의 귀책사유로 보수월액보험료를 체납 • 분할납부를 승인받고 보험료를 1회 이상 납부 (단, 5회 이상 분할납부를 체납한 경우는 제외)

제54조(급여의 정지) 빈출도 ●●○ 23하, 22하

관련문항 4회 4번

보험급여를 받을 수 있는 사람이 다음 각 호의 어느 하나에 해당하면 그 기간에는 보험급여를 하지 아니한다. 다만, 제3호 및 제4호의 경우에는 요양급여를 실시한다.

1. 삭제
2. 국외에 체류하는 경우
3. 「병역법」에 따른 현역병(지원에 의하지 아니하고 임용된 하사를 포함한다), 전환복무된 사람 및 군간부후보생
4. 교도소, 그 밖에 이에 준하는 시설에 수용되어 있는 경우

독끝 핵심정리

- 보험급여 중지: 국외에 체류하는 경우
- 보험급여 대신 요양급여 실시: 현역병 등, 교도소에 수용되어 있는 경우

제55조(급여의 확인) 빈출도 ●●○ 22하

관련문항 2회 18번

공단은 보험급여를 할 때 필요하다고 인정되면 보험급여를 받는 사람에게 문서와 그 밖의 물건을 제출하도록 요구하거나 관계인을 시켜 질문 또는 진단하게 할 수 있다.

제56조(요양비 등의 지급) 빈출도 ●●○ 22상

관련문항 2회 18번

공단은 이 법에 따라 지급의무가 있는 요양비 또는 부가급여의 청구를 받으면 지체 없이 이를 지급하여야 한다.

제56조의2(요양비등 수급계좌) 빈출도 ●●○ 25상, 23상, 22상

관련문항 기출복원 12번

① 공단은 이 법에 따른 보험급여로 지급되는 현금(요양비등)을 받는 수급자의 신청이 있는 경우에는 요양비등을 수급자 명의의 지정된 요양비등수급계좌로 입금하여야 한다. 다만, 정보통신장애나 그 밖에 대통령령으로 정하는 불가피한 사유로 요양비등수급계좌로 이체할 수 없을 때에는 직접 현금으로 지급하는 등 대통령령으로 정하는 바에 따라 요양비등을 지급할 수 있다.
② 요양비등수급계좌가 개설된 금융기관은 요양비등수급계좌에 요양비등만이 입금되도록 하고, 이를 관리하여야 한다.
③ 제1항 및 제2항에 따른 요양비등수급계좌의 신청 방법·절차와 관리에 필요한 사항은 대통령령으로 정한다.

독끝 핵심정리

- 수급자가 신청한 경우에는 보험급여로 지급되는 현금을 요양비등수급계좌로 입금하여야 하며, 불가피한 사유로 이체가 어려울 경우 직접 현금으로 지급할 수 있음
- 요양비등수급계좌에는 요양비등만 입금되도록 하여야 함

제57조(부당이득의 징수)

빈출도 ●●○
24상, 22하

관련문항 4회 19번

① 공단은 속임수나 그 밖의 부당한 방법으로 <u>보험급여를 받은 사람·준요양기관 및 보조기기 판매업자</u>나 보험급여 비용을 받은 <u>요양기관</u>에 대하여 그 보험급여나 <u>보험급여 비용에 상당하는 금액을 징수</u>한다.

② 공단은 제1항에 따라 속임수나 그 밖의 부당한 방법으로 보험급여 비용을 받은 요양기관이 다음 각 호의 어느 하나에 해당하는 경우에는 해당 요양기관을 개설한 자에게 그 요양기관과 연대하여 같은 항에 따른 징수금을 납부하게 할 수 있다.

> 1. 「의료법」 제33조 제2항을 위반하여 의료기관을 개설할 수 없는 자가 의료인의 면허나 의료법인 등의 명의를 대여받아 개설·운영하는 의료기관
> 2. 「약사법」 제20조 제1항을 위반하여 약국을 개설할 수 없는 자가 약사 등의 면허를 대여받아 개설·운영하는 약국
> 3. 「의료법」 제4조 제2항 또는 제33조 제8항·제10항을 위반하여 개설·운영하는 의료기관
> 4. 「약사법」 제21조 제1항을 위반하여 개설·운영하는 약국
> 5. 「약사법」 제6조 제3항·제4항을 위반하여 면허를 대여받아 개설·운영하는 약국

③ 사용자나 가입자의 거짓 보고나 거짓 증명(건강보험증이나 신분증명서를 양도·대여하여 다른 사람이 보험급여를 받게 하는 것을 포함한다), 요양기관의 거짓 진단이나 거짓 확인(건강보험증이나 신분증명서로 가입자 또는 피부양자의 본인 여부 및 그 자격을 확인하지 아니한 것을 포함한다) 또는 준요양기관이나 보조기기를 판매한 자의 속임수 및 그 밖의 부당한 방법으로 보험급여가 실시된 경우 공단은 이들에게 보험급여를 받은 사람과 연대하여 제1항에 따른 징수금을 내게 할 수 있다.

④ 공단은 속임수나 그 밖의 부당한 방법으로 보험급여를 받은 사람과 <u>같은 세대에 속한 가입자</u>(속임수나 그 밖의 부당한 방법으로 보험급여를 받은 사람이 <u>피부양자인 경우에는 그 직장가입자</u>를 말한다)에게 속임수나 그 밖의 부당한 방법으로 보험급여를 받은 사람과 <u>연대하여 제1항에 따른 징수금을 내게 할 수 있다.</u>

⑤ 요양기관이 가입자나 피부양자로부터 속임수나 그 밖의 부당한 방법으로 요양급여비용을 받은 경우 공단은 해당 요양기관으로부터 이를 징수하여 가입자나 피부양자에게 지체 없이 지급하여야 한다. 이 경우 공단은 가입자나 피부양자에게 지급하여야 하는 금액을 그 가입자 및 피부양자가 내야 하는 보험료등과 상계할 수 있다.

🎯 **독끝 핵심정리**
- 속임수·부당한 방법으로 보험급여 받은 사람, 준요양기관, 보조기기 판매업자, 요양기관 → 보험급여에 상당하는 금액 징수
- 같은 세대에 속한 가입자, 피부양자의 경우 부양하는 직장가입자도 연대하여 징수금 부과
- 요양기관이 가입자에게 부당 청구한 비용은 공단이 요양기관에게 징수해 지체 없이 가입자나 피부양자에게 지급하고, 필요 시 보험료와 상계할 수 있음

제57조의2(부당이득 징수금 체납자의 인적사항등 공개)

빈출도 ●●●●

관련문항 3회 10번

① 공단은 제57조 제2항 각 호의 어느 하나에 해당하여 같은 조 제1항 및 제2항에 따라 징수금을 납부할 의무가 있는 요양기관 또는 요양기관을 개설한 자가 납입 고지 문서에 기재된 <u>납부기한의 다음 날부터 1년이 경과한 징수금을 1억원 이상 체납한 경우</u> 징수금 발생의 원인이 되는 위반행위, 체납자의 인적사항 및 체납액 등 대통령령으로 정하는 <u>인적사항등을 공개할 수 있다.</u> 다만, 체납된 징수금과 관련하여 <u>이의신청, 심판청구가 제기되거나 행정소송이 계류 중인 경우</u> 또는 그 밖에 체납된 금액의 일부 납부 등 대통령령으로 정하는 사유가 있는 경우에는 <u>그러하지 아니하다.</u>

② 제1항에 따른 인적사항등의 공개 여부를 심의하기 위하여 공단에 부당이득징수금체납정보공개심의위원회를 둔다.

③ 공단은 부당이득징수금체납정보공개심의위원회의 심의를 거친 인적사항등의 공개대상자에게 공개대상자임을 서면으로 통지하여 소명의 기회를 부여하여야 하며, <u>통지일부터 6개월이 경과한 후</u> 체납자의 납부이행 등을 고려하여 공개대상자를 선정한다.

④ 제1항에 따른 인적사항등의 공개는 관보에 게재하거나 공단 인터넷 홈페이지에 게시하는 방법으로 한다.

⑤ 제1항부터 제4항까지에서 규정한 사항 외에 인적사항등의 공개 절차 및 부당이득징수금체납정보공개심의위원회의 구성·운영 등에 필요한 사항은 대통령령으로 정한다.

🎯 독끝 핵심정리

공개대상	부당이득 징수금을 납부해야 하는 요양기관 또는 요양기관을 개설한 자
납부기한 초과기간	1년
체납액수	1억 원 이상
공개내용	징수금 발생의 원인이 되는 위반행위, 체납자의 인적사항, 체납액 등
공개장소	관보에 게재 또는 공단 인터넷 홈페이지에 게시
예외	이의신청, 심판청구 제기 또는 행정소송 계류
기타	공개대상자에게 서면으로 통지하여 소명의 기회를 부여해야 하며, 통지일로부터 6개월이 경과한 후에 공개대상자 선정

제58조(구상권)   빈출도 ●●○ 24하

관련문항 4회 20번

① 공단은 제3자의 행위로 보험급여사유가 생겨 가입자 또는 피부양자에게 보험급여를 한 경우에는 그 급여에 들어간 비용 한도에서 그 제3자에게 손해배상을 청구할 권리를 얻는다.
② 제1항에 따라 보험급여를 받은 사람이 제3자로부터 이미 손해배상을 받은 경우에는 공단은 그 배상액 한도에서 보험급여를 하지 아니한다.

🎯 독끝 핵심정리

제3자의 행위로 인해 공단이 보험급여비용을 지급할 일이 발생한 경우, 제3자가 공단에게 직접 손해를 끼치진 않았지만 간접적인 손해를 끼친 셈이 되어 공단은 제3자에게 보험급여비용만큼 구상권을 청구할 수 있다.

제59조(수급권 보호)   빈출도 ●●●

① 보험급여를 받을 권리는 양도하거나 압류할 수 없다.
② 요양비등수급계좌에 입금된 요양비등은 압류할 수 없다.

제60조(현역병 등에 대한 요양급여비용 등의 지급)   빈출도 ●●○ 21하

관련문항 1회 5번

① 공단은 「병역법」에 따른 현역병(지원에 의하지 아니하고 임용된 하사를 포함한다), 전환복무된 사람 및 군간부후보생 또는 교도소, 그 밖에 이에 준하는 시설에 수용되어 있는 사람이 요양기관에서 대통령령으로 정하는 치료 등(요양급여)을 받은 경우 그에 따라 공단이 부담하는 비용(요양급여비용)과 요양비를 법무부장관·국방부장관·경찰청장·소방청장 또는 해양경찰청장으로부터 예탁 받아 지급할 수 있다. 이 경우 법무부장관·국방부장관·경찰청장·소방청장 또는 해양경찰청장은 예산상 불가피한 경우 외에는 연간(年間) 들어갈 것으로 예상되는 요양급여비용과 요양비를 대통령령으로 정하는 바에 따라 미리 공단에 예탁하여야 한다.
② 요양급여, 요양급여비용 및 요양비 등에 관한 사항은 제41조, 제41조의4, 제42조, 제42조의2, 제44조부터 제47조까지, 제47조의2, 제48조, 제49조, 제55조, 제56조, 제56조의2 및 제59조제2항을 준용한다.

🎯 독끝 핵심정리

- 제54조(급여의 정지)에서 보험급여를 하지 않는 사람 중 현역병 등과 교도소에 수용되어 있는 사람은 보험급여 대신 요양급여를 받을 수 있고, 공단은 요양급여비용을 이들에게 지급할 수 있음
- 이 요양급여비용과 요양비는 법무부장관·국방부장관·경찰청장·소방청장 또는 해양경찰청장이 연간 단위로 예상하여 미리 공단에 예탁해야 함

제61조(요양급여비용의 정산) · 빈출도 ●●●

공단은 「산업재해보상보험법」 제10조에 따른 근로복지공단이 이 법에 따라 요양급여를 받을 수 있는 사람에게 「산업재해보상보험법」 제40조에 따른 요양급여를 지급한 후 그 지급결정이 취소되어 해당 요양급여의 비용을 청구하는 경우에는 그 요양급여가 이 법에 따라 실시할 수 있는 요양급여에 상당한 것으로 인정되면 그 요양급여에 해당하는 금액을 지급할 수 있다.

CHAPTER 05 건강보험심사평가원

제62조(설립) · 빈출도 ●●●

요양급여비용을 심사하고 요양급여의 적정성을 평가하기 위하여 건강보험심사평가원을 설립한다.

제63조(업무 등) · 빈출도 ●●●

관련문항 3회 7번

① 심사평가원은 다음 각 호의 업무를 관장한다.

> 1. 요양급여비용의 심사
> 2. 요양급여의 적정성 평가
> 3. 심사기준 및 평가기준의 개발
> 4. 제1호부터 제3호까지의 규정에 따른 업무와 관련된 조사연구 및 국제협력
> 5. 다른 법률에 따라 지급되는 급여비용의 심사 또는 의료의 적정성 평가에 관하여 위탁받은 업무
> 6. 그 밖에 이 법 또는 다른 법령에 따라 위탁받은 업무
> 7. 건강보험과 관련하여 보건복지부장관이 필요하다고 인정한 업무
> 8. 그 밖에 보험급여 비용의 심사와 보험급여의 적정성 평가와 관련하여 대통령령으로 정하는 업무

② 제1항 제8호에 따른 보험급여의 적정성 평가의 기준·절차·방법 등에 필요한 사항은 보건복지부장관이 정하여 고시한다.

제64조(법인격 등) · 빈출도 ●●●

① 심사평가원은 법인으로 한다.
② 심사평가원은 주된 사무소의 소재지에서 설립등기를 함으로써 성립한다.

제65조(임원)

빈출도 ●●○ 22하

관련문항 2회 20번

① 심사평가원에 임원으로서 <u>원장, 이사 15명 및 감사 1명</u>을 둔다. 이 경우 <u>원장, 이사 중 4명 및 감사는 상임</u>으로 한다.
② <u>원장</u>은 임원추천위원회가 복수로 추천한 사람 중에서 <u>보건복지부장관의 제청</u>으로 <u>대통령이 임명</u>한다.
③ <u>상임이사</u>는 보건복지부령으로 정하는 추천 절차를 거쳐 <u>원장이 임명</u>한다.
④ <u>비상임이사</u>는 다음 각 호의 사람 중에서 10명과 대통령령으로 정하는 바에 따라 추천한 관계 공무원 1명을 <u>보건복지부장관이 임명</u>한다.

> 1. 공단이 추천하는 1명
> 2. 의약관계단체가 추천하는 5명
> 3. 노동조합·사용자단체·소비자단체 및 농어업인단체가 추천하는 각 1명

⑤ <u>감사</u>는 임원추천위원회가 복수로 추천한 사람 중에서 <u>기획재정부장관의 제청</u>으로 <u>대통령이 임명</u>한다.
⑥ 제4항에 따른 비상임이사는 정관으로 정하는 바에 따라 실비변상을 받을 수 있다.
⑦ <u>원장의 임기는 3년</u>, <u>이사(공무원인 이사는 제외한다)와 감사의 임기는 각각 2년</u>으로 한다.

독끝 핵심정리

구분		인원	임명권자	임기
원장(상임)		1명	보건복지부장관 제청, 대통령이 임명	3년
이사	상임	4명	원장이 임명	2년
	비상임	11명	보건복지부장관이 임명	
감사(상임)		1명	기획재정부장관 제청, 대통령이 임명	
합계		17명	–	

제66조(진료심사평가위원회)

빈출도 ●●○ 22하

관련문항 2회 13번

① 심사평가원의 업무를 효율적으로 수행하기 위하여 심사평가원에 진료심사평가위원회(심사위원회)를 둔다.
② 심사위원회는 위원장을 포함하여 <u>90명 이내의 상근 심사위원</u>과 <u>1천 명 이내의 비상근 심사위원</u>으로 구성하며, 진료과목별 분과위원회를 둘 수 있다.
③ 제2항에 따른 상근 심사위원은 심사평가원의 원장이 보건복지부령으로 정하는 사람 중에서 임명한다.
④ 제2항에 따른 비상근 심사위원은 심사평가원의 원장이 보건복지부령으로 정하는 사람 중에서 위촉한다.
⑤ 심사평가원의 원장은 심사위원이 다음 각 호의 어느 하나에 해당하면 그 심사위원을 해임 또는 해촉할 수 있다.

> 1. 신체장애나 정신장애로 직무를 수행할 수 없다고 인정되는 경우
> 2. 직무상 의무를 위반하거나 직무를 게을리한 경우
> 3. 고의나 중대한 과실로 심사평가원에 손실이 생기게 한 경우
> 4. 직무 여부와 관계없이 품위를 손상하는 행위를 한 경우

⑥ 제1항부터 제5항까지에서 규정한 사항 외에 심사위원회 위원의 자격·임기 및 심사위원회의 구성·운영 등에 필요한 사항은 보건복지부령으로 정한다.

독끝 핵심정리

- 상근 심사위원: 90명 이내
- 비상근 심사위원: 1,000명 이내
- 둘 다 원장이 임명(비상근은 위촉)

제66조의2(진료심사평가위원회 위원의 겸직)

빈출도 ●●●

① <u>교수·부교수 및 조교수</u>는 소속대학 총장의 허가를 받아 <u>진료심사평가위원회 위원의 직무를 겸할 수 있다.</u>
② 제1항에 따라 대학의 교원이 진료심사평가위원회 위원을 겸하는 경우 필요한 사항은 대통령령으로 정한다.

제67조(자금의 조달 등) 빈출도 ●●●

① 심사평가원은 업무(다른 법률에 따라 지급되는 급여비용의 심사 또는 의료의 적정성 평가에 관하여 위탁받은 업무는 제외한다)를 하기 위하여 공단으로부터 부담금을 징수할 수 있다.
② 심사평가원은 다른 법률에 따라 지급되는 급여비용의 심사 또는 의료의 적정성 평가에 관하여 위탁받은 경우에는 위탁자로부터 수수료를 받을 수 있다.
③ 제1항과 제2항에 따른 부담금 및 수수료의 금액·징수 방법 등에 필요한 사항은 보건복지부령으로 정한다.

독끝 핵심정리
심사평가원은 업무를 수행하기 위한 부담금 공단으로부터 징수할 수 있으며, 단 하나 예외적으로 다른 법률에 따라 심사 또는 적정성 평가를 위탁받은 경우에는 위탁자로부터 수수료를 받을 수 있다.

제68조(준용 규정) 빈출도 ●●●

심사평가원에 관하여 제14조 제3항·제4항, 제16조, 제17조(같은 조 제1항 제6호 및 제7호는 제외한다), 제18조, 제19조, 제22조부터 제32조까지, 제35조 제1항, 제36조, 제37조, 제39조 및 제40조를 준용한다. 이 경우 "공단"은 "심사평가원"으로, "이사장"은 "원장"으로 본다.

CHAPTER 06 보험료

제69조(보험료) 빈출도 ●●● 25상, 24하, 24상, 23하, 22상, 21하

관련문항 기출복원 14번, 1회 9번, 2회 10번, 3회 16번

① 공단은 건강보험사업에 드는 비용에 충당하기 위하여 보험료의 납부의무자로부터 보험료를 징수한다.
② 제1항에 따른 보험료는 가입자의 자격을 취득한 날이 속하는 달의 다음 달부터 가입자의 자격을 잃은 날의 전날이 속하는 달까지 징수한다. 다만, 가입자의 자격을 매월 1일에 취득한 경우 또는 유공자등 의료보호대상자 중 건강보험 적용 신청으로 가입자의 자격을 취득하는 경우에는 그 달부터 징수한다.
③ 제1항 및 제2항에 따라 보험료를 징수할 때 가입자의 자격이 변동된 경우에는 변동된 날이 속하는 달의 보험료는 변동되기 전의 자격을 기준으로 징수한다. 다만, 가입자의 자격이 매월 1일에 변동된 경우에는 변동된 자격을 기준으로 징수한다.
④ 직장가입자의 월별 보험료액은 다음 각 호에 따라 산정한 금액으로 한다.

> 1. 보수월액보험료: 보수월액×보험료율
> 2. 보수 외 소득월액보험료: 보수 외 소득월액× 보험료율

⑤ 지역가입자의 월별 보험료액은 다음 각 호의 구분에 따라 산정한 금액을 합산한 금액으로 한다. 이 경우 보험료액은 세대 단위로 산정한다.

> 1. 소득: 지역가입자의 소득월액×보험료율
> 2. 재산: 재산보험료부과점수×재산보험료부과점수당 금액

⑥ 제4항 및 제5항에 따른 월별 보험료액은 가입자의 보험료 평균액의 일정비율에 해당하는 금액을 고려하여 대통령령으로 정하는 기준에 따라 상한 및 하한을 정한다.

독끌 핵심정리

- 직장가입자와 지역가입자가 내야 하는 보험료는 아래와 같이 서로 다름
  - 직장가입자: 보수월액×보험료율+보수 외 소득월액×보험료율
  - 지역가입자: 소득월액×보험료율+재산보험료부과점수×재산보험료부과점수당 금액

제70조(보수월액)
빈출도 ●●○
24하, 23상, 21하

관련문항 1회 7번/18번

① 직장가입자의 보수월액은 직장가입자가 지급받는 보수를 기준으로 하여 산정한다.
② <u>휴직</u>이나 그 밖의 사유로 보수의 전부 또는 일부가 지급되지 아니하는 가입자의 보수월액보험료는 <u>해당 사유가 생기기 전 달의 보수월액을 기준으로 산정</u>한다.
③ 제1항에 따른 보수는 근로자등이 근로를 제공하고 사용자·국가 또는 지방자치단체로부터 지급받는 금품(실비변상적인 성격을 갖는 금품은 제외한다)으로서 대통령령으로 정하는 것을 말한다. 이 경우 보수 관련 자료가 없거나 불명확한 경우 등 대통령령으로 정하는 사유에 해당하면 보건복지부장관이 정하여 고시하는 금액을 보수로 본다.
④ 제1항에 따른 보수월액의 산정 및 보수가 지급되지 아니하는 사용자의 보수월액의 산정 등에 필요한 사항은 대통령령으로 정한다.

독끌 핵심정리

- 직장가입자의 보수월액은 근로를 제공하고 사용자, 국가, 지방자치단체로부터 지급받는 금품(실비변상적인 금품 제외)을 기준으로 산정
- 휴직 등으로 보수의 전부 또는 일부가 지급되지 않은 경우 전 달의 보수월액을 기준으로 산정

제71조(소득월액)
빈출도 ●●●
24하, 24상, 23상, 21하

관련문항 1회 9번, 2회 10번, 3회 16번

① <u>직장가입자의 보수 외 소득월액</u>은 보수월액의 산정에 포함된 보수를 제외한 직장가입자의 소득(보수 외 소득)이 대통령령으로 정하는 금액을 초과하는 경우 다음의 계산식에 따른 값을 보건복지부령으로 정하는 바에 따라 평가하여 산정한다.

<u>(연간 보수 외 소득−대통령령으로 정하는 금액)×1/12</u>

② <u>지역가입자의 소득월액</u>은 지역가입자의 <u>연간 소득을 12개월로 나눈 값</u>을 보건복지부령으로 정하는 바에 따라 평가하여 산정한다.
③ 제1항 및 제2항에 따른 소득의 구체적인 범위, 소득월액을 산정하는 기준, 방법 등 소득월액의 산정에 필요한 사항은 대통령령으로 정한다.

독끌 핵심정리

- 직장가입자의 소득월액: 직장에서 받는 보수 외의 모든 연간 소득(보수 외 소득)에서 대통령령으로 정하는 금액만큼을 공제한 후 이를 12개월로 나눈 값
- 지역가입자의 소득월액: 연간 소득을 12개월로 나눈 값

제72조(재산보험료부과점수)
빈출도 ●●○

① <u>재산보험료부과점수</u>는 <u>지역가입자의 재산을 기준으로 산정</u>한다. 다만, 대통령령으로 정하는 지역가입자가 실제 거주를 목적으로 대통령령으로 정하는 기준 이하의 <u>주택을 구입 또는 임차하기 위하여</u> 다음 각 호의 어느 하나에 해당하는 대출을 받고 그 사실을 공단에 통보하는 경우에는 해당 <u>대출금액</u>을 대통령령으로 정하는 바에 따라 평가하여 <u>재산보험료부과점수 산정 시 제외</u>한다.

1. 「금융실명거래 및 비밀보장에 관한 법률」 제2조 제1호에 따른 금융회사등으로부터 받은 대출
2. 「주택도시기금법」에 따른 주택도시기금을 재원으로 하는 대출 등 보건복지부장관이 정하여 고시하는 대출

② 제1항에 따라 재산보험료부과점수의 산정방법과 산정기준을 정할 때 법령에 따라 재산권의 행사가 제

한되는 재산에 대하여는 다른 재산과 달리 정할 수 있다.
③ 지역가입자는 제1항 단서에 따라 공단에 통보할 때 「신용정보의 이용 및 보호에 관한 법률」 제2조 제1호에 따른 신용정보, 「금융실명거래 및 비밀보장에 관한 법률」 제2조 제2호에 따른 금융자산, 같은 조 제3호에 따른 금융거래의 내용에 대한 자료·정보 중 대출금액 등 대통령령으로 정하는 자료·정보(금융정보등)를 공단에 제출하여야 하며, 제1항 단서에 따른 재산보험료부과점수 산정을 위하여 필요한 금융정보등을 공단에 제공하는 것에 대하여 동의한다는 서면을 함께 제출하여야 한다.
④ 제1항 및 제2항에 따른 재산보험료부과점수의 산정방법·산정기준 등에 필요한 사항은 대통령령으로 정한다.

독끝 핵심정리

지역가입자의 월별 보험료액을 산정할 때 '재산' 부분의 재산보험료부과점수는 지역가입자의 재산을 기준으로 산정되는 점수인데, 주택 구입 또는 임차(전세)를 위한 대출금액은 산정 시 제외한다.

제72조의2 삭제

제72조의3(보험료 부과 제도에 대한 적정성 평가) 빈출도 ●●●

① 보건복지부장관은 피부양자 인정기준과 보험료, 보수월액, 소득월액 및 재산보험료부과점수의 산정기준 및 방법 등에 대하여 적정성을 평가하고, 이 법 시행일로부터 4년이 경과한 때 이를 조정하여야 한다.
② 보건복지부장관은 제1항에 따른 적정성 평가를 하는 경우에는 다음 각 호를 종합적으로 고려하여야 한다.
　1. 제4조 제1항 제5호의2 나목에 따라 심의위원회가 심의한 가입자의 소득 파악 현황 및 개선방안
　2. 공단의 소득 관련 자료 보유 현황
　3. 「소득세법」 제4조에 따른 종합소득(종합과세되는 종합소득과 분리과세되는 종합소득을 포함한다) 과세 현황
　4. 직장가입자에게 부과되는 보험료와 지역가입자에게 부과되는 보험료 간 형평성
　5. 제1항에 따른 인정기준 및 산정기준의 조정으로 인한 보험료 변동
　6. 그 밖에 적정성 평가 대상이 될 수 있는 사항으로서 보건복지부장관이 정하는 사항
③ 제1항에 따른 적정성 평가의 절차, 방법 및 그 밖에 적정성 평가를 위하여 필요한 사항은 대통령령으로 정한다.

독끝 핵심정리

보건복지부장관은 피부양자 인정기준과 보험료, 보수월액, 소득월액 및 재산보험료부과점수의 산정기준 및 방법 등에 대하여 적정성을 평가하고, 시행일로부터 4년이 경과한 때에 이를 조정해야 한다.

제73조(보험료율 등) 빈출도 ●●●

관련문항 2회 10번

① 직장가입자의 보험료율은 1천분의 80의 범위에서 심의위원회의 의결을 거쳐 대통령령으로 정한다.
② 국외에서 업무에 종사하고 있는 직장가입자에 대한 보험료율은 제1항에 따라 정해진 보험료율의 100분의 50으로 한다.
③ 지역가입자의 보험료율과 재산보험료부과점수당 금액은 심의위원회의 의결을 거쳐 대통령령으로 정한다.

독끝 핵심정리

• 직장가입자의 보험료율: 8% 이내에서 결정
• 국외에 있는 직장가입자의 보험료율: 국내 직장가입자 보험료율의 절반

제74조(보험료의 면제) 빈출도 ●○○ 22상

관련문항 2회 10번

① 공단은 직장가입자가 제54조 제2호부터 제4호까지의 어느 하나에 해당하는 경우(같은 조 제2호에 해당하는 경우에는 1개월 이상의 기간으로서 대통령령으로 정하는 기간 이상 국외에 체류하는 경우에 한정한다. 이하 이 조에서 같다) 그 가입자의 보험

료를 면제한다. 다만, 제54조 제2호에 해당하는 직장가입자의 경우에는 국내에 거주하는 피부양자가 없을 때에만 보험료를 면제한다.

② 지역가입자가 제54조 제2호부터 제4호까지의 어느 하나에 해당하면 그 가입자가 속한 세대의 보험료를 산정할 때 그 가입자의 소득월액 및 재산보험료부과점수를 제외한다.

③ 제1항에 따른 보험료의 면제나 제2항에 따라 보험료의 산정에서 제외되는 소득월액 및 재산보험료부과점수에 대하여는 제54조 제2호부터 제4호까지의 어느 하나에 해당하는 급여정지 사유가 생긴 날이 속하는 달의 다음 달부터 사유가 없어진 날이 속하는 달까지 적용한다. 다만, 다음 각 호의 어느 하나에 해당하는 경우에는 그 달의 보험료를 면제하지 아니하거나 보험료의 산정에서 소득월액 및 재산보험료부과점수를 제외하지 아니한다.

> 1. 급여정지 사유가 매월 1일에 없어진 경우
> 2. 제54조 제2호에 해당하는 가입자 또는 그 피부양자가 국내에 입국하여 입국일이 속하는 달에 보험급여를 받고 그 달에 출국하는 경우

독끝 핵심정리

- 제54조 제2호부터 제4호는 다음과 같다.

  > 2. 국외에 체류하는 경우
  > 3. 「병역법」에 따른 현역병(지원에 의하지 아니하고 임용된 하사를 포함한다), 전환복무된 사람 및 군간부후보생
  > 4. 교도소, 그 밖에 이에 준하는 시설에 수용되어 있는 경우

- 제2호~제4호에 속하면 직장가입자는 보험료가 면제되고, 지역가입자는 해당 가입자의 소득월액 및 재산보험료부과점수를 세대 보험료에서 제외함
- 단, 직장가입자가 제2호에 해당할 경우 '① 대통령령으로 정하는 기간 이상 국외에 체류, ② 국내에 거주하는 피부양자 없음'이라는 2가지 조건을 만족해야 보험료 면제

제75조(보험료의 경감 등)
빈출도 ●●○
25상, 22하

관련문항 기출복원 7번

① 다음 각 호의 어느 하나에 해당하는 가입자 중 보건복지부령으로 정하는 가입자에 대하여는 그 가입자 또는 그 가입자가 속한 세대의 보험료의 일부를 경감할 수 있다.

> 1. 섬·벽지(僻地)·농어촌 등 대통령령으로 정하는 지역에 거주하는 사람
> 2. 65세 이상인 사람
> 3. 「장애인복지법」에 따라 등록한 장애인
> 4. 「국가유공자 등 예우 및 지원에 관한 법률」 제4조 제1항 제4호, 제6호, 제12호, 제15호 및 제17호에 따른 국가유공자
> 5. 휴직자
> 6. 그 밖에 생활이 어렵거나 천재지변 등의 사유로 보험료를 경감할 필요가 있다고 보건복지부장관이 정하여 고시하는 사람

② 보험료 납부의무자가 다음 각 호의 어느 하나에 해당하는 경우에는 대통령령으로 정하는 바에 따라 보험료를 감액하는 등 재산상의 이익을 제공할 수 있다.

> 1. 보험료의 납입 고지 또는 독촉을 전자문서로 받는 경우
> 2. 보험료를 계좌 또는 신용카드 자동이체의 방법으로 내는 경우

③ 제1항에 따른 보험료 경감의 방법·절차 등에 필요한 사항은 보건복지부장관이 정하여 고시한다.

독끝 핵심정리

보건복지부령으로 정하는 가입자(생활이 어렵거나 천재지변 등의 사유로 보험료를 경감할 필요가 있는 경우)는 보험료의 일부를 경감할 수 있다.

제76조(보험료의 부담)
빈출도 ●●○
25상, 23상

관련문항 기출복원 14번, 1회 9번

① 직장가입자의 보수월액보험료는 직장가입자와 다음 각 호의 구분에 따른 자가 각각 보험료액의 100분의 50씩 부담한다. 다만, 직장가입자가 교직원으로서 사립학교에 근무하는 교원이면 보험료액은 그 직장가입자가 100분의 50을, 교직원이 소속되어 있는 사립학교를 설립·운영하는 사용자가 100분의 30을, 국가가 100분의 20을 각각 부담한다.

1. 직장가입자가 <u>근로자인 경우</u>에는 근로자가 소속되어 있는 <u>사업장의 사업주</u>
2. 직장가입자가 <u>공무원인 경우</u>에는 그 공무원이 소속되어 있는 <u>국가 또는 지방자치단체</u>
3. 직장가입자가 교직원(사립학교에 근무하는 교원은 제외한다)인 경우에는 교직원이 소속되어 있는 사립학교를 설립·운영하는 사용자

② <u>직장가입자의 보수 외 소득월액보험료는 직장가입자가 부담</u>한다.
③ <u>지역가입자의 보험료</u>는 그 가입자가 속한 <u>세대의 지역가입자 전원이 연대하여 부담</u>한다.
④ 직장가입자가 교직원인 경우 교직원이 소속되어 있는 사립학교를 설립·운영하는 사용자가 부담액 전부를 부담할 수 없으면 그 부족액을 학교에 속하는 회계에서 부담하게 할 수 있다.

🎯 독끝 핵심정리

- 직장가입자의 보수월액보험료: 직장가입자와 사용자(사업주, 국가, 지방자치단체, 사립학교 설립·운영자)가 50%씩 부담
- 직장가입자의 보수 외 소득월액보험료: 직장가입자 본인이 100% 부담
- 지역가입자의 보험료: 세대 구성원이 연대하여 부담

제77조(보험료 납부의무)   빈출도 ●●●

① 직장가입자의 보험료는 다음 각 호의 구분에 따라 그 각 호에서 정한 자가 납부한다.

1. <u>보수월액보험료: 사용자</u>. 이 경우 사업장의 사용자가 2명 이상인 때에는 그 사업장의 사용자는 해당 직장가입자의 보험료를 연대하여 납부한다.
2. <u>보수 외 소득월액보험료: 직장가입자</u>

② 지역가입자의 보험료는 그 가입자가 속한 세대의 지역가입자 전원이 연대하여 납부한다. 다만, 소득 및 재산이 없는 미성년자와 소득 및 재산 등을 고려하여 대통령령으로 정하는 기준에 해당하는 미성년자는 납부의무를 부담하지 아니한다.
③ 사용자는 <u>보수월액보험료 중 직장가입자가 부담하여야 하는 그 달의 보험료액을 그 보수에서 공제하여 납부</u>하여야 한다. 이 경우 직장가입자에게 공제액을 알려야 한다.

🎯 독끝 핵심정리

- 직장가입자의 보수월액보험료는 사용자가 전액 납부함. 직장가입자 본인이 부담해야 하는 50%는 월급을 받을 때 공제되는 형태로 부담함
- 직장가입자의 보수 외 소득월액보험료는 직장가입자 본인이 전액 납부함

제77조의2(제2차 납부의무)   빈출도 ●●●

① 법인의 재산으로 그 <u>법인이 납부하여야 하는 보험료, 연체금 및 체납처분비를 충당하여도 부족한 경우</u>에는 해당 법인에게 보험료의 납부의무가 부과된 날 현재의 <u>무한책임사원 또는 과점주주</u>(「국세기본법」 제39조 각 호의 어느 하나에 해당하는 자를 말한다)가 그 <u>부족한 금액에 대하여 제2차 납부의무</u>를 진다. 다만, 과점주주의 경우에는 그 부족한 금액을 그 법인의 발행주식 총수(의결권이 없는 주식은 제외한다) 또는 출자총액으로 나눈 금액에 해당 과점주주가 실질적으로 권리를 행사하는 주식 수(의결권이 없는 주식은 제외한다) 또는 출자액을 곱하여 산출한 금액을 한도로 한다.
② <u>사업이 양도·양수된 경우</u>에 양도일 이전에 양도인에게 납부의무가 부과된 보험료, 연체금 및 체납처분비를 양도인의 재산으로 충당하여도 부족한 경우에는 사업의 <u>양수인</u>이 그 부족한 금액에 대하여 양수한 재산의 가액을 한도로 <u>제2차 납부의무</u>를 진다. 이 경우 양수인의 범위 및 양수한 재산의 가액은 대통령령으로 정한다.

🎯 독끝 핵심정리

- 법인의 재산으로도 보험료, 연체금, 체납처분비 납부할 수 없는 경우 무한책임사원 또는 과점주주가 제2차 납부의무를 짐
- 사업이 양도·양수됐을 때 양도인의 재산으로도 보험료, 연체금, 체납처분비 납부할 수 없는 경우 양수인이 제2차 납부의무를 짐

제78조(보험료의 납부기한)

빈출도 ●●○ 21하

관련문항 4회 8번

① 보험료 납부의무가 있는 자는 가입자에 대한 <u>그 달의 보험료를 그 다음 달 10일까지 납부</u>하여야 한다. 다만, <u>직장가입자의 보수 외 소득월액보험료 및 지역가입자의 보험료</u>는 보건복지부령으로 정하는 바에 따라 <u>분기별로 납부할 수 있다.</u>
② 공단은 제1항에도 불구하고 <u>납입 고지의 송달 지연</u> 등 보건복지부령으로 정하는 사유가 있는 경우 <u>납부의무자의 신청</u>에 따라 제1항에 따른 <u>납부기한부터 1개월의 범위에서 납부기한을 연장</u>할 수 있다. 이 경우 납부기한 연장을 신청하는 방법, 절차 등에 필요한 사항은 보건복지부령으로 정한다.

독끌 핵심정리
- 보험료 납부기한은 다음 달 10일까지(가령 5월 보험료는 6월 10일까지)
- 직장가입자의 보수 외 소득월액보험료, 지역가입자의 보험료는 분기별로 납부 가능
- 납입 고지의 송달 지연 등의 사유가 있는 경우 납부의무자의 신청에 따라 납부기한으로부터 1개월의 범위에서 납부기한 연장 가능

제78조의2(가산금)

빈출도 ●●○ 25상, 21하

관련문항 기출복원 6번

① 사업장의 사용자가 대통령령으로 정하는 사유에 해당되어 직장가입자가 될 수 없는 자를 <u>거짓으로 보험자에게 직장가입자로 신고한 경우</u> 공단은 <u>제1호의 금액에서 제2호의 금액을 뺀 금액의 100분의 10에 상당하는 가산금</u>을 그 사용자에게 부과하여 징수한다.

> 1. 사용자가 직장가입자로 신고한 사람이 직장가입자로 처리된 기간 동안 그 가입자가 지역가입자로서 부담하여야 하는 보험료의 총액
> 2. 제1호의 기간 동안 공단이 해당 가입자에 대하여 직장가입자로서 부과한 보험료의 총액

② 제1항에도 불구하고, 공단은 가산금이 소액이거나 그 밖에 가산금을 징수하는 것이 적절하지 아니하다고 인정되는 등 대통령령으로 정하는 경우에는 징수하지 아니할 수 있다.

독끌 핵심정리
지역가입자를 사업주가 거짓으로 직장가입자로 신고한 경우, 직장가입자로 신고함으로 인해 지역가입자였을 때보다 덜 낸 보험금의 10%에 해당하는 가산금을 징수한다.

제79조(보험료등의 납입 고지)

빈출도 ●●● 24상, 23상

관련문항 2회 6번, 3회 12번

① 공단은 보험료등을 징수하려면 그 금액을 결정하여 납부의무자에게 다음 각 호의 사항을 적은 <u>문서로 납입 고지를 하여야 한다.</u>

> 1. 징수하려는 보험료등의 종류
> 2. 납부해야 하는 금액
> 3. 납부기한 및 장소

② 삭제
③ 삭제
④ 직장가입자의 사용자가 <u>2명 이상인 경우</u> 또는 지역가입자의 세대가 2명 이상으로 구성된 경우 그 중 <u>1명에게 한 고지</u>는 해당 사업장의 다른 사용자 또는 세대 구성원인 다른 지역가입자 <u>모두에게 효력이 있는 것으로 본다.</u>
⑤ 휴직자등의 보험료는 휴직 등의 사유가 끝날 때까지 보건복지부령으로 정하는 바에 따라 납입 고지를 유예할 수 있다.
⑥ 공단은 제2차 납부의무자에게 납입의 고지를 한 경우에는 해당 법인인 사용자 및 사업 양도인에게 그 사실을 통지하여야 한다.

독끌 핵심정리
- 공단이 보험료등을 징수하려면 금액을 결정하여 납부의무자에게 문서로 아래 3가지를 적어 고지해야 함
  - 징수하려는 보험료등의 종류
  - 납부해야 하는 금액
  - 납부기한 및 장소
- 납부의무자가 2명 이상인 경우 1명에게만 고지하여도 나머지 모든 납부의무자에게 효력이 있음
- 휴직자등의 보험료는 그 사유가 끝날 때까지 납입 고지를 유예할 수 있음

제79조의2(신용카드등으로 하는 보험료등의 납부)

빈출도 ●●○ 21하

관련문항 3회 12번

① 공단이 납입 고지한 보험료등을 납부하는 자는 보험료등의 납부를 대행할 수 있도록 대통령령으로 정하는 기관 등(보험료등납부대행기관)을 통하여 신용카드, 직불카드 등으로 납부할 수 있다.
② 제1항에 따라 신용카드등으로 보험료등을 납부하는 경우에는 보험료등납부대행기관의 승인일을 납부일로 본다.
③ 보험료등납부대행기관은 보험료등의 납부자로부터 보험료등의 납부를 대행하는 대가로 수수료를 받을 수 있다.
④ 보험료등납부대행기관의 지정 및 운영, 수수료 등에 필요한 사항은 대통령령으로 정한다.

독끝 핵심정리
보험료등을 공단에 직접 이체할 필요 없이, 보험료등납부대행기관을 통하여 신용카드, 직불카드 등으로 납부할 수 있으며, 이때 수수료가 발생할 수 있다.

제80조(연체금)

빈출도 ●●● 24상, 22하(2회), 22상

관련문항 1회 10번, 4회 13번

① 공단은 보험료등의 납부의무자가 납부기한까지 보험료등을 내지 아니하면 그 납부기한이 지난 날부터 매 1일이 경과할 때마다 다음 각 호에 해당하는 연체금을 징수한다.

> 1. 보험료 또는 보험급여 제한 기간 중 받은 보험급여에 대한 징수금을 체납한 경우: 해당 체납금액의 1천500분의 1에 해당하는 금액. 이 경우 연체금은 해당 체납금액의 1천분의 20을 넘지 못한다.
> 2. 제1호 외에 이 법에 따른 징수금을 체납한 경우: 해당 체납금액의 1천분의 1에 해당하는 금액. 이 경우 연체금은 해당 체납금액의 1천분의 30을 넘지 못한다.

② 공단은 보험료등의 납부의무자가 체납된 보험료등을 내지 아니하면 납부기한 후 30일이 지난 날부터 매 1일이 경과할 때마다 다음 각 호에 해당하는 연체금을 제1항에 따른 연체금에 더하여 징수한다.

> 1. 보험료 또는 보험급여 제한 기간 중 받은 보험급여에 대한 징수금을 체납한 경우: 해당 체납금액의 6천분의 1에 해당하는 금액. 이 경우 연체금(제1항 제1호의 연체금을 포함한 금액을 말한다)은 해당 체납금액의 1천분의 50을 넘지 못한다.
> 2. 제1호 외에 이 법에 따른 징수금을 체납한 경우: 해당 체납금액의 3천분의 1에 해당하는 금액. 이 경우 연체금(제1항 제2호의 연체금을 포함한 금액을 말한다)은 해당 체납금액의 1천분의 90을 넘지 못한다.

③ 공단은 제1항 및 제2항에도 불구하고 천재지변이나 그 밖에 보건복지부령으로 정하는 부득이한 사유가 있으면 제1항 및 제2항에 따른 연체금을 징수하지 아니할 수 있다.

독끝 핵심정리

구분	보험료, 보험급여 제한 기간 중 받은 보험급여에 대한 징수금 체납	그 외 징수금 체납
매일 부과되는 연체금	1/1,500	1/1,000
연체금 최댓값	20/1,000	30/1,000
30일이 지난 후 매일 추가되는 연체금	1/6,000	1/3,000
추가 연체금 최댓값	50/1,000	90/1,000

제81조(보험료등의 독촉 및 체납처분)

빈출도 ●●○ 24상

관련문항 1회 14번

① 공단은 보험료등을 내야 하는 자가 보험료등을 내지 아니하면 기한을 정하여 독촉할 수 있다. 이 경우 직장가입자의 사용자가 2명 이상인 경우 또는 지역가입자의 세대가 2명 이상으로 구성된 경우에는 그 중 1명에게 한 독촉은 해당 사업장의 다른 사용자 또는 세대 구성원인 다른 지역가입자 모두에게 효력이 있는 것으로 본다.
② 제1항에 따라 독촉할 때에는 10일 이상 15일 이내의 납부기한을 정하여 독촉장을 발부하여야 한다.

③ 공단은 제1항에 따른 <u>독촉을 받은 자가 그 납부기한까지 보험료등을 내지 아니하면</u> 보건복지부장관의 승인을 받아 <u>국세 체납처분의 예에 따라 이를 징수할 수 있다.</u>

④ 공단은 제3항에 따라 체납처분을 하기 전에 보험료등의 체납 내역, 압류 가능한 재산의 종류, 압류 예정 사실 및 「국세징수법」 제41조 제18호에 따른 소액금융재산에 대한 압류금지 사실 등이 포함된 통보서를 발송하여야 한다. 다만, 법인 해산 등 긴급히 체납처분을 할 필요가 있는 경우로서 대통령령으로 정하는 경우에는 그러하지 아니하다.

⑤ 공단은 제3항에 따른 국세 체납처분의 예에 따라 압류하거나 제81조의2 제1항에 따라 압류한 재산의 공매에 대하여 전문지식이 필요하거나 그 밖에 특수한 사정으로 직접 공매하는 것이 적당하지 아니하다고 인정하는 경우에는 「한국자산관리공사 설립 등에 관한 법률」에 따라 설립된 <u>한국자산관리공사에 공매를 대행</u>하게 할 수 있다. 이 경우 공매는 공단이 한 것으로 본다.

⑥ 공단은 제5항에 따라 한국자산관리공사가 공매를 대행하면 보건복지부령으로 정하는 바에 따라 수수료를 지급할 수 있다.

🎯 **독끝 핵심정리**

보험료등을 내지 않을 경우 → 10~15일의 납부기한을 정하여 독촉 → 그래도 내지 않을 경우 국세 체납처분의 예에 따라 징수 → 통보서 발송 → 한국자산관리공사에 공매 대행 가능(수수료 지급)

제81조의2(부당이득 징수금의 압류)　　빈출도 ●●●

① 공단은 보험급여 비용을 받은 요양기관이 다음 각 호의 <u>요건을 모두 갖춘 경우</u>에는 징수금의 한도에서 해당 요양기관 또는 그 요양기관을 개설한 자(같은 조 제2항에 따라 해당 요양기관과 연대하여 징수금을 납부하여야 하는 자를 말한다. 이하 이 조에서 같다)의 <u>재산을 보건복지부장관의 승인을 받아 압류할 수 있다.</u>

1. 「의료법」 제33조 제2항 또는 「약사법」 제20조 제1항을 위반하였다는 사실로 기소된 경우
2. 요양기관 또는 요양기관을 개설한 자에게 강제집행, 국세 강제징수 등 대통령령으로 정하는 사유가 있어 그 재산을 압류할 필요가 있는 경우

② 공단은 제1항에 따라 재산을 압류하였을 때에는 해당 요양기관 또는 그 요양기관을 개설한 자에게 문서로 그 압류 사실을 통지하여야 한다.

③ 공단은 다음 각 호의 어느 하나에 해당할 때에는 제1항에 따른 압류를 즉시 해제하여야 한다.

1. 제2항에 따른 통지를 받은 자가 징수금에 상당하는 다른 재산을 담보로 제공하고 압류 해제를 요구하는 경우
2. 법원의 무죄 판결이 확정되는 등 대통령령으로 정하는 사유로 해당 요양기관이 「의료법」 제33조 제2항 또는 「약사법」 제20조 제1항을 위반한 혐의가 입증되지 아니한 경우

④ 제1항에 따른 압류 및 제3항에 따른 압류 해제에 관하여 이 법에서 규정한 것 외에는 「국세징수법」을 준용한다.

🎯 **독끝 핵심정리**

공단은 요양기관이 2가지 요건을 모두 갖춘 경우 문서로 압류 사실을 통지하고 재산을 압류할 수 있지만, 징수금에 상당하는 다른 재산을 담보로 제공하고 압류 해제를 요구하거나 무죄 판결이 확정되는 등의 사유가 발생하면 압류를 즉시 해제해야 한다.

제81조의3(체납 또는 결손처분 자료의 제공)　　빈출도 ●●○
24상, 23하

관련문항 2회 17번

① 공단은 보험료 징수 및 징수금(부당이득금)의 징수 또는 공익목적을 위하여 필요한 경우에 종합신용정보집중기관에 다음 각 호의 어느 하나에 해당하는 체납자 또는 결손처분자의 인적사항·체납액 또는 결손처분액에 관한 자료(체납등 자료)를 제공할 수 있다. 다만, 체납된 보험료나 부당이득금과 관련하여 행정심판 또는 행정소송이 계류 중인 경우, 분할납부를 승인받은 경우 중 대통령령으로 정하는 경우, 그 밖에 대통령령으로 정하는 사유가 있을 때에는 그러하지 아니하다.

1. 이 법에 따른 납부기한의 다음 날부터 1년이 지난 <u>보험료</u> 및 그에 따른 <u>연체금과 체납처분비의 총액이 500만 원 이상인 자</u>
2. 이 법에 따른 납부기한의 다음 날부터 1년이 지난 <u>부당이득금</u> 및 그에 따른 <u>연체금과 체납처분비의 총액이 1억 원 이상인 자</u>

3. 결손처분한 금액의 총액이 500만 원 이상인 자

② 공단은 제1항에 따라 종합신용정보집중기관에 체납 등 자료를 제공하기 전에 해당 체납자 또는 결손처분자에게 그 사실을 서면으로 통지하여야 한다. 이 경우 통지를 받은 체납자가 체납액을 납부하거나 체납액 납부계획서를 제출하는 경우 공단은 종합신용정보집중기관에 체납등 자료를 제공하지 아니하거나 체납등 자료의 제공을 유예할 수 있다.
③ 체납등 자료의 제공절차에 필요한 사항은 대통령령으로 정한다.
④ 제1항에 따라 체납등 자료를 제공받은 자는 이를 업무 외의 목적으로 누설하거나 이용하여서는 아니 된다.

독끝 핵심정리
- 공단은 아래 3가지 체납자 또는 결손처분자에 한하여 체납등 자료를 종합신용정보집중기관에 제공할 수 있다.
  - 보험료 1년 이상 체납하여 연체금+체납처분비 500만 원 이상
  - 부당이득금 1년 이상 체납하여 연체금+체납처분비 1억 원 이상
  - 결손처분 500만 원 이상

제81조의4(보험료의 납부증명) 빈출도 ●●●

① 보험료의 납부의무자는 국가, 지방자치단체 또는 공공기관으로부터 공사·제조·구매·용역 등 대통령령으로 정하는 계약의 대가를 지급받는 경우에는 보험료와 그에 따른 연체금 및 체납처분비의 납부사실을 증명하여야 한다. 다만, 납부의무자가 계약대금의 전부 또는 일부를 체납한 보험료로 납부하려는 경우 등 대통령령으로 정하는 경우에는 그러하지 아니하다.
② 납부의무자가 제1항에 따라 납부사실을 증명하여야 할 경우 제1항의 계약을 담당하는 주무관서 또는 공공기관은 납부의무자의 동의를 받아 공단에 조회하여 보험료와 그에 따른 연체금 및 체납처분비의 납부여부를 확인하는 것으로 제1항에 따른 납부증명을 갈음할 수 있다.

독끝 핵심정리
보험료의 납부의무자가 국가, 지방자치단체, 공공기관으로부터 계약의 대가를 받을 경우, 보험료를 체납한 상태가 아니라는 것을 증명하여야 한다. 단, 보험료를 체납한 상태에서 계약의 대가를 받은 후 이를 보험료로 납부하려는 경우에는 그러하지 아니하다.

제81조의5(서류의 송달) 빈출도 ●●●

보험료 납입고지, 독촉 및 체납처분에 대한 서류의 송달에 관한 사항과 전자문서에 의한 납입 고지 등에 관하여 제81조의6에서 정하지 아니한 사항에 관하여는 「국세기본법」 제8조(같은 조 제2항 단서는 제외한다)부터 제12조까지의 규정을 준용한다. 다만, 우편송달에 의하는 경우 그 방법은 대통령령으로 정하는 바에 따른다.

제81조의6(전자문서에 의한 납입 고지 등) 빈출도 ●●●

① 납부의무자가 납입 고지 또는 독촉을 전자문서교환방식 등에 의한 전자문서로 해줄 것을 신청하는 경우에는 공단은 전자문서로 고지 또는 독촉할 수 있다. 이 경우 전자문서 고지 및 독촉에 대한 신청 방법·절차 등에 필요한 사항은 보건복지부령으로 정한다.
② 공단이 제1항에 따라 전자문서로 고지 또는 독촉하는 경우에는 전자문서가 보건복지부령으로 정하는 정보통신망에 저장되거나 납부의무자가 지정한 전자우편주소에 입력된 때에 납입 고지 또는 독촉이 그 납부의무자에게 도달된 것으로 본다.

제82조(체납보험료의 분할납부) 빈출도 ●●○ 22하

관련문항 1회 14번

① 공단은 보험료를 3회 이상 체납한 자가 신청하는 경우 보건복지부령으로 정하는 바에 따라 분할납부를 승인할 수 있다.
② 공단은 보험료를 3회 이상 체납한 자에 대하여 체납처분을 하기 전에 제1항에 따른 분할납부를 신청할 수 있음을 알리고, 보건복지부령으로 정하는 바

에 따라 분할납부 신청의 절차·방법 등에 관한 사항을 안내하여야 한다.
③ 공단은 제1항에 따라 분할납부 승인을 받은 자가 정당한 사유 없이 5회(제1항에 따라 승인받은 분할납부 횟수가 5회 미만인 경우에는 해당 분할납부 횟수를 말한다) 이상 그 승인된 보험료를 납부하지 아니하면 그 분할납부의 승인을 취소한다.
④ 분할납부의 승인과 취소에 관한 절차·방법·기준 등에 필요한 사항은 보건복지부령으로 정한다.

독끝 핵심정리
- 보험료 3회 이상 체납한 자가 신청하면 분할납부 승인 가능
- 분할납부 승인받은 자가 5회 이상 납부하지 않으면 분할납부 승인 취소

및 위원회의 구성·운영 등에 필요한 사항은 대통령령으로 정한다.

독끝 핵심정리

공개대상	납부능력이 있음에도 불구하고 체납한 자
납부기한 초과기간	1년
체납액수	1천만 원 이상
공개내용	인적사항, 체납액 등
공개장소	관보에 게재 또는 공단 인터넷 홈페이지에 게시
예외	이의신청, 심판청구 제기 또는 행정소송 계류
기타	공개대상자에게 서면으로 통지하여 소명의 기회를 부여해야 하며, 통지일로부터 6개월이 경과한 후에 공개대상자 선정

제83조(고액·상습체납자의 인적사항 공개)
빈출도 ●●○ 24하, 22상

관련문항 1회 14번

① 공단은 이 법에 따른 납부기한의 다음 날부터 <u>1년이 경과</u>한 보험료, 연체금과 체납처분비(결손처분한 보험료, 연체금과 체납처분비로서 징수권 소멸시효가 완성되지 아니한 것을 포함한다)의 총액이 <u>1천만 원 이상</u>인 체납자가 <u>납부능력이 있음에도 불구하고 체납한 경우</u> 그 인적사항·체납액 등을 공개할 수 있다. 다만, 체납된 보험료, 연체금과 체납처분비와 관련하여 이의신청, 심판청구가 제기되거나 행정소송이 계류 중인 경우 또는 그 밖에 체납된 금액의 일부 납부 등 대통령령으로 정하는 사유가 있는 경우에는 그러하지 아니하다.
② 제1항에 따른 체납자의 인적사항등에 대한 공개 여부를 심의하기 위하여 공단에 보험료정보공개심의위원회를 둔다.
③ 공단은 보험료정보공개심의위원회의 심의를 거친 인적사항등의 공개대상자에게 공개대상자임을 서면으로 통지하여 소명의 기회를 부여하여야 하며, <u>통지일부터 6개월이 경과한 후</u> 체납액의 납부이행 등을 감안하여 공개대상자를 선정한다.
④ 제1항에 따른 체납자 인적사항등의 공개는 관보에 게재하거나 공단 인터넷 홈페이지에 게시하는 방법에 따른다.
⑤ 제1항부터 제4항까지의 규정에 따른 체납자 인적사항등의 공개와 관련한 납부능력의 기준, 공개절차

제84조(결손처분)
빈출도 ●○○ 22하

관련문항 3회 20번

① 공단은 다음 각 호의 어느 하나에 해당하는 사유가 있으며 <u>재정운영위원회의 의결</u>을 받아 보험료등을 결손처분할 수 있다.

> 1. 체납처분이 끝나고 체납액에 충당될 배분금액이 그 체납액에 미치지 못하는 경우
> 2. 해당 권리에 대한 소멸시효가 완성된 경우
> 3. 그 밖에 징수할 가능성이 없다고 인정되는 경우로서 대통령령으로 정하는 경우

② 공단은 제1항 제3호에 따라 <u>결손처분을 한 후 압류할 수 있는 다른 재산이 있는 것을 발견한 때에는 지체 없이 그 처분을 취소하고 체납처분을 하여야 한다.</u>

제85조(보험료등의 징수 순위)
빈출도 ●●○ 24하, 24상, 21하

관련문항 4회 15번

<u>보험료등은 국세와 지방세를 제외한 다른 채권에 우선하여 징수한다.</u> 다만, 보험료등의 납부기한 전에 전세권·질권·저당권 또는 「동산·채권 등의 담보에 관한

법률」에 따른 담보권의 설정을 등기 또는 등록한 사실이 증명되는 재산을 매각할 때에 그 매각대금 중에서 보험료등을 징수하는 경우 그 전세권·질권·저당권 또는 「동산·채권 등의 담보에 관한 법률」에 따른 담보권으로 담보된 채권에 대하여는 그러하지 아니하다.

독끝 핵심정리

보험료등보다 우선하는 채권: 국세, 지방세, 보험료등의 납부기한 전에 전세권·질권·저당권·담보권 설정 등기·등록이 증명되는 재산을 매각한 대금 중에서 보험료등을 징수하는 경우 그 담보된 채권

제86조(보험료등의 충당과 환급) 빈출도 ●●○

① 공단은 납부의무자가 보험료등·연체금 또는 체납처분비로 낸 금액 중 과오납부(過誤納付)한 금액이 있으면 대통령령으로 정하는 바에 따라 그 과오납금을 보험료등·연체금 또는 체납처분비에 우선 충당하여야 한다.
② 공단은 제1항에 따라 충당하고 남은 금액이 있는 경우 대통령령으로 정하는 바에 따라 납부의무자에게 환급하여야 한다.
③ 제1항 및 제2항의 경우 과오납금에 대통령령으로 정하는 이자를 가산하여야 한다.

CHAPTER 07 이의신청

제87조(이의신청) 빈출도 ●●●
24하, 24상, 23하, 22하

관련문항 1회 8번/18번, 4회 9번

① 가입자 및 피부양자의 자격, 보험료등, 보험급여, 보험급여 비용에 관한 공단의 처분에 이의가 있는 자는 공단에 이의신청을 할 수 있다.
② 요양급여비용 및 요양급여의 적정성 평가 등에 관한 심사평가원의 처분에 이의가 있는 공단, 요양기관 또는 그 밖의 자는 심사평가원에 이의신청을 할 수 있다.
③ 제1항 및 제2항에 따른 이의신청은 처분이 있음을 안 날부터 90일 이내에 문서(전자문서를 포함한다)로 하여야 하며 처분이 있은 날부터 180일을 지나면 제기하지 못한다. 다만, 정당한 사유로 그 기간에 이의신청을 할 수 없었음을 소명한 경우에는 그러하지 아니하다.
④ 제3항 본문에도 불구하고 요양기관이 심사평가원의 확인에 대하여 이의신청을 하려면 같은 조 제2항에 따라 통보받은 날부터 30일 이내에 하여야 한다.
⑤ 제1항부터 제4항까지에서 규정한 사항 외에 이의신청의 방법·결정 및 그 결정의 통지 등에 필요한 사항은 대통령령으로 정한다.

독끝 핵심정리

- 이의신청 기한은 일반적으로 처분이 있음을 안 날부터 90일 이내이면서 처분이 있은 날부터 180일 이내
- 단, 요양기관이 심사평가원의 확인에 대하여 이의신청하는 경우의 기한은 통보받은 날부터 30일 이내

제88조(심판청구) 빈출도 ●●○
24상, 23하, 22하

관련문항 1회 18번, 4회 9번

① 이의신청에 대한 결정에 불복하는 자는 건강보험분쟁조정위원회에 심판청구를 할 수 있다. 이 경우 심

판청구의 제기기간 및 제기방법에 관하여는 제87조 제3항을 준용한다.
② 제1항에 따라 심판청구를 하려는 자는 대통령령으로 정하는 심판청구서를 처분을 한 공단 또는 심사평가원에 제출하거나 건강보험분쟁조정위원회에 제출하여야 한다.
③ 제1항 및 제2항에서 규정한 사항 외에 심판청구의 절차·방법·결정 및 그 결정의 통지 등에 필요한 사항은 대통령령으로 정한다.

독끝 핵심정리

- 이의신청 결과에 불복하면 심판청구를 할 수 있음
- 심판청구 제기기간은 이의신청과 동일
- 심판청구서를 공단 또는 심사평가원 또는 건강보험분쟁조정위원회에 제출

독끝 핵심정리

- 심판청구를 심리·의결하는 곳은 건강보험분쟁조정위원회(분쟁조정위원회)임
- 구성원은 위원장 1명, 당연직위원 1명, 그 외 58명 이내(과반수가 공무원이 아니어야 함)
- 분쟁조정위원회 회의는 위원장 1명, 당연직위원 1명, 그 외 7명, 총 9명으로 구성(과반수가 공무원이 아니어야 함)
- 구성원 과반수의 출석과 출석위원 과반수의 찬성으로 의결

제89조(건강보험분쟁조정위원회) 빈출도 ●●○ 21하

관련문항 3회 15번

① 심판청구를 심리·의결하기 위하여 보건복지부에 건강보험분쟁조정위원회를 둔다.
② 분쟁조정위원회는 위원장을 포함하여 60명 이내의 위원으로 구성하고, 위원장을 제외한 위원 중 1명은 당연직위원으로 한다. 이 경우 공무원이 아닌 위원이 전체 위원의 과반수가 되도록 하여야 한다.
③ 분쟁조정위원회의 회의는 위원장, 당연직위원 및 위원장이 매 회의마다 지정하는 7명의 위원을 포함하여 총 9명으로 구성하되, 공무원이 아닌 위원이 과반수가 되도록 하여야 한다.
④ 분쟁조정위원회는 제3항에 따른 구성원 과반수의 출석과 출석위원 과반수의 찬성으로 의결한다.
⑤ 분쟁조정위원회를 실무적으로 지원하기 위하여 분쟁조정위원회에 사무국을 둔다.
⑥ 제1항부터 제5항까지에서 규정한 사항 외에 분쟁조정위원회 및 사무국의 구성 및 운영 등에 필요한 사항은 대통령령으로 정한다.
⑦ 분쟁조정위원회의 위원 중 공무원이 아닌 사람은 「형법」 제129조부터 제132조까지의 규정을 적용할 때 공무원으로 본다.

제90조(행정소송) 빈출도 ●●● 23상

관련문항 1회 18번, 4회 9번

공단 또는 심사평가원의 처분에 이의가 있는 자와 이의신청 또는 심판청구에 대한 결정에 불복하는 자는 「행정소송법」에서 정하는 바에 따라 행정소송을 제기할 수 있다.

CHAPTER 08 보칙

제91조(시효) 　빈출도 ●●○ 22하

관련문항 4회 16번

① 다음 각 호의 권리는 <u>3년 동안 행사하지 아니하면 소멸시효가 완성</u>된다.

> 1. 보험료, 연체금 및 가산금을 징수할 권리
> 2. 보험료, 연체금 및 가산금으로 과오납부한 금액을 환급받을 권리
> 3. 보험급여를 받을 권리
> 4. 보험급여 비용을 받을 권리
> 5. 과다납부된 본인일부부담금을 돌려받을 권리
> 6. 요양급여비용의 정산에 따른 근로복지공단의 권리

② 제1항에 따른 <u>시효는 다음 각 호의 어느 하나의 사유로 중단</u>된다.

> 1. 보험료의 고지 또는 독촉
> 2. 보험급여 또는 보험급여 비용의 청구

③ 휴직자등의 보수월액보험료를 징수할 권리의 소멸시효는 고지가 유예된 경우 휴직 등의 사유가 끝날 때까지 진행하지 아니한다.
④ 제1항에 따른 소멸시효기간, 제2항에 따른 시효 중단 및 제3항에 따른 시효 정지에 관하여 이 법에서 정한 사항 외에는 「민법」에 따른다.

제92조(기간 계산) 　빈출도 ●●●

이 법이나 이 법에 따른 명령에 규정된 기간의 계산에 관하여 이 법에서 정한 사항 외에는 「민법」의 기간에 관한 규정을 준용한다.

제93조(근로자의 권익 보호) 　빈출도 ●●●

모든 사업장의 근로자를 고용하는 사용자는 그가 고용한 근로자가 이 법에 따른 직장가입자가 되는 것을 방해거나 자신이 부담하는 부담금이 증가되는 것을 피할 목적으로 정당한 사유 없이 근로자의 승급 또는 임금 인상을 하지 아니하거나 해고나 그 밖의 불리한 조치를 할 수 없다.

제94조(신고 등) 　빈출도 ●○○ 25상

관련문항 기출복원 18번

① <u>공단</u>은 사용자, 직장가입자 및 세대주에게 다음 각 호의 사항을 <u>신고하게 하거나 관계 서류</u>(전자적 방법으로 기록된 것을 포함한다. 이하 같다)<u>를 제출하게 할 수 있다.</u>

> 1. 가입자의 거주지 변경
> 2. 가입자의 보수·소득
> 3. 그 밖에 건강보험사업을 위하여 필요한 사항

② 공단은 제1항에 따라 신고한 사항이나 제출받은 자료에 대하여 사실 여부를 확인할 필요가 있으면 소속 직원이 해당 사항에 관하여 조사하게 할 수 있다.
③ 제2항에 따라 조사를 하는 소속 직원은 그 권한을 표시하는 증표를 지니고 관계인에게 보여주어야 한다.

제95조(소득 축소·탈루 자료의 송부 등) 　빈출도 ●●○ 25상

관련문항 기출복원 18번

① 공단은 제94조 제1항에 따라 신고한 <u>보수 또는 소득 등에 축소 또는 탈루(脫漏)</u>가 있다고 인정하는 경우에는 <u>보건복지부장관을 거쳐</u> 소득의 축소 또는 탈루에 관한 사항을 문서로 <u>국세청장에게 송부할 수 있다.</u>
② 국세청장은 제1항에 따라 송부받은 사항에 대하여 「국세기본법」 등 관련 법률에 따른 세무조사를 하면 그 조사 결과 중 보수·소득에 관한 사항을 공단에 송부하여야 한다.
③ 제1항 및 제2항에 따른 송부 절차 등에 필요한 사항은 대통령령으로 정한다.

제96조(자료의 제공) 빈출도 ●●● 22상

관련문항 3회 9번

① <u>공단</u>은 국가, 지방자치단체, 요양기관, 보험회사 및 보험료율 산출 기관, 공공기관, 그 밖의 공공단체 등에 대하여 다음 각 호의 업무를 수행하기 위하여 주민등록·가족관계등록·국세·지방세·토지·건물·출입국관리 등의 자료로서 대통령령으로 정하는 자료를 제공하도록 요청할 수 있다.

> 1. 가입자 및 피부양자의 자격 관리, 보험료의 부과·징수, 보험급여의 관리 등 <u>건강보험사업의 수행</u>
> 2. 징수위탁근거법에 따라 위탁받은 업무의 수행

② <u>심사평가원</u>은 국가, 지방자치단체, 요양기관, 보험회사 및 보험료율 산출 기관, 공공기관, 그 밖의 공공단체 등에 대하여 <u>요양급여비용을 심사하고 요양급여의 적정성을 평가하기 위하여</u> 주민등록·출입국관리·진료기록·의약품공급 등의 자료로서 대통령령으로 정하는 자료를 제공하도록 요청할 수 있다.

③ <u>보건복지부장관</u>은 관계 행정기관의 장에게 <u>약제에 대한 요양급여비용 상한금액의 감액</u> 및 <u>요양급여의 적용 정지</u>를 위하여 필요한 자료를 제공하도록 요청할 수 있다.

④ 제1항부터 제3항까지의 규정에 따라 자료 제공을 요청받은 자는 성실히 이에 따라야 한다.

⑤ 공단 또는 심사평가원은 요양기관, 보험회사 및 보험료율 산출 기관에 제1항 또는 제2항에 따른 자료의 제공을 요청하는 경우 자료 제공 요청 근거 및 사유, 자료 제공 대상자, 대상기간, 자료 제공 기한, 제출 자료 등이 기재된 자료제공요청서를 발송하여야 한다.

⑥ 제1항 및 제2항에 따른 국가, 지방자치단체, 요양기관, 보험료율 산출 기관 그 밖의 공공기관 및 공공단체가 공단 또는 심사평가원에 제공하는 <u>자료에 대하여는 사용료와 수수료 등을 면제한다.</u>

🎯 독끝 핵심정리

- 공단: 건강보험사업의 수행, 위탁받은 징수업무 수행을 위해 자료 요구 가능
- 심사평가원: 요양급여비용 심사, 요양급여 적정성 평가를 위해 자료 요구 가능
- 보건복지부장관: 약제의 요양급여비용 상한금액 감액, 약제의 요양급여 적용 정지를 위해 자료 요구 가능
- 해당 자료 발급에 대한 수수료는 면제됨

제96조의2(금융정보등의 제공 등) 빈출도 ●●● 24하

관련문항 3회 9번

① <u>공단</u>은 <u>지역가입자의 재산보험료부과점수 산정을 위하여</u> 필요한 경우 지역가입자가 제출한 동의 서면을 전자적 형태로 바꾼 문서에 의하여 신용정보집중기관 또는 금융회사등의 장에게 <u>금융정보등을 제공하도록 요청할 수 있다.</u>

② 제1항에 따라 금융정보등의 제공을 요청받은 금융기관등의 장은 명의인의 금융정보등을 제공하여야 한다.

③ 제2항에 따라 금융정보등을 제공한 금융기관등의 장은 금융정보등의 제공 사실을 명의인에게 통보하여야 한다. 다만, 명의인이 동의한 경우에는 통보하지 아니할 수 있다.

④ 제1항부터 제3항까지에서 규정한 사항 외에 금융정보등의 제공 요청 및 제공 절차 등에 필요한 사항은 대통령령으로 정한다.

🎯 독끝 핵심정리

공단은 지역가입자의 보험료 산정을 위해 민감한 개인정보인 금융정보등의 자료를 요청할 수 있으며, 이 경우 정보 제공 사실을 명의인에게 통보해야 한다.

제96조의3(가족관계등록 전산정보의 공동이용) 빈출도 ●●●

① <u>공단</u>은 제96조 제1항 각 호의 업무를 수행하기 위하여 <u>전산정보자료를 공동이용</u>(「개인정보 보호법」 제2조 제2호에 따른 처리를 포함한다)할 수 있다.

② 법원행정처장은 제1항에 따라 공단이 전산정보자료의 공동이용을 요청하는 경우 그 공동이용을 위하여 필요한 조치를 취하여야 한다.

③ 누구든지 제1항에 따라 <u>공동이용하는 전산정보자료를 그 목적 외의 용도로 이용하거나 활용하여서는 아니 된다.</u>

🎯 독끝 핵심정리

공단은 건강보험사업 수행 및 징수업무 수행을 위해 전산정보자료를 공동이용 할 수 있으며, 이는 목적 외의 용도로 이용할 수 없다.

제96조의4(서류의 보존) 빈출도 ●●○ 24하

관련문항 3회 9번

① 요양기관은 요양급여가 끝난 날부터 5년간 보건복지부령으로 정하는 바에 따라 요양급여비용의 청구에 관한 서류를 보존하여야 한다. 다만, 약국 등 보건복지부령으로 정하는 요양기관은 처방전을 요양급여비용을 청구한 날부터 3년간 보존하여야 한다.
② 사용자는 3년간 보건복지부령으로 정하는 바에 따라 자격 관리 및 보험료 산정 등 건강보험에 관한 서류를 보존하여야 한다.
③ 요양비를 청구한 준요양기관은 요양비를 지급받은 날부터 3년간 보건복지부령으로 정하는 바에 따라 요양비 청구에 관한 서류를 보존하여야 한다.
④ 보조기기에 대한 보험급여를 청구한 자는 보험급여를 지급받은 날부터 3년간 보건복지부령으로 정하는 바에 따라 보험급여 청구에 관한 서류를 보존하여야 한다.

독끝 핵심정리

주체	보존기간	보존대상
요양기관	5년	요양급여비용 청구 관련 서류
약국	3년	처방전
사용자	3년	건강보험 관련 서류
준요양기관	3년	요양비 청구 관련 서류
보조기기 보험급여 청구자		보험급여 청구 관련 서류

제97조(보고와 검사) 빈출도 ●●●

① 보건복지부장관은 사용자, 직장가입자 또는 세대주에게 가입자의 이동·보수·소득이나 그 밖에 필요한 사항에 관한 보고 또는 서류 제출을 명하거나, 소속 공무원이 관계인에게 질문하게 하거나 관계 서류를 검사하게 할 수 있다.
② 보건복지부장관은 요양기관(제49조에 따라 요양을 실시한 기관을 포함한다)에 대하여 요양·약제의 지급 등 보험급여에 관한 보고 또는 서류 제출을 명하거나, 소속 공무원이 관계인에게 질문하게 하거나 관계 서류를 검사하게 할 수 있다.
③ 보건복지부장관은 보험급여를 받은 자에게 해당 보험급여의 내용에 관하여 보고하게 하거나, 소속 공무원이 질문하게 할 수 있다.
④ 보건복지부장관은 요양급여비용의 심사청구를 대행하는 단체(대행청구단체)에 필요한 자료의 제출을 명하거나, 소속 공무원이 대행청구에 관한 자료 등을 조사·확인하게 할 수 있다.
⑤ 보건복지부장관은 약제에 대한 요양급여비용 상한금액의 감액 및 요양급여의 적용 정지를 위하여 필요한 경우에는 「약사법」 제47조 제2항에 따른 의약품공급자에 대하여 금전, 물품, 편익, 노무, 향응, 그 밖의 경제적 이익등 제공으로 인한 의약품 판매 질서 위반 행위에 관한 보고 또는 서류 제출을 명하거나, 소속 공무원이 관계인에게 질문하게 하거나 관계 서류를 검사하게 할 수 있다.
⑥ 제1항부터 제5항까지의 규정에 따라 질문·검사·조사 또는 확인을 하는 소속 공무원은 그 권한을 표시하는 증표를 지니고 관계인에게 보여주어야 한다.
⑦ 보건복지부장관은 제1항부터 제5항까지에 따른 질문·검사·조사 또는 확인 업무를 효율적으로 수행하기 위하여 대통령령으로 정하는 바에 따라 공단 또는 심사평가원으로 하여금 그 업무를 지원하게 할 수 있다.
⑧ 제1항부터 제6항까지에 따른 질문·검사·조사 또는 확인의 내용·절차·방법 등에 관하여 이 법에서 정하는 사항을 제외하고는 「행정조사기본법」에서 정하는 바에 따른다.

독끝 핵심정리

보건복지부장관은 아래의 자들에게 아래의 내용에 대한 보고 또는 서류 제출을 명하거나, 소속 공무원이 관계인에게 질문하게 하거나 관계 서류를 검사하게 할 수 있다.

보고와 검사 대상	보고와 검사 내용
사용자, 직장가입자, 세대주	가입자의 이동·보수·소득
요양기관	요양·약제의 지급 등 보험급여
보험급여를 받은 자	보험급여의 내용
대행청구단체	필요한 자료
의약품공급자	의약품 판매 질서 위반 행위

제98조(업무정지)

빈출도 ●●●

관련문항 1회 19번

① 보건복지부장관은 요양기관이 다음 각 호의 어느 하나에 해당하면 그 요양기관에 대하여 <u>1년의 범위에서 기간을 정하여 업무정지</u>를 명할 수 있다. 이 경우 보건복지부장관은 그 사실을 공단 및 심사평가원에 알려야 한다.

> 1. 속임수나 그 밖의 부당한 방법으로 보험자·가입자 및 피부양자에게 요양급여비용을 부담하게 한 경우
> 2. 제97조 제2항에 따른 명령에 위반하거나 거짓 보고를 하거나 거짓 서류를 제출하거나, 소속 공무원의 검사 또는 질문을 거부·방해 또는 기피한 경우
> 3. 정당한 사유 없이 요양기관이 행위·치료재료 및 약제에 대한 요양급여대상 여부의 결정을 신청하지 아니하고 속임수나 그 밖의 부당한 방법으로 행위·치료재료를 가입자 또는 피부양자에게 실시 또는 사용하고 비용을 부담시킨 경우

② 제1항에 따라 업무정지 처분을 받은 자는 해당 <u>업무정지기간 중에는 요양급여를 하지 못한다.</u>
③ 제1항에 따른 업무정지 처분의 효과는 그 처분이 확정된 요양기관을 양수한 자 또는 합병 후 존속하는 법인이나 합병으로 설립되는 법인에 승계되고, 업무정지 처분의 절차가 진행 중인 때에는 양수인 또는 합병 후 존속하는 법인이나 합병으로 설립되는 법인에 대하여 그 절차를 계속 진행할 수 있다. 다만, 양수인 또는 합병 후 존속하는 법인이나 합병으로 설립되는 법인이 그 처분 또는 위반사실을 알지 못하였음을 증명하는 경우에는 그러하지 아니하다.
④ 제1항에 따른 업무정지 처분을 받았거나 업무정지 처분의 절차가 진행 중인 자는 행정처분을 받은 사실 또는 행정처분절차가 진행 중인 사실을 보건복지부령으로 정하는 바에 따라 양수인 또는 합병 후 존속하는 법인이나 합병으로 설립되는 법인에 지체 없이 알려야 한다.
⑤ 제1항에 따른 업무정지를 부과하는 위반행위의 종류, 위반 정도 등에 따른 행정처분기준이나 그 밖에 필요한 사항은 대통령령으로 정한다.

제99조(과징금)

빈출도 ●●● 24하, 23하, 23상, 22하, 22상(2회), 21하

관련문항 1회 15번, 2회 8번

① 보건복지부장관은 요양기관이 제98조 제1항 제1호 또는 제3호에 해당하여 업무정지 처분을 하여야 하는 경우로서 그 업무정지 처분이 해당 요양기관을 이용하는 사람에게 심한 불편을 주거나 보건복지부장관이 정하는 특별한 사유가 있다고 인정되면 업무정지 처분을 갈음하여 속임수나 그 밖의 부당한 방법으로 부담하게 한 금액의 <u>5배 이하의 금액을 과징금</u>으로 부과·징수할 수 있다. 이 경우 보건복지부장관은 12개월의 범위에서 분할납부를 하게 할 수 있다.
② 보건복지부장관은 약제를 요양급여에서 적용 정지하는 경우 다음 각 호의 어느 하나에 해당하는 때에는 요양급여의 적용 정지에 갈음하여 대통령령으로 정하는 바에 따라 다음 각 호의 구분에 따른 범위에서 과징금을 부과·징수할 수 있다. 이 경우 보건복지부장관은 12개월의 범위에서 분할납부를 하게 할 수 있다.

> 1. 환자 진료에 불편을 초래하는 등 공공복리에 지장을 줄 것으로 예상되는 때: 해당 약제에 대한 요양급여비용 총액의 <u>100분의 200</u>을 넘지 아니하는 범위
> 2. 국민 건강에 심각한 위험을 초래할 것이 예상되는 등 특별한 사유가 있다고 인정되는 때: 해당 약제에 대한 요양급여비용 총액의 <u>100분의 60</u>을 넘지 아니하는 범위

③ 보건복지부장관은 제2항 전단에 따라 과징금 부과 대상이 된 약제가 과징금이 부과된 날부터 <u>5년의 범위</u>에서 대통령령으로 정하는 기간 내에 다시 제2항 전단에 따른 과징금 부과 대상이 되는 경우에는 대통령령으로 정하는 바에 따라 다음 각 호의 구분에 따른 범위에서 과징금을 부과·징수할 수 있다.

> 1. 제2항제1호에서 정하는 사유로 과징금 부과 대상이 되는 경우: 해당 약제에 대한 요양급여비용 총액의 <u>100분의 350</u>을 넘지 아니하는 범위
> 2. 제2항제2호에서 정하는 사유로 과징금 부과 대상이 되는 경우: 해당 약제에 대한 요양급여비용 총액의 <u>100분의 100</u>을 넘지 아니하는 범위

④ 제2항 및 제3항에 따라 대통령령으로 해당 약제에 대한 요양급여비용 총액을 정할 때에는 그 약제의 과거 요양급여 실적 등을 고려하여 1년간의 요양급여 총액을 넘지 않는 범위에서 정하여야 한다.

⑤ 보건복지부장관은 제1항에 따른 과징금을 납부하여야 할 자가 납부기한까지 이를 내지 아니하면 대통령령으로 정하는 절차에 따라 그 과징금 부과 처분을 취소하고 업무정지 처분을 하거나 국세 체납처분의 예에 따라 이를 징수한다. 다만, 요양기관의 폐업 등으로 업무정지 처분을 할 수 없으면 국세 체납처분의 예에 따라 징수한다.

⑥ 보건복지부장관은 제2항 또는 제3항에 따른 과징금을 납부하여야 할 자가 납부기한까지 이를 내지 아니하면 국세 체납처분의 예에 따라 징수한다.

⑦ 보건복지부장관은 과징금을 징수하기 위하여 필요하면 다음 각 호의 사항을 적은 문서로 관할 세무관서의 장 또는 지방자치단체의 장에게 과세정보의 제공을 요청할 수 있다.

1. 납세자의 인적사항
2. 사용 목적
3. 과징금 부과 사유 및 부과 기준

⑧ 제1항부터 제3항까지의 규정에 따라 징수한 과징금은 <u>다음 각 호 외의 용도로는 사용할 수 없다.</u> 이 경우 제2항 제1호 및 제3항 제1호에 따라 징수한 과징금은 제3호의 용도로 사용하여야 한다.

1. 공단이 요양급여비용으로 지급하는 자금
2. 응급의료기금의 지원
3. 재난적의료비 지원사업에 대한 지원

⑨ 제1항부터 제3항까지의 규정에 따른 과징금의 금액과 그 납부에 필요한 사항 및 제8항에 따른 과징금의 용도별 지원 규모, 사용 절차 등에 필요한 사항은 대통령령으로 정한다.

독꿀 핵심정리

내용		최대 과징금
업무정지 대신 과징금		5배
약제 요양급여 정지 대신 과징금	환자 진료에 불편	2배 → 3.5배(재발 시)
	국민 건강에 심각한 위험	0.6배 → 1배(재발 시)

제100조(위반사실의 공표) 빈도 ●●○ 25상

관련문항 기출복원 19번, 1회 6번

① 보건복지부장관은 관련 서류의 위조·변조로 요양급여비용을 거짓으로 청구하여 업무정지 또는 과징금 행정처분을 받은 요양기관이 다음 각 호의 어느 하나에 해당하면 그 위반 행위, 처분 내용, 해당 요양기관의 명칭·주소 및 대표자 성명, 그 밖에 다른 요양기관과의 구별에 필요한 사항으로서 대통령령으로 정하는 사항을 공표할 수 있다. 이 경우 공표 여부를 결정할 때에는 그 위반행위의 동기, 정도, 횟수 및 결과 등을 고려하여야 한다.

1. 거짓으로 청구한 금액이 <u>1천 500만 원 이상</u>인 경우
2. 요양급여비용 총액 중 거짓으로 청구한 <u>금액의 비율이 100분의 20 이상</u>인 경우

② 보건복지부장관은 제1항에 따른 공표 여부 등을 심의하기 위하여 건강보험공표심의위원회를 설치·운영한다.

③ 보건복지부장관은 공표심의위원회의 심의를 거친 공표대상자에게 공표대상자인 사실을 알려 소명자료를 제출하거나 출석하여 의견을 진술할 기회를 주어야 한다.

④ 보건복지부장관은 공표심의위원회가 제3항에 따라 제출된 소명자료 또는 진술된 의견을 고려하여 공표대상자를 재심의한 후 공표대상자를 선정한다.

⑤ 제1항부터 제4항까지에서 규정한 사항 외에 공표의 절차·방법, 공표심의위원회의 구성·운영 등에 필요한 사항은 대통령령으로 정한다.

독꿀 핵심정리

- 거짓으로 청구한 금액이 1,500만 원 이상이거나 요양급여비용 총액 중 거짓으로 청구한 금액의 비율이 20% 이상인 경우 아래 내용을 공표할 수 있다.
  - 요양기관의 명칭·주소 및 대표자 성명
  - 그 밖에 다른 요양기관과의 구별에 필요한 사항으로서 대통령령으로 정하는 사항

제101조(제조업자 등의 금지행위 등)

빈출도 ●●●

① 의약품의 제조업자·위탁제조판매업자·수입자·판매업자 및 의료기기 제조업자·수입자·수리업자·판매업자·임대업자(제조업자등)는 약제·치료재료와 관련하여 요양급여대상 여부를 결정하거나 요양급여비용을 산정할 때에 다음 각 호의 행위를 하여 보험자·가입자 및 피부양자에게 손실을 주어서는 아니 된다.

> 1. 속임수나 그 밖의 부당한 방법으로 보험자·가입자 및 피부양자에게 요양급여비용을 부담하게 하는 요양기관의 행위에 개입
> 2. 보건복지부, 공단 또는 심사평가원에 거짓 자료의 제출
> 3. 그 밖에 속임수나 보건복지부령으로 정하는 부당한 방법으로 요양급여대상 여부의 결정과 요양급여비용의 산정에 영향을 미치는 행위

② 보건복지부장관은 제조업자등이 제1항에 위반한 사실이 있는지 여부를 확인하기 위하여 그 제조업자등에게 관련 서류의 제출을 명하거나, 소속 공무원이 관계인에게 질문을 하게 하거나 관계 서류를 검사하게 하는 등 필요한 조사를 할 수 있다. 이 경우 소속 공무원은 그 권한을 표시하는 증표를 지니고 이를 관계인에게 보여주어야 한다.

③ 공단은 제1항을 위반하여 보험자·가입자 및 피부양자에게 손실을 주는 행위를 한 제조업자등에 대하여 손실에 상당하는 금액(손실 상당액)을 징수한다.

④ 공단은 제3항에 따라 징수한 손실 상당액 중 가입자 및 피부양자의 손실에 해당되는 금액을 그 가입자나 피부양자에게 지급하여야 한다. 이 경우 공단은 가입자나 피부양자에게 지급하여야 하는 금액을 그 가입자 및 피부양자가 내야하는 보험료등과 상계할 수 있다.

⑤ 제3항에 따른 손실 상당액의 산정, 부과·징수절차 및 납부방법 등에 관하여 필요한 사항은 대통령령으로 정한다.

제101조의2(약제에 대한 쟁송 시 손실상당액의 징수 및 지급)

빈출도 ●●○
25상

관련문항 기출복원 13번

① 공단은 요양급여비용 상한금액의 감액 및 요양급여의 적용 정지 또는 행위·치료재료 및 약제에 대한 요양급여대상 여부의 결정 및 조정등에 대하여 약제의 제조업자등이 청구 또는 제기한 행정심판 또는 행정소송에 대하여 행정심판위원회 또는 법원의 결정이나 재결, 판결이 다음 각 호의 요건을 모두 충족하는 경우에는 조정등이 집행정지된 기간 동안 공단에 발생한 손실에 상당하는 금액을 약제의 제조업자등에게서 징수할 수 있다.

> 1. 행정심판위원회 또는 법원이 집행정지 결정을 한 경우
> 2. 행정심판이나 행정소송에 대한 각하 또는 기각(일부 기각을 포함한다) 재결 또는 판결이 확정되거나 청구취하 또는 소취하로 심판 또는 소송이 종결된 경우

② 공단은 제1항의 심판 또는 소송에 대한 결정이나 재결, 판결이 다음 각 호의 요건을 모두 충족하는 경우에는 조정등으로 인하여 약제의 제조업자등에게 발생한 손실에 상당하는 금액을 지급하여야 한다.

> 1. 행정심판위원회 또는 법원의 집행정지 결정이 없거나 집행정지 결정이 취소된 경우
> 2. 행정심판이나 행정소송에 대한 인용(일부 인용을 포함한다) 재결 또는 판결이 확정된 경우

③ 제1항에 따른 손실에 상당하는 금액은 집행정지 기간 동안 공단이 지급한 요양급여비용과 집행정지가 결정되지 않았다면 공단이 지급하여야 할 요양급여비용의 차액으로 산정한다. 다만, 요양급여대상에서 제외되거나 요양급여의 적용을 정지하는 내용의 조정등의 경우에는 요양급여비용 차액의 <u>100분의 40</u>을 초과할 수 없다.

④ 제2항에 따른 손실에 상당하는 금액은 해당 조정등이 없었다면 공단이 지급하여야 할 요양급여비용과 조정등에 따라 공단이 지급한 요양급여비용의 차액으로 산정한다. 다만, 요양급여대상에서 제외되거나 요양급여의 적용을 정지하는 내용의 조정등의 경우에는 요양급여비용 차액의 <u>100분의 40</u>을 초과할 수 없다.

⑤ 공단은 제1항 또는 제2항에 따라 손실에 상당하는 금액을 징수 또는 지급하는 경우 대통령령으로 정하는 이자를 가산하여야 한다.

⑥ 그 밖에 제1항에 따른 징수절차, 제2항에 따른 지급절차, 제3항 및 제4항에 따른 손실에 상당하는 금액의 산정기준 및 기간, 제5항에 따른 가산금 등 징수 및 지급에 필요한 세부사항은 보건복지부령으로 정한다.

독끝 핵심정리

약제의 제조업자등이 청구 또는 제기한 행정심판 또는 행정소송에 대하여 승소에 해당하는 2가지 요건을 갖춘 쪽에게 상대방이 발생한 손실에 상당하는 금액을 지급해야 한다.

제102조(정보의 유지 등) 〔빈출도 ●●●〕

공단, 심사평가원 및 대행청구단체에 종사하였던 사람 또는 종사하는 사람은 다음 각 호의 행위를 하여서는 아니 된다.

1. 가입자 및 피부양자의 <u>개인정보</u>를 누설하거나 직무상 목적 외의 용도로 이용 또는 정당한 사유 없이 제3자에게 제공하는 행위
2. 업무를 수행하면서 알게 된 정보(제1호의 개인정보는 제외한다)를 누설하거나 직무상 목적 외의 용도로 이용 또는 제3자에게 제공하는 행위

제103조(공단 등에 대한 감독 등) 〔빈출도 ●●●〕

① 보건복지부장관은 공단과 심사평가원의 경영목표를 달성하기 위하여 다음 각 호의 사업이나 업무에 대하여 보고를 명하거나 그 사업이나 업무 또는 재산 상황을 검사하는 등 감독을 할 수 있다.

1. 공단의 업무 및 심사평가원의 업무
2. 경영지침의 이행과 관련된 사업
3. 이 법 또는 다른 법령에서 공단과 심사평가원이 위탁받은 업무
4. 그 밖에 관계 법령에서 정하는 사항과 관련된 사업

② 보건복지부장관은 제1항에 따른 감독상 필요한 경우에는 정관이나 규정의 변경 또는 그 밖에 필요한 처분을 명할 수 있다.

제104조(포상금 등의 지급) 〔빈출도 ●●● 22상〕

① 공단은 다음 각 호의 어느 하나에 해당하는 자 또는 재산을 신고한 사람에 대하여 포상금을 지급할 수 있다. 다만, 공무원이 그 <u>직무와 관련하여 제4호에 따른 은닉재산을 신고한 경우에는 그러하지 아니한다.</u>

1. 속임수나 그 밖의 부당한 방법으로 보험급여를 받은 사람
2. 속임수나 그 밖의 부당한 방법으로 다른 사람이 보험급여를 받도록 한 자
3. 속임수나 그 밖의 부당한 방법으로 보험급여 비용을 받은 요양기관 또는 보험급여를 받은 준요양기관 및 보조기기 판매업자
4. 부당이득 징수금을 납부하여야 하는 자의 은닉재산

② 공단은 건강보험 재정을 효율적으로 운영하는 데에 이바지한 요양기관에 대하여 장려금을 지급할 수 있다.

③ 제1항 제4호의 "은닉재산"이란 징수금을 납부하여야 하는 자가 은닉한 현금, 예금, 주식, 그 밖에 재산적 가치가 있는 유형·무형의 재산을 말한다. 다만, 다음 각 호의 어느 하나에 해당하는 재산은 제외한다.

1. <u>사해행위(詐害行爲) 취소소송</u>의 대상이 되어 있는 재산
2. 공단이 은닉사실을 알고 조사 또는 강제징수 절차에 착수한 재산
3. 그 밖에 은닉재산 신고를 받을 필요가 없다고 인정되어 대통령령으로 정하는 재산

④ 제1항 및 제2항에 따른 포상금 및 장려금의 지급 기준과 범위, 절차 및 방법 등에 필요한 사항은 대통령령으로 정한다.

독끝 핵심정리

- 신고에 대한 포상금, 건보 재정을 효율적으로 운영한 요양기관에 장려금을 지급함
- 직무로써 은닉재산을 신고한 경우에는 포상금을 지급하지 않음
- 은닉재산에 해당하지 않는 사해행위 취소소송의 대상이 되어 있는 재산이란, 돈을 갚지 않으려고 재산이 없는 척 위장하기 위해 다른 사람 명의로 재산을 빼돌리는 행위(사해행위)를 취소해달라는 소송이며, 그 빼돌리는 재산이 사해행위 취소소송의 대상임

제105조(유사명칭의 사용금지) 빈출도 ●●●

① 공단이나 심사평가원이 아닌 자는 국민건강보험공단, 건강보험심사평가원 또는 이와 유사한 명칭을 사용하지 못한다.
② 이 법으로 정하는 건강보험사업을 수행하는 자가 아닌 자는 보험계약 또는 보험계약의 명칭에 국민건강보험이라는 용어를 사용하지 못한다.

제106조(소액 처리) 빈출도 ●○○ 22하

공단은 징수하여야 할 금액이나 반환하여야 할 금액이 1건당 2천 원 미만인 경우(제47조 제5항, 제57조 제5항 후단 및 제101조 제4항 후단에 따라 각각 상계 처리할 수 있는 본인일부부담금 환급금 및 가입자나 피부양자에게 지급하여야 하는 금액은 제외한다)에는 징수 또는 반환하지 아니한다.

제107조(끝수 처리) 빈출도 ●●●

보험료등과 보험급여에 관한 비용을 계산할 때 「국고금관리법」 제47조에 따른 끝수는 계산하지 아니한다.

제108조 삭제

제108조의2(보험재정에 대한 정부지원) 빈출도 ●●○ 25상

관련문항 기출복원 15번

① 국가는 매년 예산의 범위에서 해당 연도 보험료 예상 수입액의 100분의 14에 상당하는 금액을 국고에서 공단에 지원한다.
② 공단은 「국민건강증진법」에서 정하는 바에 따라 같은 법에 따른 국민건강증진기금에서 자금을 지원받을 수 있다.
③ 공단은 제1항에 따라 지원된 재원을 다음 각 호의 사업에 사용한다.

1. 가입자 및 피부양자에 대한 보험급여
2. 건강보험사업에 대한 운영비
3. 보험료 경감에 대한 지원

④ 공단은 제2항에 따라 지원된 재원을 다음 각 호의 사업에 사용한다.

1. 건강검진 등 건강증진에 관한 사업
2. 가입자와 피부양자의 흡연으로 인한 질병에 대한 보험급여
3. 가입자와 피부양자 중 65세 이상 노인에 대한 보험급여

독끝 핵심정리

지원 주체	사용 사업
국가 (보험료 예상 수입액의 14%)	1. 가입자 및 피부양자에 대한 보험급여 2. 건강보험사업에 대한 운영비 3. 보험료 경감에 대한 지원
국민건강 증진기금	1. 건강검진 등 건강증진에 관한 사업 2. 가입자와 피부양자의 흡연으로 인한 질병에 대한 보험급여 3. 가입자와 피부양자 중 65세 이상 노인에 대한 보험급여

제109조(외국인 등에 대한 특례) 빈출도 ●●○ 24상, 22하, 21하

관련문항 3회 13번

① 정부는 외국 정부가 사용자인 사업장의 근로자의 건강보험에 관하여는 외국 정부와 한 합의에 따라 이를 따로 정할 수 있다.
② 국내에 체류하는 재외국민 또는 외국인이 적용대상사업장의 근로자, 공무원 또는 교직원이고 제6조 제2항 각 호의 어느 하나에 해당하지 아니하면서 다음 각 호의 어느 하나에 해당하는 경우에는 직장가입자가 된다.

1. 「주민등록법」 제6조 제1항 제3호에 따라 등록한 사람
2. 「재외동포의 출입국과 법적 지위에 관한 법률」 제6조에 따라 국내거소신고를 한 사람
3. 「출입국관리법」 제31조에 따라 외국인등록을 한 사람

③ 제2항에 따른 직장가입자에 해당하지 아니하는 국내체류 외국인등이 다음 각 호의 요건을 모두 갖춘 경우에는 지역가입자가 된다.

> 1. 보건복지부령으로 정하는 기간 동안 국내에 거주하였거나 해당 기간 동안 국내에 지속적으로 거주할 것으로 예상할 수 있는 사유로서 보건복지부령으로 정하는 사유에 해당될 것
> 2. 다음 각 목의 어느 하나에 해당할 것
>   가. 제2항 제1호 또는 제2호에 해당하는 사람
>   나. 「출입국관리법」 제31조에 따라 외국인등록을 한 사람으로서 보건복지부령으로 정하는 체류자격이 있는 사람

④ 제2항 각 호의 어느 하나에 해당하는 국내체류 외국인등이 다음 각 호의 요건을 모두 갖춘 경우에는 공단에 신청하면 피부양자가 될 수 있다.

> 1. 직장가입자와의 관계가 제5조 제2항 각 호의 어느 하나에 해당할 것
> 2. 제5조 제3항에 따른 피부양자 자격의 인정 기준에 해당할 것
> 3. 국내 거주기간 또는 거주사유가 제3항 제1호에 따른 기준에 해당할 것. 다만, 직장가입자의 배우자 및 19세 미만 자녀(배우자의 자녀를 포함한다)에 대해서는 그러하지 아니하다.

⑤ 제2항부터 제4항까지의 규정에도 불구하고 다음 각 호에 해당되는 경우에는 가입자 및 피부양자가 될 수 없다.

> 1. 국내체류가 법률에 위반되는 경우로서 대통령령으로 정하는 사유가 있는 경우
> 2. 국내체류 외국인등이 외국의 법령, 외국의 보험 또는 사용자와의 계약 등에 따라 요양급여에 상당하는 의료보장을 받을 수 있어 사용자 또는 가입자가 보건복지부령으로 정하는 바에 따라 가입 제외를 신청한 경우

⑥ 제2항부터 제5항까지의 규정에서 정한 사항 외에 국내체류 외국인등의 가입자 또는 피부양자 자격의 취득 및 상실에 관한 시기·절차 등에 필요한 사항은 제5조부터 제11조까지의 규정을 준용한다. 다만, 국내체류 외국인등의 특성을 고려하여 특별히 규정해야 할 사항은 대통령령으로 다르게 정할 수 있다.

⑦ 가입자인 국내체류 외국인등이 매월 2일 이후 지역가입자의 자격을 취득하고 그 자격을 취득한 날이 속하는 달에 보건복지부장관이 고시하는 사유로 해당 자격을 상실한 경우에는 그 자격을 취득한 날이 속하는 달의 보험료를 부과하여 징수한다.

⑧ 국내체류 외국인등(제9항 단서의 적용을 받는 사람에 한정한다)에 해당하는 지역가입자의 보험료는 그 직전 월 25일까지 납부하여야 한다. 다만, 다음 각 호에 해당되는 경우에는 공단이 정하는 바에 따라 납부하여야 한다.

> 1. 자격을 취득한 날이 속하는 달의 보험료를 징수하는 경우
> 2. 매월 26일 이후부터 말일까지의 기간에 자격을 취득한 경우

⑨ 제7항과 제8항에서 정한 사항 외에 가입자인 국내체류 외국인등의 보험료 부과·징수에 관한 사항은 제69조부터 제86조까지의 규정을 준용한다. 다만, 대통령령으로 정하는 국내체류 외국인등의 보험료 부과·징수에 관한 사항은 그 특성을 고려하여 보건복지부장관이 다르게 정하여 고시할 수 있다.

⑩ 공단은 지역가입자인 국내체류 외국인등(제9항 단서의 적용을 받는 사람에 한정한다)이 보험료를 대통령령으로 정하는 기간 이상 체납한 경우에는 체납일부터 체납한 보험료를 완납할 때까지 보험급여를 하지 아니한다. 이 경우 제53조 제3항 각 호 외의 부분 단서 및 같은 조 제5항·제6항은 적용하지 아니한다.

⑪ 제10항에도 불구하고 체류자격 및 체류기간 등 국내체류 외국인등의 특성을 고려하여 특별히 규정하여야 할 사항은 대통령령으로 다르게 정할 수 있다.

독꿀 핵심정리

- 외국인이 직장가입자가 되려면: 국내체류+적용대상 사업장의 근로자 or 공무원 or 교직원+주/재/출
- 외국인이 지역가입자가 되려면: 국내체류+보건복지부령으로 정하는 기간 동안 거주 or 거주할 예정+주/재/출(+체류자격)
- 외국인이 피부양자가 되려면: 국내체류+피부양자 자격+보건복지부령으로 정하는 기간 동안 거주 or 거주할 예정(단, 직장가입자의 배우자거나 19세 미만 자녀의 경우 거주요건 제외)

제110조(실업자에 대한 특례)

빈출도 ●●○
25상, 24상(2회)

관련문항 기출복원 17번

① 사용관계가 끝난 사람 중 <u>직장가입자로서의 자격을 유지한 기간</u>이 보건복지부령으로 정하는 기간 동안

통산 <u>1년 이상</u>인 사람은 지역가입자가 된 이후 최초로 지역가입자 보험료를 고지받은 날부터 그 납부기한에서 2개월이 지나기 이전까지 공단에 <u>직장가입자로서의 자격을 유지할 것을 신청할 수 있다.</u>
② 제1항에 따라 공단에 신청한 가입자(임의계속가입자)는 제9조에도 불구하고 대통령령으로 정하는 기간 동안 직장가입자의 자격을 유지한다. 다만, 제1항에 따른 신청 후 최초로 내야 할 직장가입자 보험료를 그 납부기한부터 2개월이 지난 날까지 내지 아니한 경우에는 그 자격을 유지할 수 없다.
③ 임의계속가입자의 보수월액은 보수월액보험료가 산정된 최근 12개월간의 보수월액을 평균한 금액으로 한다.
④ 임의계속가입자의 보험료는 보건복지부장관이 정하여 고시하는 바에 따라 그 일부를 경감할 수 있다.
⑤ 임의계속가입자의 보수월액보험료는 그 임의계속가입자가 전액을 부담하고 납부한다.
⑥ 임의계속가입자가 보험료를 납부기한까지 내지 아니하는 경우 그 급여제한에 관하여는 제53조 제3항·제5항 및 제6항을 준용한다. 이 경우 "제69조 제5항에 따른 세대단위의 보험료"는 "제110조 제5항에 따른 보험료"로 본다.
⑦ 임의계속가입자의 신청 방법·절차 등에 필요한 사항은 보건복지부령으로 정한다.

독꿀 핵심정리

- 직장가입자 자격 유지 기간이 1년 이상인 경우, 지역가입자가 되더라도 2개월 이내에 신청하면 대통령령이 정하는 기간 동안 직장가입자 자격을 유지하는 임의계속가입자가 될 수 있음
- 임의계속가입자의 보수월액은 보수월액보험료가 산정된 최근 12개월간의 보수월액을 평균한 금액으로 함
- 임의계속가입자의 보험료는 그 일부가 경감될 수 있음
- 그러나 사용자와 반반씩 부담하지 않고 100% 본인이 전부 부담함

제111조(권한의 위임) 빈출도 ●●○

이 법에 따른 보건복지부장관의 권한은 대통령령으로 정하는 바에 따라 그 일부를 특별시장·광역시장·특별자치시장·도지사 또는 특별자치도지사에게 위임할 수 있다.

제112조(업무의 위탁) 빈출도 ●●○ 22상

① 공단은 대통령령으로 정하는 바에 따라 다음 각 호의 업무를 체신관서, 금융기관 또는 그 밖의 자에게 위탁할 수 있다.

> 1. 보험료의 수납 또는 보험료납부의 확인에 관한 업무
> 2. 보험급여비용의 지급에 관한 업무
> 3. 징수위탁근거법의 위탁에 따라 징수하는 연금보험료, 고용보험료, 산업재해보상보험료, 부담금 및 분담금 등(징수위탁보험료등)의 수납 또는 그 납부의 확인에 관한 업무

② 공단은 그 업무의 일부를 국가기관, 지방자치단체 또는 다른 법령에 따른 사회보험 업무를 수행하는 법인이나 그 밖의 자에게 위탁할 수 있다. 다만, 보험료와 <u>징수위탁보험료등의 징수 업무는 그러하지 아니하다.</u>
③ 제2항에 따라 공단이 위탁할 수 있는 업무 및 위탁받을 수 있는 자의 범위는 보건복지부령으로 정한다.

제113조(징수위탁보험료 등의 배분 및 납입 등) 빈출도 ●●●

① 공단은 자신이 징수한 보험료와 그에 따른 징수금 또는 징수위탁보험료등의 금액이 징수하여야 할 총액에 부족한 경우에는 대통령령으로 정하는 기준, 방법에 따라 이를 배분하여 납부 처리하여야 한다. 다만, 납부의무자가 다른 의사를 표시한 때에는 그에 따른다.
② 공단은 징수위탁보험료등을 징수한 때에는 이를 지체 없이 해당 보험별 기금에 납입하여야 한다.

제114조(출연금의 용도 등) 빈출도 ●●●

① 공단은 「국민연금법」, 「산업재해보상보험법」, 「고용보험법」 및 「임금채권보장법」에 따라 국민연금기금, 산업재해보상보험및예방기금, 고용보험기금 및 임금채권보장기금으로부터 각각 지급받은 출연금을 징수위탁근거법에 따라 위탁받은 업무에 소요되는 비용에 사용하여야 한다.
② 제1항에 따라 지급받은 출연금의 관리 및 운용 등에 필요한 사항은 대통령령으로 정한다.

제114조의2(벌칙 적용에서 공무원 의제)

빈출도 ●○○

심의위원회 및 건강보험공표심의위원회 위원 중 공무원이 아닌 사람은 공무상 비밀의 누설, 수뢰, 사전수뢰, 제삼자뇌물제공, 수뢰후부정처사, 사후수뢰, 알선수뢰 규정을 적용할 때 <u>공무원으로 본다.</u>

수뢰란 뇌물을 받는 것을 의미하므로, 뇌물을 받는 행위에 대해서는 공무원과 동일한 기준에서 처벌한다.

CHAPTER 09 벌칙

제115조(벌칙)

빈출도 ●●● 25상, 24하, 23하, 22상, 21하

관련문항 기출복원 9번, 2회 15번

① 제102조 제1호를 위반하여 가입자 및 피부양자의 <u>개인정보</u>를 누설하거나 직무상 목적 외의 용도로 이용 또는 정당한 사유 없이 제3자에게 제공한 자는 <u>5년 이하의 징역 또는 5천만 원 이하의 벌금</u>에 처한다.
② 다음 각 호의 어느 하나에 해당하는 자는 <u>3년 이하의 징역 또는 3천만 원 이하의 벌금</u>에 처한다.

> 1. 대행청구단체의 종사자로서 거짓이나 그 밖의 부정한 방법으로 요양급여비용을 청구한 자
> 2. 제102조 제2호를 위반하여 업무를 수행하면서 알게 된 정보를 누설하거나 직무상 목적 외의 용도로 이용 또는 제3자에게 제공한 자

③ 제96조의3 제3항을 위반하여 <u>공동이용하는 전산정보자료</u>를 같은 조 제1항에 따른 목적 외의 용도로 이용하거나 활용한 자는 <u>3년 이하의 징역 또는 1천만 원 이하의 벌금</u>에 처한다.
④ 거짓이나 그 밖의 부정한 방법으로 <u>보험급여</u>를 받거나 타인으로 하여금 보험급여를 받게 한 사람은 <u>2년 이하의 징역 또는 2천만 원 이하의 벌금</u>에 처한다.
⑤ 다음 각 호의 어느 하나에 해당하는 자는 <u>1년 이하의 징역 또는 1천만 원 이하의 벌금</u>에 처한다.

> 1. 제42조의2 제1항 및 제3항을 위반하여 선별급여를 제공한 요양기관의 개설자
> 2. 제47조 제7항을 위반하여 대행청구단체가 아닌 자로 하여금 대행하게 한 자
> 3. 제93조를 위반한 사용자
> 4. 제98조 제2항을 위반한 요양기관의 개설자
> 5. 삭제

제116조(벌칙) 빈출도 ●●○ 23상

관련문항 2회 15번

제97조 제2항을 위반하여 보고 또는 서류 제출을 하지 아니한 자, 거짓으로 보고하거나 거짓 서류를 제출한 자, 검사나 질문을 거부·방해 또는 기피한 자는 <u>1천만 원 이하의 벌금</u>에 처한다.

제117조(벌칙) 빈출도 ●●●

제42조 제5항을 위반한 자 또는 제49조 제2항을 위반하여 요양비 명세서나 요양 명세를 적은 영수증을 내주지 아니한 자는 <u>500만 원 이하의 벌금</u>에 처한다.

독끌 핵심정리

벌칙 상한	위반행위 요약
5년/5천만 원	가입자 및 피부양자 개인정보 유출
3년/3천만 원	1. 대행청구단체가 거짓이나 부정하게 요양급여비용 청구 2. 업무 수행 중에 알게 된 정보 유출
3년/1천만 원	전산정보자료를 목적 외 용도로 이용
2년/2천만 원	거짓이나 부정하게 보험급여를 받거나 받게 함
1년/1천만 원	1. 자격 없이 선별급여 2. 자격 없이 대행청구 3. 근로자 권익 보호 × 4. 업무정지 중에 요양급여
1천만 원	요양·약제의 지급 등 보험급여에 대한 서류 제출을 하지 않거나 거짓으로 함
5백만 원	1. 정당한 이유 없이 요양급여를 거부함 2. 요양비 명세서나 영수증을 주지 않음

제118조(양벌 규정) 빈출도 ●●●

법인의 대표자나 법인 또는 개인의 대리인, 사용인, 그 밖의 종사자가 그 법인 또는 개인의 업무에 관하여 제115조부터 제117조까지의 규정 중 어느 하나에 해당하는 위반행위를 하면 그 행위자를 벌하는 외에 그 법인 또는 개인에게도 해당 조문의 <u>벌금형을 과(科)한다</u>. 다만, 법인 또는 개인이 그 위반행위를 방지하기 위하여 해당 업무에 관하여 <u>상당한 주의와 감독을 게을리하지 아니한 경우에는 그러하지 아니하다.</u>

제119조(과태료) 빈출도 ●●● 24상, 23하, 22하, 22상, 21하

관련문항 3회 5번

① 삭제
② 삭제
③ 다음 각 호의 어느 하나에 해당하는 자에게는 <u>500만 원 이하의 과태료</u>를 부과한다.

1. 제7조를 위반하여 신고를 하지 아니하거나 거짓으로 신고한 사용자
2. 정당한 사유 없이 제94조 제1항을 위반하여 신고·서류제출을 하지 아니하거나 거짓으로 신고·서류제출을 한 자
3. 정당한 사유 없이 제97조 제1항, 제3항, 제4항, 제5항을 위반하여 보고·서류제출을 하지 아니하거나 거짓으로 보고·서류제출을 한 자
4. 제98조 제4항을 위반하여 행정처분을 받은 사실 또는 행정처분절차가 진행 중인 사실을 지체 없이 알리지 아니한 자
5. 정당한 사유 없이 제101조 제2항을 위반하여 서류를 제출하지 아니하거나 거짓으로 제출한 자

④ 다음 각 호의 어느 하나에 해당하는 자에게는 <u>100만 원 이하의 과태료</u>를 부과한다.

1. 삭제
2. 삭제
3. 제12조 제4항을 위반하여 정당한 사유 없이 건강보험증이나 신분증명서로 가입자 또는 피부양자의 본인 여부 및 그 자격을 확인하지 아니하고 요양급여를 실시한 자
4. 제96조의4를 위반하여 서류를 보존하지 아니한 자
5. 제103조에 따른 명령을 위반한 자
6. 제105조를 위반한 자

⑤ 제3항 및 제4항에 따른 과태료는 대통령령으로 정하는 바에 따라 보건복지부장관이 부과·징수한다.

독끝 핵심정리

구분	해당 목록
500만 원 이하	• 사업장 신고를 하지 않거나 거짓으로 신고 • 정당한 사유 없이 신고·서류제출을 하지 않거나 거짓으로 신고·서류제출 (※ 주의: 제97조 제2항 요양·약제의 지급 등 보험급여에 관한 보고·서류제출에 대한 위반은 과태료가 아닌 제116조(벌칙)에 따라 1천만 원 이하의 벌금) • 행정처분 사실을 지체 없이 알리지 않음 • 제조업자 등의 금지행위에 대한 서류를 제출하지 않거나 거짓으로 제출
100만 원 이하	• 건강보험증 등으로 자격 확인 없이 요양급여 실시 • 서류를 보존하지 않음 • 감독 명령 위반 • 공단이나 심사평가원이 아닌 자가 유사 명칭 사용

PART 2
노인장기요양보험법

CHAPTER 01 총칙

제1조(목적) 빈출도 ●○○

이 법은 고령이나 노인성 질병 등의 사유로 일상생활을 혼자서 수행하기 어려운 노인등에게 제공하는 신체활동 또는 가사활동 지원 등의 장기요양급여에 관한 사항을 규정하여 노후의 건강증진 및 생활안정을 도모하고 그 가족의 부담을 덜어줌으로써 국민의 삶의 질을 향상하도록 함을 목적으로 한다.

제2조(정의) 빈출도 ●●○ 25상(2회), 22상

관련문항 기출복원 4번/5번, 1회 2번

이 법에서 사용하는 용어의 정의는 다음과 같다.

1. "노인등"이란 65세 이상의 노인 또는 65세 미만의 자로서 치매·뇌혈관성질환 등 대통령령으로 정하는 노인성 질병을 가진 자를 말한다.
2. "장기요양급여"란 6개월 이상 동안 혼자서 일상생활을 수행하기 어렵다고 인정되는 자에게 신체활동·가사활동의 지원 또는 간병 등의 서비스나 이에 갈음하여 지급하는 현금 등을 말한다.
3. "장기요양사업"이란 장기요양보험료, 국가 및 지방자치단체의 부담금 등을 재원으로 하여 노인등에게 장기요양급여를 제공하는 사업을 말한다.
4. "장기요양기관"이란 지정을 받은 기관으로서 장기요양급여를 제공하는 기관을 말한다.
5. "장기요양요원"이란 장기요양기관에 소속되어 노인등의 신체활동 또는 가사활동 지원 등의 업무를 수행하는 자를 말한다.

독끝 핵심정리

용어	정의
노인등	• 65세 이상 • 65세 미만 + 치매·뇌혈관성질환과 같은 노인성 질병을 가진 자
장기요양급여	6개월 이상 혼자서 일상생활 수행 어려운 자에게 지급되는 서비스나 현금

장기요양사업	장기요양보험료, 국가 및 지자체 부담금으로 노인등에게 장기요양급여를 제공하는 사업
장기요양기관	장기요양급여를 제공하는 지정을 받은 기관
장기요양요원	장기요양기관에 소속되어 신체활동 또는 가사활동 지원 업무를 수행하는 자

제3조(장기요양급여 제공의 기본원칙) 빈출도 ●○○ 23상, 22하

관련문항 2회 1번

① 장기요양급여는 노인등이 자신의 의사와 능력에 따라 최대한 자립적으로 일상생활을 수행할 수 있도록 제공하여야 한다.
② 장기요양급여는 노인등의 심신상태·생활환경과 노인등 및 그 가족의 욕구·선택을 종합적으로 고려하여 필요한 범위 안에서 이를 적정하게 제공하여야 한다.
③ 장기요양급여는 노인등이 가족과 함께 생활하면서 가정에서 장기요양을 받는 재가급여를 우선적으로 제공하여야 한다.
④ 장기요양급여는 노인등의 심신상태나 건강 등이 악화되지 아니하도록 의료서비스와 연계하여 이를 제공하여야 한다.

제4조(국가 및 지방자치단체의 책무 등) 빈출도 ●●○ 24상, 23하, 22하

관련문항 3회 3번, 4회 1번

① 국가 및 지방자치단체는 노인이 일상생활을 혼자서 수행할 수 있는 온전한 심신상태를 유지하는데 필요한 사업(노인성질환예방사업)을 실시하여야 한다.
② 국가는 노인성질환예방사업을 수행하는 지방자치단체 또는 국민건강보험공단에 대하여 이에 소요되는 비용을 지원할 수 있다.
③ 국가 및 지방자치단체는 노인인구 및 지역특성 등을 고려하여 장기요양급여가 원활하게 제공될 수 있도록 적정한 수의 장기요양기관을 확충하고 장기요양기관의 설립을 지원하여야 한다.
④ 국가 및 지방자치단체는 국·공립 장기요양기관을 확충하기 위하여 노력하여야 한다.

⑤ 국가 및 지방자치단체는 장기요양급여가 원활히 제공될 수 있도록 공단에 필요한 행정적 또는 재정적 지원을 할 수 있다.
⑥ 국가 및 지방자치단체는 장기요양요원의 처우를 개선하고 복지를 증진하며 지위를 향상시키기 위하여 적극적으로 노력하여야 한다.
⑦ 국가 및 지방자치단체는 지역의 특성에 맞는 장기요양사업의 표준을 개발·보급할 수 있다.

독끌 핵심정리

주체	책무
국가 및 지자체	• 노인성질환예방사업 • 장기요양기관 확충·설립 • 행정적·재정적 지원 • 장기요양요원의 처우 개선 • 지역 특성에 맞는 장기요양사업 표준 개발·보급
국가	지자체 또는 공단에 노인성질환예방사업 비용 지원

제5조(장기요양급여에 관한 국가정책방향)
빈출도 ●●○

관련문항 4회 1번

국가는 장기요양기본계획을 수립·시행함에 있어서 노인뿐만 아니라 장애인 등 일상생활을 혼자서 수행하기 어려운 모든 국민이 장기요양급여, 신체활동지원서비스 등을 제공받을 수 있도록 노력하고 나아가 이들의 생활안정과 자립을 지원할 수 있는 시책을 강구하여야 한다.

제6조(장기요양기본계획)
빈출도 ●●○
22상, 21하

관련문항 1회 1번, 2회 7번

① 보건복지부장관은 노인등에 대한 장기요양급여를 원활하게 제공하기 위하여 5년 단위로 다음 각 호의 사항이 포함된 장기요양기본계획을 수립·시행하여야 한다.

  1. 연도별 장기요양급여 대상인원 및 재원조달 계획
  2. 연도별 장기요양기관 및 장기요양전문인력 관리 방안
  3. 장기요양요원의 처우에 관한 사항
  4. 그 밖에 노인등의 장기요양에 관한 사항으로서 대통령령으로 정하는 사항

② 지방자치단체의 장은 제1항에 따른 장기요양기본계획에 따라 세부시행계획을 수립·시행하여야 한다.

독끌 핵심정리

주체	수립·시행
보건복지부장관	장기요양기본계획(5년마다)
지방자치단체의 장	세부시행계획

제6조의2(실태조사)
빈출도 ●●●
24하, 24상, 23하, 22상, 21하

관련문항 2회 3번, 3회 1번

① 보건복지부장관은 장기요양사업의 실태를 파악하기 위하여 3년마다 다음 각 호의 사항에 관한 조사를 정기적으로 실시하고 그 결과를 공표하여야 한다.

  1. 장기요양인정에 관한 사항
  2. 장기요양등급판정위원회의 판정에 따라 장기요양급여를 받을 사람(수급자)의 규모, 그 급여의 수준 및 만족도에 관한 사항
  3. 장기요양기관에 관한 사항
  4. 장기요양요원의 근로조건, 처우 및 규모에 관한 사항
  5. 그 밖에 장기요양사업에 관한 사항으로서 보건복지부령으로 정하는 사항

② 제1항에 따른 실태조사의 방법과 내용 등에 필요한 사항은 보건복지부령으로 정한다.

CHAPTER 02 장기요양보험

> **독끝 핵심정리**
> 공단은 장기요양보험료와 건강보험료를 모두 고지·징수·관리하며, 징수만 통합해서 하고 고지(얼마 내세요)는 분리, 돈관리는 독립회계로 한다.

제7조(장기요양보험)
빈출도 ●●○ 25상, 24상, 23하, 23상

관련문항 기출복원 1번

① 장기요양보험사업은 <u>보건복지부장관이 관장</u>한다.
② 장기요양보험사업의 <u>보험자는 공단</u>으로 한다.
③ 장기요양보험의 가입자(<u>장기요양보험가입자</u>)는 「국민건강보험법」 제5조 및 제109조에 따른 가입자로 한다.
④ 공단은 제3항에도 불구하고 외국인근로자 등 대통령령으로 정하는 <u>외국인이 신청하는 경우</u> 보건복지부령으로 정하는 바에 따라 <u>장기요양보험가입자에서 제외</u>할 수 있다.

> **독끝 핵심정리**
> 장기요양보험가입자=국민건강보험법의 가입자=국내에 거주하는 국민 중 수급권자, 유공자등의료보호대상자, 피부양자가 아닌 사람+특정 조건을 만족하는 외국인(단, 외국인이 신청하는 경우 조건을 만족하더라도 장기요양보험가입자에서 제외할 수 있음)

제8조(장기요양보험료의 징수)
빈출도 ●●●

관련문항 1회 4번

① 공단은 장기요양사업에 사용되는 비용에 충당하기 위하여 장기요양보험료를 징수한다.
② 제1항에 따른 장기요양보험료는 「국민건강보험법」 제69조에 따른 보험료(<u>건강보험료</u>)와 <u>통합하여 징수</u>한다. 이 경우 공단은 <u>장기요양보험료와 건강보험료를 구분하여 고지</u>하여야 한다.
③ 공단은 제2항에 따라 통합 징수한 <u>장기요양보험료와 건강보험료를 각각의 독립회계로 관리</u>하여야 한다.

제9조(장기요양보험료의 산정)
빈출도 ●●●

관련문항 1회 4번

① 장기요양보험료는 「국민건강보험법」 제69조 제4항·제5항 및 제109조 제9항 단서에 따라 산정한 <u>보험료액</u>에서 같은 법 제74조 또는 제75조에 따라 경감 또는 <u>면제되는 비용을 공제</u>한 금액에 같은 법 제73조 제1항에 따른 <u>건강보험료율 대비 장기요양보험료율의 비율을 곱하여</u> 산정한 금액으로 한다.
② 제1항에 따른 <u>장기요양보험료율은 장기요양위원회의 심의</u>를 거쳐 대통령령으로 정한다.
③ 제1항에도 불구하고 장기요양보험의 특성을 고려하여 「국민건강보험법」 제74조 또는 제75조에 따라 경감 또는 면제되는 비용을 달리 적용할 필요가 있는 경우에는 대통령령으로 정하는 바에 따라 경감 또는 면제되는 비용의 공제 수준을 달리 정할 수 있다.

> **독끝 핵심정리**
> 장기요양보험료=(「국민건강보험법」에서 산정한 보험료액−면제금액)×건강보험료율 대비 장기요양보험료율(이건 장기요양위원회의 심의를 거쳐 대통령령으로 정함)

제10조(장애인 등에 대한 장기요양보험료의 감면)
빈출도 ●●○ 25상

관련문항 기출복원 3번

공단은 장애인 또는 이와 유사한 자로서 대통령령으로 정하는 자가 장기요양보험가입자 또는 그 피부양자인 경우 수급자로 결정되지 못한 때 대통령령으로 정하는 바에 따라 <u>장기요양보험료의 전부 또는 일부를 감면</u>할 수 있다.

제11조(장기요양보험가입 자격 등에 관한 준용)

빈출도 ●●○
23하, 23상

「국민건강보험법」 제5조, 제6조, 제8조부터 제11조까지, 제69조 제1항부터 제3항까지, 제76조부터 제86조까지, 제109조 제1항부터 제9항까지 및 제110조는 장기요양보험가입자·피부양자의 자격취득·상실, 장기요양보험료 등의 납부·징수 및 결손처분 등에 관하여 이를 준용한다. 이 경우 "보험료"는 "장기요양보험료"로, "건강보험"은 "장기요양보험"으로, "가입자"는 "장기요양보험가입자"로 본다.

CHAPTER 03 장기요양인정

제12조(장기요양인정의 신청자격)

빈출도 ●●○
25상, 22상

관련문항 기출복원 5번

장기요양인정을 신청할 수 있는 자는 <u>노인등으로서</u> 다음 각 호의 어느 하나에 해당하는 자격을 갖추어야 한다.

1. 장기요양보험가입자 또는 그 피부양자
2. 의료급여수급권자

제13조(장기요양인정의 신청)

빈출도 ●●●
23상(2회), 22하, 22상, 21하

관련문항 2회 4번

① 장기요양인정을 신청하는 자는 공단에 보건복지부령으로 정하는 바에 따라 <u>장기요양인정신청서</u>에 의사 또는 한의사가 발급하는 <u>의사소견서</u>를 첨부하여 제출하여야 한다. 다만, <u>의사소견서는 공단이 등급판정위원회에 자료를 제출하기 전까지 제출할 수 있다.</u>
② 제1항에도 불구하고 거동이 현저하게 불편하거나 도서·벽지 지역에 거주하여 의료기관을 방문하기 어려운 자 등 대통령령으로 정하는 자는 <u>의사소견서를 제출하지 아니할 수 있다.</u>
③ 의사소견서의 발급비용·비용부담방법·발급자의 범위, 그 밖에 필요한 사항은 보건복지부령으로 정한다.

독끝 핵심정리

장기요양인정 신청 준비물: 장기요양인정신청서 + 의사소견서(공단이 등급판정위원회에 자료를 제출하기 전까지만 제출하면 되며, 의료기관을 방문하기 어려운 경우 생략 가능)

제14조(장기요양인정 신청의 조사)

빈출도 ●●○
25상, 22하

관련문항 기출복원 6번

① 공단은 신청서를 접수한 때 보건복지부령으로 정하는 바에 따라 소속 직원으로 하여금 다음 각 호의 사항을 조사하게 하여야 한다. 다만, 지리적 사정 등으로 직접 조사하기 어려운 경우 또는 조사에 필요하다고 인정하는 경우 특별자치시·특별자치도·시·군·구(자치구를 말한다. 이하 같다)에 대하여 조사를 의뢰하거나 공동으로 조사할 것을 요청할 수 있다.

1. 신청인의 심신상태
2. 신청인에게 필요한 장기요양급여의 종류 및 내용
3. 그 밖에 장기요양에 관하여 필요한 사항으로서 보건복지부령으로 정하는 사항

② 공단은 제1항 각 호의 사항을 조사하는 경우 2명 이상의 소속 직원이 조사할 수 있도록 노력하여야 한다.
③ 제1항에 따라 조사를 하는 자는 조사일시, 장소 및 조사를 담당하는 자의 인적사항 등을 미리 신청인에게 통보하여야 한다.
④ 공단 또는 제1항 단서에 따른 조사를 의뢰받은 특별자치시·특별자치도·시·군·구는 조사를 완료한 때 조사결과서를 작성하여야 한다. 조사를 의뢰받은 특별자치시·특별자치도·시·군·구는 지체 없이 공단에 조사결과서를 송부하여야 한다.

독끝 핵심정리

- 공단은 장기요양인정 신청서를 접수받으면 장기요양인정을 할 만한 사람인지 아래 3가지 사항을 2명 이상의 소속 직원을 파견하여 조사하고, 조사결과서를 작성한다.(특별자치시·특별자치도·시·군·구와 공동 조사 가능)
  - 신청인의 심신상태
  - 신청인에게 필요한 장기요양급여의 종류 및 내용
  - 그 밖에 장기요양에 관하여 필요한 사항으로서 보건복지부령으로 정하는 사항

제15조(등급판정 등)

빈출도 ●●●
25상, 24하, 22하, 21하

관련문항 기출복원 3번

① 공단은 장기요양인정 신청의 조사가 완료된 때 조사결과서, 신청서, 의사소견서, 그 밖에 심의에 필요한 자료를 등급판정위원회에 제출하여야 한다.
② 등급판정위원회는 신청인이 신청자격요건을 충족하고 6개월 이상 동안 혼자서 일상생활을 수행하기 어렵다고 인정하는 경우 심신상태 및 장기요양이 필요한 정도 등 대통령령으로 정하는 등급판정기준에 따라 수급자로 판정한다.
③ 등급판정위원회는 제2항에 따라 심의·판정을 하는 때 신청인과 그 가족, 의사소견서를 발급한 의사 등 관계인의 의견을 들을 수 있다.
④ 공단은 장기요양급여를 받고 있거나 받을 수 있는 자가 다음 각 호의 어느 하나에 해당하는 것으로 의심되는 경우에는 제14조 제1항 각 호의 사항을 조사하여 그 결과를 등급판정위원회에 제출하여야 한다.

1. 거짓이나 그 밖의 부정한 방법으로 장기요양인정을 받은 경우
2. 고의로 사고를 발생하도록 하거나 본인의 위법행위에 기인하여 장기요양인정을 받은 경우

⑤ 등급판정위원회는 제4항에 따라 제출된 조사 결과를 토대로 제2항에 따라 다시 수급자 등급을 조정하고 수급자 여부를 판정할 수 있다.

독끝 핵심정리

- 신청인이 공단에 신청 → 공단이 신청인 조사 → 공단이 조사결과서, 신청서, 의사소견서 등을 등급판정위원회에 제출 → 등급판정위원회가 수급자 여부 판정
- 이미 장기요양급여를 받고 있더라도 거짓이나 부정한 방법, 고의적이거나 위법행위로 장기요양인정을 받았다고 의심되면 다시 조사하여 그 결과를 등급판정위원회에 제출해 수급자 여부를 재판정 할 수 있음

제16조(장기요양등급 판정기간)

빈출도 ●○○
24상, 21하

관련문항 4회 7번

① 등급판정위원회는 신청인이 신청서를 제출한 날부터 30일 이내에 장기요양등급판정을 완료하여야

한다. 다만, 신청인에 대한 정밀조사가 필요한 경우 등 기간 이내에 등급판정을 완료할 수 없는 부득이한 사유가 있는 경우 30일 이내의 범위에서 이를 연장할 수 있다.
② 공단은 등급판정위원회가 제1항 단서에 따라 장기요양인정심의 및 등급판정기간을 연장하고자 하는 경우 신청인 및 대리인에게 그 내용·사유 및 기간을 통보하여야 한다.

🎯 **독끝 핵심정리**

등급판정위원회의 등급판정은 신청서를 제출한 날로부터 30일 이내+부득이한 사유가 있는 경우 30일 추가

제17조(장기요양인정서) 빈출도 ●●○ 25상, 22하

관련문항 기출복원 7번

① 공단은 등급판정위원회가 장기요양인정 및 등급판정의 심의를 완료한 경우 지체 없이 다음 각 호의 사항이 포함된 장기요양인정서를 작성하여 수급자에게 송부하여야 한다.

1. 장기요양등급
2. 장기요양급여의 종류 및 내용
3. 그 밖에 장기요양급여에 관한 사항으로서 보건복지부령으로 정하는 사항

② 공단은 등급판정위원회가 장기요양인정 및 등급판정의 심의를 완료한 경우 수급자로 판정받지 못한 신청인에게 그 내용 및 사유를 통보하여야 한다. 이 경우 특별자치시장·특별자치도지사·시장·군수·구청장(자치구의 구청장을 말한다. 이하 같다)은 공단에 대하여 이를 통보하도록 요청할 수 있고, 요청을 받은 공단은 이에 응하여야 한다.
③ 공단은 제1항에 따라 장기요양인정서를 송부하는 때 장기요양급여를 원활히 이용할 수 있도록 월 한도액 범위 안에서 개인별장기요양이용계획서를 작성하여 이를 함께 송부하여야 한다.
④ 제1항 및 제3항에 따른 장기요양인정서 및 개인별장기요양이용계획서의 작성방법에 관하여 필요한 사항은 보건복지부령으로 정한다.

🎯 **독끝 핵심정리**

등급판정위원회가 등급판정 심의를 완료하면 공단은 즉시 장기요양인정서+개인별장기요양이용계획서를 급자에게 송부해야 한다.

제18조(장기요양인정서를 작성할 경우 고려사항) 빈출도 ●●●

관련문항 3회 2번

공단은 장기요양인정서를 작성할 경우 장기요양급여의 종류 및 내용을 정하는 때 다음 각 호의 사항을 고려하여 정하여야 한다.

1. 수급자의 장기요양등급 및 생활환경
2. 수급자와 그 가족의 욕구 및 선택
3. 시설급여를 제공하는 경우 장기요양기관이 운영하는 시설 현황

제19조(장기요양인정의 유효기간) 빈출도 ●●○ 24하

관련문항 1회 7번

① 장기요양인정의 유효기간은 최소 1년 이상으로서 대통령령으로 정한다.
② 제1항의 유효기간의 산정방법과 그 밖에 필요한 사항은 보건복지부령으로 정한다.

제20조(장기요양인정의 갱신) 빈출도 ●○○ 21하

관련문항 3회 15번

① 수급자는 장기요양인정의 유효기간이 만료된 후 장기요양급여를 계속하여 받고자 하는 경우 공단에 장기요양인정의 갱신을 신청하여야 한다.
② 제1항에 따른 장기요양인정의 갱신 신청은 유효기간이 만료되기 전 30일까지 이를 완료하여야 한다.
③ 제12조부터 제19조까지의 규정은 장기요양인정의 갱신절차에 관하여 준용한다.

> **독끝 핵심정리**
>
> 장기요양인정을 받았더라도 유효기간(최소 1년 이상)이 있으며, 유효기간 후에도 장기요양급여를 계속 받고자 한다면 만료 30일 전까지 갱신을 신청해야 한다.

제21조(장기요양등급 등의 변경)
빈출도 ●●○

관련문항 3회 15번

① 장기요양급여를 받고 있는 수급자는 <u>장기요양등급, 장기요양급여의 종류 또는 내용을 변경</u>하여 장기요양급여를 받고자 하는 경우 공단에 <u>변경신청</u>을 하여야 한다.
② 제12조부터 제19조까지의 규정은 장기요양등급의 변경절차에 관하여 준용한다.

제22조(장기요양인정 신청 등에 대한 대리)
빈출도 ●●● 24하, 24상(2회), 23하, 22하, 22상

관련문항 1회 10번, 3회 16번, 4회 2번

① 장기요양급여를 받고자 하는 자 또는 수급자가 신체적·정신적인 사유로 이 법에 따른 장기요양인정의 신청, 장기요양인정의 갱신신청 또는 장기요양등급의 변경신청 등을 직접 수행할 수 없을 때 본인의 <u>가족이나 친족, 그 밖의 이해관계인</u>은 이를 대리할 수 있다.
② 다음 각 호의 어느 하나에 해당하는 사람은 <u>관할 지역 안에 거주하는 사람</u> 중 장기요양급여를 받고자 하는 사람 또는 수급자가 제1항에 따른 장기요양인정신청 등을 직접 수행할 수 없을 때 <u>본인 또는 가족의 동의를 받아</u> 그 신청을 대리할 수 있다.

> 1. 사회복지전담공무원
> 2. 치매안심센터의 장(장기요양급여를 받고자 하는 사람 또는 수급자가 같은 법 치매환자인 경우로 한정한다)

③ 제1항 및 제2항에도 불구하고 장기요양급여를 받고자 하는 자 또는 수급자가 제1항에 따른 장기요양인정신청 등을 할 수 없는 경우 <u>특별자치시장·특별자치도지사·시장·군수·구청장이 지정하는 자</u>는 이를 대리할 수 있다.
④ 제1항부터 제3항까지의 규정에 따른 장기요양인정 신청 등의 방법 및 절차 등에 관하여 필요한 사항은 보건복지부령으로 정한다.

> **독끝 핵심정리**
>
> - 장기요양인정의 신청, 갱신신청, 장기요양등급의 변경신청은 본인이 직접 수행할 수 없을 경우 대리인이 할 수 있는데, 대리인으로 가능한 자는 다음과 같다.
>   - 가족, 친족, 이해관계인
>   - 사회복지전담공무원(관할 지역+동의 필요)
>   - 치매안심센터의 장(관할지역+본인이 치매환자인 경우+동의 필요)
>   - 모두 안 될 경우 특별자치시장·특별자치도지사·시장·군수·구청장이 지정하는 자

CHAPTER 04 장기요양급여의 종류

제23조(장기요양급여의 종류)
빈출도 ●●● 25상, 24상(2회), 23상(2회), 22하, 22상, 21하

관련문항 기출복원 8번, 1회 3번, 4회 5번

① 이 법에 따른 장기요양급여의 종류는 다음 각 호와 같다.

1. 재가급여
   가. 방문요양: 장기요양요원이 수급자의 가정 등을 방문하여 신체활동 및 가사활동 등을 지원하는 장기요양급여
   나. 방문목욕: 장기요양요원이 목욕설비를 갖춘 장비를 이용하여 수급자의 가정 등을 방문하여 목욕을 제공하는 장기요양급여
   다. 방문간호: 장기요양요원인 간호사 등이 의사, 한의사 또는 치과의사의 방문간호지시서에 따라 수급자의 가정 등을 방문하여 간호, 진료의 보조, 요양에 관한 상담 또는 구강위생 등을 제공하는 장기요양급여
   라. 주·야간보호: 수급자를 하루 중 일정한 시간 동안 장기요양기관에 보호하여 신체활동 지원 및 심신기능의 유지·향상을 위한 교육·훈련 등을 제공하는 장기요양급여
   마. 단기보호: 수급자를 보건복지부령으로 정하는 범위 안에서 일정 기간 동안 장기요양기관에 보호하여 신체활동 지원 및 심신기능의 유지·향상을 위한 교육·훈련 등을 제공하는 장기요양급여
   바. 기타재가급여: 수급자의 일상생활·신체활동 지원 및 인지기능의 유지·향상에 필요한 용구(소프트웨어를 포함한다)를 제공하거나 가정을 방문하여 재활에 관한 지원 등을 제공하는 장기요양급여로서 대통령령으로 정하는 것
2. 시설급여: 장기요양기관에 장기간 입소한 수급자에게 신체활동 지원 및 심신기능의 유지·향상을 위한 교육·훈련 등을 제공하는 장기요양급여
3. 특별현금급여
   가. 가족요양비: 가족장기요양급여
   나. 특례요양비: 특례장기요양급여
   다. 요양병원간병비: 요양병원장기요양급여

② 제1항 제1호 및 제2호에 따라 장기요양급여를 제공할 수 있는 장기요양기관의 종류 및 기준과 장기요양급여 종류별 장기요양요원의 범위·업무·보수교육 등에 관하여 필요한 사항은 대통령령으로 정한다.
③ 장기요양기관은 기타재가급여를 제외한 재가급여의 전부 또는 일부를 통합하여 제공하는 서비스(통합재가서비스)를 제공할 수 있다.
④ 제3항에 따라 통합재가서비스를 제공하는 장기요양기관은 보건복지부령으로 정하는 인력, 시설, 운영 등의 기준을 준수하여야 한다.
⑤ 장기요양급여의 제공 기준·절차·방법·범위, 그 밖에 필요한 사항은 보건복지부령으로 정한다.

독끝 핵심정리

- 장기요양급여는 크게 3종류로 나뉜다.
  - 재가급여: 장기요양요원이 수급자의 집을 방문하여 제공(단, 주·야간보호 및 단기보호는 장기요양기관에서 보호하는 것이며, 둘의 차이는 주·야간보호는 하루 중 일부, 단기보호는 하루 이상. 기타재가급여를 제외한 재가급여 여러 개를 통합한 통합재가서비스도 있음)
  - 시설급여: 수급자가 장기요양기관에 장기간 입소
  - 특별현금급여: 돈만 줌

제24조(가족요양비)
빈출도 ●● 23상, 22하, 21하

관련문항 2회 5번

① 공단은 다음 각 호의 어느 하나에 해당하는 수급자가 가족 등으로부터 방문요양에 상당한 장기요양급여를 받은 때 대통령령으로 정하는 기준에 따라 해당 수급자에게 가족요양비를 지급할 수 있다.

1. 도서·벽지 등 장기요양기관이 현저히 부족한 지역으로서 보건복지부장관이 정하여 고시하는 지역에 거주하는 자
2. 천재지변이나 그 밖에 이와 유사한 사유로 인하여 장기요양기관이 제공하는 장기요양급여를 이용하기가 어렵다고 보건복지부장관이 인정하는 자

3. 신체·정신 또는 성격 등 대통령령으로 정하는 사유로 인하여 가족 등으로부터 장기요양을 받아야 하는 자

② 제1항에 따른 가족요양비의 지급절차와 그 밖에 필요한 사항은 보건복지부령으로 정한다.

> **독끝 핵심정리**
>
> 특별한 사유로 인하여 수급자의 가족이 방문요양과 비슷한 수준으로 수급자를 돌보면, 국가에서 수급자에게 가족요양비를 지급할 수 있다.

> **독끝 핵심정리**
>
> 요양병원에 입원하면, 국가에서 수급자에게 요양병원간병비를 지급할 수 있다.

제25조(특례요양비)

빈출도 ●●○
25상, 23상, 22하

관련문항 기출복원 2번

① 공단은 수급자가 <u>장기요양기관이 아닌 노인요양시설 등의 기관 또는 시설</u>에서 재가급여 또는 시설급여에 상당한 장기요양급여를 받은 경우 대통령령으로 정하는 기준에 따라 해당 장기요양급여비용의 일부를 해당 수급자에게 특례요양비로 지급할 수 있다.
② 제1항에 따라 장기요양급여가 인정되는 기관 또는 시설의 범위, 특례요양비의 지급절차, 그 밖에 필요한 사항은 보건복지부령으로 정한다.

> **독끝 핵심정리**
>
> 장기요양기관이 아닌 노인요양시설 등에서 재가급여 또는 시설급여와 비슷한 수준의 장기요양급여를 받으면, 국가에서 수급자에게 특례요양비를 지급할 수 있다.

제26조(요양병원간병비)

빈출도 ●○○
25상, 22하

관련문항 기출복원 2번

① 공단은 수급자가 <u>요양병원에 입원한 때</u> 대통령령으로 정하는 기준에 따라 장기요양에 사용되는 비용의 일부를 요양병원간병비로 지급할 수 있다.
② 제1항에 따른 요양병원간병비의 지급절차와 그 밖에 필요한 사항은 보건복지부령으로 정한다.

제27조(장기요양급여의 제공)

빈도도 ●●○ 22하

관련문항 2회 11번

① 수급자는 장기요양인정서와 개인별장기요양이용계획서가 <u>도달한 날부터</u> 장기요양급여를 받을 수 있다.
② 제1항에도 불구하고 수급자는 돌볼 가족이 없는 경우 등 대통령령으로 정하는 사유가 있는 경우 <u>신청서를 제출한 날부터</u> 장기요양인정서가 도달되는 날까지의 기간 중에도 장기요양급여를 받을 수 있다.
③ 수급자는 장기요양급여를 받으려면 장기요양기관에 장기요양인정서와 개인별장기요양이용계획서를 제시하여야 한다. 다만, 수급자가 장기요양인정서 및 개인별장기요양이용계획서를 제시하지 못하는 경우 장기요양기관은 공단에 전화나 인터넷 등을 통하여 그 자격 등을 확인할 수 있다.
④ 장기요양기관은 제3항에 따라 수급자가 제시한 장기요양인정서와 개인별장기요양이용계획서를 바탕으로 장기요양급여 제공 계획서를 작성하고 수급자의 동의를 받아 그 내용을 공단에 통보하여야 한다.
⑤ 제2항에 따른 장기요양급여 인정 범위와 절차, 제4항에 따른 장기요양급여 제공 계획서 작성 절차에 관한 구체적인 사항 등은 대통령령으로 정한다.

독끝 핵심정리

수급자는 장기요양인정서와 개인별장기요양이용계획서가 도착한 날부터 장기요양급여를 받을 수 있으며, 장기요양급여를 받으려면 장기요양기관에 저 두 가지 서류를 제시해야 한다. 그런데 수급자를 돌볼 가족이 없는 등 대통령령으로 정하는 사유가 있는 경우에는 신청서를 제출한 날부터 장기요양급여를 받을 수 있다.

제27조의2(특별현금급여 수급계좌)

빈도도 ●●○ 23하, 22하, 22상

관련문항 1회 8번

① 공단은 특별현금급여를 받는 <u>수급자의 신청이 있는 경우</u>에는 특별현금급여를 수급자 명의의 지정된 계좌(<u>특별현금급여수급계좌</u>)로 <u>입금</u>하여야 한다. 다만, 정보통신장애나 그 밖에 대통령령으로 정하는 불가피한 사유로 특별현금급여수급계좌로 이체할 수 없을 때에는 현금 지급 등 대통령령으로 정하는 바에 따라 특별현금급여를 지급할 수 있다.
② 특별현금급여수급계좌가 개설된 금융기관은 특별현금급여만이 특별현금급여수급계좌에 입금되도록 관리하여야 한다.
③ 제1항에 따른 신청방법·절차와 제2항에 따른 특별현금급여수급계좌의 관리에 필요한 사항은 대통령령으로 정한다.

독끝 핵심정리

- 수급자가 신청한 경우에는 특별현금급여(가족요양비, 특례요양비, 요양병원간병비)로 지급되는 현금을 특별현금급여수급계좌로 입금하여야 하며, 불가피한 사유로 이체가 어려울 경우 직접 현금으로 지급할 수 있음
- 특별현금급여수급계좌에는 특별현금급여만 입금되도록 히여야 함

제28조(장기요양급여의 월 한도액)

빈도도 ●●○ 25상

관련문항 기출복원 2번

① 장기요양급여는 월 한도액 범위 안에서 제공한다. 이 경우 <u>월 한도액은 장기요양등급 및 장기요양급여의 종류 등을 고려하여 산정</u>한다.
② 제1항에 따른 월 한도액의 산정기준 및 방법, 그 밖에 필요한 사항은 보건복지부령으로 정한다.

제28조의2(급여외행위의 제공 금지)
빈출도 ●●○ 24상, 22하

관련문항 3회 4번

① 수급자 또는 장기요양기관은 장기요양급여를 제공받거나 제공할 경우 다음 각 호의 행위(급여외행위)를 요구하거나 제공하여서는 아니 된다.

1. 수급자의 가족만을 위한 행위
2. 수급자 또는 그 가족의 생업을 지원하는 행위
3. 그 밖에 수급자의 일상생활에 지장이 없는 행위

② 그 밖에 급여외행위의 범위 등에 관한 구체적인 사항은 보건복지부령으로 정한다.

제29조(장기요양급여의 제한)
빈출도 ●●○ 25상, 23하, 21하

관련문항 기출복원 2번, 4회 4번

① 공단은 장기요양급여를 받고 있는 자가 정당한 사유 없이 공단의 장기요양인정의 조사나 공단의 자료제출 요구, 보건복지부장관, 특별시장·광역시장·도지사 또는 특별자치시장·특별자치도지사·시장·군수·구청장의 보고 및 검사에 응하지 아니하거나 답변을 거절한 경우 장기요양급여의 전부 또는 일부를 제공하지 아니하게 할 수 있다.
② 공단은 장기요양급여를 받고 있거나 받을 수 있는 자가 장기요양기관이 거짓이나 그 밖의 부정한 방법으로 장기요양급여비용을 받는 데에 가담한 경우 장기요양급여를 중단하거나 1년의 범위에서 장기요양급여의 횟수 또는 제공 기간을 제한할 수 있다.
③ 제2항에 따른 장기요양급여의 중단 및 제한 기준과 그 밖에 필요한 사항은 보건복지부령으로 정한다.

독끝 핵심정리

제한 내용	사유
장기요양급여의 전부 또는 일부 제공 중단	장기요양인정의 조사나 보고 및 검사에 응하지 아니한 경우
장기요양급여의 중단 또는 1년의 범위에서 횟수나 제공 기간 제한	장기요양기관이 거짓이나 그 밖의 부정한 방법으로 장기요양급여비용을 받는 데에 가담한 경우

제30조(장기요양급여의 제한 등에 관한 준용)
빈출도 ●●● 24하

관련문항 4회 4번

「국민건강보험법」 제53조 제1항 제4호, 같은 조 제2항부터 제6항까지, 제54조 및 제109조 제10항은 이 법에 따른 보험료 체납자 등에 대한 장기요양급여의 제한 및 장기요양급여의 정지에 관하여 준용한다. 이 경우 "가입자"는 "장기요양보험가입자"로, "보험급여"는 "장기요양급여"로 본다.

CHAPTER 06 장기요양기관

제31조(장기요양기관의 지정)

빈출도 ●●● 24하, 24상, 23하(2회), 23상, 22하, 21하(2회)

관련문항 1회 5번, 2회 14번, 4회 8번

① <u>재가급여</u> 또는 <u>시설급여</u>를 제공하는 장기요양기관을 운영하려는 자는 보건복지부령으로 정하는 장기요양에 필요한 시설 및 인력을 갖추어 소재지를 관할 구역으로 하는 <u>특별자치시장·특별자치도지사·시장·군수·구청장으로부터 지정을 받아야 한다.</u>
② 제1항에 따라 장기요양기관으로 지정을 받을 수 있는 시설은 <u>노인복지시설</u> 중 대통령령으로 정하는 시설로 한다.
③ 특별자치시장·특별자치도지사·시장·군수·구청장이 제1항에 따른 지정을 하려는 경우에는 다음 각 호의 사항을 검토하여 장기요양기관을 지정하여야 한다. 이 경우 특별자치시장·특별자치도지사·시장·군수·구청장은 공단에 관련 자료의 제출을 요청하거나 그 의견을 들을 수 있다.

  1. 장기요양기관을 운영하려는 자의 장기요양급여 제공 이력
  2. 장기요양기관을 운영하려는 자 및 그 기관에 종사하려는 자가 이 법, 「사회복지사업법」 또는 「노인복지법」 등 장기요양기관의 운영과 관련된 법에 따라 받은 행정처분의 내용
  3. 장기요양기관의 운영 계획
  4. 해당 지역의 노인인구 수, 치매 등 노인성질환 환자 수 및 장기요양급여 수요 등 지역 특성
  5. 그 밖에 특별자치시장·특별자치도지사·시장·군수·구청장이 장기요양기관으로 지정하는 데 필요하다고 인정하여 정하는 사항

④ 특별자치시장·특별자치도지사·시장·군수·구청장은 제1항에 따라 장기요양기관을 지정한 때 지체 없이 지정 명세를 공단에 통보하여야 한다.
⑤ 재가급여를 제공하는 장기요양기관 중 의료기관이 아닌 자가 설치·운영하는 장기요양기관이 <u>방문간호를 제공하는 경우</u>에는 방문간호의 <u>관리책임자로서 간호사를 둔다.</u>
⑥ 장기요양기관의 지정절차와 그 밖에 필요한 사항은 보건복지부령으로 정한다.

독끝 핵심정리

- 장기요양기관은 재가급여 또는 시설급여를 제공함
- 장기요양기관이 되기 위해서는 특별자치시장·특별자치도지사·시장·군수·구청장으로부터 지정을 받아야 하며, 노인복지시설 중 대통령령으로 정하는 시설이어야 함
- 의료기관이 아닌 자가 설치·운영하는 장기요양기관이 방문간호를 제공하는 경우, 관리책임자로서 간호사를 두어야 함

제32조 삭제

제32조의2(결격사유)

빈출도 ●● 25상, 23하

관련문항 기출복원 9번, 4회 3번

다음 각 호의 어느 하나에 해당하는 자는 장기요양기관으로 지정받을 수 없다.

1. 미성년자, 피성년후견인 또는 피한정후견인
2. 정신질환자. 다만, 전문의가 장기요양기관 설립·운영 업무에 종사하는 것이 적합하다고 인정하는 사람은 그러하지 아니하다.
3. 마약류에 중독된 사람
4. 파산선고를 받고 복권되지 아니한 사람
5. 금고 이상의 <u>실형</u>을 선고받고 그 <u>집행이 종료</u>(집행이 종료된 것으로 보는 경우를 포함한다)되거나 <u>집행이 면제</u>된 날부터 <u>5년이 경과되지 아니한 사람</u>
6. 금고 이상의 형의 <u>집행유예</u>를 선고받고 그 <u>유예기간 중</u>에 있는 사람
7. <u>대표자</u>가 제1호부터 제6호까지의 규정 중 어느 하나에 해당하는 법인

제32조의3 (장기요양기관 지정의 유효기간)
빈출도 ●●○ 21하

관련문항 3회 8번

장기요양기관 지정의 유효기간은 <u>지정을 받은 날부터 6년</u>으로 한다.

제32조의4 (장기요양기관 지정의 갱신)
빈출도 ●●○ 22상, 21하

관련문항 3회 5번

① 장기요양기관의 장은 지정의 유효기간이 끝난 후에도 계속하여 그 지정을 유지하려는 경우에는 소재지를 관할구역으로 하는 특별자치시장·특별자치도지사·시장·군수·구청장에게 지정 <u>유효기간이 끝나기 90일 전</u>까지 지정 갱신을 신청하여야 한다.
② 제1항에 따른 신청을 받은 특별자치시장·특별자치도지사·시장·군수·구청장은 갱신 심사에 필요하다고 판단되는 경우에는 장기요양기관에 추가자료의 제출을 요구하거나 소속 공무원으로 하여금 현장심사를 하게 할 수 있다.
③ 제1항에 따른 지정 갱신이 지정 <u>유효기간 내에 완료되지 못한 경우</u>에는 <u>심사 결정이 이루어질 때까지 지정이 유효</u>한 것으로 본다.
④ 특별자치시장·특별자치도지사·시장·군수·구청장은 갱신 심사를 완료한 경우 그 결과를 지체 없이 해당 장기요양기관의 장에게 통보하여야 한다.
⑤ 특별자치시장·특별자치도지사·시장·군수·구청장이 지정의 갱신을 거부하는 경우 그 내용의 통보 및 수급자의 권익을 보호하기 위한 조치에 관하여는 제37조 제2항 및 제5항을 준용한다.
⑥ 그 밖에 지역별 장기요양급여의 수요 등 지정 갱신의 기준, 절차 및 방법 등에 필요한 사항은 보건복지부령으로 정한다.

독끝 핵심정리
- 장기요양기관의 지정을 받았더라도 유효기간(6년)이 있으며, 유효기간 후에도 지정을 유지하고자 만료 90일 전까지 갱신을 신청해야 함
- 갱신을 신청받은 경우 필요하다고 판단되면 장기요양기관에 추가자료 제출을 요청하거나 소속 공무원이 현장심사를 할 수 있음
- 만료 90일 전까지 갱신을 신청했는데, 추가자료 제출이나 현장심사를 하다가 유효기간이 지나버려도 심사 결정이 이루어질 때까지는 지정이 유효한 것으로 봄
- 만약 추가자료 제출이나 현장심사 결과 갱신이 거부된 경우, 지체 없이 그 내용을 공단에 통보하고, 보건복지부령으로 정하는 바에 따라 보건복지부장관에게 통보하고(제37조 제2항), 해당 장기요양기관을 이용하는 수급자의 권익을 보호하기 위하여 적극적으로 노력하여야 함(제37조 제5항)

제33조 (장기요양기관의 시설·인력에 관한 변경)
빈출도 ●●○ 25상, 23상, 21하

관련문항 기출복원 10번

① <u>장기요양기관의 장</u>은 시설 및 인력 등 보건복지부령으로 정하는 <u>중요한 사항을 변경</u>하려는 경우에는 보건복지부령으로 정하는 바에 따라 <u>특별자치시장·특별자치도지사·시장·군수·구청장의 변경지정</u>을 받아야 한다.
② 제1항에 따른 사항 <u>외의 사항을 변경</u>하려는 경우에는 보건복지부령으로 정하는 바에 따라 <u>특별자치시장·특별자치도지사·시장·군수·구청장에게 변경신고</u>를 하여야 한다.
③ 제1항 및 제2항에 따라 변경지정을 하거나 변경신고를 받은 특별자치시장·특별자치도지사·시장·군수·구청장은 지체 없이 해당 변경 사항을 공단에 통보하여야 한다.

독끝 핵심정리
- 장기요양기관의 장은 특별자치시장·특별자치도지사·시장·군수·구청장에게 아래 조건에 따라 변경지정을 받거나 변경신고를 해야 한다.
  - 중요한 사항 변경: 변경지정
  - 중요하지 않은 사항 변경: 변경신고

제33조의2 (폐쇄회로 텔레비전의 설치 등)
빈출도 ●●○ 24하(2회), 24상(2회)

관련문항 1회 11번

① 장기요양기관을 운영하는 자는 노인학대 방지 등 수급자의 안전과 장기요양기관의 보안을 위하여 폐쇄회로 텔레비전을 설치·관리하여야 한다. 다만,

다음 각 호의 어느 하나에 해당하는 경우에는 그러하지 아니하다.

1. 재가급여만을 제공하는 경우
2. 장기요양기관을 운영하는 자가 수급자 전원 또는 그 보호자 전원의 동의를 받아 특별자치시장·특별자치도지사·시장·군수·구청장에게 신고한 경우
3. 장기요양기관을 설치·운영하는 자가 수급자, 그 보호자 및 장기요양기관 종사자 전원의 동의를 받아 네트워크 카메라를 설치한 경우

② 제1항에 따라 폐쇄회로 텔레비전을 설치·관리하는 자는 수급자 및 장기요양기관 종사자 등 정보주체의 권리가 침해되지 아니하도록 다음 각 호의 사항을 준수하여야 한다.

1. 노인학대 방지 등 수급자의 안전과 장기요양기관의 보안을 위하여 최소한의 영상정보만을 적법하고 정당하게 수집하고, 목적 외의 용도로 활용하지 아니하도록 할 것
2. 수급자 및 장기요양기관 종사자 등 정보주체의 권리가 침해받을 가능성과 그 위험 정도를 고려하여 영상정보를 안전하게 관리할 것
3. 수급자 및 장기요양기관 종사자 등 정보주체의 사생활 침해를 최소화하는 방법으로 영상정보를 처리할 것

③ 장기요양기관을 운영하는 자는 폐쇄회로 텔레비전에 기록된 영상정보를 60일 이상 보관하여야 한다.
④ 국가 또는 지방자치단체는 제1항에 따른 폐쇄회로 텔레비전 설치비의 전부 또는 일부를 지원할 수 있다.
⑤ 제1항에 따른 폐쇄회로 텔레비전의 설치·관리 기준 및 동의 또는 신고의 방법·절차·요건, 제3항에 따른 영상정보의 보관기준 및 보관기간 등에 필요한 사항은 보건복지부령으로 정한다.

독끝 핵심정리

- 장기요양기관을 운영하는 자는 폐쇄회로 텔레비전(CCTV)를 설치·관리해야 하며, 영상정보를 60일 이상 보관해야 한다. 단, 아래 예외의 경우에는 그렇지 않다.
  - 재가급여만 제공
  - 수급자 전원 또는 보호자 전원의 동의
  - 수급자, 보호자, 종사자 전원의 동의로 네트워크 카메라 설치

제33조의3(영상정보의 열람금지 등)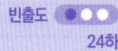

관련문항 1회 6번, 3회 9번

① 폐쇄회로 텔레비전을 설치·관리하는 자는 다음 각 호의 어느 하나에 해당하는 경우를 제외하고는 영상정보를 열람하게 하여서는 아니 된다.

1. 수급자가 자신의 생명·신체·재산상의 이익을 위하여 본인과 관련된 사항을 확인할 목적으로 열람 시기·절차 및 방법 등 보건복지부령으로 정하는 바에 따라 요청하는 경우
2. 수급자의 보호자가 수급자의 안전을 확인할 목적으로 열람 시기·절차 및 방법 등 보건복지부령으로 정하는 바에 따라 요청하는 경우
3. 공공기관이 법령에서 정하는 노인의 안전업무 수행을 위하여 요청하는 경우
4. 범죄의 수사와 공소의 제기 및 유지, 법원의 재판업무 수행을 위하여 필요한 경우
5. 그 밖에 노인 관련 안전업무를 수행하는 기관으로서 보건복지부령으로 정하는 자가 업무의 수행을 위하여 열람시기·절차 및 방법 등 보건복지부령으로 정하는 바에 따라 요청하는 경우

② 장기요양기관을 운영하는 자는 다음 각 호의 어느 하나에 해당하는 행위를 하여서는 아니 된다.

1. 설치 목적과 다른 목적으로 폐쇄회로 텔레비전을 임의로 조작하거나 다른 곳을 비추는 행위
2. 녹음기능을 사용하거나 보건복지부령으로 정하는 저장장치 이외의 장치 또는 기기에 영상정보를 저장하는 행위

③ 장기요양기관을 운영하는 자는 영상정보가 분실·도난·유출·변조 또는 훼손되지 아니하도록 내부 관리계획의 수립, 접속기록 보관 등 대통령령으로 정하는 바에 따라 안전성 확보에 필요한 기술적·관리적·물리적 조치를 하여야 한다.
④ 국가 및 지방자치단체는 장기요양기관에 설치한 폐쇄회로 텔레비전의 설치·관리와 그 영상정보의 열람으로 수급자 및 장기요양기관 종사자 등 정보주체의 권리가 침해되지 아니하도록 설치·관리 및 열람 실태를 보건복지부령으로 정하는 바에 따라 매년 1회 이상 조사·점검하여야 한다.
⑤ 폐쇄회로 텔레비전의 설치·관리와 그 영상정보의 열람에 관하여 이 법에서 규정된 것을 제외하고는 「개인정보 보호법」(제25조는 제외한다)을 적용한다.

독꿀 핵심정리

- 폐쇄회로 텔레비전의 영상정보는 정해진 경우를 제외하면 열람할 수 없음
- 폐쇄회로 텔레비전의 설치 목적과 다른 목적으로 임의로 조작하거나 다른 곳을 비출 수 없음
- 영상정보가 분실·도난·유출·변조·훼손되지 않도록 조치해야 함
- 국가 및 지방자치단체는 매년 1회 이상 조사·점검해야 함

제34조(장기요양기관 정보의 안내 등)
빈출도 ●●○ 24상, 23하

관련문항 3회 9번

① 장기요양기관은 수급자가 장기요양급여를 쉽게 선택하도록 하고 장기요양기관이 제공하는 급여의 질을 보장하기 위하여 장기요양기관별 급여의 내용, 시설·인력 등 현황자료 등을 공단이 운영하는 인터넷 홈페이지에 게시하여야 한다.
② 제1항에 따른 게시 내용, 방법, 절차, 그 밖에 필요한 사항은 보건복지부령으로 정한다.

제35조(장기요양기관의 의무 등)
빈출도 ●●○ 23하(2회), 21하

관련문항 1회 14번

① 장기요양기관은 수급자로부터 장기요양급여신청을 받은 때 장기요양급여의 제공을 거부하여서는 아니 된다. 다만, 입소정원에 여유가 없는 경우 등 정당한 사유가 있는 경우는 그러하지 아니하다.
② 장기요양기관은 장기요양급여의 제공 기준·절차 및 방법 등에 따라 장기요양급여를 제공하여야 한다.
③ 장기요양기관의 장은 장기요양급여를 제공한 수급자에게 장기요양급여비용에 대한 명세서를 교부하여야 한다.
④ 장기요양기관의 장은 장기요양급여 제공에 관한 자료를 기록·관리하여야 하며, 장기요양기관의 장 및 그 종사자는 장기요양급여 제공에 관한 자료를 거짓으로 작성하여서는 아니 된다.
⑤ 장기요양기관은 규정 외에 영리를 목적으로 수급자가 부담하는 재가 및 시설 급여비용(본인부담금)을 면제하거나 감경하는 행위를 하여서는 아니 된다.
⑥ 누구든지 영리를 목적으로 금전, 물품, 노무, 향응, 그 밖의 이익을 제공하거나 제공할 것을 약속하는 방법으로 수급자를 장기요양기관에 소개, 알선 또는 유인하는 행위 및 이를 조장하는 행위를 하여서는 아니 된다.
⑦ 제3항에 따른 장기요양급여비용의 명세서, 제4항에 따라 기록·관리하여야 할 장기요양급여 제공 자료의 내용 및 보존기한, 그 밖에 필요한 사항은 보건복지부령으로 정한다.

제35조의2(장기요양기관 재무·회계기준)
빈출도 ●●●

관련문항 4회 11번

① 장기요양기관의 장은 보건복지부령으로 정하는 재무·회계에 관한 기준(장기요양기관 재무·회계기준)에 따라 장기요양기관을 투명하게 운영하여야 한다. 다만, 장기요양기관 중 사회복지시설은 「사회복지사업법」에 따른 재무·회계에 관한 기준에 따른다.
② 보건복지부장관은 장기요양기관 재무·회계기준을 정할 때에는 장기요양기관의 특성 및 그 시행시기 등을 고려하여야 한다.

제35조의3(인권교육)
빈출도 ●●○ 24상, 22하

관련문항 2회 6번

① 장기요양기관 중 대통령령으로 정하는 기관을 운영하는 자와 그 종사자는 인권에 관한 교육을 받아야 한다.
② 장기요양기관 중 대통령령으로 정하는 기관을 운영하는 자는 해당 기관을 이용하고 있는 장기요양급여 수급자에게 인권교육을 실시할 수 있다.
③ 보건복지부장관은 제1항 및 제2항에 따른 인권교육을 효율적으로 실시하기 위하여 인권교육기관을 지정할 수 있다. 이 경우 예산의 범위에서 인권교육에 소요되는 비용을 지원할 수 있으며, 지정을 받은 인권교육기관은 보건복지부장관의 승인을 받아 인권교육에 필요한 비용을 교육대상자로부터 징수할 수 있다.

④ 보건복지부장관은 제3항에 따라 지정을 받은 인권교육기관이 다음 각 호의 어느 하나에 해당하면 그 지정을 취소하거나 6개월 이내의 기간을 정하여 업무의 정지를 명할 수 있다. 다만, 제1호에 해당하면 그 지정을 취소하여야 한다.

> 1. 거짓이나 그 밖의 부정한 방법으로 지정을 받은 경우
> 2. 제5항에 따라 보건복지부령으로 정하는 지정요건을 갖추지 못하게 된 경우
> 3. 인권교육의 수행능력이 현저히 부족하다고 인정되는 경우

⑤ 제1항 및 제2항에 따른 인권교육의 대상·내용·방법, 제3항에 따른 인권교육기관의 지정 및 제4항에 따른 인권교육기관의 지정취소·업무정지 처분의 기준 등에 필요한 사항은 보건복지부령으로 정한다.

독끝 핵심정리

- 장기요양기관 중 대통령령으로 정하는 기관을 운영하는 자와 그 종사자는 인권교육을 반드시 받아야 함
- 인권교육을 하는 인권교육기관이 있는데, 보건복지부장관은 인권교육기관에 비용을 지원할 수도 있으며, 인권교육기관은 교육대상자에게 비용을 징수할 수도 있음
- 거짓이나 그 밖의 부정한 방법으로 인권교육기관으로 지정을 받은 경우, 반드시 지정이 취소됨

제35조의4(장기요양요원의 보호) 빈출도 ●●●

관련문항 2회 13번

① 장기요양기관의 장은 장기요양요원이 다음 각 호의 어느 하나에 해당하는 경우로 인한 고충의 해소를 요청하는 경우 업무의 전환 등 대통령령으로 정하는 바에 따라 적절한 조치를 하여야 한다.

> 1. 수급자 및 그 가족이 장기요양요원에게 폭언·폭행·상해 또는 성희롱·성폭력 행위를 하는 경우
> 2. 수급자 및 그 가족이 장기요양요원에게 급여외행위의 제공을 요구하는 경우

② 장기요양기관의 장은 장기요양요원에게 다음 각 호의 행위를 하여서는 아니 된다.

> 1. 장기요양요원에게 급여외행위의 제공을 요구하는 행위
> 2. 수급자가 부담하여야 할 본인부담금의 전부 또는 일부를 부담하도록 요구하는 행위

③ 장기요양기관의 장은 보건복지부령으로 정하는 바에 따라 장기요양 수급자와 그 가족에게 장기요양요원의 업무범위, 직무상 권리와 의무 등 권익보호를 위한 사항을 안내할 수 있다.
④ 장기요양요원은 장기요양기관의 장이 제1항에 따른 적절한 조치를 하지 아니한 경우에는 장기요양기관을 지정한 특별자치시장·특별자치도지사·시장·군수·구청장에게 그 시정을 신청할 수 있다.
⑤ 제4항에 따른 신청을 받은 특별자치시장·특별자치도지사·시장·군수·구청장은 제1항에 따른 장기요양요원의 고충에 대한 사실확인을 위한 조사를 실시한 후 필요하다고 인정되는 경우에는 장기요양기관의 장에게 적절한 조치를 하도록 통보하여야 한다. 이 경우 적절한 조치를 하도록 통보받은 장기요양기관의 장은 특별한 사유가 없으면 이에 따라야 한다.
⑥ 제4항 및 제5항에 따른 시정신청의 절차, 사실확인조사 및 통보 등에 필요한 사항은 대통령령으로 정한다.

독끝 핵심정리

장기요양기관의 장은 장기요양요원의 고충에 대한 적절한 조치를 해야 하며, 적절한 조치가 이루어지지 않을 경우 특별자치시장·특별자치도지사·시장·군수·구청장에게 그 시정을 신청할 수 있다.

제35조의5(보험 가입) 빈출도 ●●●

관련문항 1회 13번

① 장기요양기관은 종사자가 장기요양급여를 제공하는 과정에서 발생할 수 있는 수급자의 상해 등 법률상 손해를 배상하는 보험(전문인 배상책임보험)에 가입할 수 있다.
② 공단은 장기요양기관이 전문인 배상책임보험에 가입하지 않은 경우 그 기간 동안 해당 장기요양기관에 지급하는 장기요양급여비용의 일부를 감액할 수 있다.
③ 제2항에 따른 장기요양급여비용의 감액 기준 등에 관하여 필요한 사항은 보건복지부령으로 정한다.

제36조(장기요양기관의 폐업 등의 신고 등)

빈출도 ●●○
23하, 21하

관련문항 2회 16번, 3회 6번

① 장기요양기관의 장은 폐업하거나 휴업하고자 하는 경우 폐업이나 휴업 예정일 전 30일까지 특별자치시장·특별자치도지사·시장·군수·구청장에게 신고하여야 한다. 신고를 받은 특별자치시장·특별자치도지사·시장·군수·구청장은 지체 없이 신고 명세를 공단에 통보하여야 한다.
② 특별자치시장·특별자치도지사·시장·군수·구청장은 장기요양기관의 장이 유효기간이 끝나기 30일 전까지 지정 갱신 신청을 하지 아니하는 경우 그 사실을 공단에 통보하여야 한다.
③ 장기요양기관의 장은 장기요양기관을 폐업하거나 휴업하려는 경우 또는 장기요양기관의 지정 갱신을 하지 아니하려는 경우 보건복지부령으로 정하는 바에 따라 수급자의 권익을 보호하기 위하여 다음 각 호의 조치를 취하여야 한다.

  1. 해당 장기요양기관을 이용하는 수급자가 다른 장기요양기관을 선택하여 이용할 수 있도록 계획을 수립하고 이행하는 조치
  2. 해당 장기요양기관에서 수급자가 부담한 비용(본인부담금) 중 정산하여야 할 비용이 있는 경우 이를 정산하는 조치
  3. 그 밖에 수급자의 권익 보호를 위하여 필요하다고 인정되는 조치로서 보건복지부령으로 정하는 조치

④ 특별자치시장·특별자치도지사·시장·군수·구청장은 제1항에 따라 폐업·휴업 신고를 접수한 경우 또는 장기요양기관의 장이 유효기간이 끝나기 30일 전까지 지정 갱신 신청을 하지 아니한 경우 장기요양기관의 장이 제3항 각 호에 따른 수급자의 권익을 보호하기 위한 조치를 취하였는지의 여부를 확인하고, 인근지역에 대체 장기요양기관이 없는 경우 등 장기요양급여에 중대한 차질이 우려되는 때에는 장기요양기관의 폐업·휴업 철회 또는 지정 갱신 신청을 권고하거나 그 밖의 다른 조치를 강구하여야 한다.
⑤ 특별자치시장·특별자치도지사·시장·군수·구청장은 노인의료복지시설 등(장기요양기관이 운영하는 시설인 경우에 한한다)에 대하여 사업정지 또는 폐지 명령을 하는 경우 지체 없이 공단에 그 내용을 통보하여야 한다.
⑥ 장기요양기관의 장은 제1항에 따라 폐업·휴업 신고를 할 때 또는 장기요양기관의 지정 갱신을 하지 아니하여 유효기간이 만료될 때 보건복지부령으로 정하는 바에 따라 장기요양급여 제공 자료를 공단으로 이관하여야 한다. 다만, 휴업 신고를 하는 장기요양기관의 장이 휴업 예정일 전까지 공단의 허가를 받은 경우에는 장기요양급여 제공 자료를 직접 보관할 수 있다.

독끝 핵심정리

- 휴업·폐업하려면 특별자치시장·특별자치도지사·시장·군수·구청장에게 30일 전까지 신고
- 휴업·폐업 신고를 받거나 유효기간 30일 전까지 지정 갱신 신청을 하지 않으면 즉시 공단에 알림 → 공단은 해당 장기요양기관이 수급자의 보호를 위한 조치를 했는지 확인 → 인근에 대체할 장기요양기관이 없으면 폐업·휴업을 철회하거나 갱신 신청을 권고하거나 다른 조치를 강구해야 함

제36조의2(시정명령)

빈출도 ●○○
24상, 22상

관련문항 4회 16번

특별자치시장·특별자치도지사·시장·군수·구청장은 다음 각 호의 어느 하나에 해당하는 장기요양기관에 대하여 6개월 이내의 범위에서 일정한 기간을 정하여 시정을 명할 수 있다.

1. 폐쇄회로 텔레비전의 설치·관리 및 영상정보의 보관기준을 위반한 경우
2. 장기요양기관 재무·회계기준을 위반한 경우

제37조(장기요양기관 지정의 취소 등)

빈출도 ●●●
25상, 24하, 22상

관련문항 기출복원 11번, 2회 12번, 3회 13번, 4회 6번

① 특별자치시장·특별자치도지사·시장·군수·구청장은 장기요양기관이 다음 각 호의 어느 하나에 해당하는 경우 그 지정을 취소하거나 6개월의 범위에서 업무정지를 명할 수 있다. 다만, 제1호, 제2호의2, 제3호의5, 제7호, 또는 제8호에 해당하는 경우에는 지정을 취소하여야 한다.

1. 거짓이나 그 밖의 부정한 방법으로 지정을 받은 경우 → 지정취소
1의2. 제28조의2를 위반하여 급여외행위를 제공한 경우. 다만, 장기요양기관의 장이 그 위반행위를 방지하기 위하여 해당 업무에 관하여 상당한 주의와 감독을 게을리하지 아니한 경우는 제외한다.
2. 장기요양기관의 지정기준에 적합하지 아니한 경우
2의2. 결격사유에 해당하게 된 경우. 다만, 대표자가 결격사유에 해당하게 된 법인의 경우 3개월 이내에 그 대표자를 변경하는 때에는 그러하지 아니하다. → 지정취소
3. 장기요양급여를 거부한 경우
3의2. 본인부담금을 면제하거나 감경하는 행위를 한 경우
3의3. 수급자를 소개, 알선 또는 유인하는 행위 및 이를 조장하는 행위를 한 경우
3의4. 장기요양요원에게 급여외행위의 제공을 요구하거나 수급자가 부담하여야 할 본인부담금의 전부 또는 일부를 부담하도록 요구하는 행위를 한 경우
3의5. 폐업 또는 휴업 신고를 하지 아니하고 1년 이상 장기요양급여를 제공하지 아니한 경우 → 지정취소
3의6. 시정명령을 이행하지 아니하거나 회계부정 행위가 있는 경우
3의7. 정당한 사유 없이 공단의 장기요양급여 내용 평가를 거부·방해 또는 기피하는 경우
4. 거짓이나 그 밖의 부정한 방법으로 재가 및 시설 급여비용을 청구한 경우
5. 보건복지부장관, 특별시장·광역시장·도지사 또는 특별자치시장·특별자치도지사·시장·군수·구청장의 장기요양급여와 관련된 자료제출 명령에 따르지 아니하거나 거짓으로 자료제출을 한 경우나 질문 또는 검사를 거부·방해 또는 기피하거나 거짓으로 답변한 경우
6. 장기요양기관의 종사자 등이 다음 각 목의 어느 하나에 해당하는 행위를 한 경우. 다만, 장기요양기관의 장이 그 행위를 방지하기 위하여 해당 업무에 관하여 상당한 주의와 감독을 게을리하지 아니한 경우는 제외한다.
   가. 수급자의 신체에 폭행을 가하거나 상해를 입히는 행위
   나. 수급자에게 성적 수치심을 주는 성폭행, 성희롱 등의 행위
   다. 자신의 보호·감독을 받는 수급자를 유기하거나 의식주를 포함한 기본적 보호 및 치료를 소홀히 하는 방임행위
   라. 수급자를 위하여 증여 또는 급여된 금품을 그 목적 외의 용도에 사용하는 행위
   마. 폭언, 협박, 위협 등으로 수급자의 정신건강에 해를 끼치는 정서적 학대행위
7. 업무정지기간 중에 장기요양급여를 제공한 경우 → 지정취소
8. 「부가가치세법」 제8조에 따른 사업자등록 또는 「소득세법」 제168조에 따른 사업자등록이나 고유번호가 말소된 경우 → 지정취소

② 특별자치시장·특별자치도지사·시장·군수·구청장은 제1항에 따라 지정을 취소하거나 업무정지명령을 한 경우에는 지체 없이 그 내용을 공단에 통보하고, 보건복지부령으로 정하는 바에 따라 보건복지부장관에게 통보한다. 이 경우 시장·군수·구청장은 관할 특별시장·광역시장 또는 도지사를 거쳐 보건복지부장관에게 통보하여야 한다.
③ 삭제
④ 삭제
⑤ 특별자치시장·특별자치도지사·시장·군수·구청장은 제1항에 따라 장기요양기관이 지정취소 또는 업무정지되는 경우에는 해당 장기요양기관을 이용하는 수급자의 권익을 보호하기 위하여 적극적으로 노력하여야 한다.
⑥ 특별자치시장·특별자치도지사·시장·군수·구청장은 제5항에 따라 수급자의 권익을 보호하기 위하여 보건복지부령으로 정하는 바에 따라 다음 각 호의 조치를 하여야 한다.

1. 제1항에 따른 행정처분의 내용을 우편 또는 정보통신망 이용 등의 방법으로 수급자 또는 그 보호자에게 통보하는 조치
2. 해당 장기요양기관을 이용하는 수급자가 다른 장기요양기관을 선택하여 이용할 수 있도록 하는 조치

⑦ 제1항에 따라 지정취소 또는 업무정지되는 장기요양기관의 장은 해당 기관에서 수급자가 부담한 비용(본인부담금) 중 정산하여야 할 비용이 있는 경우 이를 정산하여야 한다.
⑧ 다음 각 호의 어느 하나에 해당하는 자는 장기요양기관으로 지정받을 수 없다.

1. 제1항에 따라 지정취소를 받은 후 3년이 지나지 아니한 자(법인인 경우 그 대표자를 포함한다)
2. 제1항에 따라 업무정지명령을 받고 업무정지기간이 지나지 아니한 자(법인인 경우 그 대표자를 포함한다)

⑨ 제1항에 따른 행정처분의 기준은 보건복지부령으로 정한다.

> **독끝 핵심정리**
> - 6개월의 범위에서 업무정지 또는 지정취소를 할 수 있으나, 장기요양기관으로서의 자격이 없거나 기능을 상실한 경우에만 반드시 지정을 취소해야만 함
> - 지정취소를 받고 3년이 지나지 않았거나 현재 업무정지기간인 자는 장기요양기관으로 지정받을 수 없음

제37조의2(과징금의 부과 등)
빈출도 ●●○ 25상

관련문항 기출복원 11번, 2회 12번

① 특별자치시장·특별자치도지사·시장·군수·구청장은 제37조 제1항 각 호의 어느 하나(같은 항 <u>제4호는 제외</u>한다)에 해당하는 행위를 이유로 업무정지명령을 하여야 하는 경우로서 그 업무정지가 해당 장기요양기관을 이용하는 수급자에게 심한 불편을 줄 우려가 있는 등 보건복지부장관이 정하는 특별한 사유가 있다고 인정되는 경우에는 <u>업무정지명령을 갈음하여 2억원 이하의 과징금</u>을 부과할 수 있다. 다만, <u>제37조 제1항 제6호</u>를 위반한 행위로서 보건복지부령으로 정하는 경우에는 그러하지 아니하다.

② 특별자치시장·특별자치도지사·시장·군수·구청장은 <u>제37조 제1항 제4호</u>에 해당하는 행위를 이유로 업무정지명령을 하여야 하는 경우로서 그 업무정지가 해당 장기요양기관을 이용하는 수급자에게 심한 불편을 줄 우려가 있는 등 보건복지부장관이 정하는 특별한 사유가 있다고 인정되는 경우에는 업무정지명령을 갈음하여 거짓이나 그 밖의 부정한 방법으로 청구한 금액의 <u>5배 이하의 금액을 과징금</u>으로 부과할 수 있다.

③ 제1항 및 제2항에 따른 과징금을 부과하는 위반행위의 종류 및 위반의 정도 등에 따른 과징금의 금액과 과징금의 부과절차 등에 필요한 사항은 대통령령으로 정한다.

④ 특별자치시장·특별자치도지사·시장·군수·구청장은 제1항 및 제2항에 따라 과징금을 내야 할 자가 납부기한까지 내지 아니한 경우에는 지방세 체납처분의 예에 따라 징수한다.

⑤ 특별자치시장·특별자치도지사·시장·군수·구청장은 제1항 및 제2항에 따른 과징금의 부과와 징수에 관한 사항을 보건복지부령으로 정하는 바에 따라 기록·관리하여야 한다.

> **독끝 핵심정리**
> 기본은 6개월의 범위에서 업무정지이며, 업무정지인 경우에는 2억 원 이하의 과징금으로 갈음할 수 있다. 아래 특수한 경우만 암기하면 된다.
> - **반드시 지정취소(과징금으로 갈음 불가능)**
>   - 거짓이나 그 밖의 부정한 방법으로 지정을 받은 경우
>   - 결격사유에 해당하는 경우(단, 대표자가 결격사유인 경우 3개월 이내에 변경하면 제외)
>   - 1년 이상 장기요양급여를 제공하지 않은 경우(사실상 폐업·휴업)
>   - 업무정지기간 중에 장기요양급여를 제공한 경우
>   - 사업자등록이 말소된 경우
>   즉, 장기요양기관으로서의 자격이 없거나 기능을 상실한 경우에는 지정취소되며, 과징금으로 갈음할 수 없다.
> - 업무정지인데 과징금으로 갈음 불가능(제37조 제1항 제6호): 종사자 등이 수급자에게 폭행, 성범죄, 방치, 절도, 학대 등 위해를 가한 경우(단, 장기요양기관의 장이 감독을 열심히 했음에도 발생했다면 제외)
> - 과징금 액수가 2억 원 이하가 아닌 경우(제37조 제1항 제4호): 부정한 방법으로 급여비용 청구(부정한 방법으로 청구한 금액의 5배 이하)

제37조의3(위반사실 등의 공표)
빈출도 ●●○ 24하, 23하, 22상, 21하

관련문항 2회 9번, 3회 11번

① 보건복지부장관 또는 특별자치시장·특별자치도지사·시장·군수·구청장은 장기요양기관이 거짓으로 재가·시설 급여비용을 청구하였다는 이유로 지정취소, 영업정지, 과징금 처분이 확정된 경우로서 다음 각 호의 어느 하나에 해당하는 경우에는 위반사실, 처분내용, 장기요양기관의 명칭·주소, 장기요양기관의 장의 성명, 그 밖에 다른 장기요양기관과의 구별에 필요한 사항으로서 대통령령으로 정하는 사항을 공표하여야 한다. 다만, <u>장기요양기관의 폐업 등으로 공표의 실효성이 없는 경우에는 그러하지 아니하다.</u>

1. 거짓으로 청구한 금액이 <u>1천만 원 이상</u>인 경우
2. 거짓으로 청구한 금액이 장기요양급여비용 <u>총액의 100분의 10 이상</u>인 경우

② 보건복지부장관 또는 특별자치시장·특별자치도지사·시장·군수·구청장은 장기요양기관이 보건복지부장관, 특별시장·광역시장·도지사 또는 특별자치시장·특별자치도지사·시장·군수·구청장의 장기요양급여와 관련된 자료제출 명령에 따르지 아니하거나 거짓으로 자료제출을 한 경우나 질문 또는 검사를 거부·방해 또는 기피하거나 거짓으로 답변하였다는 이유로 지정취소, 영업정지, 과징금 처분이 확정된 경우 위반사실, 처분내용, 장기요양기관의 명칭·주소, 장기요양기관의 장의 성명, 그 밖에 다른 장기요양기관과의 구별에 필요한 사항으로서 대통령령으로 정하는 사항을 공표하여야 한다. 다만, 장기요양기관의 폐업 등으로 공표의 실효성이 없는 경우 또는 장기요양기관이 위반사실 등의 공표 전에 자료를 제출하거나 질문 또는 검사에 응하는 경우에는 그러하지 아니하다.
③ 보건복지부장관 또는 특별자치시장·특별자치도지사·시장·군수·구청장은 제1항 및 제2항에 따른 공표 여부 등을 심의하기 위하여 공표심의위원회를 설치·운영할 수 있다.
④ 제1항 및 제2항에 따른 공표 여부의 결정 방법, 공표 방법·절차 및 제3항에 따른 공표심의위원회의 구성·운영 등에 필요한 사항은 대통령령으로 정한다.

독꿀 핵심정리

공표 조건	공표 내용	예외
거짓으로 급여비용을 청구한 경우, 그 금액이 1천만 원 이상이거나 총액의 10% 이상인 경우	위반사실, 처분내용, 장기요양기관의 명칭·주소, 장기요양기관의 장의 성명, 그 밖에 다른 장기요양기관과의 구별에 필요한 사항	장기요양기관의 폐업
장기요양급여와 관련된 자료제출 명령에 따르지 아니하거나 거짓으로 자료제출을 한 경우		• 장기요양기관의 폐업 • 공표 전에 자료제출

제37조의4 (행정제재처분 효과의 승계)

빈출도 ●●○
23하, 23상

관련문항 2회 2번

① 제37조 제1항 각 호의 어느 하나에 해당하는 행위를 이유로 한 행정제재처분의 효과는 그 처분을 한 날부터 3년간 다음 각 호의 어느 하나에 해당하는 자에게 승계된다.

1. 장기요양기관을 양도한 경우 양수인
2. 법인이 합병된 경우 합병으로 신설되거나 합병 후 존속하는 법인
3. 장기요양기관 폐업 후 같은 장소에서 장기요양기관을 운영하는 자 중 종전에 행정제재처분을 받은 자(법인인 경우 그 대표자를 포함한다)나 그 배우자 또는 직계혈족

② 행정제재처분의 절차가 진행 중일 때에는 다음 각 호의 어느 하나에 해당하는 자에 대하여 그 절차를 계속 이어서 할 수 있다.

1. 장기요양기관을 양도한 경우 양수인
2. 법인이 합병된 경우 합병으로 신설되거나 합병 후 존속하는 법인
3. 장기요양기관 폐업 후 3년 이내에 같은 장소에서 장기요양기관을 운영하는 자 중 종전에 위반행위를 한 자(법인인 경우 그 대표자를 포함한다)나 그 배우자 또는 직계혈족

③ 제1항 및 제2항에도 불구하고 제1항 각 호의 어느 하나 또는 제2항 각 호의 어느 하나에 해당하는 자(양수인등)가 양수, 합병 또는 운영 시에 행정제재처분 또는 위반사실을 알지 못하였음을 증명하는 경우에는 그러하지 아니하다.
④ 행정제재처분을 받았거나 그 절차가 진행 중인 자는 보건복지부령으로 정하는 바에 따라 지체 없이 그 사실을 양수인등에게 알려야 한다.

독꿀 핵심정리

- 행정제재처분(지정취소, 영업정지, 과징금)을 받은 장기요양기관을 양수하거나 합병하거나 행정제재처분을 받은 자나 그 배우자 또는 직계혈족이 같은 자리에서 다시 장기요양기관을 운영할 경우 행정제재처분이 그대로 승계됨
- 행정제재처분을 받은 자는 미리 양수자나 합병자에게 그 사실을 바로 알려야 하며, 그러지 않아 행정제재처분에 대한 사실을 양수자나 합병자가 몰랐을 경우에는 승계되지 않음

제37조의5(장기요양급여 제공의 제한)

빈출도 ●●●

① 특별자치시장·특별자치도지사·시장·군수·구청장은 장기요양기관의 종사자가 거짓이나 그 밖의 부정한 방법으로 재가급여비용 또는 시설급여비용을 청구하는 행위에 가담한 경우 해당 종사자가 장기요양급여를 제공하는 것을 1년의 범위에서 제한하는 처분을 할 수 있다.
② 특별자치시장·특별자치도지사·시장·군수·구청장은 제1항에 따른 처분을 한 경우 지체 없이 그 내용을 공단에 통보하여야 한다.
③ 제1항 및 제2항에 따른 장기요양급여 제공 제한 처분의 기준·방법, 통보의 방법·절차, 그 밖에 필요한 사항은 보건복지부령으로 정한다.

CHAPTER 07 재가 및 시설 급여비용 등

제38조(재가 및 시설 급여비용의 청구 및 지급 등)

빈출도 ●●○
23상

관련문항 4회 14번

① 장기요양기관은 수급자에게 재가급여 또는 시설급여를 제공한 경우 공단에 장기요양급여비용을 청구하여야 한다.
② 공단은 제1항에 따라 장기요양기관으로부터 재가 또는 시설 급여비용의 청구를 받은 경우 이를 심사하여 그 내용을 장기요양기관에 통보하여야 하며, 장기요양에 사용된 비용 중 공단부담금(재가 및 시설 급여비용 중 본인부담금을 공제한 금액을 말한다)을 해당 장기요양기관에 지급하여야 한다.
③ 공단은 장기요양기관의 장기요양급여평가 결과에 따라 장기요양급여비용을 가산 또는 감액조정하여 지급할 수 있다.
④ 공단은 제2항에도 불구하고 장기요양급여비용을 심사한 결과 수급자가 이미 낸 본인부담금이 제2항에 따라 통보한 본인부담금보다 더 많으면 두 금액 간의 차액을 장기요양기관에 지급할 금액에서 공제하여 수급자에게 지급하여야 한다.
⑤ 공단은 제4항에 따라 수급자에게 지급하여야 하는 금액을 그 수급자가 납부하여야 하는 장기요양보험료 및 그 밖에 이 법에 따른 징수금과 상계(相計)할 수 있다.
⑥ 장기요양기관은 지급받은 장기요양급여비용 중 보건복지부장관이 정하여 고시하는 비율에 따라 그 일부를 장기요양요원에 대한 인건비로 지출하여야 한다.
⑦ 공단은 장기요양기관이 정당한 사유 없이 보건복지부장관 또는 특별자치시장·특별자치도지사·시장·군수·구청장은 장기요양기관이 보건복지부장관, 특별시장·광역시장·도지사 또는 특별자치시장·특별자치도지사·시장·군수·구청장의 장기요양급여와 관련된 자료제출 명령에 따르지 아니하거나 질문 또는 검사를 거부·방해 또는 기피하는 경우 이에 응할 때까지 해당 장기요양기관에 지급하여야 할 장기요양급여비용의 지급을 보류할 수 있다. 이 경우 공단은 장기요양급여비용의 지급을 보류하기

전에 해당 장기요양기관에 의견 제출의 기회를 주어야 한다.
⑧ 제1항부터 제3항까지 및 제7항의 규정에 따른 재가 및 시설 급여비용의 심사기준, 장기요양급여비용의 가감지급의 기준, 청구절차, 지급방법 및 지급 보류의 절차·방법 등에 관한 사항은 보건복지부령으로 정한다.

독끌 핵심정리

- 장기요양기관 → 공단에게 장기요양급여비용 청구 → 공단은 심사 후 장기요양급여평가 결과에 따라 가산 또는 감액 조정하여 공단부담금을 장기요양기관에 지급
- 만약 장기요양기관이 수급자로부터 본인부담금을 공단의 심사에 비해 더 많이 받았다면, 공단은 더 많이 받은 만큼을 차감하여 장기요양기관에 지급하고, 이를 수급자에게 지급함
- 자료제출 명령에 따르지 않은 장기요양기관에는 장기요양급여비용 지급을 보류할 수 있음

제39조(장기요양급여비용 등의 산정)
빈출도 ●●○
23상

관련문항 1회 9번

① 보건복지부장관은 매년 급여종류 및 장기요양등급 등에 따라 장기요양위원회의 심의를 거쳐 다음 연도의 재가 및 시설 급여비용과 특별현금급여의 지급금액을 정하여 고시하여야 한다.
② 보건복지부장관은 제1항에 따라 재가 및 시설 급여비용을 정할 때 대통령령으로 정하는 바에 따라 국가 및 지방자치단체로부터 장기요양기관의 설립비용을 지원받았는지 여부 등을 고려할 수 있다.
③ 제1항에 따른 재가 및 시설 급여비용과 특별현금급여의 지급금액의 구체적인 산정방법 및 항목 등에 관하여 필요한 사항은 보건복지부령으로 정한다.

제40조(본인부담금)
빈출도 ●●●
24상, 23상, 22하

관련문항 2회 8번, 4회 15번

① 장기요양급여(특별현금급여는 제외한다. 이하 이 조에서 같다)를 받는 자는 대통령령으로 정하는 바에 따라 비용의 일부를 본인이 부담한다. 이 경우 장기요양급여를 받는 수급자의 장기요양등급, 이용하는 장기요양급여의 종류 및 수준 등에 따라 본인부담의 수준을 달리 정할 수 있다.
② 제1항에도 불구하고 수급자 중 의료급여수급자는 본인부담금을 부담하지 아니한다.
③ 다음 각 호의 장기요양급여에 대한 비용은 수급자 본인이 전부 부담한다.

> 1. 이 법의 규정에 따른 급여의 범위 및 대상에 포함되지 아니하는 장기요양급여
> 2. 수급자가 장기요양인정서에 기재된 장기요양급여의 종류 및 내용과 다르게 선택하여 장기요양급여를 받은 경우 그 차액
> 3. 장기요양급여의 월 한도액을 초과하는 장기요양급여

④ 다음 각 호의 어느 하나에 해당하는 자에 대해서는 본인부담금의 100분의 60의 범위에서 보건복지부장관이 정하는 바에 따라 차등하여 감경할 수 있다.

> 1. 「의료급여법」 제3조 제1항 제2호부터 제9호까지의 규정에 따른 수급권자
> 2. 소득·재산 등이 보건복지부장관이 정하여 고시하는 일정 금액 이하인 자. 다만, 도서·벽지·농어촌 등의 지역에 거주하는 자에 대하여 따로 금액을 정할 수 있다.
> 3. 천재지변 등 보건복지부령으로 정하는 사유로 인하여 생계가 곤란한 자

⑤ 제1항부터 제4항까지의 규정에 따른 본인부담금의 산정방법, 감경절차 및 감경방법 등에 관하여 필요한 사항은 보건복지부령으로 정한다.

독끌 핵심정리

본인부담금 예외 조건	본인부담금 예외 내용
의료급여수급자	본인부담금 없음
• 이 법의 규정에 포함되지 않은 경우 • 장기요양인정서에 기재된 것과 다른 경우 • 월 한도액을 초과한 경우	100% 본인부담금
• 수급권자 • 소득·재산 등이 일정 금액 이하인 자 • 천재지변 등의 사유로 생계가 곤란한 자	본인부담금의 60% 범위에서 감경

제41조(가족 등의 장기요양에 대한 보상)

빈출도 ●●○ 25상

관련문항 기출복원 12번

① 공단은 장기요양급여를 받은 금액의 총액이 보건복지부장관이 정하여 고시하는 금액 이하에 해당하는 수급자가 가족 등으로부터 방문요양에 상당한 장기요양을 받은 경우 보건복지부령으로 정하는 바에 따라 본인부담금의 일부를 감면하거나 이에 갈음하는 조치를 할 수 있다.
② 제1항에 따른 본인부담금의 감면방법 등 필요한 사항은 보건복지부령으로 정한다.

제42조(방문간호지시서 발급비용의 산정 등)

빈출도 ●●●

방문간호를 제공할 때 방문간호지시서를 발급하는데 사용되는 비용, 비용부담방법 및 비용 청구·지급절차 등에 관하여 필요한 사항은 보건복지부령으로 정한다.

제43조(부당이득의 징수)

빈출도 ●●○ 24하, 24상

관련문항 3회 12번

① 공단은 장기요양급여를 받은 자, 장기요양급여비용을 받은 자 또는 의사소견서·방문간호지시서 발급비용을 받은 자가 다음 각 호의 어느 하나에 해당하는 경우 그 장기요양급여, 장기요양급여비용 또는 의사소견서등 발급비용에 상당하는 금액을 징수한다. 이 경우 의사소견서등 발급비용에 관하여는 「국민건강보험법」 제57조 제2항을 준용하며, "보험급여 비용"은 "의사소견서등 발급비용"으로, "요양기관"은 "의료기관"으로 본다.

  1. 공단의 장기요양인정의 조사에 따른 등급판정 결과 거짓이나 그 밖의 부정한 방법으로 장기요양인정을 받았거나 고의로 사고를 발생하도록 하거나 본인의 위법행위에 기인하여 장기요양인정을 받은 것으로 확인된 경우
  2. 월 한도액 범위를 초과하여 장기요양급여를 받은 경우
  3. 장기요양급여의 제한 등을 받을 자가 장기요양급여를 받은 경우
  4. 거짓이나 그 밖의 부정한 방법으로 재가 및 시설 급여비용을 청구하여 이를 지급받은 경우
  4의2. 거짓이나 그 밖의 부정한 방법으로 의사소견서등 발급비용을 청구하여 이를 지급받은 경우
  5. 그 밖에 이 법상의 원인 없이 공단으로부터 장기요양급여를 받거나 장기요양급여비용을 지급받은 경우

② 공단은 제1항의 경우 거짓 보고 또는 증명에 의하거나 거짓 진단에 따라 장기요양급여가 제공된 때 거짓의 행위에 관여한 자에 대하여 장기요양급여를 받은 자와 연대하여 제1항에 따른 징수금을 납부하게 할 수 있다.
③ 공단은 제1항의 경우 거짓이나 그 밖의 부정한 방법으로 장기요양급여를 받은 자와 같은 세대에 속한 자(장기요양급여를 받은 자를 부양하고 있거나 다른 법령에 따라 장기요양급여를 받은 자를 부양할 의무가 있는 자를 말한다)에 대하여 거짓이나 그 밖의 부정한 방법으로 장기요양급여를 받은 자와 연대하여 제1항에 따른 징수금을 납부하게 할 수 있다.
④ 공단은 제1항의 경우 장기요양기관이나 의료기관이 수급자 또는 신청인으로부터 거짓이나 그 밖의 부정한 방법으로 장기요양급여비용 또는 의사소견서등 발급비용을 받은 때 해당 장기요양기관 또는 의료기관으로부터 이를 징수하여 수급자 또는 신청인에게 지체 없이 지급하여야 한다. 이 경우 공단은 수급자 또는 신청인에게 지급하여야 하는 금액을 그 수급자 또는 신청인이 납부하여야 하는 장기요양보험료등과 상계할 수 있다.

독끝 핵심정리

- 여러 부당한 방법으로 장기요양급여, 장기요양급여비용, 의사소견서·방문간호지시서 발급비용을 받은 자 → 그에 상당하는 금액 징수
- 거짓 행위에 관여한 자도 연대하여 징수금 부과
- 같은 세대에 속한 자(부양하고 있거나 부양의 의무가 있는 자)도 연대하여 징수금 부과
- 장기요양기관이 수급자에게 부당 청구한 장기요양급여비용 또는 의사소견서등 발급비용은 공단이 장기요양기관에게 징수해 지체 없이 수급자에게 지급하고, 필요 시 장기요양보험료와 상계할 수 있음

제44조(구상권)

빈출도 ●●○ 24상, 22상

관련문항 4회 10번

① 공단은 제3자의 행위로 인한 장기요양급여의 제공 사유가 발생하여 수급자에게 장기요양급여를 행한 때 그 급여에 사용된 비용의 한도 안에서 그 제3자에 대한 손해배상의 권리를 얻는다.
② 공단은 제1항의 경우 장기요양급여를 받은 자가 제3자로부터 이미 손해배상을 받은 때 그 손해배상액의 한도 안에서 장기요양급여를 행하지 아니한다.

독끝 핵심정리

제3자의 행위로 인해 공단이 장기요양급여를 제공할 일이 발생한 경우, 제3자가 공단에게 직접 손해를 끼치진 않았지만 간접적인 손해를 끼친 셈이 되어 공단은 제3자에게 장기요양급여의 비용만큼 구상권을 청구할 수 있다.

CHAPTER 08 장기요양위원회

제45조(장기요양위원회의 설치 및 기능)

빈출도 ●●○ 24상

관련문항 3회 7번

다음 각 호의 사항을 심의하기 위하여 보건복지부장관 소속으로 장기요양위원회를 둔다.

1. 장기요양보험료율
2. 가족요양비, 특례요양비 및 요양병원간병비의 지급기준
3. 재가 및 시설 급여비용
4. 그 밖에 대통령령으로 정하는 주요 사항

제46조(장기요양위원회의 구성)

빈출도 ●●● 25상, 24하, 23상, 22상, 21하

관련문항 기출복원 13번, 2회 15번

① 장기요양위원회는 위원장 1인, 부위원장 1인을 포함한 16인 이상 22인 이하의 위원으로 구성한다.
② 위원장이 아닌 위원은 다음 각 호의 자 중에서 보건복지부장관이 임명 또는 위촉한 자로 하고, 각 호에 해당하는 자를 각각 동수로 구성하여야 한다.

1. 근로자단체, 사용자단체, 시민단체, 노인단체, 농어업인단체 또는 자영업자단체를 대표하는 자
2. 장기요양기관 또는 의료계를 대표하는 자
3. 대통령령으로 정하는 관계 중앙행정기관의 고위공무원단 소속 공무원, 장기요양에 관한 학계 또는 연구계를 대표하는 자, 공단 이사장이 추천하는 자

③ 위원장은 보건복지부차관이 되고, 부위원장은 위원 중에서 위원장이 지명한다.
④ 장기요양위원회 위원의 임기는 3년으로 한다. 다만, 공무원인 위원의 임기는 재임기간으로 한다.

독끝 핵심정리

구성	위원장 1명(보건복지부차관)+부위원장 1명(위원장 지명)+기타 14~20명=총 16~22명
임기	3년

CHAPTER 8의2 장기요양요원지원센터

제47조(장기요양위원회의 운영) 빈출도 ●●●

관련문항 2회 15번

① 장기요양위원회 회의는 <u>구성원 과반수의 출석으로 개의</u>하고 <u>출석위원 과반수의 찬성으로 의결</u>한다.
② 장기요양위원회의 효율적 운영을 위하여 분야별로 실무위원회를 둘 수 있다.
③ 이 법에서 정한 것 외에 장기요양위원회의 구성·운영, 그 밖에 필요한 사항은 대통령령으로 정한다.

제47조의2(장기요양요원지원센터의 설치 등) 빈출도 ●●○ 24하, 21하

관련문항 4회 9번

① 국가와 지방자치단체는 <u>장기요양요원의 권리를 보호</u>하기 위하여 장기요양요원지원센터를 설치·운영할 수 있다.
② 장기요양요원지원센터는 다음 각 호의 업무를 수행한다.

> 1. 장기요양요원의 권리 침해에 관한 <u>상담 및 지원</u>
> 2. 장기요양요원의 역량강화를 위한 <u>교육지원</u>
> 3. 장기요양요원에 대한 건강검진 등 <u>건강관리를 위한 사업</u>
> 4. 그 밖에 장기요양요원의 업무 등에 필요하여 대통령령으로 정하는 사항

③ 장기요양요원지원센터의 설치·운영 등에 필요한 사항은 보건복지부령으로 정하는 바에 따라 해당 지방자치단체의 조례로 정한다.

CHAPTER 09 관리운영기관

제48조(관리운영기관 등)

빈출도 ●●● 25상, 24상, 23하, 22하, 22상

관련문항 기출복원 14번, 1회 12번, 3회 17번

① 장기요양사업의 <u>관리운영기관은 공단</u>으로 한다.
② 공단은 다음 각 호의 업무를 관장한다.

> 1. 장기요양보험가입자 및 그 피부양자와 의료급여수급권자의 자격관리
> 2. 장기요양보험료의 부과·징수
> 3. 신청인에 대한 조사
> 4. 등급판정위원회의 운영 및 장기요양등급 판정
> 5. 장기요양인정서의 작성 및 개인별장기요양이용계획서의 제공
> 6. 장기요양급여의 관리 및 평가
> 7. 수급자 및 그 가족에 대한 정보제공·안내·상담 등 장기요양급여 관련 이용지원에 관한 사항
> 8. 재가 및 시설 급여비용의 심사 및 지급과 특별현금급여의 지급
> 9. 장기요양급여 제공내용 확인
> 10. 장기요양사업에 관한 조사·연구, 국제협력 및 홍보
> 11. 노인성질환예방사업
> 12. 이 법에 따른 부당이득금의 부과·징수 등
> 13. 장기요양급여의 제공기준을 개발하고 장기요양급여비용의 적정성을 검토하기 위한 장기요양기관의 설치 및 운영
> 14. 그 밖에 장기요양사업과 관련하여 보건복지부장관이 위탁한 업무

③ 공단은 제2항 제13호의 장기요양기관을 설치할 때 <u>노인인구 및 지역특성 등을 고려한 지역 간 불균형 해소를 고려</u>하여야 하고, 설치 목적에 필요한 <u>최소한의 범위</u>에서 이를 설치·운영하여야 한다.
④ 「국민건강보험법」 제17조에 따른 공단의 정관은 장기요양사업과 관련하여 다음 각 호의 사항을 포함·기재한다.

> 1. 장기요양보험료
> 2. 장기요양급여
> 3. 장기요양사업에 관한 예산 및 결산
> 4. 그 밖에 대통령령으로 정하는 사항

제49조(공단의 장기요양사업 조직 등)

빈출도 ●●●

관련문항 2회 10번

공단은 「국민건강보험법」 제29조에 따라 공단의 조직 등에 관한 규정을 정할 때 <u>장기요양사업을 수행하기 위하여 두는 조직 등을 건강보험사업을 수행하는 조직 등과 구분하여 따로 두어야 한다.</u> 다만, 제48조 제2항 제1호 및 제2호의 <u>자격관리</u>와 <u>보험료 부과·징수업무</u>는 그러하지 아니하다.

독끝 핵심정리

자격관리, 보험료 부과·징수는 요양법에서의 조직과 건보법에서의 조직을 통합하고, 나머지는 모두 구분하여 따로 두어야 한다.

제50조(장기요양사업의 회계)

빈출도 ●●●

관련문항 1회 15번

① 공단은 <u>장기요양사업에 대하여 독립회계</u>를 설치·운영하여야 한다.
② 공단은 장기요양사업 중 <u>장기요양보험료를 재원으로 하는 사업</u>과 <u>국가·지방자치단체의 부담금을 재원으로 하는 사업</u>의 <u>재정을 구분</u>하여 운영하여야 한다. 다만, <u>관리운영에 필요한 재정은 구분하여 운영하지 아니할 수 있다.</u>

독끝 핵심정리

- 장기요양사업 독립회계
- 장기요양사업 안에서도 재원이 다른 사업은 구분하여 운영
- 그러나 관리 주체가 공단으로 같으므로, 관리운영에 필요한 재정은 구분하여 운영할 필요가 없음

제51조(권한의 위임 등에 관한 준용)

빈출도 ●●●

관련문항 1회 15번

「국민건강보험법」 제32조 및 제38조는 이 법에 따른 이사장의 권한의 위임 및 준비금에 관하여 준용한다. 이 경우 "보험급여"는 "장기요양급여"로 본다.

제52조(등급판정위원회의 설치)

빈출도 ●●● 23상, 22하, 22상, 21하(2회)

관련문항 2회 17번, 3회 10번

① 장기요양인정 및 장기요양등급 판정 등을 심의하기 위하여 공단에 장기요양등급판정위원회를 둔다.
② 등급판정위원회는 특별자치시·특별자치도·시·군·구 단위로 설치한다. 다만, 인구수 등을 고려하여 하나의 특별자치시·특별자치도·시·군·구에 <u>2 이상의 등급판정위원회를 설치하거나 2 이상의 특별자치시·특별자치도·시·군·구를 통합하여 하나의 등급판정위원회를 설치할 수 있다.</u>
③ 등급판정위원회는 위원장 <u>1인</u>을 포함하여 <u>15인</u>의 위원으로 구성한다.
④ 등급판정위원회 위원은 다음 각 호의 자 중에서 공단 이사장이 위촉한다. 이 경우 특별자치시장·특별자치도지사·시장·군수·구청장이 추천한 위원은 <u>7인</u>, 의사 또는 한의사가 <u>1인 이상</u> 각각 포함되어야 한다.

1. 「의료법」에 따른 의료인
2. 「사회복지사업법」에 따른 사회복지사
3. 특별자치시·특별자치도·시·군·구 소속 공무원
4. 그 밖에 법학 또는 장기요양에 관한 학식과 경험이 풍부한 자

⑤ 등급판정위원회 <u>위원의 임기는 3년</u>으로 하되, <u>한 차례만 연임</u>할 수 있다. 다만, 공무원인 위원의 임기는 재임기간으로 한다.

독끝 핵심정리

심의 내용	장기요양인정, 장기요양등급 판정
설치 단위	특별자치시·특별자치도·시·군·구 단위로 설치하되, 인구수를 고려하여 하나에 2개 이상 설치하거나 여럿을 통합하여 1개를 설치할 수 있음
구성	위원장 1명+위원 14명=총 15명 (별자치시장·특별자치도지사·시장·군수·구청장이 추천한 위원 7명, 의사 또는 한의사 1명 이상)
임기	3년

제53조(등급판정위원회의 운영)

빈출도 ●●● 25상, 24하, 22상, 21하

관련문항 기출복원 15번, 4회 12번

① 등급판정위원회 <u>위원장</u>은 위원 중에서 <u>특별자치시장·특별자치도지사·시장·군수·구청장이 위촉</u>한다. 이 경우 2 이상의 특별자치시·특별자치도·시·군·구를 통합하여 하나의 등급판정위원회를 설치하는 때 해당 특별자치시장·특별자치도지사·시장·군수·구청장이 <u>공동으로 위촉</u>한다.
② 등급판정위원회 회의는 <u>구성원 과반수의 출석으로 개의</u>하고 <u>출석위원 과반수의 찬성으로 의결</u>한다.
③ 이 법에 정한 것 외에 등급판정위원회의 구성·운영, 그 밖에 필요한 사항은 대통령령으로 정한다.

제53조의2(장기요양급여 심사위원회의 설치)

빈출도 ●●● 25상

관련문항 기출복원 15번, 3회 14번

① 다음 각 호의 사항을 심의하기 위하여 공단에 장기요양급여심사위원회를 둔다.

1. 장기요양급여 제공 기준의 세부사항 설정 및 보완에 관한 사항
2. 장기요양급여비용 및 산정방법의 세부사항 설정 및 보완에 관한 사항
3. 장기요양급여비용 심사기준 개발 및 심사조정에 관한 사항
4. 그 밖에 공단 이사장이 필요하다고 인정한 사항

② 급여심사위원회는 위원장 <u>1명</u>을 포함하여 <u>10명 이하의 위원</u>으로 구성한다.
③ 이 법에서 정한 것 외에 급여심사위원회의 구성·운영, 그 밖에 필요한 사항은 대통령령으로 정한다.

제54조(장기요양급여의 관리·평가)

빈출도 ●●● 23하

관련문항 3회 14번

① 공단은 장기요양기관이 제공하는 <u>장기요양급여 내용을 지속적으로 관리·평가</u>하여 장기요양급여의 수준이 향상되도록 노력하여야 한다.
② 공단은 장기요양기관이 장기요양급여의 제공 기준·절차·방법 등에 따라 <u>적정하게 장기요양급여를 제공하였는지 평가</u>를 실시하고 그 결과를 <u>공단의 홈페이지 등에 공표</u>하는 등 필요한 조치를 할 수 있다.
③ 제2항에 따른 장기요양급여 제공내용의 평가 방법 및 평가 결과의 공표 방법, 그 밖에 필요한 사항은 보건복지부령으로 정한다.

CHAPTER 10 심사청구 및 재심사청구

제55조(심사청구)

빈출도 ●●○
24하, 24상, 23상, 22하

관련문항 기출복원 16번, 4회 17번

① 장기요양인정·장기요양등급·장기요양급여·부당이득·장기요양급여비용 또는 장기요양보험료 등에 관한 공단의 처분에 이의가 있는 자는 공단에 심사청구를 할 수 있다.
② 제1항에 따른 심사청구는 그 <u>처분이 있음을 안 날부터 90일 이내</u>에 문서(전자문서를 포함한다)로 하여야 하며, <u>처분이 있은 날부터 180일을 경과하면 이를 제기하지 못한다.</u> 다만, 정당한 사유로 그 기간에 심사청구를 할 수 없었음을 증명하면 그 기간이 지난 후에도 심사청구를 할 수 있다.
③ 제1항에 따른 심사청구 사항을 심사하기 위하여 <u>공단에 장기요양심사위원회</u>를 둔다.
④ 심사위원회는 위원장 <u>1명</u>을 포함한 <u>50명 이내</u>의 위원으로 구성한다.
⑤ 이 법에서 정한 것 외에 심사위원회의 구성·운영, 그 밖에 필요한 사항은 대통령령으로 정한다.

제56조(재심사청구)

빈출도 ●●● 24하, 23하, 23상, 22상, 21하

관련문항 1회 17번, 4회 17번

① 심사청구에 대한 결정에 불복하는 사람은 그 <u>결정통지를 받은 날부터 90일 이내</u>에 장기요양재심사위원회에 재심사를 청구할 수 있다.
② <u>재심사위원회는 보건복지부장관 소속</u>으로 두고, 위원장 <u>1인</u>을 포함한 <u>20인 이내</u>의 위원으로 구성한다.
③ 재심사위원회의 위원은 관계 공무원, 법학, 그 밖에 장기요양사업 분야의 학식과 경험이 풍부한 자 중에서 보건복지부장관이 임명 또는 위촉한다. 이 경우 공무원이 아닌 위원이 전체 위원의 과반수가 되도록 하여야 한다.
④ 이 법에서 정한 것 외에 재심사위원회의 구성·운영, 그 밖에 필요한 사항은 대통령령으로 정한다.

독끝 핵심정리

구분	심사청구	재심사청구
기한	처분이 있음을 안 날부터 90일 이내이면서 처분이 있은 날부터 180일 이내	결정통지를 받은 날부터 90일 이내
심사기관	장기요양심사위원회	장기요양재심사위원회
심사기관 소속	공단	보건복지부장관
심사기관 인원	위원장 1명 포함 50명 이내	위원장 1명 포함 20명 이내

제56조의2(행정심판과의 관계)   빈출도 ●●●

관련문항 1회 18번

① 재심사위원회의 재심사에 관한 절차에 관하여는 「행정심판법」을 준용한다.
② 제56조에 따른 재심사청구 사항에 대한 재심사위원회의 재심사를 거친 경우에는 「행정심판법」에 따른 행정심판을 청구할 수 없다.

제57조(행정소송)   빈출도 ●●○ 22상, 21하

관련문항 1회 18번

공단의 처분에 이의가 있는 자와 심사청구 또는 재심사청구에 대한 결정에 불복하는 자는 「행정소송법」으로 정하는 바에 따라 행정소송을 제기할 수 있다.

CHAPTER 11 보칙

제58조(국가의 부담)   빈출도 ●●○ 25상, 22하, 21하

관련문항 기출복원 18번, 2회 18번

① 국가는 매년 예산의 범위 안에서 해당 연도 장기요양보험료 예상수입액의 100분의 20에 상당하는 금액을 공단에 지원한다.
② 국가와 지방자치단체는 대통령령으로 정하는 바에 따라 의료급여수급권자의 장기요양급여비용, 의사소견서 발급비용, 방문간호지시서 발급비용 중 공단이 부담하여야 할 비용(면제 및 감경됨으로 인하여 공단이 부담하게 되는 비용을 포함한다) 및 관리운영비의 전액을 부담한다.
③ 제2항에 따라 지방자치단체가 부담하는 금액은 보건복지부령으로 정하는 바에 따라 특별시·광역시·특별자치시·도·특별자치도와 시·군·구가 분담한다.
④ 제2항 및 제3항에 따른 지방자치단체의 부담액 부과, 징수 및 재원관리, 그 밖에 필요한 사항은 대통령령으로 정한다.

독끝 핵심정리

- 국가: 공단에 장기요양보험료 예상수입액의 20% 지원
- 국가 및 지방자치단체: 의료급여수급권자의 장기요양급여비용, 의사소견서 발급비용, 방문간호지시서 발급비용 중 공단부담비용 및 관리운영비 전액 지원

제59조(전자문서의 사용)   빈출도 ●●○ 23하, 23상, 21하

관련문항 2회 18번

① 장기요양사업에 관련된 각종 서류의 기록, 관리 및 보관은 보건복지부령으로 정하는 바에 따라 전자문서로 한다.
② 공단 및 장기요양기관은 장기요양기관의 지정신청, 재가·시설 급여비용의 청구 및 지급, 장기요양기관

의 재무·회계정보 처리 등에 대하여 전산매체 또는 전자문서교환방식을 이용하여야 한다.
③ 제1항 및 제2항에도 불구하고 정보통신망 및 정보통신서비스 시설이 열악한 지역 등 보건복지부장관이 정하는 지역의 경우 전자문서·전산매체 또는 전자문서교환방식을 이용하지 아니할 수 있다.

제60조(자료의 제출 등) 빈출도 ●●○ 24하, 23상

관련문항 4회 13번

① 공단은 장기요양급여 제공내용 확인, 장기요양급여의 관리·평가 및 장기요양보험료 산정 등 장기요양사업 수행에 필요하다고 인정할 때 다음 각 호의 어느 하나에 해당하는 자에게 자료의 제출을 요구할 수 있다.

> 1. 장기요양보험가입자 또는 그 피부양자 및 의료급여수급권자
> 2. 수급자, 장기요양기관 및 의료기관

② 제1항에 따라 자료의 제출을 요구받은 자는 성실히 이에 응하여야 한다.

제61조(보고 및 검사) 빈출도 ●●○ 21하

관련문항 4회 18번

① 보건복지부장관, 특별시장·광역시장·도지사 또는 특별자치시장·특별자치도지사·시장·군수·구청장은 다음 각 호의 어느 하나에 해당하는 자에게 보수·소득이나 그 밖에 보건복지부령으로 정하는 사항의 보고 또는 자료의 제출을 명하거나 소속 공무원으로 하여금 관계인에게 질문을 하게 하거나 관계 서류를 검사하게 할 수 있다.

> 1. 장기요양보험가입자
> 2. 피부양자
> 3. 의료급여수급권자

② 보건복지부장관, 특별시장·광역시장·도지사 또는 특별자치시장·특별자치도지사·시장·군수·구청장은 다음 각 호의 어느 하나에 해당하는 자에게 장기요양급여의 제공 명세, 재무·회계에 관한 사항 등 장기요양급여에 관련된 자료의 제출을 명하거나 소속 공무원으로 하여금 관계인에게 질문을 하게 하거나 관계 서류를 검사하게 할 수 있다.

> 1. 장기요양기관 및 의료기관
> 2. 장기요양급여를 받은 자

③ 보건복지부장관, 특별시장·광역시장·도지사 또는 특별자치시장·특별자치도지사·시장·군수·구청장은 제1항 및 제2항에 따른 보고 또는 자료제출 명령이나 질문 또는 검사 업무를 효율적으로 수행하기 위하여 필요한 경우에는 공단에 행정응원(行政應援)을 요청할 수 있다. 이 경우 공단은 특별한 사유가 없으면 이에 따라야 한다.
④ 제1항 및 제2항의 경우에 소속 공무원은 그 권한을 표시하는 증표 및 조사기간, 조사범위, 조사담당자, 관계 법령 등 보건복지부령으로 정하는 사항이 기재된 서류를 지니고 이를 관계인에게 내보여야 한다.
⑤ 제1항 및 제2항에 따른 질문 또는 검사의 절차·방법 등에 관하여는 이 법에서 정하는 사항을 제외하고는 「행정조사기본법」에서 정하는 바에 따른다.
⑥ 제3항에 따른 행정응원의 절차·방법 등에 관하여 필요한 사항은 대통령령으로 정한다.

독끌 핵심정리

보건복지부장관, 특별시장·광역시장·도지사 또는 특별자치시장·특별자치도지사·시장·군수·구청장은 아래의 내용에 대하여 아래의 자들에게 자료의 제출을 명하거나 소속 공무원으로 하여금 관계인에게 질문을 하게 하거나 관계 서류를 검사하게 할 수 있다.

보고와 검사 내용	보고와 검사 대상
보수·소득	· 장기요양보험가입자 · 피부양자 · 의료급여수급권자
장기요양급여에 관련된 내용	· 장기요양기관 및 의료기관 · 장기요양급여를 받은 자

제62조(비밀누설금지) 빈출도 ●●●

다음 각 호에 해당하는 자는 업무수행 중 알게 된 비밀을 누설하여서는 아니 된다.

> 1. 특별자치시·특별자치도·시·군·구, 공단, 등급판정위원회, 장기요양위원회, 공표심의위원회, 심사위원회, 재심사위원회 및 장기요양기관에 종사하고 있거나 종사한 자
> 2. 가족요양비·특례요양비 및 요양병원간병비와 관련된 급여를 제공한 자

제62조의2(유사명칭의 사용금지) 빈출도 ●●●

이 법에 따른 장기요양보험 사업을 수행하는 자가 아닌 자는 보험계약 또는 보험계약의 명칭에 노인장기요양보험 또는 이와 유사한 용어를 사용하지 못한다.

제63조(청문) 빈출도 ●●● 25상, 24상, 23상

관련문항 기출복원 17번

특별자치시장·특별자치도지사·시장·군수·구청장은 다음 각 호의 어느 하나에 해당하는 처분 또는 공표를 하려는 경우에는 청문을 하여야 한다.

1. 장기요양기관 지정취소 또는 업무정지명령
2. 삭제
3. 위반사실 등의 공표
4. 장기요양급여 제공의 제한 처분

제64조(시효 등에 관한 준용) 빈출도 ●●●

「국민건강보험법」 제91조, 제92조, 제96조, 제103조, 제104조, 제107조, 제111조 및 제112조는 시효, 기간의 계산, 자료의 제공, 공단 등에 대한 감독, 권한의 위임 및 위탁, 업무의 위탁, 단수처리 등에 관하여 준용한다. 이 경우 "보험료"를 "장기요양보험료"로, "보험급여"를 "장기요양급여"로, "요양기관"을 "장기요양기관"으로, "건강보험사업"을 "장기요양사업"으로 본다.

제65조(다른 법률에 따른 소득 등의 의제금지) 빈출도 ●●●

이 법에 따른 장기요양급여로 지급된 현금 등은 「국민기초생활 보장법」 제2조 제9호의 소득 또는 재산으로 보지 아니한다.

제66조(수급권의 보호) 빈출도 ●●● 22하

관련문항 1회 16번

① 장기요양급여를 받을 권리는 양도 또는 압류하거나 담보로 제공할 수 없다.
② 특별현금급여수급계좌의 예금에 관한 채권은 압류할 수 없다.

제66조의2(벌칙 적용에서 공무원 의제) 빈출도 ●●●

등급판정위원회, 장기요양위원회, 제37조의3제3항에 따른 공표심의위원회, 심사위원회 및 재심사위원회 위원 중 공무원이 아닌 사람은 「형법」 제129조부터 제132조까지의 규정을 적용할 때에는 공무원으로 본다.

제66조의3(소액 처리) 빈출도 ●●● 24상, 21하

관련문항 3회 18번

공단은 징수 또는 반환하여야 할 금액이 1건당 1,000원 미만인 경우(제38조 제5항 및 제43조제4항 후단에 따라 각각 상계할 수 있는 지급금 및 장기요양보험료등은 제외한다)에는 징수 또는 반환하지 아니한다. 다만, 「국민건강보험법」 제106조에 따른 소액 처리 대상에서 제외되는 건강보험료와 통합하여 징수 또는 반환되는 장기요양보험료의 경우에는 그러하지 아니하다.

CHAPTER 12 벌칙

제67조(벌칙)

빈출도 ●●● 25상(2회), 24하, 24상, 22하, 22상, 21하

관련문항 기출복원 19번/20번, 1회 19번, 2회 19번, 3회 20번, 4회 19번

① 다음 각 호의 어느 하나에 해당하는 자는 <u>3년 이하의 징역 또는 3천만 원 이하의 벌금</u>에 처한다.

1. 거짓이나 그 밖의 부정한 방법으로 장기요양급여비용을 청구한 자
2. 폐쇄회로 텔레비전의 설치 목적과 다른 목적으로 폐쇄회로 텔레비전을 임의로 조작하거나 다른 곳을 비추는 행위를 한 자
3. 녹음기능을 사용하거나 보건복지부령으로 정하는 저장장치 이외의 장치 또는 기기에 영상정보를 저장한 자

② 다음 각 호의 어느 하나에 해당하는 자는 <u>2년 이하의 징역 또는 2천만 원 이하의 벌금</u>에 처한다.

1. 지정받지 아니하고 장기요양기관을 운영하거나 거짓이나 그 밖의 부정한 방법으로 지정받은 자
2. 안전성 확보에 필요한 조치를 하지 아니하여 영상정보를 분실·도난·유출·변조 또는 훼손당한 자
3. 본인부담금을 면제 또는 감경하는 행위를 한 자
4. 수급자를 소개, 알선 또는 유인하는 행위를 하거나 이를 조장한 자
5. 업무수행 중 알게 된 비밀을 누설한 자

③ 다음 각 호의 어느 하나에 해당하는 자는 <u>1년 이하의 징역 또는 1천만 원 이하의 벌금</u>에 처한다.

1. 정당한 사유 없이 장기요양급여의 제공을 거부한 자
2. 거짓이나 그 밖의 부정한 방법으로 장기요양급여를 받거나 다른 사람으로 하여금 장기요양급여를 받게 한 자
3. 정당한 사유 없이 장기요양기관을 폐업·휴업하려는 경우 또는 장기요양기관의 지정 갱신을 하지 아니하려는 경우 수급자의 권익보호조치를 하지 아니한 사람
4. 지정취소 또는 업무정지되는 장기요양기관의 장으로서 수급자가 부담한 비용을 정산하지 아니한 자

④ 보건복지부장관, 특별시장·광역시장·도지사 또는 특별자치시장·특별자치도지사·시장·군수·구청장의 장기요양급여와 관련된 자료제출 명령에 따르지 아니하거나 거짓으로 자료제출을 한 장기요양기관 또는 의료기관이나 질문 또는 검사를 거부·방해 또는 기피하거나 거짓으로 답변한 장기요양기관 또는 의료기관은 <u>1천만 원 이하의 벌금</u>에 처한다.

독끝 핵심정리

벌칙 상한	위반행위 요약
3년/ 3천만 원	1. 부정한 방법으로 장기요양급여비용 청구 2. 폐쇄회로 텔레비전(CCTV)를 설치 목적과 무관하게 조작, 방향 바꿈, 녹음, 지정되지 않은 기기에 저장
2년/ 2천만 원	1. 지정 없이 또는 거짓으로 지정받아 장기요양기관 운영 2. 폐쇄회로 텔레비전(CCTV) 안전성 미확보로 인해 영상 유출 3. 본인부담금 면제·감경 4. 수급자 알선·유인 5. 업무수행 중 알게 된 비밀 누설
1년/ 1천만 원	1. 정당한 사유 없이 장기요양급여 제공 거부 2. 부정한 방법으로 장기요양급여 수급 3. 정당한 사유 없이 폐업·휴업 시 수급자 권익 보호 ✕ 4. 지정취소 또는 업무정지 시 본인부담금 정산 ✕
1천만 원	(장기요양기관 및 의료기관만) 장기요양급여에 관련된 자료의 제출 명령에 거부 또는 거짓 제출

제68조(양벌규정)

빈출도 ●●○ 25상, 24하

관련문항 기출복원 20번

법인의 대표자, 법인이나 개인의 <u>대리인·사용인 및 그 밖의 종사자</u>가 그 법인 또는 개인의 업무에 관하여 제67조에 해당하는 위반행위를 한 때에는 그 행위자를 벌하는 외에 그 <u>법인 또는 개인에 대하여도 해당 조의 벌금형</u>을 과한다. 다만, 법인 또는 개인이 그 위반행위

를 방지하기 위하여 해당 업무에 관하여 <u>상당한 주의와 감독을 게을리하지 아니한 경우에는 그러하지 아니하다.</u>

독끝 핵심정리

- 대리인, 사용인 등이 벌칙을 받으면 그 대리인이 대리하거나 사용인이 고용한 법인, 개인도 벌금형을 받음 (징역은 아님)
- 다만, 법인과 개인이 위반행위를 방지하도록 상당한 주의와 감독을 했다면 벌금형 면제

제69조(과태료)

빈출도 ●●● 25상, 24하(2회), 24상, 23하, 23상, 22하, 22상(2회), 21하

관련문항 기출복원 19번, 1회 20번, 2회 19번/20번, 3회 19번, 4회 20번

① 정당한 사유 없이 다음 각 호의 어느 하나에 해당하는 자에게는 <u>500만 원 이하의 과태료</u>를 부과한다.

1. 삭제
2. 변경지정을 받지 아니하거나 변경신고를 하지 아니한 자 또는 거짓이나 그 밖의 부정한 방법으로 변경지정을 받거나 변경신고를 한 자
2의2. 장기요양기관에 관한 정보를 게시하지 아니하거나 거짓으로 게시한 자
2의3. 수급자에게 장기요양급여비용에 대한 명세서를 교부하지 아니하거나 거짓으로 교부한 자
3. 장기요양급여 제공 자료를 기록·관리하지 아니하거나 거짓으로 작성한 사람
3의2. 장기요양요원에게 급여외행위의 제공을 요구하거나 수급자가 부담하여야 할 본인부담금의 전부 또는 일부를 부담하도록 요구하는 행위를 한 자
3의3. 장기요양요원의 고충에 대한 적절한 조치를 하지 아니한 자
4. 폐업·휴업 신고 또는 자료이관을 하지 아니하거나 거짓이나 그 밖의 부정한 방법으로 신고한 자
4의2. 행정제재처분을 받았거나 그 절차가 진행 중인 사실을 양수인등에게 지체 없이 알리지 아니한 자
5. 삭제
6. 거짓이나 그 밖의 부정한 방법으로 수급자에게 장기요양급여비용을 부담하게 한 자

7. 제60조, 제61조제1항 또는 제2항(같은 항 제1호에 해당하는 자는 제외한다)에 따른 보고 또는 자료제출 요구·명령에 따르지 아니하거나 거짓으로 보고 또는 자료제출을 한 자나 질문 또는 검사를 거부·방해 또는 기피하거나 거짓으로 답변한 자
8. 거짓이나 그 밖의 부정한 방법으로 장기요양급여비용 청구에 가담한 사람
9. 노인장기요양보험 또는 이와 유사한 용어를 사용한 자

② 다음 각 호의 어느 하나에 해당하는 자에게는 <u>300만 원 이하의 과태료</u>를 부과한다.

1. 폐쇄회로 텔레비전을 설치하지 아니하거나 설치·관리의무를 위반한 자
2. 폐쇄회로 텔레비전 영상기록 열람을 정당하게 요구하였으나 열람 요청에 응하지 아니한 자

③ 제1항 및 제2항에 따른 과태료는 대통령령으로 정하는 바에 따라 관할 특별자치시장·특별자치도지사·시장·군수·구청장이 부과·징수한다.

독끝 핵심정리

과태료 상한	위반행위 요약
500만 원	1. 시설·인력을 변경하고 변경지정 또는 변경신고 × 2. 장기요양기관 정보 미게시 또는 거짓 게시 3. 수급자에게 장기요양급여비용 명세서 미교부 또는 거짓 교부 4. 장기요양급여 제공 자료 기록·관리 × 5. 장기요양요원에 대한 잘못(급여외행위 제공 요구, 본인부담금 요구, 고충에 대한 미조치) 6. 폐업·휴업 신고 × 7. 행정제재처분 받은 사실을 양수인에게 지체 없이 알리지 않음 8. 부정한 방법으로 수급자에게 장기요양급여비용 부담 9. 장기요양사업 수행에 필요한 자료 제출 요구에 거부 또는 거짓 제출 10. (장기요양기관 및 의료기관 제외) 장기요양급여에 관련된 자료의 제출 명령에 거부 또는 거짓 제출 → 만약 장기요양기관 및 의료기관이라면 1천만 원 이하의 벌금 11. 부정한 방법으로 장기요양급여비용 청구에 가담

	12. 노인장기요양보험 또는 유사한 용어 사용
300만 원	1. 폐쇄회로 텔레비전(CCTV) 설치 × 2. 폐쇄회로 텔레비전(CCTV) 영상기록 열람을 정당하게 요구하였으나 거절

- '장기요양급여에 관련된 자료의 제출 명령에 거부 또는 거짓 제출'은 그 행위자가 장기요양기관 및 의료기관인 경우에는 벌금, 그렇지 않으면 과태료를 부과하는 특이 케이스이니 알아두어야 한다.
- 아래 3개는 비슷해 보이지만 처분이 다르므로 유의하여 구분한다.
  - 거짓이나 그 밖의 부정한 방법으로 장기요양급여비용을 청구한 자: 3년 이하의 징역 또는 3,000만 원 이하의 벌금
  - 거짓이나 그 밖의 부정한 방법으로 수급자에게 장기요양급여비용을 부담하게 한 자: 500만 원 이하의 과태료
  - 거짓이나 그 밖의 부정한 방법으로 장기요양급여비용 청구에 가담한 사람: 500만 원 이하의 과태료

제70조 삭제